U0358416

俞辛焞著作集

第九卷

辛亥革命时期中日外交史

俞辛焞　著

南开大学出版社

天　津

前　言

　　辛亥革命是推翻封建清王朝建立共和制民国的革命，也是从前近代社会向近代社会转变的革命。关于这一革命，中国出版了各种研究书籍、资料集、回忆录等，作了相当高水平的学术性研究；日本也有研究这一革命的论文集、新书等出版。但这些研究，主要是有关辛亥革命的内部结构和从政治、思想等视角开展研究的著作。然而从国际关系史或外交史的视角来看，在辛亥革命的研究方面，迄今虽有针对某一具体问题的论文或书籍问世，但是专门从事系统的集中研究的书籍尚付阙如。因此，本书从中日外交史、国际关系史的视角，以这一时期的中日外交史作为对象展开研究。

　　所谓辛亥革命，是指将 1911 年 10 月爆发的武昌起义的革命作为一项历史事件，学术界的一般通说是将武昌起义至 1913 年二次革命称为辛亥革命。但是，类似此种历史事件，其爆发的历史背景与事件本身对社会的直接影响无疑要持续一个较长的时期，这一较长时期可以称之为辛亥革命时期。这样，辛亥革命与辛亥革命时期虽然有其共同之点，但在时期划分上则存在时间差。从政治史而言，作为历史事件的辛亥革命，至 1913 年暂告终结，但从中日外交史和国际关系史来看，由二次革命引发的外交和国际关系的各种问题并未结束。辛亥革命时的各种问题，持续到 1916 年 6 月袁世凯死去，作为辛亥革命时的中日外交和国际关系的继续，形成了一个历史时期。这一时期以袁的死去而告终结。本书以1911年10月的武昌起义到1916年夏袁猝死，黎元洪继任总统的时期为辛亥革命时期，并对这一时期的中日外交和国际关系进行论述。

这一时期是中国社会由封建王朝政治开始向共和政治转化的时期，是帝制与共和制对立斗争高涨的过渡过期，也是反动的帝制暂时复辟的复杂时期。围绕中国这一时期的政体问题，形成中日外交和国际关系上的焦点。本书将这一政体问题列为研究对象之一。

对于中国来说，政体问题是根本性的原则问题，并与日本和欧美列强的国家利益有直接利害关系。日本支持君主立宪制，欧美列强则同情共和制，但是他们为了追求殖民利益超越了这一政治思想意识，日本援助主张共和制的孙中山，欧美列强则支持帝制或主张君主立宪制的袁世凯。这表明了日本和欧美列强为维护和扩大在华利益的争夺。

改变政体，会由于旧秩序崩溃，招致社会一时的动乱，有可能威胁日本和列强在华既得权益，但同时也给日本和列强提供了利用动乱以各种手段扩大新权益的机会，因此，日本和欧美列强有可能使用武力。孙中山等革命势力为了消除这种可能性，重新承认与列强缔结的不平等条约，保证列强的既得权益，以利于打倒自己的政敌，建立或恢复共和制，但这未能摆脱半殖民地的地位。虽然可以说这是他们革命的不彻底性，但从当时国内外力量关系来看，也可以说是在革命的对内对外两个课题不能同时并举的情况下，采取的二者择一的战略。

日本和欧美列强间关于政体问题的抗衡，是围绕控制企图掌握中国中央政权或是已经掌握政权的人物而展开的。日本和欧美列强，根据这一人物与自己国家的关系如何或是这一人物主张哪一种政体，由此来决定他们支持何方。但是，在第一次世界大战的特定的历史条件下，欧美列强无法按照这一原则采取行动，不得不绥靖日本对袁的帝制政策。

这一时期的政体变革，由清朝的帝制转变为共和、再由共和转变为袁的独裁，复由袁的独裁转变为袁的帝制。这一转变如伴随使用暴力，则有可能扰乱社会秩序。设若社会秩序紊乱，列强对中国的贸易，首先将直接受到损失。因此，列强在转变和稳定二者之间选择时，一般情况下是期望稳定的。因此日本和欧美列强对于对立的两种势力，采取折中调和或是支持一方，以使政局稳定。但这也并不是绝对的，欧美列强期望维持现状和稳定，日本则与此相反，意在利用社会秩序的动乱，以达到自己的侵略目的。不过，在二次革命时，又并非如此。

这一时期，也正是中国社会以政体为焦点的南北分裂时期。由于爆发辛亥革命，产生了清朝同包括南方立宪派在内的革命势力的尖锐对立，如1913年由于爆发二次革命，袁世凯一派同孙中山革命党的对立，1915年底由于爆发护国运动，袁的帝制同孙中山等革命党和西南各省的反帝制、反袁势力的对立。这期间仅有一年左右相对稳定的时期。这是一个连续不断的对立和分裂的时期。这可以视为封建社会转变为近代社会的过渡时期的历史现象。这也是这一时期的一大特征。这一特征使这一时期的中日外交和国际关系复杂化，因而这一时期，日本和欧美列强的对华外交，可以说是对袁和对孙的外交。

在中国的政治舞台上，孙中山和袁世凯这两个人物，是鲜明不同的存在，基于两者的对立、妥协和斗争，出现了辛亥革命时期中国政局的展开和变动。但这不纯属中国的国内问题，而且也是带有国际性的问题。袁、孙对日、对欧美列强的态度和外交政策，同日本和欧美列强对袁、孙的外交政策是相互对立的。这四者间的相互关系，基本上是以双重外交关系而展开的，中国的国内政治，也因受其影响而发生变化。

辛亥革命时期，日本对袁和对孙的关系，用计量学的方法表现时，两者适成反比例关系。在这种关系下，日本的对袁政策成为其对中国政策的主体，根据对袁政策的如何来决定对孙的政策。从这一意义而言，日本的对孙政策从属于对袁政策，是派生性的，可以说去掉对袁政策，就不会有真正的对孙政策。本书以孙中山和袁世凯作为两个支柱，将日本的对袁、对孙政策和袁、孙的对日态度两者同时进行对照比较，以探讨这一时期的中日外交。

辛亥革命时期的中日外交，可以以第一次世界大战爆发为界，划分为前后两个时期。第一次世界大战前，日本以对孙、对袁借款和其满蒙政策为中心，运用多种手段和方法推进对华外交，但无显著进展。第一次世界大战的爆发，给了日本大力推进对华外交的机会，极大地改变了围绕中国的国际关系。过去掌握对华政策主导权的英国等欧美列强卷入了第一次世界大战，无暇顾及中国，不得不将这一主导权暂时让给了日本。日本乘机大幅度转换了其对华外交。日本借对德开战，占据了胶州湾和山东铁路（即胶济铁路），以此军事占领为后盾，掌握了对华政策的主导权，积极地展开了辛亥革命以及日俄战争后一直停顿的对华外交，向中国强提"二十一条"要求，将日本侵略中国的障碍袁世凯予以打倒、排除。经过拥戴黎元洪并使之与北洋军阀三杰之一的段祺瑞合流，将北京中央政权控制于日本手中，为在中国取得最大权益铺平道路。这是一战期间日本对华外交所掠得的猎物。

辛亥革命时期的中日外交，不单纯是中日两国间的外交，而是与国际关系密切相关的。因此，本书对这一时期的中日外交，纳入与欧美列强的国际关系中进行考察。

外交关系以及国际关系，是与相互间的利害关系不可分的，亦即是以各自的国家利益以及各集团的利益为中心展开的，故而辛亥革命时期的中日外交和与此相关联的国际关系的一个焦点，是列强维持既得权益和扩大新权益的问题。有时以维持既得权益为主，有时又以扩大新权益为主。欧美列强重视维持既得权益，与此相反，日本则积极追求扩大新权益。对于此种状态的中日外交和与之相关联的国际关系，本书以实证性研究方法，将中国、日本、欧美列强这三者的三角外交关系归纳概括为双重外交论，并以此双重外交论对这一时期三者的外交关系和国际关系进行分析。简言之，本书的理论体系是双重外交论。

所谓双重外交论，系指日本和欧美列强为维护在华既得权益，采取协同一致的外交政策；而对于扩大新权益，则采取相互争夺，相互牵制的双重关系。中国和列强虽然是被侵略与侵略的关系，但由于日本和欧美列强之间在侵略中国的争夺中产生矛盾和对立，中国则有时利用欧美列强抵制日本，有时又利用日本牵制欧美列强。反之，日本有时乘中国与欧美列强之间对立激化的机会，利用中国牵制欧美列强；欧美列强也乘中国与日本对立激化之机，利用中国牵制日本。围绕侵华，日本与欧美列强的协调和争夺，是出于两者侵略本质而产生的。这一时期的中日外交就是在这种双重外交的框架内进行的。

历史是在连续不断地变化中流逝的。今天的中日关系，是近代中日关系的继续，是痛苦不幸关系的历史产物。从这一意义考虑，拙著若能为研究近代中日关系，为今后中日关系的进一步发展，以及为促进两国人民相互理解和学术交流有所裨益，则殊为幸甚。

对于辛亥革命时期中日外交史的研究，由于史料不足等原因，尚有诸多不明之处。在本书中，对此有的未予接触，也有未能进行充分叙述和分析之处。尤以日本对华外交政策的决定过程，以及中国对日外交的内容及其政策决定过程等不明之处颇多。此外，由于中日外交是相互间的外交，在叙述中虽力求互相平衡，但因中国方面资料的不足，未能达到理想的均衡，对此不得不有待于新资料的发掘。

　　对于不断流逝的历史在学术上的认识和阐释是无限的，犹如接力赛跑之传递接力棒，接棒的运动员，在接棒前要向前先跑一步，虽未到终点，但若能先跑一步，对于学术研究仍不无价值。本书在这一领域的研究，并不意味着业已到达了终点，而只是作为新的研究的出发点，把接力棒传递给下一个运动员，为此而将拙著予以问世，衷心希望中日两国学术界和读者给予批评指正。

　　本书为笔者将在中国和日本所研究的成果加以整理而成。根据南开大学和早稻田大学学术交流协定，笔者在早稻田大学进行了 11 个月的研究，终于完成了这一课题。在此意义上，此书也可以说是两校学术交流的产物。值此书出版之际，特向早稻田大学表示谢意。同时向鼎力惠予协助的大畑笃四郎教授和真诚支持此项研究的日本各位朋友深致谢忱。

　　本书原以日文写作，后经日本国际交流基金资助，决定用中文在国内出版。时值笔者健康骤逢变故，于是委托天津编译中心王原、李作民、孙元先生译，孙祥洌、孙立民先生初校，南开大学熊沛彪先生总校及修订。另外，天津人民出版社刘文君编辑为本书出版也做了大量工作，值此一并表示感谢。

俞辛焞

1998 年 12 月 30 日于南开园

目　录

第一章　辛亥革命的爆发与中日外交

　　武昌起义是局部性的地方起义，故其含义不能与辛亥革命相提并论，但由于它点燃了辛亥革命的烽火，所以将它视为辛亥革命爆发的起点。基此，本章拟探究清政府将武昌起义作为局部事件所采取的对策，并比较日本和欧美列强对武昌起义军和清政府所采取的对策等。与此同时，揭示革命爆发初期日本军部、政府、外务省的对清政策的形成过程，在考究袁世凯上台，南北关系随之发生急剧变化的同时，将袁世凯的对日外交交涉与对英国的外交交涉进行比较；同时将日本民间人士、舆论、帝国议会的反应，和此种反应与日本政府、军部的关系，以及对日本社会的影响等诸问题加以探讨。

一、武昌起义与各列强的态度

　　辛亥革命既是连续的革命，又是分阶段进行的革命。4月黄花岗起义到10月武昌起义前后这一时期为其第一阶段。在此时期，处于对立关系的清政府与革命派、起义军对日本有何要求？日本对此有何反应？并以此与欧美列强比较，以探讨武昌起义与日本、欧美列强之间错综复杂的关系。

　　黄花岗起义是武昌起义的前奏。

　　孙中山于1910年11月13日在槟榔屿召开秘密会议，准备在广州举行新的武装起义。同盟会的黄兴、胡汉民、赵声和国内东南各省的代表，以及南洋华侨代表出席了会议。该会制定了以青年革命志士500人和广州新军为中心,翌年在广州发动武装起义,首先占领广州，然后黄兴从湖南进攻湖北，赵声经江西进击南京，汇合长江流域各省革命势力举行北伐，打倒清政府的计划。

孙中山为了便于指挥起义，认为应利用距离广州最近的越南或日本为根据地。但法国当局在1908年即已将孙中山从越南驱逐出境,日本也在1907年3月对孙中山采取了促其自动离境的处置。1910年6月，孙中山曾秘密在横滨上岸，但被驱逐。因此，孙中山只得于12月6日从槟榔屿出发，经由巴黎，远赴美国和加拿大筹措起义军费；黄兴则以香港为基地准备起义。随同准备工作的进展，孙中山决心在近距广州的日本指挥起义，因此他请求日本友人为之斡旋。1911年2月3日，孙中山致函宫崎滔天，请其向过去曾支持孙中山在日本上岸的陆军大臣寺内正毅进行活动，期望日本政府准其在日居留。[1]此后又分别致函宫崎滔天三次，萱野长知、宗方小太郎各一次，表示切望居留日本之意。[2]但是日本政府考虑与清廷之关系，未允孙中山来日居留，又一次表明不支持孙中山等的革命起义。对此孙中山指责称，英美政府皆怀疑日本有吞并中国之野心，及今乃至不容我居留日本，使予亦不得不怀疑日本的政策的确如此。[3]

然而，革命派为了筹措起义所需武器，不得不依靠亚洲武器库的日本。黄兴为此派遣黎仲实等赴日购买了步枪628支及弹药，总金额达白银35000余两。[4]宫崎滔天和前田九二四郎亦协助黄

① 见《孙中山全集》第1卷，中华书局，1981年，第508页。
② 见《孙中山全集》第1卷，中华书局，1981年，第512、519～520、523～525页。
③ 见《孙中山全集》第1卷，中华书局，1981年，第512页。
④ 黄彦、李伯新编著：《孙中山藏档选编（辛亥革命前后）》，中华书局，1986年，第35页。

兴之子黄一欧购进了武器。[①]此等武器的购进渠道不明。这并非日本政府和军部支持起义，而是出自商业买卖关系，但客观上对起义有利。

4月27日，黄兴等举事，开始进攻两广总督衙门等处，然为防卫坚固之清军所阻，以多人殉难而失败。由于殉难者葬于广州白云山麓黄花岗，故称为"黄花岗七十二烈士"，史称此次起义为"黄花岗起义"。七十二烈士中有八人为留日学生。其所属学校分别为：日本大学（林时爽）、千叶医学专门学校（方声洞和喻培伦）、庆应义塾大学（林宽民）、早稻田大学（陈与燊）、陆军士官学校（林尹民）、警监学校（石德宽）、正则英语学校（陈可钧）。[②]他们之所以为革命起义献身，与在日本留学时所接受的启蒙思想有密不可分的关系。

黄花岗起义的失败，激扬了以武昌为中心的长江流域的革命气势，10月10日爆发了武昌起义，点燃了辛亥革命的烽火。

这一切并非出自偶然。从20世纪初起，大批爱国青年为寻求救国真理，纷纷留学日本，学到了西洋文明和革命思想，归国后组织革命团体，以学校和新军为中心展开了宣传、组织活动。在此过程中，共进会和文学社宣告成立并发展成长，肩负起领导起义的任务，巩固了以新军为中心的革命的群众基础。其中起核心作用的多为留日学生。及至以留日学生宋教仁、陈其美等为中心的同盟会中部总会与之汇合，加速了革命起义的爆发。通过清末留日学生的活动，可以窥见武昌起义与日本的间接关系。

但是，清末的留日学生并非均属革命派。由于中国的社会经济大分化后，产生革命与反革命两个阶层，因而留日归来的学生也分属两个营垒。如：毕业于日本陆军士官学校的张彪，当时任驻扎于武昌的第八镇统制，由日本军部派遣的寺西中佐任其军事顾

① 毛注青：《黄兴年谱》，湖南人民出版社，1980年，第113页。
② 李喜所：《近代中国的留学生》，人民出版社，1987年，第194页。

问，他们的立场与发动起义的革命派相对立。寺西预测"自由思想在军队中普及开来，必将形成难以镇压之势……将来或许酿成意外之变"，他 10 月 6 日向来访的张彪提议："或断然处分首谋者，或全然弃置不用"。[①]张彪随即发布戒严令，禁止士兵离营外出，进入临战状态。此为支持清朝一方的留日学生的态度。

其时在长江流域，正值反对清政府通过向外国借款将粤汉、川汉铁路收归国有的运动高涨之际，这一运动加速了起义的爆发。面对这一有利形势，共进会与文学社于 9 月中旬合并，组成统一的起义指挥部，蒋翊武为临时总司令，孙武任参谋长，制定了具体的起义行动计划，全力进行起义准备。10 月 9 日，设于汉口俄国租界内的地下指挥部发生爆炸事件，俄国警察前来搜查，起义计划泄露，起义指挥部遭到袭击。在这种紧急形势下，10 日夜，第八镇第八工兵营打响了起义第一枪，占领了楚望台武器库。驻扎城外的第二十一混成协士兵亦起而响应。三四千名士兵猛攻湖广总督衙门，翌日黎明将其占领。起义军乘胜前进，12 日占领汉口、汉阳，武汉三镇尽入起义军手中。张彪携带家眷于 11 月 9 日逃往长崎。[②]

起义军将中国国名定为中华民国，武昌起义指挥部命名为中华民国政府湖北军政府，强行推举原第二十一混成协协统黎元洪就任都督。湖北军政府以黎的名义发布公告，号召建设中华民国。武昌起义的胜利，是开创中华民国新时代的起点。

武汉三镇历来为中国九省交会之要冲，华中的政治、经济、军事之中枢，长江、汉水的水运和京汉铁路之接合点。作为华中物资集散地，其地位堪称"中国的芝加哥"。因此，列强根据1858 年的《天津条约》迫使清政府开放汉口，并先后设立了英国（1861 年）、德国（1895 年）、法国（1896 年）、俄国（1896 年）、日本（1898 年）等五国租界，以及瑞典、比利时等 11 个国家的

---

① 栗原健编著：《对满蒙政策史的一个侧面》，原书房，1981 年，第 307 页。
②《申报》，1911 年 11 月 14 日。

领事馆，成为华中的重要国际贸易港。这里集中了日本和欧美列强的殖民地利益，正是由于这种利益的集中，武昌起义直接与日本、欧美列强利害攸关。

清廷的统治者们企图利用汉口的上述国际关系镇压起义，逃亡汉口的湖广总督瑞澂，要求汉口的各国领事借口保护租界和侨民，出动停泊在汉口江面的各国军舰，阻止起义军渡江。[①]同时对德国领事声称武昌起义为"义和团的复活"，要求德国军舰向武昌开炮。德国领事接受了这一要求，停泊于汉口的德国军舰准备炮轰武昌。[②]但是，义和团事件后列强间的协定规定：凡在中国采取军事行动，必须经列强之间一致同意方可实施。德国领事遂向领事团提出报告。在13日举行的领事团会议上，德国领事主张视武昌起义为义和团复活，应协助清军进行镇压。日本总领事松村贞雄亦对此表示赞同。但法国领事侯耀反对德国和日本的意见，侯耀曾经与孙中山的革命党有过接触，又曾看到过湖北军政府通告，因而对革命派和起义军有所理解，强调武昌起义并非义和团之"排外暴行"，乃是以政治改革为目的的革命起义，主张避免军事干涉。[③]担任领事团首席领事的俄国领事亦赞成这一主张。最后领事团作出不进行军事干涉，保持中立的决定。[④]

领事团的这一决定，与起义军的事前准备和起义的对外政策有密切关系。八国联军对义和团的残酷镇压，给中国革命领导者以深刻的教训，从而认识到起义能否成功的关键，在于如何排除和阻止列强的军事干涉。所以，武昌起义指挥部在9月24日决定起义日期和行动计划时，在军政府内设立了以宋教仁为部长，居

① 见"中华民国史事纪要编辑委员会"编：《中华民国史事纪要（初稿）》民国纪元前一年（1911年）8月至11月，"中华民国史料研究中心"，1973年，第652页。
② 见肖建东：《德国与辛亥革命》，吴剑杰编：《辛亥革命研究》，武汉大学出版社，1991年，第380页。
③ 1916年，我国褒奖法国领事侯耀。
④ 见"中华民国开国50年文献编纂委员会"编：《武昌首义》，同编纂委员会出版，1961年，第379页。

正为次长的外交部，准备了起义后的对外政策和起义后对外交涉所需的外交备忘录。军政府成立后，人事曾有所变动，一度以黄中恺为外交部长，经过 27 日的改组，改由胡瑛任外交部长，积极推行对列强的外交，一面排除列强可能进行的武力干涉，一面阻止列强援助清廷，以期使清政府在国际上陷于孤立。

10 月 12 日，军政府以鄂军都督黎元洪的名义，向汉口各国领事送交了备忘录。备忘录首先表明军政府是具备了永久居民、明确的疆土领域与政府等构成国家六项要素之政府，同时也间接地表示了要求列强承认之意。继而阐明起义的政治目的和对外政策的基本方针。

备忘录根据上述方针，具体地提出了军政府的对外政策：

一、清政府以往与各国缔结之条约继续有效。

二、赔款与外债照旧由各省依期如数偿还。

三、保护居住于军政府占领地域内各国人民的财产。

四、保护各国之既得权利。

五、此备忘录公布后，对于清政府与各国缔结之条约、让与之权利、举借之外债，军政府一概不予承认。

六、各国若助清政府，妨碍军政府，则视其为敌。

七、各国若以军需品援助清政府，即予以搜查、没收。[①]

以上一至四项，是承认列强在中国的既得权益，以排除列强对起义军的军事干涉；五至七项，在于阻止列强援助清廷，使清政府在国际上陷于孤立。此七项与孙中山和同盟会 1906 年制定的《革命方略》中之对外宣言大体一致。[②]这说明湖北军政府执行了孙中山和同盟会所制定的对外政策。

同时，军政府发布通告称，对保护外国人和租界、教会者，给予奖赏；对破坏者处以死刑。汉口的领事们来到武昌催促居留

① 《武昌首义》，第 377～378 页。
② 见《孙中山全集》第 1 卷，第 310～311 页。

该地的外国人到汉口避难时，黎元洪派兵予以保护，加以款待。[①]
由于采取了这些措施，虽在起义和激战的混乱过程中，外国人和
列强的权益，均受到了充分的保护。日本驻汉口总领事松村在给
林董外相的报告中说：对外国人的生命财产，未予任何危害。[②]英
国等其他国家的领事，也都承认如此事实，将之电告本国。在这
种情况下，列强无干涉起义之口实。18日，领事团再度向军政府
表明严守中立。[③]

　　日本及欧美列强虽然表示中立，但并未放松对起义军的警戒
和军事压力，陆续向汉口派来军舰和陆战队。起义爆发之时，日
本的"隅田"号军舰停泊于汉口，翌日，"对马"号军舰亦驶抵汉
口。至16日，停泊在汉口的外国军舰增至13艘（英5，美3，法
1，德2，日2）。[④]这些军舰，均配属于日本海军第三舰队司令官
川岛令次郎少将指挥之下。[⑤]这虽然主要是为了保护租界和侨民，
中国报纸也是如此报道[⑥]，但对起义军却形成无言的军事压力。
不过这对清军也起了牵制作用。战况的扩大，有可能危及租界与
外国侨民。[⑦]当萨镇冰指挥下的清廷海军军舰、炮艇于16日到达
汉口后，以舰炮强行要射击武昌时，列强的海军则牵制了清军的
这一行动。

　　辛亥革命时期，日本和欧美列强对中国外交的基本目的，是
保护既得权益和扩大新的权益。保护租界和侨民是保护既得权益
的一个构成部分，列强驻汉口的领事们忠实地执行了这一任务。

---

　　① 见《申报》，1911年10月17日。

　　② 日本外务省编：《日本外交文书》，第44、45卷附册《清国事变》（辛亥革命），以
下简称《日本外交文书》（辛亥革命），日本国际联合协会，1961年，第46页。

　　③《中华民国史事纪要（初稿）》民国纪元前一年（1911年）8月至11月，第671～672
页。

　　④ 胡滨译：《英国蓝皮书有关辛亥革命资料选译》（上），中华书局，1984年，第52
页。

　　⑤《日本外交文书》（辛亥革命），第8页。

　　⑥《申报》，1911年10月21日。

　　⑦ 当时日本侨民在武昌者145人，在汉口者1200人。

但同时又谋求扩大新的权益。日本和英国的总领事以战乱为借口，希图将各自的租界扩大到京汉线一带，取得租界与铁路连接之利。汉口领事团会议也对此进行讨论，决定扩大租界。[①]对此，日本的内田康哉外相来电称："扩大居留地一事，可照尊意办理"[②]，表示支持。

在湖北军政府与领事团的关系中，首要大事为承认军政府问题。这并非对国家，而是对交战团体的承认。就湖北军政府的实际情况以及响应起义而独立的各省情况而言，当时的军政府已经具备国际法上所规定的交战团体的条件。外国对从一个国家分离独立出来的武装团体作为交战团体而加以承认，其目的在于使之担负在该地区内保护外国之既得权益与侨民的义务，多以对内战发表中立宣言作为承认的形式。是故军政府将汉口领事团的中立，误解为被列强承认为交战团体。[③]因而在后来的许多回忆录和史书中，也都作如是记载。[④]然而日本和列强非但始终未承认军政府为交战团体的地位，复又正如内田所指示，"此际与革命军书面往来时，如承认该军为交战团体，后果不良，即使实际上有此必要时，亦应尽量避免"。[⑤]英、美也采取了与日本相同的态度。但是，日本和欧美列强却作为有权承认交战团体的国家，既可坐收对外国人生命财产保护之利，又可对被承认一方保持中立。实际上军政府已具备被承认为交战团体的两项主要条件，而日本和列强却对之未予承认。这是不符合国际法之举。他们之所以如此，在于继续保持与清廷的关系。

然而，日本和列强毕竟不能不承认军政府的存在及其权威，

①《英国蓝皮书有关辛亥革命资料选译》（上），第87页。陈春华等译：《俄国外交文书选译》（有关中国部分，1911年5月至1912年5月），中华书局，1988年，第144页。

②《日本外交文书》（辛亥革命），第108页。

③《申报》，1911年12月1日。

④《武昌首义》，第379页。

⑤《日本外交文书》（辛亥革命），第108页。

从而也需与其保持一定的关系。正如日本驻汉口总领事松村向内田外相的报告所称："仅依间接交涉，诸多案件颇难处理"。[①]内田外相对此指示："今后在必要时亦可与革命军适当进行外交联系"，并训令："此际对革命军应避免采取徒伤其感情之措置"。[②]此即意味默认革命军是所在地的"事实上的统治者"。欧美列强也采取了同样态度。

如上所述，湖北军政府虽未取得交战团体的地位，但却排除了列强的武力干涉，使之采取中立态度，是其对外政策的成功。如果武昌起义首事即遭遇列强的武力干涉，很可能就不会有接踵而来的各省独立，革命形势也将为之一变。由此看来，军政府一时承认列强的既得权益，不仅是从当时的实力对比出发，为取得革命胜利所必需，也是在最终达到废除不平等条约，获取民族独立的政治目标下的迫不得已之举。

武昌起义与日本、欧美列强的上述关系，虽属局部地区关系，但各地皆以此为例，采取同样的对外措施，从而形成了辛亥革命的全面的对外政策。由此而言，可以说武昌起义对军政府的对外政策具有积极意义；而日本和欧美列强所采取的态度，客观上也为辛亥革命提供了一定的国际条件。但这只是单指军事方面而言，非指在政治、经济方面的直接干涉。武昌起义与日本、欧美列强在政治、经济方面的关系则另当别论。

二、日本军部、政府、外务省的对策

日本驻汉口总领事参与领事团的共同行动，对武昌起义采取了中立和不干涉态度。但是，日本国内的态度却恰恰与此相反。

① 1911 年 11 月 10 日，日本驻汉口松村总领事致内田外相电报，机密第 56 号，日本防卫研究所藏。

②《日本外交文书》（辛亥革命），第 112 页。

外务省和军部发生了意见分歧，据当时参加辛亥革命的副岛义一回忆称："面临东亚如此重大变动之际，政府之去就不定，外务省与军部的意见相左，军部中，陆军与海军之举措有所歧异。此外，陆军省与参谋本部的意趣亦不一致。主张挽救清朝者有之，主张支援袁世凯者有之，亦有主张帮助南方者。各自采取自身之行动。"①本节在探讨日本陆、海军和政府、外务省对武昌起义所采取的对策的同时，对三者的行动加以比较，以揭示这一时期日本对中国革命政策的本质。

积极推行大陆政策的日本陆军，视武昌起义为"叛乱"，企图趁火打劫，出兵中国大陆，占领要冲，以求扩大日本在中国的领土及殖民地权益。石本新六陆相在 10 月 13 日的日本内阁会议上提出"清国有事之秋，我国岂能安之若素，希先议定占领其何地……"②的书面意见，并让阁僚们传阅。同日，陆军省军务局长田中义一向海军省提出《关于对清国用兵》的具体方案，建议乘此时机"或取得南满，以满足我之要求；或占据直隶、山西，领有清国中央地带之资源；或扼制长江口，占据长江之利源及大冶之矿山等；或迫其割让广东、福建"③。

日本陆军省认为武昌的"暴动"将日益扩大，"清国之此动荡，遂赋予列强进行干涉之良机，以至不得不动用兵力"。④设想有如当年出动八国联军干涉义和团之形势，而提出上述提案。继又强调八国联军时，日本出动相当于联军二分之一的大军，遭受牺牲最大，而"镇压"事件后所取得权益和赔偿，却是仅取得"战斗与牺牲成反比例之结果"，"我作为交战和使用兵力之主宰者，徒然陷于困惫之境，列强则坐收渔利"。为了以小的"牺牲"取得大的权益，所以强调此次应"战政两略"一致。主张应首先在"确

---

① 鹫尾义直：《犬养木堂传》（中），东洋经济新报社，1939 年，第 740 页。
② 原奎一郎编：《原敬日记》第 3 卷，福村出版，1981 年，第 174 页。
③ 栗原健编著：《对满蒙政策史的一个侧面》，第 290 页。
④ 栗原健编著：《对满蒙政策史的一个侧面》，第 289 页。

定政略上要求"的基础上，"使作战计划符合于政略之要求"，采取"第一要着为先在战略上予首脑部以沉重打击，与此同时，确保战后占领在政略上、经济上最为有利的要地"①的战政两略之方针。

与此同时，日本陆军开始研究具体的出兵方案。陆军次官冈市之助于14日向参谋次长提出以下三项出兵方案。（一）"因长江沿岸利害关系错综，故应根据情况之发展，在该地区与列强共同出兵。"（二）"当动乱波及清朝北方之际，我国以保护满洲铁路为名"单独出兵。（三）与此同时，"采取与列强协同向清朝北方出兵之手段"。②陆军这一协同出兵的方案，一方面表明了日本与列强对中国侵略的一致性。但是，另一方面日本与列强之间，又在扩张殖民地权益上存在矛盾。为此，陆军向海军方面提议，强调"基于对事变之预测，当务之急应首先将海军力量配置于重要地点以应突变，采取抢制先机之手段"。并提出："当协同出兵清朝北方及长江流域之际，从事态发展着想，应先于列强在白河③和长江单独取得有利之据点"。④筹谋率先出兵，以掌握主动权。

日本陆军在通过驻中国的寺西中佐、本庄少佐、井上少佐以及北京公使馆武官青木宣纯少将等收集情报的同时，复派遣坂西利八郎中佐、古川岩太郎中佐、高桥小藤治大尉等十余人到中国。其中如给高桥小藤治大尉下达的任务为："贵官务于16日从东京出发，速至上海，考虑出兵汉口附近时，对有关长江水运事项（在吴淞附近选定根据地、实施运输之方法、海运材料之有无及利用方法，并于可能时，视察上海至汉口间之航道）进行调查"。⑤显见是为出兵所需事项进行调查和准备。

---

① 栗原健编著：《对满蒙政策史的一个侧面》，第289~290页。
② 1911年10月14日，日本陆军次官致参谋次长照会，日本防卫研究所藏。
③ 白河，即今海河。
④ 1911年10月14日，日本陆军次官致参谋次长照会，日本防卫研究所藏。
⑤ 《对满蒙政策史的一个侧面》，第291页。

欧美列强是否已侦知上述日本出兵干涉的阴谋，虽尚不明，但从起义爆发的初期起，就非常警惕日本出兵干涉，并企图进行牵制。日本的伙伴——俄国也很关注日本的出兵干涉，曾训令其驻日公使馆收集有关情报。[1]在武昌起义前，日本陆军即已有出兵的企图和准备出兵的计划。陆军省与参谋本部预测中国在近期内将发生"动乱"，从1910年12月就已开始研究《对清政策方案》，制定了包括列强共同出兵干涉的可能性以及日本的核心作用在内的计划。[2]军务局长田中义一提出的《关于对中国用兵》的方案，与此计划基本一致。

日本陆军素来热衷于推行大陆政策，上述事实确凿地说明了其以武昌起义为契机出兵中国的企图，这正是其本能的表现。然而，同时也表明了他们缺乏对于辛亥革命这一新的事态的认识，和欠缺由于这一革命所激发的中国国内和国际环境变化的正确判断。然而这仅属于企图与计划，并非业已决定的政策。作出这一决定也需有一个探索过程。所以其出兵的矛头，究竟是指向清军还是革命军，也并不明确。不仅如此，陆军省与参谋本部在对清军和革命军的政策上也相互迥异。参谋本部持有向南方的革命军提供武器的意向，并已提供了少量的雷管和甘油炸药。[3]陆军省则反对这种做法。首相和外务省也赞同陆军省的意见，首相、外相和陆相都积极向清朝政府提供武器，故而他们企图牵制参谋本部。陆相石本要求"凡不经由陆军省者，一律不得予以配合"[4]。这说明了陆军内部在对清军和革命军的政策上也存在严重分歧。

下面考察一下日本海军的动向。

在武昌起义前，日本海军已向渤海、黄海派遣了第二舰队，

---

① 陈春华等译：《俄国外交文书选译》（有关中国部分，1911年5月至1912年5月），中华书局，1988年，第140页。

② 参见北冈伸一：《日本陆军与大陆政策》，东京大学出版会，1978年，第66页。

③《原敬日记》第3卷，第176～177页。

④《原敬日记》第3卷，第178页。

向长江和南中国海面派遣了第三舰队。他们的军事动作反应迅速，从起义翌日起，即开始向汉口集中军舰。日本国内也开始研究对策。海军次官财部彪于 10 月 14 日向吴及佐世保①镇守府司令长官发出"根据此次清国事变发展情势，第三舰队有增加陆战队之必要，据此，应编制以少佐担任司令兼中队长之两个小队"②的命令。在海军省内部，命令枥内曾次郎军务局长研究并拟定海军的对策。于是枥内于 10 月 14 日起草了《时局第一策》。这是表示武昌起义初期日本海军方针的重要文件。海军在对形势的判断上与陆军有所不同。海军则判断"此次事态，系由于革命党之煽动，使局部地区之微小不满，爆发为满汉之反目。不宜轻易臆断为有组织、有领导的大规模之叛乱"。根据这一判断提出相应的方针为："此时我国应取暂时观望形势衍变之方针，苟若出现有利我扩张权益之形势，则勿失可乘之机，同时亦不使我既得之权益，有丝毫损失。并避免清国之猜忌及列强之恶感。"③

斋藤实海军大臣根据这一方针于 10 月 17 日向在汉口的川岛第三舰队司令官发出电训。其主要内容为：

> 一、在未接到一定命令之前，我舰艇应在清国官宪与叛方之间，采取严守中立之态度。只限于采取为保护我国侨民及其他各国侨民之生命财产所必须之行动。

> 二、如暴动波及大冶地区时，可以国家自卫权之名义，取得保护之理由。当其时机到来时，应在保护侨民之范围内，努力保护帝国在该地区之特别权益。

> 三、充分注意长江咽喉要道江阴，应有临事时不落后于列强之准备。为此，应以保护南京侨民及保持通信联络之名，在该地区长期配置军舰一艘。

---

① 吴，即吴港，与佐世保港均为日本名港。
② 坂野润治等编：《财部日记》（上），山川出版社，1983 年，第 271 页。
③ 枥内军务局长：《时局第一策》，日本防卫研究所藏。

四、贵官为保护帝国及各外国侨民及其生命财产，必要时可与该地方之负责行政人员，在实际上进行直接交涉。但进行上述交涉时，务须避免帝国政府在法律上承认叛方政权之态度。①

日本海军制定了具体方策，以便使海军舰艇在必要时能与官、革双方之官宪或军队保持接触，为此向当地指挥官下达了训令。11月6日，海军次官财部彪向第三舰队司令长官川岛发布了"在已陷入叛军控制之地方，帝国海军指挥官可在事实上承认叛军之权力，尊重其为维持秩序之安宁所采取的必要处置"②的命令，这就承认了革命军权力的存在。当时，军政府为孤立清廷，禁止日本和外国船舶向清军运送武器、弹药和军需品。日本海军虽然在原则上不承认这种限制，但在具体对策上，则采取"当叛军为自卫而采取阻止将上述物品运交清军之手段时，不强行干涉"③的态度，并规定起义军如若没收此类物品时，可由其支付足够的代价将之买下。对起义军的这一措施，也同样适用于清军。这说明日本海军对官、革两方基本上保持中立。

日本海军的时局对策与陆军的方针相比较，两者之间虽有共同之点，但相异之处更多。第一，陆军预测武昌起义将扩大为大规模的全国性动乱，根据这一前提制定了出兵计划；海军则认为起义是一时的、局部的"动乱"，在对策中重视局部性的问题，所考虑的是为保护长江和沿海的既得权益而部署军舰等具体问题。第二，海军对官、革两方及起义本身采取中立态度，陆军则企图凭仗武力积极干涉。第三，两者在保护既得利益和乘机扩张新的权益方面是一致的，但在扩张新权益的规模及积极性上，却有很大的差异。第四，陆军重视与欧美列强的协同配合，海军则没有

---

① 《日本外交文书》（辛亥革命），第47～48页。《财部日记》（上），第273页。
② 1911年11月6日，海军次官财部致第三舰队司令长官川岛电训，日本防卫研究所藏。
③ 1911年11月6日，海军次官财部致第三舰队司令长官川岛电训，日本防卫研究所藏。

共同出兵的构想，所以不触及这个问题，反而强调在占据政治、军事要冲上与列强相争的意向。上述共同之点表明了日本帝国陆海军的共同任务及其本质。差异之处则是决定政策过程中的正常现象，不足为奇。

日本海军虽然采取中立、不干涉的政策，但在预备性行动上却是积极的，在军事上对革命军施加压力。迄至 11 月 13 日，第二舰队、第三舰队派出 20 艘舰艇到中国沿海的主要港口及长江流域，在汉口即停泊 4 艘。舰艇总数相当于武昌起义发生时的 5 倍。中国新闻界对此非常注意，并保持警惕，报道有 7 艘舰艇停泊在汉口。①

再看一下日本政府、外务省所采取的对策。

在日本，桂太郎内阁总辞职后，第二次西园寺公望内阁于 8 月 30 日成立，任命驻美大使内田康哉为外相。内田于 10 月 14 日回到东京，16 日就职，开始研讨对中国形势的对策。

正确判断形势是决定政策的重要前提。但日本外务省及其派出机构，对武昌起义后的中国形势并未能作出明确的判断。他们称武昌起义为"武昌暴动""南清变乱"或"革命党起义"，称参加武昌起义者为"暴徒"或"革命党员"，将武昌起义视为"革命骚乱"。这就势必无法正确判断武昌起义的根本性质及其发展趋势。外务省及其派出机构，全然不了解这一时期中国的时代趋向，因此日本对辛亥革命的外交不能不连续趋于失败。

这首先显露在他们如何对待辛亥革命时期的清政府及其命运的问题上。自鸦片战争以后，由于外来压力和国内矛盾的激化，清朝业已濒临灭亡前夕，辛亥革命无疑是对这个王朝的最后一击。然而日本外务省及其派出机构却认为，清政府有能力镇压革命并维持其统治，因而加以积极支持和援助。清政府也希望获得日本

---

① 《申报》，1911 年 10 月 17、21 日，11 月 2 日。

和欧美列强的支援，以镇压革命。从而日本与清政府在对待革命的对策上，达到暂时的一致。清政府于 10 月 13 日秘密委托日本公使馆的武官青木宣纯少将代向日本"火急购买炮弹约三十万发，步枪子弹六千四百万发，步枪一万六千支"[①]。对此，伊集院彦吉公使向内田建议，希望日本应允此项要求。内田于 16 日复电伊集院称："帝国政府念及清国政府为讨伐革命军，购入此项枪支弹药实属十分急要，决定由本国商人设法供应上述物资，给予充分之支援，为此业已采取各项必要措置"[②]，表示了日本对清政府的支持。这是在西园寺首相和陆军省的支持下作出的决定。内田于 16 日拜访石本陆相时，石本也表示应允清政府此项要求。由于首相、外相、陆相意见统一，于是内阁会议于 20 日正式决定了此事。[③]23 日，清政府的陆军部与泰平组合签订了总数 2 732 640 日元的购买武器、弹药合同。[④]正如伊集院所言，此项合同中的价格高出于平常价格的二成乃至八成，是故他希望能将价格减半，但内田借词加以拒绝。

　　清政府还通过邮传部大臣盛宣怀，以汉冶萍公司名义，向日本横滨正金银行要求借款 600 万日元；以萍乡、株洲铁路为担保，借款 100 万日元。[⑤]东三省总督也向正金银行提出了借款 500 万日元的要求。[⑥]伊集院对此等事项均表示了积极参与的态度。

　　日本之所以如此援助清政府，除镇压起义的政治目的之外，还在于企图借机使清朝尊重日本在满洲的权益和地位。

　　欧美列强的态度与日本相反，并不支持清政府。清政府为筹

　　①《日本外交文书》（辛亥革命），第 134 页。
　　②《日本外交文书》（辛亥革命），第 135 页。
　　③《原敬日记》第 3 卷，第 177 页。
　　④ 见《日本外交文书》（辛亥革命），第 138～140 页。
　　⑤ 1911 年 10 月 24 日，日本驻清伊集院公使致内田外相电报，第 323 号，日本防卫研究所藏。
　　⑥ 1911 年 10 月 25 日，内田外相致日本驻俄本野大使电报，第 126 号，日本防卫研究所藏。

措军费需要，曾向四国银行团（英、法、德、美）提出借款要求，但为英国公使朱尔典所拒绝。因为他们预测，经此动乱，清朝有可能灭亡。所以四国银行团于11月8日在巴黎召开的会议上，作出对中国内战保持中立并不予借款的决定。

德国则与其他欧美列强的态度不同，予清廷以支持、援助。仅德国设在中国的德华银行就单独向清政府提供了100万两白银的借款。[①]当11月下旬清军进攻汉阳时，德国军舰和军事顾问复又直接参加指挥作战。日本与德国之所以在辛亥革命初期如此支持、援助清政府，并非事出偶然，乃是由于两国都是后进的帝国主义国家，而且又都是军国主义国家，急于对外扩张权益。

日本政府虽然决定向清政府提供武器，但政府的外交方针尚举棋不定。内田指示外务省次官石井菊次郎和政务局长仑知铁吉拟制对清方针。中国的报纸对此也曾报道，指出日本外务省召开重要会议，正在制定对中国的行动计划。[②]与此同时，内田又亲自拜访元老、陆军、海军要人，调节各方面的意见。[③]他于17日拜访西园寺首相，19日与原敬内相会谈。原敬对形势具有冷静的判断，认为应在注视官、革双方力量变化的情况下，决定对双方的外交方针。因此他对内田说："伤害北京政府及革命军任何一方之感情，均对外交不利……务须十分注意"[④]，"在今日之形势下，设若不明叛军及官军之情况如何发展，徒拘泥于外交之理论，终将难免对我国不利"[⑤]。21日，内田与桂太郎会谈将近两小时，内容虽然不明，但桂太郎曾对原敬说"在出现万一的情况下，应

---

① 见肖建东：《德国与辛亥革命》，吴剑杰编：《辛亥革命研究》，武汉大学出版社，1991年，第356页。
② 见《申报》，1911年10月18日。
③ 内田康哉传记编纂委员会、鹿岛平和研究所编：《内田康哉》，鹿岛研究所出版会，1969年，第156页。
④《原敬日记》第3卷，第176页。
⑤《原敬日记》第3卷，第177页。

以保护利益的名义，占领大冶地区，从而解决满洲问题"①。22日，内田拜访原军事参议官、日本海军元老山本权兵卫，双方在"必须有永远保有满洲之准备。为增进在中清（华中地区——笔者）之权益，可采取机宜措施"一事上意见一致。并商定"就机宜措施之事，可随时进一步磋商"。

内田综合上述各方面的意见后，起草《关于对清政策》的草案，经24日的内阁会议采用，确定为日本政府的外交方针。其主要内容如下：

第一，在日本的大陆政策中，最重要者为满洲问题，"延长在满洲租界地之租借年限，解决有关铁路之诸项问题，进而确立帝国在该地的地位，以求满洲问题的根本解决"。这一问题的解决，"必须等待时机，直至对我国最为有利且最有把握之时机到来时，再付诸实行方为得策"。这些是甲午战争、日俄战争以来日本大陆政策的延伸，也是对前日本内阁"将满洲之现状永恒持续"政策的继承。

第二，对中国本土的政策。由于日本自甲午、日俄战争以来，即与其他欧美列强共同扩张在中国本土，特别是长江流域的权益。日本鉴于在这些地区"居留的帝国臣民之多，通商贸易额之大，以及与我有关之企业日益增多"，决定"今后应着重致力于在中国本土培植势力，并努力设法使其他国家承认我在该地区之优势地位"。这是日俄战争后山县有朋的《帝国国防方针案》的继续。山县有朋在这一方案中着眼于"长江流域及其以南地区生产之富饶"，主张"今后欲求我国国利民富，采取北守南进为最上之策"，强调"我主要之目的，在于攻略南清（华南）地区，建立扩张利权之基础"，"然后再着手攻略北京，方属有利"。

第三，使日本在中国"占据优势地位"。在内阁会议决定中强

---

① 《原敬日记》第3卷，第174页。

调在中国本土，"以帝国所处之地理位置及帝国之实力而言"，"一旦该地区发生不测之变，能采取应变措施者，除帝国外别无他国"。决定"今后帝国必须认清上述地位，谋划方策，使清国及其他各国逐渐承认这一地位"。

第四，为达到上述目的，强调与欧美列强的协调外交。方针是：与北方的俄罗斯在满洲问题上"协同步调，以求维护我之利益"；与南方的英国则"始终贯彻同盟条约①的精神"；对法国等在中国本土有利害关系的国家，则"谋求与各国之间的协调之途"，对美国则尽力采取"将其拉入伙伴之中的方策"。

第五，对清朝的对策。根据相信清政府依然能够维持其统治的判断，制定了"尽可能不伤害清国之感情，并采取使其对我寄予信赖之方策"的方针，以取得清政府的信任。对南方的革命军则未专门触及。参加内阁会议的原敬说："前次内阁会议对叛军毫未表示同情。呈现只坦率地同情正当政府的北京政府的形势。然在本日之内阁会议上，则出现坦率同情清政府一方，并非得计之倾向"。②这说明了对革命军也留有一定的转圜余地。

日本内阁会议上所决定的对清外交方针，再现了日本传统的实利主义的外交政策，它强调维护和扩大日本在满洲和整个中国的权益，作为日俄战争以来对清外交政策的延续，谋求借机打开与日暮途穷的清廷之间的外交关系。辛亥革命的目的是打倒清朝封建专制与建立共和。但日本内阁会议所作决定的基础则是对中国的政本和社会秩序的变革毫无认识，对登上革命政治舞台的各派政治势力的分析和其间力量关系的变化，也无所预见。这只能说明当时的日本政府和外务省对辛亥革命缺乏政治上的认识。这是辛亥革命时期日本对清外交的症结所在，具有决定性意义。

---

① 同盟条约，指八国联军之役后，帝俄意欲霸占我东三省，拒不撤兵，日本为维护其在东三省之侵略权益，日、英于1902年签订同盟条约，以抗俄国，1922年废除。

②《原敬日记》第3卷，第176页。

日本政府的这一方针，与军部，特别是与陆军相比较，两者之间虽有共同之点，但也存在着很大的差异。第一，均强调扩张权益这一目的，但在规模及其狂热性上，陆军远较政府强烈。第二，在为达到此目的的手段上，陆军主张出兵干涉；海军主张出动部分舰艇，保持中立；政府和外务省则回避这个问题。军部的计划基于战略，政府和外务省的方针则是出于政略考虑，对出兵问题持慎重态度。所以，未能实现军部所迫切要求的政战两略一致。第三，陆、海军均强调对欧美列强要抢占先机，主张在中国与之展开争夺。政府和外务省则与此相反，主张协调外交。第四，陆军主张先制定政略，然后据此定出与之适应的战略。由于存在上述歧异，所以政府 24 日的决定，并不能满足陆军的要求。

政府、外务省和海军相比较，共同之处相对较多。这是因为政府在决定方针时，受海军的影响很大。①海军次官财部彪就此曾说："此方针之能迅速决定，是山本伯爵（指山本权兵卫）经安乐氏向首相进言，首相深以为然"。②由此足可证明海军的影响。

换言之，在武昌起义爆发后的半个月内，日本的对清外交是在政府、外务省和陆海军之间进行调整和摸索之中推行的。16 日前后向清政府提供大量武器，是出于陆军的影响；24 日前后发生了转变，与前期相比，态度转向慎重，这是由于海军的影响。由此可见军部在日本政府这一时期的对清外交中的巨大影响。

同一时期，日本外务省与其派出机构在外交政策上也出现了分歧。外务省从 24 日前后转变为慎重态度，而在北京的公使馆却依然主张援助清政府，要求日本出兵。伊集院鉴于起义范围扩大，南方各省相继宣布独立，清朝的统治岌岌可危，强烈感到日本目前在中国的实力不足，若能出动军舰和军队，方能"自如地操纵

---

① 参见波多野澄：《辛亥革命与日本海军之对应》，《军事史学》，第 21 卷第 4 号，第 14～22 页。
②《财部日记》（上），第 275 页。

局面"①，意在乘此时机，强化日本对清政府和中国时局的发言权和操纵权。故而于 10 月 27 日向内田报告称："此际为预防万一，极有必要在旅顺部署军舰，以便能随时迅速驶赴天津和秦皇岛。并须配备优势之兵力，以应其他方面出现重大情况之急需"。②次日又致电内田要求全力加速准备，以"根据情况，可立即向该方面出动优势兵力，以制时局之机先"③。

然而内田没有接受伊集院的出兵要求，其理由是：第一，"目前清国形势混沌不清，在对其今后趋势尚难预测的今天，无须急于决定我之态度。且无确定此事（指出兵）之根据"④。第二，出动军队"不仅以耸动视听之重大事件暴露于世，而且不明清政府究竟是否欢迎。况革命党及其他方面必然认为帝国政府有以实力援助满清政府之意，其后果决不可轻视"⑤。第三，"应与英国政府充分协商，认定即使万一产生重大后果，决心由日英共同担当"⑥。由此可见，外务省在这一时期，已由援助清朝的一边倒政策，改为顾及官、革双方的政策，在冷眼旁观南北形势变化的同时，与英国等列强协调行动，共同应付中国局势。

辛亥革命时期，日本陆、海军与政府、外务省所采取的措施，在维护和扩大日本在华权益的目的上虽然一致，但在完成目的的方法和手段上，则相对地有所歧异，没有形成一致的措施。辛亥革命是在秘密中计划和发动的，日本虽然也预感到中国可能发生某种"动乱"，但并没有为之制定切实的应付对策。随同革命爆发后中国形势的变化，在摸索中才逐步形成对待中国革命的政策。

辛亥革命初期，与欧美列强相较，日本的对策与它们的不同

① 《日本外交文书》（辛亥革命），第 53 页。
② 《日本外交文书》（辛亥革命），第 52 页。
③ 《日本外交文书》（辛亥革命），第 52 页。
④ 《日本外交文书》（辛亥革命），第 57 页。
⑤ 《日本外交文书》（辛亥革命），第 57~58 页。
⑥ 《日本外交文书》（辛亥革命），第 58 页。

之处，在于陆军主张出兵干涉，而欧美列强则基本上没有出兵干涉之企图。因为从地缘政治学而言，欧洲与中国相距遥远，且此时欧洲的均势已被打破，正在形成以德国为中心的同盟国与以英法为中心的协约国，两者之间的对立、矛盾日益激化，无暇东顾。但在中国，义和团事件以来所形成的列强之间的均衡体制一直维持未变，碍于列强之间的行动应协调一致的约定，日本独自出兵干涉的主张受到牵制而未能实现。但以日本陆军为中心的一部分势力总想伺机出兵干涉，列强也始终视日本为有可能出兵进行干涉的国家，对之保持警惕。在辛亥革命时期，日本与列强的这种关系始终未变，即肇因于此。

中国的革命形势在 10 月底开始发生急剧变化，武昌起义的烽火，以星火燎原的不可抗拒之势扩及各地。湖南省、陕西省于 10 月 22 日，山西省于 29 日，江西省、云南省于 30 日相继宣布独立。在北方，驻扎于北京东北部滦州的第二十镇统制张绍曾（出身日本陆军士官学校）和第二混成协协统蓝天蔚等，向清廷提出包括改组皇族内阁为责任内阁，召开国会，实施立宪政治等的 12 项要求，举行兵谏。从清政府的背后，施加政治和军事压力。清朝皇室和庙堂高官，受到来自南北两方的冲击，陷于恐慌狼狈境地，一部分人要求日本公使馆给以保护。形势的这种急剧变化，给予日本的对清外交以强烈影响，使其暂时旁观时局变化的对清外交开始发生转变。

内田虽然未接受伊集院的出兵要求，但在另一方面却与陆海军共同进行了出兵前所必要的事前准备，开始筹划对辛亥革命加以干涉。但是，不取得英国等列强的谅解，日本势难出兵，故而内田首先以外交手段探询欧美列强的意向。他对 11 月 1 日来访的英国大使窦纳乐称："变乱长此以往，不知将发生何种事态，在该国同有利益的各国，恐将终须进行干涉。"并称："万一发生上述情况，帝国政府有与英国进行充分协商以谋求应付时局对策的决心。望对此予以谅解"。[①]11月3日，他对美国驻日代理大使也作了同样的表求。[②]这是向英美两国表示，以中国的变乱长期化为由，日本可能出兵进行干涉。同时也是对当时清廷内部一部分人的呼应。此时，在清廷内部有一种"欲摆脱困境，除依靠各国之干涉，用以作为打开局面的手段之外，别无他途"[③]的意见。作为诱致各国干涉的善策，便是将宫廷蒙难之说泄之于外，以耸动世人视听。

　　内田所策划的出兵干涉，首先以利用第二十镇的行动和增兵京山线（北京—山海关）的形式出现。伊集院也积极谋划利用向清廷进行兵谏的第二十镇来干涉辛亥革命。当时《大阪每日新闻》派遣佐藤知恭以通讯员身份前往滦州第二十镇，被张绍曾聘任为二十镇的秘书长。张绍曾此举，乃系欲在发起行动时，能取得日本的支持，伊集院乃通过佐藤探查张和第二十镇的动向，以便加以利用。当时驻扎石家庄的第六镇统制吴禄贞（与张在日本陆军士官学校同学），也制定了与张联合行动，对清政府实行南北夹击的计划。黄兴也与张建立了联系。[④]但张绍曾纵观时局的发展趋向，鉴于袁世凯之为人，认为纵然与袁共事，事成后恐亦难免被其所逐。当此之际，莫若与黎元洪相呼应牵制清军使之退至黄河以北，将清朝封锁于北方一隅，然后在华中、华南组建汉人的国家。[⑤]张军打算首先袭击天津，为此与天津的革命党取得联系，以实现此项计划。英国公使朱尔典也于11月9日将张军要进攻天津、北京的情况，报告外交大臣格雷。[⑥]佐藤亦就张的行动探询伊集院的意见，伊集院称："进攻北京，定然无效，更有使天津遭

　　① 《日本外交文书》（辛亥革命），第504页。
　　② 《日本外交文书》（辛亥革命），第505页。
　　③ 1911年11月8日，日本驻清伊集院公使致内田外相电报，第465号，日本防卫研究所藏。
　　④ 《申报》，1911年11月13日。
　　⑤ 《日本外交文书》（辛亥革命），第18页。
　　⑥ 《英国蓝皮书有关辛亥革命资料选译》（上），第48页。

受兵燹之虞。此行动固然不可，但作为镇抚部下不平之手段，可采取持重态度，徐徐进军军粮城（位于天津以东 30 公里）为佳"。①当时伊集院这种一方面援助清朝，一方面又利用反清的张军的相互矛盾行动，目的是想利用张分裂南北的计划，用以推进使中国南北分裂的方略（后文将对此进行论述），然而由于袁世凯的上台及其针锋相对的手段，此计未能得逞。

第二十镇的行动，给日本增兵山海关一带，和为确保从山海关至奉天铁路沿线的权利出兵制造了机会。这是因为根据义和团事件后的协定，京山线被置于日本和欧美列强的"保护"之下。日本和列强出兵这一带或在这一带增兵，有"法"的借口。第二十镇的行动，正予以口实。10 月 27 日，伊集院秘密向朱尔典提出："在必要的情况下，可根据团匪事件之先例，以英国为主，采取保护铁路手段，望早为之备。"②英国则采取一方面与日本协调，同时又对其加以牵制的双重态度。11 月 5 日，朱尔典对此表示赞同，英国外交部也于 11 月 8 日表示同意，但为了牵制日本在南满的扩张，不赞成日本保护山海关至奉天铁路的要求。③于是内田复于 9 日电训日本驻英临时代办山座，再度向英国提出同意日本可向该铁路出兵的要求。④同时，内田为确保日本在此铁路沿线的垄断地位，强调对京山线适用"共同保护"的原则。⑤面对日本如此强烈的要求，英国答复："若山海关以东，发生实际上需要保护"的情况，承认"日本可独当其任"⑥，"但若不发生此实际需要时，则终不能同意日本之提议"⑦。英国以日本如在南满采取行动，俄国必在北满采取行动为借口，用以牵制日本。经过交

①《日本外交文书》（辛亥革命），第 60～61 页。
②《日本外交文书》（辛亥革命），第 71 页。
③《日本外交文书》（辛亥革命），第 73～74 页。
④《日本外交文书》（辛亥革命），第 76 页。
⑤《日本外交文书》（辛亥革命），第 75 页。
⑥《日本外交文书》（辛亥革命），第 80 页。
⑦《日本外交文书》（辛亥革命），第 83 页。

涉，日本的行动在原则上得到了英国的承认。

　　日本陆军为了占据京山铁路，此时也正在与俄国谈判。11月初，田中军务局长向驻东京的俄国大使馆副武官萨莫伊洛夫表露了从驻扎满洲的第五师团派遣一个旅团开赴北京、天津、山海关，占据京山铁路的意图。[①]田中虽然声称此举之目的是支持清政府，实际为主张君主立宪制的日本派兵寻找借口，真正用心是以武力为后盾掌握对中国的主导权。田中与萨莫伊洛夫为此于1、2两日（公历，下同）举行了两次会谈，在交换了关于中国形势的情报后，强调两国采取共同行动。[②]桂太郎也于3日、4日与驻东京的俄国代理大使勃罗涅夫斯基就此问题作了两次商讨，也表示了同样的意向。[③]勃罗涅夫斯基认为这是桂太郎担心其他国家对北京的干涉，暗示俄国应作共同出兵的准备，并将这一会谈印象向俄外交部作了报告。在中国问题上俄国与日本利害相关，所以采取与之一致的行动，作了出兵准备。但俄国决定绝不率先出兵。[④]在此类会谈中，日本为了取得英国的赞同，也重视与之保持协调。日、俄、英等列强谈判的结果，是在京山线增兵1338名，日本派遣一个旅团的计划未能实现。但日本将相当于其4.4成的599名士兵驻扎于滦州至山海关一线。[⑤]日本虽然与列强共同在京山线一带增加了兵力，但由于袁世凯的上台，官革停战、南北议和，未能实现直接干涉，仅作为在政治和军事上的外来压力，造成了一定的影响。当时中国的报纸曾大力报道日军在这一带和南满增兵一事，充分说明这种影响。[⑥]

　　在向京山线出兵和增兵的同时，日本外务省的派出机构和参

　　① 《俄国外交文书选译》，第160页。
　　② 《俄国外交文书选译》，第166页。
　　③ 《俄国外交文书选译》，第168～171页。
　　④ 《俄国外交文书选译》，第191～201页。
　　⑤ 《日本外交文书》（辛亥革命），第97页。
　　⑥ 《申报》，1911年11月12、28日。

谋本部沿袭帝国主义国家历来"分而治之"的政策，提出了分裂中国的策略。1900 年的义和团运动时，日本和欧美列强即曾利用中国南方诸省总督们的东南互保运动，与他们缔结《东南互保章程》，采取了分裂南北的政策。故而伊集院和参谋本部的宇都宫太郎在中国南北力量对比急转直下的情况下，认为这一旧殖民政策依然适用于中国。伊集院于 10 月底、11 月初，两次向内田外相提出，"应利用此种形势，最低限度在华中、华南树立两个独立国家，而清廷仍偏安华北继续维持其统治"的方案。"定帝国百年之计"，"奠定皇国永久之隆运，此正其时"。①伊集院提出这一分裂方案，目的何在呢？

第一，为保护日暮途穷趋于灭亡的清朝。自辛亥革命爆发以来，由于伊集院相信清政府仍有可能镇压革命的能力，故而他一直坚持援助清廷，镇压革命的方针。然至 10 月底时伊集院认为："长此以往，现朝廷君临四百余州之威信与实力两者均已丧失，即令采取某些怀柔妥协之策，恐终难以镇定动乱，收拾时局"。②根据这一判断，他提出了保护清政府的方案。正如伊集院所言，其最终目的在于"为了帝国，此乃上策"③。所谓"为了帝国"，乃系使清廷偏安华北一隅，长期与南方革命派对峙，这正有利于日本推进其满蒙政策。

第二，阻止南北妥协，排除欧美介入。清政府于 10 月底表露了对革命派让步的态度，袁世凯与黎元洪之间也出现了妥协的动向。伊集院判断，"毋庸置疑，清国庙堂挽救时局政策之一部分，盖以努力使用各种手段，试求绥靖革命军，谋得与之妥协"，并认为有"出于美国人一派之怂恿的迹象"。④为排除、阻止其介入乃提出分裂南北之策。

---

① 《日本外交文书》（辛亥革命），第 97 页。
② 《日本外交文书》（辛亥革命），第 377 页。
③ 《日本外交文书》（辛亥革命），第 378 页。
④ 《日本外交文书》（辛亥革命），第 377 页。

　　第三，迫于形势的发展，不得不承认南方革命军之现状，并认为南方已具备使中国南北分裂的条件。伊集院认为，"以武昌为依据的革命军之军政基础已渐趋巩固，不得等闲视之。而广东总督迟早亦难免宣布独立"①，于是上报日本政府："鄙见应予占有华中武昌和华南广东方面之革命军以助力，以防其气势遭受挫折，不使其产生与华北之中央政府融和妥协之念，促其长期坚持对峙"。②

　　第四，牵制新上台的袁世凯。伊集院对登上中国政治舞台的袁世凯持有疑虑。他向内田报告称："清政府在以袁世凯为代表之新内阁成立后，究竟以何种态度对我，尚属不得不使人怀疑之问题。故而为仅在必要时对其牵制，作为有利于我之策。鄙见亦应预为采取如上策略。"③

　　日本陆军内部也正酝酿谋划分裂南北的方略。身居参谋本部第二部（情报部）部长的宇都宫太郎撰《对中国之私见》（1911年10月15日），并以此于10月19日向第十四师团长上原勇作提出："就国际礼仪及对清政策而言，在表面上当然支援现在之清政府，不使其被颠覆。但暗中应极其隐蔽地援助叛军，使其日益强大，酌在适宜时机居中调停，使其分裂为两个国家，并在可能时与双方建立特殊关系（如：将其一方视为保护国或其他类似形式；视另一方等同于同盟国。作为酬报，定当可以有利于我方解决满洲等问题），以待时局再转之机"。④宇都宫太郎之所以提出这一分裂中国的方案，正如其在信件的附言中所说："此系根据有力人物间的基本意见而决定的。"⑤由此可见这绝非其个人意见，而是

---

　　① 《日本外交文书》（辛亥革命），第149页。
　　② 《日本外交文书》（辛亥革命），第149页。
　　③ 《日本外交文书》（辛亥革命），第149页。
　　④ 上原勇作关系文书研究会编：《上原勇作关系文书》，东京大学出版会，1976年，第56页。
　　⑤ 上原勇作关系文书研究会编：《上原勇作关系文书》，东京大学出版会，1976年，第56页。

反映了参谋本部的倾向。

那么，他们分裂中国政策的目的与根据何在呢？

第一，提出"中国保全论"，目的在于掠取整个中国。为此，宇都宫太郎曾大言不惭地称："为了我帝国之生存，在实行自行壮大强盛政策的基础上获得整个中国，事属当然。然而在各国对峙的今日，终不能一蹴而就，此虽属遗憾之事，但亦属实情。容或不能立即取之，但不可使他人得之。吾人之抱负可称之为'保全中国论'，但此非为中国而保全中国。保全中国的形式……使之一分为二，为三，或数分其国，均属于保全中国之一法。从帝国的观点而论，因中国之国土、人口过大，保全现状下之中国，恐将来反有遗患我子孙之虞。故将之分裂为数个独立国家而保全之，正符帝国之所望。"①

第二，以上述方法"使中国人对我感恩戴德"，在南北"通过其小朝廷，使分裂地区内之满汉两族之人心翕然归向我天皇"，"作为酬报，可有利于满洲等问题之解决"。②

第三，以"保全主义抑制各国瓜分中国，极力阻止欧美越洋移植其势力"③。

第四，通过保全、分裂之策，为下一步对中国政策作好准备。宇都宫说："在我所属之地区内，造成北为满人，南为汉人之小朝廷，以此为饵，收揽其他各国所属地区之人心，以为演出第二回的准备"。并且强调："为第二回上场，实属紧张。"④

伊集院的主张与宇都宫的南北分裂政策相比较，均为企图在中国的南北地区进一步扩张日本势力，目的与根据大体相同。陆军和外务省向清政府提供武器，及参谋本部向南方革命军提供军用物资，即是这一分裂方策的初步展开。但是，由于袁世凯的上

---

① 《上原勇作关系文书》，第55～56页。
② 《上原勇作关系文书》，第56页。
③ 《上原勇作关系文书》，第56页。
④ 《上原勇作关系文书》，第56页。

台和南北议和妥协，中国的南北关系开始从对立转向妥协，分裂
南北方策作为日本的一项外交政策，未能得售。

南北分裂方策，亦非日本一家之物，俄国在此时期也与日本
如出一辙，在策划同样的政策。驻北京的俄国公使廓索维慈认为：
（一）根据对形势的判断，袁世凯不会与南方妥协，但列强为保护
其在南方的经济权益，将承认南方革命军政府。（二）这种承认，
可使南方成为俄国的同盟者。俄国的在华权益集中于北方，可利
用南北的对峙，解决俄国与清政府之间的摩擦。[1]这正说明俄国
在利用南北对峙扩大自己权益方面，与日本相同。故而廓索维慈
于11月5日（公历）向俄国代理外交大臣涅拉托夫建议，承认南
方革命军政府，与之建立正常的外交关系。[2]22日，涅拉托夫认
为这一建议符合俄国利益，表示赞同。[3]

日本与俄国分裂中国南北的政策，遭到中国舆论的谴责，《申
报》刊载了朱宝缀的《关于南北分治之谬》的文章，对此进行了
强烈的抨击。[4]

三、袁世凯出山与各列强的对策

进入1911年11月，南方的革命形势进一步发展。11月3日
上海与贵州省，4日浙江省，6日广西省，8日福建省，9日广东
省，13日山东省等相继宣布独立。截至11月底，全国十八省中
已有十五省脱离清廷的统治而独立。清廷于是受到很大打击，陷
入空前的政治危机。清廷出动陆军大臣荫昌的第一军，冯国璋的
第二军和萨镇冰的海军镇压武昌起义军。清廷还曾派遣驻扎滦州
的张绍曾的第二十镇去南方，但该镇抗命拒行，军队内部的叛乱

---

① 《俄国外交文书选译》，第189页。
② 《俄国外交文书选译》，第189页。
③ 《俄国外交文书选译》，第200页。
④ 《申报》，1911年11月18日。

征兆日趋明显。作为新军而编训的北洋陆军，原由袁世凯统辖指挥，但于 1908 年慈禧太后和光绪帝死后清政府内部的权力之争中，袁世凯遭排斥，被迫隐居故乡河南省彰德，而其在北洋陆军中之地位并未因此动摇，依然稳操绝对实权。当时北洋陆军中的士兵处于"仅听从袁之号令，不知有清廷"的状态。当清廷看到能统率这支北洋陆军对抗革命的人物非袁莫属时，不得不要求袁世凯出山。10 月 14 日，清廷任命袁为湖广总督，27 日又任命袁为全权钦差大臣，赋予指挥武汉地区北洋陆军和海军的大权。袁随即南下，于 11 月 1 日向革命军占据的汉口进击。这使清廷对袁的期望更高，袁世凯也借此创造了重返政治舞台的条件。在这种形势下，清廷解散了在 5 月组成的以庆亲王奕劻为总理大臣的皇族内阁，任命袁为总理大臣，这意味着袁世凯再次登上政治舞台。辛亥革命也因之进入了第二阶段。

　　袁世凯的上台，对正处于历史大转变时期中国的政治、军事形势和辛亥革命，都具有深刻影响，在国际上也引起了很大的波澜。袁世凯虽然是作为清政府的成员上台的，但也是作为清政府与革命派之间的一个"中间性人物"，和具有高明政治手腕的强者，以左右清末民初中国政局，君临中国的新统治者自命而上台的。所以，日本及欧美列强如何应付袁世凯，与袁之关系如何，成为它们对华外交政策成败之关键所在。同时，袁世凯对日本及欧美列强的态度，对它们的对华外交也具有重大影响。这种情况并非偶然，更非由任何一方的主观意志所形成，而是基于近代史的现实格局，尤其是日俄战争后中国同日本及欧美列强之间的关系所形成的。故而日本及欧美列强对袁世凯的看法和态度，以及袁对日本及欧美列强的看法和态度，从总体上是相互对应的。这是以辛亥革命为中心，中国在国际关系方面的重要问题，因而有必要追溯历史，对此加以探讨。

　　欧美各国视袁世凯为中国的有能力且可资信赖的政治家，对清政府起用袁收拾时局寄予厚望。这并非出自偶然，而是渊源有自。缘以在义和团运动时袁世凯任山东巡抚，曾因尽力保护外国人而广为欧美人所知。在其 1902 年后任直隶总督、北洋大臣时期，推行军事、警察、实业、教育、人事制度等的改革，以及后来推行的立宪运动，博得欧美人的高度评价；1907 年任军机大臣兼外务部尚书时，采取联合英美，对抗日本的"远交近攻"的外交政策，支持英国在长江流域的铁路建设计划和对西藏的要求，压制中国的抵制美货运动；1908 年利用美国退还庚子赔款之机，推进缔结中、美、德同盟，并支持美国的中国东北满洲铁路中立化计划等等。是故美国驻北京的代理公使卫理向美国国务院报告，清政府应紧急起用袁世凯以镇压南方的革命。[①]英国公使朱尔典也对清政府不起用如袁世凯这样的对欧美"友好"的优秀人才，极为不满，并于 10 月 21 日向格雷外交大臣报告，提出必须起用袁世凯方能收拾时局。英国欢迎袁世凯出山上台，意在通过对袁的支持，加强对中国时局的发言权和控制，从而掌握对辛亥革命的外交主动权，以便从中渔利。

　　日本对袁世凯的态度却与欧美列强大相径庭。日俄战争以前，日袁关系极为良好。但在此之后袁对日本的态度和日本对袁的政策，发生剧变。1902 年袁任直隶总督和北洋大臣时期，认为日本实现近代化的方法，与欧美列强相较，更适用于中国，遂在军事、警察、教育等的改革上，效法日本，招聘日本军事教官训练北洋陆军，延揽日本教员和学者改革中国教育，选派优秀青年赴日留学。日俄战争后，袁世凯与庆亲王等共同签署《中日会议东三省事宜条约》，承认日本在日俄战争中获得的在满洲的殖民地权益。基于这种情况，袁世凯与当时（1902～1906 年）任日本驻天津总领事的伊集院是肝胆相照之交。这一时期的袁世凯被视为"亲

---

① 王纲领：《美国对辛亥革命之态度与政策》，"中华文化复兴运动推行委员会"主编：《中国近代现代史论集》第 17 编（下），台湾商务印书馆，1986 年，第 1010 页。

日", 因之在中国的日本外交官和军人认为: "当今的中国没有超过袁世凯的人才, 他日必掌中国政权。今若拥护袁之立场, 彼必感恩, 将更加主张亲日。如袁失势, 则将长期陷于黑暗之境"①, 对袁极尽称誉之能事, 说明日本当时对袁寄予厚望。

但是在日俄战争之后, 日本加强对中国侵略, 1907 年袁世凯任军机大臣兼外务部尚书时, 遂改而采取"远交近攻"的外交政策, 联合英美, 对抗日本。袁任命其心腹徐世昌为东三省总督, 唐绍仪为奉天巡抚, 通过他们与驻奉天的美国领事, 共同计划修建与满铁并行的铁路, 阻挠日本建设安奉铁路, 向日本在南满的殖民地权益挑战。是故, 袁世凯一时成为日本对华政策的障碍。1909 年袁被削职回籍时, 英美表示同情, 日本却认为其"罪"有应得, 表示欢迎。所以, 当一度被黜的袁世凯被任命为内阁总理大臣时, 日本对之非常警惕, 伊集院致电内田称: "以袁世凯为代表的新内阁成立后, 清国政府以如何态度对我, 不无疑问。"②内田也回电指示"注意其态度"③。

袁世凯被清廷任命为内阁总理大臣之后, 从武汉前线返京, 日本和欧美列强对此反应迥异。英、美、德等国的公使, 都热烈欢迎袁早日到京组阁。但日本的大陆浪人川岛浪速等则策划将驻扎石家庄的第六镇吴禄贞军配置于铁路沿线, 阻袁北上, 袁遂派其心腹周符麟将吴暗杀。川岛又与日军军官共谋炸毁袁乘坐的北上火车, 但未能如愿。

袁世凯冲破日本的阻碍, 亲率 2000 名士兵于 13 日威风凛凛地进入北京。伊集院仅以"袁世凯终于今日下午 5 时到京"④电报内田, 内容极其简短, 如此可见伊集院对袁入京的冷淡之情。他认为: "当袁内阁成立之际, 我之对清关系, 无疑将比对满人政

---

① 黑龙会编:《东亚先觉志士记传》(中), 原书房, 1966 年, 第 538 页。
② 1911 年 11 月 2 日, 伊集院公使致内田外相电报, 第 409 号, 日本防卫研究所藏。
③《日本外交文书》(辛亥革命), 第 72 页。
④《日本外交文书》(辛亥革命), 第 23 页。

府更加困难"。①

　　袁世凯于 16 日组成包括立宪派领袖梁启超、张謇在内的北洋军阀官僚内阁，一手总揽清政府的政治、军事大权。袁的组阁政略是在与南方革命派妥协之同时，借其力逼清廷于死地；另一方面又依仗手中权力，保持清政府与革命派之间的平衡来牵制革命派，以实现自己君临全中国的政治野心。

　　为此，最为重要的是必须取得欧美列强，特别是英国的支持。袁在动身之前，即派遣其长子袁克定先去北京。11 月 2 日，袁克定秘密会晤朱尔典，告知袁世凯在清廷之下建立以汉人为中心的立宪体制，并以此说服革命派，收拾时局之意图。②袁到京后的翌日，又派袁克定再度会晤朱尔典，告知当时全中国的舆论强烈要求清廷退位，挽救清朝已属不可能之事。己就灭清之后建立共和国，由袁世凯出任大总统一事，取得黎元洪和革命派诸领袖等的承诺和支持。③此举是袁利用当时的舆论和革命派的主张，就建立共和体制和由其就任大总统事，探询英国的反应。对此，朱尔典则劝告袁克定，从形式上维持清朝的主权者地位，与此同时向立宪政体过渡，确立立宪君主制最为妥当，采取共和政体是危险之举。④

　　在袁克定就政体问题探询英国意见之后，袁世凯于 15 日直接与朱尔典会谈，表示自己也与朱尔典同样有采用立宪君主制收拾时局之意。⑤但袁之本心，乃系通过废清，从政体形式及实际权力上俱入自己掌握，并希望得到英国的全面援助，故而不能无视

---

① 日本《国民新闻》，1911 年 11 月 9 日。
② 臼井胜美：《辛亥革命与日英关系》，《国际政治·58·日英关系史的展开》，有斐阁，1980 年，第 35 页。
③ 臼井胜美：《辛亥革命与日英关系》，《国际政治·58·日英关系史的展开》，有斐阁，1980 年，第 35 页。
④ 臼井胜美：《辛亥革命与日英关系》，《国际政治·58·日英关系史的展开》，有斐阁，1980 年，第 36 页。
⑤ 臼井胜美：《辛亥革命与日英关系》，《国际政治·58·日英关系史的展开》，有斐阁，1980 年，第 36 页。

英国方面的意见。此后，袁世凯不仅在政体问题上，而且在废黜摄政王、停战协定等等重大问题上亦均与朱尔典磋商后方作出决定。由于袁对日本已失去信任，所以有关活动的消息均不向伊集院提供。

但是，袁世凯却不能完全无视处于近邻的军国主义国家日本。袁就某些问题与英国磋商后，在付诸实施时，为排除日本的阻碍，也需要得到日本的谅解和支持。于是袁要求与伊集院举行会谈。正如内田训令伊集院那样，日本对此时已被任命为内阁总理大臣的袁世凯不得不改变态度，"必须与袁保持密切关系"①。内田利用这一机会，于17日向伊集院发出关于与袁会谈的要领，在指示中充满对袁的不信任感，反映了日本在此时期的对袁政策和对辛亥革命的外交方针，其内容如下：

第一，在与袁会谈之际，"仅限于听取对方之意见及希望……须注意尽可能不表明我方之态度"。

第二，"万一袁世凯表明愿依靠我国之力以匡时艰，而我公使又不得不作出某种表示时……可表明将向本国政府详电具报，在未接到本国政府训令之前，碍难明确奉答"。

第三，"根据会谈情况，如有必要而又无顾虑时，可作为个人意见"，将以下各点密告之。

首先要求袁"如帝国政府下定决心援护清国政府时，首先必须明确知悉清国政府之决意究竟如何，即，确信清国政府具有诚意，信赖帝国政府，并将国内一部分人之反对及他国之离间中伤置之度外，俾帝国政府实现援护之决心，行之无任何顾虑"。因为"必须准备内对自己国民，外对清国及其他各国，承担重大责任"。而且对革命党而言"必定惹起彼等之激烈反对"。由此可见日本之所以提出"诚意""信赖"作为援护之前提条件，是出于对袁的不

---

① 《日本外交文书》（辛亥革命），第58页。

信赖感。在此时期，打消袁世凯对日本的不信任感，取得其信赖，是日本对袁的第一要务。

其次，要求"清国政府在设法平定动乱的同时，顾及东亚大局，谨慎从事，万不可轻率借不奏实效之外力，使事态混乱"。这里所说的"不奏实效之外力"，可能是指英国而言。英国驻在东方的兵力很少，难以提供军事上的支持。内田拟以此为由，说服袁结束对英国的依赖关系，使其尽入自己彀中。①

18日，伊集院根据以上要领，与袁世凯举行了第一次会谈。当时，北京和欧美的舆论流传日本欲趁中国动乱之机以逞其野心之说。故而伊集院在会谈开始时，首先声明日本无此野心，以消除袁对日本的不信任感，并劝告袁"切不可轻信谣传，怀疑帝国之诚意，应肝胆相照，真诚相待"②。

继之说明日本的对清政策，称："帝国政府本应立即予贵国以援助，采取镇压革命派之手段，奈以在此与各国关系极其复杂的情况之下，我国之一举一动，均有引起他国干涉之虞。故而帝国政府一面严守中立，使他人无干涉之余地；一面观察形势之推移，相机行事，以期万全。"③这是日本向袁表示日本有介入中国问题之意。

再次，认为"东洋之大局仅应由东洋人维持，须致力于迅速恢复秩序，确保东亚之和平"④。表明排除欧美参与之意。这是为了切断袁世凯与朱尔典的密切关系。

袁世凯在会谈时首先向伊集院表示感谢之意。称："本人亦常担心列国有乘机干涉之虞，幸而迄今无事，全属贵国之赐"⑤。这是外交辞令。袁内心担忧的，正是"日本海陆军都在准备进行干

---

①《日本外交文书》（辛亥革命），第58页。
②《日本外交文书》（辛亥革命），第378~379页。
③《日本外交文书》（辛亥革命），第378页。
④《日本外交文书》（辛亥革命），第378页。
⑤《日本外交文书》（辛亥革命），第379页。

涉"①。

袁世凯提出的解决方案是:(一)"当务之急是征服武昌叛军,但贸然用兵,并非得计"②,表明需对革命军采用软硬兼施之策。(二)"作为根本解决时局之方案,自己坚持主张实行君主立宪制,而革命党则试图以共和制或联邦制强硬对抗,因之实现固非易事"。③袁世凯以此探询伊集院对君主立宪制与联邦共和制的意向。这是此次会谈的重要课题。伊集院断言:"通过君主立宪制以求统一全国,乃万全之策"。并严厉批评"意图实行共和制或联邦制,国民知识水平难以适应,只能称之为无谋之策,结果势必招致自身灭亡"④。

最后,伊集院为排除欧美各国就政体问题介入,指出:"彼等并不介意何种政体,紧要之点在于其臣民的生命财产得到完全保护,仅在于达到发展贸易通商,扩大权利范围而已"。⑤为对袁表示"好意",又说:"你我之间必须保持密切关系,如对帝国政府有何要求等情事须本公使传达时,自当乐于转致,望随时提出。"⑥游说袁世凯倒向日本。对此,袁则答以"今后必有求助之时"⑦。但这并非袁的真心之言。之后袁曾语人:"此时日本为一可怕之国家。与该国之人交往,亦即招致嫌疑之道。"⑧吐露了其对日本的警惕。

会谈后,伊集院判断:"在君主立宪与联邦共和的政体问题上,袁目前尚在进行选择并无所适从之间,主张君主立宪,则仅为向世间表白其主张而已。"并推测"袁对前途悲观","内心颇为苦闷",

---

① 河村一夫:《近代日中关系史之诸问题》,南窗社,1983年,第188页。
② 《日本外交文书》(辛亥革命),第379页。
③ 《日本外交文书》(辛亥革命),第379页。
④ 《日本外交文书》(辛亥革命),第379页。
⑤ 《日本外交文书》(辛亥革命),第379页。
⑥ 《日本外交文书》(辛亥革命),第380页。
⑦ 《日本外交文书》(辛亥革命),第380页。
⑧ 《近代日中关系史之诸问题》,第188～189页。

“为时局煞费苦心”。①这是伊集院对袁世凯的错误判断。在这次会谈中，伊集院并未能洞悉袁的真心实意。

从日本内田外相对于会谈的指示，和袁世凯与伊集院会谈的情况来看，双方都没有达到预期的目的。这是由于两者在会谈目的和主题上存在分歧，而且距离很大所致。日本意在首先切断袁世凯与英国的密切关系，从而取得袁对日本的信任。袁则希望日本对己与英国研商过的君主立宪制给以支持。这种分歧来自日本与英国对袁的外交层次的差异，英国和袁世凯已经建有信任关系，并且已达到可以左右袁之行动的地步；日本与袁的关系，则尚处于互相猜疑的阶段。在辛亥革命时期中，始终未能消除这种疑心。到 1916 年时，日本即转向推翻袁世凯。

伊集院感到这次会谈并未达到预期目的。由于与袁世凯的会谈失败，他建议日本外务省采取新的积极的政策。11 月 19 日，伊集院上报内田：“此时应坚决转变旁观时局之态度，改为采取积极筹划的措置。若不如此，大势一变，将无由取得有利于帝国之解决，势将出现纰漏。”②所谓“积极的措置”，是指 11 月 2 日报告中的分裂中国的政策，即“以三分论为帝国及远东和平之最佳方案”③。伊集院说，在时局急转剧变的形势之下，“如不从外部施加强力之压迫……使清朝至少以黄河以北之地维持庙堂之计，将归无望”④。并称，如弃置不顾，亦将危及满蒙地区的（日本）国家之命脉，甚至会出现悲惨的结局。伊集院向内田建议，日本在外交上所采取的方针，不应执着于某一方案。可以其在 11 月 2 日所上陈的内容为第一方案，“如此方案最终不能实现时（正如本使以前所陈，在当前形势下，若无外部的直接或间接的强力干涉，自是难以实现），第二方案为希望于 18 个省以外地区，保持清廷

---

① 《日本外交文书》（辛亥革命），第 380 页。
② 《日本外交文书》（辛亥革命），第 381 页。
③ 《日本外交文书》（辛亥革命），第 381 页。
④ 《日本外交文书》（辛亥革命），第 381 页。

的国家形式。如此方案仍不能实现时，作为第三方案则只有让清朝灭亡，以在清国全土实现共和乃至联邦为基础，诱导产生于我最有利态势"①。这些建议的主旨是由日本单独控制中国时局。

伊集院的建议，是对袁世凯与英国以君主立宪制收拾时局方案的否定。日本政府和外务省并未接受这一建议，但采纳了伊集院以积极的干涉收拾中国时局的意见。11 月 28 日，经日本政府议定并由日本天皇批准，决定了日本关于对清时局的方针。内田日记载：

> 九时访桂公爵，九时半访松方侯爵，10 时访山本伯爵，11 时半访井上侯爵。乞求赞成山座行大关于清国事件方针之电文。12 时去内阁，得全体内阁成员同意。12 时 40 分与总理同往皇宫，承天皇批准。1 时返外务省。②

日本外务省重视协调外交，故而通过山座临时代理大使，向英国提出以下方针："时至今日，与各自本国有重大利害关系之各国，已发展至不能再袖手旁观的时期，为从速维护本国利益，应考虑以适当之手段，采取必要之措置"③，意图与英国共同干涉中国问题。其理由有三：（一）"满清朝廷业已威信扫地，政府当局缺乏匡救时局之实力和诚意，叛乱已渐次蔓及全国各地。""原期袁世凯可以匡济时艰，但其进京后之筹划，无足可观，首都形势已呈险恶，致使各国政府认为有增兵之必要，'时至今日，期由清国政府独力恢复秩序，殆已无望'。""革命军虽已席卷清帝国之大半河山，呈声势最旺之势，但其实力之薄弱出人意料，只不过由于官方之无作为而虚张声势于一时而已。"（三）"若动乱今后长此不决，通商贸易定当受其阻碍，或终至发生排外倾向，难保不

---

① 《日本外交文书》（辛亥革命），第 381 页。
② 内田康哉传记编纂委员会、鹿岛平和研究所编：《内田康哉》，第 160 页。
③ 《日本外交文书》（辛亥革命），第 384 页。

重蹈当年义和团之情况"。①

　　恰于 27 日，清廷官军攻占汉阳，官、革关系为之一变。内田 29 日训令日本驻英临时代理大使山座，由于中国形势的变化，推迟与英国外交大臣的会见。30 日，将 28 日方针中之"时至今日，期由清国政府独立恢复秩序，殆已无望"，改为"此次官军收复汉阳，势必一杀革命军之气势，但不能立即左右大局。即使官军今后能侥幸镇定武汉地区之革命军，而退离该地之革命党必效四川之例，继续在各地掀起暴动。由清政府独自恢复秩序，可云已全无希望"②。以上说明日本对清军攻占汉阳之后，官、革双方的力量变化及袁世凯走向停战议和的形势变化全无预见。

　　日本驻英临时代理大使山座接到内田的训令后，于 12 月 1 日将其趣旨通告英国外交大臣格雷。开始时，格雷认为日本的通告意味要进行武力干涉，对之非常重视，当即坦率询问："日本国之意图，是否准备使用武力？"③山座即将 28 日训令后半段的译文亲手交与格雷。这是按照内田 28 日训令中的"在先了解对方意向后，再将我之意见告知彼方为宜"④办事。其内容为："适合清国目前形势之最佳方案，只能是放弃脱离实际之共和论，同时革除满清朝廷专权之弊，充分重视汉人之权利。在满清朝廷名义上的统治之下，实际上依靠汉人施行政治"。付诸实施的方法是，先由日本和英国等介入，说服清廷和革命军"两者互让妥协，化干戈为玉帛"。再"通过与清国有重大利害关系之各国的协调，然后共同维持满清朝廷之存在，尊重汉人之地位"。⑤这仍然是以清廷为中心，在汉人中，亦未明确是否包括袁世凯在内。格雷细观之后说"如

　　① 《日本外交文书》（辛亥革命），第 383～384 页。
　　② 《日本外交文书》（辛亥革命），第 388 页。
　　③ 《日本外交文书》（辛亥革命），第 388 页。
　　④ 《日本外交文书》（辛亥革命），第 384 页。
　　⑤ 《日本外交文书》（辛亥革命），第 385 页。

此，极为放心了"①，但并未明确表示配合日本所提方针的态度。
因为此时格雷已经知晓朱尔典通过英国驻汉口代理总领事苏福，
正在官、革双方之间斡旋停战谈判。认为这或许是"时局转变之
征候，无须经他国调停，交战双方亦有望达成协议"②。此时英
国已经掌握了对中国政局的主导权，为建立在清廷名义之下的君
主立宪政体，正在通过袁世凯，暗中进行罢黜掌握清廷实权的摄
政王，延长停战期限等活动。这表明，英国与日本虽为同盟国，
但却不容日本也插足干预。

　　12 月 2 日，革命军攻克长江要冲南京，官、革的力量对比随
之发生了变化，从而加强了南北调停和解的趋势。内田正确地估
计了革命军攻克南京后的形势，认为南北双方"由此自会产生调
停良机"③。4 日，他向英国驻日大使提出日本参与调停的必要性。
同日，伊集院也向朱尔典转致了同一意见。朱尔典答以"一任清
国自己寻求妥协的途径"④，再次拒绝了日本的参与。

　　就在这时，袁世凯对日本搞了一出闹剧式的活动。12 月 28
日晚，袁世凯召坂西利八郎中佐至其私邸，以个人秘密谈话的方
式提出"此时能否考虑由日本人向革命军方面首脑人物探询意向，
并进而通过日本人进行折冲"，还就解决财政困难问题探询"不知
有否良策"⑤，表示寻求日本的配合和援助。袁还向坂西表示："若
能公开表明仅由日本一国居中调停当为最佳良策，望能如此。"然
而，此时袁世凯正在英国居中调停之下，秘密与革命军进行停战
谈判。却又如此要求日本参与，其目的乃是该日（12 月 2 日）在
革命军攻克南京之后所采取的权宜之计。在官、革停战谈判中一
向被袁世凯拒之于千里之外的日本，闻得此讯后自然认为是一项

---

①《日本外交文书》（辛亥革命），第 389 页。
②《日本外交文书》（辛亥革命），第 389 页。
③《日本外交文书》（辛亥革命），第 394 页。
④《日本外交文书》（辛亥革命），第 395 页。
⑤ 1911 年 12 月 31 日，伊集院公使致内田外相电报，第 624 号，日本防卫研究所藏。

"福音"。翌日，伊集院即报告内田是否可应袁世凯之请托，遴选日本的可靠人士秘密前往武昌及其他重要地区，向革命党首脑人物探询妥协之意向。由此"加强袁世凯等对我国之信任，实为得策"①。对此，内田于 4 日发出"帝国政府愿尽最大努力担当居中调停之任，为收拾时局不辞其劳"②的训令。但是，内田对袁依然怀有疑虑，他看到"袁一面继续要求英国斡旋，却对我扬言此将启后果堪忧的外国干涉之端，现反而又请求我国出力调停，似此行径，不免有自相矛盾之嫌"，因而指示"鉴于今后各国间之离间中伤必将日益强烈，故当此之际，应事先查明事实真相"。③这是一个确切的判断，明确的指示。然而，由于送往内田的情报迟缓，弄不清袁世凯要求英国出面调停是否属实，以致他不得不指示伊集院查明此事。

内田虽然出于对袁世凯的不信任感，持有上述怀疑，但仍想与袁接近，并加以控制以干涉中国政局。同时指示伊集院：如袁世凯要求英国斡旋，并非出于本意，至诚希望由日本进行公开调停时，"则须在袁表明充分信赖我国之诚意"④的前提下，可向其提出以下具体条件：

一、清国政府在要求我国致力调停时，应善于理解我之方针，其态度必须完全与我之方针一致。

二、应事先言明，经我之斡旋在清国政府与革命军之间达成调停条款时，清政府必须予以承认，不得有损及我体面之举。

三、清国政府应承认立宪主张，去满清朝廷专制之弊，充分尊重汉人地位，切实履行迄今所颁之各次上谕。

---

① 1911 年 12 月 31 日，伊集院公使致内田外相电报，第 624 号，日本防卫研究所藏。
② 1911 年 12 月 4 日，日本内田外相致伊集院公使电报，第 347 号，日本防卫研究所藏。
③ 1911 年 12 月 4 日，日本内田外相致伊集院公使电报，第 347 号，日本防卫研究所藏。
④ 1911 年 12 月 4 日，日本内田外相致伊集院公使电报，第 347 号，日本防卫研究所藏。

四、对参与此次变乱之官、革双方有关人员，不仅均不问罪，将来更不得采取另寻借口加以迫害之措置。[①]

内田在指示伊集院必须确认袁世凯是否具有执行上述四条之决心的同时，还指示可以向袁表示"在清国政府确有信赖我国之诚意的基础上"[②]，包括财政问题亦可给予援助之意。

内田和伊集院在这种情况下同意了袁世凯请求斡旋的要求。虽然对袁抱有疑虑，但也表示了积极援助的态度。然而袁世凯在此后不久便取消了这一要求，改委唐绍仪担当调停重任。内田得知后，极为愤慨，于8日指示伊集院："阁下斥责提出请托一方之不当，于事无补，此时有望于阁下者，乃在探求袁对我之态度一事"，并向伊集院发出含有警告之意的训令，指出对待袁世凯，"如彼实际上与我疏远，有纯属对我加以利用之意，或意在对我进行操纵，则我对此必须有相应的认识"[③]。这一训令意味日本与袁世凯的谈判暂时宣告中断。

如上所述，日本一面竭尽全力想取得袁世凯的信任，一面向英国呼吁日英共同干涉，试图操纵欧美列强。但是，由于袁世凯的权谋术数和英国排斥日本的行动，日本的意图未能实现。9日，日本政府给英国政府的复电中称："若英国政府认为等待即将举行之官、革双方会见之结果而采取某种措置为得宜，则在不发生任何不测事件的情况下，日本政府并不坚持异议。"[④]只得听由英国单独干涉。

在此时期的日本外交活动，伴随中国形势之急剧变化，对辛亥革命的态度和政策，也有了新的变化：一、由过去的旁观态度改为企图公开插手进行干涉；二、由初期的全面支援以满人为中

---

① 1911年12月4日，日本内田外相致伊集院公使电报，第347号，日本防卫研究所藏。
② 1911年12月4日，日本内田外相致伊集院公使电报，第347号，日本防卫研究所藏。
③《日本外交文书》（辛亥革命），第402页。
④《日本外交文书》（辛亥革命），第405页。

心的清廷，改为支持在清廷名义上的统治下，由汉人掌握政治所实行的君主立宪制。以上两点，在日本后来对辛亥革命所采取的措施中，必须给以足够的注意。

四、南北议和、政体问题与日英等国的对策

在日本和英国共同强行要求中国实行君主立宪制时，英国即已应袁世凯之请，暗中介入官、革停战，并进一步引向举行南北和平会议（以下简称南北议和），英国试图引导官、革双方通过议和谈判决定中国的政体问题。英国的这一外交方针正合袁世凯的政治野心。所以，袁始终依靠英国，策划从官革停战，走向南北议和，再由议和引向政体问题，依次进展，最后就任民国大总统。本节对日本和英国就袁世凯在官革停战、南北议和、政体等问题上所采取的措施，并以南方革命派对此的反应与之对照，综合考察日、英、袁三者之间的外交关系。

正如上节所述，袁世凯与英国的关系，始于南北停战问题。袁被任命为总理大臣时，采取了软硬两手策略，由其心腹之一的刘承恩三次致函湖北军政府都督黎元洪，呼吁和平解决南北之争。另一方面，却开始向革命军占领的汉口发动反击，并将之攻下。黎元洪等则拟利用袁世凯，使其矛头指向清廷，对袁表示了和解的态度。11日刘承恩和蔡廷干携袁世凯的信函到武昌谈判停战事宜。革命派提出以实行共和政体为前提条件，刘、蔡则坚持君主立宪制，双方对峙，未能实现停战。黎元洪致函袁世凯，言及在清帝退位的条件下，实现君主立宪制并非不可能之事。黄兴也致函袁世凯，表示袁如能使清帝退位，有服从袁之命令的心理准备。袁世凯通过谈判和来信，掌握了南方革命派的态度和对自己的期望。为保持在南北谈判中居于有利的军事地位，开始反攻汉阳，并于11月27日攻占。接着开始炮轰武昌。

　　参加南北停战谈判的蔡廷干，于 11 月 16 日在北京向英国《泰晤士报》特派员莫理循具体地介绍了谈判内容和袁世凯的动向①，使英国掌握了其中内幕。26 日，朱尔典会见袁世凯，提出如武汉再启战端，会危及居住在汉口的英国侨民。②朱尔典认为，此时如不签订停战协定，势必成为长期的流血战争。③如是则将对英国在长江流域的权益和贸易产生巨大影响。袁世凯则抓住这个机会，向朱尔典表示可在南北双方都满意的条件下，签订停战协定，并要求通过朱尔典和英国驻汉口代理总领事葛福，向黎元洪传达此意。④朱尔典当即以电报指示葛福，以非正式的口头方式将此意告知黎元洪。27 日，葛福将黎元洪提出的停战 15 天，根据需要可再行延长 15 天，及举行南北全权代表直接会谈等三条意见转告朱尔典和袁世凯。⑤袁表示可以接受。朱尔典乘此时机警告袁世凯，如清军渡江进攻武昌，彼应对由此而产生的流血事件负责。⑥袁世凯在这种压力之下，于 12 月 1 日向第二军团总指挥冯国璋发出停止进攻武昌的命令，同时指示汉口的黄道台与葛福代理总领事首先安排停战 3 天。⑦在朱尔典和葛福的居中调停之下，于 12 月 2 日起停战 3 天。葛福作为证人，在停战协定上签字。英国的外交大臣格雷表示完全赞同这些安排。

　　在此之后，袁世凯与朱尔典、唐绍仪共同起草了长时间的停战协定。其内容包括停战时间延长 15 天，派唐绍仪为袁世凯之代表与黎元洪或其代表直接讨论时局问题等。袁世凯于 12 月 4 日将以上内容电告冯国璋。⑧朱尔典也于同日致电葛福，指示其继续

---

① 参照骆惠敏编：《清末民初政情内幕》（上），知识出版社，1986 年，第 791～796 页。
② 《英国蓝皮书有关辛亥革命资料选译》（上），第 73 页。
③ 《英国蓝皮书有关辛亥革命资料选译》（下），第 484 页。
④ 《英国蓝皮书有关辛亥革命资料选译》（上），第 73～74 页。
⑤ 《英国蓝皮书有关辛亥革命资料选译》（上），第 96 页。
⑥ 《英国蓝皮书有关辛亥革命资料选译》（上），第 207 页。
⑦ 《英国蓝皮书有关辛亥革命资料选译》（上），第 103、105、207 页。
⑧ 《英国蓝皮书有关辛亥革命资料选译》（上），第 133、208 页。

积极斡旋。①经过斡旋停战延长 15 天以后，进入南北议和。在此过程中由于袁世凯的权谋术数及以保护英国在南方的权益为纽带，袁、英双方的关系进一步密切。英国从外交上掌握了在南北停战、议和方面的主导权，巩固了左右袁世凯和中国时局的基础。

相形之下，日本则基本被排除于决定中国时局这一重大外交交涉之外。内田康哉接到日本驻汉口总领事松村 11 月 28 日的报告，得知英国公使应袁世凯之请进行调停。30 日晨，又从日本第三舰队司令川岛的电报中获悉停战谈判正在进行，不禁为之一惊。立即训令伊集院："此等重大事件，英国驻清公使竟未与阁下事先作某种磋商，实属遗憾。"并训令伊集院"急速与该公使会晤，秘密探询此事之究竟，且指出今后在此类问题上，两国经常保持协调，至为重要"②。表明日方之态度。然而，局面并未因此改变，伊集院依然被排除于停战谈判之外，甚至无法收集与此有关的情报。内田除将第三舰队川岛司令的电报转知伊集院外，并训令其要求袁世凯："类此事体，今后清国官员应先与川岛司令长官联系。"③12 月 5 日，内田致电伊集院，"袁世凯最近向驻清英国公使表示，为挽救时局，摄政王之废黜，业已日益明显"，将于一两日内特派唐绍仪前往南方查明该地的意向，要求"阁下若有何信息时，望急来电相告"。④由此可见，日本未能参与如此重大的事件，袁世凯与朱尔典也未曾向日本提供任何情报。伊集院向内田报告称："此地英国公使对本公使之态度暧昧"。"由于英国公使一向持消极被动态度，本公使屡屡烦渎，亦非上策。"⑤望由英国政府训令朱尔典，今后与自己充分交流意见。内田为使日本在对清外交上摆脱被动局面，于是通过日本驻英代理大使山座要求英国政府训令

---

① 《英国蓝皮书有关辛亥革命资料选译》（上），第 133 页。
② 《日本外交文书》（辛亥革命），第 387 页。
③ 《日本外交文书》（辛亥革命），第 390 页。
④ 《日本外交文书》（辛亥革命），第 393～394 页。
⑤ 《日本外交文书》（辛亥革命），第 397 页。

驻北京的朱尔典，就清国政府的各种情况，与伊集院坦率会商，以求彼此沟通。

内田和伊集院为在收拾中国时局问题上赶上英国，尽早取得与英同等的外交地位，作了不间断的努力。12月12日，伊集院拜访袁世凯，一方面称"希望能对阁下所标榜之君主立宪主张加以援助促其实现，以早日平定时局"，同时就类如罢黜摄政王之重大事件"在发布上谕之前，竟迄未得知底蕴，日本政府对此深感遗憾"。①表露日本不满之意。袁世凯称："奈从历来情况而言，清国人对于日本的不快之情已至今日之地步，此时若求教于日本，各方面或将滋生异议，最终反使可成之事变为不成，且又须顾及其他外国国家之想法……故而暂先委任英国。"②从表面看来是袁世凯就南北停战不得不倚重英国一事，向伊集院辩解，以求日本的谅解，其实这并不是辩解之语，而是坦直地说出了对日本的不信任。这表明了自日俄战争以来，由于日本对中国的侵略，中国人所产生的反日情绪。同时，也说明了英国等其他外国对日本出兵干涉具有戒心，意图加以遏制的客观外交环境。袁世凯之所以排除日本而选择英国，诚如袁之所言，并非事出偶然，而是源自日俄战争以来所形成的日、英、清和日、英、袁三者之间的双重的外交关系。

所谓在此时期的双重外交关系，究竟有何所指呢？从日英两国的外交关系而言，两国是缔有条约的同盟国，有保护在远东和中国的殖民地权益的共同目的，以及为达到这一目的的合作关系。这是出自帝国主义国家侵略本质的一个共同侧面。但是，两国又都要在中国扩大本国的势力范围和权益。因而两国之间相互斗争，争夺中国，又互相牵制对方的行动。这当然也是出于帝国主义国家的侵略本质。日英在是否参与南北停战、议和以及政体问题上

---

① 《日本外交文书》（辛亥革命），第406页。
② 《日本外交文书》（辛亥革命），第407页。

的争斗，其侵略本质于此暴露无遗。因为袁世凯是这一问题的核心人物，所以，日英两国的斗争当然是围绕着袁世凯而展开的。然而袁与日英两国的关系也是双重的。袁与日英两国关系的一方面是被侵略与侵略的关系，是对立的。另一方面是日英两国都为将意在统治中国的袁世凯掌握在自己手中而展开争夺。这一争夺，原本出于侵略，但袁世凯则利用日英之争，并且选择了英国。之所以如此，除如上节所述，与英国保有传统的历史关系之外，还有如下原因：（一）由于欧洲的国际关系日益紧张，英国无暇顾及亚洲，对于中国，其重点在于保护既得利益，在外交上采取防卫态势。而地处近邻的日本，则企图出兵干涉，采取的是进攻性的外交态势。所以，袁世凯联合英国，共同戒备日本，牵制其行动。（二）日本开始时支持清廷，后又要改为通过君主立宪，变支持为保护和保存清廷。与之相反，英国对保护和保存清廷持消极态度。所以，英国的态度，对想取清廷而代之的袁世凯是有利的。（三）英国为牵制日本出兵干涉而利用袁世凯，日本则在与英国谋求协调的同时，将袁世凯摈斥于外以掌握对清外交的主导权。因而这就必然促使袁世凯为自身利益而依靠英国。这一切，都是由此时期的双重外交关系所决定的。围绕南北问题，伊集院与朱尔典之间的龃龉，并非如伊集院所说的"源于朱尔典过于小心谨慎的性格"[①]。由于这种双重的外交关系所衍生的三者之间的关系，并非暂时的现象，而是一直作用于辛亥革命时期。因此，日本在后来的南北议和和政体问题上，一直处于被动的地位，失去了外交上的主导权，不得不屈从于英国。

　　12月上旬，英国在南北议和开始之前，提出向袁世凯提供借款，此事由朱尔典首先提出，袁世凯则希望利用此项借款，通过议和统一南北，从而统治中国。由此项借款也可以看出日英两国

---

　　①《日本外交文书》（辛亥革命），第397页。

在外交上的中国之争。英国外交大臣格雷于 12 月 7 日即已将向袁世凯借款的意图用电报训令英国的驻法、德、美大使。但到 10 日才将电报内容通告内田。英国打算将日本与俄国摒诸此项借款之外，而由英、法、德、美组成的四国银行团垄断。其中最热衷于此项活动的是自辛亥革命爆发以来即积极援助清廷的德国，法国也表示赞同。这笔借款是对袁世凯的政治性借款。内田于 16 日表示愿意加入此次借款，并提出"将帝国政府排除于如斯政治性借款之外，究属不利"①。同时鼓动俄国与日本联合参加此项借款，以与四国银行团相对抗。俄国对此表示同意。但当日、俄两国提出要求加入时，英国反而表示"并无热心推行此项借款活动之意"②。英国之所以如此，其中有南方革命派的反对和在中国南方保有巨大利权的英国工商界的反对。但是，不欢迎日本参加，也与之有关。此时内田又提出提供小额借款的建议，以此进入对袁外交行列。英国仍不赞成，此次借款遂告流产。在这项借款问题上也反映了日、英两国的对袁之争。

12 月中旬，开始了南北议和的准备活动。以唐绍仪为团长的北方代表团一行，于 12 月 11 日到达汉口。南方革命派遴选伍廷芳为代表，并要求在上海举行和平会议。此时，南方的革命派察觉到英国对袁世凯的影响力，故而伍廷芳于 11 日致函英国驻上海总领事法磊斯，要求朱尔典转告袁世凯，由袁训令唐绍仪到上海与南方代表会谈。③朱尔典接受了伍廷芳的要求并通知袁世凯。袁于 12 日指示唐绍仪赴上海，唐于 17 日抵沪，并在莫理循的安排下，住在英国人李德立的私宅。④英国从一开始即掌握了南北议和的主导权。

面对南北和平会议，日本的方针是取得与英国同等的发言权。

---

①《日本外交文书》（辛亥革命），第 243 页。
②《日本外交文书》（辛亥革命），第 244 页。
③《英国蓝皮书有关辛亥革命资料选译》（上），第 160 页。
④《清末民初政情内幕》（上），第 813 页。

15 日内田向伊集院发出训令，命其将日本对该会议的方针通知袁世凯。内容如下：

> 一、对于袁排斥共和政体，坚决主张君主立宪，帝国政府表示完全赞同。……切望袁今后坚决贯彻其主张，断然实行其意见。如因此而有何求助于我国者，帝国政府不辞给予相当之援助。
>
> 二、袁应经常注意日、英间之特殊关系，遇事与两国同时开诚布公，方为得宜。帝国政府深望袁今后将采取如此措置。
>
> 三、（南北和平会议以失败告终时）袁应洞察形势，首先从各国中选择最堪信赖，且确实怀有善意与实力之国家实现调停协议，而后再徐图与其他各国相谋此事之方针最为至要。①

由内田给伊集院的指示可以看出，日本为了取得与英国平起平坐的地位，虽依然坚持君主立宪制，但一改过去反袁的立场，变为如袁主张君主立宪制，则不吝给予援助的方针。值得注意的是，在这个指示中，提出了如议和失败时的对策，正可以说明日本并不希望议和有成。因为议和是在英国居中调停下从事准备并进行的，所以议和失败，也就是英国外交的失败。英国将因此处于被动地位，而日本即可乘机掌握外交的主导权。内田所说的"最堪信赖，且确实怀有善意和实力之国家"②，当然是指日本。伊集院对袁世凯所说的，也是议和不成后的方针。袁世凯对此则答以"有在最后烦及各国调停之准备，届时先征询英国的意见，继与贵国公使磋商之打算"③。这仍然是英国优先主义，各列强继英国之后方能介入调停。意在取得与英国同等地位的日本，对此

---

① 《日本外交文书》（辛亥革命），第411~412 页。
② 《日本外交文书》（辛亥革命），第412 页。
③ 《日本外交文书》（辛亥革命），第408 页。

当然不能赞同。伊集院要求"无论在何种情况下，在贵国希望由外国进行调停时，总应先向日、英两国公使言明，全然不可直接向各外国提出"。并再三告袁"须始终以忠实之态度，表明信赖我政府，有使我政府能对之完全放心之诚意，至关重要"。[1]但是，袁世凯并未表露对伊集院的"主张表示赞同，加以理解"的态度。伊集院认为根据袁世凯之历来行事，"彼是否按约行事，不能不稍有存疑"[2]。因之，内田于15日再次训令伊集院，向袁世凯提出15日电训之三项方针。17日伊集院将此告知袁世凯之后，并特别劝告"贵国认为确定需要外国调停时，务必先同日、英两国商议，方为得计"[3]。而袁则依然故我，答以："就本人之立场而论，因既已通过英国之中介，已臻有头绪之地步，如议和确实不谐，须谋求日英两国，进行此事时，若由本人出面要求日本与英国一同调停，在程序上总难免有不妥之嫌。故莫若由阁下向英国提出，达成某种协议，由两国共同赐告，本人必当遵从两国公使意见行事，绝不持异议。"[4]表明仍然是英国优先主义。同日，伊集院向朱尔典转告了与袁世凯会晤的内容，努力求得朱尔典的赞同。然而朱尔典并无意与日本合作，对此避而不答，顾左右而言他。

　　在议和前，朱尔典认为在保存清朝的基础上，使南北妥协极其困难。16日，作为解决方案，朱尔典向伊集院提出"册立当代孔子后裔，拥为皇帝，是否可行"[5]的意见。坚决主张君主立宪制的日本，意在确立以皇帝为中心的政体，并不介意皇帝是满人或是汉人，当即回答"作为一种方案，加以考虑，亦属有益。但因此问题毕竟是直接关系到根本解决时局之关键因素，须作为重

---

① 《日本外交文书》（辛亥革命），第408～409页。
② 《日本外交文书》（辛亥革命），第408～409页。
③ 《日本外交文书》（辛亥革命），第421页。
④ 《日本外交文书》（辛亥革命），第421页。
⑤ 《日本外交文书》（辛亥革命），第419页。

大问题而慎重考虑"①，表示可以商谈。伊集院于 17 日与袁世凯会谈时，提起这一问题。袁世凯此时正在大做皇帝、大总统梦，对此当然反对，称："坚决反对拥立孔子后裔为皇帝之意见，此种无谋之举，实不值一哂。"②与袁保持着密切关系的朱尔典自己不向袁提及此事，而让伊集院出面提出，乃是为了使袁世凯受到震动，促其提高对日本的警惕。这也正是朱尔典的狡狯之处。

　　15 日，驻北京的英、美、法、德、俄和日本等国公使共同起草了送交南北代表的备忘录，提出"目前之战乱不止，不仅对清国本身，而且对外国人之实质性利益及安定，亦将带来重大影响"，希望双方"应迅速签订足以终息此次战乱之协议"。③这也是朱尔典先同美、法、德三国公使商谈之后，才征询伊集院的意见的。因为此时业已修改了第三次日英同盟条约，英、美关系由而大为改善，英、美逐渐联合起来以对付日、俄，故而将日本置于美、法、德之后。伊集院虽不希望美国等列强介入，但在此形势之下别无他策，也不得不表示赞同。20 日在上海向南北代表送交了备忘录④，表明列强对和平会议的希望。在南方的革命派看来，这种行动说明列强视南北双方具有同等地位，意味着对南方革命派的承认，声势为之一振。⑤

　　12 月 18 日，南北和平会议在上海召开。在第一次会议上，顺利地解决了延长停战期限的问题，从 25 日起再延长一周。⑥在 20 日举行的第二次会议上，政体问题成为争论的焦点。南方代表伍廷芳强调指出，在议和问题上中国已经具备实现共和，实行民主的条件，人民也希望共和，问题只在于选举大总统一事，主张

①《日本外交文书》（辛亥革命），第 419～420 页。
②《日本外交文书》（辛亥革命），第 422 页。
③《日本外交文书》（辛亥革命），第 415 页。
④ 见《申报》，1911 年 12 月 21 日。
⑤《日本外交文书》（辛亥革命），第 442 页。
⑥ 见中国史学会主编：《辛亥革命》（八），上海人民出版社，1959 年，第 71～74 页。

清帝退位。①唐绍仪则表示"我等来自北京的代表无反对实行共和，制定宪法之意向"，袁世凯亦对之赞成，仅碍于亲自出口而已。②唐的谈话透露出与袁似有密约在先。③莫理循也认为："毫无疑问，唐的发言是得到袁的同意的"。④20 日，莫理循也对日本驻上海总领事有吉明说："唐绍仪和袁世凯之间是有密约的。"由日本外务省派遣，于 21 日到达上海的松井参事官经与唐绍仪谈判数次之后，向内田报告称："对袁世凯与唐绍仪是否私下早有默契，由唐口衔其意派往当地之观察，可云至为中肯。"⑤从袁世凯对议和与政体的对策及其后来暴露出的野心来看，这种分析可以说是正确的。袁唐密约正是了解袁世凯对议和与政体的真正态度的关键所在。就这一密约而言，虽然袁世凯在派遣唐绍仪南下时，就已经开始转向共和制，但这并不说明他赞成共和，而是作为一种手段，强迫清帝退位，以达到自己统治中国的目的。

　　日本始终坚持君主立宪制，并且强行要求中国实行这种体制。这就使日本与英国、袁世凯及南方革命派形成对立，成为和平会议顺利进展的阻碍。为使会议成功，说服日本赞成共和制，遂成要务。此时，莫理循挺身而出担当此任。20 日，他向有吉进行游说，推荐袁世凯称："解决时局的最好方法，是由双方议和代表迫使清帝退至热河。嗣后在建立共和政体上南北达成一致，决定举袁世凯为大总统。此事在于查明袁世凯之（有脱文）。"⑥同时并将此意见告知了伍廷芳。莫理循是应袁世凯和南方革命派双方之约来沪的，此时极为活跃。他从北京出发时，袁世凯曾为其提供专车，并派一名高级军官护送。⑦袁对莫理循的主张和其到上海

　　① 见中国史学会主编：《辛亥革命》（八），上海人民出版社，1959 年，第 76～77 页。
　　② 见中国史学会主编：《辛亥革命》（八），上海人民出版社，1959 年，第 77 页。
　　③《辛亥革命》（八），第 77 页。
　　④《清末民初政情内幕》（上），第 815 页。
　　⑤《日本外交文书》（辛亥革命），第 456 页。
　　⑥《日本外交文书》（辛亥革命），第 435 页。
　　⑦《清末民初政情内幕》（上），第 811 页。

的作用了然于胸，所以乐于支持莫氏南下。唐绍仪在上海时也曾私下向高洲领事透露过与上述内容相同的意见。

北京方面，袁世凯于 20 日紧急召见日本高尾翻译官，密告唐绍仪来电内容："革命党坚决主张共和政体，毫无通融之意……如在会议上双方公开坚持各自主张，谈判势必破裂。且各国领事之外交方针已有所改变，可能不支持君主立宪而加以舍弃，务尽速暗中筹拟方策。"并向高尾询问："日本国有无突然改变方针，表示赞成共和之说，此事究竟是否可信？"[①]这与其说是探询日本的意见，毋宁说是劝告日本转而赞成共和制，效法其他列强放弃君主立宪制的主张。然而，伊集院对此理解为："袁似在期待我国之善意援助（指对君主立宪制——笔者），希望收到若干实际效果"[②]，要求内田对此谋求对应方策。这纯属误解。

伊集院旋于当日走访朱尔典，告知与袁世凯会见的情况，探询英国对君主立宪制的态度。朱尔典此前经与袁会谈，早已知悉内情，但却避重就轻，答以"本人已经改变君主立宪的主张等等之说，事属子虚"。然而在翌日彼却又主动向伊集院提出："保存满清，达成妥协，看来殆已无望。对此究应采取何种措施？可否按莫理循所说，以袁世凯为大总统，姑求稳定于一时。"[③]朱尔典虽称"共和制终不能巩固"，然同时又称"总而言之，只得在妥协无望与共和国之间，两害相权选择其一"[④]。表明了选择共和制之意。因为英国在中国的殖民地权益，四分之三在南方，英国的经济界和宗教团体都强烈呼吁为保护这些权益而"支援"南方革命派。作为英国政府，无法不重视南方革命派的共和主张。因此，朱尔典"虑及南方的贸易关系，就英国政府而言，以施加压力达

---

①《日本外交文书》（辛亥革命），第 436 页。
②《日本外交文书》（辛亥革命），第 437 页。
③《日本外交文书》（辛亥革命），第 437～439 页。
④《日本外交文书》（辛亥革命），第 437～439 页。

成君主立宪为基础之妥协决属不可"①。对伊集院强行实现君主立宪制的主张加以反对。但伊集院仍然强调:"保存满清,实行君主立宪,乃是最佳方案。"向朱尔典针锋相对地提出:"为了推行解决方案,或将难免由第三国施加若干压力,或将由此引起南方中国人之反感。若与此同时造成清国瓦解,酿致大混乱之因,此为一害。而为对此加以防止,或许致蹈某种程度之危机,亦复一害。但两害之中,作何取舍,其理不言自明"②,仍然坚持强力推行君主立宪制,与主张通过共和制而解决时局问题的朱尔典相持不下。

政体问题与日、英两国对袁世凯的政策密切相关。日本以君主立宪制来排袁,英国则以通过共和制推荐袁为总统。因之,围绕袁世凯就任总统问题双方形成对立。伊集院等日本方面认为袁世凯"不能在全国范围内得到普遍尊敬与信任,南方各省均对袁颇为反感,此乃不争之事……。是故拥戴袁为总统,是否能够维持长期统治,实属一大疑问"③,因此加以反对。内田也于22日向英国的格雷外交大臣提出:"帝国政府认为推袁为总统以求稳定一时之方案,不仅实行颇多困难,亦决非保持清国长久和平之策。故现仍认为君主立宪制度为匡济清国时局之最佳方策。切望英国政府同意于此,并为建立该制度而竭尽全力。"④共和制与袁世凯的出任总统问题,是一个问题的两个方面。此时的内田无论从哪一方面讲,对袁世凯疑虑之心颇炽,反对之感甚强。所以他说:"即使共和政治得以付诸实现,是否拥戴袁世凯为总统,颇属疑问。"⑤其理由为:(一)"袁是否能抛弃一向所标榜的主张,不顾多方面之反感而应允就任总统,当属不明之事。"(二)"难以想象

①《日本外交文书》(辛亥革命),第437～439页。
②《日本外交文书》(辛亥革命),第437～439页。
③《日本外交文书》(辛亥革命),第437～439页。
④《日本外交文书》(辛亥革命),第441页。
⑤《日本外交文书》(辛亥革命),第441页。

满清朝廷及满人能否甘心为袁氏所出卖，坐视其废除皇位自任总统。"（三）"革命军方面对袁反感极大。"①以上几条理由，恰正说明了日本一向对袁世凯的疑虑和反对。

这时的日本外交政策又发生了另一个变化。日本一贯向英国表示，采取遇事日、英先协商，意见一致以后，再同其他各国商谈。但在当前日、英针锋相对的情况下，则向英国提出："在日英之外，与俄、美、法、德等国先行内部磋商之时机已届。"②意在借另外四国之力牵制英国的行动。

唐绍仪是和平会议的重要人物之一。内田于22日通过日本驻上海总领事有吉，指示松井参事官"速与唐绍仪会晤，向唐充分说明我之主旨所在"③。松井立即于当天往访唐绍仪，向唐游说。但唐抢先告以"革命党之废清而实现共和的意志，极其坚决，毫无缓和之余地。舆论亦复如此。北京除接受之外，别无他途"。并称"假如由各国或一国以武力使战争结束，固非难事。但后果堪忧"④，对日本的干涉提出警告。但松井翌日再次访唐，按照内田之训令告唐："帝国政府为支持君主立宪，准备向袁提供充分之援助。至于何时提供，如何援助，将与袁随时磋商后而定。"⑤希冀通过对袁世凯的援助，强迫实行君主立宪制。唐绍仪认为日本的对袁援助乃是出兵干涉，所以再次警告："袁世凯虽亦希望借助外国兵力，但此举虽云帮助满人，但无异于以外国兵力屠戮本国民众，极为不当。本人业已致电袁世凯详陈所见，谏言借用外国兵力之不当。"并斥责"迄至外国之国家政体问题，日本亦竟图强行左右，言之令人齿冷。现时国民舆论既已要求共和，置此现实

---

① 《日本外交文书》（辛亥革命），第441页。
② 《日本外交文书》（辛亥革命），第441页。
③ 《日本外交文书》（辛亥革命），第442页。
④ 《日本外交文书》（辛亥革命），第440页。
⑤ 《日本外交文书》（辛亥革命），第447页。

于不顾，而仍欲扶持满清朝廷，本人实感难于理解"①。松井对唐的游说，毫无成效。

在北京，袁世凯、伊集院、朱尔典三者就政体问题进行了会谈。在会谈过程中，袁世凯首先掌握了主导权。22 日，袁向朱尔典、伊集院出示了与唐绍仪之间往来的三封电报。唐在电报中称，由于在政体问题上的对立，"南北谈判将以破裂告终"，提议"速召开国会，议决君主或民主问题"②。此时，国会议决选择民主共和制。袁世凯面对这种形势，在回电中称："顷接来电称共和乃最佳政事，本人对此一向钦慕并曾加以研究，只因国人之习惯上及其他方面困难甚多，断非一时可顺利就绪。"③袁世凯并在事前将此意向日、英公使作了强烈暗示，希望彼等同道来访，以便与英国公使共同说服日本公使，但伊集院则表示希望另行个别会谈。

伊集院在与袁会谈之前，先行往访朱尔典，用以调整双方的意见。朱尔典表示："期望有适于保全清国及其长治久安之解决办法。"④透露英国的态度有所变化，英国将不拘泥于君主立宪制或共和制，所重视者只在于能建立一个强有力的统一政权，保护列强在中国的权益和贸易。伊集院对此变化开始有所察觉，为阻止英国的这种变化，反复向朱尔典说明："共和制终究难以长期巩固，且有旋即酿成大混乱之危险。"从日本的独特立场出发，说明"日本对此问题在根本上与其他各国不同，处于与清国具有特殊关系之地位，其实现共和制所引起之更大混乱，日本国将不仅在实质上因之遭受巨大影响乃至损害，且难保我国思想界不蒙受极大影响"。⑤吐露出日本之所以如此强硬坚持君主立宪制的政治上和思想上的原因。英国在政体问题上，采取的是保护殖民地权益的现实主义的态度，日本则是属于意识形态的、观念性的态度。伊集

---

① 《日本外交文书》（辛亥革命），第 447 页。
② 《日本外交文书》（辛亥革命），第 442～443 页。
③ 《日本外交文书》（辛亥革命），第 442 页。
④ 《日本外交文书》（辛亥革命），第 444 页。
⑤ 《日本外交文书》（辛亥革命），第 444 页。

院要求朱尔典对日本在政体问题上的这种特殊关系格外加以理解。伊集院还指出中国人在实现共和制之后，不知自制，有可能发展收回利权热及排外思想。建议"除施以某种压力之外，别无他途"①。坦率地说出了由日、英两国共同干涉的意向。朱尔典回答说："纵使一再重复施加压力之言，然此问题已非本人之智力及力量所能及。"②表示拒绝。

22 日，袁世凯先同朱尔典会谈。但朱尔典称："关于支持君主立宪之主张，尚未接到本国政府任何明确之训令"，表示不支持君主立宪制。袁将此理解为"英国公使的方针已变"③。朱尔典是意在表示避免公开干涉。但袁世凯的判断是正确的，英对袁已到了"听之任之的地步"④。

经过会谈，袁世凯在确认朱尔典的态度之后，才与伊集院会谈。袁说出朱尔典态度改变之后，一再探询日本的君主立宪主张有无改变，并表示倘若日本采取与英国同样的态度，自己只有"卸却重任"⑤。这不过是为了查明日本的态度，并非袁的由衷之言。他还向伊集院介绍了唐绍仪提出的召开国会决定政体的方案，称之"固不失为一种方案"⑥。袁世凯在口头上虽然仍在高喊君主立宪制，但其内心却在梦想通过采用共和制罢废清帝，由自己统治中国。伊集院对此当然并非毫无察觉，报告内田"鉴于袁氏之性情与素行，在途穷之余，不无可能一改常态，难以保证不出现意外之举动"。"事已至此，切望明确我方之态度，示以具体方案，采取使袁充分信赖我方之手段"。⑦伊集院暗示日本可由支持君主立宪制改为支持共和制，借以取得袁的信赖。

---

① 《日本外交文书》（辛亥革命），第 445 页。
② 《日本外交文书》（辛亥革命），第 445 页。
③ 《日本外交文书》（辛亥革命），第 450 页。
④ 《日本外交文书》（辛亥革命），第 451 页。
⑤ 《日本外交文书》（辛亥革命），第 451 页。
⑥ 《日本外交文书》（辛亥革命），第 451 页。
⑦ 《日本外交文书》（辛亥革命），第 452 页。

22 日，北京和上海的形势瞬息万变。内田不得不在这一天将中国政体问题提交内阁会议，迫不得已改变了日本政府的方针。时任日本内相的原敬在日记中记下了当日的内阁会议情况。

> 内阁会议。内田外相报告清国事件。英国业已暗中打算舍弃对清人实行君主立宪的劝告，听任选择共和政治。故而应再次向英政府申述君主立宪之说，于此无效时，就日本政府而言，只得同意英国之见。云云。据此，予称君主立宪虽为最佳政体，但却并非解决时局的最佳方策。缘以革命党坚不同意君主立宪，上海谈判只能以破裂告终，因而对再次向英国申述一事，虽不坚持异议，但以放弃君主立宪主张为得策。以石本陆相为首的内阁成员对此无异议。遂依此议决。①

此次内阁会议的决定，意味日本放弃以君主立宪制收拾中国时局的方针，达到与英国步调一致。但是，在决定对外政策上，日本独特的政治现象——元老的发言才是最有力的，内阁会议的决定，必须经过元老们的复议和批准。24 日举行元老会议，讨论中国问题。内田在日记中记载：

> 九时访桂公爵于三田，谈清国事件。午后 2 时半访西园寺侯爵，报告会见桂公爵之情况。三时举行元老会议，六时散会。山县公爵、桂公爵、大山公爵、松方侯爵、西园寺侯爵、山本伯爵、斋藤海相、石本陆相到会。井上侯爵未至。②

元老会议否决了内阁会议的决定，说明一直坚持主张君主立宪制的是日本的元老。会议开过之后，内田立即将元老会议的决定电告伊集院。与此同时训令其"当前应速与英国磋商，等待结果，以便再有所进言。在此之前，应与袁维持以往之态度，以防

---

① 《原敬日记》第 3 卷，第 198～199 页。
② 内田康哉传记编纂委员会、鹿岛平和研究所编：《内田康哉》，第 170 页。

局面破裂"①。并希将此意转告袁世凯。内田这个与内阁会议决定相左的训令，可以想象，是在背后有元老——尤其是山县有朋的巨大压力，所以引发了内阁成员对元老置喙干涉的强烈不满呼声。

但此训令到达之前，与日本的元老会议开会的同时，在北京，袁世凯和庆亲王向日、英两国公使提示了召开国会以决定政体问题的方案。22日下午庆亲王与袁先会见了朱尔典，告知拟将召开国会决定政体之意电训唐绍仪，以此征求朱尔典的意见。朱尔典答以"此际若无其他推进官、革双方和解协议之途，对发出以上电训，不持异议"②。庆亲王与袁在确认朱尔典的态度之后，随即向伊集院表明了同样的意见。袁称："英公使已赞成此意……如贵公使亦表赞成，拟立即发电"。③挟英国之力以逼伊集院。伊集院表示，切望"等待帝国政府致本使电训到来后，再定今后之方针。请通知唐绍仪，以国会方案谋求妥协事，加以推迟一两日"④。庆亲王和袁世凯虽然对此表示谅解，但当伊集院归去之后，复又召高尾翻译官往见，对日本大使馆于一两日内能否接到政府回电表示担心。袁世凯所期望于日本者，殆为放弃坚持君主立宪制，转而赞成召开国会，决定实行共和制。袁之所以如此催逼日本，系担心在日本不赞成的情况下，发出由国会议决的电报时，日本进行武力干涉。唐绍仪在接到袁世凯与伊集院会谈内容之来电后，立即要求松井来访，称：若伊集院"公使所言，意味日本将公开使用武力。但在实际上，此并非易事"⑤。正可说明对日本出兵干涉的疑虑。但此系误解，在伊集院的强硬姿态的背后，并无行使军事力量的意图。

---

① 《日本外交文书》（辛亥革命），第455页。
② 《日本外交文书》（辛亥革命），第459页。
③ 《日本外交文书》（辛亥革命），第461页。
④ 《日本外交文书》（辛亥革命），第461页。
⑤ 《日本外交文书》（辛亥革命），第455页。

在这种紧迫的形势下，内田加强了对南方革命派的工作，力图通过施加压力或游说，使南方放弃共和制的主张，改为赞成君主立宪制。25日，内田向英国大使窦纳乐表明反对袁世凯发给唐绍仪的电训之意，提议"作为当前之处理方法，向革命派详陈利害，最后采取君主立宪制，为收拾当前事态之最佳方案，劝告彼等在此基础上继续商谈，是为适当。如英国政府同意此一意见，即可由日、英两国劝导其他四国采取共同行动，由六国共同施加无形压力，以打开解决当前事态之途径"①。切望从速将此旨趣转知英国政府。内田同日并训令伊集院，告知将于日内派一两人前往上海，向革命派有力人士进行游说工作，并指出仅得向袁世凯一人秘密透露此事。在上海的日本总领事有吉和松井参事官虽曾进行此项工作，不仅未曾收效，反将日本秘密援助袁世凯的主张泄露于外，以致革命派提出希望"日本国勿对有吉总领事及日本使馆馆员进行干涉"②。

如前所述，由于在此期间日本向英国建议进行干涉，施加压力，以致在社会上流传日、英出兵之说。英国始终反对日本的上述提案，遂于25日单独发表政府声明："关于日、英两国在必要时，不惜使用武力以支持清国实施君主立宪政体而正在协同行动的报道，全属子虚。英国政府虽正与其他各国采取共同行动，但其努力目标，在于援助清国能在人民拥护的基础上，建成有效之政体。"③公开表明反对日本武力干涉的立场。这对日本是极大冲击。翌日，日本驻英临时代理大使山座致电内田报告称："要求英国为处理时局采取有效之积极手段，基本无望。"④

---

① 《日本外交文书》（辛亥革命），第458～459页。
② 《日本外交文书》（辛亥革命），第457页。
③ 1911年12月25日，日本驻英临时代理大使山座致内田外相电报，第261号，日本外交史料馆藏。
④ 1911年12月26日，日本驻英临时代理大使山座致内田外相电报，第265号，日本外交史料馆藏。

在北京，26日上午，袁世凯派蔡廷干往访伊集院，表示如迄至下午5时仍不见日本政府对伊集院之批示时，即向唐绍仪发出召开国会决定国体的电报训令。这等于是最后通牒。伊集院当即首先走访英国公使，要求得到其他列强的合作，共同牵制袁世凯的行动。并向朱尔典进言：“现今设若进一步形成六国间之协调，声明以君主立宪为基础达成妥协，当为最佳解决方案。断然劝告必须以此基础达成妥协之际，设若再加以实力压迫，更能奏效”。[①]朱尔典对此则一再重复“为避免危及南方的外国人，不宜采取强迫措施”[②]之意。

伊集院在了解到不可能与英国共同进行干涉后，遂于下午5时拜访袁世凯，在转达内田24日训令内容的同时，极力劝袁“务必缓发国会决议之电训”。袁世凯不顾日本的反对，表示坚决发报。[③]此时，伊集院才开始意识到袁与唐之间就国体问题早有默契。他认为若然如此，“在不明确袁总理的真意之前，难于轻率确定具体的援助”[④]。以此对袁施加压力。这时袁世凯反以“在时局困难达于顶点之今日，正需援助之时，而依然纠缠于主义、方针，仍未届进行援助之时机云云，实出于予之意外”[⑤]，吐露了对日本的不满和失望。袁世凯此时所期望于日本者，是支持召开国会，议决采取共和制。伊集院则声明：“就帝国政府之所期望而言，对此断难赞同。”警告袁世凯“发出该电训后之一切后果，及今后事态之发展，全系阁下之责任”，摆出一副强硬面孔。[⑥]

由于内田和伊集院为了坚持君主立宪制，对英国、袁世凯和革命派所作的外交努力，不仅未收任何实效，反而使对方加深了

---

① 《日本外交文书》（辛亥革命），第470页。
② 《日本外交文书》（辛亥革命），第470页。
③ 《日本外交文书》（辛亥革命），第468页。
④ 《日本外交文书》（辛亥革命），第468页。
⑤ 《日本外交文书》（辛亥革命），第475页。
⑥ 《日本外交文书》（辛亥革命），第469页。

对日本的疑虑，提高了警惕。在政体问题上，日本陷于孤立。

形势发展至此，迫使日本不得不改变对中国政体问题的方针。26 日，内田告知伊集院，"帝国政府单独拥护君主立宪制之理由，殆已丧失"①。训令其向袁世凯转达日本听任今后事态自然发展之意。这一训令是经元老会议，并在同日的内阁会议上所决定的。原敬在日记中记载如下：

> 出席内阁会议。内田报告清国情况。另由西园寺召集元老商谈，议定结果为：坚持与英国协同行动，英国既已对清国改制共和不加干涉，故亦应表示同意。以此旨趣向伊集院发出训令。②

这次与前次不同，系由元老会议先行决定，内阁会议遵循其决定作出再决定。由此可以再次看出日本元老对其政府在辛亥革命时期外交政策上的强大发言权。

27 日，内田将内阁会议的决定电告日本驻英临时代理大使山座，指示其向格雷外交大臣说明日本"决定暂时静观事态之发展"③。同日，英国外交部作为外交大臣之意见，将以下内容通知山座："两国政府应注意避免以革命党和袁世凯双方均无法承诺之解决方案强加于双方。因此，两国政府之行动应该一如既往，仅限于调停。同时要使之明确两国政府之希望，在于建成一个代表清国人民意愿，团结巩固之政府。"并称："即使是各国协同采取些微类似压迫之行径，亦属重大的冒险，应事先充分权衡。"④这也是对日本提出的由六国共同进行干涉的警告。

此时，素为伊集院所信任的赵秉钧（袁世凯内阁的民政部尚

---

① 《日本外交文书》（辛亥革命），第 468 页。
② 《原敬日记》第 3 卷，第 207 页。
③ 1911 年 12 月 27 日，内田外相致山座临时代理大使电报，第 241 号，日本外交史料馆藏。
④ 《日本外交文书》（辛亥革命），第 479 页。

书）出面向日本方面进行游说。27 日，赵秉钧通过高尾转告伊集院："据目前形势之衍变，实行君主立宪已全无可能，结果只能建立共和国政府。"①并秘密告知明天清皇族将参加内阁会议，作出最后的决定。

28 日，清廷发布政体决定于国民会议的上谕。29 日，上海的南北代表也作出"开国民会议，解决国体问题，从多数取决，决定之后两方均须依从"②等四条决定。30、31 日，双方代表商讨了召集国民会议的具体问题。伍廷芳提议于 1912 年 1 月 8 日在上海召开，唐绍仪将此建议报袁世凯，等待答复。③然而袁世凯却回电称："已签署之条款，难于承认。"④唐绍仪反对袁世凯此举，决定辞职，并向袁提出辞呈。袁世凯接受了唐绍仪的辞职⑤，南北议和因之呈现暂时"决裂"的状态。英国始终希望议和成功，朱尔典因之警告袁世凯："无视已取得的成果，当重启战端时，袁世凯难辞其咎，袁世凯必须有面对世界，承担中断协商之不当的充分准备。"⑥日本看来是欢迎这一决裂。但是，这次"决裂"只不过是议和的暂时休会，袁世凯在其后用电报等相约革命派继续协商。

政体问题是此次南北和平会议的焦点，南北代表一致同意由国民会议议决决定，使中国时局进入一个新的时期。通过这次南北议和，袁世凯利用国民会议决定政体，成功地迫使清帝退位，为自己就任大总统铺平了道路。英国始终掌握议和的主导权，博得南北双方的好评，奠定了辛亥革命时期有利的外交地位。日本不但未能掌握袁世凯的真实意图，反而被袁所播弄。日本一味顽

---

①《日本外交文书》（辛亥革命），第 478 页。

②《辛亥革命》（八），第 84 页。

③《日本外交文书》（辛亥革命），第 486 页。

④《日本外交文书》（辛亥革命），第 486 页。

⑤《辛亥革命》（八），第 102 页。

⑥ 1911 年 1 月 2 日，伊集院公使致内田外相电报，第 268 号，日本防卫研究所藏。

固地坚持君主立宪制，企图借日、英等列强的压力和干涉，取得议和的主导权，但英国不予支持，迫使日本的对华外交遭受挫折。日本企图利用与英国共同行动的名义，强迫中国实行君主立宪制的梦想，结果只是竹篮打水一场空。

五、日本民间人士、舆论和议会的反应

中国与日本地处近邻，各方面都和日本有深远的关系，源远流长，利害相关。辛亥革命是中国两千年来历史上最大的社会变革，所以，不仅日本政府和军部，民间、舆论和议会也都对此十分关心。本节将探讨辛亥革命在日本民间、舆论和议会所引起的反响及其对策；日本政府、外务省和军部对辛亥革命的态度有何异同之处，它们的异同对这三个部门在决定对清政策时有何影响。

首先探讨以日本大陆浪人为中心的民间人士对辛亥革命的反应及其活动。为数众多的日本民间人士和大陆浪人对辛亥革命寄予了极大关注，这是中日关系中的特殊现象，在其他欧美列强中难以得见。这是由于中国革命运动从初期起，就利用日本为基地，并得到了日本民间人士和大陆浪人的合作与支持。孙中山在分析各国对辛亥革命的态度时，曾说日本政府反对革命，但民间则寄予同情。所谓民间，是指民间人士和大陆浪人而言。那么，日本民间人士和大陆浪人的行动和思想状况如何？对他们的行动究应如何评价呢？

武昌起义爆发后，大陆浪人群集武昌，支援起义军，直接参加对清军的战斗。这些大陆浪人并不属于某个统一的组织，而是分别由其所属各团体派遣而来。最早到达武昌的是东亚同文会派遣的大原武庆。大原是原陆军中佐，从 1897 年起，在张之洞的新军武备学堂从事军事教育工作 5 年，为扶植日本在武汉地区的势力，活跃一时。大原在起义后的第一周，携同原二吉进入武昌，

以黎元洪都督老师的身份，受到隆重欢迎。他于军政府附近设立办公处，作为起义军的一个机密据点，积极活动。[①]

接踵而来的是末永节，起义时他正在大连，率吉田、川村等于 10 月 27 日到达武昌。翌日黄兴到达武昌，在汉口前线指挥作战时，末永节激励具有军队生活经验的斋藤、石川等协助起义军作战。[②]其后，末永节协助军政府在汉口从事对外国租界的外交活动。[③]

黑龙会的内田良平在 10 月 17 日接到宋教仁从上海发来的"恳乞竭力协助与贵国交涉，承认革命军为交战团体"的电报后，陆续派遣北辉次郎（一辉）、清藤幸七郎、葛生能久等到中国与起义军取得联络，同时收集革命形势的情报。[④]

大陆浪人与辛亥革命所以有此诸多牵连，是基于过去的传统关系而产生的自然的、自发的行动，但也多出于革命派的要求。革命爆发后，黄兴从香港奔赴武昌途中，在轮船上致电萱野长知，告知武昌起义之事，切望"尽一切可能，大量购买炸药急运武昌"[⑤]。萱野与水野梅尧等磋商后，秘密购得所需炸药，加以包装，又从梅屋庄吉处领得 7 万日元的资金和旅费[⑥]，然后召集金子克己、布施茂、三原千寻、龟井祥晃、岩田爱之助、加纳清藏、大松源藏等一同来华。到达汉阳军政府战时总司令部后，在总司令黄兴率领之下，参加了汉阳方面的作战。[⑦]萱野一行还受到日本在上海的本庄繁少佐的协助和军事上的指导。说明当时日本军部的派出机构，对大陆浪人的行动曾有所支持。

---

① 黑龙会编：《东亚先觉志士记传》（中），第 403 页。萱野长知：《中华民国革命秘笈》，帝国地方行政学会，1940 年，第 155～170 页。
②《东亚先觉志士记传》（中），第 403～404 页。
③《中华民国革命秘笈》，第 155 页。
④ 小川平吉文书研究会编：《小川平吉关系文书》（二），三铃书房，1973 年，第 397 页。
⑤《中华民国革命秘笈》，第 148 页。
⑥ 车田让治：《国父孙文与梅屋庄吉》，六兴出版，1975 年，第 224 页。
⑦《中华民国革命秘笈》，第 148～149 页。

　　日本陆军现役军人中也有人参加了革命军作战。步兵大尉野中保教、工兵军曹（中士）斋藤庆四郎、步兵大尉金子新太郎、步兵中尉甲斐靖等都曾转战于汉阳前线。原为张彪军事顾问的寺西中佐，此时也作为驻在武官，对革命军有所支援。[①]

　　汉阳的攻防战是一场激战，金子新太郎大尉和石间德次郎战亡，甲斐靖中尉负伤。

　　在汉阳战线，与大陆浪人一起活动的还有日本几家报社的数名特派员随军采访。《大阪每日新闻》的特派员小山剑南将《革命军奋战大获全胜》等报道发往日本，革命军的战况经此传至扶桑。

　　当时从事电影事业的梅屋庆庄派自己的电影公司——Ｍ·影片商会的摄影技师荻屋坚藏来华，拍摄了革命军在汉阳、汉口与清军作战的场面。这是珍贵的革命历史纪录片，现在中国、欧美所使用的辛亥革命的资料影片中常可见到荻屋所拍摄的影片。

　　日本的民间人士还向革命军提供过军费。如：梅屋庄吉迄至1911年10月底，已经捐助了11.6万日元。同年11月7日又捐赠17万日元。[②]梅屋复应革命军的要求，在东京印制了250万元的军票运送来华。我国报纸对此曾有报道。[③]

　　日本的民间人士和大陆浪人在日本国内举行集会，展开支援革命军的活动。10月17日，头山满、内田良平等二百余人，在东京日比谷公园的松本数召开"浪人会"大会，会上通过"邻邦中国之动乱，关乎亚洲全面之安危，凡吾同志，应静观时势之衍变，察人心之向背，去就之间慎重行事，我国应严守中立，成为大局之砥柱，以期不误经由内外予以支持之机宜"[④]。要求政府对中国革命采取严守中立的态度。翌日，内田良平要求外务省政务局长仑知铁吉对起义军采取善意态度，劝告其勿为庇护

---

　　①《中华民国革命秘笈》，第150页。

　　②梅屋庄吉：《永代日记》，小坂哲琅、主和子藏。

　　③《申报》，1911年10月18日。

　　④《日本及日本人》，1911年11月号，第10页。

清朝招致汉人恶感，将来使日本工商业遭受打击。①其时正值东京市举行众议院议员补选，该大会决定，"经由我辈同志将对清问题具有远见卓识的人物，送进议会，岂非吾人之义务乎"，推荐《万朝报》记者古岛一雄为候选人，以便向政界转达他们的意见和主张。②

内田良平等向日本政府、军部、经济界展开工作，敦促中止援助清政府而支援革命军。内田曾在日本吞并朝鲜之际，利用朝鲜的一进会大力活动，获得了桂太郎、寺内正毅的信任。内田为打通桂、寺内→山县→西园寺首相的渠道实现日本政府对起义军的援助，首先通过杉山茂向桂太郎和山县表露求助之意，继又赴朝鲜劝说寺内总督和明石元二郎宪兵司令官支援革命军。③内田良平在赴朝鲜途中，于10月26日致函三井的益田孝，要求其促使三井、大仓、高田三家商社中止供应清廷武器，转而支援革命军。④益田孝见信后，将内田之意告知井上馨，得其同意，偕同桂太郎往见西园寺首相，对之进行工作。与此同时，内田良平通过宫崎滔天催促孙中山、黄兴致电西园寺、井上、桂，提出适当的要求。在益田孝的努力和日本政府的赞同之下，旋即实现了三井给南方革命派30万两白银的借款。⑤益田孝又将内田良平的信交与井上馨，井上于10月29日走访原敬，出示信件，说明向清朝出售武器，必然招致革命派的极大恶感，希望对此采取一定的处置。⑥内田良平的这些活动，在日本政府、军部决定对辛亥革命的政策方面，产生了一定的影响。

日本民间人士为壮大呼吁支援革命派的声势，相继成立政治团体。11月上旬，在内田良平、小川平吉的倡议下，首先组成了

①《东京日日新闻》，1911年10月20日。
②《东京日日新闻》，1911年10月19日。
③《东亚先觉志士记传》（中），第439～440页。
④《东亚先觉志士记传》（中），第40～41页。
⑤ 1911年12月21日，日本驻南京领事铃木致内田外相电报，第173号，日本外交史料馆藏。
⑥《原敬日记》第3卷，第181页。

有邻会。宫崎滔天、古岛一雄、三和作次郎、福田和五郎等有力人物均参加。从有邻会的成员和资金来源看，可以说其是玄洋社系统的团体。该会除萱野长知外，另派遣宫崎滔天去上海，尾崎行昌去汉口，伊东知也去武昌，收集关于中国革命的情报，同时支援革命派。又派遣以牛丸友佐为队长的救护队开赴战地。山科多久马、吉住庆二、吉贺五郎、浜野让等医师参加了革命军的治疗伤病员工作。[①]有邻会以直接行动为主，得到日本陆军省军务局长田中义一提供武器的秘密援助和日本邮船会社相当于减免运费的优待[②]，说明该会与军部、经济界均有联系。

太平洋会是原已存在的推进大陆政策的团体，其核心成员有大竹贯一、五百木良三、中野二郎。武昌起义爆发后，决议"保全中国"和援助革命军，与日本军方有关人员、政治家、官僚频繁往来，申述他们的决议和主张。该会还派遣法学博士寺尾亨来华，担任革命派的法律顾问。

12 月 27 日，以根津一为核心的东亚同文会与工商业界的白岩龙平以及国民党、太平洋会等团体合作，以根津一、头山满、杉田定一、河野广中等为倡议人，组成善邻同志会。[③]该会在东京、大阪举行大型演讲会，竭力宣传支援中国革命派的理由，希望革命党坚持到底，早日取得成功，呼吁防止日本政府进行武力干涉。[④]

行动是思想的具体表现。日本大陆浪人与民间人士对革命派的支援，与他们对这一革命的认识密切相关。头山满称："此次革命变乱，并非由外界刺激或他人煽动而起，完全是时局所促成。革命之目的是坚决废皇帝，建共和，决非轻举妄动。"[⑤]犬养毅认

---

① 《东亚先觉志士记传》（中），第 463～464 页。
② 《东亚先觉志士记传》（中），第 464 页。
③ 《东亚先觉志士记传》（中），第 481～482 页。
④ 《申报》，1911 年 12 月 29 日。
⑤ 《大阪每日新闻》，1911 年 12 月 25 日。

为孙中山的革命派是急进派。评价他们是"一举打倒满清朝廷，坚决实行政治上的一切改革，创立文明新国家的一派"[1]。萱野长知说，10 月 10 日的武昌起义是"中国历史上值得永远纪念的民族独立日"[2]。1912 年 1 月 1 日南京临时政府成立时，他说："终于实现了同志们三十年如一日所从事的恢复中华，创建民国之大志"，充满喜悦之情。[3]池亨吉称："此次武昌的变乱，虽属突然，但其活动完全遵照革命方略，其行动计划亦步步按孙中山之意而行。"[4]

日本的民间人士和大陆浪人高度评价这一革命的领导者孙中山和黄兴。犬养毅评价孙中山："极力笃行自己信奉之学说，坚持共和主义，高举平等旗帜……余素知其人，可以断言彼为难得之人杰"。[5]东亚同文会干事长根津一对孙中山的评价是："孙逸仙其人，既富智谋，又有胆略，亦具学识，实为出色之人物……尤其是作为人数众多的革命党之领袖，十年如一日，始终对其信念坚持不渝。如此坚贞不屈的节操，令人赞佩。可称之为一代伟人。"[6]根津一评价黄兴"是个了不起的人物，此人具备诸多优点……是个实干家，充满为达目的不惜身冒万险之献身精神"[7]。小川平吉评价孙中山称："孙逸仙其人，从任何方面讲，也不愧是个伟大人物……必须承认他是一个具有不屈不挠和具备才干、力量之人。"[8]

内田良平也给予此时期的孙中山很高的评价："孙中山是一位学问渊博，知识广泛，镇定自若的出色绅士。""且他身先士卒，

---

① 《太阳》，1912 年 12 月号，第 111 页。
② 《中华民国革命秘笈》，第 169 页。
③ 《中华民国革命秘笈》，第 160 页。
④ 《新日本》，1909 年 1 月号，第 69～70 页。
⑤ 《太阳》，1909 年 1 月号，第 69～70 页。
⑥ 《中央公论》，1911 年 11 月号，第 141 页。
⑦ 《中央公论》，1911 年 11 月号，第 141 页。
⑧ 《中央公论》，1911 年 11 月号，第 149 页。

实践革命，前年镇南关之役，孙中山亲自督师作战，可见其不愧是革命党的伟大领袖。"①内田良平在 11 月发表的《中国改造论》和《中国革命调停方案》中，也都对孙中山领导的革命给予高度评价。内田指出："中国的革命是 20 世纪世界局势中最大的变动。等同 18 世纪的法国大革命所引起的欧洲大陆形势变化。中国的革命将促使亚洲各国的局势改观。其结果对世界机运消长的影响，不可等闲视之"，具有影响世界历史的意义。"这次革命变动并非如义和团般一时冲击性的动乱，而是具有长远的延续性质的国民革命"②，即具有新的性质的大变化。内田良平在如此分析辛亥革命的基础上，主张日本采取抑制欧美列强"瓜分中国"之野心于未然，以避"瓜分中国"之祸，俾"革命党建设稳定的新政府，维持国家秩序之安宁，完成改造中国之大业，使欧美列强予以承认"③的政策。为此，应实行以下各事：

　　一、指导各国协助中国建立联邦共和国，以避"瓜分中国"。

　　二、劝告清廷，同意实行联邦共和政治。

　　三、协同各国，作为革命党与清朝之间的调停者，尽早结束战争。

　　四、促革命党发表宣言，声明门户开放、机会均等和保护外国既得权益。④

　　内田以上述主张支持并支援革命派，以促共和政治之实现。

　　日本的大陆浪人与革命派一道，为清朝二百余年统治的覆灭，共和政治的诞生而欢呼雀跃。在日本黑龙会所编《东亚先觉志士记传》中，描述了他们的欢悦之情：

　　　　如此老大帝国，癝政百出，治世之活力尽失，为民所怨，

---

　　①《中央公论》，1911 年 11 月号，第 160 页。

　　② 初濑龙平：《内田良平研究》，九州大学出版会，1980 年，第 137 页。

　　③ 初濑龙平：《内田良平研究》，九州大学出版会，1980 年，第 137 页。

　　④ 初濑龙平：《内田良平研究》，九州大学出版会，1980 年，第 137～138 页。

覆灭在即。试观行将灭亡之清朝末路，诚如中国人所感喟：国破山河在，黄龙旗倏为五族共和之五色旗所代。目睹满清被埋葬之情景，不禁感慨万千。日中志士多年之苦辛惨淡为今日之来临而不惜奉献全部身心，终于壮志得酬，欢呼雀跃自不待言。目睹君临四百余州的爱新觉罗氏之三百余年天下，于兹一举覆亡，身为日本人，亦不禁为之凄然而心潮澎湃不已。①

他们对革命的这种态度，固然出于其任侠精神，但另一方面也说明了他们是怀有一定经纶之士。

日本的大陆浪人虽然讴歌和支援共和革命，但也主张拥护和扩大日本在中国的权益，这一点值得我们特别注意。例如，内田良平在为中国革命奔走的同时，提出确立日本在满洲的势力范围，扶植日本在华东、华中、华南的利益基础，确立日中提携的经济根基，扩大贸易和在政治、经济、军事、教育机关聘用日本顾问、技师等要求。②这是一种对辛亥革命的双重态度，是与前者相矛盾的。以前的研究认为，后者是前者的目的，前者不过是为达到后者这种目的的一种手段。这样的分析虽然正确，但两者之间并非从属关系，也存在同时并行的可能性。思想与行动未必一定是因果关系，因之对日本大陆浪人讴歌和支援辛亥革命，应作具体分析。应肯定者，给予评价；应否定者，加以批判。

在此应指出，并不是所有的日本大陆浪人都是内田良平那样的人物，对辛亥革命持双重态度。属于前自由民权派的宫崎滔天等，是为中国和世界革命而支援中国革命派的。宫崎滔天"坚信人类应有同胞之义，故而厌恶弱肉强食之现状，信奉世界大同之说"③。以中国为推行世界革命之根据地，若能首先"使中国成

---

① 《东亚先觉志士记传》（中），第500页。
② 《内田良平研究》，第138页。
③ 《宫崎滔天全集》（一），平凡社，1971年，第12页。

为理想之国家，以其力定能号召全球，同化万国"①。在此期间，宫崎滔天也往来奔走于日本军部、财阀和中国革命派之间，传递沟通信息，其目的是为援助革命派，主观上并无由此扩大日本在华权益之心。当然，在客观上也不能否认有其利于扩大日本在华权益的一面，这与孙中山对日本和大陆浪人的期待相左，因此孙中山对待支援中国革命的宫崎滔天等人也无法不存在矛盾。

梅屋庄吉作为日本的民间人士，是个特殊人物。他对辛亥革命有理解和共鸣，但在另一方面，也可以说是基于自己的人生哲学和出于任侠精神的行动。

如上所述，日本的大陆浪人和民间人士支持和援助辛亥革命，在表面现象上是一致的，但其思想和目的则有所不同。不过在客观上都有利于辛亥革命。所以，南方革命派要求并接受他们的支援。由于他们的态度是双重的，所以，一方面在精神上、物质上和财政上支援了革命派。另一方面，由于他们的这些支援及其与日本政府、军部间的微妙关系，给予清政府和袁世凯以及其他欧美列强以日本支持孙中山和革命派的强烈印象。这种印象在某种意义上虽属误解，然长时间赓续不止，在日本和清政府、袁世凯政权，以及与欧美列强之间的外交关系上，产生了重要的影响，常常成为牵制日本政府的一个因素。

资产阶级民主主义国家中的舆论，某时、某人支持国家的外交，某时、某人对其加以反对和牵制，都会影响到国家外交政策的决定和推行。那么，既是天皇制国家，又是军国主义国家的日本，外交与舆论的关系如何？舆论对中国政体问题又如何反应呢？

10 月 13 日，东京《朝日新闻》以"武昌陷落，中国爆发革命""中国革命党终于崛起与四川暴动无关的独立运动"②的标题

---

① 《宫崎滔天全集》（三），第 248 页。
② 《朝日新闻》，1911 年 10 月 13 日。

为开端开始报道辛亥革命爆发的消息。迄至翌年二月，各报纸、杂志都作了大量的报道。初期以报道革命实况、起因和对孙中山、黄兴、黎元洪等人物的评论为主。其后伴随袁世凯上台和南北停战、议和，政体问题及是否对其加以干涉的讨论，占了重要位置。

外交在某种意义上可以说是内政的延长。日本政府和外务省之所以如此固执地强行胁迫中国实行君主立宪制，与日本的近代天皇制密切相关。地处日本近邻的中国建立共和制的新国家，在政治上、思想上对天皇制国家的日本是无言的威胁。受近代天皇制思想教育的日本国民中的多数，对共和制素无认识，抵制情绪强烈。日本国内的这种情况，不仅反映在对中国的外交上，同时也反映在舆论上，作为社会舆论，倾向于支持日本主张君主立宪制的外交。

将反对中国实行共和政体，应对中国的政体选择进行干涉的主张诉诸舆论的是德富猪一郎。他认为："鼠疫为有形之病，共和制为无形之病"。"清国新建共和政体，必然冲击我帝国奉为国是之皇室中心主义"。认为日本的天皇中心主义受到清国共和革命影响一事，犹若"对岸之火"，不能视同儿戏。[①]强调在中国确立共和政体之前，扑灭中国革命，使中国无从建立共和政府。这是日本的藩阀势力立场的表现。庆应义塾大学教授向军治在《有控制局势者在》一文中推测德富猪一郎的主张："乃是出于具有东方俾斯麦气魄的大政治家、大谋略家之授意。"这个大政治家、大谋略家系指桂太郎。[②]

向军治在该文中指出："中国的革命是大势所趋，成立共和政府亦为大势所趋，其结果或将影响日本，亦为势所必然。切不可

① 野泽丰：《辛亥革命与大正政变》，载田井正臣编：《论集日本历史——大正民主》第 12 卷，有精堂，1977 年，第 54～55 页。
②《早稻田讲演》，1912 年 1 月号，第 146 页。

逆时势而动……莫如设法将其向良好方向引导。""日本社会本有将外来思想立即同化的强大力量。""即便受到中国革命和共和政治的影响，将其同化为日本式的亦非难事。"更进一步强调："姑且不论日本将来是否会发生革命动乱，但完全不发生类如共和动乱之事，实难保证。一旦中国革命成功，共和政府终于实现，日本必因之大受影响。""考虑如何将其向良好的方面引导，乃当前之大事。"①向军治的这一论调虽与德富猪一郎同样认为中国的共和革命及共和思想会影响日本，但主张与其对中国的政体选择进行干涉，莫若将其所产生的影响向有利于日本方面引导。

　　不过在日本也有一部分舆论强调中国的共和革命绝对不会影响日本的国体。早稻田大学教授岛村抱月撰文指出："中国此次革命，无论如何予日本人以刺激，但在原本就没有种子的土壤上，培植与之漫不相干的感情，实非易事。"其原因在于："吾等日本民族对拥戴为领袖的皇室，内心绝无敌对的感情，所谓引起对皇室本身怀有反感之情，殆属微波难兴，此乃不争之事实。""日本臣民对皇室是极为顺从和善意的，其唯一的心境，即所谓日本国体根本有异于中国和其他国家的国体。"②这是一种主张共和制的中国和天皇制的日本能够共存的论调，在当时相当普遍。甚至赞成中国实行共和制者，也持这种论调。共和制本是与天皇制相对立的政体，这种在赞成共和制的同时而又赞美天皇制的矛盾论调，是因为惧怕被问为对天皇的不敬罪。

　　但是，有一部分舆论极为重视中国共和革命对日本的影响。辛亥革命恰值爆发于大正政变前一年，日本的反藩阀势力兴起之时，他们欢迎共和革命的影响，并希图加以利用。例如岛村抱月认为这场革命正如"认为对日本社会只会有良好影响一派的国体

---

①《早稻田讲演》，1912 年 1 月号，第 146～147 页。
②《早稻田讲演》，1912 年 4 月号，第 120～121 页。

论者所云，不会带来危险的影响"①，正希如此。这是对介于日本天皇和日本国民之间的中间阶级——藩阀的一个冲击。岛村说对一部分人而言，"此次事件使他们内心如何惊恐不安，不知所措，实是大快人心。我等普通日本臣民，深感这场中国革命是对在彼等统治下的日本社会的一大讽刺，不胜欢迎之至"②。金丸子筑水在《中国革命与我国思想界》中，也与岛村同样认为："我国引帝政以为荣，决不会因中国革命而动摇其根基。如果说中国事变多少有些显著影响的话，那也不是涉及国体的问题，而是引起对今日官僚政治的怀疑。"欢迎中国共和革命对日本官僚政治的冲击。

　　中野正刚也从 12 月 18 日起，在《大阪每日新闻》连载五次的《对岸的火灾》中，反驳德富猪一郎的"对岸之火"论。上述的论调同样是肯定日本的近代天皇制，在中国的共和革命不会对天皇制政体产生影响的前提下，强调这场共和革命对打倒藩阀所产生的影响。中野说，中国共和革命的"形势影响东方和西方，唤醒所在之民心。对吾人毫不足惧。电非良好导体不能通，我国国民决非共和政体之电的良好导体。若夫邻邦革命之形势对我国有所影响，亦非革天下之命的革命，而仅是打破政界现状之革新运动。详言之，仅为打倒藩阀，改造腐败之政党，此岂非正为吾人之所快，所乐于接受者乎？"③指出日本干涉中国的政体选择是与维持藩阀的现状连接在一起的。中野正刚强烈反对德富猪一郎干涉中国革命的主张，认为中国建立何种政体，是中国国民的自由，在依据国法掌握政体的有力人物已经腐败堕落，而又不能进行改革之特殊国家，"可以超越国民的法律范围，以立国之诚意为基础，突破国法，以实现根本的改革"④。他在强调不干涉内政的同时，并论及若听从德富猪一郎干涉中国革命的论调，就国

---

① 《早稻田讲演》，1912 年 4 月号，第 120～121 页。
② 《早稻田讲演》，1912 年 4 月号，第 120～121 页。
③ 中野泰雄：《政治家中野正刚》（上），新光学书店，1971 年，第 109 页。
④ 中野泰雄：《政治家中野正刚》（上），新光学书店，1971 年，第 108 页。

际义务的原则而言，亦为不可能之事。

反对干涉中国政体论，是与对共和制的理解和同情相联系的。曾与宫崎滔天等共同组织革命评论社的和田三郎，在板垣退助的领导下，从事编辑《社会政策》杂志。他在该杂志上发表的《国际上之社会政策》一文中称："国际上的社会政策的根本要义……首先在于各国应尊重作为其国家之生命和独立基础的国民性。其次应以该国国民自行治理其国家为原则"，根据民族自决主义的理论反击干涉内政论。与此同时，指责干涉中国政体问题是"以别人不戴与自己同样帽子为由而击他人之头的野蛮粗暴行为"。关于中国实行共和制对日本的影响问题，他说："我国人民虽然愚顽，但在我们面前出现了比我们先进的国家，看到了自由之政的实施，不能视而不见。如若警醒，即应粉碎现在的官僚政客……正是因为现在之官僚政客有惧于此，方借皇室安危之名而希图干涉中国的共和制。"[①]和田还在《日本的满清朝廷》一文中斥日本的藩阀为"在日本的满清朝廷"。在表露对共和的羡慕向往之情之余，披沥了自己的坚定信念："明治已历45年，我国社会亦届发生大的变革之际，正当此时邻邦中国独立之战兴起，推翻顽冥不化之满清朝廷，摆脱封建的桎梏，行将建立共和政体。而我国竟不知容忍此半身不遂之立宪政体至何时？中国之独立，定会给我国带来巨大教训，予对此确信无疑。"[②]

上述言论一方面否认共和制对天皇制的影响，另一方面又积极肯定对中间阶层乃至藩阀政治有所影响的论调，是在天皇制的政治结构下的一种资产阶级改良主义主张，对后来打倒藩阀，拥护宪政的日本大正政变有一定的影响。

另外，日本的舆论对共和体制是否适合中国的问题，多数持否定的论调，且有人认为君主立宪制适合中国的实际情况。早稻

---

① 《论集日本历史——大正民主》第12卷，第55页。
② 《论集日本历史——大正民主》第12卷，第55～56页。

田大学教授、法学博士浮田和民一方面说"征诸清国目前之情况，只有共和政治一途"。又说"实行共和政治谈何容易"。"为中国计，以尽力使现今之清朝得以延续，渐次施行立宪政治为宜。如按照袁世凯之意实行，乃保全中国之最佳方式"。[①]但又主张"日本是君主立宪国，中国的共和政治虽云与日本的政体相反，但反对革命党对日本不利"[②]，因而反对干涉中国的政体选择。这种情况说明在主张君主立宪制者之中，也有反对干涉中国选择政体者。然而早稻田大学校长高田早苗则明确表示：在中国"实施共和政治云云，只不过是空言而已。文明程度不高，国民知识不发达的国家，绝不能实行共和政治，现今之中国即使实行共和政治，仅属昙花一现，瞬即转为专制政治……所以，虽然倡言废君主立共和，但最后一定不能实行"[③]。他认为中国适合采用君主立宪制。高田还预测："若不能由议和结束清国事变，或将待外国之仲裁或干涉方可有所决定"。[④]甚至早稻田大学教授，后任南京临时政府法制顾问的副岛义一也称中国适合君主立宪制。青柳笃恒等也主张君主立宪制，并断言中国不具备实施共和政治的条件。

当1912年2月，清帝退位，共和体制将得以实现时，赞成共和制的舆论也开始出现。平野英一郎在所发表的《论清国未来之政体》一文中说，君主立宪"政体在中国已近无望"。中国"三千年之历史几乎全处于君主制度之下，至为明确，但亦终不能否认自上古以来即同时存在共和思想"。中国"以美法两国之长短相补充，可建成完美的共和制，希望（中国）建成英联邦式的体制"[⑤]。主张君主立宪制的早稻田大学校长高田早苗，此时也改为赞成共和制，发表《建立一大民主联邦国家》的文章，说："中国成为民

① 《早稻田讲演》，1912年1月号，第143页。
② 《早稻田讲演》，1912年1月号，第144页。
③ 《早稻田讲演》，1912年新年号，第139页。
④ 《早稻田讲演》，1912年新年号，第139页。
⑤ 《早稻田讲演》，1912年2月号，第90～112页。

主、共和政体的国家，是中国之利，东洋之利，世界之利，而其组织以美国式的联邦制或近似于此者为宜。……本人极愿直截了当地建议汉族，此时应果断地创建一大民主国家、一大联邦国家"。①高田早苗的这种主张，在日本学术界影响很大。

特别值得一提的是在早稻田大学所展开的关于政体问题的活跃的学术活动。1911 年 11 月和 1912 年 2 月，前后举行过两次学术讲演会，参加人数超过预定的三四倍。早大校长在讲演会上号召："今天乃是研究此一问题的最好时机。历来关于政体论和国体论，不过是单纯的理论研究，而今天才是最接近于实际的研究，所以十分有意义。"还说："今日并非尝试学究式应用之时机，应作细微的学术上的区别"。②他要求把中国政体问题作为国际上的实际问题进行考察。讲演会以早大法学部的教授们为主，上述的一部分内容，即是在这一讲演会上所发表的。

12 月下旬在上海举行的南北议和中，政体问题成为争论的焦点。日本主张进行干涉时，其国内以传媒为中心的舆论，也组织起来反对进行干涉。如新闻界的斯波贞吉（《万朝报》）、浅田工村（《太阳》）、工藤日东（《日本新闻》）、鹈崎鹭城（《东京日日新闻》）、上岛长久（《报知新闻》）、古岛一雄（《万朝报》）、福田和五郎（《二六新报》）、岩佐溪龙（《万朝报》）和法学家盐谷恒太郎、加濑禧逸、平松市藏等联合在一起，以浮田和民（早稻田大学法学部教授，《太阳》编辑者）、松山志次郎（《东京朝日新闻》）、上岛长久、相岛勘次郎（《东京日日新闻》）、斯波贞吉、加濑禧逸、平松市藏、石山弥平太等为发起人，组成中国问题同志会。该会于 2 月 26 日在日比谷松本楼召开第一次会议，通过了如下宣言：

作为帝国应采取的对清政策的纲要，本会议决以下二大

---

① 《早稻田讲演》，1912 年 2 月号，第 90～112 页。
② 《早稻田讲演》，1912 年 2 月号，第 90～112 页。

方针，警告朝野，务期贯彻。

一、帝国为世界和平，务须保全清国领土。

二、帝国应尊重邻邦之民意，不可滥行干涉政体问题。①

除上述各报纸、杂志的有关人士之外，日本《大阪每日新闻》《东洋经济新报》《日本及日本人》《实业之日本》《新日本》等报纸和杂志的代表也赞同这一决议。28 日，平松、工藤、鹈崎、岩佐等干事，历访西园寺首相和内田外相，呼吁不要干涉中国政体。②这虽然是意在不干涉中国内政，但也表现了对共和制的渴慕向往。

关于辛亥革命和中国政体问题，日本舆论有如上述之纷纭多歧。这是日本在大正政变爆发前夜，日本各阶层通过辛亥革命和中国政体问题所表现出的政治立场和倾向，与大正政变有内在联系，也是辛亥革命和中国政体问题，在舆论上所产生的间接影响。这种不干涉论，作为对辛亥革命的支援，有它的历史意义。

最后考察一下日本议会的反应。

1911 年 12 月 20 日，日本召开第二十八届帝国议会。由于辛亥革命和中国政体问题是日本外交所面对的一大课题，所以在议会展开议论乃势所必然。翌年的 1 月 23 日，西园寺首相在贵族院和众议院发表施政方针演说，关于辛亥革命仅简单地说："当前邻邦的动乱，日本政府与各国同样，不胜忧虑。政府虑及东亚之大局，切望早日恢复秩序。与此同时，不断注视时局之衍变，以便在若应采取必要措施时，无所贻误。"③内田在外交方针报告中称："对邻邦清国之动乱，帝国政府实不胜痛心之至。帝国政府鉴于与清国具有政治上和经济上的重大利害关系，切望能早日恢复秩序。为此，正在与该国同样具有利害关系之各国交换意见，共同致力于灾祸尚未扩大之前，得到和平解决。即，与英国一同，为官、

---

① 曾村保信：《近代史研究——日本与中国》，小峰书店，1962 年，第 139 页。
② 《申报》，1911 年 12 月 31 日。
③ 《大日本帝国议会志》（八），大日本帝国议会志刊行会，1928 年，第 913 页。

革双方之代表协商进行善意的斡旋。更进一步与英、俄、美、法、德等五国共同向官、革双方之代表，呼吁恢复和平之必要。然帝国及其他各国虽付出了如此的努力，而清国之形势仍未踏上和平之路。对此，不胜遗憾。帝国政府今后仍将继续注视事态之发展，为确保东洋之和平，定当不稍懈怠。与此同时，亦希望清国政府及其国民，顾全大局，早日结束战乱，谋求和平。"①这是关于日本对华外交政策的浮光掠影的陈述，而回避实际的具体政策的发言。

在内田报告之前，以犬养毅为党魁的国民党于 1 月 20 日召开了党的大会，在大会宣言中对日本政府的对华政策进行了激烈的批判。1 月 15 日从上海归来的犬养毅，在大会上大声疾呼，攻击日本政府。②首相西园寺和外相内田的粗略含混、掩盖实质的报告，更进一步激起了犬养毅等反对党议员的愤慨，纷纷严厉谴责政府的对华外交政策。其主要内容为：

第一，对孙中山和革命党员的态度问题。过去对孙中山等革命党员加以庇护和支持的犬养毅，在 20 日国民党大会上责难日本政府称："就任大总统的孙中山是被从日本驱逐出去的人。此次举事的多数革命党员，在居留东京时也曾被当作罪人对待。政府长期不悟昨日之非，实属遗憾。"③竹内正志议员就前一年 11 月孙中山希望来日本时被外相加以拒绝一事，指责日本"一方面冷遇孙逸仙等，一方面却过于相信袁世凯，实为失策"。批评日本政府"藐视、冷遇南方，实乃对清外交失误之根本所在"④。他们都表示了对孙中山和革命党的同情。

第二，保全中国领土和排除武力干涉问题。犬养毅在众议院预算委员会上，质问内田"是否今日仍保持保全清国领土之主

---

① 《大日本帝国议会志》（八），大日本帝国议会志刊行会，1928 年，第 914 页。
② 内田康哉传记编纂委员会、鹿岛平和研究所编：《内田康哉》，第 173～174 页。
③ 内田康哉传记编纂委员会、鹿岛平和研究所编：《内田康哉》，第 174 页。
④ 《大日本帝国议会志》（八），第 942 页。

张？”内田回答：“始终一贯不变。”犬养毅当即就陆军大臣为向第十二师团发布动员命令的答辩作了指责：“有何必要出动第十二师团？如确有出兵之必要，岂不可以由此察知领土保全之说正在被打破。”①力图对山县有朋和日本军部出兵南满的企图加以牵制。

第三，干涉中国政体选择的问题。竹内正志议员就此问题在众议院进行质问：“政府有无滥行干涉他国政体，造成失误之事？”②石田孝吉等50名议员也联名在众议院提出了同样的质询。犬养毅在众议院预算委员会上质问内田：“据闻政府对中国的官革两军进行了善意的努力。所谓善意的努力，换言之，即是一种主张。此岂非具有强制接受某种政体之意？且其效果如何？时至今日，是否仍在继续这种主张？”③西园寺对此答辩称：“帝国政府并未干涉清国的政体选择。”内田在预算委员会上则回避作正面回答。正如前述，日本曾顽固地主张君主立宪制，强使中国予以接受。犬养毅义正词严地批评了内田的态度，指出：“所谓善意的努力，即意味强迫该国接受某一政体，岂非事实俱在？当其事者袁世凯曾就此电告唐绍仪，唐又将此通知伍廷芳，已为全体革命军普遍所知之事。现已为公开之事实。时至今日，当局已无秘而不宣之必要。希望得到诚实回答。虚伪为神圣议会所不能容许。”④竹内议员也揭露：“在他国领土畛域中，提出必须采用君主立宪政治主张，凭以进行交涉，已是今天无法隐讳的事实。”其结果乃是“北方之人不仅不感激，反而更加不信任……同时也招致南方的不信任。不为人所欢迎，乃属事实。设若将南北双方加以比较，南方较北方更加怨恨日本，亦为事实。”⑤犬养毅和竹内正志还批评日

① 《内田康哉》，第175～177页。
② 《大日本帝国议会志》（八），第937页。
③ 《内田康哉》，第175～176页。
④ 《内田康哉》，第176页。
⑤ 《大日本帝国议会志》（八），第942页。

本政府干涉中国政体问题是手举自己的政治主张，一厢情愿地进行谈判，这是蛮横拙劣的外交手段。指责这种作法是"在今天已将确立共和政体的情况下……与四亿人为敌的极为拙劣的外交"①。在坚持国际关系中不干涉内政原则的同时，表示了对共和政体的同情之感。

第四，对日本与欧美列强间的协调外交的责难。竹内正志等51名议员提出质问："政府有无被同盟国抢得先机，贻误外交机宜之事？"②竹内指出日本政府在与盟国英国联合致力于中国问题时，"英国抢先下手，并未与日本磋商而独自行动"③。责问日本是否被盟国英国所欺瞒。日向议员也主张在承认民国问题上，无须与欧美协调，应根据自主外交率先承认。而政府却一味强调协调，却未打算实行自主外交。

日本政府在众议院提出"关于清国事变费支出法律草案"。大藏大臣山本达雄提出包括业已支出的84.8万日元及其后作为追加预算的92.4万日元，合计为177.2万日元的请求。④其中包括外务省的电信费50万日元，陆军的军队派遣费、海军的军舰派出费以及递信省由于"清国事变"通信数量大增而增设通信线路的33万日元等等。这一问题经后来召开的特别委员会秘密讨论后，决定列入特别会计的货币整理基金。

关于辛亥革命的问题，虽然在议会上经过上述的辩论，但并非议会的主要议题，仅为辩论一番而已。此种议论对于日本政府、外务省决定对中国的外交政策，未能产生显著的影响，只不过相当于社会上的一种舆论的作用，显示了日本议会政治的软弱无力。

---

① 《大日本帝国议会志》（八），第942页。
② 《大日本帝国议会志》（八），第937页。
③ 《大日本帝国议会志》（八），第942页。
④ 《内田康哉》，第789页。

第二章 南京临时政府与中日外交

南京临时政府是辛亥革命的产物，其主体是以孙中山为中心的革命党。孙中山和革命党在革命爆发初期，对日本可能出兵干涉，持有戒心，谋求在外交上对日本加以牵制。但及至南京政府成立前后，却由警惕、牵制转为对日本寄予期望。本章通过孙中山在这一转变过程中的外交活动，探讨争取各国承认南京临时政府以及关于武器、借款等问题，并将日本所采取的对策与欧美列强的行动加以比较。同时，对日本如何对待以南北妥协收拾中国政局的问题进行探讨。

一、孙中山的外交活动与日本

孙中山于 10 月 12 日得知武昌武装起义的消息，当时他正在美国科罗拉多州的丹佛。这时，孙中山必须在立即回国指挥革命，抑或仍停留国外，利用有利的条件，阻止欧美列强对革命进行干涉和为革命军寻求援助从事外交活动，这两者中作出选择。孙中山有意首先途经日本，踏上归途。但最后还是选择了后者，在美洲和欧洲展开了外交活动。这是辛亥革命中卓越的外交活动，与武昌起义后成立的湖北军政府的外交活动相较，既有共通之处，又有所不同。本节于考察孙中山在欧美的外交活动的同时，探索孙中山对日本出兵干涉的警惕之心和牵制之策，并探讨其转而对日本寄予期望的过程。

辛亥革命的爆发，进一步提高了孙中山在国际上的地位。这是因为这一革命既是孙中山多年来为推翻清朝的专制统治，建立共和政体的中华民国而斗争之延续，又是其结果。故而从革命爆发之日起，日本外务省的驻美机构，就非常注意孙中山的一言一行，收集孙中山的活动情报，及时报告外务省。这些报告是研究孙中山在美活动的重要史料。据这些报告，孙中山于 10 月 12 日在丹佛发表演说之后①，翌日即经堪萨斯城到芝加哥，隐身华人街，并于 14 日至 16 日，在那里召开了秘密会议。18 日，日本《东京朝日新闻》报道："目前在美的孙逸仙氏远离太平洋沿岸，20 日（原文如此）抵芝加哥。举行清人集会，庆祝祖国革命胜利，大力宣讲声援之法。"②孙中山 20 日离芝加哥，经华盛顿赴纽约。③在纽约曾向华侨作关于共和政治的讲演，向美国的志同道合之士介绍中国革命之宗旨，寻求他们的同情和支援。孙中山在会见法国《晨报》驻纽约记者时说："余确信革命之最后成功"，"余历游欧美之后，坚定了打倒暴戾的现朝廷之决心"。对记者关于此次动乱是否会成为排外暴动的提问，孙中山坚定地回答说："余及我党，以及位居清国要津之新人物理解西欧文明，醒悟自身之责任，多不落后于人；且彼等熟悉巴黎、伦敦及美国，习得宪政之要义与个人之自由，焉能继而发生排外暴动。无须为此担心。"呼吁："对于出现在远东之新共和国，望欧美列强严守中立。"④这一呼吁，通过传媒传播到欧美各地。

日本驻旧金山近藤代理总领事在给内田的报告中说，孙中山

① 1911 年 10 月 24 日，日本驻旧金山代理总领事近藤致内田外相电报，第 73 号，日本外交史料馆藏。

② 1911 年 10 月 23 日，日本驻芝加哥领事山崎致内田外相电报，机密第 10 号，日本外交史料馆藏。日本《东京朝日新闻》，1911 年 10 月 18 日。

③ 1911 年 11 月 14 日，日本驻旧金山代理总领事近藤致内田外相电报，第 75 号，日本外交史料馆藏。

④ 日本海军《清国革命乱特报》附录（八），1911 年 12 月 8 日，日本外交史料馆藏。

"与同志五六人已离开华盛顿，逗留于纽约，正在为革命军之事似对美国政府有所策动"①。当时，孙中山认为美国同情中国的革命，为能确实取得美国政府的援助，于18日致函国务卿诺克斯，要求举行秘密会谈，遭到拒绝。诺克斯指孙中山是颠覆现政府的首领②，他认为"叛乱"会立即为清廷所镇压。美国驻北京代理公使卫理也认为清廷起用袁世凯之后，立即可以制服"叛军"。美国的态度是，在中国之既得权益不被侵害的情况下保持中立，因而对辛亥革命与孙中山不予援助。然而美国舆论界，如：《商业广告与金融纪事报》《×××与商业广告报》《纽约先驱报》《展望》《美国银行家》等均赞扬革命的进步意义，期望其取得成功。③

美国的华侨在孙中山多年革命宣传活动影响下支援了革命。旧金山的革命党总部召开庆祝胜利大会，展开200万美元的募捐活动。并要求美国政府"对我国现正进行的斗争，以中立态度，保清国之国威，使新政府得以建立"④。火奴鲁鲁的华侨也召开大会，向美国国务卿诺克斯提出："切望美国对各国政府率先作出严守中立的范例。"⑤防范日本出兵干涉。

孙中山在纽约的重要活动之一，首先是设法前往日本。此事似与萱野长知有关。萱野长知从汉口通过其在芝加哥的亲戚大冢太郎，致电孙中山，恳请孙立即归来。这一点由孙中山于10月22日致大冢的电报可资证明，该电称："确已收到萱野来电。"⑥孙中山在纽约秘密会见从欧洲来美的萱野长知的友人鹤冈永太郎

①　1911年11月14日，日本驻旧金山代理总领事近藤致内田外相电报，第75号，日本外交史料馆藏。

②　王纲领：《美国对辛亥革命之态度与政策》，"中华文化复兴运动推行委员会"主编：《中国近代现代史论集》第17编（下），第1011页。

③　参照薛君度：《武昌革命爆发后的美国舆论和政策》，中国孙中山研究学会编：《孙中山和他的时代》（上），中华书局，1990年，第500～521页。

④　1911年10月19日，日本驻旧金山代理总领事近藤致内田外相电报，机密第40号，日本外交史料馆藏。

⑤　1911年10月25日，日本驻火奴鲁鲁总领事上野致内田外相电报，第35号，日本外交史料馆藏。

⑥　《中华民国革命秘笈》，第155页。

时，曾透露希望赴日，请鹤冈将此意转致日本驻美临时代理大使。此前，孙中山曾致电宫崎滔天，探询日本政府对其赴日作何打算。10月25日，板垣退助走访原敬内相，探询对孙中山来日的意见。原敬答以："化名前来，虽可佯作不知，但余无法明确表示在任何场合下均对此予以默认。"①板垣与萱野之关系不详。但从后来萱野给孙中山发出"如化名可上岸停留"②的电报来看，可知日本政府曾对此作过商讨，决定同意孙中山化名来日。

日本何以作出如此决定？辛亥革命爆发后，日本政府向清政府提供武器，倒向清廷一边。但10月24日的内阁会议决定，"今后应特别努力扶持中国全境"③，"不仅限于北方，应对中国全境施行相应的政策"④。因而对南方的革命党，也要采取适当的政策，对革命党和对孙中山留有一定余地，于是同意孙中山来日。然而同时要顾及和清朝及欧美列强的关系，不同意孙中山公开来日而要求其化名前来。孙中山不同意化名，要求即或短时期，亦须公开停留。如是，则"日本之同情态度，既可鼓舞革命军之士气，同时又可消除外界对日本国政府暗中庇护北京之疑虑，对双方均为有利"⑤。在辛亥革命爆发之前，孙中山即对日本侵略中国有所疑虑，故而于此期间在对日本民间人士寄予期望的同时，不放松对日本政府出兵干涉的警惕。日本出兵干涉与否，是关系革命成败的重大问题，所以，孙中山赴日的目的之一，即在于以其公开停留日本来牵制日本政府出兵干涉。为此，孙中山再次向鹤冈永太郎说明预定自欧洲经印度洋回国，但如果日本政府许可

---

① 《原敬日记》第3卷，第178页。
② 1911年10月26日，日本驻纽约总领事水野致内田外相电报，第160号，日本外交史料馆藏。
③ 《日本外交文书》（辛亥革命），第51页。
④ 《原敬日记》第3卷，第178页。
⑤ 1911年10月26日，日本驻纽约总领事水野致内田外相电报，第160号，日本外交史料馆藏。

不化名上岸，则即"再度取道美国，经西雅图前往日本"①。但未得到日本政府的许可。日本政府对待孙中山的这种态度，后来在 1912 年 2 月 6 日召开的第二十八次帝国议会上，遭到了竹内正志等议员的责难。②

　　1911 年 11 月 2 日，孙中山从纽约启程去英国。③孙中山认为当时列强中"美、法两国同情革命，德、俄两国反对革命，殆已无疑。日本民间表示同情，而政府反对。英国民间同情，政府态度未定。因之，我外交之关键，事关革命之成败存亡者，在于英国（政府）。如英国对我支持则无须担心日本"④。因此，孙中山决定赴英。翌年 2 月 10 日，孙中山抵伦敦，通过比茨加兹社社长向英国外交大臣要求：（一）停止向清国提供借款，（二）抑制日本援助清国，（三）取消英国各殖民地政府驱逐孙中山。⑤此三项要求中之第一项，早在孙中山到达伦敦以前，四国银行团已经中止向清国提供借款。关于第二项要求，英国政府也已经采取了牵制日本进行干涉的措施。英国政府对第三项要求，也表示充分理解。实际上，英国政府接受了孙中山的要求。孙中山在停留伦敦期间，经郝门·李与四国银行团进行了向革命派借款的谈判，银行团对此作了委婉的拒绝。⑥孙中山在伦敦活动的目的之一，是联合英美，牵制日本。孙中山与郝门·李一同会见格雷外交大臣，建议革命政府与英、美缔结联盟，作为其条件，提供聘请英国人担任顾问，指挥中国海军的特惠权利。⑦孙中山称：美国诺克斯国务卿及前国务卿鲁特曾应允，如英国政府接受此项建议，则美

---

　　① 1911 年 10 月 26 日，日本驻纽约总领事水野致内田外相电报，第 160 号，日本外交史料馆藏。

　　②《大日本帝国议会志》（八），第 942 页。

　　③ 1911 年 10 月 31 日，日本驻纽约总领事水野致内田外相电报，第 166 号，日本外交史料馆藏。

　　④《孙中山选集》第 1 卷，第 209～210 页。

　　⑤《孙中山选集》第 1 卷，第 210 页。

　　⑥ 韦慕廷：《孙中山——壮志未酬的爱国者》，中山大学出版社，1986 年，第 80 页。

　　⑦ 韦慕廷：《孙中山——壮志未酬的爱国者》，中山大学出版社，1986 年，第 81 页。

国可向革命政府提供借款 100 万英镑。但此事未能实现。作为补充条件，孙中山还提出革命政府的对日态度，可以按照英国建议决定。[1]意在利用英、美与日本的对立与争夺，牵制日本出兵干涉，并奠定以后的对日战略。然而，英国之倡言中立与协调，并牵制日本进行干涉，是为了支持袁世凯，以掌握对中国政府的主导权，所以对此不予响应。

孙中山偕同郝门·李之介离开伦敦。[2]日本《大阪每日新闻》于 23 日向日本国内报道了"孙逸仙已离伦敦，踏上归国之途"[3]。孙中山于 21 日抵巴黎，秘密会见议会议员马斯，并向《日报》和《欧洲创造》报记者介绍了革命党的内外政策。孙中山明确表示：中国将采用美国式的联邦制政体，引入外国资本，聘请外国技术人员开发矿山、建设铁路；承认清政府与外国政府缔结之一切条约和借款，呼吁世界舆论对中国革命加以支持。[4]

孙中山在巴黎的一项主要活动，是与东方汇理银行总裁西蒙会谈。要求西蒙在近期内向革命政府提供借款，西蒙以"中立"为借口予以拒绝。[5]这是由于当时袁世凯已经组成新内阁。法国政府已向四国银行团提出立即向袁提供借款，因而孙中山未能从法国这一金融帝国取得财政援助。

孙中山访问巴黎的另一个目的是牵制俄、日两国出兵干涉中国革命。法国为与德奥同盟对抗，于 1891 年与俄国结成联盟，与俄国保持密切关系。孙中山为了利用法国与俄国的关系，牵制俄国与日本的联合行动，央托西蒙转请法国政府劝说俄国勿与日本

---

① 韦慕廷：《孙中山——壮志未酬的爱国者》，中山大学出版社，1986 年，第 81 页。

② 1911 年 11 月 22 日，日本驻英国临时代理大使山座致内田外相电报，第 235 号，日本外交史料馆藏。

③《大阪每日新闻》，1911 年 11 月 23 日。

④ 张振鹍：《辛亥革命时期的孙中山与法国》，中华书局编辑部编：《纪念辛亥革命七十周年学术讨论会论文集》（中），中华书局，1983 年，第 1460 页。

⑤《孙中山全集》第 1 卷，第 563～564 页。

采取共同行动。①然而，西蒙为维护俄国在满蒙的既得权益，拒绝了孙中山的要求。西蒙的这种态度正好说明了法国政府的对俄政策。11月4日俄国驻巴黎大使通过法国外交部，要求法国政府承认俄国在中国北部的行动自由，及为保护在此地区的权益和地位所采取的措施，法国外交部表示保证这一要求。②法国此举，与后来承认俄国与日本相勾结，再次瓜分满蒙，确立势力范围和权益的行动如出一辙。

孙中山于24日从马赛启程踏上归国之途。同日，在法国的革命党员胡秉柯，以孙中山代表的身份，走访法国外交部亚洲局长贝尔特洛，探询中国成立新共和国后法国政府是否承认。胡在巴黎大学专修法律，1905年孙中山来巴黎在留学生中建立革命党时，胡成为孙中山的知己。由此看来，孙中山到巴黎的目的之一，是希望共和国政府成立后，能取得法国政府的承认。③然而，此时的法国政府正与英国一同支持袁世凯的君主立宪制主张④，故而不支持孙中山及革命政权，对主张共和制的孙中山不予理睬。

孙中山在欧美的外交活动与武昌湖北军政府的外交活动，在孤立清朝、使列强中立、取得承认等方面目的一致，但孙中山外交活动的层次高于国内。其一，孙中山是在广阔的国际视野的角度上从事辛亥革命的外交活动。他对欧美列强对中国革命的态度之分析判断，其中对美国和法国政府的分析判断诚属不确，但对日、俄、德、英等国政府的分析判断则大体正确。这对革命政府决定对外政策十分重要。其二，辛亥革命是以反对清政府向外国借款将铁路收归国有为契机而爆发的。这在一定意义上是反对帝

---

① 《孙中山全集》第1卷，第565页。
② 吴乾兑：《1911年至1913年间的法国外交与孙中山》，中国孙中山研究学会编：《孙中山和他的时代》（上），第423～424页。
③ 《辛亥革命时期的孙中山与法国》，第1469～1473页。
④ 《1911年至1913年间的法国外交与孙中山》，《孙中山和他的时代》（上），第421页。

国主义的运动，所以在革命初期毫无求助外国支援，或向外国借款以及引入外国技术的打算。但孙中山则向欧美各国提出了这些要求。所以，对孙中山在国外的活动应当肯定并给以高度评价。然而，孙中山在欧美未能如愿以偿。这与其说是孙中山在分析判断上有所失误，毋宁说问题在于欧美各国所持态度。但是，孙中山在欧美所从事的牵制日本的活动，因与欧美列强牵制日本的政策一致，并且分析和利用了日本与欧美列强在中国的矛盾对立，因而可以说是成功的，从孙中山在新加坡滞留时的谈话中，可以明显地看出孙中山牵制日本的策略。

孙中山于 12 月 14 日途经槟榔屿，15 日到达新加坡。途中，孙中山从近代均衡外交的视角，发表了指责日、俄两国的谈话。在槟榔屿曾向某报记者阐述了在清国衰弱的现状下，如果日本拥有大权，势必破坏东亚在政治上的力量均衡。为制止这种形势的出现，"须削弱日本或使清国巩固兵力加强，并防俄国之扩张"。指出俄国扩张在华势力，即意味着破坏英、美在太平洋和印度洋之势力。"如果日本拥有至高权力，而清国沦为弱国，则必然会滞后美国获得通商之时机。"[1]日本驻新加坡代理领事岩谷让吉报告内田称孙中山的谈话，是"侧重美国利益而指责日、俄两帝国，借清国之名，煽动英国人，纯属散布谬论"[2]。并说孙中山在新加坡"并未就政治运动发表何等意见，滞留欧美期间，只从事于阻止各国向清国国债投资，并致力于为认购革命政府之未来国债建立基础"[3]。孙中山的此类言论，表明了他在欧美展开外交活动之目的及内容。

---

① 1911 年 12 月 18 日，日本驻新加坡代理领事岩谷致内田外相电报，第 269 号，日本外交史料馆藏。

② 1911 年 12 月 18 日，日本驻新加坡代理领事岩谷致内田外相电报，第 269 号，日本外交史料馆藏。

③ 1911 年 12 月 14 日，日本驻新加坡代理领事岩谷致内田外相电报，第 226 号，日本外交史料馆藏。

如前所述，孙中山在美国时希望赴日本展开其外交活动；在回国的阶段，还是因与日本的关系，结束了其在国外的外交活动。孙中山于 11 月 24 日从马赛动身，于 28 日致电宫崎滔天告知预定于 12 月 22 日抵达香港，请偕池亨吉到港迎接。①孙中山此举并非偶然，而是由于一直对日本出兵、干涉持有戒心，急欲知晓日本对辛亥革命的动向。宫崎滔天偕池亨吉、山田纯三郎、群岛忠次郎（高田商会）、太田三次郎（预备役海军大佐）等由沪赴香港，与日本驻香港代理总领事船津辰一郎一同访问了于 12 月 21 日晨 7 时到达香港的孙中山。②22 日，船津代理总领事致电内田报告了会见孙中山的情况：

> 因孙文极为怀疑日本之意向，虑及日本是否将对革命军施加压力或予以掣肘。故见到宫崎滔天后，劈头首先问及日本之意向，宫崎当即手指其所着和服，令孙观之。暗示：在各外国注视之下，公然身着日本服装，且有众多志同道合者前来迎君，足资说明日本政府并无干涉或加以防备之意，由此更不难察知日本国民之同情。孙中山亦立即领会宫崎之意，遂紧握宫崎之手，表露极大喜悦之情。后池亨吉邀孙至另室会谈，孙仍然反复提出疑虑，池亨吉手指自己佩戴之"亲中义会"徽章，向孙说明：本邦朝野人士中，同情革命党者，即与余持同感之士，大有人在。万无日本政府施加压力或予以掣肘之事。孙大为安心。③

船津在 21 日即向内田发出类似以上内容的电文④，这份报告

---

①《孙中山全集》第 1 卷，第 566 页。

②《申报》，1912 年 1 月 1 日。

③ 1911 年 12 月 22 日，日本驻香港代理总领事船津辰一郎致内田外相电报，机密第 47 号，日本外交史料馆藏。

④ 1911 年 12 月 21 日，日本驻香港代理总领事船津辰一郎致内田外相电报，第 123 号，日本外交史料馆藏。

是其补充。23 日，在广州的日本细野中佐也向参谋本部报告孙中山"流露对日、英、俄三国共同对革命施加压迫之疑虑"①。在以上报告中，清楚地说出了孙中山对日本的看法。同时，也可以看出孙中山对日本的看法正在发生变化。

　　孙中山于 21 日下午 5 时，从香港出发乘船去上海。宫崎滔天一行五人同行。这对孙中山而言，目的在于考虑对日的新对策；对日本而言，目的则在于说服孙中山倒向日本。中国新闻界对于有众多日本人迎接孙中山归国并随之前来一事非常重视。②《大陆报》记者向孙中山问及彼等随行之目的何在，是否与日本有某种友谊？孙中山答称，日本不能说对武昌起义尽到了友谊，但我们愿与各国政府都友好相处。③

　　孙中山在轮船上依然表露了对日本的不满。对此，在上海的宗方小太郎向日本海军军令部报告如下：

　　　　径启者，有如昨日所发电报，孙文于 12 月 25 日上午 9 时抵上海……所询孙与他人之谈话概要如下：

　　　　余之所以对日本颇为不满者，盖以曾被日本政府告诫离境，去年余归来时复立即被其驱逐。其后，虽请人百般疏通，希允准居留日本，但无一成功，余因之对日绝望而转途赴英。当余谋求与之和好时，彼竟退而不应。而于其有利时，又来求和解，此乃余不满之所在。现经一些日本人解释，获知日本人深为同情革命，方始释然……到上海之后，须从日本聘请陆军军官及其他有力人士，求其援助。④

　　孙中山此时的对日不满及责难，并不意味着与日本决裂，乃

　　① 日本《清国事变特报》附录 24，日本外交史料馆藏。
　　②《申报》，1911 年 12 月 28 日。
　　③《申报》，1911 年 12 月 28 日。
　　④ 1911 年 12 月 31 日（到），在上海之宗方小太郎致日本军令部长函，机密报第 3 号，日本外交史料馆藏。

是在欧美的外交活动未能达到预期目的的情况下，"获知日本人深为同情革命"，流露出转而期望能从日本得到援助的心情。孙中山在船上还曾论及日本人功业，赞美日本军队之精神。①还向宫崎滔天等人谈及关于南北议和、新政府之首都、土地国有政策以及大总统之人事安排等的个人意见。

孙中山与宫崎滔天等日本人之接触，大为缓和了华南，特别是广东地区的反日情绪。武昌起义爆发后，因日本政府向清廷提供武器，广东抗议日本的活动，曾发生抵制日货运动。而此时日本台湾银行广东办事处的报告称，由于孙中山会见宫崎滔天等人，"一般民众对本邦人之态度，颇有趋于融洽之倾向"②。

25日，孙中山抵达上海，前来迎接的萱野长知记下了当时的欢迎情况："中山在上海登岸时，岸边欢迎的群众人山人海，革命党的同志如潮水般涌上前来，国内外的知交以超过迎接凯旋将军的热情，欢迎建国的大伟人。"③日本外务省派驻上海的机关和大陆浪人，以及军部的军官们，都特别注意孙中山回国后的对外态度及其与外国的关系，向日本外务省和参谋本部报告孙中山在欧美的外交活动和是否携带借款归来，以及该借款来自哪个国家，哪个企业等等。这些情况是关系到归国后的孙中山在国际关系上倾向何方的重大问题。

因此，日本方面十分重视与孙中山同来的美国将军郝门·李与孙中山之间的关系。郝门·李是《日美战争》一书的著者，以排日而知名。这样的人物随同孙中山来华，当然不为日本方面所喜，而且感到某种威胁。当郝门·李随孙中山离伦敦时，日本驻伦敦临时代理大使山座立即发电报告知内田。沿途所经各地，先后有日本驻新加坡的代理领事岩谷，驻香港的代理总领事船津，

---

① 《申报》，1911年12月28日。
② 1912年5月1日，日本台湾银行广东办事处情报，第16函，日本外交史料馆藏。
③ 《中华民国革命秘笈》，第154页。

驻广东的细野中佐等连续向内田和日本参谋本部报告情况。在上海的本庄繁少佐于 26 日向参谋总长报告称："孙逸仙途经香港时，美国总领事安德森登船拜访美国人郝门·李，向其传达诺克斯国务卿之作为同志应协助革命之训令。"[①]31 日又报告称："孙文目前虽未必不信任我国，然却不仅以伪称少将的"郝门·李"为自党之最高顾问，并且声称将从日、英、法等国平等地招聘军部顾问。就军事而言，黄兴无绝对信任我国之意，对此，值得注意"[②]。另一方面，在上海的美国人却又非常注意从香港与孙中山同来的日本人及他们之间的关系。在上海发行的美国报纸《大陆报》的编辑主任在采访孙中山时，公开询问其与日本人的关系。[③]孙中山答以在于牵制日本。此种情况看来似乎是反映了日美两国在中国问题上的争夺。然而，这实际上是一种误解。因为美国国务院远东司对郝门·李的印象不佳，并不重视其与孙中山之间的行动。英国也是如此，莫理循称郝门·李是伪将军，是欺世盗名之徒，轻蔑视之。漠视其对孙中山和革命党的影响。[④]中国的新闻界虽一度重视郝门·李与孙中山一同来华之事[⑤]，但后来孙中山也对其敬而远之。正如莫理循所言，孙中山回国后，对日本的态度开始由警惕转向接近，因而郝门·李已失去存在之意义，对孙中山和革命党没有重大影响，于翌年死去。

　　当时在上海等待孙中山回国的人当中，确有日本的大人物在，即孙中山的挚友犬养毅和头山满，犬养毅不顾静养中的抱病之身于 12 月 19 日到达上海，头山满于 27 日到达。他们为何在孙中山回国前后相继来华呢？

---

　　① 1911 年 12 月 27 日，在上海之本庄繁少佐致参谋总长电报，第 155 号，日本外交史料馆藏。

　　② 1911 年 12 月 31 日，在上海之本庄繁少佐致参谋总长电报，第 164 号，日本外交史料馆藏。

　　③《孙中山全集》第 1 卷，第 572 页。

　　④ 骆惠敏编：《清末民初政情内幕》（上），第 823 页。

　　⑤《申报》，1911 年 12 月 15、24、25 日。

犬养毅与头山满二人是应在中国的萱野长知所提"纵取得天下，然后继无策，哪位能来"①的支援要求而来的。当时正是南北议和方开，决定中国前途的重要时期，又值孙中山回国，南京临时政府即将成立之际，他们二人可以说是为了向孙中山、黄兴等进言而来华的。

犬养毅和头山满的目的在于对当时中国政局之焦点的政体、南北议和及妥协问题，向孙中山、黄兴有所进言。而刚刚回国的孙中山也正面临必须对这些问题作出对应之策。犬养毅后来回忆当时的情况时说："革命时期前去（中国）说到办了什么重要的事情，那就是使孙中山、黄兴等主张共和政治的议论，与主张君主立宪制的康有为、梁启超、岑春煊之类的论调谐调一致，为此费尽了心机……我的想法是革命如果成功，类似日本的议会政治就可实现。是怀着大概可以暂先按这个程度使局势稳定下来的打算行事的。"②由此可以窥知犬养毅在政体问题上，向孙中山进言的内容是实行"类似日本的议会政治"，即君主立宪制。犬养毅在动身来华之前，曾拜访西园寺首相，两三天后又拜访了内田外相，询问日本政府对中国政体问题之方针。内田称："中国如实行共和政治，（日本）深感为难。日本打算极力反对。根据情况，必要时考虑动用兵力维持君主国体。且希望南方革命党也理解此一方针。"③犬养答以："这种愚蠢的口信，怎能向革命党转达，希望再加以考虑。"④内田所指的"君主制"，从当时日本对中国政体的方针来看，是指君主立宪制而言。犬养毅所反对的不是君主立宪制，而是反对日本政府对中国政体问题进行武力干涉。从犬养毅在帝国议会的发言，也可窥知其意。但犬养毅的关于君主立宪制的主张与劝告不能不遭到主张共和制的孙中山、黄兴等的反对。

---

① 《东亚先觉志士记传》（中），第428～429页。
② 鹫尾义直编：《犬养木堂传》（下），原书房，1968年，第70页。
③ 岩渊辰雄：《犬养毅》，时事通讯社，1986年，第115页。
④ 岩渊辰雄：《犬养毅》，时事通讯社，1986年，第115页。

犬养毅进行的第二件事，是促使孙中山、黄兴等革命派同康有为、梁启超等立宪派联合，在南北和平会议上一致对抗北方的袁世凯一派。从南北双方的实力关系来看，这作为一种政治策略，有应予肯定的一面。但这不是单纯的"统一战线"，同时还附有上述犬养毅的君主立宪的主张，所以，又有应予否定的一面。犬养毅在来华之前，似曾偕同负责与康、梁联系的柏原文太郎，前往兵库县的须磨，走访康、梁（梁启超于 11 月 15 日从中国东北到日本）①，就此问题进行磋商。康、梁当时正高唱"虚君共和制"，筹谋联合岑春煊等人。可以说犬养毅促使康、梁、岑与孙、黄联合的政略，是据此产生的。犬养毅曾劝告黄兴"笼络岑春煊加入革命党"②。孙、黄等对此当然不会听从。孙中山指出，岑春煊任湖南总督（原文如此）时，曾杀戮许多革命同志。康有为是一面为西太后效力，一面又要改革朝廷之一部。与此二人联合，实难从命。③拒绝了犬养的建言。

犬养来华时期，南北议和正在进行，颇有南北妥协之趋势。犬养毅反对南北妥协，进言孙中山，以武力统一南北，并说"当务之急，是采购军火"以为准备。④为此，孙中山则答以"不可操之过急"。对"紧急筹措军事费用"的建言，孙中山称"已与美国的摩根集团等有默契，一俟政府成立，即可得到借款"⑤。本庄繁少佐将此情况向日本参谋总长作了报告。他并推测孙中山在一方面高喊战争的同时，又暗中策划以和平的方法赢得全局的胜利。犬养毅称孙中山切望以和平方式了结的做法，完全是他在美

---

① 1911 年 11 月 5 日，旅顺长官白仁致内田外相电报，秘第 143 号，日本外交史料馆藏。

② 1911 年 12 月 31 日（到），在上海之宗方小太郎致日本军令部长函，机密报第 3 号，日本外交史料馆藏。

③《犬养毅》，第 177 页。

④ 1911 年 12 月 31 日，在上海之本庄繁少佐致参谋总长电报，第 164 号，日本外交史料馆藏。

⑤ 1911 年 12 月 31 日，在上海之本庄繁少佐致参谋总长电报，第 164 号，日本外交史料馆藏。

国所受熏陶的结果。

南北议和是在英国居中调停之下进行的，日本被排除于外。因而犬养毅与头山满都强烈反对英国的介入。头山满论及革命形势时称："就总体而言，此次革命并非由于外部刺激，或受外方煽动而起，完全是时势所促成。革命军坚决主张废除帝制，建立共和，决不会轻易罢手。"同时批评"日本之对清政策一味仰列强之鼻息，岂非咄咄怪事！说到对清政策，本应以清国为中心行事，但现在情况如何？岂非完全是以列强为中心吗？从根本上就错了"①。头山满是在这种心情下来到上海的。

头山满到达上海的当天，黄兴即前往拜访，"感谢其多年来之好意相助。仍希望求助于有志之士，使各国勿启干涉中国政体之端，请予协助"②。头山满则称："日本国民之舆论，不偏不倚，取决于事实。望中国有识之士迅速解决时局问题，不予土匪流寇以趁机作乱之隙，以解除各国之担心，确立东亚永久之和平。"③

28日，头山满一行拜访了孙中山。此时在上海的日本民间人士及大陆浪人有一百数十人之多，其中极少数浪人利用中国发生革命之机，"趁火打劫，为非作歹，以偿私欲"。头山满此行任务之一，即是"使不肖浪人之辈慑服"④。

29日，孙中山被选为临时大总统，30日，在上海的皇宫饭店招待犬养毅、头山满等百余日本人，发表了就任临时大总统的致辞。他称："中华民国成立，余与外国名士之结好言欢亦自今日开始，当亲身环游欧美之际，各国人民之同情皆注于革命党。今后，余等真诚希望通过诸君之协助，进一步接近日本政府，同时愈益密切与欧美各国之交往。"⑤

---

① 《大阪每日新闻》，1911年12月25日。
② 绪予竹虎：《中野正刚其人》，鳟书房，1951年，第110页。
③ 《大阪每日新闻》，1912年1月6日。
④ 日本玄洋社史编纂会：《玄洋社社史》，明治文献，1966年，第581～582页。
⑤ 《中野正刚其人》，第111～112页。

从此，孙中山开始重视与日本的关系，期望依靠日本解决临时政府所提出的诸多问题。

二、南京临时政府与日本

孙中山回国后的第一件大事，是创建统一的共和政权。此事在孙中山回国之前即已在进行。随着南方各省纷纷独立和军政府成立，湖北军政府于 11 月 7 日以都督黎元洪的名义，通电在武昌召开临时政府筹备会议。然而，上海都督陈其美提出于 13 日在上海召开同样的会议。经双方协商，决定于 30 日在汉口英租界召开第一次会议，并于 12 月 3 日通过《中华民国临时政府组织大纲》，决定了临时政府体制的基本原则。12 月 2 日，革命军攻克南京，当时群集汉口的代表们决定临时政府首都建于南京。14 省的 39 名代表从 14 日起，在南京再次召开筹备会议，决定大总统位置暂行空缺，选举黎元洪为大元帅，黄兴为副元帅。孙中山回国后，于 29 日被选为大总统。1912 年 1 月 1 日南京临时政府正式成立。本节拟探讨日本政府和军部对待这一政权之政策的变迁过程，与孙中山在承认南京临时政府等问题上对日本寄予之期望，以及日本民间人士对这一政权之支援等。

日本与革命军、军政府及南京临时政府之间的关系，随着革命形势的变化，都有所变化。辛亥革命爆发后，日本政府、军部曾与清政府签订供给军火合同，对革命军持敌对态度。但在 10 月 24 日的日本内阁会议上，正如原敬内相在发言中所说："在上次内阁会议上（指 10 月 20 日内阁会议——笔者），毫无同情叛军之意，仅对作为正式政府之北京政府直接表示同情。但日本之内阁会议却出现认为倒向一方并非得策的倾向。"[①]至 11 月双方关系

①《原敬日记》第 3 卷，第 178 页。

出现了新的变化。这是因为革命军和军政府希望日本能承认自身政权。湖北军政府在 11 月上旬着手建立统一的临时政府的同时，向日本表示了要求承认之意。11 月 13 日，黎元洪作为中华民国中央政府的代表向日本驻汉口总领事松村要求："今后与贵国交涉之事件，凡与中华民国全局有关者，务均与本都督协商。"并进一步声明："凡我军未举义旗以前清政府与各国政府签订之条约及一切借款之债权，均予以承认。武汉义旗既举之后，清政府所借之借款及签订之条约，不论其为任何国家，具有若何关系，本政府均不予承认。"要求"贵国政府对此予以承认"①。日本的内田外相虽然毫无承认此新政府之意，但在 25 日取得陆、海相同意之后，指示日本外务省驻华派出机构："鉴于革命军正在实际行使权力，不得不与该军进行各项交涉，故今后在必要时，可适当与之进行交谈。""关于革命军作为交战一方所具有之权利……在对我方无任何实质损害之情况下，可以默认。""此际应避免采取对革命军徒然无谓地加以刺激之措施"。②这说明此时的日本外务省、军部对革命军及其政权的态度，已与初期有所不同，已经默认革命军和军政府的存在及其权力。其目的首先在于保护革命军政府管辖区域内日本的既得利益，其次还在于对纷乱不清的时局，留有余地，以便观察革命势力的演变。

有吉在上海与王正廷、李平书等取得联系。有吉利用与他们接触，侦知临时政府成立，孙中山回国的日期等军政府内部情报，池亨吉等则发挥日本与军政府之间联络的桥梁作用。③

何天炯于 12 月 5 日作为黄兴的代表，派赴日本。④何到达日本后一度住在横滨的南京町。12 月 12 日到东京，与有邻会取得

---

① 《日本外交文书》（辛亥革命），第 109～110 页。
② 《日本外交文书》（辛亥革命），第 111～120 页。
③ 1911 年 12 月 7 日，日本驻上海总领事有吉致内田外相电报，机密第 104 号，日本外交史料馆藏。
④ 小川平吉文书研究会编：《小川平吉关系文书》（二），第 431 页。

联系，历访犬养毅等二三人，筹措军费、枪械、防寒用具等。[①]翌年 1 月 9 日，经和田三郎之介会见板垣助勋。[②]何曾要求会见内田康哉，但内田拒而不见。何还曾向日本前大藏大臣阪谷芳郎谈判成立中日合办的中央银行问题。上海都督府也派遣文梅村、吴嵋到日本，与三井商社谈判购买武器等事。[③]当时，各军政府，都督府派到东京的代表有十余人，革命党统一行动，并于 14 日成立了相当于公使馆的俱乐部。[④]

革命党还通过日本的志士从事对日工作。神户的三上丰夷与孙中山、黄兴等关系密切，他受黄兴之托，于 12 月 24 日往访日本内相原敬，探询日本政府对革命党的看法。原敬称："我政府决无排斥革命党之意。北京政府存在之日，与其进行交涉，乃属当然之事，然如据此认为对革命有所忌避，是为误解。"[⑤]对革命党持一种微妙的态度。

军政府出现积极接近日本之态度，始于 12 月，这首先与南北形势的变化及黄兴对日态度的变化有密切关系。自 11 月以来，黄兴曾于武汉战线向波多野翻译官流露"一直担心日本对革命军之态度"[⑥]之意。其后又表明了"如果发生外国干涉之情况，将依靠湖南和广东二省之力，坚决抗拒到底"[⑦]。11 月 27 日，由于德国在汉阳战线支援清军，革命军在汉阳失势，黄兴与宫崎滔天、萱野长知等同来上海，从此，黄兴的态度发生变化。当时报纸也曾报道，革命军之失守汉阳，是由于德国以新式武器武装清军，并有德国军官指挥清军作战。[⑧]这对黄兴等是一很大打击。黄兴

---

① 1911 年 12 月 23 日，《关于清国革命党员赴日》，乙秘第 1917 号，日本外交史料馆藏。
② 《清国革命叛乱之际该国人之动静、态度及舆论关系杂纂》（一），日本外交史料馆藏。
③ 《清国革命叛乱之际该国人之动静、态度及舆论关系杂纂》（一），日本外交史料馆藏。
④ 《清国革命叛乱之际该国人之动静、态度及舆论关系杂纂》（一），日本外交史料馆藏。
⑤ 《原敬日记》第 3 卷，第 202 页。
⑥ 1911 年 12 月 6 日，《汉口川岛第三舰队司令官致斋藤海军大臣关于清国事变之警备报告要领》第 18 次，日本外交史料馆藏。
⑦ 1911 年 12 月 23 日，《南京特派员情报（甲）》，日本外交史料馆藏。
⑧ 《申报》，1911 年 12 月 11 日。

认为"革命军失败之最大原因，在于武器不良。尔来极力主张向日本购买新式武器，作为第一步，已提出购买步枪2万支，野炮54门，机关枪70余挺，以及相应之弹药"①。这是其对日态度转变之始。对此情况，日本在上海的本庄繁少佐向参谋总长报告称，孙中山回国后，已接受黄兴等之积极说明与主张，觉察到实际上如不依靠日本，终究无成功之望。②

　　这一转变也与当时的国际环境有密切关系。英国虽然对革命和革命军评价较好，对革命的性质和意义，在原则上有一定的理解，但在行动上，仍对袁世凯抱有希望，因而与革命军和军政府并无何等接触。反之，日本对革命的性质和意义，并无深刻理解，评价亦不高，但因与中国在地理上邻近，民间人士介入革命，以及打算在华南扩大权益等因素，与革命军和军政府保持着直接和间接的联系。因此，在孙中山、黄兴等人不能从其他欧美列强得到支持与援助的情况下，转而依靠日本，可谓意料中事。

　　孙中山当选大总统后，于12月30日设宴招待犬养毅、头山满等日本人。1月1日赴南京就任大总统，向世界宣告共和制的中华民国临时政府成立。孙中山从上海赴南京时，有山田信三郎、末永节等五名日本人同行。3日，组成中华民国临时政府，副总统黎元洪、陆军总长黄兴等就职。孙中山在《大总统宣言书》中，宣布对内方针为民族之统一，领土之统一，军政之统一，内治之统一，财政之统一。对外方针为："尽文明国应尽之义务，以期享文明国应享之权利。满清时代辱国之举措与排外之心理，务一洗而去之；与我友邦益增睦谊，持和平主义，将使中国见重于国际社会，且将使世界渐趋于大同"。③

　　1月5日，孙中山发表《对外宣言书》，向日本及世界各国宣

---

① 1912年1月17日，日本参谋本部《清国事变时报》附录第28号，日本外交史料馆藏。
② 1912年1月8日，在上海之本庄繁少佐致参谋总长电报，第172号，日本外交史料馆藏。
③《孙中山全集》第2卷，中华书局，1982年，第1～3页。

布：推倒满清专制政府，建设共和民国。凡革命以前所有满清政府与各国缔结之条约，民国均认为有效，至条约期满为止。革命以前满清政府所借之外债及所承认之赔款，民国亦承认偿还之责。革命以前满清政府所让与各国国家或各国个人种种之权利，民国政府亦照旧尊重之。凡各国人民之生命财产，在共和政府法权所及之域内，民国政府当一律尊重而保护之。但是，革命军兴之后，满清政府与各国所缔结之条约及借款，民国政府一律不负责任。[1]

《大总统宣言书》中所称之"以期享文明国应享之权利"及"满清时代辱国之举措……务一洗而去之"[2]，与《对外宣言书》中所称之承认并保证列强之既得权益虽然矛盾，但前者为孙中山的长期目标，后者为当前的现实政策。之所以承认并保证既得权益，是为了排除列强对新生的共和国的干涉，并取得对新政府之承认。孙中山认为此种矛盾会在实现最后理想之过程中获得解决。这一宣言书向各国转送，临时政府的伍廷芳将此宣言书亲自送交日本驻上海总领事有吉，要求转知日本政府。

中华民国临时政府成立后的一个课题，是取得列强的承认，临时政府首先要求日本政府正式承认。这是意欲通过日本的承认而得到列强的支持和援助。由此而得以在国际上孤立清政府。辛亥革命时期，日本对华政策，虽由西园寺首相和内田外相决定和处理，而背后则由元老，特别是山县有朋掌握实权。孙中山是否了解日本决定对华政策的这种内幕，不得而知。但孙曾经于1月与黄兴共同致电山县，称："为东亚之和平，民国必须得到日本之赞成。"[3]1月17日，临时政府的王宠惠外交总长也向内田外相表明："民国政府业已建立，为便于外国与我国之交往及易于履行国际之

① 《孙中山全集》第 2 卷，中华书局，1982 年，第 8～10 页。
② 《日本外交文书》（辛亥革命），第 123～124 页。
③ 李廷江：《孙文与日本人》，载《日本历史》，1987 年 8 月号，第 88 页。

义务，早日承认我政府方为得策。以上切望加以考虑"。①20日，孙中山派秘书池亨吉赴南京日本领事馆，在通告其他各国之前，首先以个人意见告知日本"可向最先承认新政府之强国，提供某种重大利权"②，希望日本率先承认新政府。这是孙中山对日本的期待，也是力争以日本为突破口，获得其他列强承认的战略。为此，孙中山透露将发表如下宣言：

第一，凡府之所在地，允许外国人经营商业，外国人及公司可以租地。

第二，免征一切不利于商业发展之税金，制定进口货物规章，此外不另行课税。

第三，外国商人及商业公司，须在其营业所在地注册，外国人如不出示墨西哥银两万五千两，共和国政府对之不予以第一项之特权。（略）

第四，共和国将努力敷设铁道，希望外国投资经营。

第五，共和国将进行币制改革。

第六，改良法律及审判制度，为撤销治外法权，准备充足之条件。

第七，外国人具有与中国人相同之内河航行权。③

日本对以上条件反应如何，不得而知。但担任南京临时政府顾问的副岛义一反对提出以上条件。日本驻南京的铃木领事则认为这是可以用来扩大日本在华南权益的绝好机会。铃木在21日向内田报告上述内容的同时，还建议："终不能产生彼等预期之结果，固属明白之事，然若于此时通过某些方法取得优先权，则于将来便利甚多。"④"如于此时设法策划扩大帝国之权益，决非

---

① 1912年1月17日，中华民国外交总长致日本内田外相电报，日本防卫研究所藏。
②《日本外交文书》（辛亥革命），第127～128页。
③ 1912年1月21日，日本驻南京铃木领事致内田外相电报，第10号，日本防卫研究所藏。
④ 1912年1月21日，日本驻南京铃木领事致内田外相电报，第11号，日本外交史料馆藏。

全无可能"。①次日，铃木还将通过池亨吉等获得之情报，发电报告称："英、法、美等国，正以竞争之姿态，致力获取权益。其结果，必将出现这些国家面临承认共和之危机感。综合各种情况，最近在当地的各国使节意图与孙接近之形迹，是为值得注意之事实。"②

孙中山和临时政府也很希望得到欧美各国的承认。③然而，英国则"拟采取某些反应的态度来牵制日本之行动"。德国原来一向支援清朝政府，此时却希望接近孙中山，该国驻南京领事于1月22日拜访孙中山，探询"如何方能一扫革命军过去对德国之恶感"。孙中山答以："应暗中承认共和国政府。"④铃木将此情况电告内田，同时再次建议："此时有必要由本官对孙采取某些积极手段"。⑤要求在欧美各国之先，利用承认问题，扩张日本在华南之势力范围及权益，但日本政府没有采纳。

在这种情况下，孙中山与黎元洪均亲自出马，要求日本政府承认临时政府。2月3日，黎元洪派特使向日本驻汉口总领事松村提出："希望日本在历来亲睦之基础上，率先承认中华民国。"⑥据此，松村再次向内田进言："希望帝国政府于适当时机，对此采取主动措施。"⑦2月11日，孙中山直接与铃木领事举行了会谈。在日本政府尚未承认临时政府的情况下，孙中山与日本外务省的派出机构会谈，实属罕见，令人玩味。会谈的主要内容虽是保护日

① 《日本外交文书》（辛亥革命），第128页。
② 1912年1月22日，日本驻南京铃木领事致内田外相电报，第13号，日本外交史料馆藏。
③ 《孙中山全集》第2卷，第16～17页。
④ 1912年1月23日，日本驻南京铃木领事致内田外相电报，第14号，日本防卫研究所藏。
⑤ 1912年1月23日，日本驻南京铃木领事致内田外相电报，第14号，日本防卫研究所藏。
⑥ 1912年2月4日，日本驻汉口松村总领事致内田外相电报，第28号，日本防卫研究所藏。
⑦ 1912年2月4日，日本驻汉口松村总领事致内田外相电报，第28号，日本防卫研究所藏。

本正金银行的债务问题，然而孙中山却首先探询"各国对于承认共和国政府之意向"①。铃木对此避而不答，却反问孙中山"对此问题，阁下所期待之结果如何？"孙中山则表示："'目下共和国政府已掌握南方之实权，各国尚不予以承认，系互相观望之结果'。讥讽各国狐疑之不必要"。②并告知铃木称美国的中国舰队司令官已访问孙本人，表示承认共和国之意，以此暗示衷心希望日本承认之意。根据日本在上海的柴少将之报告，此次会谈中，孙中山见日本已有承认之端倪，已持乐观态度。③

同时，孙中山继续争取日本民间人士支持临时政府。当时犬养毅、头山满正在中国。孙中山告知犬养毅以下情况：本人在归国途中，曾询问英、美、法等国当权者，如成立新政府，是否给予承认。英、美两国未作任何明确答复。法国虽回答可以率先承认，但同时"探听日本政府对此意向如何？"本人答以"作为个人曾屡次向日本求助，均遭受其政府之冷遇，虽然对此不满，但虑及中国之处境，必须与日本提携之意见从未改变"④。孙中山在说明上述情况后，希望犬养毅给予协助。犬养毅于11月16日从南京返日抵达东京后称：在1月20日召开之国民党大会上，孙中山最为忧虑者，为各国——特别是日本是否承认中华民国。犬养毅呼吁日本外交当局先于各国承认中华民国。

正在开会的日本众议院，也将承认南京临时政府问题提到议事日程。日向辉武议员认为，承认共和国政府问题是日本政府对清政策中最重要之问题，指出："尽管此一新政府建立时日极浅，但其代表中国大多数人之民族意愿。我国应尊重此睦邻国家中大

① 1912年2月14日，日本驻南京铃木领事致内田外相电报，机密第12号，日本外交史料馆藏。
② 1912年2月14日，日本驻南京铃木领事致内田外相电报，机密第12号，日本外交史料馆藏。
③ 1912年2月12日，日本驻上海柴少将致参谋总长电报，第37号，日本防卫研究所藏。
④ 1911年12月27日，在上海之本庄繁少佐致参谋总长电报，第155号，日本外交史料馆藏。

多数民众之意愿，顺应其意，就与此友好邻国之关系而言，势必产生极大之影响，赋予大多数民众以良好感情。"[①]日向辉武议员质问日本政府，根据何种理由对承认中华民国踌躇不决。他认为日本与中国具有历史的、地理的以及人种的特殊关系，希望日本政府先于欧美各国承认新共和政府。[②]对此，日本外务省外务次官石井菊次郎回答称："今日中国之事态，尚未至决定是否承认之时机……故而至今未予承认。"并称："先于列国行事，并非有利之举，因而政府决不先于各国率先承认。"[③]明确地表示了日本外务省对承认中华民国政府的态度。

南京临时政府按照 2 月中旬参议院的决议，准备派遣宋教仁赴日，游说日本朝野以求获得日本承认新政府。《申报》（2 月 23 日）报道了宋教仁将赴日及其此行任务。宋教仁也表示此行"希望借助日本国，为各国承认进行活动"[④]。在日本，内田良平等黑龙会系统的浪人和政友会议员，有邻会负责人小川平吉等，都极为关心宋教仁来日之事。小川平吉高度评价宋教仁是"革命的第一有功之臣……国民党中首屈一指的人物"[⑤]。小川平吉于 2 月 2 日在上海与宋教仁彻夜长谈，纵论时事，相约以后中日两国缔结同盟。小川平吉回日后，向日本政府和舆论呼吁，要求承认临时政府。小川平吉致电宋教仁称："在承认时期到来之前来日，可便于就各种问题疏通双方之意见。政友会自不待言，各方面均欢迎君之来日。"[⑥]29 日又致电称："日本国内已然开始促使日本政府先于其他各国承认中华民国之运动，此实为将来必然缔结的日华同盟之第一步。余鉴于与中华民国诸公唇齿辅车之特别关系，为大

① 《大日本帝国议会志》（八），第 995 页。
② 《大日本帝国议会志》（八），第 995 页。
③ 《大日本帝国议会志》（八），第 995 页。
④ 1912 年 2 月 4 日，日本驻南京铃木领事致内田外相电报，第 28 号，日本外交史料馆藏。
⑤ 《小川平吉文书》，日本国会图书馆宪政资料室藏。
⑥ 《小川平吉关系文书》（二），第 443 页。

局着眼，特别关注两国之亲善，故而切望阁下早日来日。"①31 日，
小川平吉又向孙中山和黄兴发出同样电报。然而，由于南北议和
有成，宋教仁未能成行。

日本政府虽不打算承认中华民国临时政府，但日本民间的承
认运动却十分炽烈。当时属于有邻会的梅屋庄吉等人向孙中山致
电祝贺当选大总统，并誓言"为早日承认贵共和国而奋勉努力"②。
在东京成立"中国共和国公认期成同盟会"办事处，于 1 月 28 日在
日本东京筑地的精养轩召开了有 72 人参加的大会，通过要求政府
尽快承认中华民国临时政府的决议。③在大阪方面，1 月 29 日石
崎酉之丞、永易三干彦等 7 人发起成立中国革命政府承认期成同
盟会，通过"展开承认革命新政府之大运动"的决议。2 月 4 日
又通过"吾人要求我国政府迅速承认中华民国政府"④的决议。
中国的新闻和舆论也注视日本政府承认南京政府的动向。《申报》
报道了日本于 12 日的内阁会议上讨论承认革命新政府问题⑤和日
本同情民国的志士们组成"中国共和国承认同志会"⑥，开展承
认运动，以及日本议会中一部分议员呼吁承认新政府的情况等。⑦
这说明中国的社会舆论也希望日本能率先承认新政府。

根据国际法，对中华民国临时政府之承认，并不是承认一个
新的国家，而是属于承认新政府的问题。临时政府成立后，要求
正式承认，是符合国际法的行为。新政府由此获得代表国家的资
格，处于享受国际法所规定之权利及承担义务之地位。临时政府
取得国际上的承认后，可由此使处于对立状态下的北京清政府在
国际上被否定，陷于孤立，以实现将其推翻之目的。再则是预测

①《小川平吉关系文书》（二），第 451 页。
②《梅屋庄吉文书》，小坂哲琅、主和子藏。
③ 车田让治：《国父孙文与梅屋庄吉》，第 234 页。
④ 辛亥革命研究会编：《辛亥革命研究》（八），第 18 页。
⑤《申报》，1912 年 1 月 28 日。
⑥《申报》，1912 年 2 月 9 日。
⑦《申报》，1912 年 1 月 28 日、2 月 29 日。

清帝退位之后的形势，在南北议和上创造与袁世凯对抗的国际环境，与列强外交往来时，则具有进行紧急借款谈判等的可能。因此，孙中山和临时政府急于求得国际上的承认。

然而，日本与欧美列强并不想承认这个政府。日本反对共和制，根本不相信新政府会稳定下来，认为新政府"今后难免出现混乱局面，财政依然穷困，是否能维持其发展之基础，尚属使人怀疑之事。纵观其他各种情况，革命党之前途实堪担心"[①]。在承认中华民国政府问题上，日本希望与英国协调，因此首先探询了英国的意向，而英国答以"不拟作任何答复"[②]。但是英国在原则上赞成共和制，认为由于新共和国政府之成立，"革命派之活动进入了新阶段"[③]。尽管莫理循等认为孙中山所组织的内阁优于袁世凯内阁[④]，然而却将南京政府视为清帝退位后，成立以袁世凯为大总统的政府之间的过渡，不拟承认。如此，在表面现象上，日、英两国虽然都不承认南京临时政府，但其原因却有所不同。

对南京临时政府，日本政府虽不拟承认，但日本民间人士却依然支持。这不是出于日本政府的指示，而是基于他们与革命党的传统关系和个人意志。日本政府默认民间人士的行动，日本驻上海总领事有吉称："不得阻止以个人名义支持孙中山和临时政府之行动。"[⑤]南京临时政府于1月6日聘犬养毅为政治顾问，寺尾亨、副岛义一为法律顾问[⑥]，阪谷芳郎、原口要为财政顾问。除犬养毅拒绝接受聘请外，池亨吉任孙中山秘书，萱野长知任黄兴秘书，北一辉、北丰次郎任宋教仁秘书，参加南京临时政府工

---

① 《日本外交文书》（辛亥革命），第123页。
② 《日本外交文书》（辛亥革命），第545页。
③ 骆惠敏编：《清末民初政情内幕》（上），第823～824页。
④ 《申报》，1911年12月29日。
⑤ 《申报》，1911年12月29日。
⑥ 1912年1月21日，日本驻南京铃木领事致内田外相电报，日本防卫研究所藏。

作。①他们以秘书的身份，主要是办理对日关系的各种问题。

早稻田大学法学博士副岛义一直接参加了制定相当于中华民国宪法的《中华民国临时约法》的判定工作，发挥了重要作用。在制定《临时约法》的过程中，孙中山和部分省代表，主张采用"联邦制"，副岛义一和黄兴则始终坚持采取单一国家制度，并在《临时约法》中规定了下来。②关于国名，副岛义一认为辛亥革命是以"排满兴汉"为旗帜进行的，主张国名为"大汉国"或"支那共和国"，未被采纳，最后决定为"中华民国"。③在是否设置内阁总理问题上，副岛义一主张效法法国，在总统下设内阁总理，被参议院否决，改为美国式的总统制。④《临时约法》于 3 月 8 日经参议院通过，共 7 章 56 条，实行立法、行政、司法三权分立及责任内阁制，确立了资产阶级共和国的政治体制。这在中国宪政史上具有重要的历史意义。

南京临时政府的军事机关中，也有日籍军事顾问和教练。这些人不同于民间人士，是得到日本军部的命令或批准来工作的。孙中山在归国途中曾说："从英、法、美等国聘请军人"。但后来有了变化，对犬养毅说："将来军事之指导，必须完全师事日本。"⑤南京等地的陆军学堂里，都有日本人当教官。日本的寺西中佐作为黎元洪的军事顾问活跃一时。海军则不同于陆军，留学英、法者居多数。海军次长汤芗铭（留学法国）与海军参谋王时泽曾走访南京日本领事馆，表示"临时政府愿从日英两国各聘请一人为顾问，以改革海军组织"⑥。日本的财部彪海军次官声称："估计

① 1912 年 1 月 18 日，日本驻南京铃木领事致内田外相电报，机密第 5 号，日本外交史料馆藏。

② 《早稻田讲演》，1912 年 5 月改卷纪念号，第 46～47 页。

③ 《早稻田讲演》，1912 年 5 月改卷纪念号，第 50 页。

④ 《早稻田讲演》，1912 年 5 月改卷纪念号，第 50～51 页。

⑤ 1912 年 1 月 8 日，在上海之本庄繁少佐致参谋总长电报，第 172 号，日本外交史料馆藏。

⑥ 1912 年 1 月 3 日，日本新高船长致海军大臣电报，日本防卫研究所藏。

时机成熟时，可以应允。"①但海军省有三项条件，第一，"必须事前确实约定，革命军必须保证充分信任于我，完全听从我方之指导"。第二，"革命军海军各要害部门，必须配备相当数量之我方武官，诸事均须咨询我武官后实行"。第三，"如有聘自英国之武官，纵不一定加以排除，但……将来不得招聘其他国家之武官"。②以上三项条件"若碍难全部实施，亦可酌情停止实施其中部分内容"③。实际上日本海军省是企图确保其对革命军海军的统治权。

在此时期，各省军政府与日本的关系也日渐亲密。其中尤以广东省更为明显，日本驻广东的总领事濑川致内田外相的报告中称："此地日本侨民与军政府官员交涉时，反较旧政府时亲切。故而在商业上及其他方面，此地侨民之地位，优于其他外国人，占有便利地位。因而居留此地之侨民，目下多同情军政府，并愿其成功。"④广东革命军的师、旅长和军务部长、参谋长等，均出身于日本陆军士官学校，暗中接受广东讲武堂中的日本教习纲野中佐等之指导，"该中佐与广东省军事当局者之间，始终保持相当密切之关系"⑤。广东军政府外交部长陈少白和军务部长，与三井洋行关系密切。广东之军火输入，大部由日本三井洋行包办。⑥广东省政府的财政当局也与日本的台湾银行往来密切。⑦

---

① 1912 年 1 月 5 日，日本海军次官财部彪致新高船长电报，日本防卫研究所藏。
② 1912 年 1 月 8 日，口达党致日本外波藏海军少将，日本防卫研究所藏。
③ 1912 年 1 月 8 日，口达党致日本外波藏海军少将，日本防卫研究所藏。
④ 明治四十五年 2 月 5 日，广东总领事濑川浅之进致内田外相电报，机密第 7 号，日本外交史料馆藏。
⑤ 明治四十五年 2 月 5 日，广东总领事濑川浅之进致内田外相电报，机密第 7 号，日本外交史料馆藏。
⑥ 明治四十五年 2 月 5 日，广东总领事濑川浅之进致内田外相电报，机密第 7 号，日本外交史料馆藏。
⑦ 明治四十五年 2 月 5 日，广东总领事濑川浅之进致内田外相电报，机密第 7 号，日本外交史料馆藏。

三、日本关于提供武器和义军北伐的对策

　　南京临时政府与革命军的第二大课题，是获得武器和举行北伐。日本在辛亥革命爆发初期，曾向清政府提供大量武器，但从12月起，又成为唯一向革命军和南京临时政府提供武器的国家。本节将探讨日本虽不公开承认南京临时政府，但却秘密为之提供武器的实际情况和双方的微妙关系及其原因所在。同时考察革命军与日本在山东半岛和辽东半岛的特殊关系。

　　辛亥革命是以暴力推翻清朝统治体制的革命。所以，革命爆发后，必然需要大量的武器和弹药。能否确保武器和弹药的需要，直接关系到革命成败，因此革命军必须努力获得武器弹药。10月中旬，潜入北京的革命军敢死队，曾委托一名走私军火的日本商人购买步枪3万支①，但由于当时日本支持清政府，并提供武器，故而此事未果。不过，日本参谋本部却秘密地向革命军提供了甘油炸药。②在武汉担任黎元洪军事顾问的日本寺西中佐也曾向田中义一军务局长报告称："使革命军之抵抗，得以持久，在我国之对清政策上极为必要"。建议"可秘密运交机关枪20挺，弹药20万发，31年式榴霰弹5万发。已与三井之山本磋商办法，是否收取货款未定，须有由我政府承认该项支出之准备担保"③。此事结果如何，虽未得知，但清朝政府确曾于11月初向日本公使馆青木少将探询三井洋行是否多次售与革命军武器，意在对此加以牵制。④由此可见，当时确有日本武器流入革命军中，不过仅为

　　① 1911年10月13日，日本驻北京公使馆武官青木宣纯少将致参谋总长电报，日本外交史料馆藏。
　　②《原敬日记》第3卷，第177页。
　　③ 1911年11月3日，日本驻芜湖领事奥田致内田外相电报，第89号（经汉口之松村），日本防卫研究所藏。
　　④《日本外交文书》（辛亥革命），第150页。

少数。至于大批提供武器，则始于翌年的 1 月。

　　当时清政府的武器，多从德国输入，德国的军官充任清军的军事顾问，活动于汉阳战线。日本的本城安太郎在致上原勇作①的信中曾述及此事："此次中国内乱，德国公然认真出力援助北京军，我日本则相形见绌，软弱无力，缩手缩脚地襄助革命军，坦言之是日本和德国的暗中较量"。②德国支援清军，对革命军是一个很大的打击。11 月 27 日清军攻占汉阳时，黄兴不得不向传统上素有关系的日本求援。黄兴分析汉阳兵败的原因说："是由于德国军官对清军之援助及其所提供之武器"。③12 月 1 日黄兴到上海，由于他认为"汉阳兵败原因完全由于武器落后"④，故而"极力主张应从日本购买新式武器，第一步先购买步枪 2 万支，野炮 54 门，机关枪 70 余挺及相应之弹药"⑤，在向日本提出此一要求的同时，还要求日本的三井物产株式会社借款 30 万美元。⑥革命军以汉阳失败为契机，开始要求日本提供大量武器和借款。由于革命军有此行动，起义各省也向日本提出同样要求。湖南的革命军为补充武器向日本驻长沙领事大河平提出借款 300 万至 500 万元的要求，江苏和浙江的革命军也希望从日本购买武器和马匹。⑦广东军政府则向三井交涉购买步枪 1 万支、机关枪 30 挺及弹药等。⑧

　　各省的军政府、革命军为购买武器和筹措军费，纷纷派遣代表到日本活动。黄兴、黎元洪派遣何天炯（化名中林繁），及黎之

---

　　① 上原勇作，日本军人，此时任日本政府陆相。
　　② 上原勇作关系文书研究会编：《上原勇作关系文书》，第 454 页。
　　③ 日本三井物产株式会社《社报》，1911 年 12 月 2 日，日本三井文库藏。
　　④ 1911 年 12 月 7 口，口本驻上海总领事有吉致内田外相电报，机密第 104 号，日本外交史料馆藏。
　　⑤ 1912 年 1 月 17 日，日本参谋本部《清国事变特报》附录第 28 号，日本外交史料馆藏。
　　⑥ 1911 年 12 月 17 日，日本驻上海总领事有吉致内田外相电报，第 413 号，日本防卫研究所藏。
　　⑦ 1912 年 1 月 17 日，日本参谋本部《清国事变特报》附录第 28 号，日本外交史料馆藏。
　　⑧ 明治四十四年 12 月 21 日，香港船津代理总领事致内田外相电报，第 123 号，日本外交史料馆藏。

幕僚日本陆军大尉与友伦太郎、前日本《读卖新闻》记者中井喜太郎、神户市的太田信三等到东京，从事筹措枪械、防寒用具和军费活动。[①]不知来自何省的何沂东、谭济川等 4 人，也在东京从事购买军火活动。[②]上海都督府派遣的文梅村、吴嵋通过内田良平向三井物产交涉购买枪械、防寒用具。[③]此外，内田良平派到上海的北一辉、清藤幸七郎通过三井物产上海支店为宋教仁等筹措军费和购买武器的要求奔走联系。上海的日本大仓组支店则同革命军方面就购买武器而借款 400 万日元一事进行联系。在日本的章炳麟也在归国前积极从事购买步枪 5 万支和子弹数百万发的活动。[④]

　　日本参谋本部对革命军要求提供武器一事，表示了予以应援的姿态，但日本政府、外务省却不同意正式予以支持，故而日本对革命军方面仅是秘密地提供了少量武器。然而，1912 年 1 月南京临时政府成立，日本政府在 1 月 12 日的内阁会议上通过了"今后对革命军可采取稍进一步援助的政策"[⑤]，表示了为革命军购买武器提供借款的意向。这是因为在 12 月下旬的南北议和中，英国打破了日、英协调一致的原则，率先支持共和制，日本也摆脱了协调一致的束缚走向自由行动，开始向革命军提供武器，借此在英国的势力范围内扶植自己的势力，扩大日本的权益。这与1911 年 10 月 24 日日本内阁会议所决定的扩大在中国本土——特别是华南的势力之方针是一致的，也可以说是这一方针的具体化。但是，使这一方针具体化必须具备客观的条件，这就是革命军势力之扩大和南京临时政府之建立。没有这种客观条件，就不可能

---

　　①《上原勇作关系文书》，第 454 页。

　　②《清国革命叛乱之际该国人之动静、态度及舆论关系杂纂》（一），日本外交史料馆藏。

　　③ 1911 年 12 月 7 日，日本内田外相致驻上海总领事有吉电报，第 132 号，日本外交史料馆藏。

　　④ 1911 年 11 月 7 日，乙秘字第 1773 号，见《清国革命叛乱之际该国人之动静、态度及舆论关系杂纂》（一），日本外交史料馆藏。

　　⑤《原敬日记》第 3 卷，第 212 页。

有这种政策变化。这时，日本见时机已至，于是开始转变政策。

由于日本政府的这种政策变化，1月24日三井物产株式会社与上海都督府签订了30万日元的借款合同，内田良平作为上海都督府的代表签字。[①]合同规定借款中的25万日元用来从三井物产购买武器。上海都督府由此购入了31年式野炮6门，31年式速射炮6门，机关枪3挺，及各种炮弹1万发，子弹15万发。沪杭铁路借款订立后，又有大批武器运交革命军。

如此大量的武器如何由日本运出，如何送交革命军，因缺乏具体史料，难以明了全部情况，但在1911年12月8日前后，日本的"云海丸"曾在上海卸下步枪1万支及佩剑、手枪等共约300万吨武器。[②]翌年1月8日前后"巴丸"在南京卸下步枪1.2万支，机关炮6门，山炮6门及相应之弹药。[③]这些均为革命军用大仓组的贷款购入的。1月23日，三井物产在汕头由"密要丸"卸下向汕头革命军和商团提供的步枪1900支和刺刀、弹药。[④]1月28日三井物产向广东和汕头的革命军提供村田式步枪7500支，在广东的黄埔卸货。[⑤]2月24日左右，"荣城丸"装载村田式步枪3万支，子弹800万发，驶入广东虎门港。[⑥]以上武器主要由大仓组和三井物产提供。三井物产在1912年上半年运往上海的武器和军用品总值达285万日元。[⑦]三井物产在支店长会议上的报告中称："我方素与南方革命派干部十分接近，革命开始后，关系更为密切，尤以在军火交易上我方拥有锐利武器。革命动乱时代，南京政府之武器、军需品业务，十之八九俱归我手中。"[⑧]

---

① 初濑龙平：《内田良平研究》，第145～146、162～163页。
②《日本外交文书》（辛亥革命），第169页。
③《日本外交文书》（辛亥革命），第181～182页。
④ 1911年1月25日，日本驻汕头领事矢野致内田外相电报，第1号，日本防卫研究所藏。
⑤ 1912年1月29日，日本驻广州濑川总领事致内田外相电报，第7号，日本防卫研究所藏。
⑥ 1912年2月24日，广东总领事濑川致内田外相电报，第19号，日本防卫研究所藏。
⑦ 日本三井物产株式会社《第五回（1912年上半期）事业报告书》，日本三井文库藏。
⑧ 日本三井物产株式会社《第二回支店长会议事录》，日本三井文库藏。

但是，这些武器多是日俄战争时期的废枪废炮。尾崎行昌在致小川平吉的信中揭露说："运交之废武器，问题严重。"①北一辉也在致内田良平的信中指出："各商行多向南京强行推销废旧枪支。"②大仓、三井等商社口称支援革命军实际上却是以武器作为新商品出售，博得高额利润。三井物产将日本陆军省以三四日元一支处理的枪支，以每支 25 日元卖给革命军。③日本政府、军部则以支援革命为名，实际上在扩大日本在华南的势力范围和权益。这种行为与革命军及其政府为革命战争的胜利而要求提供新式武器之目的大相径庭。然而在欧美列强不肯提供武器与借款的情况下，也并非全属无用。在客观上也不能不称之为"支援"！

德国与日本相反，向清军提供了武器。1912 年中国从外国输入的武器中，德国占 54.6%，日本占 25.9%，说明了日本对中国的武器输出占中国武器输入的 1/4 强。④

提供武器是革命军和南京临时政府的主动要求，初期仅是个别的，11 月末汉阳被清军攻占后，尤其 1912 年 1 月南京临时政府成立后，此种要求更为迫切，数量亦行增大。这一变迁过程促进了革命军与日本之间的微妙关系，由于此种变化，日本提供武器方成为可能。日本政府、军部提供武器亦随之由个别的、小规模的转为大量提供，这是日本对革命军的政策变化所导致的。武器的输出，运送本身，象征在此时期日本对革命军、临时政府的微妙政策。然而，这是在严守中立的幌子下的秘密行动。日本此时还不肯公开向南京临时政府提供武器，这是日本与欧美列强在华互相牵制与争夺所产生的现象。

---

① 《小川平吉文书》，日本国会图书馆宪政资料室藏。
② 1912 年 2 月 6 日，日本在上海之北辉次郎致内田良平书信，日本外交史料馆藏。
③ 《与清国革命党有关人员之谈话》，乙秘第 1938 号，见《清国革命叛乱之际该国人之动静、态度及舆论关系杂纂》（一），日本外交史料馆藏。
④ 陈存恭：《民初陆军军火之输入》，"中华文化复兴运动推行委员会"主编：《中国近代史论集》第 23 编（下），台湾商务印书馆，1986 年，第 1051 页。

革命军方面需求武器，日本加以提供，但两者的目的完全不同。不同的目的能有一时的调和、统一，证明了对立的事物在一定的条件下可以统一的历史发展法则。同时也说明对立双方均能从这一调和、统一中得到好处。

下面对北伐军与日本的关系作一考察。

辛亥革命最终的目的是打倒清朝，在全中国建立共和国政权。因而，南京临时政府成立后，举行北伐，打倒清政府的要求十分强烈。特别是在广东、上海、浙江、江苏等省，都自发地组织了北伐军，准备北伐。1912年1月陆军总长黄兴组建了六个军。第一军是湖北和湖南军，沿京汉线北上。第二军是驻扎于南京的各省的军队和安徽省的军队，沿津浦线北上。第三军是淮阳的军队，与第二军平行北上。第四军是烟台的军队。第五军是东北地区的军队。第六军是山西、陕西的联合军。①然而，由于种种原因，尤其是南北签订停战协定及议和，除第二、第三、第四、第五军有局部的推进外，其他两军原地未动。

举行北伐，势必扩大战线，不仅危及该地区欧美列强之权益和贸易，而且可能对今后中国的南北形势影响很大。因而英国非常注意与其势力范围有关之第二、第三军的北伐动静，朱尔典公使和在南京的领事都即时向英国外交部报告各军的动静。②日本则重视日本势力范围内的军事动静，即第四、第五军的北伐活动。

第五军司令是蓝天蔚，原为驻扎奉天的第二混成协协统，武昌起义后，与当地的革命党员一同策动起义，计划首先推倒奉天省（现辽宁省）都督赵尔巽，宣布奉天省独立，继而联合驻扎滦州的第二镇张绍曾等进攻北京，予清廷以决定性的一击。但此计划因部下告密被清廷发觉，蓝天蔚被剥夺军权，于12月23日潜

---

① 见《孙中山全集》第2卷，第14页。
②《英国蓝皮书有关辛亥革命资料选译》（下），第382、383、459、570页。

伏大连。①他后与当地的革命党员共同发动革命起义。大连及满铁附属之革命党员，也准备起义。东北地区原是清廷的发祥地，为北京之后背。清廷为己身的安全计，必须防止此一地区爆发革命，故而袁世凯通过日本在北京的阪西利八郎中佐向伊集院公使探询是否接到有关蓝天蔚在大连"有所策划之情报"②。内田康哉接到有关于此的电报后，于 11 月 28 日指示伊集院："如被彼等作为从事政治活动之策源地，帝国政府自然不能容许。倘有此种事实，自应采取有效措施，严加取缔。"③望将此点告知袁世凯，促其安心。石井外务次官也命令在旅顺的民政长官白仁调查蓝天蔚的行迹。④日本所采取之对策，固然首先出自保护关东州之"安全"，但客观上有利于清政府和袁世凯。

其后，蓝天蔚赴上海、南京。临时政府任命其为关外都督和北伐军第五军司令。蓝天蔚在上海组织了以学生军为核心的两千余名北伐军，分乘海容、海深、南琛等三艘军舰于 1 月 16 日停泊在山东半岛的芝罘。这一支北伐军的任务是支援山东地区的革命党活动。与此同时，首先在辽东半岛登陆，促进南满乃至东北三省的革命起义，实现东北的独立，继而从军事上自北方对清政府加以打击。

山东省曾于 1911 年 11 月 13 日宣布独立，但 24 日清巡抚孙宝琦又取消独立，镇压革命党活动。翌年 1 月中旬，活跃于大连的同盟会会员徐镜心等联合土著豪雄势力，利用日本轮船"十九永田丸"在山东半岛的登州登陆，占领了县城。蓝天蔚所率北伐军的到来，给山东的革命派以很大鼓舞。而后，南京临时政府又派一部分上海军和福建军支援山东。

---

① 1911 年 12 月 23 日，日本旅顺白仁民政长官致石井外务次官电报，公第 76 号，日本防卫研究所藏。

② 《日本外交文书》（辛亥革命），第 270～271、273 页。

③ 见《日本外交文书》（辛亥革命），第 272 页。

④ 见《日本外交文书》（辛亥革命），第 273 页。

蓝天蔚的第五军以山东芝罘为港口基地，首先计划在辽东半岛北侧登陆。此地区接连关东州，是日本势力范围南满之南端。因而登陆行动牵涉到日本的权益，所以如何处理与日本之间的关系，成为重要问题。蓝天蔚于1月17日以关外都督名义，向在旅顺的日本关东都督大岛发出如下电报：

> 敝国共和军以改造专制政府为目的而兴，其宗旨在于谋求人民之幸福与世界之和平，故对外国人民之生命财产，自当尽力保护。而本省之一切设施，多与贵国有关，今本都督奉中华民国临时大总统之命，管理关外军务，自必尽力，以全保护之责。但本省铁路为贵国所有，为维护和平起见，切望贵国确保南满铁路之中立，对于民军及清军，均应一律同等对待，是为切盼。[①]

这个照会表明了北伐军之对日方针：（一）表明北伐军的目的是推翻清政府。（二）要求日本在北伐军与清军的军事冲突中保持中立。在此时期，南京临时政府正迫切希望日本在政治上承认新政府，在军事上提供武器，在财政上供应借款，但北伐军则未表示这种要求，这是这个方针的一个特点。

日本政府、外务省在北伐军到达山东半岛之前，就对此研究了对策。内田接到北伐军拟在秦皇岛登陆的情报后，即于1月9日训令伊集院称，"因日本军在京山线一带进行警备，所以北伐军之行动与我有切身利害关系"，故而"应事先向革命军发出警告，或待彼等行将登陆时，以实力加以制止"[②]。要求伊集院与有关各国公使商议对策。伊集院在与中国驻屯军司令官阿部协商后，与英国公使朱尔典举行了会谈。朱尔典表示京山线应如上海独立后沪宁间铁路的中立化，官、革双方均不得利用，对北伐本身则持

---

① 见《日本外交文书》（辛亥革命），第294页。
② 见《日本外交文书》（辛亥革命），第280页。

不直接反对的态度。伊集院表示反对这种意见，并建议在 13 日举行各国公使会议进行协商。但在 13 日，内田指示日本的关东都督大岛：预计北伐军将在辽东半岛的中立地带登陆时，"应向军指挥官剀切说明中立地带之性质，并声明彼等若欲强行登陆时，我方将不得不采取阻止措施，务必使其放弃登陆意图"。若在中立地带以外之地点登陆时，"我方不必采取阻止手段"。①这一指示意味北伐军如在中立地带以外之秦皇岛附近登陆即不予干涉，这与数日前之政策相比有所改变。

日本海军采取了与外务省大体相同的对策。巡航于黄海和渤海湾的日本第二舰队司令吉松茂太郎于 1 月 16 日向斋藤海相报告称："革命军若企图在满洲沿岸之中立地带登陆时，向其申明，我方作为阻止手段，第一为劝告，第二是声明，第三则以兵力直接压制，以此使革命军放弃登陆企图。" 17 日，日本海军省次官财部彪指示日本驻旅顺要塞司令："帝国政府对革命军在中立地带以外的满洲地区登陆，采取不至必要时不加干涉之方针"。②

日本政府和军部之所以采取这种方针与对策，一是防止由于北伐军的登陆而激发以关东州和满铁为中心之南满的起义活动，保护在此地区内日本的殖民地权益。再则，南京已成立革命党的统一政府，在日本秘密给予财政"援助"和出售武器的情况下，尽量避免与北伐军发生正面军事冲突，为此事先采取措施，使北伐军放弃在中立地带登陆之意图。而对在中立地带以外地区登陆则采取不加干涉的态度，以达到一石二鸟的目的。

因此，北伐军与游弋于渤海间之日本海军保持着一种微妙的关系。当时，日本第二舰队的常盘、音羽等舰被派往芝罘，在监视北伐军动向的同时，又与蓝天蔚保持联络。双方相互以警戒的态势敌对，但同时又相互访问，以交换双方意图。南京临时政府

---

① 见《日本外交文书》（辛亥革命），第 284 页。
② 见《日本外交文书》（辛亥革命），第 289 页。

当时也有人对"日本军舰对北伐军海军进行尾随、干扰"表示抗议①，但 1 月 18 日，日本海军常盘舰的舰长到海容舰拜访蓝天蔚；20 日音羽舰的军官亦拜访蓝天蔚；22 日海容舰舰长和舰队参谋拜访日本音羽舰长吉田；26 日蓝天蔚复又拜访吉田舰长。在彼此互相拜访中，蓝天蔚在说明北伐军之目的的同时，透露了将在没有清军驻扎的花园口子向中立地带登陆，并以此为据点，向辽南地区扩展军事行动的作战计划，希望能得到日本方面的谅解。日本方面则表示"在中立地带及租借地区碍难同意官、革两军之军事行动"。双方意见相左。但最后口头约定"若革命军派兵在中立地带登陆时，须事先征得日本同意，在未取得日本同意时，不能派兵登陆"②。日本方面表示了有可能同意北伐军在中立地带登陆的意向。

在这种情势下，北伐军首先开始在有利于作战的中立地带登陆。1 月 29 日，先遣队在庄河的尖山口子登陆，2 月 1 日，600 名士兵在高力城和大孤山、安东（今丹东）貔子窝一带登陆。迄至 2 月上旬，已有 1700 名士兵登陆。③清政府得知此情报后，派外务部曹汝霖至伊集院处，要求日本阻止北伐军登陆。伊集院答称："断无上述事实之理……恐系革命军在中立地带之外登陆之误。"④曹汝霖对此回答不满，指出即使在中立地带之外登陆，亦应阻止，希望满铁同意清军运送增援部队至登陆地点。伊集院表示拒绝并答以："阻止革命军在中立地带以外之地点登陆，乃属贵国之职责，与我方无关。"认为运送清军"使之对抗革命军之行为，无论如何不能承诺"⑤。伊集院的回答及措置客观上有利于革命军。

然而，当北伐军在中立地带登陆，与清军进入交战状态时，日本却要求北伐军撤退。在当地的日本常盘舰舰长向北伐军司令

---

① 1912 年 2 月 12 日，日本驻上海柴少将致参谋总长电报，第 37 号，日本防卫研究所藏。
② 《日本外交文书》（辛亥革命），第 295 页。
③ 参照栗原健编著：《对满蒙政策史的一个侧面》，第 303～304 页。
④ 《日本外交文书》（辛亥革命），第 308 页。
⑤ 《日本外交文书》（辛亥革命），第 308 页。

部，旅顺的民政署长向在大连的蓝天蔚同时发出严重警告："此乃背信行为，应采取办法尽速撤出中立地带。"①此时，清军也向中立地带出动，双方交战。蓝天蔚一面表示从速撤兵，一面声明"刻下官、革两军之战业经开始，革命军单方撤兵，事实上已不可能"。日本关东都督大岛表示对此有所理解，他向内田报告：此事"根据目前情况系属合理，若脱离常规，仅向革命军使用武力，则有违我历来之公正态度，无异向革命军施加强大压力"②。要求对清军亦采取适当手段加以约束。内田在复以"固无不可"的同时，又训令其"对官、革两方之宽严可有所不同，根据一方无视我方警告而径自登陆，一方系经我方认可而运兵前来，应细加斟酌"③。然而大岛却于7月13日对蓝天蔚和奉天总督赵尔巽同时要求于7日内撤出中立地带。④虽是对官、革双方持中立态度，但实际上对北伐军是一大打击。蓝天蔚向日本方面提出清军先从中立地带撤出，然后北伐军从中立地带撤至非中立地带的计划。日本不允，北伐军遂于2月20日撤至非中立地带。

恰值此时，南北达成妥协，2月21日清帝退位。南京临时政府陆军部命令蓝天蔚停止战斗。坚持君主制之总督赵尔巽也改易共和国旗，表示赞同南北妥协。在政局激变的形势下，北伐军未能实现预期目的，于2月25日撤至芝罘。北伐军登陆辽东一带，虽然为时短暂，却是对清廷侧背的有力一击，成为促使清帝退位的一大因素。

日本方面虽然对登陆的北伐军发出要求撤退的警告，但并未动用武力。这其中日本自有打算。内田曾训令驻奉天总领事落合："时至今日，满洲朝廷让步之大势已定，赵总督之态度今后如何变化，亦难预测。基于上述情况，此时对革命军施加压力之程度，

① 《日本外交文书》（辛亥革命），第324页。
② 《日本外交文书》（辛亥革命），第327页。
③ 《日本外交文书》（辛亥革命），第328页。
④ 《日本外交文书》（辛亥革命），第330～331页。

应慎重考虑。且今后如革命党之势力壮大，满洲之秩序发生混乱，亦未尝不可能因此而形成我国对满洲政策得以进一步发展之契机，故执行我已定方针之际，需加以斟酌审度。"[1]由此即可见其意图所在，同时也可以看出日本的对策是一方面阻止登陆行动，一方面又企图加以利用。但两方面分量不同，前者为主。这种两面策略，使日本与北伐军的关系十分微妙，北伐军正是利用了这种微妙关系。

四、汉冶萍公司借款

武昌起义后，孙中山经欧洲回国的目的之一是希望能从英、法两国获得经济援助或借款，然而，却是毫无所获空手而归。孙中山抵达上海回答记者提问时曾说："革命不在于金钱，而全在热心，吾此次回国，未带金钱，所带者精神而已。"[2]强调了精神对革命的作用。然而，南京临时政府成立之后，为维持和确保数十万军队和革命政府，需要数千万元。如，1912年3月份，仅陆、海军的支出即达903万余元，而临时政府并无稳定的财源，因为：（一）南京临时政府必须依靠来自地方的税金，但处于相对独立地位的地方军政府，为维持地方的军队和政权，已无余力支持中央。（二）海关收入本为主权国家之主要财源，但中国的海关收入由列强掌握，用来偿还外债和庚子赔款，南京临时政府根本无使用此项收入之权。（三）辛亥革命是革命运动，原可以用处理敌对阶级的办法挹注一部分财源。但辛亥革命不是否定私有财产的革命，而且革命阵营内有清朝的立宪派和旧官僚参加，一时成为革命的同盟者，所以不能采取这种方式。

孙中山与南京临时政府为解决财政问题考虑了两种办法，一

---

① 《日本外交文书》（辛亥革命），第312页。
② 《孙中山全集》第1卷，第573页。

是发行 1 亿元的军需公债，1 月 8 日参议院制定了《中华民国八厘公债章程》。如能实现，当可确保政府的财源。但是，在国内外只募得 737 万元，不足计划之一成。二是为确立金融体制，改组大清银行，成立中国银行（中央银行）。在集股 500 万两的同时，发行军用钞票 100 万元，强行在市场上流通。然而，因为这种纸币并无银行之硬币为基础，3 个月之内，不许兑换，以致仅在南京流通一时，其他地方并未流通。以上两种办法均不成功，南京临时政府陷入了财政危机。

孙中山将能否解决财政问题视为革命成败之关键所在，但可供选择的是失败或外债。孙中山为取得革命的最后胜利，选择了后者，与日本同时进行四项借款谈判。

首先着手进行的是汉冶萍公司借款。汉冶萍公司是由汉阳铁厂、大冶铁矿和萍乡煤矿组成的中国最大的近代企业，与日本有特殊的密切关系。对日本来说，如果说满铁是其侵略满蒙的根据地，那么汉冶萍是其向长江流域渗透的一大据点。所以，在辛亥革命之前，即已投入了 1352.7 万日元的投资和借款。[①]日本最大的八幡制铁所由此从 1900 年至 1911 年，从汉冶萍公司输入了 97.1 万吨铁矿砂，占该制铁所在此时期所使用的铁矿砂的 65%，对该制铁所的发展有重大意义。从这一角度而言，说汉冶萍公司是日本制铁业及军需工业的生命线，并不为过。

汉冶萍公司地处长江流域，正处于革命军及军政府的管辖范围之内。在这种形势之下，日本急于要将大冶铁矿置于日本的"保护"之下。日本驻华公使伊集院 10 月 13 日向外相林董报告称："大冶与我之关系，比前电之汉阳铁厂不同，尤为重大密切，此属公开之秘密。为保持现状，鄙意以为，可否向该地派遣帝国军舰，暗示我于暗中保护之实，是否可行。"[②]海相斋藤也命令日本第三

①《日本外交文书》1913 年第 2 册，第 936～937 页。
②《日本外交文书》（辛亥革命），第 46 页。

舰队司令川岛："暴动如波及大冶，有借国家自卫权之名义防护之理由。届时，如有需要，可在保护侨民范围之内，努力保护帝国之特殊利权。"①日本驻汉口总领事松村也于 11 月 25 日向黎元洪发出革命军不得占据大冶的警告。12 月底，传闻湖北省军政府接管大冶铁矿，一切矿务统由军政府直接管理。日本外相内田康哉闻讯立即训令松村向军政府当局严重提出："我国之利权，不能因此受任何影响。"②31 日，松村将此训令内容通知黎元洪，并提出："该铁矿业早已声明与帝国政府有重要关系，故贵军如有侵害该矿行为，必然导致不愉快状态。在贵国之政争没有结果之前，应维持原状不变。另，为防止发生误会，一切有关该矿事宜，务必先与本人或西泽③协商"。④黎元洪遂于 1 月初，撤回派往大冶铁矿的委员。然而，日本仍然以"保护"在大冶之权益为借口，于 1 月中旬派遣江面炮舰一艘到大冶，并有若干陆战队在该地登陆。⑤大冶铁矿被置于日军的半占领之下。

日本对于汉阳铁厂，采取了不同于大冶的慎重态度。汉阳是武昌起义的中心，也是官、革两军激战之地，汉冶萍公司自然希望得到日本的"保护"。10 月 11 日，汉冶萍公司总理盛宣怀通过日本正金银行北京支店长实相寺向伊集院提出，希望"此时是否能从日本方面以本身利害关系为依据，直接与叛军折冲，以求设法保全铁厂"⑥。该公司协理李维格也向松村表示"铁政局希望能得到日方之保护"。伊集院答以"当前实有碍难"。松村也在报告中称："极需慎重考虑"⑦。其理由是：（一）要考虑与军政府之关系；（二）革命军占据铁厂秩序井然，日军如以武力加以"保

---

① 《日本外交文书》（辛亥革命），第 48 页。
② 《日本外交文书》（辛亥革命），第 118 页。
③ 西泽公雄为日本派驻大冶矿山驻在员。
④ 《日本外交文书》（辛亥革命），第 119 页。
⑤ 1912 年 1 月 17 日，内田外相致汉口松村总领事电报，第 5 号，日本防卫研究所藏。
⑥ 《日本外交文书》（辛亥革命），第 133 页。
⑦ 《日本外交文书》（辛亥革命），第 133 页。

护"，"反而会造成不愉快之结果"；（三）当时汉口的领事团对官、革双方采取中立、不干涉之态度。日本如单独出动军队占领该厂，有与列强形成对立之虞。①因而，日本始终未向汉阳铁厂派遣军队。

盛宣怀、李维格之要求日本"保护"汉冶萍公司，与保护他们自身的财产密切相关。汉冶萍公司是官督民办的企业，盛为清政府的邮传部大臣，又是该公司的总理，拥有该公司财产的1/3。故而盛请托伊集院，希望由日本方面"保全其财产"②。李维格也恳求"可能需阁下保护自身及家产"③。盛、李二人想通过向日本借款实现对自身及财产之"保护"。所以在武昌起义爆发之后，立即向日本正金银行申请借款600万日元，此项借款同时也有向官军供应军费之目的在内。盛宣怀当时是清政府的高官，迫切希望能早日将革命军镇压下去。

日本政府对"保护"汉冶萍公司持慎重态度，不同意借款，但伊集院仍在争取政府采取行动，他向内田外相报告称："相信此笔借款有利于确保我在汉冶萍之势力与权益，机不可失。敬望多为考虑，予以审议，使本事有抵于成。"④并建议借款合同中赋以苛刻的条件。

盛宣怀又以邮传部的名义，以湖南省萍乡、株洲间的铁路为担保，向日本正金银行借款100万两。对此，伊集院禀告内田称，此事"可资扶植我在湖南势力利权之基地……此时务请加以审议以促其成"⑤。

恰于此时，清政府的资政院追究盛宣怀以川汉、粤汉铁路向外国借款，将铁路收归国有之责任，加以弹劾。翌日，解除其邮传部大臣职务。辛亥革命即是以反对铁路国有化——护路运动为

① 《日本外交文书》（辛亥革命），第135～136页。
② 1911年10月13日，伊集院公使致内田外相电报，第205号。
③ 《日本外交文书》（辛亥革命），第134页。
④ 《日本外交文书》（辛亥革命），第142页。
⑤ 《日本外交文书》（辛亥革命），第143页。

导火线而爆发的。清政府之免去盛宣怀职务，意在以此延缓革命的爆发。

盛宣怀虽被免职，但他毕竟是一名近代大实业家，在外国向中国进行经济渗透方面起着重要作用。所以，列强都很关心盛之去向，都企图将盛掌握于自己手中。于是，展开了掌握盛宣怀之争。盛被免职后为了自身安全，先秘密匿于日本正金银行北京支店长（分行行长）的家中。经支店长实相寺策划，乘专车奔赴塘沽，然后改乘三井物产的"福星丸"转赴大连。美国公使获知此情况后，串通清政府的庆亲王，令盛乘美国方面准备的火车去天津，然后乘德国轮船转去青岛。这是由美、英、法、德四国银行团所策划，伊集院对"四国之行动，甚为不快"①。随即报告内田："使盛宣怀到大连避难，固我之对汉冶萍之运筹有甚多便利，但亦有遭到一般民众反对之虞"。此外，盛宣怀"即使奔赴青岛或其他美、德势力之下，亦未必立即为彼等所用，故未强行劝阻"②。说明在争夺盛宣怀一事上，日本一时处于被动地位。然而，日本却毫未放松对盛宣怀的引诱。三井物产的高木陆郎和正金银行的川上市松追踪前往青岛。③青岛属德国势力范围，盛在青岛与德、美两国有所接触。高木等在加强对盛宣怀工作的同时，也开始煽惑在上海的李维格。盛宣怀想借日本人的名义求得保护，使自己私产不被政府没收，所以逐渐倒向日本怀中。盛曾通过三井物产致函山县有朋和桂太郎。山县见信后，指示内田："帝国政府此际应采取适当手段，予以庇护。"④盛要求正金银行的小田切万寿之助前来青岛，小田切因青岛属于德国势力范围，在青岛非属上策，有所不便，而要求与盛在日本的殖民地大连会晤。为此，内田策划先将在上海的李维格诱至大连。李维格于 11 月 3 日在上海与日

① 《日本外交文书》（辛亥革命），第 145 页。
② 《日本外交文书》（辛亥革命），第 146 页。
③ 高木陆郎：《日华交友录》，救护会出版部，1943 年，第 21 页。
④ 《日本外交文书》（辛亥革命），第 158 页。

本派驻大冶铁矿的西泽公雄就将汉阳铁厂迁至上海与扬子机器厂合并，组成中日合办企业一事交换意见。由此可见李维格之投靠日本，远远走在盛的前面。因此，内田在11月24日通知日本驻上海总领事有吉明，小田切将于29日到达大连，同时训令有吉："劝告李维格速赴大连与小田切会晤。"①李维格闻知此讯后，提出盛宣怀去大连与小田切接触，恐将引起社会舆论的反对，故而希望小田切来上海会谈。当小田切正在准备于12月3日动身前往上海时，突然接到高木陆郎来电称，为避免革命党方面对谈判的压力，李维格将与高木去大连。②12月10日前后，高木与李维格首先到达大连，盛宣怀不放心李只身前去，恐其有什么个人行动，遂不顾抱病之躯于14日赶到大连。③如此，日本便将盛与李掌握于自己手中，摆脱了对汉冶萍的被动的外交局面，开始了合办与借款的谈判。

对此项谈判可以分为三个阶段加以考察。

第一阶段是从12月15日左右起到年底，在大连举行的预备谈判。小田切在赴大连途中，通过八幡制铁所所长中村雄次，得悉李维格同西泽在上海的会谈内容，中村也表示合办确有探讨的价格。就前此谈判的600万日元借款时所起草的合同为基础，向盛与李提出在上海设立中日合办的新炼铁厂的方案。④对此建议，盛宣怀表示有碍难之处，提出待时局平定之后，在与外国合办企业时，必先与日本合办之意。⑤小切田认为李维格较盛宣怀更为积极，遂与李接近，以探听汉冶萍的内情及谈判对手的真实意图，

①《日本外交文书》（辛亥革命），第167页。
② 武汉大学经济系编：《旧中国汉冶萍公司与日本关系史料选》，上海人民出版社，1985年，第247页。
③ 武汉大学经济系编：《旧中国汉冶萍公司与日本关系史料选》，上海人民出版社，1985年，第274页。
④ 武汉大学经济系编：《旧中国汉冶萍公司与日本关系史料选》，上海人民出版社，1985年，第275页。
⑤ 武汉大学经济系编：《旧中国汉冶萍公司与日本关系史料选》，上海人民出版社，1985年，第276页。

为下一步谈判作准备。

第二阶段的谈判从 1 月初至 2 月上旬在神户举行。此次谈判之所以未在大连举行，是因为日本方面认为在日本本土谈判比在大连有利，而且安全，所以决定将谈判地点移到神户的舞子。李维格与高木于 26 日经朝鲜赴神户。小田切与盛宣怀乘"台中丸"从海路于 1 月 3 日到达神户。有如前述，在预备谈判中盛曾透露向日本借款，借日本之力保护自身财产之意。日本即乘机抓住此点，要挟将汉冶萍公司改变为中日合办企业。谈判的性质原本是属于公司与日本银行或企业之间的谈判，但从 1 月起，日本政府和南京临时政府直接介入，双方的谈判发展成为四者之间的关系，谈判的性质也变成民间与政府相结合的谈判。

孙中山和南京临时政府于 12 月底介入借款谈判。孙中山从欧美归来后，经山田纯三郎、宫崎滔天等大陆浪人的斡旋，在上海向三井物产上海支店的森恪和支店长藤濑进行借款谈判时，汉冶萍公司的中日合办问题成为议论的话题，双方约定"1 月上旬，南京临时政府事前约定合办，当要求由三井调拨资金之际，孙（中山）黄（兴）与三井约定必定使合办方案在股东大会上通过"[1]。这一谈判原本与盛、李与小田切之间的谈判并行举行，但于 1 月下旬在神户两项谈判合而为一。1 月 13 日前后，何天炯持孙中山的电报前来神户。告知盛宣怀，如承认日方所提条件，须向革命政府捐献 500 万日元。[2]孙中山复于 17 日通过王宠惠等告知盛宣怀，对其及其财产予以保护之意。22 日，黄兴又发来电报要求盛宣怀向日本借款 500 万日元提供临时政府。[3]这一电报并未言及合办之事，因此盛宣怀于 25 日复电黄兴称：日方代表小田切表示，日中合办事如不成，不提供借款。而来电未曾言及此事，合办若

---

① 1912 年 3 月 14 日，内田外相致南京铃木领事电报，第 8 号，日本外交史料馆藏。
②《日本外交文书》（辛亥革命），第 187 页。
③《旧中国汉冶萍公司与日本关系史料选》，第 291 页。

必须由政府批准，不知政府之意向如何。盛宣怀在经济方面主张采用近代的经营思想和管理方法，但在政治上是保守的。辛亥革命兴起后，他主张镇压起义，与革命党对立。此时他仰赖南京政府批准，虽有政治意义，但更重要的是出于经济上的考虑，目的在于利用临时政府来保护自己的私产。因而盛宣怀不得不容许临时政府介入谈判。

日本方面，外务省和政府直接插手此事。受八幡制铁所的中村所长之托，外务省政务局长仓知铁吉提出日中合办汉冶萍公司议案，日本内阁会议于 12 日通过。小田切按照日本内阁会议的决定，于 17 日向李维格提交了合办大纲，盛宣怀于 23 日对此提出对策。①

南京临时政府出于财政紧需，在汉冶萍合办谈判中，须由日方先提供资金 300 万日元，而日本政府认为必须落实南京临时政府对合办的意向并得到相应的保证。所以，内田于 1 月 26 日训令其驻南京领事铃木：“我政府须充分注意避免显露承认军政府权力之形迹，故此际阁下应通过适当之人选仅作为我方资本家之询问，探明军政府关于合办之意向。望回电。”②铃木复电称：“孙已承诺，并已通知盛宣怀。”③黄兴急于得到借款，遂于 26 日致电盛宣怀，强调“至今未得确切之答复，或系阁下对赞助民国缺乏诚意……如此，民国将发布命令没收阁下之财产，望早助成其事”④。

由于孙中山、黄兴介入，合办谈判速度加快。27 日双方对合办方案达成一致意见。三井物产的山本条太郎也参加了此事。29 日小田切与盛宣怀在神户签订了合办的草合同。内容为：

---

① 《日本外交文书》第 45 卷第 2 册，第 99～100 页。
② 《日本外交文书》（辛亥革命），第 194 页。
③ 《日本外交文书》（辛亥革命），第 204 页。
④ 《日本外交文书》第 45 卷第 2 册，第 116～117 页。

一、改汉冶萍煤铁厂矿有限公司之组织为华日合办有限公司。

二、新公司应在中国农工商部注册，一切遵守中国商律、矿律。总公司设在中国之上海。

三、新公司股本定为三千万元，华股五成，计华币一千五百万元；日股五成，计日币一千五百万元（此股本及将来分余利均以日币算）。华股只能售与中国人，日股只能售与日本国人。以后公司股东盈亏共认，不定官利，总照各国通行有限公司章程办理。

四、新公司按照矿律以三十年为期满，期满后由股东会公议，如欲展期，应照矿律再展二十年。

五、新公司股东公举董事共十一名，内华人六名，日人五名。再由董事在此十一人内，公举总理华人一名，协理日人一名，办事董事华、日各一名；股东另举总账员四名，华日各二名。

六、总会计用日人一名，由董事局选派，归办事董事节制，以后添用华总会计一名，彼此平权。

七、汉冶萍煤铁厂矿有限公司之所有一切欠款及一切责任，备有确据者，均由新公司接任。

八、除照矿律，外国矿商不得执其土地作为己有外，汉冶萍煤铁厂矿有限公司之所有一切产业、物料暨权利，并照案所享特别利益，均由新公司接收。

九、新公司未经注册以前，由华、日发起人先行办事。所有新公司一切章程，由发起人另行商定。（原件边注："所有"以下十七字系后添）

十、以上所开新公司日华合办，俟（原件注：改"己"为"俟"）由中华民国政府电准，汉冶萍煤铁厂矿有限公司立将此办法通知股东，倘有过半数股东赞成，即告知日商，日

商亦将情愿照办之意告知公司，签订正合同，立即照办。告
知期限不得逾一个月。(《日本外交文书》中，"告知"以后字
样另起一行——笔者)①

从合同中的资金总额、比例及收回期间之延长等可以看到日
方的主张都是日方强加于中方的，始终掌握着谈判的主动权。

由于这一合办合同的直接目的是南京临时政府借此从三井物
产得到借款，所以系由南京临时政府、汉冶萍公司和三井物产之
间签订"事业契约书"②(即借款合同)。为证明南京临时政府承
认和保证此项合同，故由孙中山在"认证书"上签名。③

29日在神户签订合办草合同后，旋即由上海三井物产的森恪持
有关文件于2月1日抵达上海，2日赴南京，由孙中山最后签署。④

根据这一系列文件，汉冶萍公司从三井物产得到300万日元
借款(其中250万日元提供南京政府)。作为偿还之保证，2月10
日由李维格与小田切及八幡制铁所所长中村雄次签订了《汉冶萍
预借矿砂价值合同》。合同中规定，公司除照已订各种合同内应交
矿石数目外，自本年起三十年为止，每年应向制铁所另售矿石至
多以十万吨为限。⑤最后，为保证各项合同的实施及借款之使用，
又签订了《汉冶萍中日合办特别合同》。⑥如此，关于汉冶萍公司
合办，先后共签订了五项合同。日本从合办公司中极大地扩充了
其权益。

第三阶段是从2月中旬到5月，围绕取消合办合同展开攻防
战时期。

辛亥革命是打倒清朝统治的反封建的革命运动。同时，也是

---

① 《旧中国汉冶萍公司与日本关系史料选》，第316页。
② 《日本外交文书》第45卷第2册，第132～133页。
③ 《日本外交文书》第45卷第2册，第133页。
④ 1912年2月5日，森恪致益田孝信，日本三井文库藏。
⑤ 《日本外交文书》第45卷第2册，第120～122页。
⑥ 《日本外交文书》第45卷第2册，第123～124页。

反对列强侵略中国的反帝运动。武昌起义的导火线是反对为引进外国资本而将铁路收归国有的护路运动，从这个意义而言，辛亥革命首先是反对向外国借款的运动。然而，南京临时政府为解决财政困难，维持革命军队和新政府，却不得不向日本借款。这是与革命性质相矛盾的现象，所以，当秘密进行的借款谈判泄露于外时，引起人们的反对。

　　社会团体和股东代表等激烈地反对合办与借款。民社、湖南共和协会、江西联合分会、四川共和协会、国民协会、中华民国联合会等，严斥此乃盛宣怀的大逆不道之罪，强烈要求没收其财产，对参与谈判者处以死刑。[①]湖南省共和促进会致电孙中山及各部总长，声明此乃最大的辱国伤权之合同，湖南人民绝不承认，希即取消。[②]马维桂等 10 名股东致电盛宣怀称，公司章程中有外国人不得持有股份之规定，但阁下独自与外国签订如此之合同，碍难承认，应即取消。[③]公司董事会也电告盛宣怀，在股东大会上如未得超半数通过，则此合同无效，应即取消此损害国权之合同。[④]

　　南京临时政府内部反对合办者也意见沸腾。湖北省军政府除向孙中山表示反对之外，派外交部副部长到汉口日本总领事馆，要求公开汉冶萍公司与日本之间的历来关系。南京的参议院于 22 日召开秘密会议，议决"不经参议院承认，独断专行，系属极不合理之处置。该借款合同应即取消，政府应退还业已到手之借款"[⑤]。

　　欧美列强也反对此项合办和借款谈判，汉冶萍因处于英国势

----

　　①《申报》，1912 年 2 月 25 日。
　　②《申报》，1912 年 2 月 28 日。
　　③《申报》，1912 年 2 月 25 日。
　　④ 陈旭麓等主编：《盛宣怀档案资料选辑之一——辛亥革命前后》，上海人民出版社，1979 年，第 225 页。
　　⑤《日本外交文书》（辛亥革命），第 227 页。

力范围之内，是故英国驻日大使窦纳乐于2月5日以本国政府之训令为辞，向内田提出日本政府应阻止此项谈判之要求。①

中国国内的反对和要求取消合同的情况，立即经小田切及日本驻汉口、上海的总领事报告外务省，小田切和内田于是进行磋商研究应付此一局面的对策。小田切认为孙中山的态度如何，为问题之关键所在，应密切注视其动静。担心"如孙总统之态度一如既往，则前途可毋庸担忧。但不明目前其究持如何意见"②。然而，孙中山遵从参议院22日的决议，"不仅取消关于合办之声明，更同意该合同之不成立"③。

由是，股东大会上否决合办合同已成定局。小田切主张采取强硬姿态，"先发制人，不为敌所乘。至迟于28日以前，将我方之决定通知对方"④。3月12日他向内田报告称："须于最近期间，视时机而推出善后之策。"⑤所谓善后之策，即"采取某种手段，不使本问题消亡，使之处于半死状态，以俟他日复苏。其手段不外乎就此事在与南京政府谈判之基础上，将此案全部转向民国政府继续办理"⑥。由于日本对南京临时政府的稳定及是否能长期存在持有疑虑，所以小田切在各项合同上写的是"中华民国政府"，为的是在改为袁世凯政权时也能适用，可见其处心积虑，谋划周全。

小田切还向内田建议"在向民国政府过渡之同时，有必要使该政府暂时停止股东大会之召开"⑦。内田根据这一意见，于14日训令其驻南京领事铃木"非正式地向孙、黄提出：此时应暂缓召开股东大会，以防止合办案被否决，为使本案如实移交新政府，

① 1912年2月18日，内田外相致伊集院公使电报，第25号，日本防卫研究所藏。
② 《日本外交文书》第45卷第2册，第129页。
③ 《日本外交文书》第45卷第2册，第139～140页。
④ 《日本外交文书》第45卷第2册，第129页。
⑤ 《日本外交文书》第45卷第2册，第141页。
⑥ 《日本外交文书》第45卷第2册，第142页。
⑦ 《日本外交文书》第45卷第2册，第142页。

我方可一时不采取某些措置"。迫使孙中山、黄兴在"或保证在股东大会上通过，或停止召开股东大会"二者中作出抉择。①驻南京的铃木认为"此时使孙、黄出面在大会上通过，或使之延期召开大会均为不得策"②，这是因为他得知孙中山在 3 月 16 日对森恪要求停开股东大会时表示："实不得已时，将公开声明取消与三井之合同"③，所以加以反对。内田也深恐对此束手无策，遂于 20 日指示铃木："如有可能与孙、黄协商将合办案移交新政府"，如此举不可能时，"可与其私下约定，我等今后相机不惜努力，使合办案有臻于成"④。铃木对此指示表示赞成，随即报告称：可利用与正金银行之借款合同及孙中山与三井物产之间的合同，"在此舆论沸腾之际，宁可去华务实，暂时观望形势，等待出现可乘之机反为得计"⑤。日本的如此动作，似为后退一步，但却吐露了扩大在汉冶萍权益的贪婪野心。

汉冶萍公司股东大会于 3 月 22 日在上海召开，出席 441 人（所占股额相当于总数之 80%强），全体一致否决了合办合同，使之成为废案。然而，日本方面基于上述的善后对策，继续向孙中山施加压力。铃木于 23 日往总统府访孙中山，要求"确保将合办案交由新政府继续办理，并尽力实现合办"⑥。孙中山则答以："确实已经股东大会否决，合办案业经不复存在，现已无计可施"⑦。铃木援引孙中山与三井物产之密约，追究孙之责任。与此同时，迫使孙中山承诺日方之要求。孙中山在被迫无奈的情况下，称："须俟唐绍怡（仪）来宁后，向其说明本事之过程，力促新政府接

①《日本外交文书》第 45 卷第 2 册，第 144 页。
②《日本外交文书》第 45 卷第 2 册，第 144 页。
③《日本外交文书》第 45 卷第 2 册，第 144 页。
④《日本外交文书》第 45 卷第 2 册，第 145 页。
⑤《日本外交文书》第 45 卷第 2 册，第 147 页。
⑥《日本外交文书》第 45 卷第 2 册，第 149 页。
⑦《日本外交文书》第 45 卷第 2 册，第 149 页。

手此事，于将来尽力使该合办案实现。"①铃木以此为言质，并走访陆军部，从黄兴处也得到同样的许诺。其后唐绍仪被任命为内阁总理来南京组阁，但此事却无下文。铃木于26日再度走访孙中山，询问新政府如何接办合同之事。孙中山告以："唐辅来宁，公务猬集，尚无暇谈及此事，容于近日择适当时再与唐语及此事，促其接手，然后遣密使至阁下处告知某些结果，再顺便磋商今后之处置。"②4月2日，铃木又致函孙中山，紧紧逼问此事其后如何进行，他要求"通过书信往还，得到足以确保新政府对接办此事及实行合同一事，今后定将尽力而为之证据"③，孙中山对此不予理睬，未予答复，于3日经上海、武汉、福州转赴广州。铃木于3日晨派助理领事村上和职员吉原往访孙中山，要求孙中山对铃木的要求给予答复。孙中山告以已于2日回信。当天下午，日本领事馆接到孙中山极其简短的信件："过去所商之事，我等不便赞成，碍难照办。目下已经解职，公私匆匆多忙，无暇及此。"④铃木认为孙中山全然无视日方之要求，遂向内田建议，"阁下应即通知广东总领事，俟孙到达该地后，指责其不守信用，与此同时，明确其对本事应负之责任，再一次以本事之经过相责，对实行合办事表明其立场"⑤。从以上事实可以看出铃木在贯彻日本的善后之策，以扩大日本在汉冶萍的权益，表露出不到黄河不死心的穷极之相。不过内田认为："此时追究孙中山之言责，无任何益处，令广东总领事与孙文交涉一事应暂缓"。⑥孙中山于4月1日正式辞去大总统职务，汉冶萍公司中日合办一事，亦随之告终。

　　孙中山在后来的实业计划和对外开放政策中，仍承认中外合办之利。孙中山在3月23日曾对南京的铃木说"不久将于广东兴

　　①《日本外交文书》第45卷第2册，第149页。
　　②《日本外交文书》第45卷第2册，第150页。
　　③《日本外交文书》第45卷第2册，第150页。
　　④《日本外交文书》第45卷第2册，第151页。
　　⑤《日本外交文书》第45卷第2册，第151页。
　　⑥《日本外交文书》第45卷第2册，第142页。

办中外合办之事业"。孙中山本人或其代表将以直接经营者的身份，"当以事实为据向反对合办者阐明利害得失，进行启蒙，相信今后中国必然会接踵出现中外合办之事业"①。这是孙中山对外开放思想的有力证明。

3月间，袁世凯就任临时大总统，唐绍仪于3月29日组成新内阁，成立了北京政府。北京政府开始继续与日本进行有关汉冶萍公司合办的谈判。在大冶登陆驻屯于该地之日本军队，本应在与北京政府谈判后撤出。日本的斋藤海军大臣曾于5月10日命令第三舰队司令川岛："进驻大冶之陆战队可酌情撤回"。②北京政府要求日军尽快撤走，而日本海军为维持自己的面子，强调撤退一事"主动权在我"。6月7日，财部彪又命令川岛："此时立即撤出陆战队，恐招致不良之后果，应继续暂时维持现状。"③

7月，北京政府表示有意偿还南京临时政府向三井物产所借之2500万日元借款。④12月汉冶萍公司经北京政府批准，从正金银行借款1500万日元，条件是聘请两名日本人分别担任技术和会计顾问。⑤

辛亥革命时期汉冶萍公司的借款谈判，由封建的清政府转而由共和制的南京政府，再一变为军阀独裁的北京政府进行。其间的内容虽有变化，但日本的公司为维护其在华既得权益和扩张新的权益的目的始终未变。在变化中始终不变的正是事物的本质。辛亥革命时期，日本的根本目的，完全在于保护其既得权益和扩张新的权益。

---

① 《日本外交文书》第45卷第2册，第149页。
② 1912年5月10日，斋藤海军大臣致川岛第三舰队司令长官电报，日本防卫研究所藏。
③ 1912年6月7日，财部海军次官致川岛第三舰队司令长官电报，日本防卫研究所藏。
④ 参照《日本外交文书》1913年第3册，第946～951页。
⑤ 参照《日本外交文书》1913年第3册，第962～963、967页。

五、江苏省铁路股份有限公司借款与招商局借款

与南京临时政府和孙中山在进行汉冶萍公司借款谈判同时并行的，还有江苏省铁路公司借款和招商局借款谈判。本节将探讨此两项借款谈判的过程。同时，对在此两项借款谈判中中国方面股东之动向，和欧美列强所采取的对策加以考察。

南京临时政府在向日本借款的谈判中，最先实现的是江苏省铁路公司向日本大仓组借款 500 万日元。由于江苏省铁路公司将借款中的 250 万日元提供给南京临时政府，所以，此项借款虽然是以公司名义，但实际上等于是南京临时政府向大仓组借款。

此项借款是在上海军政府成立后，由该军政府商务总长王一亭首先向大仓组上海支店提出的。①但由于宋教仁等提出异议，曾经一度停顿。②因军政府财政日益陷入困境，12 月中旬暗中与英国怡大洋行谈判借款 700 万元③，但于同月下旬即放弃未再继续进行。从海外归来的孙中山于 12 月末在上海与日本三井物产的山本条太郎商谈，提出以浙江省铁路为抵押，或以中日合办的形式向日本方面借款。④不知与此次商谈是否有关，翌年 1 月初，王一亭通过日清汽（轮）船上海支店长，托日本驻上海总领事有吉明代为斡旋，以沪、杭、甬铁路为抵押，向大仓借款。当时王一亭身兼日汽（轮）船的买办，王向有吉提出的条件如下：

一、借款额 250 万两；

二、年利八厘；

三、借款期为五年，五年之后，在十年、十五年内还清；

---

① 1911 年 11 月 20 日，日本驻上海有吉总领事致内田外相电报，机密 90 号，日本外交史料馆藏。

② 1911 月 11 月 25 日，日本在上海之本庄繁少佐电报，日本外交史料馆藏。

③ 1911 月 12 月 18 日，在上海之本庄繁少佐致参谋总长电报，日本外交史料馆藏。

④《旧中国汉冶萍公司与日本关系史料选》，第 293 页。

四、以江苏省铁路公司所有之铁路、车辆及其他一切财产为担保;

五、债权者不得干预公司之事业经营。[①]

有吉于1月3日将王一亭的借款要求及条件电告内田。内田于1月10日在外相官邸召开了有大藏次官,日本银行总裁高桥,三井、三菱、台湾、正金、第一等各家银行及大仓组的大仓喜八郎、门野重九郎等参加的关于江苏省铁路公司借款的会议,在日本政府、外务省的支持下,由大仓组单独承办此项借款。[②]这说明日本政府、外务省从开始即已介入此项借款,并起着主导作用。日本军部方面也表示支持,日本在上海的加藤中佐在向参谋总长的报告中称:"为未来计,此铁路归我掌握,至为重要。"[③]1月10日,大仓组提出以下对案:

一、江苏省铁路公司以其所有之铁路、车辆及其他一切财产为抵押,借款250万两;

二、此项借款定为年息七厘,每年分两次(6月及12月)付息;

三、五年之内不还原本,其后十五年内原本全数还清;

四、到期如不还清原本,即由债权者管理该铁路之营业,直至全数还清为止;

五、如需向外国购买铁路器材时,应向债权国洽购;

六、聘任外国工作人员时,须向债权国聘任。如必须向其他国家聘任,亦须经债权者认可;

七、如欲另行借款,须尽先与债权者商谈。[④]

两案相比较,大仓组的利率虽低一厘,但其中的四、五、

---

① 《日本外交文书》(辛亥革命),第179页。
② 臼井胜美:《辛亥革命——日本之对应》,《国际政治·日本外交史研究——大正时代》,第22页。
③ 1912年1月3日,上海加藤中佐电报,日本外交史料馆藏。
④ 《日本外交文书》(辛亥革命),第184页。

六、七项，则表明日方意在确保对此铁路之垄断，并进而干预营业事务。故而王一亭等又提出"铁路公司在合同期内不拘何时均可归还原本，并解清合同"及"关于第五项之购买铁路器材，如债权国之器材成色不佳，可经由其他途径选购"①的修正案，以改正日本垄断的条款。

日本外务省为了保证在外交上能使此项谈判顺利进行，所以特别重视同英国的关系。此项借款正处于英国势力范围之内，侵害了英国的权益。英国从 1898 年即在进行此铁路的借款谈判，1908 年 3 月，英国的中英公司和清政府的邮传部、外务部签订过借款合同，铁路曾向英国抵押。为防止英反对此项借款谈判，内田于 11 日训令有吉明此时须由"该公司向大仓组出具文书，言明此项借款并无损害英国方面之利益"②。内田担心日本外务省及其派出机构将直接介入向南京临时政府提供借款的谈判泄露于外，所以指示"不容否认，此项借款之用途与革命军有密切关系，故如将帝国政府及帝国官员对此借款暗中援手或加以干预等形迹或露于外，殊多不便，望阁下对此加以注意"③。

日本外务省内部对此项借款的意见亦不一致。内田对此持积极态度，相对而言，有吉明则相对消极。有吉在报告中称："若过于注重与英、法之关系，则应使英完全撒手，方为安全"。其理由是：（一）对英国"历来即有诸多子项关联，尤以其自认为其势力范围内之地方的铁路，我方之借款，未必以好感对之，此为不言自明之事"。④（二）借款"为革命军所利用，亦不容否认"。因之，"有难免引起若干非议之虞"。⑤内田对此未予采纳。

果然，英、美列强开始反对此项借款谈判。1 月 26 日，英国

---

① 《日本外交文书》（辛亥革命），第 184 页。
② 《日本外交文书》（辛亥革命），第 185 页。
③ 《日本外交文书》（辛亥革命），第 185 页。
④ 《日本外交文书》（辛亥革命），第 186 页。
⑤ 《日本外交文书》（辛亥革命），第 186 页。

驻日大使窦纳乐询问内田，此项借款"是否与日本国政府之严正不干涉方针及不鼓励向官、革双方任何一方提供借款之方针相违背？"①对日本提出抗议。内田则以"该项借款纯属个人之冒险活动，政府无由遏制"的遁词遮掩辩解。②并揭示不久前英国曾向招商局提供借款150万两之事实，摆出与英国对峙的架势。美国国务院也以有大仓组的铁路借款之传闻向日本驻美临时代办埴原提出警告："此举有招致与各国协调之方针相扞格之虞。"③埴原反以"上述传闻，有何根据，究自何处而来相询"④。意欲否认事实。中英公司得知此项借款谈判后也向铁路公司提出严重警告："兹告知（中英）借款合同存在之事实及有关于此的英国方面之主张，无论任何人俱不得无视上述合同，不得向该铁路另行提供借款。如公司甘冒不韪，英国方面断然不能承认。"⑤

日本外务省置上述英、美之抗议警告于不顾，继续推进谈判。大仓组与江苏省铁路公司于17日签订草合同，于27日签订正合同，概要如下：

一、借款额为300万日元，年利八厘；

二、合同期限，五年内不还原本，其后在十年之内逐年还清；

三、在合同期限内，债权者如欲发行正式公债，须先与公司商议，由公司报请本国政府批准，然后发行经政府承认之公债券交与债权者，本合同即行作废；

四、公司方面如在合同签订后五年内归还原本，不拘何时，如能还清，本合同即可缴销，但届时须按返还额每百元附加五日元偿还；

五、本借款以公司所有之一切动产、不动产以及铁路、营业

---

① 《日本外交文书》（辛亥革命），第193页。
② 《日本外交文书》（辛亥革命），第193页。
③ 《日本外交文书》（辛亥革命），第194页。
④ 《日本外交文书》（辛亥革命），第195页。
⑤ 1912年2月7日，日本驻上海有吉总领事致内田外相电报，日本外交史料馆藏。

权为担保；

六、公司如到期不能付息或延拖付息，则在还清原本之前，由债权者监督公司之会计；

七、公司如欲向外国购买器材或包建工程时，须先同债权者商议，如其价格昂贵或质量不合，可向他国洽购；

八、公司如欲向外国聘任工程技术人员，应与债权者协商，由日本国聘任；

九、公司如欲另举外债，应先与债权者商谈。[①]

这一合同是双方的妥协案，六、七、八项虽然对日方原来之条件有所牵制，但终究承认了日本对该公司的部分垄断。

300 万日元中大仓组担负 100 万日元，余额由日本的正金、兴业、台湾、安田、第一等五家银行融资。江苏省铁路公司得到借款后，于 29 日与南京临时政府签订合同，以其中 250 万日元提供给革命政府。其中的相当部分用来充抵从大仓组购入武器的贷款。

英国强烈反对日本资金侵入自己的势力范围，其驻日大使窦纳乐于 31 日向日本外务省提出抗议，指责大仓组之借款违反 1908 年中英公司所缔之合同。[②]2 月 6 日，该大使又向内田提出"应暂缓交付该项借款"[③]。但实际上此时大仓组已将 250 万日元交付完毕。鉴于英方的抗议，内田表示尚未交付之 50 万日元，可暂缓交付。在北京，英国朱尔典公使于 7 日向日本伊集院公使提出，按照英国政府之训令，强烈要求日本从此项借款中撤出。朱尔典公使一面详细说明英国对该铁路之交涉过程，同时提出"英国与此事之关系，乃属各国周知之事实，相信日本政府以及大仓洋行乃至有吉总领事本人，绝无不知内情之理"。指责日本方面的

---

① 《日本外交文书》（辛亥革命），第 204～205 页。
② 《日本外交文书》（辛亥革命），第 203 页。
③ 《日本外交文书》（辛亥革命），第 208 页。

"处理"①。伊集院则辩称:"此次大仓组提供借款,纯属该企业之独自行动,日本国政府并不知悉,亦未参与。英国方面与该铁路公司曾有如此渊源,有吉总领事恐未必详知。"②

素与日本协调行动的俄国也对此项借款提出了质疑。1 月末,俄驻北京公使廓索维兹告知伊集院,该借款是政治性的借款,俄国对此不能承认,应在事先与俄国协商。③

虽有如上述之抗议和反对,日本政府仍然坚持此项借款④,也并未中途放弃对招商局之借款。

江苏省铁路公司借款成立之后,孙中山复指示各地方政府,可以省内各种事业为抵押进行借款。如:孙中山曾致电广东铁路公司,以粤汉铁路为抵押进行借款,"望以此解中央政府燃眉之急"⑤。2 月 6 日,孙中山指示江西省都督,以江西铁路为抵押,借款 250 万元。⑥江西铁路于 1907 年曾作为抵押,向日本兴业银行借得 100 万两。1912 年 1 月中旬,江西军政府又与东亚兴业公社谈判借款,结果不详。⑦

但是,孙中山以铁路为抵押举借外债的指示遭到地方股东的反对。辛亥革命的爆发原是以反对清政府借外债将铁路收归国有为导火线,民众对铁路借款十分敏感。江苏省铁路公司借款,由于股东们反对,引发了董事们纷纷辞职。3 月,江苏省铁路公司为筹办杭州至宁波间铁路的敷设费用,计划举借外债即因一部分股东强烈反对而中止。⑧

以上种种情况,说明江苏省铁路公司借款是在国内外复杂的

---

① 《日本外交文书》(辛亥革命),第 210 页。
② 《日本外交文书》(辛亥革命),第 210~211 页。
③ 1912 年 1 月 31 日,日本伊集院公使致内田外相电报,第 71 号,日本防卫研究所藏。
④ 此笔借款后于 1914 年 2 月由中英公司还清。
⑤ 1912 年 1 月 29 日,日本驻广东濑川总领事致内田外相电报,日本防卫研究所藏。
⑥ 1912 年 2 月 15 日,日本驻上海有吉总领事致内田外相电报,第 86 号,日本防卫研究所藏。
⑦ 《日本外交文书》(辛亥革命),第 188 页。
⑧ 1912 年 3 月 15 日,日本驻杭州池部事务代理致内田外相电报,日本防卫研究所藏。

形势及英、日竞争之中成立的。

招商局借款谈判中的对立与竞争，较诸上述借款谈判更为激烈，是一项最后终于取消了合同的谈判。下面对招商局的借款谈判过程进行考察。

招商局是成立于 1872 年的航运公司，1910 年前后，资产达1400 万两，是在中国沿海航运和贸易方面占据重要地位和发挥重大作用的近代企业。招商局是当时清朝政府邮传部管辖下的民营企业，邮传部大臣盛宣怀持有大量股份。

招商局借款是以该公司的资产作抵押的借款，最初提出此项借款的是黄兴。在汉阳战线战败后，黄兴于 12 月初返抵上海，拟举外债购买武器。黄兴在向日本三井物产提出借款 30 万日元的同时，通过在上海的日本人井户川中佐，要求日本大仓组借款 400 万日元。大仓组在日本邮船和日清汽（轮）船两家公司的支援下，参与了此项借款谈判。[1]为在外交上促使此项借款成立，12 月 7 日内田向驻上海的总领事有吉发出如下训令："此项借款之筹措，已经确有把握……望为此项借款之成立而努力。"[2]后来，内田在日本参议院的答辩中称："招商局在中国长江及其他中国沿岸之贸易方面，占有极为重要之地位。因而此招商局之命运，实为我国对清贸易及清国航运业有极重大的影响。是故当此南京方面欲以招商局为抵押借款时，此非一般问题，不仅属我当局应予以充分重视的问题，而且此项借款必将引起激烈的竞争，如万一落入他国之手，则对我航运业影响极大。故而政府对此不加以阻止。"[3]述说了日本政府、外务省积极介入此项借款之目的及理由。

招商局借款谈判，在南京临时政府成立后进入正轨。南京临时政府为筹集军费，强迫招商局以其资产为抵押，借款 1000 万两

① 《日本外交文书》（辛亥革命），第 169 页。
② 《日本外交文书》（辛亥革命），第 169 页。
③ 田村幸策：《最近支那外交史》（1），第 42 页。

提供给政府。招商局认为碍难应允而设法抵制。武昌起义以来，在革命战火之下，招商局的经营活动蒙受影响。两个月间亏损约达 12 万两，并有 15 艘船舶被革命军征用。辛亥革命作为资产阶级民主革命，理应为如招商局这样的近代企业长期发展创造有利的政治局势，招商局也应给以经济方面的积极支援。然而，招商局领导者在政治上是保守的，故而，除因蒙受一时的经济损失外，出于其保守的政治立场，对革命政权采取了对立的姿态。其为逃避被革命军接收，首先以天津、烟台、汉口、福州、广州等各地分局的地面财产为抵押，向英国汇丰银行借款 150 万两，在签订合同的同时，将作为抵押之财产转移汇丰银行，并预支现银 100 万两①，其中向革命军捐款 25 万两。招商局以这种方式抵制革命政权用招商局借款的要求。除上述政治因素之外，招商局的债权者在经营上监督，以及在财产的使用上受到种种约束也是原因之一。招商局总办王子展将上述情况告知有吉，复于 1 月 6 日向有吉表示，为与革命政权相对抗，拟于 3 日的股东大会议定出售招商局，届时务请有吉予以斡旋。②有吉认为此乃日本向招商局渗透之大好机会，当即劝告王子展，以低利向日本方面借款，用以抵偿前此汇丰银行年利六分五厘之借款。③王则说待与在日本之盛宣怀磋商后再回答。有吉向内田建议"望向盛宣怀预为秘密劝说"。另外报告所谓革命政权正在压迫招商局的情报。④

　　1 月中旬以后，招商局与革命政权之间的矛盾日益激化。1 月 20 日，上海都督陈其美向招商局提交由各方面军总司令及师长等署名的 1000 万两借款要求书，并限于 48 小时内答复。⑤招商局

---

　　① 1912 年 1 月 30 日，日本驻上海有吉总领事致内田外相电报，第 57 号，日本防卫研究所藏。
　　②《日本外交文书》（辛亥革命），第 179、183 页。
　　③《日本外交文书》（辛亥革命），第 179 页。
　　④《日本外交文书》（辛亥革命），第 180～181 页。
　　⑤《民国档案》，1984 年第 2 期，第 43 页。

向公举为会长的临时政府司法总长伍廷芳和孙中山、黄兴提出要求：在10天内召开股东大会，议定这一重大问题。但黄兴则仍坚持必须在27日以前确切答复。25日，招商局向孙中山表示在2月1日召开股东大会，以取得股东的同意。①2月1日，招商局在上海张园召开股东总会，出席者仅占总股数的十分之一，半数以上的股东反对或弃权而未出席。②出席者中无人反对。股东大会在不到半小时内草草议决。但在招商局章程中，有股东大会出席者不超过半数，会议即归无效的规定，所以此次决议，不能称为有效。有吉认为"此决议之效力如何，颇多疑问"③。招商局并将反对此项借款之股东们的信函，送交南京，间接地表明了反对之意。王子展计划在下次股东总会上决议出售招商局，从出售价款中收回投资，再以余款贷与革命政权。有吉在向内田报告中称，对招商局给予借款，不如"采取交易形式，此外别无他途"④。

　　此项合同有异于其他合同之处，在于虽由招商局向日本邮船株式会社借款，但规定要由中华民国政府和日本邮船株式会社签订合同为首要条件，即由孙中山、黄兴代表民国政府与双方共同签署。

　　此项合同是在多数股东、清政府和英国等列强强烈反对的环境中签订的，所以第二条规定双方均需绝对保守秘密，然仍外泄，遭到了股东、清政府和英国等的反对和阻挠，因为此项借款是为革命政权而借，所以清政府于2月7日向伊集院送交备忘录，内称：此项借款"不得不认为系明显破坏中立"，"望阻止此项借款，并给予相当之答复"。⑤伊集院将此要求报告内田的同时称，"如

---

①《民国档案》，1984年第2期，第46页。
②《民国档案》，1984年第2期，第48页。
③《日本外交文书》（辛亥革命），第207页。
④ 1912年1月26日，日本驻上海有吉总领事致内田外相电报，第47号，日本防卫研究所藏。
⑤ 1912年2月7日，伊集院致内田外相电报，第93号，日本防卫研究所藏。

政府为扶植我今后在华中之权利作准备，则可暗中劝导我资本家进行。但务须注意绝对不可外泄"①。此项借款无疑是向英国在长江流域及其对招商局利权的挑战，所以，英国驻日大使窦纳乐于 5 日拜访内田，言称奉本国政府之训令："该借款金额中之一部分无疑将提供给革命军"，切望"日本政府加以阻止"②。英国政府为与日本对抗竞争，动员汇丰银行向南京临时政府财务总长陈锦涛表示，可以提供 1000 万乃至 1500 万两借款。上海《每日新闻》于 13 日也报道："为防止日本在长江航运方面无限扩张其势力，英某商行已对此次借款展开竞争"。③呼吁英国的实业家们起来与日本抗争。内田于 2 月 8 日为了表示对英国阻挠和竞争的不满，手交英国大使概要如下的备忘录："该两家日本公司鉴于其在中国航运业之利害关系颇深，故对上述给予有利之考虑，有关谈判刻下正在进行之中。对于上述行动，日本国政府已决定不予鼓励，但该两家公司为回答政府之不赞成态度，曾列举实例进行申辩，略谓：'其他外国企业现正在清国进行与上述情况有类似之借款活动。如果该两家公司退出此项谈判，其他在清国航运业中并无同等利害关系之外国企业将立即取而代之。'面对此种现实，并为公平起见，日本国政府不能采取如在其他情况下——例如，能够证实前记两家公司之行为绝无仅有时——所应采取之有效的劝阻措施。"④

　　备忘录表明日本政府、外务省对此项借款持有异议一点并不属实。实际上日本政府、外务省先是示意日本会社，继而又加以积极推进的。所以，这一备忘录可以说是表明日本将坚决与英国

① 1912 年 2 月 7 日，伊集院致内田外相电报，第 93 号，日本防卫研究所藏。
②《日本外交文书》（辛亥革命），第 211 页。
③ 1912 年 2 月 13 日，日本驻上海有吉总领事致内田外相电报，第 80 号，日本防卫研究所藏。
④ 1912 年 2 月 8 日，日本内田外相致伊集院公使电报，第 26 号；伦敦山座代理大使电报，第 36 号，日本防卫研究所藏。

对抗、竞争的挑战书。

内田为使外务省的派出机构对此项借款给以积极的外交上的保证，22日向驻上海的有吉发出训令告知对此项借款"我方既已决定承担，为期诸事顺利进展……即希我总领事与伊东（日本邮船上海支店长——笔者）保持联系，暗中给予必要之援助"①。

另一方面，英国联合美国，根据列强一致行动的原则，由四国银行接纳日本和俄国共同向南京临时政府提供借款，以此牵制日本的单独行动。②招商局于无奈之中，只好答应接受此种借款，用以表示接受英国的要求。内田则采取与此对抗的态度，认为"（中国方面）向外国资本家提出新的借款，似觉欠妥"。训令伊集院"迟滞英国等借款的进行，以使我资本家在上海进行之交涉得以顺利进展，望我公使深体此意，就此问题与英国公使适宜周旋"③。表明日本外务省欲坚持到底，务使此项借款合同成立。

但是，日本外务省与其派出机构的意见并不一致。处于借款谈判第一线的有吉于28日致电内田称，由于"我方之借款终必无法实现，鄙意不如尽早放弃为宜"④。其理由是：（一）与黄兴等革命政府当事人间之交涉，困难重重；（二）南京参议院持反对态度；（三）为抵制此项借款，招商局董事纷纷辞职，目前万难签署合同；（四）就中国的南北力量对比关系而言，袁世凯方面的势力日益增长，孙、黄方面的实力日趋衰退，我方若徒以革命党方面之所谓保证为盾牌，向孙、黄施加压力，不但全无奏效可能，反而将使彼等愈益陷于更加困窘之境；（五）此举不独有伤北方袁世凯之感情，且必引起南方之伍廷芳及其进步的革命党人员之反感；（六）有对英关系亦将产生不良后果，徒劳无益之虞。⑤以上六条

① 《日本外交文书》（辛亥革命），第223页。
② 《最近支那外交史》（1），第43～45页。
③ 《日本外交文书》（辛亥革命），第228～229页。
④ 《日本外交文书》（辛亥革命），第229页。
⑤ 《日本外交文书》（辛亥革命），第228～229页。

理由是对当时复杂的内外关系的妥切分析，为日本将来获得权益，说明暂时放弃方为得策。

内田不得不听从有吉的分析和说明，遂通知有吉："此时我方如以草合同为依据，迫使对方签订正式合同，确实终无成功之望。故我国资本家为日后筹划此事保留余地，掌握主动权，与对方约定不以招商局财产抵押于他人，业已决定暂缓签订正式合同。"[①]但是，这并非表示日本完全放弃对招商局的借款。此时，袁世凯已经取代孙中山成为临时大总统，并要求四国银行团提供200万两善后借款，将首先用之于解散南京政府和遣散革命军的善后费用。这是政治性的借款。对此，内田于3月2日告知伊集院"此属政治性借款，帝国政府必然参加"[②]，表明了日本政府决心参加此项借款的意图。

六、南北妥协与日本

孙中山和南京临时政府坚持新政府采取共和制，举行北伐以统一南北。但由于国际环境和南北双方实力悬殊，遂以保持共和制和清帝退位为条件向北方妥协，统一于袁世凯的北京政府。本节拟探讨在妥协过程中，南北双方和日本的相应对策。

南北议和因袁世凯召开国民会议反对共和制而一时"决裂"。1月1日英国驻华公使朱尔典访问袁世凯时，袁表示已竭尽全力谋求和平解决，但终归失败。北方的将领们准备再战，所以已打算明天提出辞呈。[③]这当然并非袁之本意。袁世凯表面上主张君主立宪制，怂恿冯国璋、张勋等15名将领向内阁上书反对共和，坚决主张君主立宪，并促使清廷的亲王、贵族出资，造成准备南

---

① 《日本外交文书》（辛亥革命），第228～229页。
② 《日本外交文书》（辛亥革命），第230页。
③ 《英国蓝皮书有关辛亥革命资料选译》（上），第200～201页。

北再战之态势，用以威吓南方革命党，迫使南方作出更大的让步。但是，1912 年 1 月 1 日在南京成立了共和制政府，孙中山被选为临时大总统，这对袁无疑是一大威胁，但也正是袁世凯可以用来迫使清帝退位的有利条件。是故袁世凯暗中通过其心腹梁士诒和唐绍仪，又开始与伍廷芳、孙中山继续谈判。①

孙中山回国时是反对南北议和的。据日本宗方小太郎在致日本海军军令部的秘密报告中称："孙之意见绝对排斥媾和，如各国进行武装干涉，即使中国四分五裂，亦不在君主政体的名义之下媾和。不达最后实现共和之目的决不罢休。十年、二十年不成，再期以三十年，必争其实现。"②其后由于客观上的原因，但也有主观上的原因，孙中山的这一主张遭到南京临时政府内部有力者之非难，孙中山本人也没有坚持到底。孙中山于 12 月 21 日途经香港时，曾语及胡汉民："谓袁世凯不可信，诚然；但我因而利用之，使推翻二百六十余年贵族专制之满洲，则贤于用兵十万。纵其欲继满洲以为恶，而其基础已远不如，覆之自易。故今日可先成一圆满之段落。我若不至沪宁，则此一切对内对外大计主持，绝非他人所能任"。③表明要利用袁世凯以推翻清廷之意。1 月 2 日，孙中山向袁世凯表明为避免南北战争不反对议和的态度，发出借袁世凯之力，通过避免战争的方法，达成国民之意愿，实现民族调和，使清廷安度善后的电报。根据莫理循所掌握的史料，1 月 2 日，南方代表伍廷芳致电袁世凯，声称如袁能使清帝退位，孙中山准备以大总统之位相让。④孙中山态度的这种变化，对袁世凯极为有利。

响应孙中山提议而动的袁世凯，立即开始策动清帝退位。袁以其心腹梁士诒等为核心逼迫清帝退位，同时着手筹划建立袁政

---

① 见《清末民初政情内幕》（上），第 835～836 页。
② 1911 年 12 月 31 日（到），在上海之宗方小太郎信函，日本外交史料馆藏。
③《孙中山全集》第 1 卷，第 569 页。同见《革命文献》第三辑，第 426 页。
④ 见《清末民初政情内幕》（上），第 850 页。

权。这是前一年年底南北议和中政体问题的进一步发展，也是南北形势开始进入新阶段的表现。

迫使清帝退位，是袁世凯与孙中山的共同希望，也是双方私下谈判的政治基础，因为这也是建立袁政权的先决条件，所以袁首先着手解决这一问题。此事必须获得列强的承认和支持，因之袁世凯不得不仰承列强特别是英国的鼻息。1 月 11 日，袁世凯派梁士诒告知朱尔典，中国各阶层一致认为除清帝退位之外，别无他途，探询袁世凯如在清帝退位后组建临时政权，是否能得到列强的承认。[①]朱尔典对此避作正面回答，但称袁世凯如获得各国之信任，则袁与南方之争议乃中国内部问题，当可达成协议。暗示支持袁世凯的策划。袁世凯因此认为已得到英国的支持。

但是，日本方面发生了问题。因为日本赞成按照国民会议之决议选择政体，其真心仍是坚持君主立宪制。所以必须说服日本放弃支持君主立宪制的主张，转而赞成清帝退位和建立袁世凯政权。为此，1 月 12 日朱尔典将与梁士诒密谈之内容告知伊集院，探询其意见。[②]袁世凯也亲自参加说服日本的活动，于同日对日本人坂西利八郎说："时局日益困难，而英国政府已无支持君主政体之意，各国若亦采取旁观态度，如此下去，满清朝廷只有瓦解之一途。但日本政府虽声言赞成君主立宪，但在南方，具有实力的日本人陆续参与革命军之谋划，实际上日本之官民均呈赞成共和之势。征诸新闻及其他报道，甚为明显。不知日本国政府对时局究持如何想法？"[③]以此探询日本之意向，并暗示希望日本能放弃君主立宪的主张，转而支持袁世凯建立临时政府。对此，伊集院让坂西转告袁世凯："满清朝廷之瓦解，将产生严重后果"[④]，必须对此有充分认识，表示依然坚持君主立宪制的立场。伊集院

① 《英国蓝皮书有关辛亥革命资料选译》（上），第 200～201 页。
② 见《日本外交文书》（辛亥革命），第 543 页。
③ 见《日本外交文书》（辛亥革命），第 544 页。
④ 见《日本外交文书》（辛亥革命），第 544 页。

于 12 日将同朱尔典及坂西利八郎的谈话内容电告内田，并分析中国之现状称："清帝让位蒙尘，乃自然之趋势，唯时间问题而已"，"如欲抗此大势，维持满清朝廷和袁之现状，必须下决心从外部以实力援助方可"①，要求内田在承认清帝退位抑或以实力干涉维持现状两者之中作出抉择。

　　英国也极为担心日本在此关键时刻是否进行实力干涉。英国外交部于 16 日通过其驻日大使窦纳乐将朱尔典、梁士诒会谈的内容通告日本外务省，同时，作为梁士诒的秘密谈话，再次向内田转致了以下之意："正如贵公使所知，只因日本政府持有强硬反对建立共和政府之意见，设若建立共和政府，最堪忧虑者正在这一方面。"②暗示警惕日本之意。虽然不知内田当时的态度，但英国大使于该日电告英国外交大臣格雷称："据本大使推测，当共和政府终将成立之时，逢遇承认问题之际，日本国政府不致与我英国政府背离，无采取特殊态度之意向。"③莫理循也告知伦敦，袁世凯最为忧虑的对象虽是日本，但日本人不会为支持现在的清廷帝制而进行干涉。④

　　此时，袁世凯对列强采取了两面政策。一面要在事前排除日本的实力干涉，另一面则希望英国等列强进行干涉。袁世凯为促使列强从外部施加压力迫使清帝退位，利用了在华外国人商业团体。9 日，袁的心腹蔡廷干与莫理循进行秘密会谈，策划先由上海的西人商会，向原摄政王庆亲王和袁世凯提出：由于南北纷争连绵不断，外国商人正常的商贸活动遭受损害，生命财产也受到威胁，所以可在国民会议议决国体之前，先行放弃专制权（即清帝退位），设立民主的临时行政机构。⑤翌日，蔡廷干又要求莫理循将此事暗中告知西人商会，并称上海如能率先行动，其他港口城市必将随之响应，影响必然很大。在莫理循的策动之下①，12 日，上海西人商会首先向原摄政王庆亲王和袁世凯发出上述内容电报。②当天，清政府外务部大臣胡惟德即将电报手交朱尔典，要求通过英国驻上海总领事确认该电报之真伪。朱尔典告知胡惟德，该电报系上海商业会议公所理事会在绝对多数的会员赞成之下发出的。清政府将此电报视为外国干涉的信号，因而备感清帝被迫退位的压力。

在此情况下，清廷开始议论清帝退位之事。袁世凯派遣秘书密告朱尔典，"皇太后将于数日内颁发皇帝逊位之上谕"③。

与此同时，袁世凯于 14 日通过梁士诒指令唐绍仪再次确认孙中山是否肯于让出大总统职位。孙中山于 15 日通过伍廷芳致电袁世凯指出：如清帝实行退位，宣布共和，则临时政府决不食言。本人亦即可正式宣布解职，推荐袁世凯出任总统。④袁世凯为磋商清帝退位后之善后对策，要求伍廷芳和唐绍仪前来北京，孙中山也致电袁世凯，表示"退位诏下，不待他人，将自行立即北上，与袁亲切会面"⑤。

这一时期，日本外务省的派出机构所采取的对策与民间人士的态度恰恰相反。在北方的伊集院反对袁世凯向孙中山妥协采取共和制。与此相对，在南方的头山满等则强烈反对孙中山向袁世凯让步。此时头山满正在上海，但孙中山并未将与袁世凯会谈的内容告知头山满。在日本的内田良平得知此消息后，认为"迄今费尽苦心，现竟将政权让与袁世凯。老奸巨猾之袁世凯，居心叵

---

① 见《清末民初政情内幕》（上），第 836 页。
② 见《英国蓝皮书有关辛亥革命资料选译》（下），第 345～346 页。
③《日本外交文书》（辛亥革命），第 545 页。
④ 见《孙中山全集》第 2 卷，第 23 页。
⑤《日本外交文书》（辛亥革命），第 546 页。

测，革命之目的恐将成为泡影。此际决不可与之妥协"①，并立即派葛生能久奔赴南京。葛生能久先到上海会晤头山满，告知南北妥协之事，头山满认为不会发生此事，不肯相信。然而这毕竟是事实，遂与宫崎滔天、萱野长知、寺尾亨等同往南京总统府拜访孙中山，"革命的主人不正是阁下吗？虽然缺兵少钱，确是困难，但只有经过困难得到的才是最珍贵的。无论风云如何变幻，亦应乐观地在此坚持下去。值此必须吸引世界视听于此地的重大时刻，不宜轻率行动。无论如何也应将袁世凯招来南方，使其明了阁下才是革命的主人公，然后再去北方为好。坚决反对轻率前去"②。为阻止孙中山北上，葛生能久亦赴南京向宋教仁说明不可妥协之理由，进行忠告。但宋教仁坚持"自己认为依仗袁世凯达到目的为好"③的见解。葛生能久虽一再要求其熟虑而后定，但南北妥协之势已无法阻止，葛生能久只好促宋速往东京，商议对策。南京临时政府中也有反对南北妥协的革命党员，他们与头山满等日本大陆浪人一起，也曾对孙中山的对袁政策施加了一定的影响。

　　在北京方面的朱尔典劝告固执主张君主立宪制的"同志联合会"的成员们，称以君主立宪制避免南北战争和中国的分裂，殆属疑问，劝说他们放弃君主立宪制和实现南北妥协。④正好与南方的头山满针锋相对。

　　南北双方反对南北妥协的势力互相对立的焦点，是一方主张共和制，另一方主张君主立宪制，但在反对袁世凯这一点上却是一致的。铁良、良弼等皇族中坚派反对袁世凯，革命党的激进派也反对袁世凯。16日袁从清宫中退出时，革命党员黄泽萌等三人向袁投掷炸弹，图谋将其炸死，但遭失败。这公开表明了这一时期反袁势力的活动。另一方面也形成了对清廷的强大压力，袁世

---

① 《东亚先觉志士记传》（中），第446页。
② 头山满翁正传编纂委员会编：《头山满翁正传（未定稿）》，苇书房，1981年，第248页。
③ 《东亚先觉志士记传》（中），第448页。
④ 见《英国蓝皮书有关辛亥革命资料选译》（下），第346~347页。

凯对此加以利用，促使清帝退位。

17 日，在清宫中召开宫廷会议，虽内容不详，但可以确定为讨论收拾时局之策。会后，袁世凯立即要求朱尔典来访，向其秘密说明了清帝退位和建立新政权的设想。内容为在旬日之内颁布清帝退位上谕，根据上谕之主旨，袁在天津组成临时政府，时局若能因此平定，清帝立即退位。然后由南北代表选举袁世凯为大总统，组织正式的新政府。从颁布退位上谕到成立新政府，在十天内完成等等。袁世凯在 18 日与朱尔典密谈时，还"希望英国政府承认上述临时政府，并大力促成之"①。朱尔典是支持袁世凯的，当然对此表示了善意的态度。然而，要实现这一设想，必须取得日本的谅解和协助，朱尔典遂向伊集院进行游说，对此，伊集院于当天密报内田称"需慎重考虑"②。20 日，内田来电指示称："待承认之大势已定，再徐图审议，亦不为迟。"③理由是：（一）有"万一匆促承认，旋即瓦解"的可能性。（二）若袁利用承认作为对革命党之一项策略，则十分不妥。④因为日本内心实不愿由亲英的袁世凯在清帝退位后掌握统治中国的大权。伊集院又补充一条理由："通过与革命党妥协而计划组成之新政府，立即提出收回利权，修改关税法、取消治外法权等问题，乃自然之势。……可以预见其有排外倾向，特别是排斥日本。"⑤伊集院在这里道出了其始终反对共和制的原因所在。

日本虽然不赞成清帝退位和成立袁世凯政权，但大局步步趋向这个方向，日本不得不采取新的对策。伊集院在给内田的报告中称："帝国应另行占取独立之地位，使英国有所忌惮，认识到如排除日本国，则不可能收拾时局。如此，始有利于帝国今后之行

---

① 《日本外交文书》（辛亥革命），第 600 页。
② 《日本外交文书》（辛亥革命），第 601 页。
③ 《日本外交文书》（辛亥革命），第 601 页。
④ 《日本外交文书》（辛亥革命），第 601 页。
⑤ 《日本外交文书》（辛亥革命），第 602 页。

动举措。"①伊集院还联合俄国公使，企图共同牵制英国。19日，俄国公使答复伊集院称："在未接到本国政府明确训令前，当然不予承认。并提出：当（清帝）退位之际，朝廷如迁往热河，估计必将在满洲王公之中，另行选择适当之人选，贵我两国是否可以加以利用。"②伊集院还与法国公使裴格会谈，二人认为："如按革命党之主张组成政府，势必采取种种出人意料之排外措施，惹起棘手的外交问题，故而此时由各国预为牵制，挽救时局方为有利。"③双方意见一致。

在如此复杂的情况之下，内田训令伊集院，迅速与袁世凯会谈，就当前实际情况及对今后形势的估计，探查袁之真意。正值此际——20日前后，中国南北的政治形势发生了急剧变化。

孙中山原已提出：清帝退位和宣布共和制为选举袁世凯为大总统之前提条件。但于20日前后，又增加了以下几条：（一）清帝退位，其全部权力同时消失，不得私下授予其大臣。袁世凯须由民国推举就任总统，不得由清廷授权。（二）不得在北京更设临时政府，绝对不得解散南京临时政府。（三）袁世凯通过各国驻北京之公使，或驻上海之领事，通告民国政府清帝退位。孙中山在接受外交团或领事团的清帝退位通告后（或各国承认中华民国后），方行辞职。（四）由南京参议院公举袁世凯为临时大总统，袁世凯按照参院所定之宪法宣誓后，始能行使职权等。④以上条件表明孙中山坚持以南京临时政府为中心处理清帝退位后之中国政局，以南方为主实现南北统一。同时也反映了对袁世凯存有戒心，开始寻求对袁的具体方策。

袁世凯和英国都认为，孙中山对袁世凯态度的急剧变化，是

---

① 《日本外交文书》（辛亥革命），第602页。
② 《日本外交文书》（辛亥革命），第603页。
③ 《日本外交文书》（辛亥革命），第603～604页。
④ 见《孙中山全集》第2卷，第26～27、30、38页。

由于担任其秘书、顾问之日本人的背后怂恿。[①]故而袁必须再次探询日本政府的态度，以求得其支持与赞成。1月21日，袁世凯会见伊集院，列举清帝退位及其不得不放弃君主立宪制之理由，企图说服伊集院。伊集院则依然坚持："确信只有始终贯彻君主立宪之目的，由此而解决时局问题方属万全之策。此外别无他途。"[②]袁世凯又询问"孙逸仙之意在于清帝逊位之后，立即撤消北京政府，在南京成立新政府。果如此，贵国政府是否予以承认并将公使馆迁往该地？"及"设若由我方设立新政府，由有声望之士参加，此举如何？"[③]探询在孙中山和袁世凯，南方与北方之间，日本究竟支持哪一方面。伊集院则答以："无论在何地，由何人组织政府，主要之点在于新政府是否具有能当内治外交之冲，对内平定内乱，对外维系国交之实力。如无足够的能力达此，不会轻易承认，在此之前，视为无政府之国亦属不得已之事。"[④]表示了对袁、孙和南北双方均行反对的态度。

伊集院会见袁世凯时，尚不知道由于孙中山提出的新条件，中国的形势正在发生急剧变化。22日，伊集院走访朱尔典时，才从朱尔典处初次得知这一情况，从而明白了袁世凯21日谈话之背景。这正可说明伊集院当时被摒除于袁世凯和北京政府的政治、外交的范围之外。伊集院遂称："如颁布退位，清国将成为无政府之状态……袁如胸无成竹，则清国决不能归于一统，事态将愈行严重。各国为保护自己之权益，将不得不采取必要之手段。"[⑤]强烈反对清帝退位。朱尔典为对付伊集院的强硬态度，提议召开各国公使会议。对此，伊集院提出，以往六国之忠告，未收任何效果。"若欲挽救目前之时局，各国应负起责任，力促充分实施其提

① 见《清末民初政情内幕》（上），第842页。
②《日本外交文书》（辛亥革命），第550页。
③《日本外交文书》（辛亥革命），第550～551页。
④《日本外交文书》（辛亥革命），第550～551页。
⑤《日本外交文书》（辛亥革命），第552页。

案。"以刻下很难统一意见为由，主张"现应暂时采取旁观之态度，注视形势之推移。另一方面，除根据需要事先谋划保护本国人民生命财产之手段，别无他途"①。伊集院一面以优先保护日本在华既得权益为借口，旁观形势之发展，一面等待即将到来的混乱局面而加以利用，以夺取收拾中国时局的主动地位。故而向内田报告称："事态纷杂必将招致异常之混乱，此反而或可为帝国带来加以利用之机。故无论发生任何事变，帝国政府均应预为之备。毋庸多陈，恳乞事前予以充分注意。"②

在这一时期，北京的铁良、良弼等清室皇族强硬派正在展开反袁活动，他们以"君主立宪维持会"的名义，发布了《北京旗汉军民公启》，猛烈抨击袁世凯对清廷的不忠。因之袁世凯曾一度提出辞去总理大臣之职，离开北京，蛰居天津的外国租界之意。这对英国的对华政策是一个意外的打击。英国认为，这是伊集院和日本公使馆武官青木宣纯少将暗中唆使出身于日本陆军士官学校的铁良和良弼所致。23 日，莫理循走访日本公使馆二等秘书松冈洋右，公开指责"在铁良背后有伊集院公使，良弼背后有青木少将，各自唆使彼等"。同时委婉地指出："袁之暂时离京或将引起重大事态，姑不论其非难是否得当，但社会舆论根据上述消息，必将认为此乃日本所造成。"③并探询"是否可以由日英两国代表出面，劝阻袁辞职离京"④。朱尔典也于当日向伊集院提出同样意见，要求协同行动。伊集院则指责袁世凯"现已陷入困境，乃采取狡猾手段，突然使其部下将如斯虚构之情况告知莫理循，使之流布于外，将责任嫁之他人；玩弄此种小花招，完全缺乏诚意，实属愚蠢之极"。指出袁世凯辞职之传说，"有将辞职一事宣扬于外以取得外国后援之嫌，若各国如于此时进而采取挽留袁之手段，

①《日本外交文书》（辛亥革命），第 552 页。
②《日本外交文书》（辛亥革命），第 552 页。
③《日本外交文书》（辛亥革命），第 553~554 页。
④《日本外交文书》（辛亥革命），第 553 页。

则正陷入其奸计之中"①，拒绝了朱尔典的要求。翌日，伊集院向内田报告称，对袁之辞职离京，"不必采取任何手段，仍应以旁观态度，听其自然演变，不难出现有利于我之机会"②。其意是袁之去职，正是日本在辛亥革命时期外交方面的有利时机，应予以欢迎。

在天津，革命派和日本的大陆浪人也开展了反袁运动。革命党员白逾桓和日本大陆浪人平山周、小幡虎太郎等计划在袁世凯暗中来津时将其暗杀。于是某日在天津车站袭击一个形似袁世凯的高官，但此人并非袁世凯，而是天津道台张怀芝。暗杀未成，复又着手计划占领天津。平山周等大陆浪人计划从1月初起，配合革命军北伐，占领天津、北京，狙击袁世凯。1月30日在日本中国驻屯军司令阿部贞次的支持下，与天津的革命党员共同进攻天津镇台衙门，旋遭失败，日本人战死一名，被逮捕两名。③

袁世凯运用自己掌握的实力，施展权谋术数，着手反击。首先调曹锟的第三镇之部分兵力，驻扎北京城内，然后唆使其心腹杨度等组织"共和促进会"，广为制造舆论，攻击反对共和制的清室皇族。此际恰值革命党员彭家珍于26日向从宫中出来的良弼投掷炸弹，良弼受伤后于翌日死于日本人医院。此举使坚持君主立宪的清室皇族产生恐惧，开始向天津、青岛、大连等地逃亡。继而又于27日由北洋将领段祺瑞等向清室皇族和内阁发出要求实行共和制的电报，向清廷施加政治、军事压力。在这种强大压力下，清廷于29、30日两天连续举行宫廷会议。会后表示以皇帝、皇族享受优待为条件，可以逊位。袁世凯立即任命了与南方磋商此事之全权代表与孙中山等进行会商。清廷接受了南京参议院于2月5日通过的清帝退位后对皇帝皇族的优待条件，于12日公布了由南方的张謇起草的《清帝退位诏书》。从此，260余年的清朝统

---

① 《日本外交文书》（辛亥革命），第554～555页。
② 《日本外交文书》（辛亥革命），第556页。
③ 参照《日本外交文书》（辛亥革命），第556～557页。

治，2000年来的封建君主专制遂崩溃覆灭，中国开始走向共和政治体制，辛亥革命的丰功伟绩正在于此。

由于孙中山与袁世凯、南方与北方之妥协，实现了使清帝退位的首要目的。然而，围绕通过妥协创建南北统一的政权问题，双方又展开了新的斗争。13日，孙中山向参议院提出辞去临时大总统职位的咨文，推举袁世凯为大总统。同时提出了以下三项条件：

一、临时政府地点设于南京，为各省代表所议定，不能更改；

二、辞职后，俟参议院举定新总统亲到南京受任之时，大总统及国务各员乃行辞职；

三、临时政府约法为参议院所制定，新总统必须遵守颁布之一切法制章程。①

其中一、二两项之目的，是将首都设于南京以引袁世凯南来，割断其与旧势力盘踞之北京的一切关系，以南京临时政府为基础，建立南北统一的共和政府。这并非单纯的首都设于何地问题，而是究竟以北京抑或南京为中心建立新政权的重大问题。因此，南北双方首先就此问题展开了攻防战。

袁世凯认为孙中山邀其南下，系出于背后日本人的唆使。头山满等日本大陆浪人确实反对孙中山北上，并建议邀袁南下，可以说这对孙中山产生了一定的影响。袁世凯在与英国共同查明其内情后，又向伊集院进行了说服工作，24日，袁世凯派曹汝霖向伊集院说明袁不能南下之理由。因为伊集院反对南方之主张共和制，故而指责"孙之要求其为无理。既已按照约定清帝退位，征诸历来之情况，自应由南方向北方派遣委员为宜"②。间接地表明了不赞成袁世凯南下之意。伊集院虽然反袁，此时却又表现出支持袁的矛盾态度。

英国的主要权益虽在南方，但却反对建都南京，从侧面支持

① 《孙中山全集》第2卷，第84页。
② 《日本外交文书》（辛亥革命），第570页。

了袁世凯。莫理循与蔡廷干等谋划与孙对抗之策。[①]英国驻南京领事向南京临时政府外交总长王宠惠鼓吹建都北京论[②]，朱尔典也于24日走访伊集院，要求其协助。但伊集院认为"此不过以委婉之手段谋求各国援助之策"，称："目前仍以暂时旁观其动向为上策"[③]，避作正面回答。伊集院指出："南方人一旦获知，为实现袁世凯之主张各国进行干涉时，即使不认为是出于袁之为谋求自身私利而求助于各国，其内心然必因此愈益而多有不快，进一步激起对袁的不满，反而有招致事态困难之虞。"[④]这种说法，与其说为袁世凯着想，莫若说是出自对袁的反感。

孙中山等仍然坚持袁世凯南下。2月18日派蔡元培、宋教仁、汪兆铭等赴北京，迎袁南下，一行于2月下旬到达北京。袁世凯之心腹蔡廷干预料蔡元培等必将访问莫理循，遂于事先访问莫理循，希望其向来访者提示迁都南京之危险性，以及各国公使馆反对南迁之意见，以求说服蔡元培一行。[⑤]日本民间方面的对应与此相反。内田良平等听到返回日本的葛生能久的密报，与桂太郎商议之后，再度派葛生能久赴南京、上海，以阻蔡元培、宋教仁等北上，但葛生抵达上海时，蔡元培等已启程前往北京。葛生能久亦奔赴北京，在旅舍拜访宋教仁，转达了内田良平等的意见，劝宋前往日本，商议对策。宋教仁未曾同意。[⑥]小川平吉于2月9日劝告宋教仁称："吾等绝对反对由袁左右时局，切望提醒孙、黄，万不可为袁所欺，坚持贯彻初衷"。同日并要求在沪的宫崎滔天："如由袁左右时局，则万事皆休。望警告南京方面，不可为袁所欺，务必坚持贯彻初衷。"[⑦]明显地表露了日本民间方面的反袁态度。

---

① 见《清末民初政情内幕》(上)，第888页。
② 见《英国蓝皮书有关辛亥革命资料选译》(上)，第485页。
③《日本外交文书》(辛亥革命)，第570页。
④《日本外交文书》(辛亥革命)，第570页。
⑤ 见《清末民初政情内幕》(上)，第450~452页。
⑥ 见《东亚先觉志士记传》(中)，第450~452页。
⑦《小川平吉关系文书》(二)，第443页。

此时，一度返回日本（1月16日到达东京）的犬养毅，不顾正在举行的第二十八届日本国会，复于2月16日从东京启程前往南京。①犬养毅在致友人的信中称："由于我国外交之大失误，造成英美极具影响力之局面，袁世凯则加以利用以加强活力，形成袁之气盛，孙之疲弱。大局已不可变易。纵使如此，在形势不利之中，仍在努力。势必为帝国取得伸展威力之地位。此为鄙人此行之目的"。②犬养毅企图破坏南北妥协，阻止袁世凯就任临时大总统，借以扩张日本帝国在华势力。犬养毅于2月26日会见孙中山，力劝其务必贯彻初衷，拒绝与袁世凯妥协。犬养毅为此再次建议孙中山与岑春煊联手。孙中山未予接受。在此种情况之下，犬养毅作为牵制袁世凯之一策，建议孙中山将新政府首都设于南京，邀袁世凯南下就任临时总统，孙中山对之表示赞成。

犬养毅自2月28日至3月4日的六天之间遄赴武昌，于30日拜访了由袁世凯选为副总统的黎元洪③，目的在于牵制黎元洪倒向袁世凯，未果。

犬养毅、头山满、小川平吉等人反对南北妥协和孙中山等北上，姑不论其目的如何，从后来的事实来看，确是有利于革命党，应当对彼等之劝告予以正确评价。然而，犬养毅的劝告，却引起革命党方面的猜疑。《民主报》提出不希望犬养毅挑拨孙中山与袁世凯不和。④章炳麟主编的《大共和日报》，严厉责难头山满与犬养毅实际上是衔日本政府之命而来。日本对满蒙早有野心，窥测占领之机已久，为达此目的，企图使中国持续内讧，有混乱之机可乘。⑤

①　见《民主报》，1912年2月21日。
②　黄自进：《犬养毅与中国——以辛亥革命为中心》，日本庆应义塾大学大学院法学研究科论文集，第25号（1986年度），第70页。
③　见鹫尾义直编：《犬养木堂传》（中），第741页。
④　见《民主报》，1912年3月2日。
⑤　《东亚先觉志士记传》（中），第459～460页。

孙中山于 3 月 16 日设宴招待犬养毅，犬养毅于 26 日首途返日。[1]头山满经朝鲜，于 4 月 13 日返抵日本福冈。

老奸巨猾的袁世凯为与孙中山要求其南下相对抗，策划了北京、天津、保定的士兵哗变。从 2 月 29 日至 3 月初，连续发生士兵掠夺、杀戮事件。蔡元培、宋教仁一行为保护自身的安全，不得不离开旅舍避难。兵变本是袁之唆使，借此表明北方不稳，拒绝南下。伊集院对此洞若观火，认为："此际北京发生之事态，纵使起因不明，亦系为挽留袁世凯南下，引起外国干涉之苦肉计。这一推测是否得当，另作别论，但达到了阻止袁世凯南行之效果"。[2]

袁世凯为了扩大兵变的影响，希望外国介入。3 月 2 日，唐绍仪向朱尔典提出"希望立即召开外交团会议，采取制止在北京发生更为严重的掠夺杀戮之手段"[3]。朱尔典也认为"唐绍仪之意，希望由外国军队占领北京"[4]。外交团会议决定"各国仅限于派兵巡逻"[5]。并由各国增加守备北京的军队至总数 1000 名。3 日，义和团事件时出兵占领北京的八个国家，又组成 700 名联军，在北京城内各主要街道巡逻，向中国人显示列强之威力。此举并非以武力干涉中国南北问题，而是为保护它们在北京及华北的既得权益的一项措施。但是，这毕竟是对袁世凯的一种支持，列强的这种行动使中国人民感到是八国联军再度来犯。各地报纸纷纷报道了列强，尤其是日本向中国派遣军舰和陆军的消息，形成外国的武力干涉已迫在眉睫之气氛。[6]辛亥革命爆发以来，南方革命派一直警惕外国的武力干涉，为避免这种干涉，南京参议

---

① 《犬养木堂传》（中），第 736 页。
② 《日本外交文书》（辛亥革命），第 584 页。
③ 《日本外交文书》（辛亥革命），第 588 页。
④ 《日本外交文书》（辛亥革命），第 588 页。
⑤ 《日本外交文书》（辛亥革命），第 589 页。
⑥ 见《申报》，1912 年 5 月 5、6、7、15 日。

院于 3 月 6 日通过袁世凯在北京就任大总统，事实上以北京为共
和国首都之决议。至此，袁世凯得偿所愿，达到了所期目的。

　　然而，正如莫理循所言，袁世凯发动兵变，极大地损害了袁
之威信。①伊集院也借此证明反对共和制的正确性，并在反袁政
策上加以利用。伊集院向内田报告称："本职早在武汉乱起时，
即曾电禀革命动乱之结果，如宣布共和，则迟早必在中国发生
大动乱。刻下北京发生事变之快速，则出意料之外"。这"只能
证明袁世凯供认并无挽救时局之实力"。"一贯赞颂袁世凯，讴
歌共和制的英国公使及莫理循之流，目前已呈现极度软弱无力
之态"。②用以证明自己见解之正确。伊集院企图最大限度地利用
这一机会扩大事态，认为此次事件给一直处于被动地位的日本对
华外交带来一大转机。故于 3 月 3 日向内田进言："此时过早进行
干涉收拾时局并非日本国对清政策的上策。毋宁稍作牺牲，使动
乱愈益扩大为佳。因而，卑职在外交团会议时，依然采取尽量不
加干涉，听任事态自行发展之方针。"③当外交团会议提出在市内
配备各国军队，进行警备方为有利时，伊集院出于前述目的，遂
即以北京驻有中国军队两三万之多，与之为敌相当危险为由，主
张应只限于保护外国人之安全为宜。④他妄图使北京兵变的骚动
波及各地，出人意料地迅速在全中国引起动乱，其鬼蜮心肠，于
此泄露无余。他向内田报告，"帝国只有在彼时以强大兵力压境，
方为得宜。现应预为之备，毋庸多陈"⑤。内田和陆军决定派兵
1200 名赴天津、北京，以其中一个中队作为先遣队于 4 日到达北
京，10 日又从关东军抽调 1200 名士兵到天津。⑥如此急遽的增兵，

---

① 见《清末民初政情内幕》(上)，第 913 页。
②《日本外交文书》(辛亥革命)，第 590 页。
③《日本外交文书》(辛亥革命)，第 590 页。
④《日本外交文书》(辛亥革命)，第 589 页。
⑤《日本外交文书》(辛亥革命)，第 590 页。
⑥《日本外交文书》(辛亥革命)，第 593～595 页。

反而影响了伊集院扩大动乱的计划。因此，他又报告内田："在当前时机如此微妙之际，认为立即以增兵宣扬国威、国权之举难以认为是合于现今之时机之举。"[1]然而，北京的兵变骚乱，乃为袁世凯所精心策划。当南京参议院认可袁世凯在北京就任大总统后，袁立即迅速将之平定。伊集院的外交计划终成泡影。

①《日本外交文书》（辛亥革命），第594页。

第三章　日本的满蒙政策及
对闽浙地区的渗透

辛亥革命时期日本的满蒙政策，是自中日甲午战争、日俄战争以后，其大陆政策的重要组成部分；也是辛亥革命时期，日本对华政策的首要问题。日俄战争以后，日本以辽东半岛和满铁为据点，企图进一步扩大在南满的权益。但由于中国的抵抗和欧美列强的牵制，未能达到预期的目的。辛亥革命的爆发，尤其是清王朝的崩溃，给予日本把满蒙政策推向新阶段的机会。辛亥革命爆发后的 10 月 24 日，日本内阁会议决定其对满政策为："延长日本在满洲之租借地的租借期限。决定关于铁路之诸项问题，进而确定帝国对该地方之地位，从根本上解决满洲问题。""暂时维持现状，防止受到侵害，同时抓住良机，逐步增进我之利权。至于从根本上解决满洲问题，则尚需等待最有利于我，且有十分成算之时，再开始进行，方为上策"。①满洲——东三省与南方各省有所不同，迄至清帝退位时，清廷政权在此地的统治一直相对稳定。所以，在 12 月底以前，日本是采取"暂时维持现状，防止受到侵犯，同时抓住良机，逐步增进利权"的静观态度。

12 月末，南北议和一致同意由国民会议决定国体，这是清廷

---

① 《日本外交文书》（辛亥革命），第 50～51 页。

崩溃的信号。英国抛开坚持君主立宪制的日本而单独行动，开始支持共和制。英国此举反而给予日本在满蒙问题上采取单独行动的机会。日本认为这是"最有利于我，且有十分成算"的时机。以山县有朋、寺内正毅、桂太郎为中心的日本军部，以益田孝为中心的三井财阀，以西园寺公望、内田康哉为中心的日本政府、外务省打算乘机着手解决满蒙问题。本章将考察日本对满政策从静观发展到阴谋出兵，独立，租借，和通过第三次日俄协约，将对满政策扩大为对满蒙政策的过程，以及欧美列强对此所采取的对策。与此同时，并对日本向福建、浙江沿海的渗透，进行探讨。

一、辛亥革命爆发初期的对满政策

满洲——东北，是在辛亥革命中未曾宣布独立的地区。清帝退位后，自然归属于袁世凯的北京政权。这一时期，是日本对满政策的相对静观时期。本节中，将探讨日本外务省、军部、满铁等在此时期中对满政策之分歧，与东北总督赵尔巽和奉天（今辽宁）巡防队前路统领张作霖对日本的期望，以及日本对此所采取的对策。

东北地区因文化较南方落后，故而留日学生极少，革命势力薄弱。1907年4月，同盟会东京总部派遣宋教仁、白逾桓、吴昆等到南满，建立同盟会辽东支部，在文化、教育界和新军中，组织革命势力，并联合了一部分草莽人物。辽东支部的革命党员，主要在南满宣传革命思想，组织、领导民众的反清斗争。辛亥革命前，辽东支部已有同盟会员一百余人，在其影响下团结了民众35000余人。武昌起义的消息，通过《大中公报》的号外，传播到以奉天（今辽宁）为中心的东三省，分散在各地的革命党员也开始准备起义，宣布独立。奉天城（现沈阳）的同盟会员在第二混成协协统蓝天蔚的总部举行秘密会议，选出第六镇统制吴禄贞

为关外讨虏军大都督(后为蓝天蔚),张榕为奉天省都督兼总司令,
并派遣商震等到各地准备起义。

赵尔巽为镇压革命党起义,联合省内立宪派和乡绅等组织保
全会,将前巡防队前路统领张作霖所部精锐 3500 名驻扎在奉天
城内,以对付不稳之新军。南满是日本的势力圈,满铁附属地是
中国行政权所不能及的租借地。革命党即利用此附属地为根据地
开展革命活动,而赵尔巽也希望得到日本的协助来防止革命党起
义。赵尔巽在要求日本正金银行借款 500 万日元的同时①,于 10 月
26 日、11 月 7 日向日本驻奉天总领事小池张造提出"希望日本警
察于此时配合清国警察,全力防止事变于未然"②的要求。小池
向内田报告称:"约定尽可能给予援助。"③并建议增加满铁附属
地守备队及驻屯军,秘密作好应对准备。但内田采取两面政策,
指示总领事小池:"对于总督之请托,答以尽量在取缔革命势力方
面给以援助,尚属无妨;但如为清国政府进而对革命党员施加压
力,加以逮捕或引渡等,则非我之所望"④。并令其将拒绝提供
借款之事,告知俄国。这是日本既与赵尔巽共同防止爆发革命起
义,以保护其在南满之既得权益,又在革命势力于中国南方日益
扩大的情况之下,不愿公开支援清朝,与革命党正面对立的两面
政策;也是欧美列强的"协同一致"的牵制之策。

日本满蒙政策是在 11 月初召开的日本内阁会议上通过的。11
月 10 日内田向小池发出如下训令:

(一)非至必须保护侨民和铁路之安全,或帝国利权受到
侵犯时,应避免采取军事行动。

(二)为便于我之军事行动,南满铁道会社应以公正之态

---

① 见《日本外交文书》(辛亥革命),第 142、144 页。
② 见《日本外交文书》(辛亥革命),第 260 页。
③ 见《日本外交文书》(辛亥革命),第 260 页。
④ 见《日本外交文书》(辛亥革命),第 260~261 页。

度，拒绝为官、革两方与军事有关之运输。①

内田同时指示"此际不可对官、叛两军之任何一方予以援助，故而清国官宪要求协助镇压革命军时……希勿以实力对彼等施加压力"②。表明从两面政策转向中立政策。

日本陆相石本新六也于11月12日命令关东都督大岛："关东都督在发生居留南满之本国侨民需要保护或帝国之利益受到侵害之情态时，得以动用武力。"③然而，在此时期日本的对满政策并不统一。积极推行大陆政策的寺内正毅等军部的一部分人，欲利用以满铁附属地和关东州为根据地进行活动的革命党，推进日本的对满政策。寺内指示满铁总裁中村是公，向在附属地活动的革命党员王国柱提供活动经费，借此左右他们的活动。④革命党也利用便于活动的附属地，期望日本的支援。日本陆军派三原大佐随同王国柱活动。根据小池的情报，中村是公等利用革命党，"计划使赵总督陷入危难之境，而后给以救援，将之劫持到大连"⑤。小池在此时上报内田，迫切要求："此际希严厉申饬中村，不可在其本职之外，玩弄小花招。"⑥西园寺也为此事于11月13日致电中村是公，令其注意。⑦正如小池所言，此种做法，"不仅对帝国之行动造成极大损害，而且会引起外国领事对帝国态度之猜疑，以致对大局产生不良影响，令人悬念"⑧。赵尔巽在获知此情况后，与清政府外务部的曹汝霖，强烈要求日本方面逮捕王国柱或将其逐出附属地。内田于11月28日通知日本驻奉天总领事落合，采

---

① 1911年11月10日，内田外相致奉天小池总领事电报，第208号（极密），日本外交史料馆藏。

② 1911年11月10日，内田外相致奉天小池总领事电报，第208号（极密），日本外交史料馆藏。

③《日本外交文书》（辛亥革命），第266页。

④《日本外交文书》（辛亥革命），第264～265页。

⑤《日本外交文书》（辛亥革命），第267页。

⑥《日本外交文书》（辛亥革命），第267页。

⑦《日本外交文书》（辛亥革命），第268页。

⑧《日本外交文书》（辛亥革命），第267页。

取措施将王国柱等逐出附属地。但是，在此时期满铁附属地的警察权是在关东都督管辖之下，关东都督大岛认为"此时不宜采取驱逐措施"①而未采取行动。其理由为：（一）"此时如立即对革命党采取驱逐行动，反而有加速革命起义爆发之虞"。（二）"如招致革命党之恶感，恐贻大患于未来"。②然而，内田坚守中立政策，于11月30日致电大岛，以政府名义强调断难容忍以附属地为政治运动策源地之方针，再次要求将王国柱等逐出附属地。③大岛迫不得已派都督府警视总长对王国柱等"以尽可能的温和态度，劝其自行决处"④。这些情况可以说明日本军部和关东都督对革命党态度之所以温和，目的在于利用王国柱等以推进日本的满蒙政策。

在北京的伊集院的主张与日本国内的内田康哉、寺内正毅等相左，这是个异常现象。伊集院虽然切望对中村是公等玩弄的小花招加以断然禁止并严行约束⑤，但他对日本政府的中立政策并不满意。他的理解是："帝国政府之方针，盖为听任南满洲之事态自然发展，及至引起骚乱时，方开始军事行动"。他以为这是消极性的，作为积极性的方针，应强调"事先隐然显示我之威力，防止革命党蠢动，用以保障稳定"⑥。意在事先行使实力。伊集院要求以实力保障东三省之稳定，是为了保护日本在南满的殖民地权益，更重要的还在于在中国本土"充分推行日本政府之全部计划"⑦。伊集院当时是力图保存清帝，主张君主立宪制的，而东三省的革命起义，正是对伊集院所要保护的清廷的背后一击，故伊集院反对革命党在南满的活动乃势所必然。内田不赞成伊集院的意见，

①《日本外交文书》（辛亥革命），第274页。
②《日本外交文书》（辛亥革命），第274页。
③《日本外交文书》（辛亥革命），第275页。
④《日本外交文书》（辛亥革命），第276页。
⑤《日本外交文书》（辛亥革命），第264页。
⑥《日本外交文书》（辛亥革命），第266页。
⑦《日本外交文书》（辛亥革命），第264页。

11 月 14 日，向伊集院发出训令，说明日本政府的方针是："帝国政府决定，在满洲地方确未发生骚乱时，应尽力不采取公开措施。"①内田不行使实力之理由为：（一）"当前革命气势有席卷清国各地之势，满洲地方难免一时为其大势所犯，乃属自然之数"。（二）"此时我公然以实力对抗革命党，不仅失策，而且当满洲地方尚未出现骚乱之际，我即行使实力，结果必将加深本就怀疑我国态度之外国之疑虑，对我十分不利"。②就日本而言，内田对形势的判断和对应之策，是恰当的。伊集院提出的激进的对满政策，暂未被采纳。

此时，旅居神户须磨的梁启超，受赵尔巽之邀，于 11 月 7 日偕同梁德献在门司乘"天草丸"经大连前来奉天（沈阳）。③原来计划"梁启超在赵总督与王国柱之间，造成稳定的局面"④。预定在 13 日会见王国柱。然而，满铁总裁中村是公等认为彼等会面，将不利于对王国柱之操纵，遂于 12 日深夜邀梁启超至铁路公所，将之秘密送往大连。因此，赵尔巽希图利用立宪派对革命党开展和平工作的计划，未能实现。梁启超于 18 日从大连返回神户，继续旅居须磨。⑤

在此时期，革命党员组建政治团体"联合急进会"与赵尔巽的"国民保安会"对抗，领导东北各地的斗争。在庄河，由革命党员顾人宜等领导，于 11 月 27 日成立了中华民国军政分府。在辽阳，商震等于 12 月 1 日组织了武装起义。凤城、安东等地的革命党员也展开了武装斗争。然而，这些斗争都为张作霖所镇压。张作霖于 1 月 23 日暗杀了革命党的核心人物联合急进会长张榕。

---

① 《日本外交文书》（辛亥革命），第 269 页。
② 《日本外交文书》（辛亥革命），第 269 页。
③ 见《清国革命叛乱之际该国人之动静、态度及舆论关系杂纂》（一），日本外交史料馆藏。
④ 1911 年 11 月 13 日，奉天小池总领事致内田外相电报，第 403 号，日本外交史料馆藏。
⑤ 《日本外交文书》（辛亥革命），第 269 页。

　　在此时期，日本对满政策的重要问题是对张作霖的政策。张作霖身为统领，相当于团长一级，是赵尔巽的心腹，驻扎于奉天城内，他打算趁将革命的第二混成协协领蓝天蔚驱逐出奉天镇压革命之机，利用清廷统治体制的动摇以扩大自己的势力。为此，张作霖开始靠近日本。1月26日，张作霖访问日本驻奉天总领事落合时宣称："东三省的兵马实权全在本人掌握之中"，与此同时，表示了坚决反对革命党和共和制的决心，吐露了对日本的期望，称："日本国在满洲拥有重大权益，与满洲具有特殊关系，向为本人所深知，亦为民众所知晓。日本如能以德相召，则东三省之民心必将依从归附。本人认为与其将东三省委于南方人之手，莫如干脆让与外人。当此之际，日本如对本人有何指令，本人自必奋力效命。"①落合认为"目前该人之权力凌驾于总督（指赵尔巽——笔者）之上，且闻对日本国深怀戒心"②，是为了相探才允予会晤的，故而并未向张作霖表示日本方面的态度。30日，张作霖在接见日本驻奉天总领事馆办事人员深泽时恳切表明："皇帝退位已势不可免，东三省将失去拥戴之主，身为北人势死不能附和南人之共和而甘受其制。果如此，尚不如依附日本为佳。日本当然不会任此无主之东三省人民陷于无主状态而不顾……日本在南满拥有重大利权，殆属当然之事。既已属无主之物，吾等只好按个人意愿行事。本人与冯麟阁等决心奋起，他人俱无可如何。希将我意经由贵国总领事，转达贵国政府"。③张作霖有意在革命风暴中，利用日本维护、扩大在南满权益的政策，在日本的庇护之下保持东三省的动荡现状。翌日，于冲汉亦走访落合，称："北京形势甚

---

　　① 1912年1月27日，日本驻奉天落合总领事致内田外相电报，第51号，日本外交史料馆藏。
　　② 1912年1月27日，日本驻奉天落合总领事致内田外相电报，第51号，日本外交史料馆藏。
　　③ 1912年1月31日，日本驻奉天落合总领事致内田外相电报，第68号，日本外交史料馆藏。

是不稳，皇帝退位为期不远”，东三省必将受到很大影响。探询：
“届时日本是否还承认赵尔巽为总督？”①落合对此避而不答，反
问：“皇帝即将退位，赵总督持何态度？”②于称：“绝对不会附
从共和。”落合分析此乃“张作霖等人目睹北京之形势与其自身之
立场相反，如果日本此时能如彼等所想象，有意扩张在南满之地
位，彼等现在即可起而迎合，以求在日本庇护之下巩固其今后之
地位”。落合于 1 月 30 日将此事电告内田，并要求“随同北京政
局今后之演变，我在满洲所持态度，对将来具有重大影响。故请
将我国政府议定之要领电示，俾本职有所遵循”③。要求外务省
制定对张作霖的政策。

此时，日本政府已内定福岛安正中将为新任关东都督（1912 年
4 月就任）。张作霖、于冲汉获知此消息后，切盼将其上述意图转
告福岛安正，并希望内田嘱福岛安正就今后之对满政策与张作某
种联系。然而，内田认为“张等另有所图，难保不考虑分寸，轻
易地将我方之机密谈话泄露于外”。必须警惕在时局发生激变时，
日本方面不应采取轻易许诺的态度。指示落合：“如张所云之事态
发生，亦可为我对满政策造成进一步发展之机会……阁下若能设
法使我方不承担许诺而与赵总督或张作霖保持联系，使彼等按其
所图进展，可于充分留意的情况下，采取适当措施。”④

2 月 5 日，张作霖又访落合，询问“日本国是否已有消息？”
并声称：“此事将关系本人等之进退，极愿得知情况如何？”⑤落
合按照内田的指示，采取慎重态度，答称：“已详细报告本国政府，
一有任何消息，必当奉告。”⑥并反问北京情况如何？张作霖答称：

①《日本外交文书》（辛亥革命），第 305 页。
②《日本外交文书》（辛亥革命），第 305 页。
③《日本外交文书》（辛亥革命），第 306 页。
④《日本外交文书》（辛亥革命），第 313 页。
⑤《日本外交文书》（辛亥革命），第 320 页。
⑥《日本外交文书》（辛亥革命），第 320 页。

"昨日本人已以统领名义致电袁世凯，阐明将不奉皇帝退位、成立共和之命"。并称："如日本国认为本人尚堪驱策……我等既已失去为其效命之皇帝，依附同种之日本，乃属当然之势"。又称："可拥戴肃亲王，归依日本"。①此时肃亲王已在日本庇护之下来到大连，故而张作霖提出拥戴肃亲王之意。落合倾向于利用张作霖，遂在当日给内田的报告中推测："根据张等以往之态度，及对革命党采取之残酷手段，与共和势不两立。如不能得到日本之庇护，或则重操旧业，沦为马贼，或则转而投靠俄国。实难预料。"所以"今后使其为我所用，虽然利害尚难预测，然我方若不前进一步表示关切其处境，终不利于今后对彼之操纵"。②

2月8日，张作霖再次接见日本驻奉天总领事馆的深泽，提及与关东都督大岛、肃亲王在第一次满蒙独立运动时积极活动的日本高山大佐等合作进行活动的情况，再次要求日本方面给以庇护与支援。落合于当日致电内田："乞火速决定对张之方针……当前，作为扩展我在满洲利益之方法，至少应采取不使张与我之联络中断之行动。恳乞理解下情。"③内田虽亦为维持和扩大日本在满洲之权益，打算利用张作霖此一新兴势力，但由于对张作霖不信任，而采取了不对之公开利用的极为矛盾的政策。9日，内田训令落合总领事，告知日本政府对张作霖的政策："此时如帝国领事与该人之间保有特殊关系之消息泄露于外，甚为不便。可以不予任何承诺之方式，互通消息，切不可过于深入。"④内田之所以采取如此政策，是出于：（一）对张作霖的不信任感。（二）具有张作霖以日本的态度为承诺之危险性。（三）赵尔巽今后之态度难以预测，以及如何处理赵与张之关系问题。因此，在此期间日本

---

　　①《日本外交文书》（辛亥革命），第320～321 页。
　　②《日本外交文书》（辛亥革命），第320～321 页。
　　③ 1912 年2 月8 日，日本驻奉天落合总领事致内田外相电报，第98 号，日本外交史料馆藏。
　　④《日本外交文书》（辛亥革命），第326 页。

并不公开利用张作霖，直至 1916 年秋，才开始公开利用。

二、阴谋出兵满洲

从 1912 年 1 月上旬到 2 月中旬，即清朝灭亡之时，以山县有朋为中心的日本陆军计划出兵满洲。本节对这一计划与日本陆军和政府、外务省所采取的相应方策，以及欧美列强的反应进行探讨。

首先提出在此时期出兵满洲的是山县有朋。山县于 1 月上旬开始计划出兵，他先向处于日本推进大陆政策第一线的朝鲜总督寺内正毅述及："如阁下所知，帝国对清政策素为英国所不容，乃不得不委之于官、革两者达成协议之方策，实属遗憾之至。既已如此，故正在满洲领域内，与俄国开诚相见，慎重协商，严防因注意不周，导致满洲域内发生秩序紊乱之方针，殆为当前最为紧要之事"。[1]建议研讨对满政策。寺内表示同感，接受了山县有朋的建议，寺内向桂太郎提出："无论如何望能事先考虑今后我政府究应如何行动。今日之形势，结局纵然简单地归于共和，然若不熟思我之责任而在列强之中旁观，则治平无望。南清虽可任其自然发展，而满洲如何处置，愿闻高见。俄国能不暗中煽动内外蒙古独立？故而即便目前不宜采取格外措施，但为有益于今后之措置，岂不应预筹相当之方策乎？"[2]进一步明确启示其谋求对满政策。

山县有朋在小田原对来访的益田孝称，三井物产"要趁此时机预与革命党密约，以东三省为我所有之物，表示赞成"[3]。要求日本经济界研究对满政策，并起草了如下《对清政略概要》。

　　一、洞察今日之形势，满汉协商，除破裂之外，别无挽

---

① 《寺内正毅文书》，日本国会图书馆宪政资料室藏。
② 《桂太郎文书》，日本国会图书馆宪政资料室藏。
③ 《原敬日记》第 3 卷，第 210 页。

救之途，已陷入绝境。如此论断，当无大差。果如此，为应付此种形势，我政府为保护满洲租界地及铁路，须防止一般秩序之混乱，及为保护人民生命财产之安全，必须断于适当时机出兵满洲（出兵一个或两个师团）之准备。

一、出兵之议一经决定，基于与俄国协商之方针，将目前之状态清楚地照会俄国，采取在南北满洲一致行动之政策，注意方式，不可使之产生丝毫疑虑，至关重要。英国原已大体同意（可参照以前关于设置铁路运输守备队之照会），勿使再持异议。

一、满清皇帝退位蒙尘之日，业已迫近，必须预为考虑救助之策。总之，亦不过使南满洲在帝国政府威压之下，使内外人民得以安堵而已。

一、出兵后之外交政策以及行政方面，均应多加注意，指挥系统之命令应行神速等等，政策必须均出一途。

清国两党政权之争，瞬息万变，必须极力采取随机应变之策。①

山县有朋在这一概要中认定此时乃是向满洲出动一二个师团的良好时机，其目的是，（一）维护满洲租借地、满铁及日本居留民的生命财产等既得权益。（二）打破对南满政策停滞不前的局面，在满洲扩大新的权益。（三）在满洲救助逃来的清廷，将其置于日本的威压之下。

自武昌起义后即流传清廷逃往满洲避难之说，日本政府对此非常重视，希图加以利用。日本于1911年11月10日内阁会议决定南满方针时，其中第四项定为："北京朝廷如万一来南满避难时，当尽力保护之。"②直言不讳，希图利用清廷推行其对满政策。但

---

① 大山梓编：《山县有朋意见书》，原书房，1966年，第338页。
② 1911年11月10日，内田外相致奉天小池总领事电报，第208号（极密），日本外交史料馆藏。

日本内部对此意见并不一致。伊集院于 12 日向内田表明反对的意见，理由为：（一）"不仅为我所利用之余地不大"，而且（二）"徒然招致中外之疑虑猜忌，并有进而招致全清国汉人反感之虞"。①但内田却以此为"处理万一情况下之方针"，坚持日本政府的立场。此时，对于如何利用退位避难的皇帝，日本并无明确的具体方案。但从"九一八"事变后诱胁宣统在满洲建立傀儡国家的事实来看，可以认为山县有朋、内田康哉在此时期即已有筹谋建立傀儡国家之意。

山县有朋出兵满洲的计划，需要有与之相应的外交政策。在这一方面，山县有朋强调与列强间的协调，主张采取与俄国充分协商，在南满、北满采取日俄共同一致的政策。对于英国，认为彼已经对日本出兵"保护"关外铁路（山海关至奉天）表示赞成，故不必另行担心英国的行动。②

实现山县有朋出兵满洲的计划，还需要日本军部和政府的承认与支持。山县于 14 日将《对清政略概要》送交石本新六陆相，要求其与内田研商。15 日送交桂太郎，提出如有同感，望即劝说内田。桂太郎、石本新六与内田康哉之间，如何议论此事虽然不详，但日本内阁会议于 1 月 16 日作出决定，与俄国谈判有关划分南、北满洲，及在内蒙古的势力范围的第三次日俄协约。对于满洲问题，认为"帝国政府对满洲之方针，早已确定，到适当时机，应予以相应之解决，为不言自明之事"。并训令驻俄大使本野："可秘密告知俄国政府，相信帝国政府在适当时机，必能相应地解决满洲问题。同时说明关于解决之方法及实施之时期，乃需要极其周密考虑之事项，故而日俄两国政府必须对此妥为达成协议。"③由此可以得知，日本内阁在满洲问题上，也终于向采取积极对策方

---

① 《日本外交文书》（辛亥革命），第 267 页。
② 《日本外交文书》（辛亥革命），第 267 页。
③ 《日本外交年表及主要文书》（上），第 360 页。

向转移。但是，16 日的内阁会议对于出兵满洲并未作出任何决定，对此，日本陆军省军务局长田中义一称："万分遗憾"，极为不满。

陆军省以军务局长田中义一为主，着手准务派遣第十二师团去满洲。陆军次官冈市之助于 1 月 30 日指示关东都督府参谋长星野金吾："正在筹商当将来满洲秩序发生混乱时向该地区增派若干兵力。此举对帝国之未来将带来有利之结果，故请阁下着眼于大局，即使满洲发生某些酿致纷乱之事端，希注意在措置上亦不必有所避忌，置身事外。"①准备以满洲的"混乱"为口实出兵。

恰于 1 月末，在山海关以北 7.5 公里金线屯（日本文献称金子屯）附近，发生铁路桥梁被破坏，火车从桥上坠入河中，受伤 120 人，死亡 27 人事件②，正给日本以保护铁路为借口出兵满洲的机会。日本陆军大臣石本新六命令中国派遣军司令阿部（驻屯天津）火速派遣一支小部队往金线屯③。阿部于 2 月 5 日派出由 20 名士兵组成的小队赶赴现场。④对此，清政府外务部于 6 日向伊集院提出抗议："山海关外第 141 号桥梁被破坏后，查知驻扎山海关之日军部队以保护该处为由，立即派兵前往。据《辛丑条约》（《北京议定书》）之约定，并无允许各国在关外铁路驻兵之规定，况且刻下我国军队对该桥梁加以保护。故希贵公使从速电令日本军队撤回其派往第 141 号桥梁之兵员，以符条约之规定。"⑤这一抗议是正当的。日本在前一年曾与英国密商得到了为"保护"该铁路可在必要时出兵的权力，但清朝政府并未予以承认。内田也知晓此情，所以，此次派兵是进一步侵犯中国主权的行为。

那么，金线屯第 141 号铁路桥梁究竟是什么人破坏的？与日本出兵满洲计划有何关联？京奉铁路总局李载之总办私下称："炸

---

① 《对满蒙政策史的一个侧面》，第 304 页。
② 见《申报》，1912 年 2 月 13 日。
③ 见《日本外交文书》（辛亥革命），第 315 页。
④ 见《日本外交文书》（辛亥革命），第 321 页。
⑤ 见《日本外交文书》（辛亥革命），第 322 页。

毁铁桥的行动事极其巧妙,使用了大量的'甘油炸药',需用十数人之劳动,至少要一两天时间才能完成,可能是革命党所为。"但日本驻天津总领事小幡酉吉向内田报告称,李载之与其谈话时,讥讽"近日外间纷传贵国军队为守备关外铁路,曾向关外派去兵员,破坏铁路桥梁系我军(指日军——笔者)蓄意所为"①。指出这是日军有计划的破坏行动,其目的与日本出兵满洲直接有关。与此同时,小幡酉吉并报告称:"此地外国人,尤其在德国人和法国人中,盛传金线屯铁路桥梁之遭破坏,乃是日本政府为增兵满洲,和守备奉天山海关间铁路制造口实而蓄意筹划之行动。"②小幡本人也认为这是出自日本的谋略,在报告中称:"倘我陆军当局为向满洲派兵而有此类计划,则实行时必须极为机密地处理,万一因直接当事者之言行不慎而招致清国或其他外国之注意,则清国政府鉴于形势,为了自卫难免不将以上事态泄露于外,用以牵制我之行动。"③要求事前筹划相应对策。以上事实证明,破坏铁路桥梁事件与日本出兵满洲的阴谋有密切关系。在事件发生前的1月中旬,日本政府曾通过驻俄国的大使本野一即转知俄国政府,日本决定占领关外铁路,要求俄国政府予以赞同。这又是一个明证。④

计划出兵满洲的不仅是日本军部人员,日本外务省驻满洲的派出机构也研讨了出兵满洲的相应方策。其驻长春本部的领事以"关于在当地形势比较平稳的情况下派兵之机会"问题,向内田提出以下三种方式:

第一,乘清国政府颠覆之机,可以保护当地居留民名义,现在立即出兵;

① 1912年2月6日,天津小幡总领事致内田外相电报,第19号,日本防卫研究所藏。
② 1912年2月6日,天津小幡总领事致内田外相电报,第19号,日本防卫研究所藏。
③ 1912年2月6日,天津小幡总领事致内田外相电报,第19号,日本防卫研究所藏。
④《俄国外交文书选译》(有关中国部分,1911年5月至1912年5月),第254~255页。

第二，虽不致直接危及居留民，但当地清国人间稍有秩序紊乱，亦可视为情况异常时；

第三，发生一般秩序紊乱，虑及危害日本居留民生命财产时。[①]

日本驻长春本部领事建议"为保护居留日侨，显示帝国权威，作为一种手段，是否可以现在立即派兵"。抑或"在第二种情况下，应卑职之请求，于长春事先准备部队，呈立即派兵之态势，可不误机宜"。[②]日本外务省对此建议的态度虽然不明，但是，从辽阳派出步兵四十二联队本部及其中一个大队[③]，向新民方面也派出了一个中队，这些行动足可从一个侧面说明在此时期驻满日军调动频繁。

日本为出兵满洲，极力争取俄国的谅解。正当此时，蓝天蔚指挥下的北伐军到达芝罘，积极准备在辽东半岛北侧登陆。内田认为这是一个良机，不可错过，便于1月17日训令驻俄大使本野，迅速通知俄国当局，北伐军如在满洲沿海登陆，与当地革命党相呼应，在这一地带采取行动，则"南满洲之秩序必遭扰乱，事属至明。为此，帝国政府为保护拥有之权益，保护该地方与北京之交通线——关外铁路计，不得不立即增派若干军队，乃属意料中之事"[④]。希望俄国谅解。其目的虽然是为了压制北伐军登陆，但更重要的，正如内田在训令中所云，"本件交涉的目的之一，在于委婉地要求俄国政府承认由我独立负责关外铁路之事"[⑤]。以此造成单独出兵南满洲的外交态势。18日，本野将内田上述意旨告知俄国外务大臣沙查诺夫，沙查诺夫声称：对日本"独立负责

---

① 1912年2月14日，日本驻长春本部领事致内田外相电报，第11号，日本防卫研究所藏。

② 1912年2月14日，日本驻长春本部领事致内田外相电报，第11号，日本防卫研究所藏。

③ 见《日本外交文书》（辛亥革命），第323页。

④ 见《日本外交文书》（辛亥革命），第527～528页。

⑤ 见《日本外交文书》（辛亥革命），第524页。

关外铁路之安全，不持异议"。同时作为希望条件，提出"日本政府在确实增兵及或进行占领时，希事前通告俄国政府"①。俄国之所以痛快地同意日本出兵南满，是在于相对地从日本得到俄国出兵北满的谅解。所以，从辛亥革命爆发初期，俄国就等待日本首先出兵满洲，而以此为据，即时出兵北满。②

　　但是，欧美列强，尤其是美国和德国，对日本出兵满洲的计划，非常警惕，并对其行动予以牵制。为此，首先通过传媒发动舆论，以牵制日、俄之单独行动。德国报纸刊载出"日本国将第十二师团（师）派赴清国，舰队集中旅顺，并已派兵进入奉天城（沈阳）内"③等消息，注视日本的一举一动。《纽约时报》也报道："以扩张领土和势力范围为目的而干涉清国者，仅只日、俄两国。据悉，彼等当北京政府崩溃或衰弱之际，已有可共同行动之秘密协定"。该报认为，"若德、英、美、法、奥对该事件共同制定坚决的方针，则压制日、俄并非难事"。④

　　德、美两国的外交当局也对日本采取了外交措施，德国外交当局联合美国向日本发出警告。1月31日德国代理外交大臣亚米茨曼对日本驻德大使馆畑参事官指出，"如有干涉清国之必要时，由各国共同干涉，此点业已取得一致意见……日本此时采取单独行动，势难同意"⑤。2月1日，该代理大臣再次向日本大使杉村及畑参事官反复强调了同样趣旨。与此同时，德国政府于1月31日通过美国驻德大使探询了美国政府的看法。美国政府于2月3日向德国驻美大使致交备忘录称："迄今为止，幸而清国之帝政派及共和派都一直保证外国人的生命财产安全，不存在外国列强进行干涉的理由。且从最近的报道来看，坚信今后事态的发展，将不

---

① 见《日本外交文书》（辛亥革命），第528～529页。
② 见《俄国外交文书选译》（有关中国部分，1911年5月至1912年5月），第136～138、163～164页。
③ 见《日本外交文书》（辛亥革命），第529页。
④ 见《日本外交文书》（辛亥革命），第530页。
⑤ 见《日本外交文书》（辛亥革命），第529～530页。

会发生上述必须介入之情况，对现在及将来对日干涉介入的必要性持否定态度。"①美国国务卿诺克斯也向日本驻美临时代理大使埴原送交了备忘录的抄件。当日美国报纸全文发表了这一备忘录。对此，埴原认为："发表备忘录，是向世界表明，对于他国之支持，不论其具有何种祸心，美、德两国都将共同对付之。"②由此可以看出美、德两国意外地反应强烈。

美国于1月下旬从马尼拉调军队600余名在秦皇岛登陆。这是为了守备京山线铁路，也起到间接地牵制日本出兵满洲的作用。③

上述事实，说明了美、德对此的反对和牵制力量之强大，不能不引起日本政府和军部的戒心。

日本国内也有人反对出兵满洲。民间的善邻同志会、中国问题同志会等都展开了反对出兵、反对干涉的活动，发动舆论，向政府施加压力。

中国的传媒也发动舆论，揭露日本出兵满洲的阴谋④，东北当局此时也采取了相应的对策未予日本出兵的口实。2月12日清帝退位后，赵尔巽和张作霖为避免发生动乱，转为支持共和，顺势归属于北京袁世凯政权。

此外，日本政府财政也无力筹集出兵满洲的军费。六年前的日俄战争，消耗军费多达17亿日元。1907年的经济危机和陆、海军为扩张军备而支出的庞大军事费用，已使政府财政出现赤字，负有巨额内外债，因而日本政府对出兵满洲感到心余力绌，游移不定。

鉴于上述国内外的情况，日本内阁无法断然决定出兵满洲。西园寺和内田通过石本向桂太郎和山县有朋转述了内阁的意向。桂太郎于2月8日致函山县有朋，称："今晨石本男爵来访，告以首相与外相之议论，此际因外国之质疑，造成出兵困难；且此时

---

① 见《日本外交文书》（辛亥革命），第531～532页。
② 《日本外交文书》（辛亥革命），第534页。
③ 《日本外交文书》（辛亥革命），第529页。
④ 见《申报》，1912年2月6、12日。

向议会请求拨款，必然议论百出，从而泄之于外，实属欠妥。此时陆军派出日本国内之新兵，首相和外相虽不得不表示同意，但实际上政府自身已确然无能为力。"①

日本根据国内外形势，以山县有朋为中心的军部出兵满洲的计划，在2月中旬遂告受挫。山县在非难日本政府和内阁的同时，慨叹："失去千载一遇之良机，实为国家痛愤不堪。"②

在出兵满洲问题上，以山县有朋等为中心的日本军部虽然与日本内阁对立，但是，两者在扩大、加强日本在满蒙的权益和势力范围这一点上是一致的。所以，这一出兵策划与日本政府、外务省推进的其他满蒙政策，是同时并进的，充分表明为了共同的目的而采取了种种不同的政策与手段。

三、"第一次满蒙独立运动"

日本军部在阴谋出兵满洲的同时，还利用清室皇族和蒙古王公进行所谓"第一次满蒙独立运动"，企图建立满蒙傀儡政权。本节拟考查日本勾结清室皇族和蒙古王公搞所谓独立运动的过程，同时对这一运动的目的和性质，日本军部、大陆浪人、政府、外务省等如何一致行动推进这一运动作一探讨。

"第一次满蒙独立运动"，是指1912年2月清帝退位、清朝灭亡后，日本阴谋在满蒙建立所谓"满蒙王国"的运动。这个运动由两部分组成。一是以清肃亲王善耆等为中心的清室皇族在清廷的发祥地满洲进行清王朝的复辟运动。一为归属清廷的蒙古王公喀喇沁王、巴林王等，在清廷崩溃、外蒙古独立的形势下所搞的"独立"运动。这两个运动相结合，发展成为所谓"满蒙独立运动"。

① 藤井升三：《孙文之对日态度——以辛亥革命期的"满洲"租借问题为中心》，《现代中国与世界——在政治上的展开》，庆应通信，1982年，第125~126页。
② 藤井升三：《孙文之对日态度——以辛亥革命期的"满洲"租借问题为中心》，《现代中国与世界——在政治上的展开》，庆应通信，1982年，第126页。

但从其进行过程来看，是企图先在蒙古东部地区举兵，取得蒙古独立，然后将势力扩大到满洲，实现满蒙独立。这一运动的始作俑者是宗社党。宗社党是1912年1月以清室皇族的良弼、铁良、溥伟、升允、善耆等为中心组成的组织。其政治目的是为挽救清廷的灭亡，坚持君主立宪制，反对南北议和、清帝退位，并强迫袁世凯下台。其成员都在腿管缝有两条龙的图像，附以满文的小纸牌号。初期公开进行活动，计划暂时扣留袁世凯，组成以良弼、铁良为中心的内阁。由于良弼被暗杀而遭受打击，遂在北京、天津等地转入秘密活动。清帝退位之后，转向满蒙独立运动。

宗社党的这些活动与日本有密切关系。在其转变为满蒙独立运动之后，完全在日本的支持和庇护下进行活动。其最终欲建立的"满蒙王国"，实如后来的伪满傀儡政权。从这个意义而言，满蒙独立运动可以说是后来建立伪满洲国的试演。

日本以满蒙独立运动作为满蒙政策的重要一环，这是在辛亥革命初期，日本分裂中国政策的具体化，这一运动是由大陆浪人、参谋本部的军官和外务省三位一体所推进的。

这个运动首先策动于北京，继而向满洲和蒙古移动。在北京时，川岛浪速等日本大陆浪人和日本参谋本部所派遣的军官们开始向清室皇族肃亲王和蒙古王公们进行工作。川岛于肃亲王任清廷民政部尚书时，被聘为警政顾问，两人结下深交，并为拜把兄弟。肃亲王把自己的爱女送给川岛为养女。川岛利用良弼被暗杀，清室皇族们纷纷逃亡外地的机会，于2月2日将肃亲王带出北京。①4日夜在秦皇岛登上"渤海丸"，于5日到达旅顺港。随行的有日本参谋本部派来的宫内英熊少佐等5名日本人。②川岛何时到达旅顺虽然不明，但从13日前后起，川岛已经伴随肃亲王身侧。日本政府、外务省和陆、海军当局指示关东都督府对肃亲王

① 见1912年2月3日，伊集院公使致内田外相电报，第85号，日本防卫研究所藏。
② 见1912年2月5日，旅顺大岛都督致内田外相电报，第236号，日本防卫研究所藏。

及其一行五六人予以保护和提供方便。都督府即以彼等作为贵宾，安置在大和旅馆和民政长官官邸，给以优渥礼遇。川岛直接以电信与日本参谋本部联络，在福岛安正次长指挥下行动。川岛按照参谋本部的电训，于1月31日用如下的开场白向参谋本部献策称："拜见电训，极为感谢。自当尽力细心计划，不使有所遗漏。有关举兵一事，具陈如下"。继之说明此项计划表面上完全采取清国人自己行动的形式，由日本暗中加以左右进行领导，故而对俄关系，只需稍加调整，对外方面不用多加顾虑。在清国"终于最终不得不分裂之际，而其时满蒙则有如入我手中"。此时之对清政策，只需任形势发展，采取旁观主义，则"国民非难之声，必甚嚣尘上"，必然迫切要求："为树我国霸权，维持东方大局，切望政府作出英明决断。"①川岛在报告中详细陈述了方策，致电参谋本部，请求日本政府果断行事。这些事实，足可说明日本大陆浪人、军部、外务省形成一体，协同推进这一运动。

日本的大陆浪人和外务省派出机构筹谋使肃亲王与掌握奉天城（沈阳）军权的张作霖相勾结。2月16日川岛从旅顺到达奉天（沈阳），会同町野大尉等对张作霖进行工作。驻扎奉天（沈阳）的张作霖统领在肃亲王到达旅顺的当天，就向日本驻奉天的总领事落合表明拥戴肃亲王依附日本之意。②落合报告内田，认为日本应对张的意图表示关注。然因内田不信任张，不打算利用张作霖。③故而张与肃亲王的勾结未能实现。对蒙古王公们的工作，以川岛浪速和日军参谋本部派遣的军官们为中心推行。日军参谋本部在辛亥革命爆发后，即已派遣多贺宗之少佐等军官到北京和蒙古搜集清室和满族的情报。1912年1月中下旬，又派遣松井清助大尉、高山公通大佐、守田利远大佐、宫内英熊少佐、日下操

---

① 《对满蒙政策史的一个侧面》，第141页。
② 《日本外交文书》（辛亥革命），第321页。
③ 《日本外交文书》（辛亥革命），第200～203页。

少佐等情报军官，在日本驻北京公使馆武官青木宣纯少将等指挥之下，搜集有关蒙古的情报，开展蒙古王公工作。①因为在北京已有川岛浪速等日本大陆浪人参与此事，于是便形成日本大陆浪人与参谋本部的军官们联合推进此项阴谋的局面。

日本以提供武器、借款为支援的条件，同蒙古王公缔结了种种协议，以便从法的方面把他们置于日本的支配之下。1912年1月29日，川岛浪速与蒙古的喀喇沁王贡桑诺尔布订立了以下条文：

一、与内蒙古联合成为一坚强的团体，其目的：一为自卫蒙古的利益，一为援护大清皇位之存在延续。

二、此一团体必须设立统一全内蒙之机关，以掌理文武一切要政。

三、川岛推举喀喇沁王为此一团体之首脑。多方尽力，助其成功。

四、为达到此目的，首先在喀喇沁王族内整顿优势兵力，渐次联合各王公共同组织团体。

五、川岛为创办此事，所必需之武器和军费及招聘必要的日本人员经由一定之协议，俱由川岛负责筹划。

六、喀喇沁王以川岛为总顾问，参与筹划文武一切事宜。

七、所用之要员，均须接受川岛监督，服从喀喇沁王之命令节制，以明纪律。

八、内蒙古团体成立后，倘遭他国侵犯而难于自卫时，须首先向日本请求救援。

九、内蒙古团体须与日本帝国保持特别良好之友谊，并努力保护日本人实业方面之计划，以期两利。

十、内蒙古团体与俄国之外交事项，应妥与日本政府秘

---

① 见《对满蒙政策史的一个侧面》，第292～297页。

密协商后处理。另，未经商定，不得随意与之签订条约。[①]

这个条文暴露了日本以独立的名义，将内蒙古变为其殖民地的野心。为此，他们制定了如下的行动计划：

一、由松井秘密将喀喇沁王带出北京，潜入内蒙，联络有实力之蒙古人，且招募若干兵员；赴满洲方面接受武器，将之运送到喀喇沁、巴林两王府。

二、由木村秘密将巴林王带出北京，潜返巴林，招募训练兵员。

三、由多贺负责筹集武器，在满洲交付松井，一旦返回北京立即去喀喇沁王府，待武器到达后即组织蒙军。[②]

日本以提供借款——资本输出为杠杆，进行渗透。蒙古王公们为了举兵，要求日本给予借款，日本则利用此种借款确立在内蒙古的权益。1911 年 12 月 6 日，川岛浪速向日本参谋本部次长福岛报告称："蒙古喀喇沁王迫于某项需要，愿以其全部领地为抵押，向正金银行支店（分行）提出借款两万两之要求，正金银行表示如政府赞成，即可贷与。总而言之，此事于我方毫无受损之忧。根据此际的对蒙政策，以贷与为宜，是否可能向正金银行预为先容。"[③]福岛将此报告转送外务省，外务省政务局长仓知铁吉以内田外相名义通知正金银行，希望此项借款成立。[④]据此，正金银行于 12 月 18 日在北京与喀喇沁王订立了借款两万两的契约，以喀喇沁王的全部领地收入为担保。[⑤]

其后，川岛浪速又为喀喇沁王和巴林王筹集举兵所需之资金，

---

① 《东亚先觉志士记传》（中），第 326～328 页。
② 《东亚先觉志士记传》（中），第 329 页。
③ 《日本外交文书》（辛亥革命），第 365 页。
④ 见《日本外交文书》（辛亥革命），第 365 页。
⑤ 《日本外交文书》（辛亥革命），第 366 页。

交涉借款 20 多万日元。①1912 年 1 月 30 日在北京的高山大佐向福岛报告称："蒙古举兵，正在顺利进行"，同时就川岛浪速为喀喇沁王、巴林王等交涉借款之结果称，"正是可以掌握蒙古的各种权利之机会"②，要求速寄汇款 25 万日元。日本参谋本部为促成此事，向政府、外务省施加了影响，内田对此予以积极支持，于 2 月 2 日训令伊集院："帝国政府鉴于内蒙古东部和南满之间的密切关系，认为若能事先在该地区建立某种利权关系，在万一之际，对我有利。"③令其协助高山大佐等完成此项借款，并指示就政府而言，"可由大仓（指大仓组——笔者）出面签订契约支付 25 万日元"④。但由于伊集院对蒙古王公的不信任，态度并不积极。伊集院于 15 日向内田报告称："蒙古之王公原均系既无主张，又无节操，更无实力之辈……其行为殊难预料，在遭遇他方威吓、诱惑时，可能瞬即背离我方。今日对彼等虽能笼络一时，但决难副永远之望。再者，此一秘密，如不加以极强之约束，势难长久保持。但……反预为将来之进展计，此时支出若干金钱，亦非无用。"⑤内田对此亦表赞同，故而将 25 万日元改为以 15 万日元为限。并电训：因借款之目的"在于为将来之进展，预作准备此系主旨，所以利率不必强为过重，力求能长期拘束对方。以上希相应处理"⑥。由此可见，伊集院的报告使内田和日本外务省的态度稍微转向慎重。

2 月中旬，川岛浪速与高山大佐赴满洲，按照福岛 14 日的命令，由多贺宗之少佐负责与蒙古王公进行交涉。伊集院对此采取了慎重的态度，认为："有关契约之一切事项均以间接援助为限"，

① 《日本外交文书》（辛亥革命），第 366 页。
② 见《日本外交文书》（辛亥革命），第 367 页。
③ 《日本外交文书》（辛亥革命），第 367 页。
④ 《日本外交文书》（辛亥革命），第 367 页。
⑤ 《日本外交文书》（辛亥革命），第 368 页。
⑥ 《日本外交文书》（辛亥革命），第 369 页。

"对于未来之发展，难以作出负责之估计"。①命多贺少佐应在 15 万日元范围之内办理借款谈判。伊集院还向内田建议，与其用大仓组名义，莫如用川岛个人名义签订契约。但内田仍坚持大仓组出面。②

对蒙古王公的借款，刺激了与日本争夺内蒙古势力范围的俄国。19 日，俄国驻日临时代办根据本国政府的训令，向内田秘密通报："松花江托罗河之间的内蒙古王公提出，希望得到俄国供给之武器及金钱，如俄国不予理会，则依照密约，由日本供给。俄国政府基于避免清国分裂之意向，拒绝了上述要求"③，以此探询日本方面的意向。内田答以："日本方面并不存在上述之密约。不仅如此，即使对方提出如是要求，我方亦采取与俄国同样之态度。"④隐瞒了向蒙古王公们提供武器和借款的事实。这说明了日本和俄国对内蒙古的争夺。

2 月下旬议定，日本向喀喇沁王提供借款 9 万日元，向巴林王提供借款 2 万日元。⑤伊集院要求内田准备汇来 11 万日元。伊集院一方面促成借款，一方面就举兵问题劝告多贺等，"在今日之形势下，如无可靠之后援，轻举妄动，不但无任何成功之望，反而会伤及今后活动之基础，进而引起更多国际纠纷，为他国所利用之虞，故应慎重再慎重，万分警惕"⑥。由于伊集院并不十分相信蒙古王公们，所以在手续上，不采取借款契约形式，而用"借据"的形式。3 月 5 日，喀喇沁王以如下的借据，交给川岛浪速与代表大仓组的正金银行天津支店长（分行行长）菊地。

喀喇沁王代表卓索图五旗，为保卫地方，向日本大仓组

---

① 《日本外交文书》（辛亥革命），第 369 页。
② 《日本外交文书》（辛亥革命），第 369～370 页。
③ 《日本外交文书》（辛亥革命），第 369～370 页。
④ 《日本外交文书》（辛亥革命），第 369～370 页。
⑤ 《日本外交文书》（辛亥革命），第 370～371 页。
⑥ 《日本外交文书》（辛亥革命），第 371 页。

天津支店长菊地秀吉君借用日本金圆 9 万日元，年利 5 厘，以五年为期，到期归还本息。言明以卓索图盟内所有二山为担保，如到期不能归还，（日方）可以任意开采，在此期内，不许他人开办（矿山），开矿合同临时另行订立。关于所借金圆之使用，亦必须与川岛君商议。为昭信守，立此借据为证。

宣统四年正月十三日喀喇沁王画押[1]

巴林王于 3 月 7 日也提出了借据，通过这一借据喀喇沁王获得现金 1 万日元，巴林王获得现金 1.4 万日元。其余 8 万日元和 6000 日元，在奉天（沈阳）交付。[2]此项借款名义上是由大仓组提供，实际上是由日本政府支付。日本外务次官石井菊次郎决定"全部借款 11 万日元均由政府支付，由契约所生之全部权利义务，亦全部由政府承担"[3]。此 11 万日元中，8 万日元出自外务省，3 万日元出自参谋本部。由此再次证明，所谓满蒙独立运动，是由日本政府、外务省和军部共同直接参与的。

3 月初，在袁世凯的阴谋策划下，爆发了兵变。喀喇沁王和巴林王趁此机会，偕同日本参谋本部的松井大尉等人逃离北京，奔赴蒙古，准备举兵。彼等在 2 月初已经从日本方面领到 3 万发弹药。[4]多贺少佐等去奉天（沈阳），用 8.6 万日元的借款余额从日本购买武器将之藏匿于公主岭的三井仓库。松井率十数名蒙古士兵到公主岭与多贺联系，勾结当地宗社党的薄益山、左宪章等，动员马车 47 辆和 100 余名土匪，5 月 27 日从公主岭出发运往喀喇沁王府，同时有数十名日本浪人参与其中。此时，东三省总督赵尔巽已经脱离清朝归属袁世凯的北京政府管辖。北京政府反对满蒙独立，赵尔巽下令奉天后路巡防营统领吴俊升拦截运送武器

---

① 《日本外交文书》（辛亥革命），第 374 页。
② 《日本外交文书》（辛亥革命），第 373～376 页。
③ 《日本外交文书》（辛亥革命），第 372 页。
④ 《日本外交文书》（辛亥革命），第 366 页。

的蒙古兵一行，6 月 7 日在郑家屯附近双方发生激战。结果日本人战亡 13 名，松井等 13 人被俘。马车运载的武器悉数被烧毁。[①]此事转为中日间的外交问题，移由日本驻奉天（沈阳）总领事落合与赵尔巽之间的外交交涉。被俘的日本人于 6 月 18 日在公主岭引渡给日本警官。由此，秘密进行的满蒙独立运动，被公开暴露在世人面前。

但是，在日本的支持下，他们仍继续进行活动。喀喇沁王在 12 月又从大仓组接受了 9 万日元借款进行活动。肃亲王系统的宗社党在日本的支援下，在大连、辽阳、海城等地的日本租界地组织勤王军，接受日本军官的训练。他们以复辟清朝为目的，准备了"大清帝国政府""大清帝国勤王师总司令部"等印鉴和"龙旗"五十余面，预定于 8 月 10 日在海城举兵，进攻奉天（沈阳）。这一期间，肃亲王似与张作霖保有一定的关系。张作霖曾对落合说："只要有足够实力，即可攻打北京，恢复君主。如有六七万兵力，实乃易事。"[②]言及为筹集购买运进枪支弹药的资金，正与肃亲王商谈，拟以奉天（沈阳）宫殿的珍宝物作为抵押向日本借款。其结果虽然不明，但是，肃亲王为接受日本支援，曾向日本提出如下的《誓盟书》。

　　和硕肃亲王善耆现因希望复兴大清宗社满蒙独立，并谋日清两国特别之睦谊，增进两国福利，维持东亚大局，贡献世界平和为宗旨，因力不足，伏愿
大日本国政府之赞成援助，以期大成。为此预先以左开条件，向大日本国政府为信誓，以后清国权利所至之处，即
大日本国权利所至之处也。
第一条　南满铁路、安奉铁路、抚顺煤矿、关东州、旅顺、

---

① 《东亚先觉志士记传》（中），第 332～346 页。
② 曾村保信：《辛亥革命与日本》，日本国际政治学会编：《日本外交史研究——日中关系之展开》，有斐阁，1961 年，第 50～51 页。

大连一带，日本所得权利等件，以后展为长期，以
至永久。

第二条　吉长铁路、榆奉铁路、吉会铁路，其他将来于满蒙
布设一切铁路，均俟独立之复兴。大日本国政府协
商，可从其如何办法。

第三条　鸭绿江森林，其他森林渔业开垦牧畜，盐务矿山等
之事业，均协商以为两国合办。

第四条　于满蒙地方，应允日本人之杂居事宜及一切起业。

第五条　外交、财政、军事、警察、交通及其他一切行政，
皆求大日本国政府之指导。

第六条　以上所订之外，如大日本国政府有如协商之件，统
求指示，定当竭诚办理。

以上各项誓盟，以为后日信守之据。

此《誓盟书》的内容大致与1915年的"二十一条"中的满蒙
条款基本相同，是要把满蒙变为日本的殖民地的条款。

但是，郑家屯附近发生武力冲突之后，东三省当局把宗社党
的活动视为叛乱，在海城、怀德、公主岭、开源一带查封宗社党
的机关，并逮捕其党员。

宋教仁等南方革命党人也强调国家的统一，反对所谓满蒙独
立运动。[①]在如此形势之下，日本西园寺内阁和参谋本部发出命
令，中止运动。"第一次满蒙独立运动"一时被压制下去。但至
1916年，又爆发了"第二次满蒙独立运动"。

四、租借满洲的阴谋

辛亥革命时期日本满蒙政策中的目标之一是企图租借满洲。

---

① 见《宋教仁集》（下），中华书局，1981年，第376～377页。

孙中山于 12 月 25 日到达上海，为筹集革命的资金，向三井物产提出借款的要求。日本则拟利用这一机会向中国租借满洲。因为此项借款关系国家主权，而且由孙中山、黄兴等共同直接插手，所以是一个必须慎重探讨的问题。本节在弄清日本逼迫孙中山租借满洲的过程的同时，对与此有关的森恪的信函加以考证和鉴定，探讨孙中山对这一问题的相应对策。

孙中山从欧洲经新加坡于 12 月 21 日抵达香港，宫崎滔天、山田纯三郎等到香港迎接，25 日与孙中山同行乘船抵上海。孙中山在轮船上曾向山田纯三郎表示希望向三井物产借款一千万或两千万日元。到上海后，经山田介绍，于年底与三井物产上海支店长藤濑政次郎和社员森恪，在支店长家中会谈一千万乃至两千万日元借款事。①这是关于由中日合办汉冶萍公司的借款谈判。

三井物产的《社报》上，记有派出工作社员的出国、回国日期，据该报记载，森恪系于 1912 年 1 月 5 日到达东京。由此推测，森恪是在藤濑支店长家中的借款谈判之后立即从上海回到东京。森恪回国的原因是由于支店长不能决定如此巨额的借款，于是回国向总店汇报。森恪在东京首先向三井物产的元老益田孝详细报告了孙中山的借款要求和"使大冶铁矿成为彼我共同之事业"②的希望。益田孝将此事首先密报井上馨。此时，井上已经收到黄兴"希请同情革命，在贷款方面予以关照之直接委托书"③。其中并称"东三省系与日本有关之地方，劝诚同志不要在此地发动骚扰"④。日本国会图书馆所藏的《井上馨文书》中，也有此一时期黄兴致井上馨的信函，黄兴在信中有包括提出"声援"即将成立的南京

---

① 见山浦贯一：《森恪》上卷，高山书院，1943 年，第 382～383 页。陈旭麓等主编：《盛宣怀档案资料选辑之一——辛亥革命前后》，第 234 页。
②《原敬日记》第 3 卷，第 210～211 页。
③《原敬日记》第 3 卷，第 210 页。
④《原敬日记》第 3 卷，第 211 页。

临时政府"筹集资金"在内的对革命派给以援助的请托。①这里所说的"筹集资金"是指一般性的借款，非满洲的借款。

满洲借款是由益田孝首先提出的。益田孝曾对森恪说，孙中山和黄兴"如是依赖我方，则正可乘此机会与之密约，革命党一旦成功时，将东三省割让于我"②。森恪答称："此事有望。"③益田孝与森恪密谈的内容，告知了井上馨和原敬。井上馨、原敬请西园寺将此事促成日本内阁决议。④井上馨同时也将益田孝、森恪的想法转知山县有朋。⑤山县此时也正在推动出兵满洲的计划，表示："对趁此时机与革命党订立东三省为我所有的密约一事，表示赞成。"⑥

此时因为西园寺正在患病，原敬遂将井上馨等的意见告知内田康哉。实际上内田也从其他途径接触了种种密谈。原敬将黄兴致井上馨的信函交与内田，托其在内阁会议讨论。⑦在此时期，日本内阁会议已经数次讨论满蒙问题。在1月12日的内阁会议上，又由内田就中国的情况作了报告。原敬在发言中说："对革命军现在应采取稍微前进一步的援助政策。俄国既已以援助外蒙古自治的名义伸手，此时正是我们对东三省作出适当处置之时机，笃请认真予以议论。"⑧司法大臣松田正久、海军大臣斋实均表示同意原敬意见，认为极为有必要。16日的内阁会议再次讨论满蒙问题，并决定对满蒙要有"相当的解决"⑨。根据这些事实，可以证明割让满洲，或是租借满洲问题，是日本方面首先提出的。

---

① 见藤井升三：《孙文之对日态度——以辛亥革命期的"满洲"租借问题为中心》，《现代中国与世界——在政治上的展开》，庆应通信，1982年，第120页。

②《原敬日记》第3卷，第211页。

③《原敬日记》第3卷，第211页。

④《原敬日记》第3卷，第210页。

⑤《原敬日记》第3卷，第210页。

⑥《原敬日记》第3卷，第210页。

⑦《原敬日记》第3卷，第210页。

⑧《原敬日记》第3卷，第212页。

⑨《原敬日记》第3卷，第212～213页。

其后，益田寿、井上馨、山县有朋和森恪在东京关于租借满洲问题的活动以及日本政府的行动，虽因缺乏史料，情况不明。但是，森恪经由神户于2月1日到达上海，翌日，持山本条太郎致孙中山的信函赴南京①，2日、3日连续两次与孙中山、黄兴、胡汉民等会谈，在3日会谈时，森恪向孙中山、胡汉民提出租借满洲问题，迫其承诺。

5日，森恪致函益田孝，报告2日与孙中山、黄兴会谈内容。8日的信中报告了3日与孙、胡关于租借满洲问题会谈的内容，这两封信，是森恪根据益田孝、井上馨、山县有朋等的意见和日本内阁会议的决定，强迫孙中山等承诺租借满洲的过程的重要文献。所以，确认信函的可靠性，对查证租借满洲问题之真相，具有极大的意义。

森恪2月5日致益田孝信②中共涉及7个问题，须对此进行考证。此信并未直接提及满洲借款之事，但与森恪8日致益田孝的关于满洲借款的信函，有内在的联系。所以，对5日信的考证有助于考证8日信的真实性。

5日信中的第一个问题，是森恪是否于2月2日在南京与孙中山、黄兴进行了会谈。森恪于2月1日到达上海，为同孙、黄进行满洲借款如此重要的会谈，有可能于翌日去南京。另外后述的南京临时政府和三井物产关于合办汉冶萍公司，借款250万日元的合同来看，在英文合同中有中华民国总统和陆军总长的签名盖章，据此可以证明，确于2月2日在南京进行了会谈。③

第二个问题，是孙中山、黄兴在《关于日华合办汉冶萍公司》文件上，是否曾经签名盖章。中日合办汉冶萍公司的谈判，主要是于神户在盛宣怀、李维格和日方代表小田切万寿之助之间进行

①《盛宣怀档案资料选辑之一——辛亥革命前后》，第244～245页。
② 1912年2月5日，上海森恪致益田孝函，日本三井文库藏。
③《北洋政府财政部档案》，见《中华民国史档案资料汇编》第2辑，江苏人民出版社，1981年，第339页。

的，在其背后介入的中国方面是南京临时政府，日本方面是日本外务省。双方于1月29日于神户临时合同上签名。①森恪携此临时合同于当天从神户港出发于2月1日到达上海。合办合同本属日本商人与汉冶萍公司之间的关系，但必须有南京临时政府和孙中山、黄兴介入，因为根据这一合办合同，南方临时政府即可从三井物产得到250万日元的借款，而且汉冶萍公司当时处于南京临时政府管辖之下，故而南京临时政府和孙、黄有承认和保证执行这一合同的义务。所以，合办合同必须由孙、黄代表南京临时政府与公司共同签署。从1月26日三井物产的山本条太郎给外务省政务局长仓知的有关汉冶萍公司的文件中，即可有所了解。②据此，可以证明孙中山、黄兴在南京临时政府、汉冶萍公司和三井物产三者之间的"事业合同及公证"，南京临时政府和三井物产之间的"利权合同公证"以及两者之间的"借款合同书"上签过字。现残存的仅是英文的合同，前两个文件现存的仅是草约，但其中规定："本合同制成汉、日文各三份。各执一份，如对其中文字发生异议时，可据所附之英文本作出决定。"③英文本既然是有效的，则可以确认孙、黄于2月2日曾以总统和陆军总长身份在其上签署。另外2月1日山本条太郎致孙中山的信中，也明确记有希在森恪携带前去和提出的关于合办汉冶萍的文件给予批准并署名的内容。④根据上述情况，可以证明2月5日森恪的信中所提及的第二个内容是真实的。

第三个问题，是2月3日孙中山、黄兴托森恪致井上馨的电报。李廷江在日本国会图书馆宪政资料室的《井上馨文书》中发现了井上收到的这封电报。内容与森恪5日的信相同。其中只有

① 《日本外交文书》第45卷第2册，第114～137页。汉冶萍公司《各种合同印底》（杂卷）7号。
② 见《日本外交文书》第45卷第2册，第131～137页。
③ 《日本外交文书》第45卷第2册，第133页。
④ 《盛宣怀档案资料选辑之一——辛亥革命前后》，第244～245页。

三个字有异（或许李氏校对有误）。①李廷江还从中发现了2月3日孙中山致井上的中文信。②内容与前述电文无大差别，其中要求给予援助之意，较电报更为明确，并提及曾给井上馨发去电报。从《井上馨文书》中发现的电报和信函，可以证明森恪于5日致井上馨信中的第三个问题，是确实的。

第四个问题，是孙中山、黄兴委托森恪转致井上馨的四点意见要求，其中除第四点希望"对满朝皇族进行忠告"之外，其他三点均与孙中山的信函和孙、黄的电报内容基本一致。由此可以证明孙中山、黄兴委托森恪向井上馨提出四点要求的传闻，基本属实。

第五个是招商局和安徽省铜官山铁矿借款问题。招商局借款已为众所周知，森恪曾在铜官山矿务局中日合资合办合同上，以三井物产全权代表身份签字③，由此也可以确认其事。

第六个是2月5日益田孝致森恪的电报的问题，由于在森恪和益田孝的资料中尚未发现，故而尚不能确认。

第七个问题是在5日的信中，开头即称森恪于1月5日到达东京之后，向井上馨等告知孙中山要求给以援助——提供借款的希望；到南京之后立即向孙中山、黄兴等传达井上之好意。这一点可以由森恪在东京的活动得到证明。

2日的会谈，在某种意义上是3日会谈的准备。5日森恪信中的第三、四、七问题，与森恪8日致益田孝的信有直接关系。所以，确认5日信函的可靠性是考证8日信函可靠性的前提。据此，下面对森恪的8日信函中的六项内容作一考证。④

第一个问题是2月3日，孙中山、胡汉民和森恪、山田纯三郎、宫崎滔天等五人是否在南京举行过会谈。山田纯三郎虽对此

---

① 李廷江：《孙文与日本人》，《日本历史》，1987年8月号，第87页。
② 李廷江：《孙文与日本人》，《日本历史》，1987年8月号，第86页。
③ 《日本外交文书》第45卷第2册，第89～93页。
④ 1912年2月8日，上海森恪致益田孝函，日本三井文库藏。

事的回忆有部分错误，但他确实参加了此次会谈。①宫崎滔天对此没有留下详细的回忆资料，但在其全集的年谱中有记"2 月 3 日赴南京总统府访孙中山，森恪、山田纯三郎同行"②。年谱的编者虽未注明史料来源，但可以明确不是根据山田纯三郎的回忆。不过，这一记载可以认为是有所根据的。足资说明森恪、山田纯三郎、宫崎滔天三人曾经访问孙中山。虽然孙中山和胡汉民未曾留下有关于此事的任何资料，但五人中有三人证实了会谈之事，所以五人见面会谈之事，可称基本属实。

第二个问题是森恪在介入满洲借款问题之前，极力向孙中山、胡汉民等证明其接受井上馨等日本政界上层人士之委托，具有与南京临时政府谈判诸如满洲等重大问题的资格。按照外交惯例，在谈判重大问题或签订条约时，应互相提示有权和有资格谈判或签订条约的资格的全权代表证书，或相应的文件，以此建立相互间的信任关系。当时森恪是三井物产上海支店的一个职员，本不具有与孙中山谈判如此重大问题的资格。所以，在谈判正题之前，首要的问题是向孙中山说明其具有谈判满洲借款此类重大问题的资格，得到确认后方能取得孙中山的信任。森恪在 2 日会谈时，孙中山、黄兴在关于合办汉冶萍公司的文件上签署之后，首先为取得 3 日会谈满洲借款谈判的资格和信赖作好了铺垫。上述 5 日函中的第三、四、七问题可说即是为此。另外，3 日与山田纯三郎、宫崎滔天同道的原因，也正如 5 日函中所说，是为了取得信任。因此，3 日会谈伊始，森恪即单刀直入地问孙中山，"阁下相信予是否与日本的政治中心接近？"③孙中山通过 2 日关于第三、四、七问题的会谈，深知森恪是有来头的，回答称："相信君之背

① 《森恪》上卷，第 403 页。
② 《宫崎滔天全集》（五），平凡社，1976 年，第 703 页。
③ 1912 年 5 月 8 日，上海森恪致益田孝函，日本三井文库藏。

后之力量，增强了完全信赖你的念头。"①又称，予等是否了解君之立场，可由对君所言之事，予等均行采纳之事实进行谈判，从而解决了谈判满洲问题的先决问题，开始进行满洲借款谈判。

第三个是关于森恪与孙中山会面、谈判的内容问题。有如前述，山田纯三郎的回忆虽然在时间上和森恪是否参加会谈有误忆之处，但在关于满洲借款这一主要问题上与森恪信函的内容基本一致。②正因为山田纯三郎作为参加过谈判的一人，所以他的回忆，无疑可以成为有力的直接证据。

另外，森恪在提出满洲问题之前，曾向孙中山称："予所欲言之事虽有一定根据，但多少为予职务之事。"③这里所说的根据，是指东京的益田孝、井上馨、山县有朋等的授意和希望而言。此根据是否确实，也可作为考证满洲借款问题的一个证据。这可以根据森恪在东京的活动和益田孝、井上馨、山县有朋等对满洲问题的意见，以及日本内阁会议对此事的议论和决定获得证明。

第四个问题是满洲借款与南北议和、南京临时政府的财政状况的关系。这与当时的实际情况是大致相符的。

第五个是孙中山与益田孝、森恪三者之间关于满洲借款往返的六封电报问题。④现在保存的只有 2 月 3 日下午 5 时 40 分森恪致益田孝的电报，于日本国会图书馆宪政资料室的《井上馨文书》中可见此电报。⑤其他电报则均未发现。据山田纯三郎的回忆称："当时往返的电报文件等，其后全部烧毁，现在我手中没有留存可作为证据之物。"⑥所以这些电报也许再也不会发现。但是，这些

---

① 1912 年 5 月 8 日，上海森恪致益田孝函，日本三井文库藏。
② 见山浦贯一：《森恪》上卷，第 403 页。
③ 1912 年 5 月 8 日，上海森恪致益田孝函，日本三井文库藏。
④ 见 1912 年 5 月 8 日，上海森恪致益田孝函，日本三井文库藏。
⑤ 《现代中国与世界》，第 149 页。
⑥ 《森恪》上卷，第 405 页。

电报却是探查孙中山对这个问题的立场与对应的最重要的原始史料。因此，需要从关于益田孝的资料中，确认是否留存这一部分电报。但是，当时使用的电报暗码或许留存下来，最近山田纯三郎之子山田顺造死去后，其后辈将有关山田纯三郎的资料赠了了日本爱知大学，据报道称，其中留有电报暗码。[①]森恪的 5 日信函中记有："交与山田纯三郎 MBK Private Code 解伊吕波（日文假名排列的一种顺序，类如英文的 ABC——笔者）暗码。"这或许即是当时使用的电报暗码。[②]待有关山田纯三郎的资料公开发表之后，对之进行研究，也许能从中发现关于暗码的新证据。

除上述的六份电报之外，益田孝 2 月 8 日致森恪的电报，保存在《井上馨关系文书》之中。这封电报在谈及南北议和、汉冶萍、铜官山、招商局借款等问题之后写道："关于满洲如能劝一位来日本订立秘密合同，如此，则可望获得进一步同情。"[③]此电似乎是对 2 月 3 日下午森恪电报的复电。这是可以证实 8 日函中关于满洲问题的一部分内容的重要文献资料，但并不能说明是孙中山对满洲问题态度的确证。

第六个问题是孙中山在与森恪会谈时，是否说过将满洲租给日本，作为补偿，希望日本对我革命给以援助的话。[④]关于此问题的唯一资料是森恪 8 日的信函。对此问题必须有孙中山本身的直证材料及其他旁证史料，方能认定。这是确认森恪信函的可信性的关键所在。如无上述孙的直证和旁证文献史料，对此问题难以赋予确实的结论。

根据以上考证，从日本方面的史料及背景来看，森恪于 3 日在南京向孙中山提出满洲借款问题基本属实。但是，能确认孙中山是否曾经承诺租借或割让满洲的史料尚付阙如。所以，得出孙

---

① 见香港《明报》，1991 年 10 月 23 日。《参考消息》，1991 年 11 月 13 日。
② 1912 年 2 月 8 日，上海森恪致益田孝函，日本三井文库藏。
③ 《现代中国与世界》，第 140 页。
④ 1912 年 2 月 8 日，上海森恪致益田孝函，日本三井文库藏。

中山态度确实的结论，为时尚早。当然，也不能完全排除其可能性。如果有此种可能性的话，那么，从森恪与孙中山的谈判内容中，可以提出以下问题。

第一，满洲问题由日本方面提出，并迫使孙中山承诺。森恪按照日本元老和内阁的授意，在与孙中山会谈时提出："日本认为满洲必须赖以日本的力量保全"，以及"满洲终须由日本之手方能保全"，同时断言："满洲之命运早已确定"。并以日本"为保全满洲不惜发动第二次战争"相威胁迫孙中山承诺。[①]故而在触及此问题时，较诸孙中山的态度更重要的，莫如首先揭露日本借孙中山和南京临时政府财政匮乏危机之时，趁火打劫，图谋侵略满洲的野心。

第二，是孙中山对此的反应。根据森恪2月8日的信函，孙中山至少在1月份南北议和重开之前，似曾说过"予等将'满洲'一任于日本，作为补偿，希望日本对我革命给以援助"。森恪在信中提出，孙中山复称："迄至今日，时机已逝……既乏兵权又缺财权，予等很难实行本身之主义"。[②]森恪认为从孙中山而言，此为不可能之事。这是在森恪胁迫租借满洲的情况下，孙中山内心矛盾的表现。会谈后，在由森恪起草，经孙中山、胡汉民修改后致益田孝的电报中称："孙已'知悉'租借满洲之事。"[③]"知悉"并不是"承诺"之意。故意含糊其辞，说明孙中山对此并没有明确的答复。

第三，是可以从孙中山的对应中，得知何者优先的问题。孙中山的计划是，强调获得资金——借款的必要性，获得资金一事，占优先地位用以防止军队离散、临时政府崩溃、延长南北议和、然后排除由袁世凯建立共和政体的计划。说明孙中山将借款筹措

---

① 1912年2月8日，上海森恪致益田孝函，日本三井文库藏。
② 1912年2月8日，上海森恪致益田孝函，日本三井文库藏。
③ 1912年2月8日，上海森恪致益田孝函，日本三井文库藏。

资金一事优先于满洲问题。森恪则与此相反:是满洲问题优先,以此作为提供借款的先决条件。双方处于对立状态。而这种对立,正说明两者目的的不同和由此产生的迥异态度。这种对立和不同,还表现在是孙中山、黄兴先赴日本,或是先提供借款的问题上。森恪要孙、黄先赴日本,而孙、黄则始终坚持先得到借款的方针。由此可以看出,孙中山的目的在于为革命之成功谋求得到借款。

如上所述,从孙中山内心的矛盾和其含糊的表示及何者优先的问题上,在一定意义上可以看出孙中山在租借满洲问题上的抵抗心态。

第四,是孙中山为什么把日本提供借款的日期限定在五天之内。森恪在会谈时询问,五日内能否提供借款是否即意味着在春节以前提供,孙中山答以:"虽然说是年底,如果真到年底才行送来借款,就毫无意义了。"①这是因为孙中山和南京临时政府在春节前应用现金发给政府职员和所属军队奖赏。若不能发出,则有军队离散、政府崩溃之虞。所以孙中山竭力要在五日内取得这笔款项。孙中山还要在年底以前解决南北议和与清帝退位问题,2月12日指示伍廷芳通知北京袁世凯,15日午夜之前清帝应行退位,否则,取消对皇帝和皇室的优待条件。②这也出于年底——春节的考虑。

综合以上考证,根据日本方面的史料及其政治、军事背景来看,满洲借款谈判基本属实。根据森恪8日信函,孙中山曾说过:"将满洲一任于日本,作为补偿,希望日本对我革命给以援助。"③但此言无其他史料佐证。加之孙中山又认为此为不能之事,则使用"知悉"这个意义含混的词。所以,究竟真相如何,还有待于

---

① 1912年2月8日,上海森恪致益田孝函,日本三井文库藏。
② 见《孙中山全集》第2卷,第82~83页。
③ 1912年2月8日,上海森恪致益田孝函,日本三井文库藏。

新的史料的发掘和研究。

那么，日本为什么没有就满洲问题向孙中山提供一千万日元的借款呢？

第一，日本方面井上馨、益田孝、森恪等人是以订立满洲问题的契约优先，然后再行提供借款。孙中山则始终要求优先提供借款，两者的方针和目的迥然相异，这是根本原因。

第二，时间过于紧迫，没有缓冲的余地。孙中山要求在五六天内得到借款，而日本则以在几天之内，没有订立契约的情况下，提供如此巨额的借款是不现实的。同时，孙中山、黄兴也不可能在这几天之内前往日本。

第三，孙中山要求"与袁世凯之议和延至 9 日，故希在此之前有明确答复"[①]。根据益田孝 8 日致森恪的信，没有答应这一要求。在这种情况之下，正如孙中山所说："将政权移交袁世凯之后，民心必然为之一变，满洲问题碍难遽然决定。"[②]日本认为孙中山将总统让与袁世凯之后，再向孙提供借款，纯属毫无意义，无法达到租借或割让满洲的目的。

第四，辛亥革命时期，日本采取与英国协调行动的外交政策，所以，在未经与英国协商及得到其同意或默认的情况下，不能贸然采取强烈刺激欧美列强的行动。

这样进行分析，是以孙中山可能采取了上述的对应为前提的。

如果孙中山有可能为得到一千万日元借款，而承诺租借或割让满洲，那么，应如何评价这种行动呢？孙中山回国后，为了打倒清朝，在 12 月底首先向三井物产提出借款的要求。2 月 3 日，为防止军队离散和临时政府崩溃，避免与袁妥协，将革命进行到底，而向日本要求提供借款。其时南京临时政府财政匮乏达于极点，在这种情况下，孙中山的主观动机是好的，也是可以理解的。

① 1912 年 2 月 8 日，上海森恪致益田孝函，日本三井文库藏。
② 1912 年 2 月 8 日，上海森恪致益田孝函，日本三井文库藏。

可是日本却趁火打劫，胁迫租借或割让满洲。孙中山希冀完成共和革命的最终目的和一时丧失国家部分主权这一矛盾现象在最后达到统一。在此，孙中山采取的是优先取得国内革命成功，然后再逐渐废除不平等条约的战略。这种战略并非孙中山独出心裁，在其他政治家身上也可见到这种现象。自明治维新以来，日本的外交也可见到类似现象。然而，孙中山后来虽未得到借款，但也并未发生军队离散、革命政府崩溃的最坏事态。这或许与孙、袁在南北议和中的妥协有关。不过毕竟不能不说孙中山对当时形势的判断有误。

基于上述种种原因，租借满洲借款自然终结。此事没有结果，可云幸事。若就孙中山对此问题的对应进行评论时，应对此事终于搁浅给予肯定评价。

五、第三次日俄密约

在辛亥革命时期，日本满蒙政策的目的，是在满洲西部和内蒙古扩大、划分日、俄两国的势力范围。日、俄两国从1912年1月中旬开始谈判，7月8日签订了第三次日俄协约。通过这一协约两国实现了对满洲、整个内蒙古领域内的势力划分，日本从此开始了对内蒙古的侵略：将满洲与蒙古相联结，将原来以南满为中心的对满政策，发展为包括南满和内蒙古东部在内的满蒙政策。本节将对日本外务省及其派出机构对此问题的对策，以及日、俄在划分西满和内蒙古势力范围的过程中，既协调又争夺的双重外交进行考察，并探讨欧美列强对此的对策。

日本和俄国扩大其在西满及内蒙古的势力范围是侵略中国的必然产物，但作为直接原因之一，是外蒙古的独立，及与之俱来的俄国势力向外蒙古和内蒙古的扩张。外蒙古原为中国的领土，清政府设办事大臣驻于库伦（今乌兰巴托）统辖该地事务，施行新政。反对此事的部分蒙古王公和喇嘛于 1911 年 7 月召开秘密会议，决定脱离清朝而独立。他们派遣杭达多尔济等五人前往俄国首都彼得堡，请求俄国的支持和保护。俄国政府于 8 月召开特别会议，决定予以支持，并于 8 月底，要求清政府在外蒙古停止施行新政，不许派兵。恰值 10 月 10 日爆发辛亥革命，南方各省宣布独立，清朝的统治开始动摇。俄国乘此机会向外蒙古亲俄派王公提供武器，支持他们发动叛乱。在俄国的支援下，外蒙古东部的喀尔喀等四个盟宣告"独立"，将清廷的办事大臣三多逐出库伦。12 月 29 日，哲命尊丹巴即位大蒙古帝国日光皇帝，年号"共戴"，成立所谓独立政府，将势力扩展到西部的两个盟。1912 年 1 月中旬，呼伦贝尔的总管在俄国的策动下，兴兵作乱，占领满洲里、海拉尔一带，宣告所谓独立。俄国向外蒙古和北满西部的势力扩张，刺激在满洲与俄国争夺势力范围的日本向南满西部和内蒙古入侵，日本企图以此阻止俄国的南下和东进。在这种形势下，就产生了两个问题。（一）是日、俄两国在西满重新划分势力范围问题。1907 年，日俄的秘密条约中规定以洮儿河为界，迄止东经 122 度以东，划分日、俄两国的南北势力范围，从而产生了日、俄向西延伸势力范围的问题。（二）是在俄国势力伸展到外蒙古的情况下，日本与俄国如何划分在内蒙古的势力范围问题。为了解决这两个问题，扩大日本在满蒙的权益和势力范围，内田提出"东经122 度以西地区，沿洮儿河上溯，直达兴安岭分水岭，以该河及兴安岭分水岭为南、北满分界线之延长线"。至于内蒙古，内田则主张"以张家口至库伦间之大道为界，将内蒙古两分为东、西两部"①。并妄图将其以东的北京、承德的部分地区也划为日本的势力范围。这是日本把内蒙古的主要部分置于日本的特殊利益范围之下，以此与俄国争夺内蒙古。1912 年 1 月 10 日，内田以个

---

① 《日本外交文书》第 45 卷第 1 册，第 43 页。

人意见的形式,将上述意见告知日本驻俄大使本野并征求其意见。本野对此持慎重态度,答称:"来示所指出之缔结协定一事,固历来所要求,但此时缔结此种协定,是否得宜,尚需慎重考虑。"①理由是:"一方面有招致俄国政府猜疑之虞;另一方面是,一旦此事泄露于外,势必遭受清国及其他各国之怀疑,是否酿成对我意外之不利亦在所难计。"②

正在此时,1月11日俄国政府发表了关于外蒙古独立的声明,俄国在声明中宣称:"俄国在蒙古拥有重大的利害关系,故不能无视事实上业已成立之蒙古政府;蒙古与清国断绝事务关系之际,俄国政府则不得不与蒙古政府开始事务上之关系。"③为其侵略行径辩护。据此,俄国政府要求清政府取消在外蒙古的行政机构和驻扎正规军及停止移民等。这实际上是要求清政府撤回对外蒙古的主权和管辖权,承认外蒙古独立。在切断外蒙古与清廷的关系后,扩大俄国在外蒙古的特殊权益,将外蒙古置于其保护之下。

俄国的声明,更加促使日本急于划定日、俄在满蒙势力圈的分界线。16日,日本政府在内阁会议上对此进行了讨论,决定"非正式地向俄国政府探询关于延长南、北满洲分界线,及内蒙古协定之意向,为将来解决此二事打下基础是为适当"④。日本由于在此时期单独推行出兵满洲、租借满洲和策动满蒙独立运动的对满政策,所以,在与俄国进行谈判时极不愿主动地提出满洲问题。当俄国提出时,日本则以非正式形式说明:"当时机适当之际,求得满洲问题相当解决,不存异议。"⑤意在将满洲问题与西满洲、内蒙古分界线问题分开处理。当天,内田将内阁会议决定的方针告知本野,并指令其火速与俄国当局进行交涉。

①《日本外交文书》第45卷第1册,第45页。
②《日本外交文书》第45卷第1册,第45页。
③《日本外交文书》第45卷第1册,第44页。
④《日本外交文书》第45卷第1册,第46页。
⑤《日本外交文书》第45卷第1册,第46~47页。

然而，本野却反日本内阁会议的决定之道而行，将从根本上解决满洲问题置于优先地位。在孰为优先的问题上，仅在日、俄两国及内田与本野之间，磋商达一个月之久。本野于17日将日本内阁会议决定的方针和内田训令的精神，向俄国外交大臣沙札诺夫作了说明，并作为个人意见向其提出建议。沙札诺夫对于划分分界线问题爽快应诺："随时均可商谈。"①但并未表示有解决满洲问题之意。因为本野在当时不了解日本对满政策的推进情况，所以主动向沙札诺夫提出："日、俄两国关于清国，尤其是满洲问题，终必面临使日、俄两国不得不采取断然措施之日"，"两国政府应就上述全面问题预先交换意见，以应他日之变，需事前采取措施。"希望"事先聆听阁下大体之意见"②。俄国也颇重视满洲问题，沙札诺夫表示："俄国政府在清国问题上，如果迫于需要，当然同日本政府提携采取适当措施。"③但由于"俄国政府鉴于欧洲形势，本国财政及其他各种情况，不希望在远东发生事端。尤其是俄国民心，因有与日本之协约，在已逐渐去掉对远东之不必要之忧虑而暂时安心之际，更希望上述迫不得已采取行动的情况晚一天到来"④。所以又称："鄙见希望尽量以和平手段处理时局。"⑤较本野持消极的态度。

本野为从根本上解决满洲问题，于18日会晤俄国总理大臣科科夫佐夫，询问其对自己向沙札诺夫所谈各节的意见。但是科科夫佐夫尚不知本野与沙札诺夫的会谈内容，对于满洲问题，他提出："本人认为俄、日两国应就行动之目的、范围，以及方法时间等问题详细交换意见，尽量避免其他各国之阻碍，力求顺利实现历次俄日协约之目的。"⑥约定在与外交大臣磋商后再行答复。本

① 《日本外交文书》第45卷第1册，第50页。
② 《日本外交文书》第45卷第1册，第50页。
③ 《日本外交文书》第45卷第1册，第50页。
④ 《日本外交文书》第45卷第1册，第51页。
⑤ 《日本外交文书》第45卷第1册，第51页。
⑥ 《日本外交文书》第45卷第1册，第52页。

野认为科科夫佐夫的态度较沙札诺夫积极。所以认为："总理大臣一己之私见，虽往往不能在内阁会议上通过，但有可能制胜外交大臣之温和论。"因而向内田建议："帝国政府应尽速在最高层会议决定之基础上，向俄国政府提出具体方案，在进行协商时可毫无困难地使俄国同意我之意见。"①

由于本野主张在划分势力范围之前，先从根本上解决满洲问题，故而内田于 14 日电告本野，再次强调："划分蒙古势力范围及南、北满洲分界线延长事，应暂时与解决满洲问题分开，并迅速达成协定。"②于 22 日又训令其向俄国政府提出以下的满蒙划分势力分界线的方案，开始政府间的正式谈判，其内容如下：

第一，明治四十年（1907 年）7 月 30 日所缔结之《日俄秘密协约》附属条款所定分界线予以延长。从洮儿河与本初子午线东经 122 度交叉点以西地区起，界线应沿乌珑楚尔河及木什画河至木什画河与哈尔达台河之分水界，从此沿黑龙江省与内蒙古之边界直至内外蒙古之边疆。

第二，以张家口至库伦间之大道为界，划内蒙古为东、西两部。日本国政府承认俄国在该分界线以西部分之特殊利益，俄国政府承认日本在该分界线以东部分之特殊利益。两缔约国约定互不损害彼此之特殊利益，不采取任何干涉行动。

第三，两缔约国对本约须严守秘密。③

这一协定方案可能是日本外务省与军部磋商后制定的，军部似曾参与了此后之谈判。进入政府间谈判之后，内田关于解决满洲问题一事指示本野："因日、俄两国政府今后就解决满洲问题均会预为准备，故而应就他日突然发生相互坦率交换意见的情况有

---

① 《日本外交文书》第 45 卷第 1 册，第 52～53 页。
② 《日本外交文书》第 45 卷第 1 册，第 54 页。
③ 《日本外交文书》第 45 卷第 1 册，第 56～57 页。《俄国外交文书选译》（有关中国部分，1911 年 5 月至 1912 年 5 月），第 261～262 页。

所准备。"①要求把满洲问题与划分势力分界线问题分别开来，暂行搁置。

24 日，本野大使将划定内蒙古分界线协约方案亲手交给沙札诺夫，说明了其旨趣。沙札诺夫看过后称："因本人不谙满、蒙古之地理情况，待认真研究后再行答复"，同时作为个人意见提议"日、俄两国在内蒙古划分势力范围时，应在两势力范围中间设立中立地带"②，以避免日、俄之间发生直接冲突。本野回答："帝国政府充分研究后再行答复。"③有如上述，日本意在把满洲问题暂行搁置，而沙札诺夫却不如此，他认为近期中国即将成立新的共和政府，当新政府要求承认时，"是否可以作为承认的条件，要求进一步加强日、俄两国在满洲的权利。比如：日本国要求延长租借关东州的年限，俄国要求不得将北满洲铁路敷设权给予俄国以外之国家"④。表明了俄国扩大在北满权利的意图。本野则答称："以此作为日、俄两国进一步加强两国在满洲既得权利之手段，固无不可。但是否适合当前之时局，尚需进一步研究。"⑤沙札诺夫原本并非将此作为当前之事，而是待到将来发生承认问题时再行提出。而本野的回答则间接地表示了无须等到承认之时的意思。本野始终抓住满洲问题不放，在同一天给内田的报告中，作为个人意见，称："俄国政府虽完全有继续在满洲实施既往政策之意，但彼鉴于欧洲当前形势，看来愿尽可能采取温和手段，逐步实现其目的。"⑥因而他建议："有如前述，欧洲形势极不稳定……确信采取断然措施，此正其时。"⑦急切要求日本政府对满洲问题采取积极对策。然而，内田于 31 日指示本野："关于承认问题，日、

①《日本外交文书》第 45 卷第 1 册，第 56 页。
②《日本外交文书》第 45 卷第 1 册，第 58 页。
③《日本外交文书》第 45 卷第 1 册，第 58 页。
④《日本外交文书》第 45 卷第 1 册，第 59 页。
⑤《日本外交文书》第 45 卷第 1 册，第 59 页。
⑥《日本外交文书》第 45 卷第 1 册，第 59 页。
⑦《日本外交文书》第 45 卷第 1 册，第 59 页。

俄两国应与各国保持同一步调。至于满洲问题，应在两国审议之
基础上，与承认问题分开，另行谋求解决方法，方为适当。"①主张
两者不可混为一谈。这是因为日本在此时期业已制定了解决满洲
问题的对策，并正在付诸实施。所以没有必要把满洲问题延迟到
承认时期解决。不过，日本外务省与其派出机构的意见并不一致。
本野依然将满洲问题置于优先地位，在向沙札诺夫通知内田2月
4日的关于分界线的意见时，另作为个人意见又提出这个问题，
询问沙札诺夫，如果中国政府拒绝，应如何行动。又问："如日、
俄以外之各国政府打算对中国政府进行承认时，日、俄两国政府
单独以中国政府不接受我条件为理由，是否可永不承认共和政府。
且一旦提出某种条件时，须有无论使用何种手段，坚持使之接受
之决心。设若无此决心，因中国政府之拒绝而撤回我之条件，则
必大损日、俄两国之威严。不知俄国有无以任何手段促其实现之
决心。"②沙札诺夫称："甚至可考虑动用兵力，以贯彻实现我之
要求"。同时又说："考虑欧洲目前形势以及俄国内政方面之状况，
在远东方面，希望尽量求得时局之和平解决"。复称："对日本国
在其势力范围内的自由行动，俄国自无异议，亦无提出异议之
理。"③沙札诺夫这种对满洲问题的态度，正是向日本表明俄国的
对满政策和对日本的对满政策的态度。1月18日，本野说明日本
"为保护在南满之利益，以及保护关外铁路的安全，有意增派兵力"
的旨趣时，沙札诺夫也表示同意，在实际上表明赞成日本出兵南
满。④欧洲形势的变化牵制了俄国，俄国的让步造成了日本在满
洲的有利形势。本野根据这种情况向内田建议："应首先在确定帝
国政府意见之基础上，并明确表示我方之希望，策定使其同意

---

① 《日本外交文书》第45卷第1册，第60页。
② 《日本外交文书》，第45卷第1册，第60~61页。
③ 《日本外交文书》，第45卷第1册，第61~62页。
④ 《日本外交文书》，第45卷第1册，第58页。

之策。"①本野仍然渴望掌握解决满洲问题的主动权,采取促使俄国对之同意的积极政策。然而,英美等严密注视日本的满洲政策。山县有朋、田中义一等关于出兵占领满洲的计划,在美国、德国等列强的牵制下,不得不中止。是故已没有必要伴同划分势力圈的分界线的谈判,更多地进行关于解决满洲问题谈判。两国外交谈判的重点,自然地转向划分势力范围问题的谈判。故而在日本外务省及其派出机构之间,历时一个月的满洲问题和划分势力范围分界线问题孰为优先的争执,也暂告一段落。这是日本对满政策在扩大和发展为对满蒙政策的转换期中产生的特殊现象。

2月20日,沙札诺夫面交本野一份外交备忘录,内容是俄国对日本政府关于在满蒙划分势力范围问题所提的方案,在这一外交备忘录中提出了以下三个问题:

(一)关于提案的法的根据问题。日本方面的提案,仅引用了1907年第一次日俄协约,其中仅是决定了双方的势力圈,1910年第二次协约中,才规定势力范围之内"两国相互承认,有确保增进各自特殊权益之权利"。在此次划定势力范围时,1910年协约规定的此项条款是否适用?

(二)关于蒙古全域原来归属俄国势力范围的问题。外交备忘录指出,谈判1907年协约时,"应注意俄国政府认为俄国在蒙古及清国西部享有以条约为根据的特殊利益,从而根据条约规定,俄国在上述地区内之商业可享受特别关税上的特殊待遇"。日本方面对此等权利既未否认,亦不图反对或干涉,不存在预见将来两国在此地区发生纠纷之理由。然而,"日本政府之意见,在其后发生了若干变化,日本政府声明即使位于直隶省北部的内蒙古现状不发生任何变化,亦将使该地区全部成为日本国的特殊利益地区"。沙札诺夫公开地批评了日本正在谋求在该地区的特殊利益。

(三)内蒙古的分界线问题。连接库伦、张家口、北京、天

---

① 《日本外交文书》,第45卷第1册,第62页。

津一线的道路及已向俄国开放了贸易的张家口,根据日本的方案,在其所提出的分界线的东侧,俄国政府若承认日本国在此东侧享有特殊权益,"则势必产生使俄国放弃根据同清国所订条件中所享有地位中之最重要部分之结果"。因之,对日本的方案"(俄国政府)认为如不加以修改,由此即不能达到协调两国见解之目的"。对日本的方案采取了对抗的姿态。①

这是俄国在与日本争夺在内蒙古的利权中对日本的强硬表态。但是由于受欧洲形势的牵制,对位于自己东侧的日本也留有让步、妥协的余地。

对于俄国的这种态度,内田经与军部协商后,决定对俄国"作出若干让步,计划将分界线稍向东部移动,以内蒙古东部四盟与西部二盟之境界线为双方分界线"②。如此,则俄国政府所重视的道路将全部划属俄国势力范围,他估计俄国政府对此将不持异议。并于3月19日征求本野对此的意见。次日,本野复电称:俄国方面虽然通告了"俄国以通过北京之经度为分界线之意见",但认为内田即便提出修正案,俄方只会给予适当考虑。同时又突然建议:"关于本案之谈判应以暂缓为宜。"③所持的理由是,日本与俄国在共同加入四国借款团问题的谈判中,双方的意见尚未充分沟通,在此时期进行"划分势力范围分界线之谈判甚为不利"④。实际上这只是表面的理由,骨子里依然是主张优先解决满洲问题。这是本野本人对分界线的谈判不满,并且对日本在谈判中的让步态度持有反感。

但内田决心继续推进划定分界线的谈判。4月2日,将对俄国2月20日外交备忘录中所提出的三个问题的暂定答复草案交付

①《日本外交文书》第45卷第1册,第70~72页。《俄国外交文书选译》,第289~290页。
②《日本外交文书》第45卷第1册,第73页。
③《日本外交文书》第45卷第1册,第73页。
④《日本外交文书》第45卷第1册,第74页。

本野。内容如下：

（一）日方认为 1910 年第二次日俄秘密协约中的"规定完全适用于满洲新划定地区"。"若俄国政府认为必要且复有益，可以将有关此的明文写进此次协约，日本当不持任何异议"。承认在新划定地区，两国均有采取确保增进两国特殊利益措施之权利，但只限于在"在满洲新划定地区"。

（二）反驳俄国在外交备忘录中所称内蒙古属于俄国势力范围。指出内蒙古"根据两条约之有关规定，该地区与日、俄两国任何一方的利益地区无关，与中国的其他部分全然处于同一地位。内蒙古在两条约中，实际上处于日本地区及俄国地区接触点的中立地带"。内蒙古原属与俄国实无关系的地区，强调"由于自然趋势及地理位置之接近，日本最近已获得内蒙东部之特殊利益，从而今日之内蒙古，已成为日、俄两国利益互相接触之地区"。日本根据如此的逻辑，从法的角度，把在内蒙古划定自己的势力范围加以合法化。

（三）关于内蒙古势力范围的分界线。日本为了避免 1 月 22 日提议的分界线妨害俄国商路，有违反利益均等原则之嫌，提出日本拟"将以上分界线改为较上述通道进一步以东之地"。①

日本的方案，在第一个问题上是同意俄国的意见，在第三个问题上是向俄国作出让步，第二个问题则是与俄国对立。是既有让步，又有争夺的双重态度。内田复训令本野："希努力提出尽可能将我方势力范围之境界线推向西面之方案。"②4 月 20 日，本野将此方案亲手递交沙札诺夫，说明："帝国政府尊重俄国政府之希望，承诺将北京至库伦间道路划入俄国势力范围。故而望俄国政府亦能体察帝国政府之意向，两国势力范围分界线之划定勿距离

---

① 《日本外交文书》第 45 卷第 1 册，第 75～76 页。《俄国外交文书选译》，第 410～411 页。

② 《日本外交文书》第 45 卷第 2 册，第 76 页。

以上道路过远。希就我方所提方案提出修正方案。"①

俄国对内蒙古的态度与日本相同，也是采取既争夺又让步妥协的双重外交政策。日、俄两国的争夺与让步，都是出自其侵略的本质，让步只不过反映了两国在侵略中国过程中相互协调的一个侧面。双方的谈判进行甚速，5月1日，俄国政府向本野提出了对日本方案的反提案，并附有备忘录，用以说明。主要内容如下：

（一）在协约的前言中说明此次协约之目的，在于增补、明确1907年及1910年之两次协约。

（二）俄国认为关于内蒙古的分界线，"以通过北京之经度为分界线……最符合两国之利益及正当之希望"。如此划定，则张家口、多伦诺尔、后贝加尔湖的一部分，将划入分界线东侧的日本国势力范围。俄国基于妥协精神，将不坚持将本国的分界线进一步向东扩展。

（三）新协约中要求日本承认俄国在西部中国——新疆地区的特殊利益。理由是在进行1907年协约谈判时，俄国曾经提醒日本政府注意俄国在西部中国享有特殊利益。最近，该地区发生事件后（指1912年2月俄国煽动新疆的于田、策勒、玉珑哈什等地人民，加入俄国国籍，使他们成为俄国侨民，双方发生冲突，造成伤亡事件），俄国政府不得不声明有为保护在该地区的特殊利益而采取必要措施的自由。②

俄国在这一反提案中，虽然赞成日本提出的以通过北京的经度为分界线，放弃了将内蒙古全部划归俄国势力范围的主张。但代之要求日本承认俄国在中国西北地区享有特殊权益。俄国提出如此要求，与英国支持西藏的分裂主义者进行所谓独立运动，借

---

① 《日本外交文书》第45卷第2册，第77页。
② 《日本外交文书》第45卷第2册，第77~80页。《俄国外交文书选译》，第424~425页。

以谋求扩张英国在该地区的权利毫无二致。

俄国急切希望"日本国政府同意以上修正案，对之不持异议"，两国共同划分在中国的势力范围。

5月1日，内田在内阁会议上提出俄国的反对案。经过讨论作出决定后，向本野发出如下训令：

第一是1910年第二次日俄协约是否适用于内蒙古的问题。日本政府在此次谈判中，有两项准则。本来"1910年第二次日俄协约规定，以之为延长分界线而重新划定者仅为满洲地区；日俄两国在内蒙古的势力范围，则按1907年第一次日俄协约中之秘密协约第三条之关于外蒙古之规定同样办理"。然如欲将1910年的第二次协约之规定适用于内、外蒙古，"帝国政府对此不坚持异议，俄国政府若如此主张时，我方对此不妨表示同意"。

日本为何将第二次协约的规定只限于满洲，而对内蒙古则适用1907年的第一次协约呢？这是因为第二次协约比第一次协约更加明确地规定了以分界线内为特殊利益地区，具体地规定了在此地区内，确保各自的权利和自由行动的权限，以及互不妨害在该地区内确保和扩大各自权利。故而尽量避免在内蒙古适用此协约，以期日本将来在此地区扩张势力时，这一协约不致成为法的障碍，日本虽然希望将协约的适用地区加以区分，但根据俄方的要求，不得不承认在内蒙古也适用第二次协约，对俄国作出让步。

第二是关于中国西北部的问题。日本主张"此次协约之范围仅限于满洲及内蒙古"。根据这一基准，日本认为"此时在协约条约内公然明文承认俄国在西部中国享有特殊利益一事，帝国政府碍难同意"。并列举其理由如下：（一）"对其他各国必然产生不利的后果"。（二）从机会均等的立场出发，日本"不得不相应地提出在福建省之特殊利益问题，而有徒使问题益趋复杂"之虞，等等。声称如果俄国坚持日本政府必须承认其在中国西北部地区享有特殊利益，则"帝国政府无须待至商讨以上分界线问题，即不

得不中止此项谈判"，表示了强硬态度。^①

于是，中国西北部地区问题，又成为日、俄谈判中新的焦点。

5月18日，本野将内田5月10日训令的旨趣告知了沙札诺夫，声称如将俄国在中国西北部享有特殊利益事项在"协约中予以规定，即形成不对等条约"^②，帝国政府碍难同意。沙札诺夫又从机会均等立场出发，提出："若是，日本国在其他地区之特殊利益，亦可在协约中作出规定。"^③本野则答以："签订本协约之际，即须通告英、法两国政府，故而协约中涉及于此之规定关乎中国全面问题，殊难预料将引起极为棘手之问题。"^④极力加以躲避。然而，沙札诺夫却坚持其主张，又提出："如此，可在本协约中删除此一问题，另行交换秘密文件规定此事。"^⑤本野则称："俄国政府对本问题如此坚持己见，帝国政府虽感遗憾，但不得不中止签订此项协约之谈判。"^⑥以此逼迫俄国撤回其主张，俄国被迫处于二者择其一的地步。于是沙札诺夫于5月22日对本野称："俄国政府可以撤回此项主张"。但同时复又要求："希望日本国能以书面申明反对将此事列入协约中之理由，并以书面载明日本国政府对于俄国在西部中国享有特殊利益一节，并无不予承认之意"。^⑦因为日本并不打算对等地承认俄国在中国西北部的特殊利益，所以，本野回以："帝国政府万难同意"。^⑧沙札诺夫则又要求："如是，即希以书面提出前次会谈时贵大使所述之日本国政府反对有关俄国政府在西部中国之特殊利益问题纳入协约之理由"。^⑨本野随即应诺，于5月27日，以口述记录形式，提示了反对理由。日本之

① 《日本外交文书》第45卷第1册，第80~81页。
② 《日本外交文书》第45卷第1册，第82页。
③ 《日本外交文书》第45卷第1册，第82页。
④ 《日本外交文书》第45卷第1册，第82页。
⑤ 《日本外交文书》第45卷第1册，第82页。
⑥ 《日本外交文书》第45卷第1册，第82页。
⑦ 《日本外交文书》第45卷第1册，第83页。
⑧ 《日本外交文书》第45卷第1册，第83页。
⑨ 《日本外交文书》第45卷第1册，第83页。

所以始终强烈反对承认俄国在西部中国的特殊利益，并非因此会损害日本在中国的权利，而主要是由于俄国没有同样对等地承认日本的特殊利益。二人竟以中国领土为砝码，针锋相对而争执不下，最后因为即使俄国承认日本在福建的特殊利权，实际上对日本并无作用，故而日本断然拒绝俄国对中国西北部的要求，迫使俄国不得不将之撤回，迫不得已将中国西北部问题排除于协约之外。

当时中国是半殖民地社会，一方面列强竞相侵略中国，一方面又互相争夺。由于这种列强间的双重外交关系，故而日、俄两国在满蒙划分势力范围，必须得到其他列强的承认与支持。在此时期，日本和俄国正在交涉是否加入对北京政府的四国银行团的善后借款，日本以承认日、俄在满蒙的特殊利益为加入的条件。日本于3月18日通知四国，首先参加善后借款，然后另外谈判加入银行团问题。在此通告中，日本要求四国承认其在南满的特殊权益，并同时要求承认其在内蒙古的特殊权益。德国和美国对此表示强烈反对。日本驻德国的杉村大使于4月30日会晤德国外交部长，说明保留在蒙古的权益之意。该外交部长以为，"如此逐步扩张势力范围岂非漫无止境"[①]，表明反对之意。德国为利用俄国牵制日本，驻俄国的德国代表告知俄国代理外交大臣："即使基于条约，俄国在该地区之地位得到承认，而日本并无此种关系，所以不能承认日本在蒙古享有任何特殊利益。"[②]驻日本的俄国大使尼古拉也将此意告知了日本外务省。

日本外务省内部对于蒙古问题，意见并不一致。驻英大使加藤高明于5月6日指出，对其他列强"甚难提出令其首肯之明确理由，若此时突然提出此一保留意见，必须虑及引起列强对日本国真实意图之种种疑虑和揣摩臆测"。且复"将处于日本必须说明

① 《日本外交文书》第45卷第2册，第341页。
② 《日本外交文书》第45卷第2册，第367页。

在蒙古拥有何种特殊权益，以及指明靠近南满洲的蒙古，是指何一地区等等"①。所以提出，"现今重又提出此事，甚不合时宜"②，而加以反对，认为日本提出在内蒙古的特殊利益问题无任何理由。他建议："当发生实际问题时，再谋求适当之手段，方为得策。"③而内田于9日以俄国已将蒙古全域纳入其势力范围，如日本仅保有南满洲即等于"承认蒙古全属俄国之特殊利益及其利益范围"，誓与俄国争夺蒙古。对俄国的质问——日本拥有特殊权益的地区，究指蒙古的哪一部分的问题，内田明言"系指与南满接壤的内蒙古东部"④。但是内田同时又恐在银行团会议上讨论这个问题，心存顾虑，希望能在银行团召开会议之前的适当时期，向各国政府说明有关蒙古的问题，使之得到妥善处理。所以指示日本代表，在银行团会议上如对此问题发生争论时，应持"此纯属政治问题，应由有关各国政府间作出决定的理由为词，避开争论"⑤的态度。内田极力主张内蒙古东部与南满具有地理上、行政上、经济上的密切关系，指示按照训令，贯彻日本的要求。加藤却对此提出反问："如此说来，对南满洲关系更加密切的直隶、山东等地方岂不是也能提出同样的要求？"⑥建议与俄国直接谈判蒙古问题，使之与借款问题互不相干。这正好说明了日本没有任何理由侵入内蒙古东部。然而，内田仍然坚持己见，不理睬加藤的建议。加藤认为："由本大使特别面会该国外交大臣说明此事，殊为生硬，并不恰当"。⑦遂写成对六国银行团会议日本代表训令的摘录抄件，令参事官小池于1月13日面交英国外交次官助理兰格雷，向英国政府提交了日本关于蒙古东部问题的意见，兰格雷虽然认为"在

① 《日本外交文书》第45卷第2册。
② 《日本外交文书》第45卷第2册，第351页。
③ 《日本外交文书》第45卷第2册，第351页。
④ 《日本外交文书》第45卷第2册，第353页。
⑤ 《日本外交文书》第45卷第2册，第353页。
⑥ 《日本外交文书》第45卷第2册，第355页。
⑦ 《日本外交文书》第45卷第2册，第370页。

日俄密约中已将蒙古之一部包括在日本势力范围之内"[①]，但他难以表示英国政府之意见。商定由其转告葛雷外交大臣。

日本同时也向法国和美国提出了日本对蒙古的要求。日本驻法国的临时代理大使安达峰一郎考虑到法国同俄国间的同盟关系，遂在确认俄国是否允诺日本关于蒙古的要求后，于 5 月 14 日向法国外交部亚洲司长提出此事，该司长称："法国政府曾屡次声明，承认日本国在中国具有特殊地位及与之俱来的特殊利益。对此不持异议。"[②]表示在与俄国磋商后给以确切答复。日本驻美国大使也向美国当局提交了同样要求，美国总统威尔逊说，"日本政府之意图不外是把当初保留地区扩大至东部内蒙古。我只能告诉你，'I take note of your explanation.'（我只把你的说明，记录在案。)"[③]

欧美列强是否承认日俄两国在满蒙的新权益问题，在日、俄加入四国银行团的外交谈判中，也成为争论的焦点。银行团规约第 16 条规定，各国无论现在或将来，在中国所获得的铁路敷设权及公债发行权，均须提交银行团平等分配。所以日、俄两国和英国等四国经过 3 个多月的谈判，最后于 6 月 18 日在巴黎举行的日、俄两国和四国银行团代表会议上，决定承认日、俄两国在满蒙的特殊利益。在会议记录中有："谅解不得对日本国在满洲及接近南满洲之东部内蒙古拥有的特殊权利及利益有任何不利之影响。"[④]记录日本银行团加入对华借款和六国银行团的保留条件。对俄国也作了同样的记述。由此日、俄两国正式加入了银行团。这是日、俄两国和英国等欧美列强围绕满蒙地区相互争夺、牵制的表现，同时也说明它们为了侵略中国的共同目的，又暂时达成了相互妥协。

日、俄两国协商，拟以加入对中国借款和银行团，使列强承

---

① 《日本外交文书》第 45 卷第 2 册，第 370 页。
② 《日本外交文书》第 45 卷第 2 册，第 368 页。
③ 臼井胜美：《日本与中国——大正时代》，原书房，1972 年，第 25 页。
④ 臼井胜美：《日本与中国——大正时代》，原书房，1972 年，第 25 页。

认两国在满蒙的特殊权益之后，将新协约的内容，秘密通告列强。6 月 20 日，内田向本野发去秘密通报的草案，命其与俄国协商。该草案只是简约地说明新协约是增补 1907 年和 1910 年协约范围之外的满洲西部和内蒙古的两国利益地区的分界线，避而不谈具体条款，仅表明其中不含有危害日英、日法之间业已存在的条约的事项，借以取得英、法的承认。本野于 6 月 29 日将此草案手交沙札诺夫。沙札诺夫在 7 月 1 日回答称对此草案并无异议，同时提出俄国方面的秘密通告草案，内容与日本草案大抵相同。两国决定分别秘密通报英、法政府。

　　6 月末完成了第三次日俄协约的最后修正案。内田委任本野为全权代表签署。并训令日本驻英、法两国大使将协约秘密通报各驻在国政府。7 月 3 日日本驻英国大使加藤秘密通报英国格雷外交大臣告知缔约的目的为"只不过对俄国之侵蚀事先加以限制"[①]。意在利用日、俄及英、俄之间的对立，取得英国的支持。格雷表示："英国在该地区并无特殊政治利害关系，只要不有害于中国独立以及不有悖于贸易方面门户开放主义，对该协约不持异议。"[②]当天，日本驻法国的临时代理大使安达也将此事秘密告知法国外交部副部长，该副部长称："以上协约可称日本之成就，对此表示祝贺之意，按照法国政府历来对日、俄两国所采取之政策，当不持任何异议。"[③]支持这一条约的签订。俄国方面也向英、法两国作了同样的通告。但因日俄战争之后，美国积极地打入满洲一带，与其他国家相较，日、俄与美国的关系处于紧张状态，故未向美国通告。

　　日、俄两国经过半年的谈判，在英、法的支持之下，于 1912 年 7 月 8 日在彼得堡签订了第三次日俄协约。内容如下：

---

　①《日本外交文书》第 45 卷第 1 册，第 90 页。
　②《日本外交文书》第 45 卷第 1 册，第 90 页。
　③《日本外交文书》第 45 卷第 1 册，第 91 页。

日本帝国政府与俄罗斯帝国政府，为确定并补充两国间于 1907 年 7 月 30 日（即俄历 7 月 17 日），及 1910 年 7 月 4 日（即俄历 6 月 21 日）所签订之秘密协约之条款，希望消除一切招致双方在满洲及蒙古有关各自之特殊利益方面产生误解之原因，为此，决定将上述 1907 年 7 月 30 日即俄历 7 月 17 日协约附加条款所定之分界线予以延长，并划定内蒙古各自之特殊利益范围。协定以下条款：

第一条　上记分界线由洮儿河与本初子午线东经 122 度之交叉点起，界线应沿乌珑楚尔河及木什画河至木什画河与哈尔达台河之分水界，从此沿黑龙江省与内蒙古之边界直至内、外蒙古边界线之终端。

第二条　以北京经度（本初子午线东经 116 度 27 分）为准，将内蒙古分为东、西两部。日本帝国政府约定，承认及尊重俄国在上述经度以西之内蒙古的特殊利益；俄罗斯帝国政府约定，承认及尊重日本国在上述经度以东之内蒙古享有的特殊利益。

第三条　两缔约国对本协约均须严守秘密。[①]

这是一个公然侵犯中国主权、瓜分侵略中国领土的协约，是乘清朝政府崩溃、民国刚刚诞生之机趁火打劫的行为。英、法等列强在满蒙地区与日、俄并无直接的利害冲突，所以不欲在这个地区与日、俄进行争夺。它们从侵华的共同立场出发，对日、俄瓜分行动也不持异议而与之沆瀣一气。这正好说明日、俄与英、法之间以协调为主的双重外交关系。但是，在日、俄两国之间，却是协调与争夺并存，第三次日俄协约可以说是两国之间的这种关系的产物。

在缔结这个协约的谈判中，最为突出的是日本方面始终掌握

---

① 日本外务省编：《日本外交年表及主要文书》（上），第 369 页。

外交主动权,把自己的利益向俄国利权业已存在的地区强行渗透,使南满和蒙古东部相连接,形成一体化,从而确立了其所谓满蒙政策的立足点。这也正是日、俄战争中的战胜国日本所必然采取的外交方式。

六、对闽浙地区的渗透

辛亥革命时期,日本在满蒙地区扩张利权和势力范围的同时,也加强了对南方闽、浙沿岸地区的渗透。日本根据1895年的《马关条约》占据台湾之后,即以闽浙,尤其是福建为据点,使之成为侵入中国大陆的重要的南方通道。但因其国力和军事力量所限,未能迅速扩张在此地区的势力。日本为谋求将来将这一地区纳入自己的势力范围,防止其他欧美列强抢先染指,遂于1898年4月以换文形式,强迫"清政府应行声明不将福建省内各地让与或借与他国"①。制造有利于日本将来侵入此地区的国际外交态势。但是欧美列强也蠢蠢欲动,逐步向这一地区渗透。本节主要是考察日本海军在此地区的侵略活动及其长期目的。同时,对日本外务省关于福建一带地区的外交方针加以分析。

辛亥革命爆发后,以吉松茂太郎为司令官的日本第二舰队,以马公港为基地,巡航于闽浙及广东水域,日本军舰"薄云"号及"霞"号分别停泊厦门。20名海军陆战队员在福州登陆,一方面监视革命动向,一方面保护日本在此地区的既得权益。此时福州还停泊有英、美、德国的军舰,革命军占领福州时,有日本20名、英国25名、德国30名以及美国30名陆战队员即行于此登陆。②不过日本此时尚拘泥于与欧美列强协调一致的原则,并未在闽浙采取单独行动。但是,同年12月,英国政府率先出面支

① 日本外务省编:《日本外交年表及主要文书》(上),第185页。
② 《日本外交文书》(辛亥革命),第510页。

持袁世凯的共和政体，列强协调一致的体制开始破裂，日本也随之采取了以海军为中心的在闽浙沿岸的单独行动，与以陆军为中心的满蒙政策相互策应。

12月28日，日本海军省参事官山川端夫制定《时局策》，这是此一时期提出日本海军在这一地区的活动方针的重要文件。山川在其中的"关于帝国单独处置事项"中指出："从我海军之需要而言，较诸租借或占据厦门及三都澳一带地区，莫若先行与福州至九江及武昌的铁路保持密切关系，是为当务之急"。[1]建议以福建为基地，在浙江、江西及两广扶植、扩大日本利权。山川的构想是以铁路将福州、厦门和武汉、九江相联结，并通过自由航行长江之上，与上海相联结，然后与闽浙沿岸结成三角形的势力圈，选择福州、厦门为其起点或据点。山川强调应重视此一地区，为备作将来侵入东南地区的据点。并指出："厦门及三都澳乃战略上之要冲，适于停泊大舰队，与台湾、澎湖相呼应，可成为帝国将来在南方作战之根据地。"[2]可见，山川是从长远的战略角度提出《时局策》，目标首先指向中国长江以南地区，同时也含有将来向东南亚扩张的企图。

基于以上角度及构想，山川在《时局策》中提出了以下三点意见。[3]

第一，派遣军舰和驻在武官。"最重要者在于使各国默认帝国在福建省，尤以在福州、厦门方面具有重要利益关系"。为达到此目的，"此时作为我海军之手段，可派军舰及武官常驻该地，以保护侨民之名义，在不引起世人注意的范围内，进一步调查附近之民情，以备必要时趁机增进我之权势"。

第二，收购土地。不采用出兵及占领的方法，通过日本海军

---

① 日本海军省山川端夫参事官《时局策》，1911年12月28日稿，日本防卫研究所藏。
② 日本海军省山川端夫参事官《时局策》，1911年12月28日稿，日本防卫研究所藏。
③ 日本海军省山川端夫参事官《时局策》，1911年12月28日稿，日本防卫研究所藏。

购买必要的岛屿和土地的方式，收购以下四个地区：

厦门：虬松屿全部及其南部之突角。

福州：罗星塔（去年已由某日本人收买一部分）。

三都澳：长腰岛之对面的全部，三都岛南岸之一部及其前方地区。

罗源湾：自三角岛至加藤岬沿岸一带之海滩（记忆中清国对海滩拥有主权）。

山川在《时局策》中主张收购这四处的理由是：（1）这些地方作为战略要地，不但适于停泊大舰队，而且可与台湾及澎湖列岛相呼应而控制台湾海峡；（2）是得以进入华中富庶地区中枢的长江流域，从而占据地势上、经济上居优势的枢纽要地；（3）为奠定将来向中国扩张的基础，巩固日本南门之锁钥。①

《时局策》还提出："如若须用私人名义，首先由台湾总督府选用台湾银行或其他方面具有信用之日本人出面收买，可称得宜。"②同时应防止其他列强在此地区收购土地或利用港口。

第三，扩张利权。《时局策》提出："不拘在内乱平定之前或之后，设若官军或革命军提供铁路、矿山等相当之担保，即鼓励我民间实业雄厚者向其提供贷款以获取权益；而获取利益之地为浙江、福建诸省附近，为扶植我将来权势所需之地区。此当最为紧要"。③

上述《时局策》对日本海军当权者决定政策有何影响虽不明确，但是后来日本海军对福建、浙江沿岸的侵略行动基本是沿着《时局策》所提出的路线推进的。这从1912年1月15日日本海军大臣斋藤实向第三舰队司令川岛令次郎少将发出的训令可以得知。④训令称：

---

① 日本海军省山川端夫参事官《时局策》，1911年12月28日稿，日本防卫研究所藏。
② 《时局策》，1911年12月28日稿。
③ 《时局策》，1911年12月28日稿。
④ 1912年1月15日，斋藤海军大臣致川岛第三舰队司令长官电报，日本防卫研究所藏。

"鉴于有与清国不向帝国割让福建省之约,而该地区又系帝国南方之锁钥,于将来之形势至关紧要,帝国海军应大力着重于此地。据此,故派遣阁下前赴该地,舰艇除按前述一般要求之外,应根据以下各项,筹划自身之行动。

一、今后如判定闽浙方面,尤以福建、厦门地方秩序紊乱,有危及外国侨民生命财产之虞,或其他国家以保护侨民名义登陆时,帝国舰艇无须顾虑外国舰艇之态度,不失时机地尽量出动优势兵力,负起保护日本臣民生命财产之责。采取使各国在暗中默认帝国在该地区有重大利害关系之策。

二、厦门至福州之铁路,以及福州经南昌至九江之铁路……与帝国利害攸关,故此时须不断注意该线铁路之敷设及是否提出借款问题。

三、调查地方情况及其民情之变化;更须严密注意外国人对革命军领导人及地方人民之态度及行动。

四、极力与闽浙方面掌握现实权力者以及地方绅士建立友好关系,策定收揽人心之方法。"

此一训令与《时局策》一脉相承。基本方针决定之后,就是如何具体实施的问题了。所以日本海军便制定了《关于在清国闽浙沿岸进行渔业调查的纪要》,在渔业调查的掩饰下,实现上述领土、政治、经济以及军事等方面的目的。其主要内容如下:

一、当此各国相互竞争,热衷获取利益之际,目下当务之急是于浙江沿岸一带,从各种方面以和平之手段扶植我之利益,以便占据确实之优势地位。同时一旦有事之秋,事前作好可以利用沿岸枢要地区之准备,实为当前之急务。在此等沿岸地区,由我开拓渔村,收购紧要地点及向渔民投资等,复为达到上述目的之有力手段之一。是故第一着手处是为调查闽浙沿岸渔业之实况。

二、除调查为前件所记之闽浙沿岸一带之地外,下列之港湾尤为海军着重之地,是故更须按以上方针进行调查:

三都澳、罗源湾、兴化湾、金门岛及其附近。

三、另，在上述诸港湾中，希望于将来能置于我权利之下的地域，大略如下：

三都澳

1. 长腰岛对面之饱岛全部。

2. 三都岛南岸之一部分及其对岸。

罗源湾　　自 Black Saddle 至向风 PⅡ 沿岸一带。

金门岛及其附近

1. 大金门岛西南角地区 PⅠ 一带。

2. 小金门岛东岸一带。

四、调查内容，除与渔业有关者外，还规定应进行"能否收买沿岸荒地、开拓海、陆产品、建设新村落之有关调查"。调查期限往返 75 天，经费 1500 日元。①

日本海军省根据上述方针及调查纪要，派遣外波藏内吉少将（1 月 1 日发出训令），栃内军务局长、吉田大佐（1 月 17 日自东京出发），竹下大佐、山川端夫参事官、退役海军大尉郡司成忠（易名山本太郎）、平田时次郎（2 月 18 日自东京出发）等赴闽浙沿岸，执行上述任务，进行调查。第二舰队和外务省派出机构进行配合。于 3 月 1 日到达厦门的郡司成忠对厦门领事菊地义郎说明进行渔业调查的政治、军事目的为："在厦门兴化附近形成两三千人之移民区，以保护之名制造军队登陆之借口。作为表面上之事业，迄今之视察结果，认为养殖珍珠最为有利。"②

竹下和山川首先打算收购厦门的虬松屿。日本的三井物产曾于 1903 年欲将虬松屿作为石油码头的地基而租借其一部分，向当地的漳州道台进行过交涉，签订了租金 8000 银元，期限为 25 年

---

① 《关于在清国闽浙沿岸进行渔业调查的纪要》，日本防卫研究所藏。
② 1912 年 4 月 23 日，山本太郎（郡司成忠的化名）致斋藤海军大臣电报，日本防卫研究所藏。

的合同。但由于海军方面和日本台湾银行的某种原因而暂时中断。①但嗣后美国的标准石油公司曾计划收购虮松屿的南对岸，英国的亚细亚石油公司（即壳牌石油公司）也曾计划收购虮松屿。山川和竹下于3月15日向海军次官财部彪建议："该地必须于此际由我预为收购在手……此机一失，势必形成收购方之极大困难。"②提出由三五公司的日本人爱久泽亘哉秘密进行此事。他们筹谋以与爱久泽有债务关系的郑成林以中国人的身份，用设立养鸡场的名义收购虮松屿东岸海滨，但遭到郑成林的拒绝。于是他们又以与三井物产有关系的台湾籍的曾厚坤的名义进行收购活动。因此岛为岛民共有，经村中长老同意即可买到。此岛是南北长800米的小岛，如能占有其东岸海滨，即等于掌握全岛。他们计划在收购海滨后尽量进入岛上陆地。如此计划不能实现，就改为收买岛的南半部。③但这一收购计划未能顺利进行。海军少将东乡吉太郎又企图向虮松屿的长老和由福州政府派往该地的土地整理委员行贿以达到目的。但由于该委员骤然返回福州而停止了此项活动，收购计划一时受挫。东乡无所不用其极，转而计划："使当地墓主另择风水适宜之地迁葬，将此地归为一人所有，然后履行收购手续；恰好此处建有坟墓，正可加以利用。"④

与此同时，竹下、山川还企图利用厦门的大、小金门岛，作为海军舰艇的锚地。竹下、山川在巡视三都澳的长腰岛之后，向海军省次官财部彪报告称："长腰岛南半部为丘陵，地势平缓，且有相当面积之平地，其西有大片土地可以利用。该岛南部全为耕地，并有水田，共两个村，三十余户，与西南锚地相连，可称良好之基地。其他计划收购地点可暂缓进行，尽速设法仅收购该岛

---

① 1912年4月8日，财部海军次官致在厦门的平井少佐电报，日本防卫研究所藏。
② 1912年3月18日，财部海军次官致在厦门的平井少佐电报，日本防卫研究所藏。
③ 1912年8月22日，海军大佐东乡吉太郎致财部海军次官电报，日本防卫研究所藏。
④ 1913年6月17日，海军少将东乡吉太郎致财部海军次官电报，日本防卫研究所藏。

南部，实为必要。"①他们与偕同前来厦门的郡司成忠、爱久泽商议后，采取由中国人薛某和台湾籍的林某出面建立渔业公社，在长腰岛购买渔业用地，名义上归林某所有，并以教习技师名义招聘郡司，由其监督公社。②财部彪批准了这一计划，并电汇收购土地费用 13000 日元，指示郡司"特别要对三都澳内的长腰岛进行充分调查"③。其后收购长腰岛的情况虽然不明，但他们从 11 月下旬即开始了正式活动。

1912 年 1 月 29 日，东乡吉太郎向财部彪提出报告，拟将长腰岛南部分为甲、乙、丙三区，建议先行收购甲区。④其理由是："如同时收购甲、乙、丙三个区，必然引起中国人疑虑。可先收购一个区为基础，另外地区则使商人使用该地，再以商业需要之名义徐徐图之的方法为妥。"⑤东乡等之所以在三者之中首先选择甲区为收购对象，是由于此地适于建立军港：（一）此区土地平坦，便于造成开阔的平川；（二）便于填海造地；（三）该地所接近的海面水深，可停泊大型军舰；（四）具有天然之良好形状，适于建设登陆码头和防波堤；（五）必要时在南端海岸建立设施，亦可停泊大型军舰。⑥日本海军省对东乡等的报告表示了积极的态度，12 月 13 日，财部彪对此表示赞成，并训令："预算如有剩余，应广为收购邻接地区，我方希望尽可能收购甲区之半岛合并使用。"⑦指示称："若万一惹起当地人民反对以致失败，则将来恐难于再行插手该地。故须注意收购方式，慎重从事。绝对避免以海军驻在武官之名义收购"。⑧东乡等要求收购费用为 4 万日元，财部彪指

① 1912 年 3 月 28 日，竹下大佐、山川参事官致财部海军次官电报，日本防卫研究所藏。
② 1912 年，东乡吉太郎大佐致财部次官电报，日本防卫研究所藏。
③ 1912 年 3 月 29 日，财部次官致第十驱逐队司令狭间电报，日本防卫研究所藏。
④ 1912 年 11 月 29 日，在厦门之东乡吉太郎致财部次官电报，日本防卫研究所藏。
⑤ 1912 年 11 月 29 日，在厦门之东乡吉太郎致财部次官电报，日本防卫研究所藏。
⑥ 1912 年 11 月 29 日，在厦门之东乡吉太郎致财部次官电报，日本防卫研究所藏。
⑦ 1912 年 12 月 13 日，财部海军次官致东乡吉太郎少将电报，日本防卫研究所藏。
⑧ 1912 年 11 月 25 日，财部次官致在福州之东乡吉太郎大佐电报，日本防卫研究所藏。

示在 1 万日元之内收购。①

日本海军收购长腰岛的计划，遭到了中国的抵制。1913 年初，三都澳当局公布了《各国人租地建屋章程》，采取了禁止外国人购买土地的措施。其要点如下：

1. 外国人不得保有土地。租借土地须经由双方官员谈判商定。租借者每八方一丈（1 丈相当日本 11 尺 35 分）须交付税金两元。个人之间买卖无效。

2. 不许永租。租借年限限三十年。过去永久租借者自本章程公布之日而后以三十年为租借期限。②

长腰岛位于这个章程中的管辖区内，属禁止买卖地区。针对规章，东乡等绞尽脑汁，向财部彪提出三个收购长腰岛的方案。财部彪指示按第二个方案执行，即"以中国人为收购人持有土地，由我贷与中国人收购费用，以其全部土地为抵押，地契归我，在我领事馆登记为借贷抵押品，权利纳入我手。如果转由中国官员办理抵押登记，则更为可靠"③。因为按照这个办法，"完成收购之后即可不交年税，中国官员如欲收时，可提出异议，复可得到赔偿"④。据此，东乡将日本海军收购长腰岛土地的战略目的深藏不露，支持日本丸一洋行的头目桃原良弘与中国人梁世华于 1912 年 3 月 12 日签订了收购土地和抵押契约。⑤梁世华以个人名义买下长腰岛东南部的"甲"地区 3.35 万坪（每坪约合 3.3 平方米），经营海产品和种植编织草帽用草。由于梁个人资金不足，以土地为抵押向桃原借款 6000 日元，用息 1 分 2 厘，海产品及编草帽草全归桃原经销。实际上日本海军出资 6000 日元，便据有了梁所抵押的土地的使用权和所有权。此契约由日本驻海州的副领事土

① 1912 年 11 月 25 日，财部次官致在福州之东乡吉太郎大佐电报，日本防卫研究所藏。
② 1913 年 1 月 15 日，东乡吉太郎少将致财部次官电报，日本防卫研究所藏。
③ 1913 年 1 月 15 日，东乡吉太郎少将致财部次官电报，日本防卫研究所藏。
④ 1913 年 1 月 15 日，东乡吉太郎少将致财部次官电报，日本防卫研究所藏。
⑤ 1913 年 4 月 1 日，东乡吉太郎少将致斋藤海军大臣电报，日本防卫研究所藏。

谷久米藏代表日本领事认证签署①，日本外务省的派出机构直接插手了此事。

4月，日本海军收购长腰岛一部分土地之事泄露于外，梁世华被三都澳海防局传讯，东乡将梁藏匿在日本人家中，并使其逃往台湾。②后来之事，因无资料，情况不明。

日本企图扩大在闽浙地区的铁路、煤矿等方面的权益。日本在1898年5月既已得到清政府的允诺：将来福建省需要外国帮助时，必先与日本协商。③1900年4月，日本山县有朋内阁即曾就为获取厦门、福州、光泽、抚州、南昌、汉口的干线和福州、罗源、南昌、衢州、杭州两条铁路支线的敷设权，与清政府进行谈判。但因八国联军侵华而中止。接着，欧美列强就这一地区的铁路敷设权，开始和日本争夺，辛亥革命时期，争夺仍在继续。日本意在依仗获得这一地区的铁路敷设权，防止欧美列强的渗透，用以确保日本在此地区的垄断的地位。1912年2月15日财部彪对在闽浙的日本外波藏内少将发出如下训令："欧美人意欲染指争夺利权者，已日渐显露其爪牙。故而现今开始筹划将台湾对岸置于我之权力之下，更使之与江西省接连，成为我方势力范围之根基之时机业已到来。务须杜绝欧美人在这方面之奢望。为使南京政府之闽浙地方官员认识依靠我国人士之资力敷设厦门、福州及福州、江西间铁路之利，相信阁下早已着眼利用受聘于南京政府之原口要等人……如有可乘之机，切盼加以利用。"④

日本外务省也采取了与海军同样的措施。3月7日，外相内田康哉向驻福州的副领事土谷发出指示："近来屡有以福建铁路为担保向外国借款之传说，担保之结果该铁路最后必将与外国发生

---

① 1913年4月1日，东乡吉太郎少将致斋藤海军大臣电报，日本防卫研究所藏。
② 1913年7月16日，东乡吉太郎少将致财部次官电报，日本防卫研究所藏。
③ 日本外相小村《关于获得清国南方铁路敷设权设施纲要》，1903年11月稿，日本防卫研究所藏。
④ 1912年2月15日，财部次官致上海加藤中佐电报，日本防卫研究所藏。

特殊之关系，如此，则自然与我方之约定发生冲突。故希阁下向都督说明以上缘由，事前剀切说明以该铁路为担保进行借款时，应首先与我方商谈之意。"①

1912 年秋，日本台湾银行计划开发福建的龙岩煤矿。爱久泽等人已然对该矿持有若干所有权。台湾银行的副行长中川小十郎于 10 月 22 日就此事与财部彪商谈，日本海军对龙岩煤矿的态度是"为历来所极为注意之地，如有可能，海军期与之发生关联"②。台湾银行对该地进行调查之后，认为矿质优良，相当于东北的本溪煤矿之煤质，海军可以用为舰艇燃料。但需经由水龙江运出，而水浅地区不能通航。在福州，日本副领事土谷，台湾银行分行行长、东乡吉太郎海军大佐等与台湾人林秀商进行了有关开采煤矿所需借款的谈判。③

日本海军在此期间还对福建省的矿山和台湾海峡的珊瑚资源进行了调查。台湾银行与福建都督孙道仁进行以盐税为担保的 500 万日元借款的谈判，约定在以矿山、铁路为担保借款时，首先应与日本商议。④

日本外务省也没有放弃对福建的野心。在 1912 年起草的《关于中国外交政策纲领》中，就很重视福建问题。鉴于过去的渗透政策未能顺利实现，遂改变为"除在临时应变之必要情况下，在福建强行扶植利权，急于追求事功，其效甚鲜。莫如于监视他国之行动之同时，以收揽人心之和平方式，渐次培养我经济基础，寻觅良机，以达扶植我利权之目的"⑤的方针。日本外务省的这个方针与日本海军的采取直接行动相比是消极的，主要是以阻止

---

① 1912 年 3 月 7 日，内田外相致在福州之土谷副领事电报，第 3 号，日本外交史料馆藏。
② 《清国事变书类》第 3 卷，日本防卫研究所藏。
③ 1912 年 9 月 10 日，日本驻福州土谷副领事致内田外相电报，机密第 24 号，日本外交史料馆藏。
④ 1912 年 3 月 8 日，日本在福州土井中佐致参谋本部宇都宫第二部部长电报，日本外交史料馆藏。
⑤ 日本外务省编：《日本外交年表及主要文书》（上），第 374 页。

其他欧美列强势力向这一带渗透的防御政策。此时，美国的标准石油公司正在同福建都督府进行以铁路、矿山为担保，借款 1200 万美元的谈判。①日本驻厦门、福州的领事获知此情况后，立即报告内田。内田于 2 月 22 日发出训令："基于福建省与我之关系，阁下应充分注意此项借款之情况，并即时详细报告。"②又于 3 月 7 日发出指示，应向孙道仁都督说明日本对以铁路为担保之借款，具有优先权。要求"借款事应首先与我方商谈"③。12 日，日本驻福州副领事土谷会见孙道仁，向孙转知此意。孙不承认存在 1898 年日清间的福建不割让的往来照会，表示对日本的优先权，在"与其他各国领事平衡方面，无法事前有所约定"④。由于当地民间团体的反对，美国的标准石油的借款也未能成功。但由此可见，日本外务省在福建的上述活动，其目标与日本海军毫无二致。

　　辛亥革命时期日本对闽浙沿岸的南方政策，与其在北方的满蒙政策相比较，各有不同。相对而言，前者是以海军为中心，而后者是以陆军省和外务省为中心。前者采取的方式是收购、谈判、调查；后者所采取的是占领、瓜分、唆使独立等激烈的方式。前者是在日本与欧美列强的争夺中进行，后者是在日、俄之间既协调又争夺之中进行。日本推行其政策的结果，虽然达到了一定的目的，但未能完全实现预期的计划。尤以前者更是如此。所有这些行动，都暴露了日本在此时期对中国进行侵略的企图和计划。

---

① 《日本外交文书》第 45 卷第 2 册，第 73、74、76～78 页。
② 《日本外交文书》第 45 卷第 2 册，第 76 页。
③ 《日本外交文书》第 45 卷第 2 册，第 79 页。
④ 《日本外交文书》第 45 卷第 2 册，第 82 页。

第四章 北京政府与中日外交

袁世凯的北京政府成立后在对外关系方面所面临的问题，首先是如何取得外国的承认和借款。本章将就这一问题，辨析北京政府与日本、与欧美列强之间的双重外交。与此同时，探讨辛亥革命给予中日贸易和日本三井物产的影响，以及中日两国就中俄之间关于外蒙古的外交交涉所采取的措置。

一、北京政府成立与外交承认问题

1912 年 2 月 12 日，清帝下诏退位宣告了清朝的终结。这是中国历史上翻天覆地的变化。为向各国通告这一历史性变化，袁世凯于 13 日组织中华民国临时政府，并以全权领袖名义，向各国通告皇室优待条件。外务部向驻北京的各国公使通告了清帝退位，选定立宪共和政体，以及袁世凯以全权组织临时共和政府。[①]由此，完成了清朝结束与成立北京政府的外交手续。本节旨在就清王朝结束后袁世凯和北京政府谋求各国承认的问题及中国与日本、欧美列强之间的双重外交关系作一考察。

清朝结束后，袁世凯面临的一大课题，是组成以其为大总统

---

① 《中华民国史事纪要（初稿）》民国元年（1912）1～6 月份，第 234～235 页。《日本外交文书》第 45 卷第 2 册，第 2～3 页。胡春华等译：《俄国外交文书选译》（有关中国部分，1911 年 5 月至 1912 年 5 月），第 273 页。

的北京政府。以袁世凯为总理大臣于 1911 年 11 月组成的内阁，应随清朝的终结而解散。但袁世凯仍以其原来的内阁作为过渡时期内阁维持局面，并希望得到各国在外交上的承认和支持。为此，袁世凯内阁原外务部大臣胡惟德于 12 日以外务部首领的名义，通知日本伊集院公使及各国公使，"前内阁总理大臣袁世凯以全权组成中华民国临时政府。现奉袁全权之命，原各部大臣均暂留办事，并改名为各部首脑"。同时，就对外政策通告："应由各部首脑遵守诸项条约，照旧继续办理。"①由此可见，袁世凯政府与南京临时政府相同，全面承认列强在中国的既得权益，以前订立的不平等条约，一如既往，予以承认。

驻北京的各国公使馆不认为袁世凯的北京临时政府是正式政府，而将其视之为过渡政府，对之采取与此相应的外交措置。13 日，由驻北京的各国公使组成的外交团，就有关对这一政府所采取的外交措置进行协商，决定对袁世凯的临时政府所发上述通告，不予理会。②在日常业务方面的交涉及往来时，议定以"个人信件方式，由发信人个人署名，致送外务部"③，以此避免正式交往。

由于清朝的终结，清政府驻国外的公使馆也随之作了调整。驻日本的清国公使馆改称中华民国公使馆。公使改称中华民国临时外交代表。12 日，原公使汪大燮即以外交代表名义，向日本内田外相通告："出使大臣一律改称临时外交代表，继续办事。"④日本对此也采取了与之相应的措施。13 日，内田向设有原清国领事馆的神奈川、兵库、长崎各县知事发出"贵地之清国领事，业已

①　1912 年 2 月 12 日《外务部对驻北京各国公使的照会》，日本外交史料馆藏。《中华民国史事纪要（初稿）》民国元年（1912）1～6 月份，第 235、280 页。
②　《俄国外交文书选译》，第 298～299 页。
③　1912 年 2 月 13 日，日本驻中国伊集院公使致内田外相电报，第 114 号，日本外交史料馆藏。
④　辛亥年十二月二十六日（旧历），中华民国临时外交代表汪大燮致内田外相电报，日本外交史料馆藏。

失去资格，今后与该领事之交涉往来，希全以非正式方式进行"的指示。①

由于袁世凯是临时大总统，政府是临时的政府，所以，在外交规格上，可采取临时的、非正式的形式。但实际上英、美等采取了与这种外交形式相异的行动。支持袁世凯的英国公使朱尔典和法国、比利时、意大利、美国的公使等，于 16、17 日两天，相继对袁世凯访问致贺，对袁表示善意与希望。一贯反对袁世凯的伊集院公使，则不仅未向袁致贺，而且激烈地加以抵制。伊集院于 19 日访问朱尔典称："在目前形势下，往访袁世凯，易招世人误解。"并称，"除非有政府训令，希避免此种情况"②，吐露了对袁之不满。驻北京的俄国临时代理公使，也表示同样的意见，支持伊集院。③袁世凯在 20 日遍访英、美、德及其他两三个国家的公使，表示答谢之意，但未拜访反袁的伊集院。此事自属在伊集院意料之中，然而却激起了他的恼怒。伊集院视此为袁世凯的离间计，向内田报告称，围绕袁世凯而产生的日、英的步调进一步混乱，"实际上势必对以日英同盟为基础之我对清外交局面，产生极大影响。基于此种意义，决不能漠然视之。当此之际，希就此事照会英政府"④。莫理循也认为，在此期间日、英两国公使馆和公使的行动失调，实属遗憾。⑤这些事实说明，作为日本外交基础的日英同盟，正在发生变化。围绕中国与袁世凯问题，日、英两国的政策已形成正面冲突。

伊集院希望联合俄国署理公使世清与拥袁的英、美、法等国对抗。日本公使馆水野参事官于 22 日拜访世清，转达了伊集院的意图。世清认为："北京外交团已因袁世凯之访问而步调混乱，实

---

① 1912 年 2 月 13 日，内田外相致神奈川、兵库、长崎各县知事电报，日本外交史料馆藏。
②《日本外交文书》（辛亥革命），第 577 页。
③《俄国外交文书选译》，第 298～299 页。
④《日本外交文书》（辛亥革命），第 578 页。
⑤《清末民初政情内幕》（上），第 901 页。

属遗憾"。指责这是袁世凯惯用的离间计，今后"日俄两国应充分交流意见，采取一致行动确属至要"①，表示要加强与日本的关系。世清并称，外国联合一致应付中国所产生的危机，由此已成过去。②这种情况说明，袁世凯就任临时大总统后列强开始产生分裂。

选定共和政体，选任袁世凯为大总统，对伊集院而言，正如他自己所说的，"立场之困难及不愉快，当不难想见"③。伊集院于 2 月 14 日上书内田，迫切要求在日本政府承认新共和国之前，"召回本职，解除驻扎清国之任"④。其理由为：（一）就伊集院而言，"职一贯倡言君主立宪论，故而本职驻扎新共和国"对帝国今后对新共和国的外交不利；（二）"袁世凯对本职之态度，亦使人不胜担忧，袁对他国煞费苦心以结好，却屡有伤害日本感情之举"，故而与袁之隔阂日甚，"实难以与身为大总统之袁会见"；（三）"值此动乱之际，不得不与袁世凯及同盟国使臣处于隔阂之境地，此乃本职之不才所致"，应负工作上之责任；（四）由于上述之原因，"实际上帝国与他国相比，不得不处于明显不利之地位……若当此新政权创立之时，利益及借款等活动频仍之际，历来之经验证明，仅靠正式交涉，殊难奏效，应有大量幕后活动。而与袁之周围之关系已到如此地步，只要本职在任，必然经常遭受其内外之阻碍。非但不利于进行交涉，即在获取情报方面，亦难免诸多不便、不利。实际上此乃国家之不幸，为帝国所不能容忍者"⑤。

伊集院从日本的国策和利益着眼，切望更换公使，而内田等则从日本的国策出发，仍认为此时不宜更迭公使，强调留任之必要。内田虽然不能不承认伊集院所列举更迭公使的理由，但说"值

---

① 1912 年 2 月 22 日，日本驻中国伊集院公使致内田外相电报，第 140 号，日本防卫研究所藏。

② 《俄国外交文书选译》，第 298 页。

③ 《日本外交文书》（辛亥革命），第 569 页。

④ 《日本外交文书》（辛亥革命），第 569 页。

⑤ 《日本外交文书》（辛亥革命），第 568～569、580～581 页。

此之际，阁下离开任地，不仅易招致帝国自身放弃历来地盘之误解，并耸动内外之听闻，而成为表示时局不稳定之行动"①，表示反对。山本权兵卫认为，"此时阁下离任，最易引起误解，认为政府根据时局之发展，承认历来采取之外交政策不当而使阁下承担其责任，必使各国及清国轻视我之外交信用"②，在当前的不利形势下，只得忍受。内田对伊集院称："设若阁下离任，在承认新政府之前，姑且勿论难以派出继任者，在此紧要关头，即使以代理公使当此重任，势必更加难于处理实际问题"。山本也称，"希望忍辱负重，继续留任"③。内田、山本挽留伊集院，正好说明日本对辛亥革命外交和对袁政策的失败，面对袁世凯的北京政府，日本在外交上的困难。这不是伊集院个人的问题，而是源于这一时期的日本外交方针和政策。

为调整对袁外交，内田训令伊集院，对于变化多端的政局："自当随其局面之演变，我之步伐亦应与其适应，其间不必拘泥于一贯之主张……可一变态度，进而试与袁及其他各方会见交往，勿再生差池"。④但伊集院难以如此转变，于是一方面进退两难，一方面又不得不留任。

上述伊集院的离任问题，成为在北京的外国记者们议论的对象。莫理循在散布伊集院要从北京离任消息的同时⑤，宣扬北京的记者指责伊集院对政体变化的僵硬态度，认为如他那样的人物留任驻北京的公使，实是荒唐可笑⑥。莫理循甚至称伊集院的英语会话能力很差，但又不用翻译，与他交往非常困难。日本政府让这样的人留任驻北京公使，真是愚不可及的怪事。⑦莫理循对

---

① 《日本外交文书》（辛亥革命），第 582 页。
② 《日本外交文书》（辛亥革命），第 583 页。
③ 《日本外交文书》（辛亥革命），第 583 页。
④ 《日本外交文书》（辛亥革命），第 582 页。
⑤ 《清末民初政情内幕》（上），第 837、846、879 页。
⑥ 《清末民初政情内幕》（上），第 901 页。
⑦ 《日本外交文书》（辛亥革命），第 606 页。

伊集院的评论，可以说是对辛亥革命时期日本外交的指责。

在此之前，日本对辛亥革命的外交十分被动，行动落后于其他各国。为了摆脱这种状态，便首先欲以承认袁世凯的北京政府来获得对中国外交的主动权。日本未曾接受孙中山希望日本承认南京临时政府的要求，但在袁世凯要求承认北京政府之前，即先行主动提出这个问题的原因即在于此。对日本行动敏感的莫理循于 2 月 12 日向日本驻北京的水野参事官提出"日本国是否一定要先于列强承认新政府"①的询问，可资证明。

日本在承认的问题上，先与俄国协同协商，然后再探询英、美的意向。在此之前，俄国基本与日本持同样态度，因此为北京政府和袁世凯所疏远，故而希望在承认问题上与日本协同一致。12 日，俄国外交大臣沙札诺夫对日本驻俄大使本野说："关于承认问题，愿与日本国政府持合作态度，希了解日本国之意向。"②内田自辛亥革命以来，即采取与俄合作的态度，因之于 22 日首先向俄国提交了如下照会：

> 各外国人现在中国所享有之一切权利，特权及特惠，在新制度之下，应行继续，至为重要。此等权利，特权及特惠，其主要者均有条约为依据。但以中国及各外国国家立法所规定，或以过去之惯例为依据者，亦复不少，故各国在宣布承认时，出于慎重，应使新政府对此等权利，特权及特惠明确奉示正式承认为宜。同时，新政府应郑重声明，必须正式继续过去中国所负担之外债。
>
> 建议在承认问题上，以及在正式承认以前所应采取之步骤上，各国应步调一致……当能取得较各自单独活动更为有

① 《日本外交文书》(辛亥革命)，第 607 页。
② 《日本外交文书》(辛亥革命)，第 609～610 页。

利之保障。①

这个照会是以确保承认已签订的条约和既得权益为承认北京政府的前提条件而提出的。本野在递交这一照会时，俄国外交大臣表示"完全同意帝国政府之意见"②。

日本自从日俄战争之后，在中国扩张新的权利的欲望正炽；现又由日本率先提出这一方案，其他欧美列强不得不承认日本的主导作用。英国于24日，法国和德国于27日，美国于28日，分别表明同意日本承认北京政府的照会。③3月4日，英国外交部向日本驻英国的临时代办山座声明："关于承认条件之词句，可以日本国政府之方案为准。"④

但在承认问题上，俄国又就特殊权益的问题提出了新的意见。2月26日，俄国外交大臣沙札诺夫向本野提出："虑及清国今日之形势，与日俄两国在清国所享有之特殊地位，必须乘此时机，使其承认日俄两国之特殊权利及利益。为此，在新政府承认各国之权益之同时，日俄两国政府应另行采取适当手段；基此，愿与日本政府就此再次进行磋商"。并提议："为维持和进而扩大、巩固日俄两国在满洲、蒙古持有之权利及利益，必须利用今日之时机。"⑤这一提案是俄国意在通过辛亥革命，在蒙古获得比日本更多的新利权而提出的。对此，主张激进的满蒙政策的本野判断，这是俄国正趋向于对中国采取强硬政策。因而殷切期望内田："此际，帝国应毫不踌躇表示赞成之意，借最近之良机，预为将来采取果断措施打下基础。"⑥内田认为，对俄国外交大臣之提议，当然是日本政府充分考虑之事项，但内田又以"帝国政府已向各国

① 1912年2月22日，日本驻俄本野大使致内田外相电报，第38号，日本防卫研究所藏。
② 1912年2月22日，日本驻俄本野大使致内田外相电报，第38号，日本防卫研究所藏。
③《日本外交文书》第45卷第2册，第5～6页。
④《日本外交文书》第45卷第2册，第7页。
⑤《日本外交文书》（辛亥革命），第12～13页。
⑥《日本外交文书》（辛亥革命），第613～614页。

政府说明所见，值此各国或表示同意，或加以考虑之际，帝国政府本身若突然改变自己之态度，另与俄国共同提出新提议，则帝国政府实不免有碍难之处"①，而表示踌躇为难。

袁世凯为早日得到日本和欧美列强的承认，着手由过渡期政权建立正式的北京政权。为此，决定首先举行临时大总统的宣誓就职仪式。3月8日，外务部首领胡惟德把此一意图通知了伊集院，并表示："外交团如不便接受中国方面之公开邀请，如能出席参观，亦将欣然接待。"②不过，在10日举行的就职仪式上，日本与欧美各国公使都未出席。袁就任临时大总统后，立即组织了新的内阁，任命唐绍仪为内阁总理大臣。因为唐是袁世凯和孙中山都赞成的人物，所以方能任此一职务。3月25日，唐绍仪来到南京组阁，30日任命陆徵祥为外务部总长，赵秉钧为内务部总长，熊希龄为财政总长，段祺瑞为陆军总长，刘冠雄为海军总长，蔡元培为教育总长，宋教仁为农业总长，陈其美为工商总长，王宠惠为司法总长，所谓的北京政府至此成立。从内阁成员来看，革命党党员占多数。但军事、外交、内政、财务等重要位置，仍由袁世凯的心腹担任。

袁就任临时大总统，北京政府成立，以及欧美各国赞成日本关于承认新政府的提议，进一步使承认问题具体化。3月23日，日本的内田外相向日本驻欧美的大使和驻中国的公使，发出了《关于承认中国新政府条件细目（草案）》。③

其主要内容为：

第一是承认的时机问题。内田称："帝国政府提议，一旦中国建成一个巩固而且具有实力之新政府，并足以证明此新政府抱有履行中国所负担之一切国际义务之意志时，即可立即予以承认"。

---

① 《日本外交文书》（辛亥革命），第615页。
② 《日本外交文书》（辛亥革命），第9～10页。
③ 《日本外交文书》（辛亥革命），第11～12页。

而这个问题，不由日本政府决定，"应有待于在北京之各国代表会议共同研究。关于承认时期之各国如何行动，应俟上述代表提出共同方案"①。

第二是要求北京政府在各国承认之前，须就下列各项发表声明。②

（甲）新政府确认旧政府与各国间所订之一切现行条约、协定以及为履行此等条约、协定而颁布之一切现行规章、条例（包括清帝上谕）。同时约定，非经有关各国政府同意，对此等规章、条例，一律不作任何改变或废除。

（乙）关于旧政府或事实上之临时政府，以及各地方政府现有之外债，新政府一律继续承担其完全之责任与义务，并约定诚实履行上列政府为负担此等外债而签订之各项合同及约定。

（丙）凡各届旧政府或地方政府与外国政府、团体或个人间签订或制定之上列债务以外的一切合同、约定、义务、特惠与转让等之现实有效者，新政府一律继续履行。

（丁）各国在中国已被公众所了解且正在实行的治外法权或领事裁判权制度，以及外国政府、团体或个人在中国所现实享有的权利、特权及豁免等，新政府一律继续承认。

这四项要求，是强迫北京政府不仅承担清政府，而且要承担南京临时政府及其管辖下的各地方政府与列强特别是与日本缔结的一切条约和借款产生的义务。

第三是关于承认新政府的正式文件起草问题。3 月 4 日，英国外交部不赞成由日本起草关于承认的文件，从而内田提议"赋予（各国）在北京之代表在该项文件中将承认之必须条件通告新政府之权限……最后由帝国政府将起草前列文件之任务委托上述

---

① 《日本外交文书》第 45 卷第 2 册，第 11 页。
② 《日本外交文书》第 45 卷第 2 册，第 12 页。

代表者"①。这项提议是既由日本掌握承认问题的主动权，又将具体条件之提出和起草承认的公文委之于各国代表会议或其代表。上述第二项中提出的具体条件，对袁世凯和北京政府是一个很大的打击。在今后承认问题的外交谈判中，不会得到袁等的赞同，日本的目的是要将这一问题由各国共同承担责任。不过，一直掌握主动权的英国等欧美列强，反过来将这一棘手问题委之于日本，要求由日本起草草案。

上述日本与欧美列强在承认北京政府的外交活动，与承认南京临时政府的外交活动相比较，异同之处如下：（一）孙中山和南京临时政府急切期望日本和欧美列强予以承认，而袁世凯和北京政府在南北议和取得妥协时，新政权业已得到确认，并且顺理成章地继承了清政府的外交权。所以，相对而言，并不急切求得承认。反之，日本和欧美列强对承认新政权是积极的。（二）孙中山和南京临时政府打算先获得日本的承认，以此为突破口，求得欧美列强的承认。但日本打算率先承认北京政府，并且劝说其他列强承认。（三）孙中山和南京临时政府为获得承认，曾主动提出除承认列强的既得利益外，同时还可提供新的权益。日本和列强则强迫北京政府承认既得权益和提供新的权益。这是日本和列强在中国的外交上，对孙和袁，对南京临时政府和北京政府的摆位恰好相反所发生的现象。在某种意义上，也可以说这是由孙与袁、南和北两个政府在国际关系上的实力不同而产生的。然而，由于南北两政府的政权都不稳定，从而如下面所述，北京政府也没有即时得到承认。

这一时期的北京政府是不稳定的。唐绍仪内阁是南北混合的内阁。其内部的对立、内阁和袁世凯的矛盾，都日益激化。特别是围绕六国银行团和比利时借款问题，以及选任王芝祥为直隶省

---

① 《日本外交文书》第 45 卷第 2 册，第 12 页。

都督问题，激化了唐绍仪与袁世凯的对立。这时的北京政府非常希望能从六国银行团借款，而六国银行团要求对这笔借款使用监督权，唐绍仪表示反对。这就给列强一大打击。由于这些原因，唐绍仪于6月15日提出了辞呈。继之革命党的宋教仁、蔡元培、王宠惠、陈其美等也辞去各部总长职务。袁世凯虽任命陆徵祥为总理，但这也是一个短命内阁，于9月22日提出了总辞职。为此，在半年之内，两届内阁提出总辞职，说明政局十分不稳。

在这种形势下，英国首先表示不赞成承认北京政府之意，这是因为英国在中国拥有最大的权益。7月14日，英国驻日大使窦纳乐通知内田称，已将如下英政府的备忘录送交北京政府的总理："在具有代表性之国民议会制定出明确之宪法，以及根据宪法之规定，顺利完成总统选举之前，英国政府对承认中国共和国，尚需考虑，难以实行。"①但美国却主张早日承认。7月22日，驻日美国大使奥布赖恩向内田面交了作为政府训令的秘密照会。内称："日本国政府对现在之中国政府，是否有意根据历来之国际法所认定的基础，作为实际上之准据，据此即可正式承认，不知是否有此意向？"②以此探询日本政府的意见。美国政府还将同样内容的照会送交英、法两国政府。这是因为美国的金融界为了向中国贷款，故而急于承认北京政府。并通过舆论影响国会，美国国会采取了比政府更为积极的态度。众议院外交委员会主席萨尔沙认为："清国共和政体之建立，乃近世最为值得赞赏之一大进步事件，各国应尽速予以承认，尽全力对其进行扶掖。"③强调早日承认的必要性。列强的步调由此开始紊乱。

为了调整步调，驻北京的各国公使之间，展开了频繁的外交接触。伊集院与7月23日来访的朱尔典，就此问题进行了会谈。

①《日本外交文书》第45卷第2册，第14页。
②《日本外交文书》第45卷第2册，第15页。
③《日本外交文书》第45卷第2册，第17页。

朱尔典称:"就本人之意见而言,在中国今日的状态下,尚未至承认之时机。待两三个月后,国民议会成立,选出大总统,方为承认之时机。"①翌日,伊集院访美国公使嘉乐恒,探询对承认问题的意见。嘉乐恒回答:"目前新政府确实尚不能称十分巩固,今后不知何时或许再次发生大变乱,不知迁延至何时方有结局。莫若此时予以承认,对增强新民国之稳定性会有良好影响。"②由于美国等其他列强与英国等相较在中国的殖民地权益少,希望通过承认北京政府获得新的权益,故而主张早日承认。对此,伊集院也说:"现今若不承认,唯恐南方少壮派日益得意,而对外国取傲慢态度,有贻误大局之虞。"③主张为了向南方的革命党努力施加政治压力,应当早日承认。

日本驻欧洲各国的大使也围绕承认问题与驻在国的政府频繁接触。驻英的大使加藤高明,于 7 月 24 日与英外相格雷举行会谈,格雷说:"鉴于中国之现状,尚不能承认其政府。"④并将此意转告美国。同日,日本驻法大使石井菊次郎也在巴黎与法国外交部长普安卡雷举行了会谈,普安卡雷也表示了与格雷相同的意见。这时,英、法都很重视唐绍仪反对六国在借款使用上拥有监督权的态度,而利用不承认来对北京政府施加外交压力,对日本形成牵制。

日本面临必须在是否坚持承认这一问题上作出选择。在此之前坚持立即承认的方针的国家只有美国与日本,然而英国和法国已经说服美国不予承认。在这种情况下,日本只得放弃了自己的主张,8 月 14 日,日本向美国提交了关于不承认的照会。提出不承认的理由是:(一)"毋庸置疑,中国现时之政治机构纯属临时性质,尚未制定任何关于建立永久性政府之根本法规"。(二)如

①《日本外交文书》第 45 卷第 2 册,第 16 页。
②《日本外交文书》第 45 卷第 2 册,第 16 页。
③《日本外交文书》第 45 卷第 2 册,第 16 页。
④《日本外交文书》第 45 卷第 2 册,第 8 页。

予以承认，则"将使该国几经周折方始着手进行之行政改革事业得以继续之主要刺激因素消失"。（三）"据来自中国各省的报告，尚不能确信该国之事态已趋向于长期平稳"。若予以承认，"势必损伤外国之权益"。[①]所举理由中，第二项才是他们认为最为重要的问题。如上所述，六国银行团向北京政府提供借款的条件，有对借款的使用，以及削减军队进行监督等，这些条件都侵犯了中国主权。唐绍仪对此表示反对，并转而接受了比利时政府的借款。这时，北京政府对是否接受日本所提出的外交承认的前提条件，尚在未定之中。而日本在掌握外交主动权与保护既得权益二者间，选择了后者。此外，日本作出这种选择的原因还有，陆徵祥内阁是完全由袁世凯掌握的内阁。对袁存有戒心的日本政府，自然不会承认陆内阁。

情况发展到了如此地步，美国国务卿诺克斯也改变了腔调，称：并不认为当前即是适当时机，也不是意在征求各国之同意云云来作辩解。但到翌年4月，美国却又积极地提出承认新政府。[②]由此可以说明，这一问题直接关系到美国与其他列强在新中国新权益的争夺。然而，为维护在华既得权益这一共同目的，列强在是否承认问题上暂时采取了一致的行动。这正说明了在承认北京政府问题上日本和欧美列强之间的双重外交关系，也表明列强在中国的既得权益和获得新权益的欲望的大小成比例地直接影响着列强在承认问题上所采取的态度。

二、善后借款时期北京政府与列强

新成立的北京政府与南京临时政府的一个最大课题都是确保财源。北京政府必须有巨额款项来维持政府机关和一百余万人的

---

① 《日本外交文书》第45卷第2册，第21页。
② 参照《申报》1913年4月5、11、14日。

军队。那时的主要财源是关税，但已被用来支付列强的赔款和偿还多达 13 亿两的外债和利息。因为已经没有动用关税收入的权利，北京政府每月的财政缺额达 650 万两。编遣在革命期间膨胀起来的军队，也需要巨款。财政上的短绌，极有可能使政权崩溃。所以，袁世凯和北京政府不得不寄希望于向列强借款。但是，列强则在提供借款时，向北京政府要求政治、经济、军事等方面的监督权。本节是对北京政府、袁世凯如何抵制这种监督权及日本与欧美列强间的外交谈判进行探讨，同时阐明列强间围绕这些问题的双重外交关系从前期的协调转为后期的争夺过程。

袁世凯和北京政府，从 2 月起就迫切期望四国银行团提供借款，银行团先于 2 月 28 日提供 200 万两（系自南京临时政府通融而来），继之于 3 月 9 日提供 110 万两，11 日提供了 200 万两垫款。四国银行团在 3 月 12 日的伦敦会议上决定了向北京政府提供借款的方针，即在 3 月份合计为 1100 万两，4、5、6 月各为 640 万两。如有必要，7、8 月也能提供同样数额的垫款，五年间不得超过 6000 万英镑的所谓改革借款——善后大借款。垫款是在善后大借款成立之前临时性的预付借款，俟善后大借款成立后，再从其中扣还。为避免因此刺激南方革命军及其军政府，英国等欧美列强共同出面向袁世凯和北京政府经理大借款。但是在这项借款中，附加了对使用借款的监督和指定以四国银行团为北京政府的财政代理人的条件。故而袁世凯和北京政府与银行团之间，围绕此等条件进行了一年的外交拉锯战。

银行团向北京政府强行要求签订如下的代办合同。

（一）"财政代理人有对所提供之担保进行稽查之权"。"财政代理人认为有必要时，可将提供担保之收入，纳入外国专家管理之下"。由于大借款是以盐税作为担保，故而"对于盐税，在外国专家之下，由海关选任税务司一人及数名助理人员，用以整顿改良征收方法。另，以上专家所提出之征税报告，应向财政代理人通报"。

（二）"全部借款金额，均存入'财政代理银行公会'"。

（三）"对借款金额之一般性支出要求，须经财政部助理及财政代理人代表签署承认"。①

以上合同的内容，是将北京政府的财政置于四国银行团的监督支配之下，公开干涉中国内政，垄断中国的金融市场。

此事与比利时借款有密切关系。3 月 14 日，北京政府与比利时银行订立了 1000 万英镑借款合同。这是北京政府为打破四国银行垄断中国借款，从而获得有利于中国借款条件的一项措施。比利时作为一个小国，曾申请加入银行团，但被日本及四国银行团拒绝，故而采取单独行动。银行团于 3 月 9 日、11 日致函袁世凯，行使约定的借款优先权和垄断权，向北京政府提出了对此项借款的抗议。在这种压力之下，北京政府取消了此项合同。四国银行团通过这次事件，进一步感到垄断中国金融市场的必要，同时，乘北京政府在取消比利时借款之后，正苦思焦虑紧急筹措款项之机，强行要求订立上述合同。然而，伦敦总部担心中国反对，未赞成向中国提出这个合同草案。当然，这绝不是放弃对中国使用借款的监督。

善后大借款并不是为了革命后复兴经济的经济借款，而是政治性的借款。欧美列强意在通过这项借款，把北京政府和袁世凯置于自己的掌握之下，从而保护和扩大它们在中国的利权。借款是达到这一目的的最有效手段。所以，伊集院于 2 月 25 日就向内田进言："今后之北京政局，借款问题必占重要部分。"②切望采取相应的对策。然而，日本正在进行以南京政府为主的借款谈判，在对北京政府的借款问题上落后于欧美列强。现今北京政府成为南北统一以后的唯一政权，值此之际，日本一方面要加紧加入欧

---

① 《日本外交文书》第 45 卷第 2 册，第 331～333 页。

② 《日本外交文书》第 45 卷第 2 册，第 239 页。

美列强的行列，与它们共同向北京政权渗透；一方面又要与欧美列强展开争夺。日本政府和内田确定了"今后发生的对中国借款凡具有政治性质者，持原则上必须参加之方针"①。当参加这项政治性借款时，日本声明："作为契约之当事者，应获得与他国团体同样之一切权利。"②

欧美列强将如何应付日本呢？它们虽然不欢迎日本的加入，但却又不得不请日本亦参加。此时正式邀请日本参加的是德国，3月8日，德国驻日大使冯·雷克斯根据本国政府训令，向内田表示"建言日本政府，希日本资本家团体参加对中国之借款"③。德国发出劝说日本参加的起因虽然不明，但其后英国于13日，美国于14日都正式邀请日本参加。法国也于13日由外交部亚洲司长贝特洛非正式表明欢迎日本加入。法国之所以迟于其他各国，系出于与俄国有同盟关系，必须先与俄国谈判关于俄国参加的问题之故。日本与俄国也有协约关系，此外，日本为了与俄联合起来对抗四国银行团，所以希望俄国也参加此项借款，并为此进行了调节工作。

日本希望与俄国共同加入这项借款，然而俄国态度犹豫。这正如前所述，作为承认北京政府的前提条件，俄国曾要求北京政府承认列强在中国的既得权益；而此时正又与日本开始了第三次日俄协约的谈判，企图扩大俄国在蒙古和中国西部地区的权利。故而如应允借款即等于承认了共和政府。所以要尽可能地避免在承认北京政府之前提供借款。④其次，因为俄国已与比利时的华比银行结成辛迪加，比利时参加与否，也对俄国参加借款形成一个牵制。⑤然而俄国既不能轻视与日本的协调关系，也不甘心完

①《日本外交文书》第45卷第2册，第302～303页。
②《日本外交文书》（辛亥革命），第254页。
③《日本外交文书》（辛亥革命），第255页。
④《日本外交文书》第45卷第2册，第262页。
⑤《日本外交文书》第45卷第2册，第262页。

全放弃这一机会。于是拟定妥协办法通告日本：俄国只参加垫款借款，而不参加善后借款。日本却是一方面在与俄国协调步骤，另一方面又为自身的权益决定参加善后借款。俄国对此表示不满，对日本的单独行动予以牵制。然而，日本已于 3 月 8 日通告四国银行团参加善后借款，不过尚未参加银行团。

日本政府指定横滨正金银行为日本银行团代表。正金银行于是代表国家和日本的银行团参加了此项借款。正金银行作为具有国家垄断资本性质的银行，参加了各国银行团的会议和活动。日本政府于 17 日在首相官邸召集西园寺首相、内田外相、仓知外务省政务局长、桥本大藏次官、胜田大藏省理财局长以及井上馨、高桥是清等，决定了训示正金银行的具体方针：

（一）在日本国内市场募集。应由日本资本家团体负担之借款的公债时，由与本借款有关系之资本家团体中的一家或数家共同发行。

（二）有关中国借款之一切事项，在南满和蒙古"当然期望不能与帝国享有之特殊权益有任何抵触。故有关该借款事项中直接、间接与该地区有关者，资本家团体不得漠视帝国政府之意见而有所行动"。"由此次借款所得之款额，一切不得用于满蒙"。为达到上述目的，"经常与俄国资本家团体保持密切接触"。

（三）必须与其他国家之资本家团体具有同等之权利，在借款方面"日本资本家应与他国资本家团体按同样比例负担，与此同时对于与上项有关之聘用外国专家及其他一切事项，我国必须与其他国家具有同等之权利"。

（四）日本虽未承认 1911 年 4 月 4 日四国银行团与清政府缔结之币制改革及以开发产业为目的之 1000 万英镑借款。但如四国取消该合同之第 16 条规定，或将上述第（二）项所记载之条件列入，即有参加此项借款之望。但不论本借款如何实行，然若"中国举债进行币制改革时，我国必须参加"。

（五）汉冶萍公司等其他借款，"不因参加此项借款而受任何约束"。①

以上为日本政府的方针，目的是欲利用参加善后借款确保日本在满蒙的特殊权益，并扩大新权益。日本在善后借款上的行动，都是按照这个方针进行的。

作为日本银行团的代表，横滨正金银行的取缔役（董事）小田切万寿之助参加了四国银行团，而由四国成为五国。五国银行团关于垫款的监督问题进行了协商，决定向北京政府提出以下监督办法：

（一）在北京政府财政部内，配置作为国际资本团代表之外国监督官一名，"其任务为在垫款中的所有支出命令上署名，并向资本团作定期报告"。

（二）北京政府陆军部在有关国家之公使馆选出的外国陆军武官（复数）协助之下，共同组成委员会。在军队遣散以及给养费用方面，洋员监察官应遵守委员会命令。委员会派遣一名代表及数名中国人与外国陆军武官至南京、武汉、广东等地。经常报告关于军队之给养和遣散等情况。遣散军队时，委员会向监察官报告兵员人数与发放金额。监察官据此签署支付命令。应行遣散之士兵，将武器、装备交回兵器库后，即行由委员代表派遣人员当面发给支付现金之凭证，凭证上记明"如不接受所发放票面金额时，可向委员会代表派遣员申告"。以上手续也适用于继续保留之军队。以后之支出，亦均须等待委员会的命令方可支付。

（三）关于文官薪俸及行政费用开支，事先在官报上公布每月所需数额概要，详细项目由财政部向监察官提出。监察官认为不需要或数额过多之项目，须经询问查核之后方可签署发给。发给地方者，将支出表交距该地方最近的领事，由领事以秘密方式调查金额是否使用得当，如有不正当支出之疑问时，立即报告。

---

① 《日本外交文书》第 45 卷第 2 册，第 326～327 页。

（四）当发生不属于上述项目之费用时，监察官应遵守之规则可与财政部和资本团协商决定。①

这种监督方式，不仅是对中国财政的监督，甚至对中国的军事也要监督和干涉。辛亥革命时期，南北方的军队都急剧扩大，总数达100万人（南方30万人）。北京政府打算复员其中的50万，预算需2000万两。②日本和英国等四国竟然乘此之机干涉中国军事问题。

5月1日，北京政府向银行团提出了关于借款垫款用途的明细书，要求总额达7000万两巨额的垫款。③对此，日本与四国银行团计划5月6日提供150万两，10日提供200万两，作为交换，强烈要求接受4月27日五国银行团代表团所决定的监督条件。④由于担心突然正式提出这种条件会使北京政府感觉棘手而加以拒绝，汇丰银行代理人希里亚于5月1日晚，向北京政府总理唐绍仪及施肇基透露了上述监督草案。翌日，银行代表团与唐绍仪、施肇基正式举行会谈。唐称："对于监督的条件，不仅本人反对，内阁和参议院亦当然反对，尤其军人方面，决不会接受。"⑤断然言明难以承诺。唐在说明反对的理由时说："民国甫行成立，方自实现自己愿望之时，外国却要求比对满洲国（指清政府——笔者）更行苛刻之要求，实属过分。"⑥这正反映出辛亥革命后，民族和国家意识的高扬，理由正当。作为妥协方案，唐提出把用于实业与军队复员的借款分开。有关实业事项，同意监督并聘用洋员。用于军队复员的3500万两的监督条件，无论如何切望撤回：因为军队是象征国家主权的重要部门。但五国银行团对此加以拒绝，银行团与唐的谈判无法继续进行。

---

① 《日本外交文书》第45卷第2册，第339～340页。
② 《日本外交文书》第45卷第2册，第354页。
③ 《日本外交文书》第45卷第2册，第241页。
④ 《日本外交文书》第45卷第2册，第341～342页。
⑤ 《日本外交文书》第45卷第2册，第342页。
⑥ 《日本外交文书》第45卷第2册，第343页。

　　唐绍仪为打开僵局，于 5 月 5 日向希里亚提出，由从南方来北京就任财政总长的熊希龄继续与银行团进行谈判。希里亚回答称，翌日任何时候，都有进行谈判的准备。由银行团在各国公使的指导之下，承担与北京政府之间的借款谈判事宜。4 月，俄国在日本的劝说下，参加了善后借款。6 月 1 日，俄和英等四国公使就谈判进行不顺利事交换意见之后，向银行团作了"就整体而言，对于垫款自然不能全无监督，但为取得监督之实，在形式上对银行团所提之方案作若干变更亦无不可"①的指示。5 月 7 日，包括俄国在内的六国银行团与熊希龄进行会谈。熊称："关于监督用途一事，实难设置洋员之监督官员。"②但表示了愿与内阁同仁审议监督问题的意向。9 日熊向六国银行团提出了《军队遣散规定草案》，提出避开洋员监督，自主地进行遣散（军队）的具体办法及使用借款振兴实业时，可招聘外国专家，接受其援助的方案。③熊的这一方案大体上与唐的意见相同，再次表现了中方的抗拒之意。六国银行团拒绝了这一方案，双方对立激化。日本晚于四国插手监督问题，因而与北京政府的关系相对较好。所以，日本银行团的代表小田切在双方之间斡旋。日本的居中调停，在善后借款谈判中，起到了特殊的作用，得到了袁世凯与北京政府的好感。11 日，小田切以私人资格拜访了熊希龄，作为个人意见，就遣散军队的监督问题提出"由有关地方之海关长代替外国派遣的武官，实效相同，且不伤害地方人民之感情"④的意见。熊对此极为同意。回答称，俟与内阁同事研究后答复。关于外国监督官问题，熊提出"暂行设立不属于中方和银行（团）一方之中间机构，执行监督事务"⑤的方案。但熊主张所提两种方案都不在

①《日本外交文书》第 45 卷第 2 册，第 350 页。
②《日本外交文书》第 45 卷第 2 册，第 352 页。
③《日本外交文书》第 45 卷第 2 册，第 359～361 页。
④《日本外交文书》第 45 卷第 2 册，第 362 页。
⑤《日本外交文书》第 45 卷第 2 册，第 363 页。

合同中书明，而仅限于书信往还。熊以这一方案表露了与六国银行团进行谈判的意向。

在小田切的斡旋之下，11 日下午，熊与六国银行团再开谈判，熊的提案是，"如地方军队遣散费表面上由海关收入中支出，再将与之相当之金额由借款中转入海关账目以作补充，如此，既可为海关长干预之公开理由，亦可保持体面，从而减少民间舆论之激愤"。银行团也表示了"如确能取得监督之实效，对此无异议"①的妥协态度。关于财政监察官，双方都赞成设立中间机构的方案，费用由银行团负担。熊希望在中间机构中，有中方的财务委员参加，银行团方面也表示同意。双方一致同意以书信往还形式商定，不写入垫款合同。六国银行团根据此次谈判于 12 日向伦敦总部报告，提出了以下方案作为对中国方面的反提案：

（一）在财政部附近设置会计监察局，由六国银行团任命之洋人监察官一名与北京政府任命之监察官一名（无须必为中国人）以及由双方监察官选任若干外国人及中国人辅助人员组成。

（二）凡请求支出垫款时，须有上述监察官之署名。请求支出时，须向监察官提出支出项目及说明书，监察官得随时检查有关实际支出额的凭证文件。

（三）关于地方军队的给养及遣散，由相应之税务司与北京政府派遣之高级军事代表，共同检查地方官员提出的正副两份支出项目表，在上署名。税务司据此从海关收入中支付，并预先从借款中将与此相当之金额转入上海的总税务司账面。

（四）上述决定，不写入垫款合同。②

六国银行团在得到对上述提案的确认后，向伦敦总部报告：为应北京政府的紧急需要，计划即行预付 300 万两。③14 日，熊

①《日本外交文书》第 45 卷第 2 册，第 363 页。
②《日本外交文书》第 45 卷第 2 册，第 364～365 页。
③《日本外交文书》第 45 卷第 2 册，第 365 页。

希龄会见六国银行团,承诺银行团于 12 日向伦敦总部提出的监督条件。同时，切望能火急通融 600 万两垫款。熊称，如果六国银行团不能提供（600 万两垫款），"迫不得已，只能接受更为不利的条件，而另谋借款"①。向银行团施加外交压力。伊集院认为中国政府此种小借款，为六国政府和银行团所不愿，然"必须乘中国政府代表接受垫款之监督条件之机,此时应以最简单之手续，垫付 600 万两实属必要"②，并向小田切转知了这一个人意见，说出这是为了防止北京政府从其他国家的银行家谋求小借款。英国等四国银行团也赞成此意见，16 日，四国银行团与日本代表之间，达成了于 5 月 17 日交付 300 万两垫款的决定。③对其用途的监督条件，按照 12 日向伦敦总部提出的方案办理。银行团借提供垫款之机，于 3 月 9 日致函袁世凯提出："约定首先不得在未与四国团体商谈之情况下，与四国以外之任何渠道筹谋借款。"④要求北京政府再次加以确认。这笔垫款，由日、俄和四国各出六分之一，合同在六国银行团成立后签订。

如上所述，北京政府是为了迅速得到垫款，而日本等六国银行则为了能垄断对北京政府的借款，对于监督垫款用途，在形式上相互让步，达成妥协。这不能不认为是北京政府的抗拒起了一定的作用。然而，监督依然存在。

孙中山、黄兴等革命党人反对这一监督条件。他们过去曾经与日本谈判借款，但未曾应允这种监督条件。4 月 27 日，孙中山在广州称，"如果监督，必须拒绝"⑤；且"四国如若利用中国目前之财政困难，阻碍中国之进步，则国民必定发愤自助，于国内募集公债以济目前之困"⑥。与黄兴等一同开展了国民募捐运动。

---

① 《日本外交文书》第 45 卷第 2 册，第 372 页。
② 《日本外交文书》第 45 卷第 2 册，第 372 页。
③ 《日本外交文书》第 45 卷第 2 册，第 379 页。
④ 《日本外交文书》第 45 卷第 2 册，第 380 页。
⑤ 《孙中山全集》第 2 卷，第 350 页。
⑥ 《孙中山全集》第 2 卷，第 350 页。

日本驻香港的总领事今井向内田紧急报告了孙中山这种"政府极力拒绝对外国之财政监督"的意见。[①]4 月 29 日，黄兴呼吁全国国民捐款，挽救因借款而亡国的危机。[②]南方各省民众予以响应，尤其是胡汉民任都督的广东省行动积极。黄兴并向日本驻南京领事船津表示"反对借款到底"[③]。孙中山于 6 月 1 日被任命为国民募捐会总理。参议院的议员们也表示反对列强的监督，要求删除两个项目的监督条件，对北京政府的借款谈判施加影响。

　　熊希龄以国民的反对为后援，于 6 月初向希里亚要求撤回监督条件。[④]希里亚当即予以拒绝。然而由于北京政府为了依靠外国借款维持政权，不得不要求六国提供垫款，6 月 12 日，银行团提供了第二次借款 300 万两，17 日提供了第三次借款 300 万两，同时仍坚持原来的监督条件。[⑤]不过在形式上将监察局从财政部内迁出，移至财政部附近，以及将 for their inspection and approval 改为 for their approval，给中国方面一种放宽了监督条件的印象。[⑥]

　　6 月 18 日，在巴黎举行日、俄和四国银行团代表会议，正式同意日、俄两国参加银行团。

　　由此结束了自 1910 年 4 月四国银行团成立以来的日、俄与四国之间的纠纷和争夺。六国之间围绕向中国提供借款，暂时呈现了协调的态势。那么，获得中国金融市场和垄断借款的四国，为何让日、俄参加善后借款和加入银行团呢？尽管日、俄两国不具备单独向中国提供巨额借款的能力，但四国却既允许日、俄在满蒙的特殊权益，又希望它们参加借款的原因何在呢？正如英国的

---

　　① 1912 年 5 月 1 日，日本驻香港总领事今井致内田外相电报，第 82 号，日本防卫研究所藏。

　　②《黄兴集》，中华书局，1981 年，第 171 页。

　　③ 1912 年 5 月 27 日，日本驻南京领事船津致内田外相电报，第 91 号，日本防卫研究所藏。

　　④《日本外交文书》第 45 卷第 2 册，第 390 页。

　　⑤《日本外交文书》第 45 卷第 2 册，第 406～407、412 页。

　　⑥《日本外交文书》第 45 卷第 2 册，第 407 页。

《法令报》所言，因为日、俄两国"紧邻中国本土，必要时有向中国施加压力之便"①。日本代表以军事力量为后盾，在银行团与北京政府的谈判陷于僵局而停顿之时，能起到居中调停的作用，也从另一个角度说明了这个问题。由于日、俄加入银行团，四国银行团扩大为六国银行团，借款谈判改以六国银行团的名义进行。谈判的内容也由垫款变为改革借款——善后借款，担保问题仍是谈判的重要内容。

袁世凯和北京政府坚持银行团撤回监督条件的要求。袁对法国公使说："六国银行团提出之条件，参议院无通过之可能，故暂缓提出"。②这表明了袁对监督条件的抵制。对此，六国公使在7月8日的会议上决定："在监督条件上，断难让步"。指示希里亚"将如无监督条件，一切贷款完全不可能之意向熊明确且详细表明"③。在双方正面对峙的情况下，袁世凯试图以减少借款额使对方撤回监督条件。熊希龄在7月8日的会谈中，按照袁的意见，认为如借1000万英镑，对方可能撤回监督条件，故而表示了减少借款额数之意。银行团答复："不论借款多少，所提之监督条件碍难让步。"④熊又提出以京奉铁路收入的全部（年600万两）替代盐税作为担保。但银行团回答不能因此撤回监督条件。从而熊与银行团代表的会谈暂时破裂。⑤翌日，六国公使通知陆徵祥外交总长称，在这种情况下，六国政府不能批准向中国借款。这个事实反映了袁和北京政府为维护国家主权，作出了一定的努力。

借款谈判破裂后，银行团要求日本的伊集院公使和小田切代表，劝说中国方面让步。

7月11日，伊集院访袁世凯，说明"六国银行团之真意，在

① 臼井胜美：《日本与中国——大正时代》，第26页。
② 《日本外交文书》第45卷第2册，第438页。
③ 《日本外交文书》第45卷第2册，第449页。
④ 《日本外交文书》第45卷第2册，第451页。
⑤ 《日本外交文书》第45卷第2册，第451～452页。

于除为挽救贵国目前之困难，恢复秩序，并谋求已付资金之安全外，别无他意"。袁则表示："如六国团体确实出自好意，即无将我方所不能接受之条件强加于我之理。依余之见，六国团体借救济中国之名，实为谋求垄断利益，干涉内政"。并称："希望此时将碍难之条件撤回。如担保之盐税收入不足，将更可提供其他适当之担保，望能尽力斡旋，若能如是，当可告成。"①袁想以增加担保作为补偿，使之撤回监督条件。但银行团对此不予理睬。

六国银行团因监督条件问题导致谈判破裂，中止了垫款，以此向北京政府施加经济压力。北京政府采取对策，组成以原财政总长熊希龄为会长的财政委员会，向不加入六国银行团的其他银行进行小额借款。没有加入银行团的各国银行，为得到向中国贷款的机会，同意贷款。首先是德国的德特里希森洋行，承诺以北京市内电车为担保，提供800万德国马克的借款，并可即付垫款300万两。继之英国、美国的实业团体也向北京政府提出可以提供借款的申请。8月30日，中国驻英公使刘玉麟与英国罗伊斯银行董事克利斯普签订了1000万英镑借款合同。这是北京政府在为确保财政来源的同时，打破六国银行团的垄断，迫其撤回监督条件的一个手段。也是向六国银行团的挑战。

六国银行团侦知北京政府策划小额借款的情报后，于8月9日举行六国公使会议，开始谋划对策。英国公使朱尔典提出，支持此类小额借款，对六国银行团不利。所以，"对此不予承认。六国必须一致采取共同措置"。并"应对六国所属臣民所筹划之一切借款采取坚决否认之态度"。②俄、法两国公使对此表示同意。其后，英国政府一方面向北京政府的小额借款行动提出抗议，同时阻碍罗伊斯银行在伦敦发行债券，并强烈要求将之取消。然而，没有参加六国银行团的伦敦南尤伊斯特银行等支持小额借款，法国和

①《日本外交文书》第45卷第2册，第456～459页。
②《日本外交文书》第45卷第2册，第460页。

美国的银行家中也有支持者。英国政府和银行团无法阻止此类小额借款，罗伊斯银行于9月15日首先向北京政府提供了50万英镑的垫款。

其次，如何对待实业性借款也是一个重要问题。对这项借款，由于各国的利益不同，难以采取协同一致的措置。朱尔典接到北京政府发来的要求承认关于英国国民与中国中央或地方政府之间，关于铁道、矿山等的借款合同的照会后，对于是否承认问题，征求各国公使的意见。俄、法两国公使声明应拒绝承认。美国、德国的公使的回答是必须等待本国政府的训令。①伊集院也以"绝对限制不属于银行团的金融业者，属不能简单处理之难题"②为由，回答也是须等待本国的训令。这是因为日本在政治借款上，同银行团采取联合一致的态度；而在实业性借款方面，则采取单独行动的缘故。内田于8月15日指示伊集院，"所谓不承认，仅限于声明不赞成该政府之意，并不意味命令禁止该项借款"。这说明了日本在与有关国家间约定禁止实业性借款终于难以实现所表示的消极态度。但为与英国等保持协调，发出"帝国政府对以上效果如何可暂置不问，鉴于目前之事态，赞成本件协定之精神，六国方面与中国方面之关系在继续维持现状时，且其他各有关国家如均采取不承认态度，帝国政府亦将采取同样步调"③的训令。但是，日本这时却正在秘密地向中国方面单独地进行着汉冶萍公司和中国东北地区铁路建设借款的谈判，努力扩大自己的权益。说明了日本与欧美列强既协调又争夺的状况。

因为四国以及六国银行团的主导权一直掌握在英国手中，所以，围绕借款监督和小额借款问题，激化了北京政府与英国的矛盾。因之英国拒绝中国军队进入西藏，并在西藏地区扩大和加强

① 《日本外交文书》第45卷第2册，第460页。
② 《日本外交文书》第45卷第2册，第460页。
③ 《日本外交文书》第45卷第2册，第463页。

自己的势力范围，这更进一步激化了矛盾。9 月 14 日英国的朱尔典向袁世凯提交了本国政府抗议克利斯普借款的训令。袁公开与其对抗，说："此次伦敦借款（指小额借款——笔者）谈判，确系我之承诺……已训令我之驻各国之公使，试行筹款，此不过其中之一。"并称："事已至此，实不得已，本人已无力为之。"①表现了不屈服于压力的姿态。对此，伊集院作了如下分析："袁今对英国表示如斯之冷淡态度，不仅由于近年在西藏和借款问题上，该公使一向对袁无所支持，反而使袁处于更加为难之境地，故袁对之充满不满，焉能不如此待之耶？"②这是因为英国在袁君临中国之前，给以支持、援助，但其目的是为扩大在中国的权益。在袁掌握政权之后，英国强硬地向袁要求提供新的权益。以上正说明了袁的抗拒态度。这是英国与袁世凯关系的辩证法。

　　与英国和袁的对立激化相反，袁与日本的关系却相对地开始缓和。因而北京政府试图通过日本与银行团重开谈判。7 月 12 日就任财政总长的周学熙，于 8 月 31 日与赵秉钧一同秘密访问小田切，提出"虽然寻求小额借款，但其效果甚微，归根结底仍愿与六国银行团商谈借款"③。经小田切与银行团就重开谈判之事进行协商之后，均同意重开谈判。④周学熙在重开谈判之前的 9 月 14 日，非正式地通知小田切经参议院同意的对案。对案中关于借款的原则如下：

　　（一）不得妨碍中国政府之行政权。

　　（二）不得激起中国人民之风潮。⑤

　　这两项是维持中国主权的原则，如果银行团同意此一原则，借款可分两期办理。第一期"作为消费性借款，用于遣散军队以及发饷、偿还旧债等，额数为 2000 万英镑"。第二期"作为生产

---

①《日本外交文书》第 45 卷第 2 册，第 472～473 页。
②《日本外交文书》第 45 卷第 2 册，第 473 页。
③《日本外交文书》第 45 卷第 2 册，第 464 页。
④《日本外交文书》第 45 卷第 2 册，第 464 页。
⑤《日本外交文书》第 45 卷第 2 册，第 474 页。

性借款，用作实业之振兴，根据今后之每一具体事业进行借款，其金额不限"。①这样，将政治借款与经济借款分开，就减轻了第一期政治借款的比重，以此放宽担保与监督的条件。关于银行团提供第一期借款的条件即担保与监督等的提案是：（一）关于作为借款抵押之盐税，由北京政府财政部派遣之中国人会同财政部雇用之洋人征收。搬运及销售均由盐运司主管。（二）洋人财政顾问，按照一般合同之手续，由中国自行招聘。关于借款用途，由北京政府选任精通会计之中国人，并雇用擅于监察之洋人，合同稽查账簿，每期公布。（三）"第一期借款合同成立之后，在债券发行终止之前，中国如欲继续借款，应先与银行团接洽，如条件与其他资本家相等时，银行团有优先权"②等。根据这一方案，在借款上尽可能地维护了中国主权，打破了银行团对借款的垄断。同时，北京政府在自行雇用或招聘洋人方面，也向银行团作了部分妥协。周学熙意在以部分妥协从银行团得到 300 万两的垫款。③

　　然而，银行团乘北京政府被迫处于不得不依靠银行团之机，不接受此方案，9 月 18 日，银行团提出了比过去更为苛刻的条件：（一）担保借款的"盐税及其他物品，由海关或由洋人指挥之相当于海关之特别税关或类似税关之机关进行管理，且其收入亦以与海关现行方法同样之方法，缴入银行团所属之银行"。（二）借款用途，由"财政总长及洋人出纳主任官共同监督"。（三）北京政府财政部与银行团"指定在五年期内中国政府之财务代办团体，并须订立关于一般财政政策、利源开发机构，以及关于租税之修改、征收等，均应与该团体协商之合同"④。尤以第三条，不仅涉及借款，而是要求对北京政府财政实施全面监督。20 日周学熙

---

① 《日本外交文书》第 45 卷第 2 册，第 474 页。
② 《日本外交文书》第 45 卷第 2 册，第 475 页。
③ 《日本外交文书》第 45 卷第 2 册，第 478 页。
④ 《日本外交文书》第 45 卷第 2 册，第 481 页。

表示"六国银行团之条件，无法全然承诺"①。9 月 24 日，正式向银行团提出经国务会议内定的"借款大纲"，坚持历来的立场。银行团对此拒绝，交涉再次中断。②

为与银行团对抗，北京政府将与克利斯普签订的 1000 万英镑借款中的 500 万英镑为本金，于 7 月 27 日在伦敦金融市场开始募集公债。③英国的朱尔典强烈要求袁世凯停止这一行动，袁以"银行团提出之条件，根本无法承诺……此实出于中国方面万不得已之举"，予以反驳。④英政府迫于直接面对北京政府和袁世凯之抗拒的压力，于 9 月 27 日向日本等五国提出放宽借款条件的意见。⑤这是因为，不如此则"不得不认为改革借款商谈于此全然放弃"⑥。然而，日本政府却一反过去的态度，反对英国的意见。10 月 16 日，内田向英国驻日大使馆提示了如下意见书："此时由六国银行团主动提出放宽借款条件，决非得计。"⑦内田举出的理由是：（一）自行承认六国团体之弱点"，中国方面必将"乘势采取引起资本家之间对抗之策"。（二）对解决列强与中国其他各种问题，亦有造成非常恶劣影响之虞。⑧日本表现出强硬的姿态。内田还向北京的六国银行团和六国公使提出，"须参照目前之事态，努力研究绝对必要而且可能实行之条件"⑨。英国等其他五国对此表示赞同。

与此同时，六国向北京政府提出要求。将过期未还之债款及已到期的全部债务立即还清，并对用盐税作为担保的克利斯普借款再三提出抗议，向北京政府施加外交、经济压力。

---

① 《日本外交文书》第 45 卷第 2 册，第 483 页。
② 《日本外交文书》第 45 卷第 2 册，第 486～488 页。
③ 《日本外交文书》第 45 卷第 2 册，第 492～493 页。
④ 《日本外交文书》第 45 卷第 2 册，第 494 页。
⑤ 《日本外交文书》第 45 卷第 2 册，第 507～508 页。
⑥ 《日本外交文书》第 45 卷第 2 册，第 509 页。
⑦ 《日本外交文书》第 45 卷第 2 册，第 535 页。
⑧ 《日本外交文书》第 45 卷第 2 册，第 535 页。
⑨ 《日本外交文书》第 45 卷第 2 册，第 536 页。

　　在这种压力之下，北京政府为打开财政的困难局面，仍希望与六国银行团重开谈判。因此于 10 月 21 日向伊集院表示"无论如何，均希望能与六国商谈"①。在重开谈判之前，周学熙与赵秉钧访问小田切，要求日本尽力斡旋。②英国、美国也希望小田切与中国方面接触，调解双方的关系。小田切代表的日本银行团是六国银行团的成员之一，同时还站在银行团与中国之间，起着调停双方的双重作用。也可以说，正是因为能起这种双重作用，成为英国等四国吸收日本加入银行团的一个原因。结果在 11 月 27 日，重开与以北京政府总理赵秉钧、外交总长梁如浩、财政总长周学熙为全权代表的代表团的谈判。周学熙要求借款 2000 万英镑，用减少借款额的办法，来缓和银行团的监督和干涉。作为会谈的先决条件，银行团提出取消克利斯普借款合同。克利斯普也由于英国政府和银行团的压力和阻挠，不愿提供借款，从而克利斯普借款已经在事实上中止。但此项借款活动，却在与银行团的会谈中起了一定的作用。据此进行的谈判，由于双方相互妥协，取得了较大进展。其结果是银行团与北京政府取得了如下基本共识：

　　（一）借款总额为 2500 万英镑，利息五厘。

　　（二）以盐税为担保。为保障及监督盐税之征收，在财政总长监督之下设立盐务署。在该署内设总稽核所，由中国人总办一名，洋人外国会办一名主管。在产盐地设稽核分所，雇用洋人办理盐税收入。以各省之地租及其他收入为临时担保。关于招聘此等洋人时，应在决定之前，非正式通告银行团。

　　（三）为对借款进行监督，在会计审计处内招聘洋人顾问一名。在该处内设稽核外债室，设华、洋稽核员。监督国债之收支。洋稽核员得在借款资金之一切支出命令上署名。洋稽核员人选，由中国方面通知六国银行团，并取得谅解。借款资金提款支票，需

---

①《日本外交文书》第 45 卷第 2 册，第 542 页。
②《日本外交文书》第 45 卷第 2 册，第 574 页。

由六国银行团代表与北京政府财政当局联署。六国银行团代表可随时经由会计审计处审查有关决算之凭证。①

这样，借款总额由 6000 万英镑，减少至 2500 万英镑，银行团对于借款用途的监督，在形式上由直接的改为间接的，实际上洋人对盐政、盐税以及借款资金用途的监督依然存在。但北京政府以形式上行使主权的方式而与银行团妥协。这种妥协的原因，是由于北京政府只能得到 6 月的第二次 300 万两垫款和克利斯普借款的 50 万英镑的垫款。而且，克利斯普 1000 万英镑的借款合同，因英国等国的阻挠，已不可能实现，财政之匮乏达于极点。六国银行团也因受到了北京政府以订立克利斯普借款合同用以打破银行团垄断的抗拒行动的打击，为确保垄断的地位，也不得不在形式上作出让步。这可以说明，北京政府的对抗措施，收到了一定的效果。

上述借款谈判，表面上是由银行团与北京政府财政总长进行谈判，在内里却是各国政府和驻北京的六国公使在指挥。六国银行团以上述内容为基础，写成借款合同草案，提交六国公使。但公使们提出，要在草案中或另行制定其他文件，约定洋人人选以及招聘合同须预先得到银行团的同意，并须在借款合同中写明对辛亥革命时期外国人的损失赔偿问题。②这实际上是谋求在事实上将招聘洋人的最终批准权交由银行团掌握。12 月 31 日，伊集院与法国公使一同访问陆徵祥和周学熙，提出了这一要求。二人表示，原则上承认革命时期的损害赔偿，但坚决拒绝了对招聘洋人的手续问题。③谈判结果，双方同意"六国公使于适当时机，以书面通知外交部，表示希望得知与六国借款有关之中国政府雇聘洋人之职位、权限合同等。外交部将人名、职位、合同等通知

---

① 《日本外交文书》第 45 卷第 2 册，第 597～599 页。
② 《日本外交文书》第 45 卷第 2 册，第 626～627 页。
③ 《日本外交文书》第 45 卷第 2 册，第 629～630 页。

六国公使"①，从而达成妥协。翌年1月9日，六国公使将双方
一致之点记入备忘录，经六国公使联署送交外交部，以取得中国
方面确认。②15日，陆徵祥送来了基本同意的回答。然而，法国
公使对9日的备忘录表示不满，与俄国公使库尔贝西斯基共同主
张与北京政府另行订立合同③，这就与英德两国公使发生对立。
这一对立反映出围绕与北京政府借款有关的招聘洋人顾问问题，
各国在名额比例上的内部的纷争。在北京的英、美、德三国公使
正确地分析了"法国之真实意图，在于尽量纳入多数之法国人"④。
在六国公使会议上，英国、法国、德国、俄国等四国公使，就盐
务会办、审计院、国债局顾问等位置展开了争夺战。这样，六国
间的协调态势开始崩溃。这是在中国的列强之间的协调与相互争
夺所表现出来的双重关系。

　　这种对职位的争夺也是权益竞争。这种竞争与各国的金融实
力之大小有直接的关系。法国以其世界金融帝国的实力为后盾，
当然要求占据重要职位。金融方面软弱的日本，在提供借款资金
上，本不具有与列强竞争的力量，因而一开始就已放弃上述北京
政府中央三项顾问的职位。仅仅希望"在地方盐务上与他国人相
较，尽可能多吸收日本人为条件，并在与借款无关之中央部门，
起用日本人为顾问，协助其他有关各国"⑤。希望能在六国协调
之下，迅速签订借款合同。这在六国因争夺而将出现分裂危机时，
在银行团内部起了居间调停的作用。日本首相兼外务大臣桂太郎
于1月25日，根据1月9日备忘录和上年12月31日在北京商谈
的结果，向五国政府提出与中国方面妥协的方案。理由为：鉴于
目前之事态，北京政府自不会同意法国之主张，如一味坚持此项
主张，借款谈判可能最后走向决裂。再则担心值此迫近旧历年关

① 《日本外交文书》第45卷第2册，第630页。
② 《日本外交文书》1913年第2册，第91页。
③ 《日本外交文书》1913年第2册，第89页。
④ 《日本外交文书》1913年第2册，第90页。
⑤ 《日本外交文书》1913年第2册，第131页。

之际，难以估计缺乏资金的北京政府将采取何种穷极之策。①日本驻北京的水野临时代理公使也与英国等各国公使个别商谈，协调意见。

　　然而正当此际，美国银行家内部出现了退出银行团的动向。在北京的美国公使嘉乐恒也指责说，借款谈判业已不是以援助中国为目的的友好性国际合作，而是为达到利己的政治上的目的，是具有共同利害关系的大国之间的勾结。②此时，民主党的威尔逊就任总统，国务卿卜莱安于3月18日发表声明，美国退出银行团。在声明中列举的理由是，"在借款条约中，不仅规定悖于时势的以特种税为抵押，且以外国人管理税收之行政，以上属干涉中国行政权之行为"③。这仅能说明美国退出的部分理由，并不能说明其本质。美国在这个银行团中，围绕满蒙权益，与日、俄对立；围绕银行团内部权力，与英、法、德对立，相对而言，美国处于孤立状态。所以，卜莱安在声明中，打出传统外交政策门户开放的口号，目的是欲在与其他列强争夺在华权益的过程中争取有利地位。

　　但是，美国的退出，并没有达到其主观的目的。由于美国的这一举动冲击了银行团对华借款的垄断，牵制了银行团对中国财政的直接强制监督、干涉，在客观上不能不产生一定的影响。北京政府对美国的退出大表欢迎。袁世凯于3月25日，通过驻北京的美国公使向威尔逊总统表示谢意。④北京政府利用美国的退出，企图缓和由银行团所垄断的借款条件，而日本和英等五国为防止银行团分裂，强调"必须巩固五国间之团结"⑤。由于美国的退出，六国银行团变为五国银行团，借款谈判暂时停顿。迨至 4 月

①《日本外交文书》1913 年第 2 册，第 98～99 页。
②《国际政治·日本外交史研究——大正时代》，第 28 页。
③《日本外交文书》1913 年第 2 册，第 147 页。
④《日本外交文书》1913 年第 2 册，第 169 页。
⑤《日本外交文书》1913 年第 2 册，第 160 页。

26 日，才签订了 2500 万英镑的借款合同。但接着北京的参议院即就此通过了因违反《临时约法》，合同无效的决议。①孙中山与国民党也表示反对此类合同。②然而，北京的陆徵祥于 29 日通告伊集院，北京政府遵守此项合同，合同生效。③善后借款至此告一段落。

北京政府的善后借款与南方临时政府的借款在内容和性质上有一些异同，对此须作一比较。

（一）南北政府都切望向外国借款，这是相同的。但南方主要是向日本一国进行借款谈判；与之不同，北京以四国银行团，以及包括日本在内的六国银行团，即向主要的列强国家谈判借款。

（二）南方以实业的名义进行借款，北方则公开要求政治借款。然而实质上南方也是政治借款。所以，南北双方均是谈判政治性借款。

（三）政治借款的目的，都是为了维持各自的政权和军队，在这一点上双方虽然相同，但南方是为了对抗北方的清朝及袁世凯政权。而北方则是为了从维持南北联合政权到进而镇压革命党势力。为了打倒与自己对立的一方，双方的目的依然是相同的。

（四）要求提供借款的总额，南方是 6700 万日元；北方则是高达 2500 万英镑的巨额借款。

（五）从提供借款的列强方面看，日本对南方，是要求以提供经济权益为条件，银行团不同于南方，要求于北方的是政治和军事权益。

（六）对南方的借款，受到中国方面的股东和欧美列强的强烈反对和牵制，从而取消了主要的借款。在北方，袁世凯与北京政府反对或抵制银行团提出的条件；孙中山、黄兴等南方革命派也

---

① 《日本外交文书》1913 年第 2 册，第 204 页。
② 《日本外交文书》1913 年第 2 册，第 198～199 页。
③ 《日本外交文书》1913 年第 2 册，第 204～205 页。

同样反对。从反对这一现象来说，虽然是相同的，但反对者本身又是互相反对的。

（七）日本向南方提供借款，受到包括俄国在内的欧美列强的一致反对和牵制。而银行团对北方的借款，日本却发挥了居间调停的作用。前期，列强共同采取一致的行动；后期，则主要是欧美列强间的争夺与相互牵制。

之所以产生南北两方借款的共同点与不同点，是由于辛亥革命进展阶段的变化，和南北政权在国际关系中的地位不同所决定的；也是日本和欧美列强对付两方政权的方法，以及围绕这一借款日本与欧美列强间的协调与争夺的双重外交关系所规定的。

三、地方各省借款

向外国借款的不仅是北京政府，各地方政府，尤以南方各省的政府，都在尽力谋求从外国得到借款。这与南京临时政府相同，在某种意义上也可以说是南京临时政府向外借款的延续。本节在探讨地方政府向日本及欧美列强借款谈判的同时，考察日本及欧美列强就此产生的争夺和竞争。

南京、上海的都督府首先向日本的三井物产提出借款，继而向德国迪特里希森洋行谈判，借款 500 万马克，条件是今后购买武器时，在相同条件下，通过该洋行从德国购入。①向南京、上海的三井物产借款是由中国银行以黄兴、陈其美、朱葆三、王一亭为借主，于 1912 年 5 月 13 日从三井物产借入了 35 万两的无期限借款。②

江苏省都督程德全于 9 月以扶植南京市场为名，向日本提出

①　1912 年 4 月 26 日，日本驻上海有吉总领事致内田外相电报，第 147 号，日本防卫研究所藏。
②　1912 年 5 月 13 日，日本驻上海有吉总领事致内田外相电报，第 160 号，日本防卫研究所藏。

借款，因有政治借款之嫌，改由江苏银行代程德全向日本台湾银行上海支店（分行）借款20万日元，以便在中秋节前发放军饷。①程德全还和三井物产谈判，输出大米25万石，于9月27日签订了输出每石大米由程德全收缴一两九钱六分税金的合同。②此外程德全还同俄国道胜银行上海分行、怡和洋行谈判以该省铁路为抵押的借款。

　　湖北省也向日本和列强提出借款要求。兼任湖北省都督的黎元洪曾数次向日本驻汉口总领事松村要求提供借款。8月20日派军事顾问杜长荣去日本总领馆希松村代为斡旋借款200万两（汉口银）③。黎元洪想以这笔借款用于湖北官钱局基金，以湖北省通境销场税为担保，利息八厘，按九八实收期限十五年，可延长五年。④但内田考虑到与六国银行团之间的关系⑤，训令松村："对方之请，应予谢绝。"⑥黎元洪复向中英银公司谈判借款350万英镑。谈判从6月间开始，无担保，条件是聘用外国人和优先购买借款方的材料、机械类产品，以及修筑汉口道路使用湖北官钱局基金等。⑦10月12日根据上述条件签订了借款150万英镑的合同。⑧日本非常警惕这笔借款是否以汉冶萍公司某种权益为担保，向李维格作了查询。由此可以看出日本和欧美列强在地方借款中的争夺。民间企业也希望能得到外国借款，汉口机器公司向当地

　　① 1912年9月18日，日本驻南京船津领事致内田外相电报，第129号，日本防卫研究所藏。
　　② 1912年9月26日，日本驻南京能泽领事致内田外相电报，第139号，日本防卫研究所藏。
　　③ 1912年9月26日，日本驻南京能泽领事致内田外相电报，第139号，日本防卫研究所藏。
　　④ 同上。
　　⑤ 1912年8月21日，内田外相致日本驻汉口松村总领事电报，第53号，日本防卫研究所藏。
　　⑥ 同上。
　　⑦ 1912年6月3日，日本驻汉口松村总领事致内田外相电报，第97号，日本防卫研究所藏。
　　⑧ 1912年10月14日，日本驻汉口芳泽总领事致内田外相电报，第33号，日本防卫研究所藏。

的日本横滨正金银行申请借款 10 万两。这个公司原已于 1910 年从正金银行借过 15 万两，所以日本驻汉口总领事继续协助其办成借款。①

广东省也积极谈判借款。广东都督府于 4 月初，向日本台湾银行谈判借款 300 万日元，因担保条件以及与六国银行团的关系问题，谈判没有进展。②但到 8 月间，以短期透支形式，以水泥、自来水、电灯等公司中的政府财产为担保，从台湾银行借得 150 万日元。③

广东都督府还向意大利、美国和德国的银行交涉借款。8 月以位于澳门以北 5 公里的香州港的使用权为担保，向意大利的辛迪加交涉借款 500 万美元。④在美国驻广东副领事的斡旋下，向纽约的资本家杨和摩根交涉借款 500 万美元。美国方面要求以土地税为担保，北京政府不准，遂改为以土地税以外的广东省收入为担保。⑤这笔借款名义上是铺设广州市电车道，实际上除向北京政府提供半数之外，其余半数是供广东都督府使用的政治性借款。这笔借款合同于 11 月下旬在北京签订。广东的惠潮公司向美国和德国的银行申请 1000 万美元借款，担保条件是由债权人提供技师、机器和材料。⑥

广西省也向日本的台湾银行提出借款要求。经省议会通过，由都督府于 10 月以土地税以外的收入为担保，申请借款 500 万日

① 1912 年 11 月 2 日，日本驻汉口芳泽总领事致内田外相电报，第 42 号，日本防卫研究所藏。

② 1912 年 4 月 5 日，日本驻广东濑川总领事致内田外相电报，第 45 号，日本防卫研究所藏。

③ 1912 年 8 月 30 日，日本驻广东井上大尉致参谋总长电报，第 208 号，日本外交史料馆藏。

④ 1912 年 8 月 14 日，日本驻香港今井总领事致内田外相电报，第 107 号，日本防卫研究所藏。

⑤ 1912 年 10 月 16 日，日本驻广东赤冢总领事致内田外相电报，第 79 号，日本防卫研究所藏。

⑥ 1912 年 12 月 8 日，日本驻广东赤冢总领事致内田外相电报，第 94 号，日本防卫研究所藏。

元。台湾银行提供借款的条件是在南宁、梧州开设分行，办理广西的财政收支以及发行纸币权等。①

上述各项借款，不过是地方借款中的一部分，与善后大借款相比较，其特点是：一、不限定特定的国家和特定的银行，对任何国家、任何银行、任何企业，均提借款。二、均以办实业为名，实际上多为地方的政治性借款。但其中也有实业性借款，如汉冶萍公司的借款即其一例。

1912 年 3 月汉冶萍公司股东大会否决了与日本签订合办合同，同时因南京临时政府解散和孙中山辞去大总统职务，汉冶萍公司与日本关于合办借款的谈判，暂时停顿下来。之后，北京政府、湖北省政府和该公司董事之间，因国有化问题产生诸多纠纷。汉冶萍公司和日本此时却以新的名义继续进行借款谈判。在这次谈判中，日本方面驻汉冶萍公司代表高木陆郎充当了重要角色。9 月 22 日高木要求横滨正金银行总行为汉阳铁厂运行，由日本提供新借款 250 万日元，实际上这是根据汉冶萍公司的要求提出的。②日本农商务大臣牧野伸显非常重视此事，认为"帝国之制铁炼钢事业将由此得到相当的便利，帝国在大冶汉冶萍公司之权利亦将由此带来加强其基础之结果"③。提议向正金银行提供南京发行的 800 万元公债为担保，由该银行向汉冶萍公司提供不超过 350 万日元的借款。④但横滨正金银行总行应其上海支店及高木之请，同意借款 250 万日元。⑤据此，1912 年 12 月 7 日，正金银行上海支店长儿玉谦次与汉冶萍公司经理李维格、叶景葵之间签订了 250 万日元的借款合同。⑥事先高木等向汉冶萍公司提出由日本方

①　1912 年 10 月 27 日，日本驻广东赤冢总领事致内田外相电报，第 84 号，日本防卫研究所藏。

②　《日本外交文书》第 45 卷第 2 册，第 187～188 页。

③　《日本外交文书》第 45 卷第 2 册，第 196 页。

④　《日本外交文书》第 45 卷第 2 册，第 197 页。

⑤　《日本外交文书》第 45 卷第 2 册，第 200 页。

⑥　《日本外交文书》1913 年第 2 册，第 901～902 页。

面代理经营的要求①，而这正是日本向汉冶萍公司提供借款的原因之一。汉冶萍公司为取得经营资金，迫于无奈不得不向日本申请借款。8 月间，汉冶萍公司为新建高炉及其他改良和扩大工程，向日本申请借款 1600 万日元，12 月 2 日签订了合同。②合同规定由日本派遣技术和会计两名顾问③。以后，还继续向汉冶萍公司提供了借款。

日本的三井物产与安徽省铜官山矿务公司进行了借款谈判。南京临时政府成立后，三井物产和铜官山矿务公司签订了借款 150 万日元的合同，但由于采取了与汉冶萍公司同样的合办方式，其后取消了这一合同。然而，三井物产为确保在该矿开采的铁矿的控制权，签订了以铁矿为担保的 20 万日元的借款合同。④在此谈判过程中，主要策动者是三井物产的森恪。

森恪还以日本朝日商会全权代表的身份，于 1913 年 1 月 28 日，与安徽省的安正铁路有限公司签订了 20 万日元借款合同⑤，充作该公司开办费。安正铁路是安徽省从安庆到正阳关约 290 公里的铁路，借款 20 万日元用作敷设铁路所需的测量、设计等费用。森恪被聘为该公司的顾问。日本宣称，通过此项借款"可望将来逐次着手安徽省矿山及其他有利事业……对将来本国在长江流域扶植利权，十分有利"⑥。以此诱导其资本家进行第二次借款。5 月，日本朝日商会把此项合同中的权利和义务，转让给东亚兴业株式会社，28 日，东亚兴业株式会社与安正铁路公司签订了新合同。8 月 7 日，签订了聘请日本的工学士石川石代为铁路总技师的合同。⑦但是，在 8 月的二次革命中，安徽都督柏文蔚任讨袁

①《日本外交文书》1913 年第 2 册，第 928～929 页。
②《日本外交文书》1913 年第 2 册，第 957～958 页。
③《日本外交文书》1913 年第 2 册，第 967 页。
④《日本外交文书》第 45 卷第 2 册，第 93 页。
⑤《日本外交文书》1913 年第 2 册，第 852～857 页。
⑥《日本外交文书》1913 年第 2 册，第 852 页。
⑦《日本外交文书》1913 年第 2 册，第 879 页。

军总司令，反抗袁世凯。袁对南方势力大举镇压，逮捕了安正铁路的有关人员，不承认该公司。袁世凯认为日本策动了南方革命派的二次革命，于是以此举给日本以警告。对此，日本外相牧野伸显于 11 月 20 日指示日本驻北京公使山座：此为"无视日本资本家之利益的不当处理"①，命其研究如何挽救。山座和森恪通过上海的安徽同乡会与安徽都督倪嗣冲交涉，要求恢复合同，未得应允。

第三次日俄协约之后，日本扩大了在满蒙的势力范围，积极推进在满蒙敷设铁路的计划。1913 年 3 月 19 日，日本驻奉天总领事落合向刚刚就任外相的牧野提出了关于由日本提供借款敷设满蒙铁路的报告。26 日满铁总裁中村也向外务省的政务局长阿部守大郎提出了以下敷设铁路的意见书：

一、自满铁本线四平街车站经西北奉化线（买卖街）至郑家屯铁路。

二、自郑家屯延长至洮南府铁路。

三、自满铁本线开原车站经由东面的掏鹿至海龙城铁路。

四、从海龙城至吉林铁路。

五、自满铁抚顺车站至营盘、山城子以及至兴京地方铁路；进而自满铁经过辽西地区，通过长城北面的朝阳、赤峰地方铁路。根据其敷设的方法，亦属应为虑及之事。另，位于干线之短程支线，将需逐次敷设，目前均在规划之中。②

袁世凯也积极谋求向日本借款修筑满蒙铁路。7 月 29 日，山座拜访袁世凯，要求敷设从长春经洮南至热河的铁路。袁答以："修筑此铁路之计划，为本人所最赞成之事，业已内部训令交通部当局予以批准。"③根据这一训令，山座和北京政府交通总长朱启钤于 8 月 9 日开始满蒙铁路谈判，日本方面由横滨正金银行取缔

---

① 《日本外交文书》1913 年第 2 册，第 893 页。
② 《日本外交文书》1913 年第 2 册，第 676 页。
③ 《日本外交文书》1913 年第 2 册，第 676 页。

役（董事）小田切负责具体谈判事宜。由于日本方面的强行要求，北京政府被迫承诺由日本敷设自洮南至热河的铁路，不得不对日本的要求妥协。最后由山座和北京政府外交总长孙宝琦签署了以下《满蒙铁路借款大纲》。

一、中华民国政府借入日本国资本家之资金，自行承诺敷设下列各条铁路：

甲、自四平街经郑家屯至洮南府一线。

乙、自开龙至海龙城一线。

丙、自长春之吉长铁路东站起，跨越南满铁路至洮南府一线。

以上各铁路均与南满铁路及京奉铁路连接，其办法另行商定。

二、上述借款办法细目须以浦信铁路借款合同定本为标准。本大纲议定后，中国政府须迅速与日本资本家达成协议。

三、中国政府将来如敷设洮南府至承德府之间以及海龙府至吉林省城之间两条铁路，需借入外国资金时，应尽先同日本资本家商议。[①]

根据以上大纲，商定了细目。日本方面推荐满铁当局为当事人，但由于中国方面担心因此而使上述各条铁路成为满铁的延长线，而加以反对，遂改横滨正金银行为当事人参加了细目的协议。

日本在满蒙敷设铁路的谈判是在同欧美列强的竞争和争夺中进行的。满蒙作为日本的特殊权益范围，日本意在垄断铁路敷设权，而欧美列强则对此进行挑战，以扩大各自在满蒙的权益，英国等四国银行团同意日本加入中国善后借款并参加银行团时，虽然承认了日本在满蒙的特殊权益，但这时在暗地里又一次开始与日本争夺权益。英国人门杰斯代表皮尔逊公司和中国进行了关于敷设奉天、海龙、吉林间铁路的谈判。伊集院为阻止这一谈判，向门杰斯提出："关于满洲的问题，如将日本排除在外，终难解

---

① 《日本外交文书》1913 年第 2 册，第 708～709 页。

决。"①门杰斯同中国进行了敷设自伊通州经长春到达伯都讷（新城府）铁路的谈判。伊新铁路公司就伊新线工程，原与法国的资本家代表于 1912 年 12 月 23 日签订了 80 万英镑借款草约，但因法国方面不能及时调拨资金而取消。②这也反映了法国、英国、日本之间在满蒙敷设铁路问题上的争夺。日本驻奉天总领事落合认为，"如有日本以外之外资在南满方面敷设铁路，必将危及我国在该地之特殊地位"③。报请牧野考虑对策。伊集院也向外务大臣报告称："近来从各方面连续发生关于满洲方面之铁路借款谈判。不论其成否，均对我颇具威胁"。应一方面唤起中国方面的注意，同时为阻止其与外国谈判成功，"帝国政府应于此际迅速决定关于满洲铁路问题之方针，尽先提出对中国方面的要求，以着先鞭"④。就是在这种形势下，日本将满蒙敷设铁路问题正式提上议事日程，与中国进行谈判。

　　日本还将手伸向了满洲的矿山。吉林省的天宝山矿山和通化的怀仁煤矿即其一例。英国的辛迪加先与中国就怀仁煤矿的特殊开采权进行谈判，但内田于 1912 年 6 月 20 日指示其驻英大使加藤高明："该矿山不仅位于对我有特殊权益之南满，且我国之有关方面业已投资，虑及以往历来之进程，今后应对有关方面给予相当之援助。"⑤企图与英国共同掠取这一煤矿的开采权。

　　以上的经济借款，意味着革命已暂告完结，经济建设作为重要问题提到议事日程。这点与南京临时政府的借款有所不同。这是时代的变化及其特点所决定的。

---

①《日本外交文书》1913 年第 2 册，第 658～659 页。
②《日本外交文书》1913 年第 2 册，第 661～667 页。
③《日本外交文书》1913 年第 2 册，第 670 页。
④《日本外交文书》1913 年第 2 册，第 659 页。
⑤《日本外交文书》第 45 卷第 2 册，第 70～71 页。

四、中日贸易与三井物产

贸易是日本和欧美列强在中国的一大权益。前面所说的借款是资本输出，贸易则属商品输出，经济性借款较诸政治性借款更为重要。辛亥革命爆发后的战乱和经济秩序混乱，致使贸易一时受到强烈的打击，对日本和欧美列强的对华政策有很大影响。辛亥革命时期，日本和欧美列强之所以支持南北议和，希望建立统一而强有力的中央政权，早日稳定社会秩序，首先在于使对华贸易正常化。从这个意义而言，探讨辛亥革命时期的贸易问题，确系重要的研究课题。本节在探讨此时期中日贸易锐减和辛亥革命带来中日贸易新变化的同时，探讨辛亥革命时期十分活跃的三井物产所采取的对策及其对华贸易的变化。

近代以来，中日贸易增长迅速。1868 年时仅为 316 万海关两，到 1911 年增加为 13 836 万海关两，增加率如以 1868 年的指数为 100，到 1910 年骤增为 4378.5。同时在中国的对外贸易中，日本所占的比例如表 1 所示，从 1870 年的 3.16%，激增到 1910 年时的 16.4%，超过英国的 10.62%，美国的 6.78%，跃居首位。[1]中国进口主要是棉纱，日本占 1910 年输入量的 41.03%，超过香港的 26.60%，英国的 0.12%，印度的 29.48%，占第一位。[2]棉布占 27.97%，不及英国的 41.93%，居第二位。[3]这些数字说明日本在中国对外贸易中所占据的重要位置。

---

[1] 何炳贤：《中国的国际贸易》，商务印书馆，1937 年，第 179～181 页。

[2] 何炳贤：《中国的国际贸易》，商务印书馆，1937 年，第 208 页。

[3] 何炳贤：《中国的国际贸易》，商务印书馆，1937 年，第 211 页。

表1 日、美、英在中国对外贸易中所占比例

贸易 国别 年	向中国的输出（占比）			自中国输入（占比）			贸易总额（占比）		
	日	美	英	日	美	英	日	美	英
1870	2.20	0.58	37.96	4.48	13.74	52.49	3.16	6.70	44.72
1880	4.41	1.52	27.54	2.83	11.69	35.72	3.62	6.56	31.63
1890	5.81	2.89	19.36	5.54	9.37	15.02	5.70	5.53	17.60
1900	12.20	7.92	21.54	10.65	9.28	5.88	11.53	8.50	14.81
1905	13.72	17.20	19.82	15.56	11.86	7.93	14.34	16.40	15.49
1910	16.58	5.46	15.32	16.18	8.48	4.91	16.40	6.78	10.62
1915	26.46	8.15	15.74	18.54	14.46	7.62	22.66	11.18	11.85

据何炳贤：《中国的国际贸易》，商务印书馆，1937 年，第 184 页。

　　对华贸易在日本的对外贸易中占有重要地位。1910 年日本对华贸易总额多达 15 800 万日元，占日本对外贸易的 17%，在日本的对外贸易中仅次于美国，居第二位。输入次于印度和英国，居第三位。输出次于美国占第二位。[1]日本对华贸易长时间以来是顺差，1910 年顺差 2147 万日元。[2]其对中国输出的主要商品——棉纱 1910 年总输出额的 86.7%是向中国输出[3]，棉布的 73.6%向中国输出[4]，两者合计占日本对外输出的第一位。这些数字足以说明在日本的对外贸易中，中国占据重要地位。

　　日本对华贸易以对华中地区的贸易最为重要。其总额 1910 年为 10 337 万日元，占其对华贸易的 64%。[5]其中日本输出 5537 万日元，占对华输出的 61%，输入 4800 万日元，占对华输入的 70%。[6]恰好是位居日本对华贸易重要地位的华中地区，首

<hr>

① 安木重治：《日本在中国贸易中的地位》，载《新日本》，1911 年 12 月号，第 24 页。
② 安木重治：《日本在中国贸易中的地位》，载《新日本》，1911 年 12 月号，第 24 页。
③《中国的国际贸易》，第 207 页。
④《中国的国际贸易》，第 210 页。
⑤《日本在中国贸易中的地位》，《新日本》，1911 年 12 月号，第 26 页。
⑥《日本在中国贸易中的地位》，《新日本》，1911 年 12 月号，第 26 页。

先爆发了武昌起义，波及长江流域各省，给国内经济和日本的对华贸易造成了严重影响。

1911 年 10 月辛亥革命爆发前，日本对华输出、输入如表 2、表 3 所示，与 1910 年同期相比，是顺差增长。但从爆发革命的 10 月起，至次年实现南北议和、清帝退位的 2 月的 5 个月间，日本的对华输出、输入都比上年同期骤减。[①]在这 5 个月中，日本对华贸易总额从 7768.3926 万日元减少到 4631.7250 万日元。减少 3136.6676 万日元，下降达 40.3%。[②]其中对华输出额在这 5 个月里，从 3915.8122 万日元减为 2662.3776 万日元，减少 1253.5346 万日元，下降达 32%。[③]自中国的输入也从 3852.5804 万日元减为 1969.3474 万日元，减少 1883.2330 万日元，下降达 48.9%。[④]两者相较，从中国的输入比日本向中国输出少 17%。从秋季的 10 月到翌年 1 月，为从中国输入棉、苎麻、生丝、豆饼、羊毛、豆类等的旺季，所以影响尤大。

表 2　日本对华输出　　单位：日元

年月	1910～1911	1911～1912
7 月	6 288 667	7 966 328
8 月	5 310 391	9 105 408
9 月	6 339 516	8 924 527
10 月	9 458 313	8 142 754
11 月	9 547 387	4 412 041
12 月	7 370 482	4 927 367
1 月	5 397 726	3 635 069
2 月	7 384 214	5 506 545
3 月	8 805 158	9 302 709
4 月	7 824 564	8 960 136

① 八木生：《对华贸易的恢复》，日本外务省通商局、日本外交史料馆藏。
② 八木生：《对华贸易的恢复》，日本外务省通商局、日本外交史料馆藏。
③ 八木生：《对华贸易的恢复》，日本外务省通商局、日本外交史料馆藏。
④ 八木生：《对华贸易的恢复》，日本外务省通商局、日本外交史料馆藏。

表3　日本自华输入　　单位：日元

年月	1910～1911	1911～1912
7 月	4 071 864	4 725 821
8 月	2 503 557	2 619 665
9 月	3 871 983	3 245 980
10 月	8 561 801	4 371 561
11 月	12 931 673	4 683 787
12 月	11 523 402	4 221 955
1 月	8 866 516	3 335 648
2 月	5 204 213	3 080 522
3 月	4 920 303	2 368 696
4 月	6 654 349	5 485 667

　　辛亥革命时期，日本对华贸易的总额下降，但对中国北部——华北的贸易额则有所增加。10～12 月日本的主要输出品输出额从1910 年的 574.7952 万日元增加至 1911 年的 643.4778 万日元，增加 68.6826 万日元，增长了 11.95%。[1]同一时期的输入额也从 1910 年的 257.7742 万日元增至 370.7738 万日元，增加 112.9996 万日元，增长了 43.8%。[2]输出、输入平均增长了 26.5%。

　　日本对东北的输出，同期也从 267.2506 万日元增至 307.8969 万日元，增加 40.6463 万日元，增长了 15.2%。[3]东北向日本的输出则由 1910 年同期的 241.8513 万日元，减为 219.8867 万日元，减少 21.9646 万日元，下降了 9%。[4]但同时期的输出入总额则从 1910 年的 509.1019 万日元增为 527.7836 万日元，增加 18.6817 万日元，增长了 3.7%。[5]

　　日本对华中的贸易，输出和输入都急剧减少。如表 4、表 5 所

---

[1]《对华贸易的恢复》，日本外务省通商局、日本外交史料馆藏。
[2]《对华贸易的恢复》，日本外务省通商局、日本外交史料馆藏。
[3]《对华贸易的恢复》，日本外务省通商局、日本外交史料馆藏。
[4]《对华贸易的恢复》，日本外务省通商局、日本外交史料馆藏。
[5]《对华贸易的恢复》，日本外务省通商局、日本外交史料馆藏。

示，迄至辛亥革命爆发前的 9 月，日本对华中的贸易是顺差增长，从 10 月开始骤减。[①]从 10 月到翌年 2 月，日本对华中的输出骤减，到 4 月自华中输入骤减。自 10 月到翌年 2 月，对华中输出从上年同期的 2775.0178 万日元减为 1314.5661 万日元，减少 1460.4517 万日元，下降了 52.6%。[②]自华中的输入自 10 月至翌年 4 月，从上年同期的 4164.2884 万日元减为 1439.9139 万日元，减少 2724.3745 万日元，下降了 65.4%。[③]以此与日本对华全部输出、输入的下降幅度相比，大约高达 20%，由此可见，辛亥革命时期日本对华贸易之减少，主要原因是对华中贸易的减少。

表4　日本对华中输出　　单位：日元

年月	1910～1911 年	1911～1912 年
7 月	3 375 459	4 654 225
8 月	2 523 471	5 700 953
9 月	3 324 967	5 264 024
10 月	5 404 645	3 505 391
11 月	6 540 088	1 253 968
12 月	5 777 451	2 624 664
1 月	4 516 475	2 473 152
2 月	5 511 519	3 288 486
3 月	5 643 613	6 546 337
4 月	4 497 988	5 342 737

据八木生：《对华贸易的恢复》。

---

① 《对华贸易的恢复》，日本外务省通商局、日本外交史料馆藏。
② 《对华贸易的恢复》，日本外务省通商局、日本外交史料馆藏。
③ 《对华贸易的恢复》，日本外务省通商局、日本外交史料馆藏。

表5　日本从华中的输入　　　单位：日元

年 月	1910～1911 年	1911～1912 年
7 月	1 976 116	2 061 399
8 月	1 886 816	1 754 041
9 月	2 873 273	1 728 851
10 月	7 041 186	2 123 750
11 月	10 619 313	2 033 457
12 月	9 640 949	2 725 564
1 月	6 611 781	2 191 188
2 月	4 162 679	2 244 655
3 月	2 141 570	1 049 071
4 月	3 352 406	2 031 454

据八木生：《对华贸易的恢复》。

　　辛亥革命时期日本对华贸易的增减，也表现在横滨、大阪和神户港贸易额的增减上。如表6所示，以上三个港口对华北、东北以及华南的贸易，大致是增加的，只是对华中的贸易骤减。日本对华贸易集散地神户港的对华贸易，在旺季的1911年12月至翌年1月的输出额，从1910年、1911年的557.3万日元，减少为366.3万日元，减少191万日元，下降了34.3%。[①]对华贸易主要商品的棉纱，从10月至翌年1月，由1910、1911年的7.2万捆减为4.2万捆，减少额为3万捆，下降了41.7%。[②]精制白糖从同期的7.5万包，减为3万包，减少4.5万包，下降了60%。[③]输入（包括香港）的减少率还高于此，1911年11月从前一年的831.1821万日元减至266.8028万日元，减少564.3793日元；1912年1月从前

---

①《清国革命起义之结果及其对清贸易之影响调查》，日本外交史料馆藏。
②《清国革命起义之结果及其对清贸易之影响调查》，日本外交史料馆藏。
③《清国革命起义之结果及其对清贸易之影响调查》，日本外交史料馆藏。

一年的 220.4020 万日元减至 85.1331 万日元，减少 135.2689 万日元。①长崎、下关、门同港的对华贸易亦行减少，但其下降幅度小于神户港。

表6　1910、1911 年横滨、大阪、神户港对华贸易　　　单位：日元

输出港 \ 年份 输入 \ 地区		中国北部		中国中部		中国南部		东北	
		1911	1910	1911	1910	1911	1910	1911	1910
横滨港	输出	16 549	1464	54 464	172 858	758	657	325	3452
	输入	38 376	79 863	179 099	326 385	26 223	6332	4740	0
大阪港	输出	164 287	283 146	174 559	306 043	-	729	23 363	-
	输入	48 293	39 197	41 146	155 873	320	14 029	3967	1064
神户港	输出	275 275	191 861	270 863	960 399	8045	8968	2	103
	输入	84 320	61 028	236 722	1 878 827	81 958	34 242	152 194	293 328

据《清国革命起义之结果及其对清贸易之影响调查》。

但是，1911 年、1912 年日本的对外贸易总额却从 1910 年的 95 259.8123 万日元增至 99 920.2616 万日元和 119 235.7910 万日元，1912 年较 1910 年增加 23 975.9787 万日元。②两年输入连续增加。输出 1911 年减少 1174 万日元，1912 年增加 6985 万日元。③以上数字说明日本的对外贸易虽然受此时期对华贸易的影响，但日本的对外贸易总额依然有所增加。

日本的对华贸易之所以减少，因系由中国对日输出和从日本输入减少所致。因为缺乏统计资料，难以确切说明具体情况，但可以从个别地区，如汉口对外贸易的一个侧面有所了解。汉口是从 1862 年对外开放的港口，是仅次于上海的华中大贸易港口之一。汉口港 1910 年对外贸易总额为 13 500 万海关两，居全国第二位。主要输出品为豆类、豆饼、猪鬃、棉花、牛皮、生铁、桐油、

① 《清国革命起义之结果及其对清贸易之影响调查》，日本外交史料馆藏。
② 《外国贸易》，日本外交史料馆藏。
③ 《外国贸易》，日本外交史料馆藏。

芝麻、芝麻、植物油、蚕丝、山羊毛皮、茶、烟草、木材等。这
17 种重要输出商品 1910 年度的输出额为 6000 万海关两（下同）。
10 月 10 日至 12 月底的减少额约为 1430 万两。[1]输入 1910 年度
为 3780 万两，10 月 10 日至 12 月底的减少额约为 900 万两。[2]其
中棉纱约 7 万担，减少 175 万两。精制白糖约减少 32 万两。[3]同
期汉口港从日本输入的商品约减少 57.2151 万两。[4]宜昌、长沙的
对外贸易额也减少约 1/3～1/2。

　　1911 年、1912 年中国的对外贸易虽然如表 7 所示，保持与
1910 年持平的水准，但 1911 年、1912 年的输入却略有减少。[5]

　　辛亥革命时期，中国对英、美贸易如表 8、表 9 所示，输出、
输入均为增加。对英贸易总额及输入为增加，但输出减少。从数
字看，美国基本没有受辛亥革命战乱的影响，英国虽受到影响，
但就整体而言也比日本为轻。[6]

表 7　中国对外贸易额　　单位：千海关两

年＼贸易额	输入	输出	总额	输入－输出
1909	418 158	338 993	757 151	79 165
1910	462 965	380 883	843 848	82 082
1911	471 504	377 338	848 842	94 166
1912	473 097	370 520	843 617	102 577
1913	570 163	403 306	973 469	166 857

　　据徐泰来主编：《中国近代史记》（中），湖南人民出版社，1989 年，
第 731 页。

① 日本农商省：《清国动乱与中清（华中地区）经济界》（其一），第 46 页。
② 日本农商省：《清国动乱与中清（华中地区）经济界》（其一），第 49 页。
③ 日本农商省：《清国动乱与中清（华中地区）经济界》（其一），第 50～51 页。
④ 日本农商省：《清国动乱与中清（华中地区）经济界》（其一），第 52 页。
⑤ 徐泰来主编：《中国近代史记》（中），湖南人民出版社，1989 年，第 731 页。
⑥ 《中国的国际贸易》，第 65 页。

表8　中美贸易额　　单位：海关两

贸易额　　年	输入	输出	总额
1910	24 799 494	32 288 831	57 088 325
1911	40 822 853	33 965 679	74 788 532
1912	36 197 671	35 049 902	71 247 573
1913	35 427 198	37 650 301	73 077 499

据何炳贤：《中国的国际贸易》，商务印书馆，1937年，第65页。

表9　中英贸易额　　单位：海关两

贸易额　　年	输入	输出	总额
1910	70 949 137	18 703 350	89 652 487
1911	89 997 051	17 294 626	107 291 677
1912	74 856 196	15 899 621	90 755 817
1913	96 910 944	16 346 413	113 257 357

据前揭书，第115页。

辛亥革命时期，我国与列强的对外贸易减少的原因如下：

（一）社会秩序一时出现混乱，暂时减少了对外国商品的需求。

（二）政治经济混乱，大清银行等发行的各种纸币停止流通。由于大量兑换金、银，银行、钱庄、钱铺、票庄等被挤兑停业，形成货币不能流通的状态，金融体制瘫痪，金融失信。以上是最重要的原因。

（三）中国批发商和零售商人拒绝赊购方式，大部分为现金交易。由于货币不流通，银行、钱庄的倒闭，直接影响了现金交易。

（四）日本在贸易上受到的打击之所以大于其他列强，首先在于日本对华贸易量大于其他列强。其次是其他列强的贸易多有华人为买办，在与华人交易中起担保作用，与中国商人无直接交易关系。日本的多数贸易商为谋求高额利润，不用华人买办，直接与华人或钱庄做生意，以致受到强烈的影响。

对华贸易的减少，也影响了日本国内的生产和市场。从中国输入的商品如漆、鸡蛋、麻等由于输入量减少或断绝，使日本国内市场价格上涨一成。对华输出的火柴减少一半，以致部分工厂破产。[1]日本经济界不得不对这些产业采取救济措施。但以对华输出为主的军需品生产工厂，反而提高了产量。[2]由于占对华输出首位的棉纱出口量减少，每包的价格下降了三四十日元，部分工厂不得不减产 25% 以上。这些数字说明一般商品的价格从中国输入者涨价，往中国输出者落价，生产输出品的工厂受到严重影响。

中国市场的价格却与日本相反，从日本输入商品的价格上涨，对日输出品价格下跌。输入的火柴从每包 60 文涨到 80 文，棉纱、精制白糖、海带等都涨价一成至两成。[3]输出的漆 100 斤从 11 两落到 10 两以下，棉花 100 斤从 53 串落到 38 串，生蚕丝 100 斤从 40 美元落到 32 美元乃至 30 美元。[4]

日本农商务省为寻求制订辛亥革命后的对华贸易政策，委托其在中国的"嘱托"调查中国南北的经济状况并提出今后的对策。该调查报告书发表于该省《商工业报》号外，题为"清国动乱与中清（华中地区）经济界"。其中提出的"在革命动乱中振兴我国对清贸易之策"认为，如果南北议和成功，必将出现商品需求的激增，"利用此良好时机，乃我国之特权"。有利的条件是地理上接近中国，只需 4 天即可将商品运到上海（其他外国需经 20 天或 1 个月）。其次是日本商人多会说中国话，了解中国的商业习惯，革命后的官员中有半数是留日学生，应利用这一良好时机，在中国市场实现大发展。报告书就对华贸易方式提出：一、"运送现银到内地，收购货物"。二、"将货物运往内地，将作为货款所收取的纸币或货物，在当地收购或交换货物。意在借中国内地贸易陷

---

① 1912 年 1 月 8 日，日本大阪府厅《清国动乱对大阪的影响》第三报，日本外交史料馆藏。

②《清国革命起义之结果及其对清贸易之影响调查》，日本外交史料馆藏。

③《清国革命起义之结果及其对清贸易之影响调查》，日本外交史料馆藏。

④《清国革命起义之结果及其对清贸易之影响调查》，日本外交史料馆藏。

入困境，输出商品价格暴跌，输入商品价格猛涨之机趁火打劫，一举两得"。[①]报告书指出了中国国内买办制度之弊，强调不可轻视外国洋行的活动，往华北、华中、华南分别派去商业观察人员，确定今后对华贸易方针[②]，是当务之急。

辛亥革命是一场政治革命，同时也是一场移风易俗的革命。去发辫、着洋服等为其一例。这种变化和变革也给这一时期的中日贸易带来了新内容。日本外务省瞄准这一变革，立即作出了反应。1912 年 2 月 2 日内田指示日本驻华各地领事馆：是否能适应今后的风俗嗜好之变化的趋势，对日本的对华贸易关系重大，当前亟须调查这种变革带来的需求变化，向各有关行业指出未来的方针。并要求对以下事项进行调查，作出报告。

一、根据事变所促使发生的风俗习惯的变化所产生的商品的需要倾向及其将来趋势的预测。

二、外国商人对上述所需要商品的竞争状况及对将来的计划。

三、关于事变对于内外合办企业的倾向与种类及合办方法之意见。

四、对由于事变影响所产生的商品交易习惯变革的推测。[③]

日本驻华各地领事、总领事据此立即调查变化情况，报告外务省。驻南京领事铃木认为："思想的革新给风俗习惯带来巨大的变化，并将进而极大影响清国之生产业。"[④]由去发辫、着洋服等所产生的社会需要的变化，加之南京是临时政府所在地，官员中有为数众多的留日学生，出入南京日本人所设商店的顾客，十之八九是这些人员，所以日本产酱油、啤酒、罐头等的需要增多。更由于战争的影响，日本制的儿童玩具、弹簧枪的订货亦增加。[⑤]在南京的日本商人得到南京临时政府的优待，已准备在城内设店

①《清国动乱与中清（华中地区）经济界》（其二），第 31 页。
②《清国动乱与中清（华中地区）经济界》（其二），第 35 页。
③ 1912 年 2 月 20 日，内田外相致中国派遣机关电报，日本外交史料馆藏。
④ 1912 年 2 月 16 日，日本驻南京领事铃木致内田外相电报，日本外交史料馆藏。
⑤ 1912 年 2 月 16 日，日本驻南京领事铃木致内田外相电报，日本外交史料馆藏。

营业，而其他外国人则只能在城外设店。日本驻汉口、安东、芝罘（烟台）、苏州、广东等地的总领事、领事也向外务省报告了各地的变化和需求增加的情况。

　　辛亥革命带来的风俗变化使日本对华输出所增加的主要商品如表10所示，其中最引人注目的是由于去发辫，而帽子输出额的增加。1912年4月的输出额比1911年11月增加827%。大阪的帽子价格因而暴涨。1911年11月12日，礼帽（呢帽）每顶由10日元涨到22日元，便帽（鸭舌帽）由3日元涨至7日元。[①]中国市场对帽子的需求剧增，日本市场的各种帽子普遍涨价3倍左右。[②]理发用的推子从来不是中国的进口商品，此时日本向中国输出了2.3万打，导致日本市场价格上涨，中国市场价格则每把低档推子高达1.7美元。因为普遍实行剪发，化学梳子开始大量对华输出，神户港1911年11月梳子输出额仅447日元，翌年骤增为10 750日元。女性的发型也有了变化，因而女用西式梳子、束发带子等的输出亦骤增。随着着洋服的人增多，洋服的输出急剧增加（见表10），白衬衫、花色领带、背带（西服裤吊带）等的输出也随之增加。[③]

表10　日本对华输出的主要商品（1911～1912年）

品别	单位	11月	12月	1月	2月	3月	4月
帽子	日元	39 034	182 225	217 960	59 960	195 564	323 194
针织品	打	3937	12 221	6866	1450	8827	18 396
洋服	日元	1769	25 211	23 145	6760	44 486	120 577
皮革	斤	42 916	22 269	20 535	36 003	29 525	32 770
啤酒	打	4450	5980	6602	3370	16 192	21 352
清酒	升	111 342	55 174	30 793	26 683	30 286	50 983

据八木生：《对华贸易的恢复》。

　　① 1912年1月8日，日本大阪府厅《清国动乱对大阪的影响》第三报，日本外交史料馆藏。
　　②《清国革命起义之结果及其对清贸易之影响调查》，日本外交史料馆藏。
　　③《对华贸易的恢复》，日本外务省通商局、日本外交史料馆藏。

风俗变化主要起于以上海为中心的城市，和中流社会以及青年阶层，尚未波及广大的农村。日本农商务省的嘱托员太田外世雄调查了上海及附近地区风俗变化情况及新商品输入情况后，向农商务省提出了关于革命战争后需要新增加之商品的贸易状况，及此类商品在本国输出贸易中应注意的问题的报告书。在报告书的开头所作的展望中提出："此一变化盖非一时现象，以后将愈加发生变化亦非仅于上海等二三地区之倾向，革新后的新风俗终将向各地传播，不可遏止。且如斯新商品之需要，作为绝对近邻之我国，必将增长我之输出，殆为我国对中国贸易开辟一新纪元。与中国人爱好之提高相伴，其需用品日益接近我国之水平。伴随其显著变化，位于近距离之我国输出品据有最方便之地位。数亿中国民众愈益增加其需要，而呈现此类商品均行有赖于我国供给之势。"[1]对于社会风俗、爱好的变化，进行了详细的调查和分析。如对于帽子作了如下的分析。洋式帽子的流行始于上海，现已遍及各地；上海流行呢帽，南京流行缎子帽，汉口流行便帽（鸭舌帽）。对颜色、样式的一般爱好的变化及其对新需要商品的影响等，均作了分析。

日本的对华贸易是在同欧美列强的竞争中展开的。初期，日本在输出新商品中占优势，但当物美价廉的欧美商品输入中国市场之后，日本不得不将市场拱手相让。日本这时的主要竞争对手是美国和德国。太田报告书对日本和其他列强的重要商品在中国南北方市场所占的比例作了具体的调查，为日本提高商品质量，广设商行，以提高日本商品的竞争力等提供了情报。

这一时期，由于风俗、爱好的变化，从外国输入中国的商品剧增，但是另一方面，在广东等部分地区出现了复古倾向和提倡使用国货。在辛亥革命初期，在广东有日本支援清廷的传闻，发

---

① 《清国动乱与中清（华中地区）经济界》（其五），第153页。

生过抵制日货运动。军服使用国产布料，随身携带用品，如纸烟、手帕、袜子等一律使用国产品。在民众间，特别是衣着方面，极力恢复往日习惯，使用国产品者日益增多。①春节期间市内很少见到穿洋服者，几乎全是旧时的装束。女性的发型也出现模仿明朝发型的复古倾向。上海也出现了同样的情况。说明辛亥革命本身就孕育着民族意识，含有提倡民族习惯及发展民族工业的思想和行动。

辛亥革命期间创立了实业协会、工业提倡会、民计共济会等团体，提倡发展民族工业，促进了民族经济的发展。上海新成立了两家制帽公司，丰泰罐头公司购入了新的机器，饼干的产量提高了一倍。出现了收回利权思想的萌芽。太田在报告中指出，在中国产生了新的竞争及反抗者，"恐终不能再垄断市场，势将陷入恶战苦斗之中，岂可不加以警惕乎"②。辛亥革命时期的中日贸易，经过半年的波动，日本对华输出从3月，从中国输入自5月起，都比上年同期上升。中日贸易额如表11所示，保持正常增长。《申报》5月9日也报道：中日贸易从3月间开始恢复，对日输出从5月开始回升。然而，辛亥革命是社会革命，并不能显著地促进中国的经济发展，因而，中日贸易并没有由于这一社会变革而激增。

表11　中国对日贸易额　　单位：海关两

贸易额 年	输入	输出	总额
1912	91 016 652	55 262 004	146 278 656
1913	119 346 662	65 544 186	184 890 848
1914	127 119 992	64 616 059	191 736 051
1915	120 249 514	77 676 817	197 926 331

据何炳贤：《中国的国际贸易》，第181页。

---

① 1913年3月20日，日本驻广东总领事赤冢致牧野外相电报，日本外交史料馆藏。
②《清国动乱与中清（华中地区）经济界》（其五），第8页。

在此，就日本企业对辛亥革命的对应及其经济活动中出现的变化作一探讨。

与辛亥革命密切关联的日本企业有横滨正金银行、大仓组、三井物产等，考察日本企业如何对待中国革命，对于研究中日间的政治、经济关系具有重要意义。在此主要考察三井物产对辛亥革命的对应措施及其在经济领域活动的变化。三井物产在借款问题中的活动，前面已经叙及，此处不再赘述。

三井物产对武昌起义——辛亥革命持如何看法呢？

三井物产在上海、天津、汉口设有支店。汉口支店在当地的外国商行中，占向中国输入的第二位、输出的第六位，仅次于其上海支店。三井汉口支店在武昌起义爆发的当天，即向日本东京的总店报告称："革命党在武昌的兵营三处放火，现处于混乱之中。"[1]翌日又报告称："谋反的目的是反抗满人，声明不会危害外国人，事态颇为严重。"[2]上海支店的报告称："武昌、汉阳、汉口均落入革命军手中，但外国人极为安全，一般秩序维持良好。"[3]并指出"迄至10月15日之日本国内报纸中关于暴动的报道，均失之于夸大"[4]。批评了歪曲事实的报道。天津支店的报告称："只要外国不加干涉，北京、天津终必归于革命军。""如无日本支援，则必然成立共和政体，无须更多时日，清朝必彻底灭亡"[5]。对于11月27日官军攻占汉阳，援引黄兴的话，分析其原因系德国军官援助官军及供武器所致。[6]三井物产很重视已返途归国的孙中山的动静，新加坡支店的报告称："孙逸仙今晨（12月16日——笔者）动身赴上海，孙在到达后将领导革命党决心集中兵

---

① 1911 年 10 月 11 日，日本三井物产《社报》，日本三井文库藏。
② 1911 年 10 月 12 日，日本三井物产《社报》，日本三井文库藏。
③ 1911 年 10 月 18 日，日本三井物产《社报》，日本三井文库藏。
④ 1911 年 10 月 19 日，日本三井物产《社报》，日本三井文库藏。
⑤ 1911 年 11 月 24 日，日本三井物产《社报》，日本三井文库藏。
⑥ 1911 年 12 月 2 日，日本三井物产《社报》，日本三井文库藏。

力打倒满清朝廷。"①上海支店也即时报告总店："孙逸仙今晨（12月25日）抵达。"②并向《社报》报告关于南北议和与共和体制的情况称："黄兴派决心成立共和政府"，"媾和条件极可能以失败告终"。③ "唐绍仪鉴于革命派反对保存清朝决心之坚定，电请袁世凯承诺共和政体，并电请北京公使劝说袁……袁充任大总统事，虽革命党反对，但当地商人并不会强烈反对"。④从这些报告中虽不能明确判定日商的意图，但从中可以感到他们对辛亥革命和革命党不持反感，而且在某种程度上流露出同情革命党一方的倾向。这或许是以中国政治、经济、文化近代化为目的的辛亥革命，与近代化的日本大企业三井物产并无深刻矛盾之故。三井物产之所以如前所述比其他企业更为积极地向革命党和临时政府提供借款和武器，除了获取利权的目的之外，也可以认为存在上述的政治因素。

辛亥革命是一场巨大的社会变革，但也会发生一时的经济混乱，作为企业，当然要研究对策。三井物产于10月16日召开董事会，商讨在中国的支店、办事机构应采取的应急措施。并于当天发出以下十项指示：

一、处于战乱地区之店，根据危险程度，可安排妻、子避难。在特别紧急情况下，可采取暂时撤出店铺，临机应变之措施。

二、处于战乱地区之店，必要时可向最近之店铺请求人力及其他援助，此时，接到求援之店应尽力给予支援。

三、清国各店与官方所订立之合同及债权，包括与私人订立之合同及债权，应促其履行或催收清结。如来不及时，应备妥能明确证明内容之凭证文件，以期他日履行合同，催收债务以及求赔偿损害时不生枝节。

---

① 1911 年 12 月 18 日，日本三井物产《社报》，日本三井文库藏。
② 1911 年 12 月 26 日，日本三井物产《社报》，日本三井文库藏。
③ 1911 年 12 月 18 日，日本三井物产《社报》，日本三井文库藏。
④ 1911 年 12 月 23 日，日本三井物产《社报》，日本三井文库藏。

四、与清国官府之交易，此际应予以特别注意，务必采取收取现金等手段，以防万一出现不测情况时蒙受损失。

五、与私人间之交易，亦须加强注意，务期避免遭受损失。

六、处于战乱地区之店，已订立售货合同但又不能运出交货之商品，根据该商品行情，拍电通知对方。如系行情看涨之商品，一方面将低价采购之商品，原封储存，已售出者废除合同。日后如能以低价购入，即可趁机卖出。行情下跌之商品，停止采购。再从卖方以低价购入，或购入低价之代用品，即以此供货，或采取延期履约等适当措施。

七、各店向处于战乱地区之店出售合同之商品，纵使已全部装运发货，然有不能收取货款之虞者，依其商品行情，以电报通知对方：如系行情下跌之商品，高价售出者仍依其旧，收购者则行解约。日后如买方依照前约提取商品时，可购入低价商品交付。另，行情上涨者停止推销，原以高价回销买方，或提货后转售，或延期履约，或仅约定购入，不使中断。可采取以上诸般适当措施。

八、处于战乱地区之店对所保管之商品应设法保全。但在不得不舍弃的情况下，须备妥日后向清国官方要求赔偿之必要凭证文件。

九、值此战乱之际，商品、通货及外汇行情必然逸出常规。故处于此际应举措得宜，往往不难博得意外之利。希就此等时机勿怠于机敏之行动。但事须经官者必须符合手续。

十、其他可随机应变，善为处置，运转祸为福之谋。[①]

以上十条中的一、二两条是应变措施，六、七、九条则活生生地暴露了要在中国经济秩序混乱之际，趁火打劫谋取经济利益。从这里也可以看到日本经济企业的处心积虑。

辛亥革命在三井物产的对华贸易中产生了正、负两面的影响。

---

① 1911 年 10 月，三井物产《取缔役协议簿——关于中国事件之一般训令》，日本三井文库藏。

三井物产历来以每年的 10 月 1 日至翌年的 3 月 31 日为上半期，以后为下半期进行总决算。辛亥革命时期属于 1912 年的上半期。在这期的三井事业报告书中称："（辛亥革命）对清贸易打击之大，自不待言。但由于在与动乱有关联的特殊销售方面取得成效，得以弥补部分损失，可谓至幸。"认为："伴随邻国因革命而产生的对所遭受压迫之反抗及革命，使中国民众随之觉醒，预想此对我十分有利，足以振奋情绪，（对华贸易）亦必更趋景气。"①提出了辛亥革命所带来的正、负两面的双重影响。这不限于三井物产，辛亥革命在这一时期，对日本的全部对华贸易所产生的影响，亦大体如此。

在辛亥革命时期，武器和军需品的贸易非常旺盛。在上述报告书中所提到的"特殊销售"，就是指武器和军需品的交易而言。在此期间，三井物产对华输出这类物资的情况是，输往满洲 50.8 万日元，输往上海 285.3 万余日元，输往汉口 2.6 万余日元，输往广东 41.8 万余日元，输往福州 4.3 万余日元。②在辛亥革命时期大肆活动的三井上海支店长藤濑述及三井物产销售武器和军需品的情况时称："我们历来接近南方革命派的干部，革命开始后，进一步结成密切关系。在军用器材交易方面殊为方便。革命动乱时期，南京政府所使用之武器、军需品之供应，十之八九均归我手。……南北妥协前售出者货款全部收回。南北妥协后售给南京政府之军用器材，达到相当数额。全部转由北京付款。"③从这里可以看到三井物产在辛亥革命时期销售武器、军需品的一个侧面。

在辛亥革命发祥地汉口的三井物产支店，在此时期约"受到损失二成的影响"，贸易额从前期的 470 万两减为 340 万两。④不过辛亥革命时期三井物产对华贸易所受的影响，是一时的、部分

①《三井物产株式会社第五次事业报告》，日本三井文库藏。
②《三井物产株式会社第五次事业报告》，日本三井文库藏。
③ 1913 年 7 月，《三井物产株式会社第二次支店长会议事录》，日本三井文库藏。
④ 1913 年 7 月，《三井物产株式会社第二次支店长会议事录》，日本三井文库藏。

的，其销售总额仍达 177 701 万两。比前期增加一成。从 1912 年 5 月起，景气恢复，汉口支店下半期从 5 月至 10 月，增加 620 万两，增长了 82%。[①]上海支店在 1912 年下半期，也从上半期的 1163 万两增至 1535 万两，增加了 14.7%。[②]

五、日本对俄蒙协约的对策

1912 年 11 月 3 日，俄国政府与在辛亥革命时期宣布独立的所谓大蒙古国签订了俄蒙协约。协约的主要内容是俄国政府扶助外蒙古，编练"国民军"，不准中国向外蒙派兵、移民，非经俄国政府允许，不得与其他国家缔结与本协约相违背的条约等等。[③]与此同时，俄国还和外蒙签订了本协约的附属议定书 17 条，规定俄国人在外蒙有居住、迁移、经营工商业的自由，享有进出口商品免税，开设银行，经营矿山、森林、渔业，在外蒙古各地设立领事馆，设立邮局，保证治外法权等各项权利。[④]签订了这个协约及附属议定书后，俄国承认外蒙古的所谓独立，把外蒙置于俄国的殖民地保护国的地位。就俄蒙协约一事，北京政府和俄国政府于 1913 年 11 月 5 日发表了中俄之间的声明文件及声明附件。

这一协约的签订和声明文件的发表与日本并无直接的关系，但实际上由于这个协约的签订，俄国的势力得以在外蒙古扩张，对日本在内蒙古的势力范围形成威胁。因而日本决定采取各种对策，与俄国争夺内蒙古。这种争夺是对中国领土蒙古的争夺，于是北京政府也想利用日、俄在蒙古的争夺和矛盾牵制俄国，这就无法不涉及中日外交。本节将考察从俄蒙签订协约到中俄发表声明文件之间的中、日、俄三国之间三角又双重的外交关系，与之

① 1913 年 7 月，《三井物产株式会社第二次支店长会议议事录》，日本三井文库藏。
② 1913 年 7 月，《三井物产株式会社第二次支店长会议议事录》，日本三井文库藏。
③《日本外交文书》第 45 卷第 2 册，第 738～739 页。
④《日本外交文书》第 45 卷第 2 册，第 775～778 页。

同时，并对日本外务省及其派出机构对此的不同对应作一分析。

在签订俄蒙协约一事上，俄国与日本既争夺，又勾结。俄国外务大臣沙札诺夫在和外蒙签订上述协约之前，曾通知日本驻俄大使本野一郎，前俄驻华公使廓索维慈即去库伦（现乌兰巴托），但并未对本野言明其使命。本野立即向内田报告了俄国的对蒙政策："仅在名义上维持中国对蒙古之主权，实际上毫无疑问是使该地区成为独立国，置于俄国的保护之下。"①并推测北京政府对此将不会采取强硬手段。这一分析是正确的，成为后来日本决定对俄、对华外交政策时判断形势的基础。

在这一时期，日本既是俄国的重要伙伴，又是竞争对手。11月8日，俄国外交部以外交备忘录形式通知本野，希望日本对签订俄蒙协约给予理解。协约中使用的是"蒙古"一词，表示其适用范围包括内外蒙古全部。此协约本是俄国与外蒙古的协约，应仅适用于外蒙古，俄国用"蒙古"一词的含意是扩大协约的适用范围，目的在于将其势力扩张到内蒙古，这就侵入了日本在内蒙古的势力范围，表露了与日本争夺内蒙古的意图。本野立即向俄国询问此一协约的适用范围，俄方回答称："此次之俄蒙协约，毋庸置疑，并不违反日俄协约。"②这本是在蒙古政府发表声明后，必须明确的问题，但俄方就此并未作出确切的回答。11月25日，本野就蒙古的范围问题询问沙札诺夫，即意在牵制俄国势力南下内蒙古。沙札诺夫回答说："以俄国之利益和日俄协约之规定为根据确定。"③表露了根据第三次日俄协约，日本在内蒙古东侧的势力范围不在此协约之内，而俄蒙协约中俄国所获得的各项权利可适用于西侧的俄国势力范围的意图。据此，日本虽可以确保在内蒙古东侧的势力范围，但因俄国把内蒙古西侧作为与外蒙古同样的保护地，未能阻止俄国势力的南下。

①《日本外交文书》第45卷第2册，第729页。
②《日本外交文书》第45卷第2册，第731页。
③《日本外交文书》第45卷第2册，第771页。

北京政府不承认外蒙古的所谓独立,也不打算承认俄蒙协约。北京政府所采取的对策是在外交上利用日、俄在蒙古的对立、争夺,通过日本牵制俄国。11 月 13 日,驻日本的汪大燮公使访内田,在通告俄蒙协约内容的同时,希望听取日本对该协约的意见和中国对此应注意的事项。①内田对此持慎重态度,反问汪大燮:"因中国政府本身之意见最为重要,望能先得知"②,没有表示日本方面的意见和态度。正如伊集院所说,在此时期,中国方面"靠近日本、依靠日本之倾向日益明显"③。这种倾向,与赵秉钧就任国务总理有关。13 日夜,赵秉钧以个人身份访问伊集院,就解决俄蒙条约事希望"能坦诚告知中国应采取何种态度为好"④。伊集院与内田不同,表示了积极的态度,认为首先要以中国本身的力量牵制俄国南下,建议"首要之策是由贵国据理指责俄国,若不接受,应有诉诸武力之准备,乃属当然之事"⑤。并诘问北京政府对此是否已胸有成竹。赵秉钧则称因存在种种原因,"碍难采取果断措施"⑥。于是伊集院又提出:"从保全大局出发,可向日本求援,此系顺理成章之举,然就日本之现状而言,尚不能立即有所应诺,以此作为次要之策"。但他害怕北京政府乘机转向其他列强求助,遂又警告赵秉钧,如向其他列强请求支援,"徒增俄国之反感,有百害而无一利"⑦。伊集院为排除其他列强介入,谋求在日、俄、中三国之间解决,遂劝告赵秉钧:"最终须由贵国直接与俄国谋求诚意妥协之方法。"⑧赵秉钧表示"极为同感"⑨,因为俄与法国有同盟关系,赵秉钧因而表示有通过法国公使之中

①《日本外交文书》第 45 卷第 2 册,第 771 页。
②《日本外交文书》第 45 卷第 2 册,第 771 页。
③《日本外交文书》第 45 卷第 2 册,第 742~743 页。
④《日本外交文书》第 45 卷第 2 册,第 742~743 页。
⑤《日本外交文书》第 45 卷第 2 册,第 742~743 页。
⑥《日本外交文书》第 45 卷第 2 册,第 742~743 页。
⑦《日本外交文书》第 45 卷第 2 册,第 742~743 页。
⑧《日本外交文书》第 45 卷第 2 册,第 742~743 页。
⑨《日本外交文书》第 45 卷第 2 册,第 742~743 页。

介与俄国驻北京公使商谈之意。伊集院对此表示赞同，但为了强化日本在中俄交涉中的影响和发言权，伊集院提醒赵秉钧注意"俄国处于在东洋不能漠视日本之势力，将之置之度外之地位，故而采取适当方式，依据日本之建议定会收一定程度之效果"①。伊集院向中国方面表示了积极许诺的姿态。但是，内田却与之相反，认为"中国方面如期待凭借日本之力牵制俄国，有此误解极为不妥"②。指示避免介入。这是因为内田在此时期重视与俄国的协调，此时日本限于国力，在对内蒙古的外交方面，尚不足以支持中国与俄国对抗。所以在俄蒙协约中如何对应中国，与伊集院存在歧异。

在日本的建议和法国的介入之下，从 11 月 16 日起，外交次长颜惠庆和俄国驻华公使库朋斯齐举行了预备性会谈。北京政府仍然期待日本的支持与协助。赵秉钧私下将预备性会谈情况，及 19 日同外交总长陆徵祥与库朋斯齐开始正式谈判一事，通知日本方面，称："中国政府最后之决心，主要是在不损伤体面之范围内，认可俄国之要求，直接订立协约。"③26 日，赵秉钧又向日本通告了中俄会谈情况，说明由于俄国拒绝中方提出的取消俄蒙协约的要求，拟以俄国的要求为基础，用与俄国订立新协约的方式，使俄蒙协约自然失效。④12 月 10 日赵秉钧再次向日本通告了陆徵祥以强硬态度对俄提出"蒙古领土之主权完全属于民国政府"，"关于蒙古通商之外交谈判方面，一切之主权，完全属于民国政府"⑤等四项条件，希望得到日本的支持。

对中国方面提出的上述要求，伊集院仍然主张积极回应。1913 年 11 月 15 日，伊集院向内田提出在涉及俄蒙协约的中俄谈

---

① 《日本外交文书》第 45 卷第 2 册，第 744 页。
② 《日本外交文书》第 45 卷第 2 册，第 746~747 页。
③ 《日本外交文书》第 45 卷第 2 册，第 756 页。
④ 《日本外交文书》第 45 卷第 2 册，第 772 页。
⑤ 《日本外交文书》第 45 卷第 2 册，第 783 页。

判中日本政府应采取的对策。伊集院估计："在中国不动用武力寻
求出路的情况下，俄国在实质上必定不肯从已占据之地位退让。
充其量其结果将是中国通过谈判使俄国多少在形式上作出让步，
仅维持体面而已"。伊集院认为，从俄国对华政策的整体分析实际
问题，俄国不会满足新协约的适用范围只限于外蒙古，而要把西
蒙、内蒙的部分地区也包括在内。俄国在掌握蒙古之后，可能"迫
及新疆，向甘肃扩张势力范围，从兰州经陕西、河南，出江苏；
经西伯利亚铁路分岔出之铁路，斜断华北中部，将黄海海岸之不
冻港作为与欧俄联结之基地"。因而："未来东洋之大局，帝国最
后之敌并非中国而系俄国。故而俄国势力东渐南下，其后果均对
帝国不利。应极力制止之，是为我之百年大计……现今应尽可能
减弱俄国势力之东渐南下之趋势方为有益，此乃重大之事"。建议
日本应采取的对策，是"以间接干涉最为上策"。①至于间接干涉
的方法，伊集院主张以内蒙古为日、中、俄三国间之缓冲地带，
"善意地警告俄国，提起其注意将俄中协商之范围限于外蒙古，内
蒙古暂置于问题之外"。日本一方面由此减弱俄国势力之南下，一
方面布恩于中国而谋取报酬②，坐收一箭双雕之利。作为中国方
面的所谓报酬，伊集院企图首先"获得中国各方面，特别是满蒙
我势力范围内之各种实业方面之利权，立即铺设吉会铁路、洮南
府等其他铁路的权利"③。就在这种积极推行满蒙政策的背景下，
日本国内发生了西园寺第二次内阁总辞职，第三次桂（太郎）内
阁成立。桂是对满蒙政策的积极推进者。

　　伊集院提出上述报告后，于 18 日拜访袁世凯，探询双方谈判
的进行情况。袁称："由于从根本上双方主张不一致，尚不易求得
顺利解决。尤其在确认中国对蒙古具有领土权问题上，俄国更加

----

① 《日本外交文书》第 45 卷第 2 册，第 788 页。
② 《日本外交文书》第 45 卷第 2 册，第 788 页。
③ 《日本外交文书》第 45 卷第 2 册，第 788 页。

言语暧昧，颇感困难。但中国始终以和平态度相对，决不采取使谈判破裂之方针。"①袁世凯要求确保中国对蒙古的领土主权，但因其对日本有所警惕，故而并未要求日本协助。伊集院为彻底查清会谈进程，于19日派日本公使馆的书记官高尾走访赵秉钧。赵秉钧的说法与袁世凯一致，并说明对俄方提案，中方已提出对案。高尾要求告知提案和对案的内容，20日，赵秉钧将双案内容秘密告知日方。俄国提案"承认蒙古与中国有连带关系上之权利"。对此，中方要求"俄国应承认蒙是中国完整领土之一部分"②，双方形成对立。

此时，桂内阁因发生第一次护宪运动而总辞职，于2月20日成立了山本内阁。这届内阁一改西园寺内阁以来的慎重态度，采取了介入中俄谈判的外交方针。外务大臣牧野伸显于3月18日训令伊集院："可考虑此时以第三者地位居中斡旋，疏通双方意见，以求早日解决为得计。"③命其向袁世凯、赵秉钧探询是否有居中斡旋的余地。伊集院再次派书记官高尾往访赵秉钧。但为时已晚。中俄谈判已经取得进展。俄方以中国如果承认俄蒙协约附属议定书（通商章程）的主要内容，签订能满足俄方的俄中协约，俄国即承认中国对外蒙古的主权，取消外蒙古独立。伊集院在关注谈判进程的同时，回答牧野："目前尚未到需要他国调停之时。"④日本虽然未起到居中调停的作用，但通过直接会见袁世凯、赵秉钧，起到了传达和疏通双方意见的作用。

从3月以来，流传中国在北满增兵，俄国也往北满增兵之说，中俄关系一时出现紧张气氛。日本为缓和紧张局势和避免发生武装冲突，十分活跃。3月29日，俄国驻日大使马列维奇向牧野通告中国在北满增兵，强硬地表示："俄国政府决不会听之任之，如

---

① 《日本外交文书》1913年第1册，第42页。
② 《日本外交文书》1913年第1册，第422页。
③ 《日本外交文书》1913年第1册，第454页。
④ 《日本外交文书》1913年第1册，第458页。

中国不予改变，俄国将采取某种手段。"①并称："俄国遵照日俄协约精神，根据与我政府保持协调之诚意，望日本国政府从速赐示关于本事之意见。"②意欲与日本共同对抗中国。但牧野根据来自中国方面的情报，回答称："很难认为袁世凯在目前情况下，以兵力在该地采取任何积极行动之意图。"③认为增兵北满的传闻是夸大其词的报告。日本认为如果俄国与中国发生军事冲突，中国必以失败告终，从而使俄国能趁机进一步扩大、强化其在蒙古和北满的权益，从而危及日本在满蒙的权益。所以应设法使双方避免发生军事冲突。为此，牧野训令伊集院劝告中国当局"（此事）显而易见系来自俄国之挑衅，但在行动上，不论俄方动机如何，此时应尽力避免（冲突）为上策"④。伊集院将此见解告知赵秉钧，向其提出警告。⑤牧野于3月29日再次指示伊集院："此时如能使负责之中国当局以诚意向阁下说明，在该方面中国虽有动用武力，侵及俄国利益之可能，但保证并无采取积极行动之意。并要求阁下通过帝国政府向俄国政府转知此意，使其安心，若能如此，至为恰当。"⑥要求为此作出安排。4月2日，伊集院向陆徵祥透露此意。陆徵祥称："中国政府于此声明保证断无丝毫为难俄国之意。"⑦并请伊集院向俄国政府传达此意。4月9日，牧野向驻日俄大使正式传达了中国政府的保证。⑧由此，中俄之间的紧张状态得以缓和，一时中断的谈判也出现了进展。

结果，中俄双方于5月20日达成了中俄协约草案，草案中规定了俄国承认蒙古是中国领土的一部分，中国不改变外蒙古历史性的地方自治制，允许俄国人在外蒙古的经商特权，不改变外蒙

①《日本外交文书》1913年第1册，第464页。
②《日本外交文书》1913年第1册，第468页。
③《日本外交文书》1913年第1册，第464～465页。
④《日本外交文书》1913年第1册，第460页。
⑤《日本外交文书》1913年第1册，第462页。
⑥《日本外交文书》1913年第1册，第465页。
⑦《日本外交文书》1913年第1册，第469页。
⑧《日本外交文书》1913年第1册，第471～473页。

古重要的国际关系等六项内容。^①这个草案从法的角度上虽然承
认了中国对外蒙古的相应领土主权，但在实际上却是承认了俄国
在外蒙古的特权。这是中、俄双方相互让步、妥协的产物。袁世
凯的用意是通过妥协稳定北方的俄国，以便倾全力镇压南方革命
势力。袁世凯向众议院施加压力使草案得以通过，但遭到了参议
院的否决。俄国此时又提出"中国承认蒙古（不包括构成内蒙古
之地区）之自治及由此而产生之属于蒙古之一切权利"^②等四条
内容的协约草案，向中国摆出一副强硬姿态。恰值此时发生了二
次革命，双方的谈判暂时中止。袁世凯镇压南方革命势力之后，
于9月中旬提出重开谈判，经过十余次谈判，中俄双方于1913年
11月5日发表了关于蒙古的《声明文件》，规定"俄国承认中国
在外蒙古之宗主权"，"中国承认外蒙古之自治权"，放弃在外蒙古
的内政、商业等一切权利，承认俄国在外蒙古的通商权益。^③

　　这个声明的一个特点是把蒙古改为"外蒙古"。这也可以认为
是日本在此次中俄谈判中所取得的外交成果。日本外交的最大的
目标是将俄国的权益限制于外蒙古，用以保护自己在内蒙的势力
范围及其权益。至此，日本达到了自己的目的。然而，日本对此
并不满足。日本国内有人主张："帝国在内蒙古应拥有为与俄国在
外蒙古势力保持均衡所需设施之自由。"^④这是一种要求日本在内
蒙古也能从中国得到与俄国同样权益的主张。伊集院在1912年
12月15日也曾向内田建议采取利权均沾之策。但到这时，伊集
院改变了自己的主张。他向外务省报告称，日本要求在内蒙古保
有与俄国在外蒙古同样的利权，并非得策。这是因为日本当时最
大的外交课题，首先是在南满洲延长关东州和满铁租借权、获取
日本在满洲的工商业的便利以及有利的铁路铺设权等。至于获取

①《日本外交文书》1913年第1册，第519～520页。
②《日本外交文书》1913年第1册，第520页。
③《日本外交文书》1913年第1册，第552～553页。
④《日本外交文书》1913年第1册，第549～550页。

在内蒙古的利权，限于当时日本的国力，并非十分紧迫的外交课题。再者，在提出利益均沾以来，中国全国掀起了排日运动，使日本工商业受到了很大打击，各国也对日本产生猜疑、反感，以及考虑或将由此引发中国再次分裂的动乱。[①]这是当时日本对蒙外交的态势。原因是根据当时的日本国力，只能维持第三次日俄协约所规定的现状，采取首先在内蒙古划定自己势力范围，防止俄国或其他列强的势力侵入的防卫性的外交态势。

如将这一时期的外交形势与签订第三次日俄协约期间的外交相比较，中、日、俄之间的三角又双重的外交发生了新的变化。日俄协约时期，日、俄两国之间虽然有所争夺，但基本上是协调一致的，它们无视中国的主权，擅自将西满和内蒙分离。此次中国成为主体，表面上是单独抵制俄国，但实际上则试图利用日本和俄国在内蒙古的争夺和矛盾，联合日本对抗俄国，日俄协约时期的中日对立关系趋于走向联合。与此相反，日俄协约时期的日俄联合由于俄国在这时进一步向内蒙扩张，从而由联合转而为日俄对立。日、俄之间并未就这个问题有直接的谈判，但仍保持表面上的协调关系。其次是在日俄协约时期，日本外务省与其派驻国外机构在日本外交的重点置于满洲，抑或置于内蒙古问题上意见分歧。分歧点是，在这个问题上，是在内蒙古与俄国利益均沾，抑或利用中国在蒙古与俄国对抗。第三是在日俄协约时期，日本与北京政府及袁世凯之间关系紧张，但在这时双方从共同对抗俄国的利害关系出发，关系相对缓和，日本开始与北京政府及袁接近。这种变化与日俄协约时期的情势迥然不同。被侵略的中国成为主体是这种双重外交关系中的三者比重发生了变化所致。日、俄、中三国各自的利害关系促成了这种变化，这在国际关系中是司空见惯的。

---

① 《日本外交文书》1913 年第 1 册，第 787～788 页。

第五章　孙中山访日与中日外交

1912 年 4 月 1 日，孙中山辞卸临时大总统后认为清帝退位、南北统一、北京政府成立，已经实现了三民主义中的民族、民权两大主义，下一步应着手实现民生主义，为此必须从外国引进巨额资金、先进的技术和管理方法。为实现以上目的，孙中山急切希望首先访问日本。1913 年 2 月 13 日至 3 月 23 日，他作为贵宾访问日本。这是孙中山对外国的唯一的一次正式访问，是自 1895 年与日本建立联系以来与日关系的最高峰。孙中山是在对外开放政策一时受挫的背景下访日的，本章通过对其访日期间的活动，特别是与桂太郎的政治会谈，以及中国兴业公司的发起成立，和由其演变而成立中日实业公司等情况，考察在此时期孙中山对日本的期望和日本政府对孙中山及对袁世凯的政策；同时探讨孙中山的对日认识一时发生变化的原因。

一、孙中山的访日要求与日本的态度

孙中山在 4 月 1 日辞去临时大总统后，经上海，历访湖北、福建、广东、香港、山东、北京、山西、江西、江苏、浙江、安徽等处，在各地呼吁实现民生主义的必要性及其实施方法。他强调实行民生主义就是在中国实行社会主义或国家社会主义。为此，首先必须振兴中国的实业。孙中山认为可以由此从根本上解决中国内政和与列强签订的不平等条约以及军事问题。孙中山认为实业的振兴为最重要之事，决心自己担起这项任务，国内政治则委诸袁世凯。为了振兴实业需要从外国引进资金、技术及管理方法。为此，孙中山期望能在 6 月中旬赴日访问。本节将探讨作为孙中山切望访日的思想背景——振兴实业和对外开放政策及其访日要求的形成过程；同时对日本政府、外务省以及民间人士对此所取的态度进行考察。通过孙中山访日愿望一时受挫的过程，探讨日本在此时期的对孙政策。

首先对孙中山的振兴实业和对外开放政策进行探讨。孙中山认为"交通为实业之母，铁路又为交通之母"①。"铁路当为国家兴盛之先驱，人民幸福之源泉"②。主张以铁路建设为中国振兴实业的最大的、最紧急的课题，这一主张来自欧美和日本的经验。孙中山在辛亥革命前就把美国作为一个样板而作过一番考察。孙中山的远大理想，是如果能在中国铺设 350 万公里的铁路，将会使中国成为世界的一大强国。他计划先用 10 年时间，建设 20 万公里铁路，设想由南、北、中三条主线构成基本干线。南线起于海南岛，经广东、广西、贵州、云南、四川，进入西藏至天山南侧。中线起于长江入口，由江苏而安徽、河南、陕西、甘肃，入新疆迄于伊犁。北线起于秦皇岛，经辽东折入内蒙古，直穿外蒙古乌梁海（外蒙古西北部）。③在中国近代史上，如此高度重视铁路建设，并制定如此规模宏大的铁路计划，舍孙中山之外别无他人，完全可以称其为中国铁路建设的先驱者。

实施如此庞大的构想，需要 60 亿（两——笔者）资金。④中国当时的财政势难拿出这笔巨款。孙中山不得不依靠外国和举借外债。他提出的方法有：一是借用外债，由中国建设。二是与外

---

① 《孙中山全集》第 2 卷，中华书局，1982 年，第 383 页。
② 《孙中山全集》第 2 卷，中华书局，1982 年，第 489 页。
③ 《孙中山全集》第 2 卷，中华书局，1982 年，第 383～384 页。
④ 《孙中山全集》第 2 卷，中华书局，1982 年，第 415 页。

人合办公司，共同建设。三是由外国公司直接投资建设，独自经营，40 年后由中国政府收回。①在这三种方法中，孙中山特别强调的是第三种。因为这种方法可以直接引进外资，利用外国技术和管理方法。然而，当时中国普遍存在浓厚的闭关自守的保守思想，且武昌起义正是以引进外资建设铁路为直接导火线而爆发的，认为举借外债和由外国建设铁路会丧失路权，以致亡国。因此，反对的呼声四起。实现此举，确非易事。

孙中山为实现他的理想和铁路建设的构想，在各地演说，希望能够说服国民。他在演说中批判了历来的闭关自守思想，主张实行对外开放政策。孙中山指出，由于闭关自守，中国自己不能办的，又不准外国人来办；然而一旦外国人向我政府提出要求或以其政府的名义向我政府提出要求办理时，我政府又无力拒绝，最后仍不得不归于外国人之手。他强调要变闭关自守政策为对外开放政策。②

孙中山所主张的对外开放政策，特别强调引进外资，举借外债。强调借款条件为：（1）国家主权不受侵犯，（2）不设担保，（3）低息。但以往向外国借款，总是涉及国家主权和国家间的外交问题。因此，孙中山主张向外国的个人或公司直接借款，如此，则中国政府或中国的铁路公司可不对外国政府担负责任，仅对债权者负责。③所以，希望北京政府给予作为不在政府担任职务的民间人士，以个人身份向外国民间借款的权限。孙中山认为若能通过这种对外开放政策，使中国富强起来，则可以修改与外国签订的不平等条约，收回治外法权；强调可向任何国家借款，无须禁止外国人投资。④

孙中山上述的对外开放思想，是来自对欧美和日本的近代化

①《孙中山全集》第 2 卷，中华书局，1982 年，第 490 页。
②《孙中山全集》第 2 卷，中华书局，1982 年，第 449、499 页。
③《孙中山全集》第 2 卷，中华书局，1982 年，第 489 页。
④《孙中山全集》第 2 卷，中华书局，1982 年，第 340、499 页。

的考察。他在演讲和会见记者时，对日本作了如下的描述，主张向日本学习。

（一）日本虽在上一代同外国人没有来往，但近数十年来，因开放门户而成为东亚强国。[1]日本是门户开放主义者。[2]

（二）日本采取对外开放政策，制造业等由英国人经营，日本由此获得巨大利益。[3]

（三）日本之勃兴，皆得外债之力。[4]

（四）东京市内电车先由民办，25 年之后收归国有。日本邮船公司，从政府取得借入外债之全权，得以创办实业。[5]

（五）吾人将效法日本：在日本之所有外国人，皆受日本管辖。[6]

（六）日本对烟草专卖等事业，实行国家社会主义。[7]

（七）五六十年后，中国可成为与日本相等之国家。[8]

孙中山这种关于日本的论述，并非专论日本，而是列举日本成功之例，说明自己的对外开放、引进外资、先民营铁路而后收归国营，以及收回外国租界等主张的正确性，以说服民众。例如，在安徽演说时，孙中山说：诸君，请看日本！土地略大于我国的两个省，人口略多于我国的两个省，40 年前是最小、最穷、最弱之国。但经明治维新以后的 40 年间，俨然成为列强之一。当今世界堪称列强者不过六七个国家，日本已成为其中之一。日本之所以成为强国的方法，是采取了开放主义。我中华民国土地比日本大 20 倍，人口也多 20 倍。如果也实行开放主义，不出三五年，

---

[1]《孙中山全集》第 2 卷，第 530 页。
[2]《孙中山全集》第 2 卷，第 449 页。
[3]《孙中山全集》第 2 卷，第 449 页。
[4]《孙中山全集》第 2 卷，第 322 页。
[5]《孙中山全集》第 2 卷，第 455 页。
[6]《孙中山全集》第 2 卷，第 368 页。
[7]《孙中山全集》第 2 卷，第 442 页。
[8]《孙中山全集》第 2 卷，第 368 页。

就能成为超过日本 10 倍的强国。① 从孙中山的以上言论中,可以了解到他的日本观的一部分,同时也可由此窥知其访日的思想背景。

孙中山在各地倡导振兴实业、建设铁路、对外开放政策时,已经考虑为此而去日本。孙中山第一次表示访日的意向,是 6 月 15 日结束在广东的访问,经香港返回上海的前夕。孙中山表示:"将由上海赴北京,住一段时间之后复返回上海,再根据情况,拟于 8 月间去日本。"② 孙中山虽然想在上海稍事逗留后即直接去日本,但因袁世凯再三要求其北上,遂改在 8 月 18 日经山东烟台去北京。孙中山在北上之前,于 8 月 8 日与黄兴约见上海的日本总领事馆的办事人员西田,告以:"袁世凯一再催促北上,为视察久别之北方情况,亦欲赴燕。希望稍作停留后,再根据情况赴日。原本拟先赴日本,而后去北京。但此时此举恐有招致种种误解和谗言之虞,因而决定先去北京。"③ 孙中山此举表明其决定访日,更重要的是探询日本方面对其访日意向的意见。日本驻上海总领事有吉明为此于 8 月 8 日、9 日、12 日连续三次向内田报告孙中山希望访日。日本驻上海的本庄繁少佐也向参谋总长电告了这一情况。④ 然而,外务省和参谋本部对此未作任何表态。

此时,驻华日本公使、总领事及在各地的军官都在注视着孙中山和黄兴的行动和言论,尤其对孙、黄北上的目的更为关切,意在探查孙中山希望访日的政治背景。驻广东的总领事赤冢在给内田的报告中,引用孙中山的谈话"此次北上并无政治上之考虑,而是与袁世凯谈商实业方面之事"。还以其他方面获得的情报电告:"孙之北上是为了调停黄兴与熊希龄之间关于借款问题之

---

① 据上海《民立报》,1912 年 10 月 29 日。

② 1912 年 6 月 19 日,日本驻广东总领事赤冢致内田外相电报,第 60 号,日本防卫研究所藏。

③ 1912 年 8 月 12 日,日本驻上海总领事有吉致内田外相电报,机密第 66 号,日本防卫研究所藏。

④ 1912 年 8 月 9 日,日本在上海本庄繁少佐电报,参谋第 528 号,日本外交史料馆藏。

事。"①调整日益激化的南北对立，也是孙中山北上的目的之一。这也属实。

孙中山于 8 月 24 日到达北京，停留至 9 月 17 日，其间曾与袁世凯会谈十余次，并在各种集会上作了关于振兴实业和建设铁路的演说。此时，孙中山访日问题成了议论的中心。8 月 26 日，孙中山和北京政府总理陆徵祥会谈时，提出当前外交上最重要者，为各国承认民国的问题。认为此乃非常困难的问题，如不能先取得一两个国家的单独承认，很难奏效。②陆回答说，既然如此，如能由孙中山亲赴日本和美国，取得其承认，则即便不向其他国家提出承认的要求，亦势必均予承认。③孙中山遂即应诺。29 日，孙中山对德国记者说："予拟于三周内经东北和日本赴欧洲。"④孙中山虽曾计划去东北，但袁世凯以东三省治安状况不佳，事故频繁为借口，阻止孙中山去东北。根据这些情况，可以看出北京政府为获取承认，赞同孙中山访日。

孙中山改变了原来经东三省赴日的计划。从北京出发，遍访南京、济南、青岛之后，于 10 月 30 日返回上海，寓居法租界宝昌里 491 号小楼。他向该处人员（不清楚该人身份）谈了北上观感、建设铁路计划，以及今后行动的计划等，同时再次表示了访日的意向。有吉通过该人获得了有关孙中山的情报。孙中山谈到了从贯通东西线着手的铁路建设计划，指出，清朝时代与各国签订的条约和各列强的势力范围，以及与两三个国家签订的协约等，已经暗中将敷设铁路范围作了划分，"予即认识到设若欲依靠借款或其他途径取得资金，来实现此事颇为困难。但若畏其难而放弃计划，定会留下亡国之祸根。因而无论如何也必须设法实行这一

---

① 1912 年 6 月 19 日，日本驻广东总领事赤冢致内田外相电报，第 60 号，日本防卫研究所藏。
② 上海《民立报》，1912 年 9 月 4 日。
③ 上海《民立报》，1912 年 9 月 4 日。
④《时报》，1913 年 9 月 8 日。

计划。然而概观现在各国之对华政策，均出自本国之利己主义，
扶助中国云云，均只不过欺世盗名而已"。但对日本则寄予了特殊
的期望。他说："当然日本也要扩张自国之权利，但另一方面从东
亚大局考虑，会承认拥有相当能量之中国存在之必要性，有一种
异于其他国家之密切关系，实行此计划必须借助日本之援助。此
外日本自明治维新后经四十年苦心经营为实际之模范，必须大力
学习。"①孙中山还说："在俄国对蒙古之压力日益加紧之情况下，
一部分人士提倡应优先建设蒙古之铁路，此时如无日本之充分援
助，断难实行。"②迫切希望日本的援助。作为今后的计划，孙中
山以"一方面固然需要讲求着手进行之方法及筹措资金之借款方
法，然如仍照中国过去之方法及借款办法，恐将以失败告终"，故
强调吸取日本建设铁路的经验，认为"必须亲身径去日本，对根
据明治维新以迄今日之种种经验从事经营之日本铁路，作充分的
考察、研究，情况允许，希望于下月上旬或中旬左右赴日"③。
并表示希望在日停留二至三周。孙中山询问："日本是否对予欢迎，
是否在考察及其他方面充分提供方便。"还补充说："若日本对本
人访日不表充分之善意，事出无奈只好暂归广东，于来春匆匆就
道赴欧美考察。"④孙中山本想在访日后返回上海，于翌年一二月
历访欧美，考察铁路并交涉借款。但最后还是计划利用日本和欧
美列强之间争夺铁路敷设权的矛盾催促日本。

　　日本驻上海总领事有吉将孙中山的访日要求电告内田，建议
采取相应的对策。对孙中山的铁路建设计划，有吉认为"虽只不
过是含混不清之空想……然其却异想天开正期其实现，现正着手

---

　　① 1912 年 10 月 8 日，日本驻上海总领事有吉致内田外相电报，机密第 89 号，日本
防卫研究所藏。
　　② 1912 年 10 月 8 日，日本驻上海总领事有吉致内田外相电报，机密第 89 号，日本
防卫研究所藏。
　　③ 1912 年 10 月 8 日，日本驻上海总领事有吉致内田外相电报，机密第 89 号，日本
防卫研究所藏。
　　④ 1912 年 10 月 8 日，日本驻上海总领事有吉致内田外相电报，机密第 89 号，日本
防卫研究所藏。

进行，乃属事实"。因此，"若条件允许，应以相当之方式给以方便，以维系将来之联系，亦决非无用之举"①。这是因为有吉认为，孙中山在中国的政治舞台上，"随着中国形势的变化，虽正逐渐失去部分声望，然至少仍不失为一种势力，此属不争之事"②，于是提出这种建议。

有吉接着对孙中山的访日要求称："孙文不仅对上述该处人员，更十分担心本国（指日本——笔者）人士是否欢迎。然从其素来之语气与抱负来看，其所期待之欢迎非仅指民间（对华）有志人士或一两个协会之非官方欢迎，最低限度希望能给予相当于国家元勋之礼遇。但鉴于当前日本与中国之形势，恐终难满足其本国（指日本——笔者）之行所要求者。"作为个人意见，"鄙见虽认为未必有必须邀请之理由，然自然会有来自其他方面之奔走活动。若此事终于实现时，可因其有关铁路方面问题，而由其他方面给以适当之礼遇"③。有吉认为，"征诸（孙中山）之言论，为其国家之未来，正认识到多有依靠本邦（指日本——笔者）之必要。"因而主张"此时至少不要令其产生反感，方为得策"④。

日本外务省和内田是如何看待孙中山的访日要求和有吉的报告呢？他们认为孙中山的访日问题不单纯是对孙中山个人的问题，而是涉及日本对中国，对袁世凯以及对欧美外交的问题。所以应从日本全面的外交政策出发来处理这一问题。这一时期日本外务省对中国的一般政策，正如根据内田的意见起草的《关于中国之外交政策纲领》中所称，日本"在谋求与盟邦英国协调的同

---

① 1912 年 10 月 8 日，日本驻上海总领事有吉致内田外相电报，机密第 89 号，日本防卫研究所藏。

② 1912 年 10 月 8 日，日本驻上海总领事有吉致内田外相电报，机密第 89 号，日本防卫研究所藏。

③ 1912 年 10 月 8 日，日本驻上海总领事有吉致内田外相电报，机密第 89 号，日本防卫研究所藏。

④ 1912 年 10 月 8 日，日本驻上海总领事有吉致内田外相电报，机密第 89 号，日本防卫研究所藏。

时，更必须谋求致力于我通商之扩展，于（中国）各省所及之处推进日本人之和平活动，利益之扶植，市场之开拓。尤以华中和华南人口稠密、物资丰富，各国之竞争甚为激烈，故而必须周密筹划，推进我之步伐，使地盘得到巩固"①。内田对江西省的南浔和安徽、浙江、湖北、湖南、广东各省的铁路敷设极为关心，正在考虑对这些铁路的贷款。所以，有意允诺孙中山来日考察铁路。但是，内田考虑在对华政策中，日本应以谋求与英俄协调行动为得策。认为从改善与袁世凯关系的必要性而言，如在孙中山来日之际给予元首礼遇，安排其与首相、外相及陆、海相见面会谈，则为失策。故而西园寺内阁决定，若孙中山来访，首相、外相及陆、海相均不予接见，对孙中山访日表示了自相矛盾的冷漠态度。

孙中山预定于11月13日乘"近江丸"从上海启程，经长崎、福冈、京都、奈良赴东京。②日本的东亚同文会、中国问题研究会、神户商工会议所等开始作欢迎孙中山的准备。宫崎滔天在孙中山的来日中起了桥梁作用。当孙中山辞去大总统来到上海时，宫崎滔天曾于4月6日在上海的六三亭设宴表示慰问。孙中山于6月30日与黄兴在陈其美宅宴请了宫崎滔天、宫崎民藏和山田纯三郎。8月25日同盟会改组为中国国民党时，宫崎滔天与萱野长知一同加入了国民党。宫崎9月1日在上海创刊发行《沪上评论》，一直与孙中山关系密切。宫崎于10月18日从上海动身，23日经神户，24日回到东京，在《大阪朝日新闻》发表了题为"孙逸仙之来游"的谈话。

日本政府为阻止孙中山来日或使之暂时延期，派遣在北京的外务省参事官山座圆次郎去上海，向孙中山说明情况。

---

① 《内田康哉》，第207页。
② 《大阪朝日新闻》，1912年10月24日。

山座到达上海后，首先于 11 月 3 日与宗方小太郎见面商谈。①
宗方系于 10 月 5 日从日本动身来到上海，他是为了收集中国南方
的政治形势、特别是关于革命党方面的情报，提供日本海军和领
事馆而来沪的。②10 月 17 日，宗方向山座以书面形式提出了在长
沙会见黄兴时应注意事项。③宗方与山座见面之后，遂即访问孙
中山，介绍山座与孙中山会面。11 月 4 日，山座与孙中山会面时，
孙中山询问：“考虑近期访问日本，不知日方如何接待？”④山座
告以“在目前情况下，不可能给予公开的盛大欢迎”，并反问：“此
行之首要目的何在？”⑤孙回答说：“日本乃第二故乡，愿与友人
重温旧好，并愿会见当局，探询对华意向，以谋求两国之友好。”
还补充说：“并无公开或盛大欢迎之要求。”⑥孙中山不顾山座闪
烁其词的婉转劝阻，再三地、直截了当地表明愿意访日，最后竟
要求给东京拍发电报⑦，询问“是否能在考察铁路之名义下，与
首相举行非正式会谈”。山座鉴于孙中山如此强烈希望成行，萌生
了不妨一试的心情，遂向首相建议，孙中山“以考察铁路名义来
日时，让民间人士给予相当的礼遇，首相和外相则不与其举行非
正式会谈”⑧。理由是：一、“孙中山目前在华南势力很大”。二、
“过去一直愿意依赖日本”。三、“明春孙拟赴欧美各国”，此时拒

① 宗方小太郎：《辛壬日记》，1912 年 11 月 3 日，《近代稗海》第 12 辑，四川人民出版社，1988 年，第 50 页。
② 宗方小太郎：《辛壬日记》，1912 年 11 月 3 日，《近代稗海》第 12 辑，四川人民出版社，1988 年，第 49～50 页。
③ 宗方小太郎：《辛壬日记》，1912 年 11 月 3 日，《近代稗海》第 12 辑，四川人民出版社，1988 年，第 50 页。
④ 1912 年 11 月 4 日，日本驻上海总领事有吉致内田外相电报，第 253 号，日本防卫研究所藏。
⑤ 1912 年 11 月 4 日，日本驻上海总领事有吉致内田外相电报，第 253 号，日本防卫研究所藏。
⑥ 1912 年 11 月 4 日，日本驻上海总领事有吉致内田外相电报，第 253 号，日本防卫研究所藏。
⑦ 1912 年 11 月 4 日，日本驻上海总领事有吉致内田外相电报，第 253 号，日本防卫研究所藏。
⑧ 1912 年 11 月 4 日，日本驻上海总领事有吉致内田外相电报，第 253 号，日本防卫研究所藏。

之，并非得策。山座所持理由与有吉基本相同，都是意在利用孙中山来扩张日本在华权益，希望当局能接受其访日。但在是否会见孙中山问题上，首相和外相两人意见相左。

内田同意有吉的意见，不赞成首相、外相与孙中山会面。5 日，内田通知山座，"诚如来电所云，孙中山来日一事，在现今之情况下，不便表示公开欢迎，但为考察铁路及其他实业来日，不但无任何不便，且可就其意向充分提供方便"。但是，与首相、外相等会面，则鉴于目前时局"尚不适时宜，不仅如此，且环顾国内外种种关系，反而有产生误解之虞，为日华两国之亲密交往计，亦非上策"①。指示将此意转知孙中山。此时日本的外交，正面临在俄国与中国之间，袁世凯与孙中山之间何者优先，或选择何者的问题。从内田的此项指示来看，日本外务省把协调与俄国的关系和改善与袁世凯的关系，置于优先位置。

此时，在对孙中山进行劝说的人物中出现了政治家秋山定辅。秋山与桂太郎有特殊的关系。秋山何时到达上海的日期虽然不详，但根据其与山座一同会见孙中山来推测，大体上与山座同一时期停留于上海。秋山在 1899 年时经宫崎滔天等介绍见过孙中山，二人意气相投，支援过孙中山的革命活动。秋山曾应孙中山之请，在东京购买印刷机器和铅字，供陈少白等人在香港刊行的《中国日报》使用。1902 年，宫崎滔天《三十三年之梦》，即在其经营的《二六新报》上连载。他是 1905 年协助孙中山成立同盟会的人物之一，与孙中山关系密切。桂太郎了解秋山与孙中山之间的渊源，对秋山称："内阁会议已经决定，孙如来日，总理及陆海军大臣、元老均不与其会见……试想政府无人出面，而我独与孙君会面，实属不宜。事果如此，甚为严重，如此对待来人殊为失礼。"②是以派秋山去上海劝孙中山不要来日。桂太郎从决定辛亥革命后之

---

① 1912 年 11 月 5 日，内田外相致上海总领事有吉电报，第 122 号，日本防卫研究所藏。
② 村松梢风：《金、恋、佛》，关书院，1948 年，第 50 页。

日本对华政策的国策角度出发,虽然采取欢迎孙中山访日的态度,但日本内阁会议既已作出决定,担心孙中山在这种情况下来访日本,必然大失所望,对未来的中日关系产生恶劣影响。因而认为孙中山暂时延期来日为宜。秋山受命后,以去京都赏红叶之名,离开东京秘密前往上海。此行与三井物产也有关联,秋山抵达上海,即由三井物产上海支店长藤濑政次郎接到自己家中。而后秋山前往上海法租界拜访孙中山,说明来意。孙中山当时表示,"如此实为困难。诸船准备就绪,即将启程。在日本和此地,既已正式发布,更无中止之理"①。翌日,秋山再度造访孙中山,坦率地说明桂太郎的内衷、日本内阁动态及其他方面的形势,企图说服孙中山。孙中山听后甚感激愤,称:"谁要不愿见我,不见也可;本人并不勉强要求会见他们。不见也好,更何况我并不勉强与那些伟大的人们会见。只想再见见以前寄宿处的阿婆和好友,对他们昔日给予的关照,一表谢忱。同时再看看富士山,则余愿足矣。"②秋山说:"清朝已亡,先生作为中华民国临时大总统,为世人所敬仰。作为客人欢迎处于如此地位的仁兄之日,为期不远。但是我方现尚未及扫榻相迎,特意光临,而我们竟连茶水都不及招待,所以才请稍候。先生为何不能稍等一等呢。而且这不是我一个人的意思,是当前日本确确实实的第一号人物,掌握实权的桂太郎公爵对先生的关心,特意把我找去商量以后,我才不远千里来到这里请你同意的。"并进一步说:"认为清朝已亡,革命已经成功,是大错误。实大谬也。真正的革命现在才开始。"③经过一再劝说,孙中山最后接受了他的意见。这大约是在 11 月 6、7 日间。

与此同时,山座和秋山继续游说孙中山。6 日,山座再度会

① 村松梢风:《金、恋、佛》,关书院,1948 年,第 58 页。
② 《金、恋、佛》,第 61 页。
③ 《金、恋、佛》,第 62～63 页。

晤孙中山，告知内田5日来电的主旨。孙中山在"深思默想之后，表露了日本之行莫如暂缓之意"①。当晚山座再次往见孙中山，作了更为深入的交谈。结果，孙中山对山座说："看来日本之行只好暂缓。"②山座在向内田的报告中述及孙中山暂缓访日的原因是，"彼（指孙中山——笔者）虽以调查实业之名义赴日，可以给以种种方便，但由于不能会见阁下和首相等人，反而会在中国南北双方失去个人声望"③。在孙中山当时所处的情况下，这种分析可以说是确切的。

在山座、秋山的劝说下，孙中山推迟访日。他电告宫崎滔天："因病日本之行延期，请向有关各方妥为致意。"④东京的政界和商业界表示遗憾。⑤

孙中山的访日愿望在这个时期之所以不能实现的主要原因，是由于日本的对俄、对袁政策和俄国及袁世凯在背后对日本的牵制。恰在此时俄国与外蒙古签订了俄蒙协约，在这种形势影响下，日本出现了趁机夺取南满及与之毗邻的内蒙古东部，从根本上解决这方面问题的论调。但内田考虑会由此恶化与俄国的关系，反对这种论调，主张用经济的和平的方法，保持日本在满蒙的现有地位。强调"维持同俄国的亲善关系"⑥。但是，俄国此时对于日本的对华、对俄外交非常敏感。俄国推测孙中山访日的目的是企图联合日本与俄国对抗，驻日本的俄国大使曾到日本外务省询问日本方面"对孙逸仙来访之接待方法"⑦，意欲牵制孙中山访

---

① 1912年11月7日，日本驻上海总领事有吉致内田外相电报，第255号，日本防卫研究所藏。

② 1912年11月8日，日本驻上海总领事有吉致内田外相电报，第257号，日本防卫研究所藏。

③ 1912年11月8日，日本驻上海总领事有吉致内田外相电报，第257号，日本防卫研究所藏。

④ 《金、恋、佛》，第64～65页。

⑤ 《时报》，1912年11月12日。

⑥ 《内田康哉》，第206页。

⑦ 1912年11月8日，内田外相致上海有吉总领事电报，第124号，日本防卫研究所藏。

日。内田对此也很重视，8 日，指示有吉和伊集院，调查"在最近俄国和外蒙古间之新关系成为问题之际，中国方面是否有借他国牵制俄国之意向"①。孙中山在此时期确曾数度向袁世凯建议联合日本对抗俄国及俄蒙协约。②袁世凯与北京政府也曾为对抗俄国而向日本求计，希望求得日本的同情和协助。然而，内田对俄蒙协约持慎重的态度，将同俄国的协调置于第一位，所以未对中国的要求表态。内田之所以对孙中山访日反应冷淡，原因之一即是避免给俄国以日本同中国联合对抗俄国的印象。不过，北京政府虽然要求日本给以同情和支援，却无意通过孙中山访日向日本表明这一要求。当日本驻北京使馆的高尾书记官按照内田训令，造访赵秉钧询问有关情况时，赵秉钧表示："对于满蒙新关系事，中央政府和袁世凯本人均未曾考虑通过孙中山向日本提出我方之要求。设若孙中山以个人身份提出某种要求时，贵方可置之不理"。③但是，伊集院并不完全相信这一回答，所以在向内田电告赵秉钧的回答时，又附加了："事实上中国政府于 11 月 8 日接到俄国公使通告后，即于当夜发布新闻，努力博取世界各国在蒙古问题上同情中国。"④对于俄蒙协约问题，孙中山于 2 月 2 日对山座说："中国普遍对俄蒙协约极为愤慨。本人考虑中国当前不是与外国对抗之时，故最后将以妥协告终。本人未接到北京政府之任何有关于此之通报，无置喙之余地。"⑤这种说法与孙中山向袁世凯提过建议相互矛盾，这可能是考虑到内田对此持慎重态度而故意作如此说法。

---

① 1912 年 11 月 8 日，内田外相致上海有吉总领事电报，第 124 号，日本防卫研究所藏。
② 《孙中山全集》第 2 卷，第 542 页。
③ 1912 年 11 月 11 日，日本驻上海总领事有吉致内田外相电报，第 258 号，日本防卫研究所藏。
④ 1912 年 11 月 11 日，日本驻上海总领事有吉致内田外相电报，第 258 号，日本防卫研究所藏。
⑤ 1912 年 11 月 11 日，日本驻上海总领事有吉致内田外相电报，第 260 号，日本防卫研究所藏。

　　内田对孙中山访日态度冷淡的另一原因，是考虑到与袁世凯的关系。武昌起义后内田对袁世凯的出马和就任临时大总统并无好感。但看到袁掌握北京中央政权，君临中国已成现实时，改为应袁之请加入大借款。10月17日，由大仓组向北京政府提供了100万日元的借款。①后来南北对立日益激化，为避免与孙中山密切接触，在一方面仍与孙保持一定的关系和一定距离的同时，一方面谋求改善与袁世凯的关系。所以内田很重视袁世凯对孙中山访日的态度，指令有吉和伊集院，"尽力调查袁世凯对孙等出访之真实意向及其希望"②。伊集院遂又指派高尾书记官去赵秉钧处探询其意向，赵秉钧答称："彼（指孙中山）日本之行，既非出于袁世凯之希望，亦非出于袁之所请，无须申明，彼根本未携有出于袁所请之任何使命。故而虽希望日方给予其相当之礼遇及便利，但中国政府不对其言行负任何直接责任，望予谅解。"并补充说："此可看作袁世凯之意见。"③直接表明了袁世凯与北京政府不支持孙中山访日之意，也是对孙中山访日的一种牵制。这与内田的推测基本一致。

　　由于内田对俄、袁采取协调外交，以及俄、袁的牵制，孙中山的访日希望一时受挫，未能实现。然而，以上事实正可说明孙中山当时的思想和对日本的期待，同时也说明了西园寺内阁的对孙、对袁和对俄政策。

二、孙中山访日与孙、桂会谈

　　由于日本方面的劝说，孙中山决定暂缓访日。但在第二年的2～3月，他终于作为贵宾，堂堂踏上访日之途。本节在探讨孙中

---

　　① 1912年10月27日，日本驻北京伊集院公使致内田外相电报，日本防卫研究所藏。
　　② 1912年11月8日，内田外相致上海有吉总领事电报，第124号，日本防卫研究所藏。
　　③ 1912年11月11日，日本驻上海总领事有吉致内田外相电报，第258号，日本防卫研究所藏。

山先一时受挫，继而公开访日的原因的同时，研究孙中山访日期间的活动和与桂太郎会谈的内容，以及日本在此时期所采取的对袁世凯和对孙中山的政策。

孙中山的访日愿望虽然一时受挫，但此愿并未因此发生变化，发生了变化的是日本国内的政局和日本对袁和对俄政策。当时日本政局发生了急剧的变化，陆军向内阁提出增建两个师团的要求，西园寺内阁在 11 月 30 日的内阁会议上对此予以否决。陆相上原勇作因而使用帷幄上奏权，提出单独辞职，而陆军又不提名推荐继任陆相，以致西园寺内阁不得不在 12 月 5 日提出总辞职，于是 21 日组成了第三次桂太郎内阁。日本陆军为加强朝鲜驻屯军，再次向内阁提出增建两个师团的要求。内阁会议则以延期讨论为名，再次否决，但内阁并未因此而被迫总辞职。这个问题一再提出的原因，是以上原和军务局长田中义一等为代表的军部企图以朝鲜半岛为基地，积极推行对满蒙的扩张政策。此时，桂太郎计划结合修改日英同盟确立新的对华政策，改变过去对袁、对孙政策。这可以从日本朝野热烈欢迎孙中山访日和孙中山的在日活动，特别是从孙、桂会谈的内容中窥知。

秋山定辅曾和孙中山约定，一年之后"扫榻相迎"。由于出现以上变化，日方仅用三四个月时间完成了上述的"扫榻活动"。1913 年 2 月 11 日，孙中山携马君武、何天炯、戴天仇（季陶）等人乘"山城丸"自上海出发，途经长崎，于 14 日抵达东京，迄至 3 月 23 日以贵宾身份在日本访问。日本方面对孙访日的政策决定过程虽然不详，但可以认为与日本国内政局的激变和桂太郎的政治决断有关。然而，桂太郎是藩阀的代表人物之一，其内阁作为与山县有朋关系密切的藩阀内阁，招致了民众的愤怒，终于在高举打倒藩阀、拥护宪政大旗的第一次拥护宪政政治运动中，于 2 月 11 日被民主政治力量所推翻。孙中山恰于此时从上海启程访日。20 日，以政友会为执政党的山本权兵卫内阁成立。孙中山是在新旧内阁交替中进行访日的。桂太郎内阁的成立，促进了孙中山的访日，其被推翻，不能不对孙中山实现访日目的产生很大影响。

孙中山访日的目的，第一是向对革命给予过协助的旧友表示谢意，重温旧谊。第二是考察日本的铁路及其他产业。第三是设立对华投资机构——中国兴业公司。第四是加强中日亲善，确立中日联合。这种中日联合虽是基于同文同种的联合，又是两国间的经济提携。其中也包含着在俄蒙协约签订之后，中日两国联合起来，对抗俄国的政治、外交的目的。孙中山在动身访日之前，曾两次致电袁世凯，提出预计在半年乃至一年之内可以实现中日联盟，要求绝对不可承认俄蒙协约。[1]并要求详细指明中国最近之对日、对俄方针。[2]此举可为明证。但袁世凯答复称，与日本联合为时尚早，尚须探询日本政府之意向。[3]

孙中山到达日本新桥车站时，受到日本各界人士的热烈欢迎。[4]《支那》杂志在《记欢迎民国功臣》的报道中，描写当时情况称："数万人群集站内和站外广场，人群涌动无立锥之地。一千多名中国学生，不分学籍，组成一体，挥舞着'欢迎孙中山先生'的大旗和五色国旗。津轻伯爵（故近卫笃麿公爵之弟）、犬养毅、头山满、三浦将军、花井卓藏、木下友三郎、南挺三、内田良平、涩泽荣一、山座圆次郎、伊藤松雄、中村春雄、益田孝、杉田定一以及其他知名人士二百多人，及民国知名人士到站欢迎。站前广场高悬灯笼、彩旗。孙中山在列车末节车厢的展望车门口出现时，日、华、洋的欢迎人群高呼万岁之声如潮，此伏彼起。留学生代表趋前献了花环，孙氏含笑接过之后，却无法超过人群交给随行人员。急欲一睹伟人风采的人群挤得水泄不通。其中留学生们的欢喜狂热，实难以笔墨形容。犬养毅趋向前去，

---

① 《孙中山全集》第 2 卷，第 542 页。
② 《孙中山全集》第 3 卷，第 10 页。
③ 吴相湘：《孙逸仙先生传》（下），远东图书公司，1982 年，第 1176 页。
④ 《申报》，1913 年 2 月 15 日。

紧紧握住孙中山的手，紧紧注视疲于政治斗争，微显苍白脸色的孙氏，无限感慨。孙氏欲向前来迎接的名流表示谢意，但被欢迎之人群所阻隔，无法通过，在连呼万岁声中勉强挤开一条通道，缓步行进。花环先行，在人群簇拥下一行走向出站口。孙中山频频高举礼帽，向欢迎人们致谢，随即乘事先准备好的汽车驰往帝国饭店。欢迎的人群一直尾随到饭店。邻邦的伟人受到超过欢迎凯旋将军的热烈欢迎，来到了他的第二故乡，不，是第一故乡的帝都做客。"①

　　孙中山这次作为贵宾访日，受到如此热烈的欢迎，究竟是出自何人的邀请，至今尚未发现确实的史料，然而决不能认为是出自日本政府的邀请。因为：（一）孙中山的访日曾一度受挫；（二）孙中山本身无政府职务；（三）当孙中山到达新桥车站时，日本政府和外务省除参事官级的山座圆次郎之外，并无其他人出迎。据此，可以推测不是出自日本政府的邀请。孙中山当时只具有中华民国铁路协会会长、全国铁路协会名誉会长等民间团体的身份，故而很可能出自日本民间团体的邀请。笔者则认为很可能是东亚同文会按照桂太郎的指示，邀请孙中山访日（参照《东亚同文会史》，第68页）。这是根据：（一）东亚同文会的已故会长近卫笃麿之弟津轻英麿曾到东京车站迎接孙中山，（二）孙中山到达东京的第二天举行的第一次盛大的欢迎宴会系由东亚同文会主办，（三）第三天孙中山曾去参拜该会前会长近卫笃麿之墓。孙中山与东亚同文会的委员们素有往来，但此仅属个人关系，并非与东亚同文会的关系。此次东亚同文会之所以起到显著作用，很可能是因为该会为邀请者。然而，虽然形式上是民间团体邀请，但在实际上则是日本政府的邀请。

　　孙中山于2月14日至3月5日停留于东京。在此期间，以招

---

　　① 东亚文化研究所编：《东亚同文史》，霞山会，1985年，第223页。

待宴会和礼节性拜访等形式，与日本政界元老山县有朋（3 月 2
日）、松方政义（3 月 3、4 日）、前首相桂太郎（2 月 20 日、3 月
2 日）、首相山本权兵卫（3 月 3 日）、众议院议长大冈育造（2 月
19 日）、前首相大隈重信（2 月 25 日）、外务大臣牧野伸显（3 月
4 日）、前外务大臣加藤高明（2 月 18 日）、前递信大臣后藤新平
（2 月 19 日）、东京市长阪谷芳郎（2 月 25 日）等进行了会谈。其
中，与桂太郎就中日政治、外交等方面的问题进行了长时间的会
谈。山本权兵卫首相曾在会谈中对孙中山表示，只要日本内阁存
在，就必须实现日中同盟。并表示一旦中国政府正式成立，一定
率先承认。[①]

　　孙中山在东京期间，特别引人注目的是，受到了日本财界人
士的热烈欢迎。涩泽荣一、大仓善八郎、益田孝等财界巨头都亲
到新桥车站迎接，与日本政界要人未曾出面形成鲜明对比。财界
中，日本邮船（2 月 18 日）、日木铁道协会（2 月 20 日）、三井物
产（2 月 20 日）、横滨正金银行（2 月 22 日）、大仓组（2 月 24
日）、三菱财团（2 月 26 日）、日华实业协会和日本贸易协会（2
月 26 日），以及银行界（2 月 26 日）等举办了欢迎孙中山的集会
或宴会。2 月 21 日，东京的 44 家一流银行及大企业等共同举办
了盛大宴会。涩泽荣一等一百数十人出席。孙中山与涩泽等财界、
金融界人士共同讨论了成立中国兴业公司问题，取得了实际效果。
东京的第一、第五、正金、安田、大仓、三菱、三井等七家银行
均表明了可以向孙中山提供借款的意向。[②]日本财界如此热情的
接待，使孙中山的访日增添了浓厚的经济色彩，同时也说明孙中
山之所以能够访日，财界人士起了很大的作用。

　　日本军部也积极地接待了孙中山。孙中山于 2 月 18 日礼节性
地拜访了木越安纲陆军大臣和长谷川好道参谋总长，参观了陆军

①《申报》，1913 年 3 月 6 日。上海《民立报》，1913 年 3 月 8 日。
② 上海《天铎报》，1913 年 3 月 12 日。

小石川炮兵工厂、板桥火药工厂，观看了近卫师团一个大队的演习。并且参观了陆军大学和陆军士官学校。

孙中山在东京期间，还遍访曾经支援中国革命的旧友，表示感谢，重温旧情。昔日友人犬养毅、头山满、寺尾亨、副岛义一、根津一、梅屋庄吉等于 2 月 16 日在红叶馆设宴欢迎孙中山。22 日孙中山主持答谢宴会，出席的旧友达 200 余人。[①]

孙中山为加强与日本民间团体的交流，先后出席了东亚同文会（2 月 15、16 日）、日华协会（2 月 21 日）、基督教青年会和铁道青年会（2 月 23 日）的欢迎会。

孙中山于 8 日赴箱根，愉快地在温泉稍憩并游览了名胜。

3 月 4 日是孙中山访问东京的最后一天，牧野伸显外务大臣在霞关外相官邸招待孙中山一行。出席者有松井庆四郎外务次官和山本内阁的阁僚高桥是清大藏大臣、元田肇递信大臣、山本达雄家商大臣等，以及床次竹二郎铁道院总裁、开平副总裁、阪谷芳郎东京市长、山座圆次郎参事官等。当天晚间，孙中山举行了答谢、告别晚餐会，招待日本政、财界人士及昔日友好。

孙中山结束在东京的访问活动之后，相继访问了横滨（3 月 5 日）、横须贺（3 月 7 日）、名古屋（3 月 8 日）、京都（3 月 9 日）、奈良、大阪（3 月 10 日）、神户（3 月 13、14 日）、广岛、吴港（3 月 15 日）、下关（3 月 16 日）、八幡（3 月 17 日）、福冈、三池、荒尾（3 月 18 日）、熊本（3 月 20 日）、长崎（3 月 21 日）等地。所到之处，均受到当地市长或知事以及各界人士的热烈欢迎。另外还参观了名古屋商品展览馆和大阪纺绩工场、神户川崎造船所、八幡制铁所、三池煤矿、三菱长崎造船所等产业设施，在横须贺和吴港还参观了海军炮术学校和海军工厂。

孙中山在参观访问途中，见到支援过其革命的旧友三上丰夷、一之濑胜三郎、安川敬一郎等，与彼等交谈，重叙旧好。3 月 19

---

① 上海《民立报》，1913 年 2 月 25 日。

日下午，访问宫崎滔天的家乡荒尾，会见宫崎的亲属时，祝愿中日两国关系有如和宫崎弟兄般关系一样，亲密无间。

孙中山访日的目的之一，是考察日本的铁路设施，但是，除了出席日本铁道协会和铁道青年会的欢迎会之外，只是在牧野外相举行的送别宴会上会见了日本铁道院总裁。当有记者问及孙中山对考察日本铁路的感想时，孙中山回答说除考察了东京中央车站（新桥站）之外，对其他地方，只是在火车经过该地时看了看大概情况，似乎并未能实现考察铁路的目的。①

孙中山此行访日的实际收获，是与桂太郎的政治会谈和创立中国兴业公司。在此，我们首先考察一下孙中山与桂太郎的会谈。有如前述，孙、桂会谈既反映出孙中山得以实现访日的原因，又说明了桂太郎内阁对华及对袁、对孙政策的转变。此次会谈实际上对孙中山后来的对日观和国际观产生了强烈影响，是一项重要事件。

根据当时为孙、桂会谈作翻译的戴季陶（天仇）的回忆，会谈进行两次，共计 15～16 个小时。②据台湾编纂的《国父年谱》的记载，其日期为 2 月 20 日和 3 月 2 日。③吴相湘的《孙逸仙先生传》则称以上两天是招待宴会，推定会谈日期是在 2 月 16 日和 17 日两天。④秋山定辅的回忆则是进行了三次。秋山定辅传记的编者称，3 月 1 日在箱根有可能还举行了一次会谈。⑤参加会谈的除戴季陶之外是否还有他人，不详。该编者认为桂太郎的女婿长岛隆二和秋山定辅二人也参加了会谈。⑥这两个人一直在起着促成孙、桂会谈的作用。然而，此说不确。关于孙、桂会谈的内容及作出何种约定，据戴季陶的回忆，桂太郎向孙中山谈过以下内

①《日日新闻》，1913 年 3 月 17 日。
②戴季陶：《日本论》，市川宏译，社会思想社，1972 年，第 96～97 页。
③罗家伦主编：《国父年谱》（上），中国国民党中央委员会党史史料编纂委员会，1965 年，第 452～453 页。
④《孙逸仙先生传》（下），第 1178 页。
⑤樱田俱乐部：《秋山定辅传》第 2 卷，樱田俱乐部，1979 年，第 106～107 页。
⑥樱田俱乐部编：《秋山定辅传》第 2 卷，樱田俱乐部，1979 年，第 106～107 页。

容并作出约定：

一、改日英同盟为日德同盟，未来将与英一战，以粉碎其霸权。借此确保东亚之安全、日本之安全。此计划成功与否，将决定东亚各民族之命运。

二、当今世界上有三个问题：须以日德同盟为核心，组成日、中、德、奥同盟。首先解决印度问题，印度问题得到解决则世界上的有色人种均可得到复苏。

三、如此，则日本将不愁移民问题和缺乏贸易市场，当然绝对无须采取侵略中国的愚蠢政策。

四、日中提携必能保障东亚之和平。中、日、德、奥、土（土耳其）提携，必能保障世界之和平。

五、袁世凯并非忠于民国的政治家。袁乃民国之敌、孙中山之敌。但就目前中国之国力和孙中山之力量而言，此时如对袁发难，则有百害而无一利。

六、当前全力建设铁路干线，乃最重要的计划。

七、完成铁路干线建设之后，孙中山当能再起，掌握政权，届时日本定全力支援。①

戴季陶在其回忆中称："在两次密谈中，双方都推心置腹，充分交换了意见。"②对孙中山访日起了重大作用的宫崎滔天也在回忆录中述及当时情况："桂（太郎）公爵与孙中山在东京的三田桂氏邸中，会谈了两次，相互肝胆相照。桂公（爵）支持孙中山，借以推行其大东洋政策；孙中山则以与日本提携，建设新中国，相互誓约谋求实现桂氏历来主张的大亚洲主义。"③

桂太郎的女婿长岛隆二回忆桂孙会谈的情况时称："两位东洋伟人披肝沥胆相互倾谈的问题，是今后经营亚洲问题的大计划，

---

① 《日本论》，第97～100页。
② 《日本论》，第96页。
③ 《宫崎滔天全集》（五），第548页。

是使我等日中两国紧密结合，谋求亚洲复兴大业。二人在早春犹寒的深夜，长谈达旦，不觉时间之消逝，持续热情地深刻交谈。"[1]

根据胡汉民的回忆，会谈中，孙中山向桂太郎阐明大亚洲主义的精神应以真正的平等和友好亲善为原则。日俄战争之前，中国同情日本，但在日俄战争之后，日本乘胜占据朝鲜，中国不同意此举，此亦影响大亚洲主义不能实现。[2]

戴季陶并回忆称，会谈之后，孙中山与桂太郎互相怀有深刻的敬爱之意，互相寄予莫大的期望。[3]反袁的二次革命失败之后，孙中山于8月间亡命日本，当时桂太郎已在病中，桂太郎通过长岛隆二转告孙中山："本人现在病中。病愈后决心再次取得日本的天下。如不能掌握天下，则前约将无法实现。望暂行等待至本人病愈取天下之后。"[4]但是，桂太郎于这一年的10月10日病逝。桂太郎在弥留之际，还委派一名亲信转告孙中山："不能援助孙文打倒袁世凯，不能实现东方民族独立之大计，为余一生之恨事。"孙中山接到桂太郎逝世的讣告，哀叹："在日本，已无足以共语天下之政治家，今后，已不能寄期望于日本改变东方政局。"[5]孙中山为追悼桂太郎之死送去花束。宫崎滔天在《桂太郎与孙中山的搭桥人秋山定辅》一书中写道："桂太郎之死，可称中日两国的最大不幸。如桂公爵在世，中国革命固已告一段落，且绝不会发生如今日之两国间纠纷迭起的局面。两国亲善实现可使欧美羡慕不已。上苍如斯无情！……必将实现历史上一大事业的桂、孙两雄之携手合作，一朝忽焉而逝。伟大事业随桂公爵之逝世而归于泡影。"[6]

从当事者的上述回忆和评论中，可以看出孙中山同桂太郎都

---

① 《秋山定辅传》第 2 卷，第 109 页。
② 《国父年谱》（上），第 496 页。
③ 《日本论》，第 96 页。
④ 山浦贯一：《森恪》上卷，第 408 页。
⑤ 《日本论》，第 96 页。
⑥ 《宫崎滔天全集》（一），平凡社，1971 年，第 510 页。

主张在大亚细亚主义名义下中日两国联合，桂太郎确曾表示"支援"孙中山的革命运动。听其言，观其行，乃是评价历史人物的一个原则，可惜的是桂太郎未能再度出山掌握政权即死去。如果桂太郎尚在，也不能确知其后的中日关系如何，也难以设想日本对孙政策会出现什么情况。

　　然则，一个是日本帝国的军阀首领，一个是开创民国的革命领袖；一方是军国主义的权力化身，一方是三民主义的领导者。如此各居极端的两个人，竟能如此推心置腹地坦诚相待，深刻理解，并且一致主张中日联合，其共同点究竟何在呢？根据双方会谈的内容，可能看出共同之处是孙中山——中国、桂太郎——日本，联合起来反对英国和袁世凯。桂太郎是具有敏锐洞察能力和随机应变才能的军人、政治家。对围绕东亚和欧洲国际形势出现的新的变化十分敏感。特别是由于日本在日俄战争中取得胜利和日本在满洲与美国对立的激化，以及美国的国际地位提高等等原因，觉察英国开始由原来的以日英同盟为重转变为以英美关系为重。1911 年 7 月签署的第三次日英同盟条约，其内容已有所改变，在双方协调一致的原则下，英国开始牵制日本在东亚的单独扩张行动。这在武昌起义后，是否对中国出兵干涉的问题上已现端倪。桂太郎在组成第三次内阁时，当时任驻英大使的加藤高明被任命为外务大臣。加藤在告别伦敦时会晤英国格雷外交大臣，格雷对加藤称："本人认识到日英同盟的重要性，并希望能延续下去。但需要日本政府予以理解的是英国与美国的特殊关系。在外交方面将同美国的亲善关系置于首位，乃英国的国策。日英同盟的行动应避免影响英美之间关系的恶劣事态发生，这是英国的方针，希望日本当局对此予以理解，希望归国后将此意转告总理大臣及其他政府首脑。"[①]桂太郎基于这种情况，才在与孙中山会谈时，说

---

① 牧野伸显：《回顾录》（下），中公文库，1987 年，第 68 页。

明日俄战争结束后，日英同盟关系已告终了，日本今后已绝对不能与英国一致行动，英国也不会和日本联合，在太平洋上，日英两国已形成对立之势。日本今后唯一生路、东方民族唯一生路，在于极力切断英、俄的联合，日本须联合德国。[①]桂太郎还指出，当今世界上能与英国对抗并将其打倒的，就是桂、孙和德、奥、土各国。亚洲在大亚细亚主义的旗帜下，中日两国联合起来对抗英国。欧洲方面，德、奥、土联合起来，对抗英国。[②]桂太郎在外交战略上持有远大目标。即在今后的国际关系中，将英国置于事实上的最大敌国之地位。孙中山也认为在进行革命时，开列强侵略中国之端的英国是最大的敌国，因而与桂太郎的反英主张产生共鸣。同时，这也是从黄色人种与白色人种的斗争观出发而接受桂太郎的主张。

　　桂太郎在会谈中除主张反英之外，还主张反袁。武昌起义以来，英国在暗中支援袁世凯，使袁夺得辛亥革命的胜利果实，掌握了新政权。实际控制袁世凯的是英国。因此，桂太郎预见到在日英同盟关系疏远之际，东亚可能出现袁、英联合反对日本的形势，于是决心与孙中山携手合作推行反英、反袁的大事业。然而，孙中山在 8 月间北上之时，通过与袁世凯的十数次会谈，对袁抱有幻想，不主张反袁。所以，在与桂太郎会谈中，表示愿与袁世凯合作之意。针对此点，桂太郎指明袁世凯并非忠于民国的政治家，袁乃民国之敌、孙中山之敌。[③]桂太郎的分析是正确的，但是不详孙中山在多大程度上赞成这一分析。但在后来不久，宋教仁被袁世凯暗杀，孙中山对袁的幻想破灭，从而完全赞同了桂太郎的反袁主张。

　　在此次会谈中，桂太郎主张与德国联合的外交路线，这对孙

---

① 《日本论》，第97～100 页。
② 《日本论》，第97～100 页。
③ 《日本论》，第97～100 页。

中山后来的国际观深有影响。第一次世界大战爆发以及大战之后，孙中山一直强调须与德国联合。孙中山与桂太郎都主张与德国联合的必要性，其理由何在呢？桂太郎认为欧洲新兴的德国，在重新瓜分欧洲的过程中，是能与英国相抗衡的力量，是能从英国的背后牵制其对中国、对亚洲政策的国家。孙中山除从反英的角度出发之外，鉴于德国在华拥有殖民地权益较少，因而也主张与德国联合。据此，可以说桂太郎与孙中山都是为反英而与德国联合。

在国际政治中，最终目的迥异对立的两个国家或集团，为一时的共同的目而联合起来，是常有的事。孙中山为中国的完全独立、富强、民主、共和而反英、反袁；桂太郎则从日本的对华政策和对亚洲的政策而反英、反袁。两者的最终目的不同，但为一时的共同的目的，却愿意联合起来。

孙、桂会谈并非事出偶然，而是早在孙中山访日之前，桂太郎登上首相之位时即已作出的决定，这一决定有其形成过程。这点，可以从对孙中山访日及孙、桂会谈起重要作用的秋山定辅同桂太郎的关系方面进行探讨，从中更可以加深对桂太郎的对华、对孙政策的理解。

秋山在1893年创办《二六新报》，站在19世纪末的反藩阀立场，与属于山县有朋的藩阀势力的两次桂太郎内阁对立。特别是桂太郎第一次组阁时期，于1902年镇压了秋山和《二六新报》主办的第二次劳动者大恳亲会，并拘捕了秋山，双方的对立进一步激化。然而，秋山在1908年和1910年两次出访中国和欧美，对日本和世界的认识发生了变化。第一个变化是与藩阀势力的妥协。秋山认为日本与欧美相比，是个小国、弱国，现在的日本国内各种势力不应互相对立，应当举国一致，故而开始与藩阀势力妥协。第二个变化是他本来研习英语，崇尚欧美文明。但视察欧美之后，开始重视东方文化及精神，开始研究汉学和佛教，亦即所谓有关中国的"东洋学"。秋山认为欧美的物质文明确实优越，但在精神文化方面远不如东方。归国后，提倡"我不欺人，亦不畏人欺"[1]，主张亚洲民族大联合的大亚细亚主义。大亚细亚主义正是连接秋山与孙中山的思想纽带。这一思想也起到了秋山与桂太郎接近的作用。秋山曾向山县有朋说明自己在欧美的见闻和这一见解，山县命其将这一见解转知自己的心腹桂太郎，此时恰值第二次桂内阁总辞职后的 8 月。秋山在 8 月间曾在桂太郎寓邸作了三次彻夜商谈。在第二次商谈中，互相谈及了世界形势和中国问题。当时秋山向桂太郎说：

1. 清朝已呈衰亡之像，濒临灭亡，四亿民众饱受涂炭之苦。

2. 欧美列强必乘机侵略中国，此一亚洲最大的民族将成彼等之奴隶。

3. 面对中国民族之危机，能挺身而出，挽救民族，挽救国家，舍身赴难者，是孙中山一派的革命党。

4. 当此中国民众奋起改革之际，日本必须相助，与亚细亚民族携手奔向共同理想。[2]

秋山之所以支持孙中山的革命党，是基于前述从 1899 年与孙中山结识，并支持其革命活动，对之有所了解。继而于 1908 年春访问北京，与袁世凯会见时，对袁大失所望。所以向桂太郎力陈支援孙中山的革命党，桂太郎对此持同感，答应一定予以援助。这是确凿的事实。据宫崎滔天《桂太郎与孙中山的搭桥人秋山定辅》一书，关于由秋山提出，得到桂太郎同意的重要事项，有如下述：

1. 以解决中国问题为目的，决心再次出山担任首相。

2. 担任首相之事无须等待圣意，重新组成政党，以立宪之态度取天下。

---

① 村松梢风：《谈秋山定辅》，大日本雄辩会讲谈社，1938 年，第 277 页。
② 村松梢风：《谈秋山定辅》，大日本雄辩会讲谈社，1938 年，第 402～403 页。

3. 作为解决中国问题之同伴，与孙中山肝胆相照。[①]

宫崎滔天之子宫崎龙介也在《回忆孙中山》中述及孙中山访日和孙、桂会谈。其中称秋山访桂太郎，进行历时三天的彻夜长谈，其结果如下：

1. 停止日英同盟，改为日德同盟和日俄协商。

2. 由孙中山进行新中国的建设。

3. 桂太郎依靠国内舆论，组成大政党，组织强有力的内阁。

4. 实现达达尼尔海峡（土耳其）以东的亚洲民族的独立，并与之协力合作。[②]

在这里提出了成立新政党或大政党的问题。这是指桂太郎开始把日本的政治从明治末期至大正初期的藩阀内阁、藩阀政治变为政党内阁、议会政治的时期，委任秋山创立新政党——立宪同志会一事。秋山以政治实权人物桂太郎为靠山，支持孙中山实现大亚细亚主义。基于此种相互关系，两者才在政治上结合起来。立宪同志会于1913年2月7日在秋山的樱田俱乐部宣告成立。但是社会舆论认为这是已陷入危机的桂太郎的藩阀内阁为延续其内阁生命而采取的策略，故而更加激化了反桂太郎的运动。在这种运动冲击之下，桂太郎内阁于11日宣告垮台。受此影响，秋山的《二六新报》也遭受了舆论的攻击，秋山本人也不得不暂时从政界隐退。

孙中山在日本政局的动荡不安中，经桂太郎与秋山的努力得以访日。然而亦因桂太郎、秋山定辅在政治上的失势，孙、桂会谈只能以与在野的桂太郎进行密谈告终，故而没有造成舆论上的影响，也没有能直接影响日本政府的对华、对孙的外交政策的决定。随着桂太郎的死去，这次会谈最终成为历史上的一件往事。但是，由于这次会谈和日本朝野的热烈欢迎，虽然是一时的，但

---

① 安藤彦太郎编：《现代中国与孙中山思想》，讲谈社，1967年，第108～109页。
② 安藤彦太郎编：《现代中国与孙中山思想》，讲谈社，1967年，第108～109页。

对孙中山的对日认识以很大影响。

三、中国兴业公司

　　孙中山访日的重要目的之一，是创立中日合办的金融机构——中国兴业公司。孙中山在访日之前，已经通过在上海的森恪和在东京的高木陆郎等，与日本方面就创立合办公司进行了预备性商谈。这一商谈促进了孙中山的访日。创立中国兴业公司表面上是以日本财界为主推行的，背后却有桂太郎内阁和军部的支持。桂太郎内阁正是为了创立该公司，才急于促成孙中山访日，孙中山的访日，又促进了该公司的创立。本节在探讨成立中国兴业公司的政治和经济背景的同时，考察该公司的创立与孙中山的铁路建设计划及对俄政策的关系；并探讨围绕该公司的创立，孙中山与涩泽荣一等日本财界的意见分歧及与二次革命的关系。

　　创立中国兴业公司是日本发展至帝国主义阶段后对外扩张政策的必然产物。日本从辛亥革命前后就重视和加强了向中国输出资本。为此，三井财阀于1910年12月派出三井银行的尾崎敬业一行来中国，调查中国经济和金融市场。尾崎一行在中国南北各地进行了调查，从9月起在上海居留3个月，目睹了辛亥革命爆发时中国社会的变化。12月13日返回东京后将调查写成《对华投资论》，在三井财阀的董事会上提出报告，引起强烈反应。报告书共15章，其特点是："将我国的对华政策，立足于考虑经济问题；政治上则论述一元论。这不同于以往仅限于个别商人之经济事务的考察报告书。"[①]报告书首先指出，中国因发生辛亥革命而发生变化，而"清国将成为历史名词，中国全境将处于中华民国的共和政体之下。然此仅为国体形式上之变化，其实质包括经济

---

　　① 山浦贯一：《森恪》上卷，第199页。

事务在内将依然如旧"。这样的中国势必"成为世界列强在经济上争雄的舞台，为各国金融界之间剑拔弩张、注目必争之地"[①]，指出列强在中国的竞争与争夺正趋于白热化。作为对策，报告书提出："中国当前的命运，只能依靠借款，方能进行开发，而同时从各国之立场而言，如欲在中国取得相当势力及发言权，除提供借款之外，别无他途。换言之，向目前的中国投资，目的决非单纯获利，贷款乃属手段，最重要的目的在于取得利权。其次之目的是借以扶植势力。第三或有更大之目的亦未可知。总之，目前中国的问题的要害所在，只能是金钱⋯⋯。当前极为重要者，较诸公债及其他更为重要者，系投资铁路、矿山和其他有利的工业。只有这样的部门，才能达到获得利权之目的，为最好的投资对象。"[②]这是以资本输出——借款——扩大日本在华权益，扶植亲日势力的对华外交政策方案。报告书中还具体地建议："当前燃眉之急，是改造东亚兴业公司，要求中国加入，组成合办机构。"[③]东亚兴业会社是 1909 年由工学博士古市光威创立的对华投资机构，向中国南浔铁路投资 300 万日元，由大仓组承包施工。但是，面对工程中种种法规上的阻碍，难以顺利经营。由此得知，需同中国合办，因而考虑设立与中国合办的投资公司。

三井财阀将此报告书印刷成册，分送桂太郎首相兼外相，石井菊次郎外务次官、若槻礼次郎藏相、田中义一军务局长等审阅，请求给以支持。桂太郎内阁看出其重要性，指示作为对华政策内容之一，迅速实施。

创立中国兴业公司的计划与孙中山的建设铁路计划和对俄政策有密切的关系。孙中山拟借助这个公司引进日本的资金。日本则欲利用这个公司向中国输出资本，以扩张日本的在华权益。所

---

① 山浦贯一：《森恪》上卷，第 198～199 页。
② 山浦贯一：《森恪》上卷，第 199～200 页。
③ 山浦贯一：《森恪》上卷，第 200 页。

以，创立中国兴业公司和铁路建设计划同步进行。孙中山在进行创立中国兴业公司的谈判时，就提出内蒙古铁路的北路干线问题，曾对森恪说："希望日本能对从南满铁路的连接处长春通往内蒙古的铁路进行投资，以期尽速早日建成。"[①]其理由是现在俄、中之间在蒙古问题上，纠纷日增，且趋激化之势，此时通过引入日资，"一方面可以促进内蒙古之交通，开发其富源；另一方面可以加深与日本之关系，以日本之国势，自可与俄国相抗衡，中国之国威及领土权得以确保，为此而利用日本从速敷设由满洲联通内蒙古一线"[②]。这是孙中山既利用日本资金建设内蒙铁路，又利用日本势力抗衡北边俄罗斯的一石二鸟政策。而日本反而利用了这一政策，正如森恪所说，日本的对华外交政策是："在满洲确实伸展国力，向内蒙古方面扩展，既压制俄罗斯南下，又可牵制中国。"为此，"由日本掌握以南满铁路为起点进一步向西、北、南延长支线之权，乃目前当务之急"。因而提出"上述铁路由日本自行预定路线，以之向孙中山提出并期其承诺"[③]。高木陆郎与日本军部协商的结果，也要求森恪向孙中山提出，希望在孙提出的路线之外，再行敷设奉洮线铁路。[④]以便未来与俄干戈相见之际，以奉天以北为第一线，同时事先作好确保从奉天进入内蒙古另一线路的准备。如此，日本的满蒙铁路建设计划，促进了中国兴业公司的创立。此外森恪和孙中山还曾就创立内蒙古实业公司进行过商谈。[⑤]

日本方面谋划创立中国兴业公司的主体是涩泽荣一。他曾于2月14日亲往新桥车站迎接孙中山，并出席了在东京的重要的欢

---

① 《日本外交文书》1913 年第 2 册，第 651 页。
② 《日本外交文书》1913 年第 2 册，第 651～652 页。
③ 《日本外交文书》1913 年第 2 册，第 652 页。
④ 《日本外交文书》1913 年第 2 册，第 651 页。
⑤ 《日本外交文书》1913 年第 2 册，第 651 页。

迎会和宴会。17 日涩泽到帝国饭店拜访孙中山[1]，协商创立中国兴业公司问题。其后，又就此同山本条太郎进行了研究。

在涩泽荣一与孙中山会谈的背后，有日本大藏省在指挥。大藏省次官胜田主计于 18 日向涩泽发出如下指示：

一、表面上政府与此事无关，但背后给以充分支持。

一、合办公司的性质，首先要以东亚兴业为创业公司，以发现可行之工作为主。

一、公司发现可行工作之后，介绍有关该业之专家参与。资金关系方面，当可利用已设立之机构，如日法银行。此外，尚可建立本国资本集团和欧美及与本国合作之资本集团进行活动。

一、对方如对组建公司表示积极，则我方切不可取犹豫不决之态度，一切决策由涩泽男爵为中心。

一、涩泽男爵在适当时机可与适当范围内之银行家、实业家进行协商，但其范围应加控制，不可过于广泛，此为成功之所必须。

一、东亚兴业会社曾有在江西□□（二字不明）获得利权之意，在与对方协商时不可泄露，待事成之后，再谋求善后良策。[2]

这是对从公司的性质到成立后获取权利的原则和具体政策进行的规定。

19 日，涩泽将同孙中山协商的情况报告胜田主计。[3] 20 日，在三井物产会议所召开公司发起人的第一次会议[4]，中国方面出席的是孙中山，日本方面出席的是大仓喜八郎、安田善次郎、益田寿、仓知铁吉、三村君平、山本条太郎等人。21 日，在涩泽的事务所，涩泽、益田寿、山本条太郎又和孙中山、戴天仇（季陶）等就日华合办事业交换意见，制定备忘录，约定继续进行协商。[5]

① 《涩泽荣一传记资料》第 38 卷，第 571 页。
② 《森恪》上卷，第 206～207 页。
③ 《涩泽荣一传记资料》第 38 卷，第 572 页。
④ 《森恪》上卷，第 207 页。
⑤ 《涩泽荣一传记资料》第 38 卷，第 572 页。

涩泽于 25 日向胜田主计提交关于创立中日合办中国兴业公司的计划书。[①]3 月 1 日，涩泽等日方人员再次对此计划书进行讨论，经全体出席者一致同意通过。[②]

3 月 3 日，涩泽、益田、山本、大仓等四人将日方起草的《中国兴业株式会社计划书概要》与创立公司的主旨，提交孙中山。[③]《概要》由 10 项共 19 条组成。

中国兴业公司计划书概要

一、名称

中国兴业公司。英文：The China Exploitation Co., Ltd.。

二、组织

中日合办之有限公司，按照中华民国法律规定组成。

三、营业

1. 各种企业之调查、设计、中介及承办业务。

2. 向各种企业直接或间接提供资金及融资。

3. 其他一般金融信托业务。

四、资本及股份

1. 资本定为 500 万日元，中日两方各出一半，第一次支付四分之一。

2. 经股东大会决定，可再行增资。

3. 股票采取记名方式，非经董事会同意，不得转让。

五、公司地点

总公司设于上海，分公司设于东京。

六、人员

1. 董事 10 人，监事 4 人，中日两国人各为其半数（董事从持有 100 股以上者中选出，监事从持有 50 股以上者中选

出），经由股东大会选举。

2. 从董事中互选董事长一人，副董事长一人及常务董事二人。

七、股东大会

每年在上海定期举行股东大会一次，根据需要，可在上海或东京召开临时股东大会。

八、债券

1. 经本公司董事会决议，可发行中国兴业公司债券。

2. 中国政府应准许本债券之发行，并努力保护其利益。

3. 日本之资本家应尽力认购承兑本债券。

九、资金之中介

1. 本公司可向日本或外国之资本集团提供资金之中介。

2. 在上述情况下，本公司可按照国内外市场情况向债务人以有利条件调剂资金。

3. 在日本的资本集团中，应吸收东京和大阪的有实力的第一流银行。

十、开办工作

创办工作，在中国由孙中山负责，在日本由男爵涩泽荣一负责。[①]

孙中山和涩泽、益田、大仓等对此草案逐条进行了讨论，双方存在以下分歧意见：

对第一项名称，孙中山提议"不用 China Exploitation Co. 而用 Development 字样"[②]。

第二项的机构问题涉及法律，按中日两国的任何一方的法律组织公司，是关乎国家主权的根本问题。孙中山主张"仍以依照

①《日本外交文书》1913 年第 2 册，第 972～974 页。
②《日本外交文书》1913 年第 2 册，第 975 页。

中国法律为宜"①，目的在于维护国家主权。其理由是中国已制定名为"公司律"的公司法，在国会中，国民党又占多数议席，能够按照自己的意志制定新的法律。列举按照中国法律创办公司，能在中国内地进行经营活动，同时无须经中国政府逐项批准，对公司有利，希望日方接受。②但是，涩泽和益田则强调："按照日本法律，并无不利之处。"③他们的理由是，如按中国法律，日本人会对之产生犹豫。又提出公司并非直接负责创业，而是对各种企业进行调查、研究、中介等。孙中山认为："现在如立即同意按照日本法律办理，颇为担心回国后将无以向国民交待，甚至引起误会。"④提议将这个问题暂行搁置而研究其他问题。

对第四项关于资本及股份问题，涩泽提议资本金为 500 万日元，双方各半。孙中山建议为 1000 万日元。但日方不同意，最后决定为 500 万日元。⑤

第五项公司地址问题，益田主张总公司设于东京，分公司设于上海，因意见分歧，与第二项的机构法律问题同样暂行搁置，以后再定。⑥

第六项人员问题，大仓提议援中国办公司之例合设总办二人。孙中山认为"设总办二人，在工作上恐有不便，甚至会发生权限上之冲突，所以为便于工作计，以一人为宜"⑦。

第七项关于召开股东大会的地点问题。根据日本法律，全体股东大会应在总公司所在地举行，临时股东大会可在总公司或分公司所在地举行。此亦与第二项的机构法律问题和第五项的公司地址问题有关，也留待以后解决。⑧

①《日本外交文书》1913 年第 2 册，第 975 页。
②《日本外交文书》1913 年第 2 册，第 975～976 页。
③《日本外交文书》1913 年第 2 册，第 976～977 页。
④《日本外交文书》1913 年第 2 册，第 977 页。
⑤《日本外交文书》1913 年第 2 册，第 978～979 页。
⑥《日本外交文书》1913 年第 2 册，第 979 页。
⑦《日本外交文书》1913 年第 2 册，第 979 页。
⑧《日本外交文书》1913 年第 2 册，第 979 页。

第八项债券问题。根据日本法律，中国政府批准发行的债券，中国政府必须保护其应得利益。但正如孙中山所云，此事尚无前例可循，故仍属问题。得到政府的批准和保护固有其有利的一面，然另一方面也有受政府干预的不便。最后，孙中山与涩泽一致同意将此项目排除。①

第九项的资本中介和第十项的开办工作，双方均无异议。②

会谈最后又回到机构的法律问题。因为究竟按照何国法律，必然涉及其他项目内容的变动，这是个根本性的问题。由于益田孝特别强调按照日本法律办理，所以涩泽也提议"希望按照日本法律创立"③。孙中山提出："需要和中方资本家商谈，希望以后再作决定。"涩泽表示赞成，于是双方一致同意将此项在概要中留为空白。从这里可以说明孙中山在事关国家主权问题上，尽了最大的努力。④

最后，孙中山提出，中方在缴纳资金方面有困难。中方应在资本金的半数250万日元中，第一次交付62.5万日元（四分之一），孙中山作为个人虽然表示承担此四分之一，但其他人士只能以不动产融通现金，甲方也不可能由孙中山个人持有股份，这是暗示需要日方援助。⑤孙中山之意，在于以中方股东的不动产为抵押，以向日本借款的形式，用以充当应交付的第一次资本金。涩泽虽然回答说："此类事必定努力一试。"⑥但未达成一致意见。

此次会谈中，双方对立的根本性问题是法律问题。3月1日，日银、正金、兴业、三菱、三井、大仓、古河等银行的代表，在三井会议所就此问题再次协商。最后明确决定，"作为中日合办的

① 《日本外交文书》1913年第2册，第980～981页。
② 《日本外交文书》1913年第2册，第981页。
③ 《日本外交文书》1913年第2册，第982页。
④ 《日本外交文书》1913年第2册，第981页。
⑤ 《日本外交文书》1913年第2册，第983页。
⑥ 《日本外交文书》1913年第2册，第984页。

公司，可依照中华民国法律设立"①。对于第四项的资本及股份问题，仍决定为中日两国人各占 500 万日元之半数。②但在 3 月 3 日送交孙中山的文件中，第二项仍为空白。因属法律问题，益田孝仍然反对，在资本金方面，日方也可能有人持异议。由此推测，孙中山离开东京时，这两个问题并未取得一致意见。

孙中山回国后，一面处理因宋教仁被刺而正在激化的南北问题，一面着手建立中国兴业公司的准备工作。该公司之成立，并非单纯的经济、金融问题，而是与二次革命有密切的关联。孙中山于 4 月 5 日，在中国铁路总公司召集前司法总长王宠惠、实业家王一亭、张静江、印锡璋等 8 人，向他们说明计划成立中国兴业公司之由来及其必要性，要求实业家给以合作。③在当时国内形势日益恶化的条件下，孙中山不可能召集各地的实业家来担任公司的股东，所以，先与上海的重要实业家协议，请他们承担第一次应付的资本金的一部分，其剩余部分由孙本人筹划，待公司成立之后，在适当时机再由各地的主要实业家分担这一部分资本金。④日本方面由森恪出面，与孙中山共同说明情况。出席者都对设立公司的宗旨和计划书概要表示赞成，决定与上海总商会的主要人物商议后，再次举行会谈。

4 月 5 日举行第二次会议，出席者有孙中山、森恪、王宠惠、李平书、王一亭等 12 人。会议决定中方第一次应出资之 62.5 万日元中，由上海的实业家出资 20 万日元，不足之款，由孙中山向日方要求垫付，公司成立之后，由各地实业家分别承担。⑤

4 月 9 日又召开了第三次会议，孙中山、森恪、李平书、王宠惠、印锡璋、张静江、王一亭等 15 人出席，逐条讨论了中国兴业公司的主旨和计划书概要，多数意见应根据中国法律，名称用

① 《日本外交文书》1913 年第 2 册，第 983 页。
② 《日本外交文书》1913 年第 2 册，第 983 页。
③ 《日本外交文书》1913 年第 2 册，第 987 页。
④ 《日本外交文书》1913 年第 2 册，第 987～988 页。
⑤ 《日本外交文书》1913 年第 2 册，第 988 页。

汉名为"中国兴业股份有限公司",同时经营金融事业和企业。资本金以日元结算。总公司设于上海。除法律问题之外,其他问题都同意计划书概要。①

高木陆郎亦于此时来到上海。高木于 10 日将中方上述意见电告涩泽。涩泽通过三井物产上海支店长藤濑转知孙中山:"此时创立公司,应以日本法律为依据。"②藤濑和森恪在第二天将此意通知孙中山。日方理由是:一、大部分资本金出自日方,二、中国方面法律尚不完备。③然而,藤濑本人则反对依据日本法律,电告涩泽:"对方坚持主张依据中国法律,与其勉强从事,莫如从其意而行。"④这是基于孙中山所说的,如依据日本法律,带有外国公司性质,不能在内地活动,如发生事变,滋生诸多困难。同时伤害中国人的感情,势必不利于公司的发展。何况中国方面将制定的公司法与日本法律大同小异。⑤由此可见,如果孙中山仍然坚持,存在依据中国法律的可能性。但是 4 月 18 日高木、藤濑、森恪等日方四人同孙中山、王宠惠等会谈的结果,孙中山却以"日后中国法律制定后即改为中国公司为条件,可同意依据日本法律建立公司"⑥,接受了日方的意见。孙中山之所以不得不作出如此让步,是因为第一次应交付的资本金欠额 40 万日元,须由日方垫付。高木于 19 日携带孙中山的上述意见,返回日本。

孙中山担心日益激化的南北对立会影响公司的创立,于 4 月 7 日特向涩泽发出电报称:"为中国兴业早日成立,尽力不使其受政治影响,请放心。"⑦5 月 6 日再次发电,催促日方:"中国兴业无受政治影响之虞,我方于 15 日将按预先规定之金额,汇入正金

---

① 《日本外交文书》1913 年第 2 册,第 988～990 页。
② 《日本外交文书》1913 年第 2 册,第 991 页。
③ 《日本外交文书》1913 年第 2 册,第 991 页。
④ 《日本外交文书》1913 年第 2 册,第 991 页。
⑤ 《日本外交文书》1913 年第 2 册,第 993 页。
⑥ 《日本外交文书》1913 年第 2 册,第 992 页。
⑦ 《日本外交文书》1913 年第 2 册,第 998 页。

银行，望按照高木所知之条件，早日成立公司。"①孙中山之所以如此急切创立公司，是因为公司的成立可以成为对正在筹划讨袁之策的南方革命派无声的"同情"和"支援"，也是对抗从五国银行团得到 2500 万英镑借款的袁世凯的一项措施。

在此时期，日本采取了向北方的袁世凯和南方的孙中山都给予借款的政策。对袁，是作为五国银行团成员之一，提供借款。对孙，是计划以创立中国兴业公司的形式提供资金。以此在对立的袁与孙之间寻求平衡。日本方面于 5 月 19 日召开第三次发起人会议。经过协商，决定发起人日中两方各八人，人选按持有股份数量决定。②6 月 14 日，召集发起人及有关人士举行发起人大会，确定了日方发起人为涩泽荣一、大仓喜八郎、安田善次郎、益田寿、仓知铁吉、三村君平、中桥德五郎、山本条太郎等八人。会议还决定：

一、商号　中国兴业株式会社（中国兴业股份有限公司）。

二、资本　500 万日元（每股 100 日元，共 5 万股，日中两国人各占半数，即各 250 万日元，第一次交付额为四分之一，即每股 25 日元）。

三、目的

（1）各种企业之调查、设计、收购及中介。

（2）对各种企业进行直接或间接之投资及融资。

（3）各种债券之募集及承兑。

（4）其他一般金融及信托业务。

四、公司地点

（1）总公司　日本国东京市。

（2）分公司　中华民国上海。③

---

① 《日本外交文书》1913 年第 2 册，第 995 页。

② 《涩泽荣一传记资料》第 54 卷，第 516、530 页。

③ 《涩泽荣一传记资料》第 54 卷，第 530 页。

股份的分配比例为：东京约 18 000 股，大阪约 6000 股，其他地方约 1000 股，6 月 30 日以前认购并缴款。创办委员选定涩泽、山本、仓知等 8 人。①公司所依据的法律，如高木和孙中山所商定，先按照日本法律办理。日本方面的认购缴款事宜，于 7 月 25 日结束。定于 8 月 11 日在东京商业会议所召开成立大会。以上说明在二次革命爆发之前，日本方面对创立公司是积极的。

中国方面也在积极地进行工作。李平书、印锡璋、沈德云、张静江、顾馨一、王一亭等十余人各认购 1 万或 5 千日元的股份。②

然而，随着袁、孙及南北对立，以及二次革命的爆发，极大地影响了中国兴业公司的成立。6 月中旬，孙中山为与在广东的胡汉民、陈炯明商议讨袁之策而赴广东，行前将成立公司之一切事宜委托黄兴、陈其美、王亮畴等人。③二次革命爆发后，孙中山已无暇顾及此事。7 月 28 日电告涩泽，因南北开战，派遣代表已不可能，"设立公司，发展实业之图，已不得不延期，一切文件已委托森恪持往贵处商议"④。这是因为二次革命爆发后，筹措军费重于其他。

此时日本方面出现了应推迟成立公司的主张，日本驻上海总领事有吉明于 8 月 9 日致电牧野外相称："至少目前不宜成立该公司，似以稍延期为宜。"⑤其理由是，由于爆发二次革命，"未来该公司不仅难以保持本身之立场，而且与突失众望之一派（指孙中山革命派——笔者）合作会引起社会上种种议论，从而可能直接或间接地给日本带来不利"。⑥主张在此时期不可与孙中山等合办公司。但涩泽等财界人士则认为，"岂能就此终止，致使前功

---

① 《日本外交文书》1913 年第 2 册，第 531 页。
② 《日本外交文书》1913 年第 2 册，992 页。
③ 《涩泽荣一传记资料》第 54 卷，第 534 页。
④ 《涩泽荣一传记资料》第 54 卷，第 536 页。
⑤ 《日本外交文书》1913 年第 2 册，第 1001～1005 页。
⑥ 《日本外交文书》1913 年第 2 册，第 1005 页。

尽弃"①。于是仍按原定计划，于 8 月 11 日在东京商业会议所召开中国兴业公司成立大会，指名选出仓知铁吉、尾崎敬义、森恪（驻上海）和印锡璋、王一亭、张人杰等六人为董事，原本预定选举孙中山为董事长。由于战局的急剧变化，孙中山已于 9 日流亡到日本神户，暂时缺席。具有讽刺意义的是，由森恪作为中国方面的代理代表出席了成立大会。②

借成立中国兴业公司之机，日本企图由此加强对中国的资本输出，扩张在华权益。孙中山则拟利用日本的资金和技术，以实现中国振兴产业、建设铁路的计划。双方这种迥异的目的，在第三次桂太郎内阁改变对孙、对袁政策的历史情况下，得以暂时统一，从而导致召开了成立大会。然而，由于孙中山和革命派在二次革命中的失败和山本内阁的再度改变对孙、对袁政策，以及袁世凯对创办该公司的牵制策略，终于使该公司很快就不得不宣告流产。由于二次革命的失败，孙中山的振兴产业、建设铁路的宏图大计受到挫折。孙中山全力投向用武力讨袁——第三次革命的准备工作。而日本方面对华扩大资本输出，扩张权益的目的毫无变化。为达到这一目的，日本从这一年的秋天起，又着手与袁世凯建立中日实业公司。

四、中日实业公司

二次革命失败，孙中山亡命日本，涩泽荣一等日本财界人士从与孙中山共同筹办的中国兴业公司中，将孙中山排挤出去，拉进了袁世凯一派，于 1914 年 4 月 25 日，成立了中日实业公司。这个公司是由中国兴业公司改头换面而成立的。日本的目的依然是资本输出，以扩张在华权益，但却在客观上起了支持袁世凯政

---

① 《涩泽荣一传记资料》第 54 卷，第 542 页。
② 《涩泽荣一传记资料》第 54 卷，第 538 页。

权的作用。本节通过梳理中国兴业公司改为中日实业公司的过程，探讨日本与孙中山、袁世凯关系的变化，同时，围绕中日实业公司在华投资活动，探讨日本在华与欧美列强的对立及与中国买办之间的关系。

　　7 月间爆发二次革命后，孙中山等革命派在 8 月初就陷入不利。涩泽等随机应变，立即提出政治经济分离论。8 月涩泽在致孙中山的信中称："阁下所称无论此次南北之战况如何，均与公司无涉，并已将本公司设立之旨趣及目的，通知贵国各省之都督、商会和实业家，保证所购之股份，丝毫不受政争之影响而遭受损失，广泛谋划经济之往来，实乃公平之至。对所流露忧国之真情及阁下之厚爱，深感钦佩。"①极力称赞孙中山，强调中国兴业公司历来即为政经分离，为其改造制造舆论。这是引用孙中山 7 月 28 日致涩泽信中所称："鄙人等与该公司（中国兴业公司——笔者）巩固中日两国实际之联系，谋求其发展之初衷，始终不变。此次南北开战，与该公司之设立自毫无影响。一俟正式设立，鄙人承诺立即将该公司创立之旨趣，通告全国各都督、商会，劝说有实力之实业家认购股份，向各地开展业务，不分南北，按原计划推销股份。"②孙中山的政经分离论，意在排除二次革命的影响，迅速成立该公司，借以筹措二次革命急需资金。然而，此说反而被涩泽所利用，以此作为将孙中山一派势力从这个公司中排除出去的根据。

　　袁世凯也在警惕以孙中山为中心的南方革命派与日本共同设立合营公司，6 月底，派孙宝琦、李盛铎前往东京。训令他们："如孙逸仙方面无把握出资，公司不能成立，则我方可另行劝说中国实业家出资，促其完成。如孙幸而尽力使其实现，则我方可为扩

---

① 《涩泽荣一传记资料》第 54 卷，第 539 页。
② 《涩泽荣一传记资料》第 54 卷，第 536～537 页。

大公司而参加投资。"①袁世凯的目的是在其中插入自己一方的势力。孙、李二人于 7 月 2 日、9 日两次与涩泽会谈，要求许可袁世凯参加，涩泽答称一定同意参加。②这是袁世凯对孙中山的牵制策略，也表现了改变该公司的方向的意图。然而，此时的涩泽等人还在坚持"无论如何也要维持与孙中山历来之关系"和"维持孙中山为公司董事长之已定方案"③。但是，随着袁军攻陷南京，涩泽于 9 月 5 日又称："此时由孙中山派销的股份，希尽力由政治全无关系之纯粹实业家认购。"④目的是将与孙中山革命党有关系者排除在外。

袁世凯的北京政府当然也欲将孙中山派从公司排除出去，另组新的公司。北京政府总理熊希龄于 9 月 17 日对日本驻北京的山座圆次郎公使称："本人认为对中国兴业公司进行根本改组，另与中方有实力者合作，重新成立公司，对贵我双方均为有利。"⑤并提议涩泽前来北京，就此进行商谈。山座对此持有同感，称："孙中山现不仅已不是总经理，中国方面其他在公司任要职者，多与此次动乱关系颇深，故应速将此等淘汰，改由中央政府可信任之人士代替。"⑥并表示涩泽等前来北京，与熊希龄及北京政府进行直接接触，乃极为希望之事。北京政府为讨好日本，于 10 月 5 日将多年来悬而未决的在满蒙敷设五条铁路的权利，拱手让给日本，以求与之接近。

此时，任中国兴业公司副董事长的仓知铁吉也向牧野伸显外相和松井庆四郎外务次官提出对新公司给以支持和便利的要求，外务省对此给予了指导和协助。⑦10 月 27 日，松井外务次官、小

①《日本外交文书》1913 年第 2 册，第 996 页。
②《涩泽荣一传记资料》第 54 卷，第 535 页。
③《涩泽荣一传记资料》第 54 卷，第 535 页。
④《涩泽荣一传记资料》第 54 卷，第 542 页。
⑤《日本外交文书》1913 年第 2 册，第 1014 页。
⑥《日本外交文书》1913 年第 2 册，第 1015 页。
⑦《日本外交文书》1913 年第 2 册，第 1005、1015~1016 页。

池政务局长、胜田大藏次官和涩泽、仓知、山本条太郎等八人，在外务次官官邸会合，研究中国时局发生的变化，决定采取以下措施：

一、将股份推向中国北方及其他各地的有实力者。

二、中国方面董事会成员王一亭、张人杰、沈缦云等辞职，遗缺由与北京政府有关者补充。

三、推举中国各地有实力者担任公司中方顾问。

四、公司的组织，原则上维持现状。如对方要求扩大，又有必要同意时，可扩资为700万日元。日方增资部分，以东亚兴业会社之合营股抵充。

五、北京政府以中国兴业公司为中日实业之联系机构，应允诺给予充分之便利。

六、根据情况，可与中方商谈炼铁（包括汉冶萍）、石油事业和福建、安正铁路以及币制顾问等事项。[①]

上述决定是一方面要维持中国兴业公司的存在，一方面采取由袁世凯北京政府中的要员接替孙中山派的过渡措施。

此时，亡命于东京的孙中山，为准备讨袁的第三次革命，而谋求日本的援助，并对中国兴业公司寄予了很大的期望。据山本条太郎所云，涩泽、中野武营等人都曾主张答应接受孙中山的要求，但由于外务省和军部的反对，未能实现。[②]在作出上述决定之后，29日，孙中山走访涩泽，在其事务所与涩泽、中野、山本等秘密会谈，其内容不详。其后，孙中山曾寄语涩泽："本来政治与经济并非一个问题，同意欢迎北方加入（指加入中国兴业公司——笔者），如对方希望，现在之股东可爽快地将全部持有之股份让给北方，对此无任何异议。"[③]据此推测，涩泽等人按照27日所

---

① 《日本外交文书》1913年第2册，第1020～1021页。《涩泽荣一传记资料》第54卷，第546页。
② 《山本条太郎谈中国革命》乙秘第1655号，1914年8月27日，日本外交史料馆藏。
③ 《涩泽荣一传记资料》第54卷，第547页。

作的决定，对孙中山施加了压力，迫使其将股份转让。因此，孙中山不得不从该公司中抽回 4800 股，这样，就解决了日本和袁世凯北京政府创办新合营公司的先决条件。

自此之后，关于成立中日实业公司的谈判，进入了正规阶段。日本外务省和财界都积极投入，涩泽接受北京的邀请，预定亲自访华。但因患感冒，改由仓知铁吉为代表前去北京。牧野于 11 月 7 日电告山座，"涩泽男爵暂不能成行之际，仅由仓知前往贵地，如对方因而误解，则为不愉快之事。如有此种担心，仓知氏亦拟暂缓赴华。望以电报告知尊意"①，要求山座探询北京方面的意见。14 日山座复电称北京方面对此不持异议。仓知一行遂于 18 日从东京动身，经朝鲜于 28 日到达北京。12 月 30 日，东京方面召开了顾问会议，作出以下决定：

一、推荐杨士琦为公司董事长。

二、改名为中日企业公司。

三、总公司设于东京，公司设于天津（或北京），以此为中国总局，统辖在中国各地设立之分公司。

四、公司之国籍为日本，在中国政府工商部注册，具有与中国公司同等权利。②

这是对应北京方面的照会中所提要求，由日本方面赞同的形式而作出的决定。在北京，经仓知与工商总长张謇及杨士琦等协商，取得了基本与上述决定相同的协议，统一了双方意见。③以此为基础修订了中国兴业公司的章程，完成了有关中日企业公司章程工作。在这一章程中虽然没有提及依据何国法律问题，但因为公司的国籍既是日本，当然按照日本的商法办理。仓知将与中国方面谈判内容和修订后的章程，以备忘录形式向山座和松井外

---

① 《日本外交文书》1913 年第 2 册，第 1021 页。
② 《日本外交文书》1913 年第 2 册，第 1022～1023 页。
③ 《日本外交文书》1913 年第 2 册，第 1027～1030 页。

务次官作了报告。①

经过以上过程之后，1914年4月25日在东京举行了该公司的第一次例会，北京方面派孙多森等一行八人出席。日本的小池政务局长要求冈警保局长对孙等赴日提供特别保护。②这是因为当时东京住有许多革命党员，而该公司的成立，是对孙中山革命党的背叛，此举是为了防止革命党员进行袭击。孙多森一行中还有前中国兴业公司的大股东周金箴（持有4400股）、印锡璋（持有4000股）、朱葆三（持有3400股）同行。他们虽与孙中山有来往，但并非革命党员，他们出席大会，在于表示新旧公司仍有内在的联系。

该公司成立时，按照工商总长张謇的提议，改名为中日实业株式会社——中日实业股份有限公司。在成立大会上，杨士琦和仓知分别当选为正、副董事长。孙多森、尾崎敬义、周金箴、森恪等四人被选为常务董事。中国方面的主要人员全部更换，日本方面除新选入的中岛久万吉以外，其他人员均未变更。中方股东有了新变化，而日方基本保持原貌。这说明日本创立日中合营公司的目的始终未变；由于在二次革命中袁世凯获胜，中方由袁一派独占。

在成立大会上，修订了公司的章程，强调了正、副董事长的一致性。例如，原中国兴业公司的章程中规定"董事长或副董事长"召开股东大会（第17条），改为"董事长与副董事长"召开。"董事长与副董事长代表各自公司"，改为"共同"代表公司③，从而进一步加强和扩大了日方的权限。

新公司成立后，日本方面立即着手向中国输出资本，扩张权益。为此，涩泽荣一于5月2日从东京出发访华。涩泽原计划在

① 《日本外交文书》1913年第2册，第1027～1030页。
② 《日本外交文书》1914年第2册，第546页。
③ 《日本外交文书》1914年第2册，第600～601页。

新公司成立之前动身，因熊希龄、杨士琦等顾虑"涩泽男爵来华，是否会引起舆论上的议论，而有碍公司事业之发展"①，同时，山座也主张待公司宣告成立，再行访华方为得策，因而才延缓访华。英国等列强对涩泽此行十分敏感，也是其延缓访华的原因之一。涩泽本人曾说："近日中国的英文报纸，称余此行，乃为获得利权，连续大肆谩骂诽谤。"②北京的英文报《每日新闻》以"日本在中国"为标题，揭露"涩泽男爵来华，目的在于夺取英国在长江沿岸的势力圈并加以确保"③。涩泽则声称其访华之目的系"作为一次游览中国之风景，同时促使中日实业公司的诞生"④，用来掩盖其真实目的。

涩泽于5月6日到达上海。加藤高明外相训令山座公使和各地的总领事、领事：涩泽"在到达贵地时，望准备好翻译及旅馆等，给予便利"⑤。说明外务省支持涩泽访华。涩泽经上海、杭州、汉口，于19日乘交通部特备的贵宾专列到达北京。日本外务省在各地的派遣机构都对涩泽经过时的活动情况，详细报告加藤。

涩泽访华过程中最重要的活动，是在北京同袁世凯和北京政府要员进行会谈。涩泽于21日与袁世凯会谈时，袁对涩泽称："如欲坚固保持两国亲善友谊，必须密切经济关系"，希望为新公司之发展尽力。⑥袁世凯企图通过引入日本资金，巩固自己的地盘，并改善同日本的关系。因此袁对涩泽称：外间风传前总理熊希龄近来有中国联合欧洲等国以排斥日本之说，但中方绝无此意，请回国后向贵国当局说明，避免发生误解。⑦外交次长曹汝霖提出，

①《日本外交文书》1914年第2册，第595页。
②《森恪》上卷，第217页。
③《森恪》上卷，第216页。
④《森恪》上卷，第217页。
⑤《日本外交文书》1914年第2册，第617页。
⑥《日本外交文书》1914年第2册，第617页。《森恪》上卷，第218页。
⑦《日本外交文书》1914年第2册，第617页。

日本报纸有攻击袁世凯的报道，十分不妥，要求日方劝告日本报界不可有伤及两国国交的论调。[①]外交总长孙宝琦也提及，昌黎事件平息以来，双方感情日益融洽，向涩泽询问了对中国财政的意见。[②]对此，日本驻北京的松平临时代理公使电告加藤称"中国当局企图利用涩泽男爵在日本之社会名望，缓和国家间之关系"[③]，指出了袁世凯和北京政府改善对日关系的意向。

扩张权益是涩泽访华的目的，涩泽在与杨士琦会谈时，提出有关四项建议。这四项建议都是事前与山座商议后决定的。

第一项是对中国电话事业的借款。[④]前一年的 12 月 7 日仓知同杨士琦会谈时，即已谈妥由日本提供借款 1200 万日元，所需电话机械全部从日本购入。[⑤]涩泽希望此计划能够实现。

第二项是敷设从四平街到洮南的铁路，所需器材全部从日本购入。

第三项是对中国的煤、铜、铁等矿山进行调查，由该公司派遣工程技师。

第四项是在公司内设电灯部，在尚没有电灯的城市中经营电灯事业。[⑥]

对此，杨士琦提出先在北京开设资本为 10 万至 20 万元的储蓄银行，待事业有发展后，再扩大到天津、上海、香港等大商业城市。[⑦]但这些事业都涉及列强在中国竞争与争夺的问题。例如电话事业，已经有西门子公司正在和交通部进行谈判。所以，中日双方虽然都表示愿意努力合作，但始终未能落实。

日本设立这个公司的目的是通过对华投资以扩张权益，这给

①《日本外交文书》1914 年第 2 册，第 619 页。
②《日本外交文书》1914 年第 2 册，第 619 页。
③《日本外交文书》1914 年第 2 册，第 619 页。
④《日本外交文书》1914 年第 2 册，第 620 页。
⑤《日本外交文书》1914 年第 2 册，第 1024～1025 页。
⑥《日本外交文书》1914 年第 2 册，第 6～20 页。
⑦《日本外交文书》1914 年第 2 册，第 619 页。

其他列强以很大的冲击，引起了它们的警觉。7 月 1 日的《北京政府公报》上发表了该公司的章程和在农商部注册的旨趣，使一直在秘密中进行的该公司成为其他列强的攻击目标。德国方面的报纸指责杨士琦既担任政事堂（国务院）左丞重职，复又兼任营利公司的董事长，实属不当，用以牵制日本财阀进入中国。这其中有与欧洲列强合作的买办暗中策动。长期靠近德国的梁士诒等广东派联合张謇的江苏派，合力攻击属于安徽派的杨士琦。在这种情况下，在北京的该公司高层人员于 7 月 24 日举行会议，杨士琦被迫辞去董事长职务，此举"并非单纯危及杨的政治地位，也是有损中日实业公司利益之失策"[①]。杨士琦面对政敌梁士诒、张謇的攻击，不得不辞职以避其锋，推举其心腹人物孙多森继任董事长，自己则退居幕后，暗中操纵。日本驻北京的小幡临时代理公使曾对森恪说："此乃最佳之策。"[②]并将此意报告加藤。森恪于 7 月 29 日返日，经与日本方面的公司要员商议之后，同意由孙多森就任董事长。这说明日本和欧洲列强及其买办之间存在激烈竞争的关系。

三井财阀的高层人士在中国兴业公司和中日实业公司中都是核心人物。三井的森恪（1914 年 2 月任天津支店长）一直起着重要的作用，所以给外界以该公司属于三井系统的印象。然而，辛亥革命时，三井曾向孙中山的革命派提供资金和武器，当时给北方袁世凯派的印象是亲革命的，对三井态度冷淡，这不能不影响中日实业公司在北方的事业发展。小幡为不使中日实业公司带有三井色彩，向加藤建议："望使森恪断绝与三井的关系，作为重要人员常驻北京，专心致力于公司之活动。"[③]说明袁世凯一方面愿意改善与日本的关系，一面仍然警惕日本过去与孙中山革命派的

---

① 《日本外交文书》1914 年第 2 册，第 626 页。
② 《日本外交文书》1914 年第 2 册，第 626 页。
③ 《日本外交文书》1914 年第 2 册，第 627 页。

关系，对三井并不信任。

中日实业公司在华投资活动，与日本在华的其他公司之间也存在对立和竞争。在江西省余干煤矿的投资、开采方面，中日实业公司与大仓组对立，使外务省及其派遣机构不得不介入其间。加藤认为，"我国对华的企业家，如大仓组、中日实业等有实力者互相排挤、倾轧，其结果必对我国对华企业之发展不利"[1]。指示驻北京的口置公使，在该公司尾崎常务董事到北京时，给予警告，采取了支持大仓组的立场。在这种竞争对立的背后，存在着杨士琦和张謇等各公司后台的对立，杨士琦利用自己的权力对张謇一派施加压力。最后北京政府工商部以批准中日实业公司、大仓组和江西官方各开采两个矿区的办法，谋得妥协。[2]

中日实业公司成立之后，立即在中国，特别是北方，展开了投资和贷款活动。向山东省提供了 500 万日元的贷款，获得两三个矿区的开采权。还提供了电话贷款（初次为 100 万日元），并向河北省提供了水灾贷款 500 万日元。[3]但中日实业公司的投资活动，远非预期的那般活跃。其后，由于第一次世界大战爆发，日本占领胶州湾，1915 年日本又强迫袁世凯接受"二十一条"，袁与日本在政治上的对立激化，中国民众的反日情绪高涨，中方的董事们也都不再出面，常务董事不再视事。由 1915 年 12 月 4 日森恪致李士伟董事长的信函可以窥知这些情况。[4]不过这与当时日本对孙中山态度冷淡相比较，从各方面讲，日本仍是支持袁世凯的。而其支援袁世凯的目的，实际上是为了向中国投资以扩张日本的权益。

中日实业公司在华的投资活动真正全面展开，是在袁世凯死后，日本寺内内阁援助段祺瑞的时期。

---

① 《日本外交文书》1914 年第 2 册，第 628～629 页。
② 《日本外交文书》1914 年第 2 册，第 631～632 页。
③ 《森恪》上卷，第 227 页。
④ 《森恪》上卷，第 220～222 页。

五、孙中山对日言论的虚实

孙中山访日受到了热烈的欢迎，孙在访日期间同桂太郎举行了会谈，并与日本财界合作，创设了中国兴业公司，从而促进了孙中山与日本在政治上的联合和经济上的合作。由此来看，孙中山实现了访日的目的。孙中山对此次访日是满意的，其对日言论也随之发生了"变化"。本节对孙中山访日前后的对日认识进行比较，以考察其在此期间所发表的言论中的虚实。

访日前，孙中山对日认识是二元论的。孙中山在各地呼吁振兴产业和建设铁路时，赞扬日本的对外开放、引入外资及产业近代化，号召向日本学习。但是，与此同时，也揭露了日本对中国的侵略。特别是8、9月间访问北京和北方各地时，曾经尖锐地揭露日本的侵略行径，呼吁研究对策。9月2日论及国防问题时，孙中山指出，现在中国国防不固，俄国进犯北满和蒙古，英国则侵入西藏，日本入侵南满。[①]9月1日在北京军警界欢迎会上发表演说时说："当前国势濒危，日人驻兵于南满，俄人驻兵于蒙古，英人驻兵于西藏，法人驻兵于滇、黔，意在瓜分我国。"[②]9月20日在山西省军人欢迎会上说："英、德、法、美虽强，但势力尚未能完全及于东方，其与我国国境毗连者厥惟日、俄。日本有二百万陆军，战时可出兵一百万。俄国有五百万陆军，战时可出兵三百万。近者，两国联络，对于蒙、满颇具野心，正视为其国之范围地，甚为可虑。"孙中山认为，针对这种形势，必须加强军事训练，研究军事学，生产新兵器。[③]孙中山谈及铁路建设问题时，提出："东三省非我之完全领土乎？现在何以入于日，入于俄？此

---

① 《孙中山全集》第2卷，第433页。
② 《孙中山全集》第2卷，第428~429页。
③ 《孙中山全集》第2卷，第475页。

无他，即因俄有东清铁路（指中东铁路），日有南满铁路故也。"①
孙中山主张民国首都从北京迁往南京，主要的理由之一，即是北
京受到日本和俄国的威胁。8月31日在北京参议院欢迎会上演说
时说："北京北邻两大强国，俄在蒙古，日占南满。朝满交通日
便，一旦有变，五日内日兵可运到十万，北京内外受困。"②9
月1日，孙中山在北京蒙藏统一政治改良会发表演说，指责日本
"之于高丽，牛马视之"。根据以上事实，孙中山对于日本在中国，
特别是在东三省的侵略本质，有明确的认识。

　　孙中山这种对日认识的相互矛盾的二元论，是出于日本社会
结构的矛盾。日本对内是引入欧美各国的文明和资金，建成近代
化的国家，对外作为军国主义国家，侵略中国和朝鲜，具有明显
的双重性，所以，孙中山对日本的认识也是双重性的，矛盾的。
这是对日本的正确认识。

　　孙中山对日言论在其访日期间发生了新的"变化"。日本是否
侵略中国，是个根本问题。就是在这个根本问题上，孙中山的见
解发生了"变化"。2月23日，孙中山在东京中国留学生举行的
欢迎会上发表演说时说，俄国是坚持侵略主义的国家。日本则不
然，"彼为岛国，我为陆国，绝对不相侵害。纵近年来不免有侵略
之举动，亦出于万不得已，非其本心，是我们最要原谅日本的"③。
还说："日本从前对于我国，行侵略政策，亦见中国国势大不可为。
假使受制欧洲，则日本以三岛海国，决难巩固，故不得已而出
此。"④还说："吾中华武汉起义革命时期，俄人即有并吞外蒙古
之行动。日本则按兵不动，国交如常……近日盛传之日俄协约，
实属子虚，万不可听。"⑤这种言论与其访日前指称日本侵略的言

①《孙中山全集》第2卷，第433页。
②《孙中山全集》第2卷，第425页。
③《孙中山全集》第3卷，第26～27页。
④《孙中山全集》第3卷，第26页。
⑤《孙中山全集》第3卷，第51～52页。

论大相径庭，前后矛盾，说明其对日本的认识，发生了"变化"。

孙中山在访日期间认为日本是维护东亚和平的不可或缺的国家，对日本在东亚的地位评价很高。2月15日在东亚同文会的欢迎会发表演说时说："有维持东亚和平之力者，惟有日本。"日本于40年前开始维新，"时至今日，已发展成强国，日本之实力，足以维持东亚之和平。""如当时日本并未觉醒，亦如今日之中国刚刚苏醒，开始出现国民革新运动，则可以想象，东洋早已不在东洋人之手中"。①孙中山高度评价日本在东亚的作用。尽管这种对日本在亚洲实现维新，走上近代化道路，废除同外国缔结的不平等条约的评价是正确的，但这种评价与日本对外侵略朝鲜、中国，破坏东亚和平的事实，却是全不相符的。

孙中山还强调了日本对他所领导的革命的影响，他谈到如何坚定革命主义的信心时说："在我心中具有一种最大的信心，那就是在亚洲有一个最大的援助革命的力量，我坚信革命一定能得到这一最大的力量的支持。于是，我决心为革命而献身。东亚的这个最大的力量，就是日本帝国。"他还与土耳其革命相比较，认为唯一不同之处，就是土耳其革命缺乏这样强大的邻国，这是两国的唯一不同之点，他说："亚洲人具有信赖日本的观念，是一大事实。我就是20年来一直具有这样思想的。"②孙中山于3月10日在大阪的欢迎会上，也作了同样内容的讲演。③2月23日，在东京中国留学生欢迎会上所发表的演说中也说："东亚地方，得容我辈成就革命事业，都是日本之力，中国此次革命成功，对于日本不能不感谢。"④这些言论表达出明治维新对他的革命运动的影响，及其本身始终期待着日本给以援助。然而，给以如此明确的、高度的评价，却是非常罕见的。

---

① 孙逸仙：《论东亚中日两国之关系》，见《支那》，第4卷5号，第3页。
② 孙逸仙：《论东亚中日两国之关系》，见《支那》，第4卷5号，第4页。
③《孙中山全集》第3卷，第42页。
④《孙中山全集》第3卷，第26页。

对日本人的中国观，孙中山的言论也发生了"变化"。2 月 23 日，孙中山在东京中国留学生欢迎会上的演说中说，过去日本最看不起中国人，但"今日民国成立，日本人羡慕我不暇"，所以，我们对于日本人"亦须变愤恨为亲爱"①。孙中山还说，日本对于中国的思想和看法改变了，赞成共和，对于中华民国，表现出尊敬和佩服之意。②2 月 15 日，孙中山在东亚同文会的欢迎会上也说："我此次来游贵国，所到之处，耳闻目睹，日本人都希望东洋和平，爱我中国。"③

1912 年，中国各地，特别是东亚各国的华侨中，出现了激烈的抵制日货的反日运动，中国报纸也纷纷报道反日新闻。孙中山认为这些系出于臆说和猜疑，主张"中日两国人民在交往上不可互相猜疑，更不可听信别国人的谣言，切不可有排外行动"④。

孙中山在感情上也表现出对日本的好感。在 2 月 15 日东亚同文会的欢迎会上说："日本不啻即予之第二故乡。此次重返家乡，又感到家人亲戚知己共聚一堂，畅叙亲情之氛围。"⑤

在此时期，孙中山对日本的期待大大地膨胀起来。

首先，他寄希望于日本的，是支持废除与列强签订的不平等条约。2 月 21 日，他在东京实业家联合举行的欢迎会上发表演说时说："中国向来受到之障害有二：其一为国内的，其二为国际的。国内的政治弊害为法律不良，保护不周。今者革命既毕，第一障害可望逐渐除去矣。至于国际的政治障害，为中国向来与外国人所订条约不良，丧失主权。在中国之外国人，不受中国法律所辖，而受其治外法权，中国人与外国人同受其害……此事非中国人之

---

① 《孙中山全集》第 3 卷，第 27 页。
② 《孙中山全集》第 3 卷，第 25～26 页。
③ 孙逸仙：《论东亚中日两国之关系》，见《支那》，第 4 卷 5 号，第 6 页。
④ 孙逸仙：《论东亚中日两国之关系》，见《支那》，第 4 卷 5 号，第 6 页。
⑤ 孙逸仙：《论东亚中日两国之关系》，见《支那》，第 4 卷 5 号，第 3 页。参照《孙中山全集》第 3 卷，第 13～14 页。

力所能除去，故不能不望友邦之助力。"①这是向日本发出呼吁，要求废除最初订立的不平等条约，也是公开表明收复国家主权的反帝思想。

其次是中国和日本在政治上和外交上的联合。2月19日在日本众议院议长大冈育造主持的宴会上，孙中山说："中国、日本有数千年亲密关系，种族、文字相同。两国之外交不宜依随世界列国之共同行动，当恢复古来亲密之关系。中日两国宜取一致行动，以保障东亚之利益。"②25日在东京市长阪谷举行的宴会上，孙中山也说："凡种族、文字、教化相同之国，莫不有特别亲密之关系，此乃今日世界之大势。中日两国亦应亲密提携，以谋东亚之幸福及世界之和平。"③2月23日在东京中国留学生欢迎会上，他指责俄国对新疆、蒙古的侵略行为，并批评清朝的"亲俄防日"和"远交近攻"的外交政策，强调与日本联合的必要性。④

第三是与日本经济的提携。2月18日孙中山在日本邮船公司招待会上说："切望此后东亚最强之日本与东亚最大之中国，经济界互相提携，互相扶助。日本维新岁月较中国久，一切有所经验，我国人希望日本以其数十年之经验、知识帮助中国。"⑤21日在东京实业家联合举行的欢迎会上，孙中山也说希望日本能以数十年的经验、知识支持中国。⑥孙中山还说："从长远考虑，中国经济如不发达，势必给日本招来许多不利。同时，日本实业发达，将更有利于中华民国之发展"，再三表示希望在经济上提携。⑦孙中山一行回国之后，为感谢日本的热情接待，向梅屋庄吉等日本友人发出以下感谢信。

---

①《孙中山全集》第3卷，第18~20页。
②《孙中山全集》第3卷，第17页。
③《孙中山全集》第3卷，第28页。
④《孙中山全集》第3卷，第26页。
⑤《孙中山全集》第3卷，第16~17页。
⑥《孙中山全集》第3卷，第18~19页。
⑦《孙中山全集》第3卷，第19页。

　　我等此次参观贵国之际，承蒙各方给予热情欢迎，足见贵国人士确实热爱同种同文之国，并从事保卫亚洲。凡我亚洲人士，无不馨香膜拜，并全力以赴，以不负贵国人士之期望。我等将全力向国民传达贵国人士之盛意，以使两国日益加深亲密关系。此不仅为两国之幸，实乃世界和平之幸也。谨此奉函，深表谢忱，并祝前程多福。①

　　从此信中可以看出，孙中山这次访日顺利，达到了预期的目的。

　　孙中山在日本访问时提倡中日联合、提携，在回国后也作了同样内容的宣传。他曾向袁世凯和北京的参议院以及与国民党有关系的人士呼吁同日本联合、提携。在回国当天（25 日），他亲自致电袁世凯称："此次游日，向其朝野陈述中日联合之理，双方意见甚为融洽。其现政府已确示图两国亲交之真意，此事于东亚和平，极有关系。"②袁世凯也表示决定中日联合之方针，并希望加以推进。同时孙还向北京的参议院发出了内容基本与此相同电报。③27 日在国民党交通部举行的宴会上，孙中山称："日本在朝在野之政客，均有世界的眼光与知识，并抱有大亚洲主义。明知东亚大国，惟我中华，日本凭三岛立国，地域相接，与中华唇齿相依之利害关系。若中华灭亡，日本亦终不适于生存。以为自卫计，在形式上谓之为赞成中华民国，在事实上即是维护日本帝国。故日人对于中华政治之革新，政府与人民均表同情。"④向中国方面说明了日本方面也有与中国联合、提携之意向。

　　孙中山在访日期间和访日之后，其对日言论和对日本的期待发生了"变化"。这种"变化"发生的原因是什么？对此应作何解释？

---

①《梅屋庄吉文书》，小坂哲琅、主和子藏。
②《孙中山全集》第 3 卷，第 51 页。
③《孙中山全集》第 3 卷，第 52 页。
④《孙中山全集》第 3 卷，第 51～52 页。

孙中山是作为中国的一个代表人物正式访问日本的。这属于国家与国家间的国际关系。国际关系中常出现国与国之间为达到当前一时的目的，而越过对对方本质的认识，以互相之间一时的共同点为纽带实行联合的现象。所以，必须超越思想史角度的认识论，而用国际关系论来进行分析和说明。

第一，这是孙中山访日时期特定的历史条件使然。孙中山是作为日本帝国的贵宾正式访日的，如果发表指责或批评日本的言论，是有悖于外交礼节的。只能尽可能地说些赞美之辞，才符合外交礼仪。在外交场合，大都按照外交礼仪和外交要求发表言论，故而所发表的言论不完全是对该国认识的真心实话。这是国际外交礼仪上的一般性常识。

第二，孙中山一直希望能从日本获得援助，以振兴中国的产业和建设铁路。另外如其与桂太郎举行政治会谈所约定的那样，为与日本联合以对抗英国和俄国，希望能与日本实现政治上的合作和经济上的提携。孙中山为达到这种目的，必然要发表符合外交礼节的，赞扬日本并偶尔否定日本侵略中国的言论。这种言论是在东京中国留学生的欢迎会上发表的，这样做，可能是针对青年留学生们要求揭露和抵制日本侵略中国的一种外交策略，压制青年学生的反日思想和行动。在此以前和其后，孙中山也曾有过为谋求与日本联合而压制反日思想和排斥日货的言论，从这里也可以加深对孙中山那次讲演的理解。

在历史现象中有虚实之分。政治家也一样。所以，不可将一个政治家的发言或演说绝对化。政治家在某一时期，某一场所，某种条件和环境之下，对同一个问题的言论，出现不一致之处，并不鲜见。政治家固有其一定的理想和原则以及伦理和哲学，但同时为适应政局和环境的变化，也会采取随机应变的策略，灵活地发表言论。即便这些政策和言论一时与其理想、伦理和哲学以及认识相悖，甚至矛盾、对立，亦能容许。这种情况在政治家中

是带有普遍性的，孙中山亦不例外。所以，分析、评论孙中山的
言论时，也必须首先明确其时间、场所、条件及环境等各种因素，
以此为准来加以分析。孙中山所说的日本的本质，是其对日本认
识的真实一面，为达到政治理想和一时的目的而说的外交辞令或
采取的外交策略，是其对日态度虚以应酬的一面。孙中山在政治
上是一个个性很强的政治家。他坚信自己的政治理想，并坚信其
必然实现。但在实现其理想的手段和方法上具有灵活性。越是坚
信自己的理想，灵活的幅度往往越大。孙中山在访日过程中的对
日言论，是这种灵活性发展到极致的言论。分析孙中山访日期间
的言论，必须从其政治特点出发，区分其对日言论中的虚实。

　　那么，孙中山在此时期的对日的真实认识究竟是什么呢？这
就是对日本侵华的认识。如前所述，孙中山曾向日本提出废除不
平等条约的要求。孙中山在回国途中的 3 月 22 日，在长崎发表访
日期间最后演说中，意味深长地指责了日本的侵略。孙中山说：
"有人主张美国的援助云云。然而，门罗主义的美利坚合众国能够
成为中国的依恃吗？以美国的实力能够左右中国的命运吗？关于
中国的将来，能够置中国于死命者，必为日本。对此余确信无
疑。"①孙中山断言，唯有日本才是能够左右中国，置中国于死地
的国家，是给予中国最大威胁的国家。这是孙中山此次访日将行
结束时的最后演说，说明孙中山无论过去还是将来，都没忘记日
本对中国的侵略。1917 年以后，孙中山仍在不断激烈地批评日本，
揭露其侵略政策。这与其访日前的对日认识在本质上是一致的。
作为日本的贵宾，在访日的 38 天中，孙中山的对日言论发生所谓
"变化"，乃是在这一特定的历史条件下的短暂现象，属外交策略，
可以说是孙中山对日认识的权宜表现。

---

　　① 《孙中山全集》第 3 卷，第 50 页。

第六章 二次革命时期的中日外交

　　二次革命是辛亥革命时期的一大转折点,以此次革命为契机,可以区分辛亥革命为前后两个时期。由于爆发二次革命,中国形势已由袁世凯与孙中山妥协而形成的暂时统一,转变为南北分裂、袁孙对立的时期。这种对立,较武昌起义后之对立更加激烈。因此,日本不得不改变对策,将以统一的中国政权为对象改变为以南北分裂对立的孙中山和袁世凯为对象。中国国内形势的急剧变化,致使日本对孙中山的政策发生重大改变,孙中山访日时与日本约定的政治联合、经济合作均成泡影。孙中山为了以和平或军事手段将政敌袁世凯从中央政权排除出去,根据时局变化向日本提出种种要求,期望得到日本的支援;袁世凯则一面阻止日本援孙,一面积极致力于改善因发生兖州、汉口、南京三项事件而恶化了的对日关系,以期获取日本承认北京政府。本章将通过考察袁孙等对日本之态度、宋教仁被刺事件、二次革命爆发、孙中山、黄兴赴日和在日活动,兖州、汉口、南京事件,以及承认北京政府等问题,搞清日本政府、外务省、军部如何以本国利益为中心采取平衡对袁、孙的政策以推进对华外交;与此同时对日本和欧美列强的双重外交关系进行研讨。

一、宋教仁被刺后日本的对策

辛亥革命由于孙袁妥协、清帝退位，建立了统一的中华民国。但在内部，南北之间的政治、军事对立依然存在，且日益激化。1913 年 3 月 20 日，在上海火车站发生了南方国民党重要人物宋教仁被刺事件。宋教仁主张确立以议会政治、政党内阁为核心的共和体制，在辛亥革命后第一次国会议员选举（1912 年 12 月～1913 年 3 月）中极为活跃，使国民党超越执政党的共和党，取得了重大胜利。反对共和体制和国民党的反动势力，视宋教仁为头号敌人而将其暗杀。此一事件，既是对共和体制的反动，也是对国民党的挑战。由于这一反动势力的代表者为袁世凯，所以将袁从中国政治舞台上排除出去，维护共和体制，是二次革命之目的。对此，袁世凯意欲出动优势的军事力量以武力镇压国民党势力，南方的国民党势力也欲以武力对之。于是，在中国大陆，因妥协取得暂时和缓的南北之间，爆发了大决战。本节将搞清在此决战中，北方之袁世凯与南方之孙中山对日本有何期待，日本政府、外务省和军部对之如何采取相应措施，日本民间人士如何责难日本政府、外务省，同时并就日本政府、外务省和军部的"中立不偏"的本质及其客观效果进行探讨。

宋教仁被刺事件发生时，孙中山正在日本，得知宋教仁事件后，于 3 月 23 日离开长崎，25 日返抵上海，当夜在黄兴寓所召开国民党要员会议，研究对宋教仁事件的对策。孙中山作为信奉议会政治的政治家，计划在议会中弹劾并排除袁世凯。孙中山于归国次日往访日本驻上海总领事有吉明，对在访日期间所受的日本朝野欢迎和款待深表谢意，并向有吉传达了自己的意向。他指责袁世凯："身居光荣职位之大总统，竟采取如此卑鄙手段，不容宽恕。"又称："昨日，与国民党要员协商，决意以正当手段，诉

诸世界公论，排除袁世凯。即拟按预定计划召集议会，立即弹劾
袁世凯，使其失去立足之地。"①当时，国民党已于1912年12月
开始的参众两院选举中获392席，共和、民主、统一等执政党获
223席，国民党在议会中成为第一大党，因而预定于4月8日在
北京召开第一次议会中对袁进行弹劾已有可能。然而孙中山担心
时局瞬息万变，认为面临南北分裂，在北方也有可能发生纷扰。
表示根据情况，为了国家的需要，决意自己担任大总统。②此时，
孙中山要在议会中以自己的势力排除袁世凯，对日本并未特别提
出期望，仅称："此际希望充分注意加以警惕。"③

　　此时，日本驻北京公使馆武官青木宣纯少将致电军部，发出
情报：上海国民党召开秘密会议为暗杀袁世凯与国务总理赵秉钧
而派刺客数名前往北京。④对此，牧野于3月27日训令有吉，速
与孙中山面谈，提出："望对党员充分留意，敦嘱不可轻举妄动。"⑤
次日有吉将此意转达孙中山，孙绝对否认派遣刺客，称："本人及
国民党之方针，前已公开表明，始终以光明正大之手段，在议会
中弹劾袁世凯，使之失去作为公职人员之资格。"如袁以武力镇压
议员，"我方也不得不以武力对之，南方一带已有此准备"⑥。有
吉又与黄兴面谈，黄兴也与孙中山意见相同。有吉通过与孙中山、
黄兴会谈，致电牧野，认为："彼等（孙中山等——笔者）并不采
取刺客手段，决意在议会上陈述袁之罪状，进行弹劾，加以排除。

---

① 1913年3月26日，驻上海有吉总领事致牧野外务大臣电报，第30号，日本防卫
研究所、日本外交史料馆藏。
② 1913年3月26日，驻上海有吉总领事致牧野外务大臣电报，第30号，日本防卫
研究所、日本外交史料馆藏。
③ 1913年3月26日，驻上海有吉总领事致牧野外务大臣电报，第30号，日本防卫
研究所、日本外交史料馆藏。
④ 1913年3月27日，牧野外务大臣致驻上海有吉总领事电报，第21号，日本外交
史料馆藏。
⑤ 1913年3月27日，牧野外务大臣致驻上海有吉总领事电报，第20号，日本外交
史料馆藏。
⑥ 1913年3月29日，驻上海有吉总领事致牧野外务大臣电报，第33号，日本外交
史料馆藏。

以此方式作为第一方案。视其结果如何，再计划采取武力或其他方式，以谋对抗。"①如上表明日本赞同孙中山的第一方案。

此时刺杀宋教仁的凶手武士英已被逮捕，法租界的会审衙门正在审理，暗杀宋教仁出自袁世凯与赵秉钧之谋一事，已公开暴露，袁、赵谋划湮灭彼等与犯人联系之证据，运动英、法公使，恳请其命令驻上海英、法总领事妥善处置。②赵秉钧于 28 日向日本驻华公使馆高尾书记官提出："上海会审审判结果，万一牵涉袁世凯和本人，作出不利于北方之判决时，事关重大，将成为袁和本人致命伤，希望通过伊集院公使向英国公使斡旋，是否设法事前采取消弭之法，望秘密与公使相商给予帮助。"③伊集院与英国公使朱尔典就此进行商谈，认为"此时采取消弭办法，反而有可能招致不利之虞"④。遂未予应允。此时日本外务省派驻中国的机构，对宋教仁被刺事实真相已有明确了解。且法租界会审衙门不得不将审理犯人时取得的证据公开发表，掩盖事实亦无可能。牧野同意伊集院意见，21 日训令伊集院可直接或通过赵秉钧善意劝告袁世凯："鉴于当前时局，最需要注意避免采取任何再行有累及北京政府嫌疑之行动。"⑤4 月 4 日伊集院通过高尾向赵秉钧转达了训令的主旨。赵秉钧深深感谢日方好意，答以迅即向袁转达，并说明已派江苏都督程德全去上海与孙中山、黄兴谋求妥协，黄兴的代表已秘密来京，正与袁世凯进行协商等。提出"暗杀宋教仁事件似不致成为严重问题"⑥。赵秉钧向高尾表明了 4 月 8 日

---

① 1913 年 3 月 29 日，驻上海有吉总领事致牧野外务大臣电报，第 33 号，日本外交史料馆藏。

②《日本外交文书》1913 年第 2 册，第 333 页。

③《日本外交义书》1913 年第 2 册，第 334 页。

④ 1913 年 3 月 31 日，驻上海有吉总领事致牧野外务大臣电报，第 38 号，日本防卫研究所藏。

⑤ 1913 年 3 月 31 日，牧野外务大臣致驻北京伊集院公使电报，第 164 号，日本外交史料馆藏。

⑥ 1913 年 4 月 5 日，驻北京伊集院公使致牧野外务大臣电报，第 252 号，日本外交史料馆藏。

召开国会，袁世凯十之八九当选无疑，以及组织新内阁，吸收和平人士的意见。伊集院据此致电牧野，陈述印象称："北方与南方的紧张气势相反，似相当乐观，对宋教仁暗杀事件……实际上亦意外平静。"[①]伊集院的印象与有吉的报告有所不同，对形势的判断有所歧异。但在避免事态恶化，维持现状这一点上，两者是一致的。

北方的袁世凯企图以暴力对付国会和孙中山。孙中山判断，在此种情况下，国会开会前，袁有可能以暴力暗杀提出弹劾案的议员，使弹劾案无法提出，即使提出，也不可能得到圆满解决，对召开国会感到担心，对议会的信念开始发生动摇。孙中山于3月30日向有吉表示："希望暂时离开中国政局，再次赴日。"他说："时局堪忧。"并称："个人考虑，鉴于当前大势，拟居于南北双方之间，如有可能希望和平收拾时局，但当地如君所知……已成为对抗北京的中心，而陷入此种漩涡之结果，对大局极为不利，毋宁暂时离开此地，观察南北两方之形势，提出忠告，务求和平解决方为上策。"[②]当时孙夫人卢慕贞访日中因车祸在东京住院，孙中山表示希望以探视或迎接夫人名义于4月4日赴日，抵日之后，"在东京暂留，偕夫人避居箱根或轻井泽，将南北两方情报及本人想法，随时告知日本当局。化名秘密旅行，到下月8日议会开会两周后时局或有若干转变为止"[③]。要求有吉向日方转达此意。日本驻上海的加藤大佐、增田中佐等认为，孙中山此举是为了得到日本的援助。[④]但从孙中山的谈话内容来看，其赴日目的是想要避开中国南北的斗争，态度是消极的。

---

① 1913 年 4 月 5 日，驻北京伊集院公使致牧野外务大臣电报，第 252 号，日本外交史料馆藏。
② 1913 年 3 月 30 日，驻上海有吉总领事致牧野外务大臣电报，第 37 号，日本外交史料馆藏。
③ 1913 年 3 月 30 日，驻上海有吉总领事致牧野外务大臣电报，第 37 号，日本外交史料馆藏。
④ 1913 年 4 月 11 日，驻上海加藤秘书官致斋藤海军大臣，日本防卫研究所藏。

外务省的派出机构认为可以允诺孙中山的赴日要求。有吉上报牧野和伊集院，称孙中山"仅为考虑暂时离开政争漩涡，希望公平地采取某种手段而已。当前尚未见有格外期望于我之处，强行阻止似无必要"①。伊集院认为："孙之赴日意在博得日本人之同情，参照最近事态，似有一定道理。"但"若接触日本民间各种人士，听到种种议论时，是否会给我政府政策招致麻烦"而有所踌躇。但又认为，"如孙中山不能赴日，与其拒之门外，莫若将孙预先拉到日本，按帝国之方针予以利用，对于运用帝国政策或为又一良策。至于化名避免露面，反而会引起中外人士怀疑，不妨以急需探视夫人病状为名，微行赴日为宜"②。伊集院上报的意见，是为了在日本的对华政策上，利用孙中山而预先将其拉至日本。

日本军部驻中国的军官等，对孙中山请求赴日一事的上报意见，也是同意接受孙中山赴日。驻上海的加藤大佐上报海军大臣斋藤实，认为不要拒绝孙中山赴日，理由是：（一）如采取断然拒绝态度，使之失望，会求助于其他国家。（二）孙中山前此访日之时，受到日本朝野优遇，显系虚伪。南方派势必公开指责我不守信义，日本经济界将受到极大损失与苦楚。（三）以经济关系而论，援助南方利多，北方利少。③然而加藤对接受孙赴日要求，又表示担心，提出补充意见称："在各国环伺之下，我不宜公然援助南方"。此时对孙中山"以不即不离为要诀"④。日本驻北京公使馆武官青木宣纯少将也于4月29日上报参谋总长长谷川好道称："袁世凯、赵秉钧为刺杀宋教仁之主谋，已大致明了。外国人仍以袁为挽救时局不可缺少的人物而予庇护。吾人在公德上，对如

① 1913年3月30日，驻上海有吉总领事致牧野外务大臣电报，第37号，日本外交史料馆藏。
② 1913年3月31日，驻上海有吉总领事致牧野外务大臣电报，第39号（系驻北京伊集院公使致驻上海有吉总领事第16号电报），日本外交史料馆藏。
③ 1913年4月11日，驻上海加藤秘书官致斋藤海军大臣，日本防卫研究所藏。
④ 1913年4月11日，驻上海加藤秘书官致斋藤海军大臣，日本防卫研究所藏。

此卑鄙之徒，不能给予援助。""袁世凯政权存在期间，将不断发生纷扰。""此际出于人道与正义，对南方国民党寄予同情，如有可能，应予援助，至少亦以给予便利为妥。"①因为军部军官明确反袁，同情孙中山，所以主张给予援助。但日本军中央并未采纳此等主张。

日本政府、外务省和军部并未采纳上述意见，而是通过了与之相反的决议。3 月 31 日下午，山本内阁会议决定："孙逸仙希望来日，应尽量劝告使之他往。"②这一决定的目的在于使孙中山他往以避免南北武力冲突。据此决定，牧野当日训令有吉，说明政府方针："帝国政府毋庸多言，完全采取中立不倚之方针，且无乘此纷争获取任何特殊利益之意图。"③军部也采取与政府同样方针。4 月 1 日，陆军次官本乡房太郎命令驻汉口华中派遣队司令官与仓："帝国政府此际采取不偏不倚态度之方针，阁下今后行动须以此方针为依据，规定自己之行动。"④参谋次长大岛健一也于当日训令驻上海斋藤少佐："绝对勿与政治问题发生关联。"⑤日本政府、军部对于对立的中国南北两方，决定采取所谓中立态度的方针。

据此方针，牧野当天指示有吉称，关于孙文来日之要求，"因对彼此均非善策，希打消其目前再次来日之念"⑥。牧野的理由是："前者孙氏来日受到欢迎，回国后又有鼓吹亲日论调，宋教仁被刺事件后，社会耳目集中上海，该氏动静颇受注目。此际突然再来日本，终究无法避免中外之误解及猜疑。"⑦这说明考虑到孙

---

① 1913 年 4 月 29 日，驻北京青木少将致长谷川参谋总长电报，受第 2452 号，日本外交史料馆藏。
②《原敬日记》第 3 卷，第 302 页。
③ 1913 年 3 月 31 日，牧野外务大臣致驻上海有吉总领事电报，日本外交史料馆藏。
④ 1913 年 4 月 1 日，本乡陆军次官致驻汉口与仓司令官电报，日本外交史料馆藏。
⑤ 1913 年 4 月 1 日，大岛参谋次长致驻上海斋藤少佐电报，日本外交史料馆藏。
⑥ 1913 年 3 月 31 日，牧野外务大臣致驻上海有吉总领事电报，日本外交史料馆藏。
⑦ 1913 年 3 月 31 日，牧野外务大臣致驻上海有吉总领事电报，日本外交史料馆藏。

中山赴日给英国等欧美列强和袁世凯的影响。牧野在命令有吉向孙中山转达此意见时，并指示有吉向孙中山说明："日本政府以希望中国尽快确立新制度，尽量予以援助为方针，必要时，为中国不辞对各国尽斡旋之劳。"①此乃希望在袁世凯统治下确立新制度、新秩序，避免中国发生新的动乱。这是日本政府、外务省在此时期对中国形势的基本方针。

有吉翌日向孙中山转达了牧野的意向，孙中山表示对此谅解，称："现时无论去何处，反正均须暂缓；如不能赴日，则拟赴广东、香港方面。"②并与有吉约定无论如何，行动决定后当即向彼通知。有吉也向黄兴转达了牧野之意向。黄兴对孙之赴日表示："予亦不甚赞成。"③此时孙中山已从正金银行提取了万元汇往日本、香港各地，由于这些情况决定暂留上海。如此决定也与孙中山对日、对列强的新的期望有关。

日本与欧美列强意图避免南北武力冲突，和平解决南北对立。孙中山拟利用此种态度，于 31 日向有吉提出，希望日本与欧美列强"对袁施加压力，使之退让"④。有吉反诘：这岂不等于让列强干涉中国内政？孙中山答称："由列强给予暗示，十分怯懦的袁或立即表露退让之意，然后给以相当荣誉使之下台，当可圆满解决。"⑤黄兴也向有吉提出同样意见。⑥支持袁世凯的英美自不待言，甚至对袁怀有戒心的日本，也未按照孙中山的希望采取行动。日本对亲英美的袁世凯虽无好感，但其无法忽视袁世凯统治中国的现实，以及其背后有英美支持。于是，有吉提出俄蒙问题

---

① 1913 年 3 月 31 日，牧野外务大臣致驻上海有吉总领事电报，日本外交史料馆藏。
② 1913 年 4 月 1 日，驻上海有吉总领事致牧野外务大臣电报，第 42 号，日本防卫研究所藏。
③ 1913 年 4 月 1 日，驻上海有吉总领事致牧野外务大臣电报，第 42 号，日本防卫研究所藏。
④《日本外交文书》1913 年第 2 册，第 335 页。
⑤《日本外交文书》1913 年第 2 册，第 335~336 页。
⑥《日本外交文书》1913 年第 2 册，第 342 页。

劝告孙中山："大事（蒙古问题——笔者）当前，小瑕（宋教仁事件）不咎。国内问题留待他日，此际应暂且告一段落。"①由于日本持如此态度，在日本与欧美列强的压力下，孙中山以和平方式排除袁世凯的希望落空。

在这种形势之下，孙中山开始由以法律或和平方式改变为以武力讨袁，要求日本给予财政、军事上的援助。4月7日孙中山向横滨正金银行上海分行长说明南北濒于分离倾向的梗概，以设立中日合办日华银行为条件，要求提供资金。②25日又通过有吉再次提出这一希望。③黄兴也秘密要求日本商人提供军费1000万日元。④但是日本并未允诺。与此同时，北京政府作为牵制日本对孙中山等南方派贷款的措施，也于4月下旬通告伊集院："外交总长对中国现政府签订借款合同，具有所必需之一切权限。特通告日本国公使。"⑤

孙中山和黄兴也向日本军部要求给予援助。4月5日黄兴派其部下杨廷溥赴日向参谋本部第二部长宇都宫太郎少将等说明中国南北形势，要求军部给予援助。⑥但军部并未允诺。黄兴认为："日本当局未能察觉欧美认为袁在东亚大局上是不可缺少之人物，为保持袁位置，将欧美引进中国必成东亚之害。而对我等之决心持有怀疑，实属遗憾之至"。黄兴决定亲自赴日，"向我（日本——笔者）当局、元老说明彼等之真意，以解决日中两国各种悬案，

① 《日本外交文书》1913年第2册，第336页。
② 1913年4月7日，驻上海有吉总领事致牧野外务大臣电报，第48号，日本防卫研究所藏。
③ 1913年4月25日，驻上海有吉总领事致牧野外务大臣电报，第67号，日本防卫研究所藏。
④ 1913年4月4日，驻上海增田中佐致军令部电报，日本防卫研究所藏。
⑤ 1913年4月29日，驻北京伊集院公使致牧野外务大臣电报，日本防卫研究所藏。
⑥ 1913年5月6日，驻上海斋藤少佐致宇都宫参谋本部第二部长电报，日本外交史料馆藏。

缔结密约，得到暗中给予之有力援助，以达到两国真正之提携"①。
5月8日，参谋本部次长大岛健一虽曾和外务省次官松井商谈黄兴来日事，但其赴日未能实现。

孙中山此时计划在南方建立巩固的政府，以与北方的袁世凯政权对抗。筹划"全面采用日本的货币制度以图增进贸易等两国亲近的政策"，从而向有吉提出希望："日本政府迅速承认南方。"②这也是牵制日本承认袁世凯政府的对策，这时由于美国已决定承认北京政府，日本也开始和英国谈判承认问题。赵秉钧以此为契机，也要求日本承认北京政府，以求在外交上取得有利地位。孙中山和袁世凯都希冀得到日本和列强的承认，但日本倾向袁世凯，对孙中山的要求没有表明允诺姿态。③

南北、袁孙对立日益激化。有吉"推测处于当前之际，南北纷争终难避免"④，数次向牧野作了报告。牧野一面主张"中立不倚"方针，一面又企图进行干涉。4月9日，牧野训令有吉，再次劝告孙中山、黄兴："极力避免纷争，事关重要。"⑤牧野提出的理由是："当正式国会即将开会，新制度方始就绪，各国极为注目之际，设若发生变故，对维持大局殊非善策。"⑥再次强调维持现状的重要性。然而有吉对此训令并不赞成，认为："此时再向孙、黄忠告，不仅不能起任何作用，却有可能招致彼等对我方产生怀疑。当此时局如何发展尚未明了之时，为将来计，

---

①　1913年5月6日，驻上海斋藤少佐致宇都宫参谋本部第二部长电报，日本外交史料馆藏。
②　《日本外交文书》1913年第2册，第340~341页。
③　《日本外交文书》1913年第2册，第341页。
④　《日本外交文书》1913年第2册，第339页。
⑤　1913年4月9日，牧野外务大臣致驻上海有吉总领事电报，第28号，日本外交史料馆藏。
⑥　1913年4月9日，牧野外务大臣致驻上海有吉总领事电报，第28号，日本外交史料馆藏。

殊为不宜。"①有吉也曾一再忠告孙中山、黄兴，孙、黄等也知道时局的严重性，有吉在呈报牧野的报告中提到，"孙、黄认为宋之被刺即自家（孙、黄革命势力——笔者）面临危险之前兆，被袁获得权力与自家的存在不能两立……始终以正当的手段进行斗争，而由于袁之态度，不得不采取对抗手段预为之备"，孙、黄采取武力讨袁之策，是认为"我方（孙、黄革命势力——笔者）如不预作准备，结果将有受制于对方之杞忧，为防万一而预之备，似乎不无道理"②。这表明对于孙中山武力讨袁之策，外务省与其派出机构之间存在分歧。

　　牧野曾劝告孙中山、黄兴避免纷争，但对北方的袁世凯却于4月26日与英法等四国共同签订了2500万英镑所谓善后大借款。此时之急于签订此项合同，虽也是牵制美国承认北京政府的一个策略，但在客观上则为袁世凯讨伐南方孙中山、黄兴一派提供了财政援助，在某种意义上，中国兴业公司也是孙中山对抗五国银行团的一项措施。孙中山自日本回国后，一面探索讨袁之策，一面又积极准备成立中国兴业公司以确保财源。③孙中山又通过这个公司的有关人员致书涩泽荣一和山本条太郎称：如五国提供借款"则加剧南北抗争，其结果使南方陷于不利，成为破坏东亚和平之蛀虫"④。故而切望日本不要应诺提供借款。涩泽前后三次面见山本首相和牧野外相，转达了孙中山的意向，希望予以考虑。25日，孙中山警告有吉，南方都督不承认此项借款，并计划使汇丰、横滨正金等有关银行罢工。⑤但日本不顾孙中山的切望和警

---

① 1913年4月10日，驻上海有吉总领事致牧野外务大臣电报，第57号，日本防卫研究所藏。

② 1913年4月10日，驻上海有吉总领事致牧野外务大臣电报，第57号，日本防卫研究所藏。

③ 1913年4月10日，驻上海有吉总领事致牧野外务大臣电报，第57号，日本防卫研究所藏。

④《涩泽荣一传记资料》第54卷，第531页。

⑤《日本外交文书》1913年第2册，第175页。

告，于 26 日签订了对袁世凯的借款合同。

对袁世凯借款合同的签订，遭到孙中山等国民党员的猛烈反对。28 日，孙中山致电日本外务省望其不要以借款援助袁世凯。下旬致电各国政府和人民：揭穿袁世凯是刺杀宋教仁的唆使者，并揭发袁世凯引进外国借款的目的。①以国民党员张继、王正廷任正副议长的参议院通过借款合同无效的决议，通电各省反对借款。在各地掀起了反对借款运动。袁世凯的借款合同，也在日本国内引起了反应，三井有关方面发起借款延期付款活动。日本政府、外务省面临借款是否交付问题，伊集院认为：以此时南方反对借款为理由，停止执行合同，"事关日本利害，影响重大"②，加以反对。牧野亦称："毫无接受三井希望之意"③，加以拒绝。然而正如外务省所云，日本国内舆论指责，是："只对袁世凯政府提供便利，对南方却予以压制。"④对此，日本政府声辩："帝国政府并非对南方与北方有别，另行采取行动之意。约定对保全中国时局之责任者中国临时政府借款一事，乃属偶然，因对方恰为袁政府，故而出现似乎只对袁援助之看法。"于是草草拟了声明，称："帝国政府衷心希望中国政府勿误用上述借款，以便迅速巩固国内秩序、确立安宁。此项借款实属事不得已之举。"⑤但声明并未正式发布，这因为这种声辩，不能成为理由。

袁世凯在与五国签订借款合同的同时，利用此外交上有利时机，于 4 月 30 日在中南海召开军事会议，准备以武力镇压南方。袁世凯为此而要求日本支援。4 月 26 日，陆军总长段祺瑞派秘书向青木宣纯武官提出"此时拟火速从日本购进最新式山炮一百门"

---

① 《孙中山全集》第 3 卷，第 56～57 页。
② 《日本外交文书》1913 年第 2 册，第 204 页。
③ 《日本外交文书》1913 年第 2 册，第 211 页。
④ 1913 年 4 月下旬外务省起草《关于参加五国银行团善后借款声明草案》，日本外交史料馆藏。
⑤ 1913 年 4 月下旬外务省起草《关于参加五国银行团善后借款声明草案》，日本外交史料馆藏。

的要求。^①伊集院推测："此时订购如此为数甚多的大炮，其真意并不在此，可能是顾虑日本援助南方，而予以牵制，同时对我表示好意之策略。"^②因三井要给孙中山提供 400 万两白银的借款，袁世凯为牵制日本支援南方，对此提出警告。^③袁世凯总统府秘书长梁士诒于 5 月 4 日往访有吉，转达袁世凯对南方派"坚决制裁"之意。并表明：日本志士在长江一带，"不要妄自与不稳分子接近，希予考虑"^④。

　　5 月 6 日袁召开第二次军事会议，制定对南方作战计划。在此情况下，日本也警告袁世凯要避免南北冲突。5 月 19 日牧野训令驻汉口总领事芳泽谦吉劝告黎元洪："此时绝对需要维持局面，对派往下游官兵，要严加训诫。"^⑤芳泽于 20 日向黎元洪转达了此意。^⑥牧野打算利用英国对袁世凯的影响，20 日训令伊集院在与英国公使面谈的基础上，希"由英国公使招梁士诒前来，向其说明南北和睦之必要……将此意转达袁世凯给予警告，将会奏效"^⑦。伊集院与朱尔典进行了商谈，朱尔典也表示同意，认为"此时即使仅一地方使用武力，对大局亦极为不利"^⑧。此时日本前外相加藤高明来到北京。袁世凯于 5 月 21 日在招待加藤的宴会上攻击

---

① 1913 年 4 月 27 日，驻北京伊集院公使致牧野外务大臣电报，第 347 号，日本防卫研究所藏。

② 1913 年 4 月 27 日，驻北京伊集院公使致牧野外务大臣电报，第 347 号，日本防卫研究所藏。

③ 1913 年 4 月 27 日，驻北京伊集院公使致牧野外务大臣电报，第 347 号，日本防卫研究所藏。

④《日本外交文书》1913 年第 2 册，第 349～350 页。

⑤ 1913 年 5 月 19 日，牧野外务大臣致驻汉口芳泽总领事电报，第 35 号，日本防卫研究所、日本外交史料馆藏。

⑥ 1913 年 5 月 21 日，驻汉口芳泽总领事致牧野外务大臣电报，第 78 号，日本外交史料馆藏。1913 年 5 月 26 日，驻汉口芳泽总领事致牧野外务大臣电报，第 90 号，日本防卫研究所藏。

⑦ 1913 年 5 月 20 日，牧野外务大臣致驻北京伊集院公使电报，第 271 号，日本外交史料馆藏。

⑧ 1913 年 5 月 22 日，驻北京伊集院公使致牧野外务大臣电报，第 432 号，日本外交史料馆藏。

了孙中山等一派。加藤对袁说："应和平收拾时局。"①这些事实说明，日本在借款和承认问题上倾向袁世凯，但在主观上并非想要支持袁世凯压制孙中山等革命派。

日本也同样劝告了南方。5 月 20 日牧野指示有吉："帝国政府十分忧虑大局之决裂，多方加以关心。"对黄兴提出："对江西都督等，要注意告诫其部下官兵，预防发生事变。"②有吉也为南北和睦作了努力。5 月中旬唐绍仪来到上海谋求南北妥协。有吉想趁此机会使南北和睦相处。15 日，有吉对孙中山说明："南北和睦为收拾局势上策之所在。"并述说："通过唐绍仪之完成使命方为得利。"③对此，孙中山再次表明了与袁世凯对抗的决心，称："本人亦十分希望圆满解决，但南北和睦之必要条件在于袁之退让，一任袁维持现在地位，吾人唯有坐以待毙……估计袁也难以退让，故与其逐渐自行灭亡，不如一举而决雌雄。"又称："现在是否诉诸干戈，只是时间问题，究竟是立即举事抑或暂时隐忍，现正考虑之中。""在此地与唐绍仪一度会晤之后，立即前往广东，拟在彼处进行磋商。"④19 日，有吉又劝告黄兴，黄也认为："袁以种种借口，正在计划调动兵力，压制南方。"又说："本人在自卫的基础上不到万不得已时，尽可能始终采取和平手段。"并表示："为了国家，希望和平解决。"⑤有吉和孙、黄面谈后，致电牧野称："认为目前对袁无缓和之余地。"⑥电报中还认为黄兴"大体

① 1913 年 5 月 22 日，驻北京伊集院公使致牧野外务大臣电报，第 432 号，日本外交史料馆藏。

② 1913 年 5 月 20 日，牧野外务大臣致驻上海有吉总领事电报，第 37 号，日本外交史料馆藏。

③ 1913 年 5 月 15 日，驻上海有吉总领事致牧野外务大臣电报，第 86 号，日本外交史料馆藏。

④ 1913 年 5 月 15 日，驻上海有吉总领事致牧野外务大臣电报，第 86 号，日本外交史料馆藏。

⑤ 1913 年 5 月 19 日，驻上海有吉总领事致牧野外务大臣电报，第 90 号，日本外交史料馆藏。

⑥ 1913 年 5 月 19 日，驻上海有吉总领事致牧野外务大臣电报，第 90 号，日本外交史料馆藏。

上意见比较缓和……切望和平解决……对孙最近之激进论调，黄则持自重论，其间多少似有试探和睦之意"①。历来传闻孙、黄在对待袁世凯问题上自始即有分歧，但从有吉的报告来看，相互之间的分歧，似乎是从5月中旬开始的。

宫崎滔天是孙、黄的知己。日本政府利用此种关系，委托宫崎滔天说服孙、黄。宫崎滔天于5月19日从日本来上海，劝告孙、黄与北方的袁世凯和平解决。但孙、黄未予同意，并致电日本政府称："宫崎转达之意，不胜感谢，颇为遗憾。妥协已无余地。我不奋起，彼必施加压力，危机已迫在眉睫，如得日本援助，即可采取积极行动，否则将背水一战，望予援助。"②此电表露了孙、黄决心讨袁和殷切希望日本政府给予援助之情。

此时，革命势力内部也有了与袁和睦相处的主张。老革命党员谭人凤与岑春煊、王芝祥等共同谋求南北之融合。谭、王去北京对袁世凯进行工作，岑春煊和章士钊赴武昌对黎元洪进行工作。日本方面企图利用此种妥协工作。驻汉口的芳泽总领事21日对岑春煊说："数日以来南方形势日非，令人有完全被袁威力压倒之感，如此下去，孙、黄处境必将非常困难，为保全孙、黄之荣誉而尽力如何？"③岑春煊对此持同感，表明有意使袁、孙双方妥协。

预定5月25日或26日接替伊集院就任公使的山座圆次郎，也劝告孙中山与袁和睦相处。孙中山则称："本人对袁无私怨，只因鉴于袁之态度，有终至破坏共和政体之忧虑，故方予以排斥。"并反问山座："如能使共和政体安全继续存在，且有妥协之余地，

---

① 1913年5月19日，驻上海有吉总领事致牧野外务大臣电报，第90号，日本外交史料馆藏。

② 1913年5月24日，牧野外务大臣致驻上海有吉总领事电报，第39号，日本外交史料馆藏。

③ 1913年5月22日，驻汉口芳泽总领事致牧野外务大臣电报，第80号，日本防卫研究所藏。

愿请指教。"又反复说明："以和平方式，终究不能与袁对抗。"①
孙中山对日本接连不断地劝告协调和妥协，感到不满。对山座说：
"并不期望日本援助。"又称："如能尽力使其他国家不援袁即可。"②
此乃意图牵制日本与其他列强援助袁世凯。但这并不说明孙中山
已经放弃对日本的期待。

　　如上所述，日本始终劝告孙、黄南北和睦相处，但均为无条
件之妥协与协调，缺乏具体内容。5 月下旬，当有吉再次劝告黄
兴时，黄向有吉提出如下的和平解决的具体方案。

　　一、"共和政体继续存在，不干涉议会。"

　　二、"宋教仁被刺事件委之法庭作公正审判。"

　　三、五国"借款提交议会讨论"。

　　四、"撤回北方派出的士兵，同时南方也解除兵备，一切恢复
常态。"③

　　此一方案公平合理，可以和平解决一触即发的中国南北问题。
黄兴希望日本公使率先与美国公使等共同要求袁世凯承诺接受此
方案。④有吉致电山座圆次郎转告此意，山座未予回应。

　　6 月 1 日，日本前外相加藤高明应孙中山、黄兴之邀，从北
京来到上海与二人会见。加藤谈及在北京与袁世凯会谈情况，并
劝告孙、黄："此时要尽量忍耐，和平解决时局问题，作长久之计
方为上策。"⑤孙中山正确地分析了袁世凯的动静："征诸最近袁
世凯之态度，可以断定其意图在于坚决压制以至消灭我方……"⑥

---

　　① 1913 年 5 月 27 日，驻上海有吉总领事致牧野外务大臣电报，第 99 号，日本防卫
研究所藏。

　　② 1913 年 5 月 27 日，驻上海有吉总领事致牧野外务大臣电报，第 99 号，日本防卫
研究所藏。

　　③ 1913 年 5 月 27 日，驻上海有吉总领事致牧野外务大臣电报，第 99 号，日本防卫
研究所藏。

　　④ 1913 年 5 月 27 日，驻上海有吉总领事致牧野外务大臣电报，第 99 号，日本防卫
研究所藏。

　　⑤《日本外交文书》1913 年第 2 册，第 359 页。

　　⑥《日本外交文书》1913 年第 2 册，第 359 页。

并反诘加藤：如南方爆发革命，日本将持何态度？加藤答称：日本人从个人角度来说，将会同情革命派；但政府一贯与各国协调，将致力于保持袁世凯政府的稳定。[①]说明日方劝告孙、黄要和平收拾时局的目的之一，是在袁世凯政权下保持局势的稳定，在客观上拥护袁世凯政权。因之，孙、黄并未接受日本的劝告。

进入6月，南北对立愈加激化，孙中山、黄兴为筹措军费，与日本民间企业交涉借款。6月2日，孙中山、黄兴与江西都督李烈钧的代表，在黄兴上海寓所同东亚兴业株式会社取缔役（董事）白岩龙平及日本台湾银行分行长江崎等，继续交涉南浔铁路借款问题。东亚兴业株式会社正在向南浔铁路投资，孙中山等利用这一机会要求借款1000万日元。白岩将会谈情况报告大仓组，建议："此时对孙逸仙、黄兴等表示一定程度之同情，有助于我之对南方经济政策，同时更是对我政府确立总方针——在江西的根本政策为难得之良机。"[②]露骨地表露了此项借款的目的。但此项借款谈判，也因日本政府干涉，未能实现。

如上所述，日本在中国二次革命爆发前，采取所谓"中立不倚"的方针，再三劝告南北两方，促其协调和妥协，以避免南北分裂和武力冲突。日本究竟何以采取如此政策？第一，由于大政政变，山本权兵卫内阁接替桂太郎内阁，改变了日本的对孙、对袁外交政策。如果此时桂太郎内阁能够继续下去，该内阁当会按照孙桂会谈推动援孙排袁的对华外交。第二，山本内阁未曾继承桂太郎内阁的外交路线，而是在某种意义上通过善后借款与承认北京政府的谈判等，改善与袁世凯的关系，接近其政权，并以袁世凯为中心的北京政权和召开新国会为基础，维持中国和平稳定之现状。以此观之，可以说"维持现状"是这一时期日本对中国政局的基本方针，"中立不倚"乃"维持现状"之手段。"维持现

① 臼井胜美：《日本与中国——大正时代》，原书房，1972年，第33页。
② 臼井胜美：《日本与中国——大正时代》，原书房，1972年，第33页。

状"首先是维持中国国内的和平稳定。如果中国由于南北武装冲突引起动乱，像武昌起义后使中日贸易锐减那样，日本将有可能蒙受巨大损失。因此，首先谋求中国国内之稳定是符合日本的国家利益的。在客观上，这是与日本维护并无好感的袁世凯及其政权相关联的。从与袁世凯的关系而言，武昌起义后，特别是 12 月间南北议和后，由于日本以借款形式"支援"南方革命党，所以不能不使日本对袁的关系恶化。由于孙中山让位，统一的中国在袁世凯统治的现状下，又不得不改善对袁的关系。因此，日本在这一时期，暗中已与欧美列强准备一齐承认袁世凯的大总统地位及北京政府的合法性，加以日本从最初就认为孙中山等南方革命势力较袁世凯的军事力量薄弱，不相信孙中山能战胜袁世凯，因而在这一时期不拟采取支援与袁世凯对立的孙中山一派的外交政策。在南北战争中，如果支援战败的孙中山一派，日本不会有所得；相反，有可能与取得胜利的袁世凯的关系更加恶化。

虽然如此，援袁而压制孙等南方革命派，从孙中山等与日本的历史关系来说，并非得计。此时日本劝告孙中山与袁世凯和解，在客观上虽有对袁有利的一面，但并非想要援袁压孙，而对孙中山等革命势力也并非怀有恶意。因此，从某一个侧面而言，可以说"维持现状"也有对维持保全孙中山等革命派有利之处。这从 5 月 21 日芳泽劝告岑春煊南北协调，以及有吉致电牧野报告所说："背水一战，为孙、黄以及国民整体而言并不可取……希两人深入考虑大局利害，隐忍妥协，徐图革命事业之大成"①，由此，可窥见其对孙、黄二人的殷切希望。因为维持、保全孙中山等革命派势力，对日本在长江流域扩大势力十分有利。

这时期的日本民间舆论，主要倾向支援南方革命派。主张日中两国国民联合的民间人士组成日华协会、日华实业协会、日华

---

① 驻上海有吉总领事致牧野外务大臣电报（日期不明），日本外交史料馆藏。

国民会等团体，谴责对袁世凯借款，并同时呼吁支持南方革命派。6月上旬，尾崎行雄在拥护宪政晚餐会上发言称："袁对我国历来怀有敌意，对其援助，可云对我国全然无益。与此相反，南方革命党领袖与我国关系最深，此等南方派乃民心之所系，对我国最为有利。"①呼吁应对孙中山等南方革命派给予支援，并强调：日本对南北贸易比率实际上为七对三，日本国家利益在于南方。犬养毅也在此集会上作了旨趣大致相同的发言，否定袁世凯是有能力统一中国的"强者"。指责外务省的"援袁外交"和"南北协调论"。②尾崎、犬养与头山满、中野武营（东京商业会议所会头）共同召集在东京的众议院议员以及新闻记者五十余人，举行对华外交协议会，决议要求政府对南北纷争严守中立，对借款已交付部分之用途严格监督，延期交付今后之借款等。③民间舆论指责政府并非不偏不党，实际目的是要支援南方。

在如此情况下，当时日本政府、外务省的处境是，在北方的袁世凯看来认为是"支援"孙中山等南方派，而在日本国内民间则被指责"支援"北方的袁世凯，被内外两面夹攻，左右为难。为此，外务省6月9日下午起草政府公告稿，不得不发表声明："政府并非对中国南北有恩怨亲疏之别，或对于党争有轻重不公之意。""我政府从根本上而坚持严守中立，和一般局外人同样，唯一之希望是不愿再次发生动乱。"④

日本政府、外务省虽然标榜对南北、孙袁任何一方，采取不偏不党、不即不离的态度，但为何却招致舆论纷纷责难？当时被派往中国沿海的日本第三舰队司令长官名和又八郎中将分析其原因如下：

一、我国一般人厌恶袁世凯的性格，怀疑袁历来对我国之政

---

① 《朝日新闻》，1913 年 6 月 4 日。
② 《朝日新闻》，1913 年 6 月 4 日。
③ 《朝日新闻》，1913 年 6 月 4 日。
④ 1913 年 6 月 9 日日本政府声明，日本外交史料馆藏。

策，多有主张对袁排斥者；

二、我国志愿者、实业家及浪人等，比较通晓华中、华南情况，南方人尤其在国民党人士中多有知己，关系较多，自然同情南军；

三、留学日本的中国人，概属华中、华南人，彼等居官或在野，皆处于枢要地位，握有实权，此时大都欲得到日本之援助；

四、我国对华贸易，以中南部为主，在该方面有利权等特殊关系者较多，因而不宜损伤彼处市场，以免影响贸易；

五、传闻伊集院公使在任期间与袁世凯有长期特殊关系，招致误解；

六、驻北京公使馆在搜集情报、观察时局方面，对北方详密，而对南方疏漏，有不了解中国南方实情之说；

七、驻北京外交使团不通晓中国国情，过于相信袁世凯是唯一有统一权术的政治家，对袁表示善意，我公使亦追随之，相信此说者不乏其人；

八、五国借款成立时机不当。①

针对当时错综复杂的实际情况，此种分析可称恰当。

二、二次革命爆发前后日本的对策

6月9日，袁世凯首先罢免属于孙中山革命派的江西都督李烈钧②，接着罢免了广东都督胡汉民和安徽都督柏文蔚，成为二次革命的导火线。李烈钧被罢免后于7月12日在江西湖口举兵，宣布江西省独立，二次革命爆发。本节拟考察二次革命中孙中山和袁世凯对于日本有何期望，日本对之采取如何措施，从初期到后期如何转变，并对围绕这一革命的日本与英国外交进行研讨。

① 1913年7月11日，名和又八郎第三舰队司令长官致斋藤实大将，日本防卫研究所藏。
②《申报》，1913年6月10日。

　　李烈钧被罢免并不仅是他个人的问题，对中国南北政局有重大影响，而且由于李烈钧和日本军人的关系，与日本也有关联。袁世凯、孙中山和日本三方面都很重视这一事件。袁世凯在罢免与日本关系密切的李烈钧之前，曾通过梁士诒和赵秉钧探询日方意见，向公使馆书记官高尾透露："江西李烈钧仍不屈服，如此以往，听之任之，将难以避免冲突。因此，为使之不失体面，最近正由黎元洪以和平手段劝告其辞职……倘不听取，将视时机断然更迭之。"①高尾对此没有表示任何意见。在南方，有吉为探询南方革命派对李烈钧被罢免后的动向，11 日与孙中山、黄兴面谈，探听对李被罢免的看法，黄兴称："始终坚持和平原则，昨日已派特使劝告圆满处理。"孙中山称："个人认为，要始终不变，一往直前，一举将袁排除。"又称："李烈钧之更迭，虽多少影响本党势力，但社会之同情，却与此相反，其倾向将逐渐归于我党。"②对李烈钧免职一事并未向日本格外提出要求。

　　李烈钧被罢免后，也和孙中山一样，希望暂时赴日或许能得到日本支援，向日方提出了此意。日本驻汉口总领事芳泽将此意电告牧野。③但外务省未予考虑。6 月 11 日，牧野训令芳泽："李烈钧来奔日本，如其将来计划有期待我援助之意图，不论直接或间接，可告知：'此际我政府对于中国之内争，决不予以援助。'"④芳泽将此训令告知驻湖口书记生八木元八，八木于 16 日会见了李烈钧，李称："使用武力，徒增北方口实，将破坏大局，所以避免

<hr />

　　① 1913 年 6 月 8 日，驻上海有吉总领事致牧野外务大臣电报，第 111 号，日本防卫研究所藏。
　　② 1913 年 6 月 11 日，驻上海有吉总领事致牧野外务大臣电报，第 114 号，日本防卫研究所藏。
　　③ 1913 年 6 月 10 日，驻汉口芳泽总领事致牧野外务大臣电报，第 116 号，日本外交史料馆藏。
　　④ 1913 年 6 月 11 日，牧野外务大臣致驻汉口芳泽总领事电报，第 43 号，日本外交史料馆藏。

如此……将出国外游一二年。"①表明在上海与孙中山、黄兴会晤后，拟赴日本，然后漫游欧美的意向。八木对李转达了牧野的意见，李称："对此谅解。日本为本人留学之地，故拟再次赴日。"②日本对李烈钧来日之所以敏感，因李烈钧为日本陆军士官学校毕业，与日本军人、大陆浪人等多有往来。此外，在李烈钧指挥的部队中，有日本现役或预备役军人十数名积极活动。③李烈钧之赴日，恐招致袁世凯或其他列强误解是否日本在暗中策动、唆使李烈钧举兵，以致给日本带来麻烦。6月18日，日本陆军省次官本乡房太郎命令驻华中派遣队司令官严加注意李烈钧身边日本军人的活动。芳泽也指示八木慎重行动。④但李烈钧身边的日本军人青柳、林大尉等对李烈钧提供方便，让其搭乘日本军舰于15日从南昌前往上海，并向李烈钧通报袁军的军事情报。⑤中国报纸也报道了日本军人与军舰支援革命的事实。⑥

　　袁世凯鉴于孙中山及革命党以往与日本的关系，十分警惕日本支援他们。袁世凯将上述李烈钧与日本军人之情况，通过李盛铎向有吉探询李烈钧搭乘日本军舰去上海之事。⑦6月30日，袁世凯又直接向坂西利八郎再次询问此事，以图阻止日本军人支援南方派。⑧袁世凯复对坂西提及"与暗杀徐宝山有重大关系的陆惠生，现已逃到日本"，"为陆制造炸弹者为日本人"等。并断定

----

① 1913年6月17日，驻汉口芳泽总领事致牧野外务大臣电报，第128号，日本外交史料馆藏。
② 1913年6月17日，驻汉口芳泽总领事致牧野外务大臣电报，第128号，日本外交史料馆藏。
③ 1913年6月10日，驻汉口芳泽总领事致牧野外务大臣电报，第116号，日本外交史料馆藏。
④ 1913年6月10日，驻汉口芳泽总领事致牧野外务大臣电报，第116号，日本外交史料馆藏。
⑤ 1913年6月21日，八木生致芳泽总领事电报，日本外交史料馆藏。
⑥《申报》，1913年7月17、18、20日。
⑦ 1913年6月20日，驻上海有吉总领事致牧野外务大臣电报，第123号，日本外交史料馆藏。
⑧ 1913年6月30日，驻北京伊集院公使致牧野外务大臣电报，第502号，日本防卫研究所藏。

"日本人中，有可疑行动的人甚多"。且"一部分日本人之如此态度，尤其听到有关日本军人、军舰之种种传闻，事实有无另当别论，然殊属不快之事。现在中国人尤其北方人中，怀疑日本人者增多。报纸报道中对此已有不少议论，如此现象对两国关系实堪痛心"。委托坂西向伊集院"转达此意，并商谈如何取缔"①。袁世凯并向坂西提示黎元洪发来电报，内称：曾在汉口组织起义的革命党员詹大悲、季雨霖等搭乘日本岳阳号轮去长江下游。委托坂西与伊集院商谈，将詹、季引渡给中方。②詹大悲和季雨霖是于20日搭岳阳号轮离汉口去上海的。③伊集院通过坂西答复袁世凯，否定其事，称："帝国政府对该方面之事不断严格取缔，只要涉及政府方面，应绝无任何暧昧之事。"④牧野也致电芳泽否定上述事实。此乃日本政府与军部唯恐被误解为援助策动南方革命党而引发事端之故。

6月14日，袁世凯又行罢免广东都督胡汉民，南北形势愈加紧张。孙中山从战略考虑，拟先在广东举兵独立，6月17日搭毕奥号轮船从上海经香港赴广东。⑤日本外务省派出机构注视孙中山广东之行的动态，将其情况随时报告外务省。18日，有吉与黄兴面谈时，黄兴告知有吉，孙中山已秘密去广东。此时黄兴向有吉表示了对日本的不满，批评日本："不仅不援助南方，而且五国对袁世凯借款是经伊集院、小田切两人特别斡旋而成立的。"⑥孙

① 1913年6月30日，驻北京伊集院公使致牧野外务大臣电报，第502号，日本防卫研究所藏。

② 1913年6月30日，驻北京伊集院公使致牧野外务大臣电报，第502号，日本防卫研究所藏。

③ 1913年6月29日，驻上海增田中佐致伊集院五郎海军军令部长电报，日本外交史料馆藏。

④ 1913年6月30日，驻北京伊集院公使致牧野外务大臣电报，第502号，日本防卫研究所藏。

⑤ 1913年6月17日，驻上海有吉总领事致牧野外务大臣电报，第120号，日本防卫研究所藏。

⑥ 1913年6月18日，驻上海有吉总领事致牧野外务大臣电报，第122号，日本防卫研究所藏。

中山于 20 日抵达香港，日本驻香港总领事今井忍郎曾派官员商谈与其会晤时间未果。[①]孙中山派马君武转告来广东之目的系为探视女儿病情（其后死去）和处理胡汉民被罢免后广东的善后事务。孙中山在澳门海域军舰上与新任广东都督陈炯明协商讨袁问题，其后又返回香港，与胡汉民一同与今井会谈。马君武对今井说：孙中山主张武力讨袁，但陈炯明以当地商人意向为辞，加以反对，胡汉民也不赞成。[②]当时在广东的兵力有两个师、一个旅，但其师、旅长已被袁世凯收买，反对北伐、独立。[③]孙中山广东之行未能达到目的。29 日搭巴拿马号轮返回上海。

孙中山的以武力讨袁的想法，在此时开始发生了极大的动摇，在到达的当天，与李烈钧晤面，也认为："同人虽也肯定与南昌气息相通，正在观望时机，但江西单独举事，乃无谋之举。"[④]30 日，孙中山对有吉表明了如下的心境："目前只有在议会中对峙，别无他策，然对此很难寄予厚望，唯有维持现状，观望形势，以待他日之机会，此外别无他途。"[⑤]孙中山"与南下之前之态度完全不同，对自己一方势力感到悲观"。"对自己一方的失势，微有归罪于五国借款之意。袁世凯以巧妙的笼络手段，运用该借款之资金，令人吃惊地将势力伸向地方"[⑥]。孙中山因对日本等五国不满，从而未向日本特别提出要求。

但是，陈其美等中坚骨干层极力主张武力讨袁，李烈钧也于6 日秘密去江西，准备举兵。二次革命即将发起。正如芳泽总领

① 1913 年 6 月 21 日，驻香港今井总领事致牧野外务大臣电报，第 30 号，日本防卫研究所藏。

② 1913 年 6 月 24 日，驻香港今井总领事致牧野外务大臣电报，日本防卫研究所藏。

③ 参照《辛亥革命史丛刊》第 6 辑，第 33～34 页。

④ 1913 年 6 月 30 日，驻上海有吉总领事致牧野外务大臣电报，第 128 号，日本防卫研究所藏。

⑤ 1913 年 6 月 30 日，驻上海有吉总领事致牧野外务大臣电报，第 128 号，日本防卫研究所藏。

⑥ 1913 年 6 月 30 日，驻上海有吉总领事致牧野外务大臣电报，第 128 号，日本防卫研究所藏。

事所说，这时日本最担心的是："无论哪一方面爆发事变，即使是局部，但如果影响到中国秩序，各国也将把责任转嫁于我。"①为此，日本采取了对策，芳泽向牧野建议，希望对驻中国之"我文武官员，严加诚饬，不问任何人，均须专心致志遵循帝国国是之外交方针"②。牧野与参谋总长、陆军大臣商议后，日本军部中央决定命令与仓司令官命正在江西旅行的日本军官先行撤回汉口，同时陆军中央对在华中的陆军军官，就政府方针剀切晓谕。③

此时，伊集院已决定归国，山座圆次郎于7月下旬就任驻华公使，更迭公使也意味着改变日本的对华政策。7月9日，伊集院拜访袁世凯，袁对伊集院谈话流露出："公使归国是否日本政府有改变对华政策之意？"伊集院表示："断无此意"，并称："山本首相……留意贵国时事，始终坚持既定方针，以期取得两国亲善之实效。"还指出有一部分舆论和在长江一带的日本人，"在言行上偏于南方，甚至有直接参与乱党者，但此与政府意图完全相反，（二字不明）正随时予以必要之弹压"。④再次表明日本政府不支持南方孙中山一派之方针。中国报纸也报道了日本更迭公使并不会改变日本的对华政策。⑤然而袁世凯担心日本支援南方，作为牵制之策，对在奉天开设中日合办银行表示赞同之意，对日本在东北铺设铁路计划，也在原则上赞成。并对派往日本的孙宝琦、李盛铎受到日本热情接待，表示感谢。袁世凯对日本表示"好意"，意在牵制日本之对南方政策。

7月12日，李烈钧在江西举兵，宣布独立，15日南京、17日安徽、18日上海、广东，25日湖南相继宣布独立，爆发了二次

---

① 1913年7月3日，驻汉口芳泽总领事致牧野外务大臣电报，日本外交史料馆藏。
② 1913年7月3日，驻汉口芳泽总领事致牧野外务大臣电报，日本外交史料馆藏。
③ 1913年7月6日，牧野外务大臣致驻上海有吉总领事电报，第55号，日本外交史料馆藏。
④ 1913年7月11日，驻北京伊集院公使致牧野外务大臣电报，第516号，日本防卫研究所藏。
⑤《申报》，1913年7月1日。

革命。李烈钧在举兵之前，驻扎九江的江西军第二师师长刘世钧向八木提出：作为避免战争的手段，要求将"领事团为保护侨民，希望在九江附近 5 公里以内避免冲突"①之意的要求发给刘和进驻九江的袁军第六师师长李纯。八木与英国领事商谈后，起草了要求文件稿②，芳泽也对此表示赞成，但终未能阻止二次革命爆发。由此可以说明，直到二次革命爆发前夕，日本仍是想要避免南北军事冲突的。

　　日本与欧美列强对中国革命所采取的相应措施，关系到革命的胜败。二次革命爆发后，孙中山重视日本和欧美列强的反应。14 日，孙中山询问有吉："日本方面的意向和各外国人的感情如何？"有吉告以："事变发生后，尚未得到来自日本（原文漏字）而毫无所知。"并劝告说："在侨民居留地附近，尽可能保持静谧，否则将招致各外国人之反感，因此，对在江南机器制造总局北兵之处置，尤需慎重。"③袁世凯为先发制人，从背后牵制南方革命派，于 7 月 6 日派袁军第四师的一个团占据江南机器制造总局，以威胁孙中山一派之背后，南方革命派所属部队从 7 月 23 日数次攻击该据点未能将其击退，孙中山拟利用外国力量迫使袁军撤退，向有吉提出希望："可否由领事团居中劝告北兵撤退，是否得宜。"④有吉对此未予回应。

　　日本政府对二次革命的爆发，仍坚持历来的所谓中立不倚的方针。7 月 18 日，参谋总长、陆军大臣、外务大臣集会，决定了日本政府对二次革命的方针。据此方针，牧野于当日训令驻中国

　　① 1913 年 7 月 21 日，驻汉口芳泽总领事致牧野外务大臣电报，第 157 号，日本外交史料馆藏。
　　② 1913 年 7 月 21 日，驻汉口芳泽总领事致牧野外务大臣电报，第 157 号，日本外交史料馆藏。
　　③ 1913 年 7 月 15 日，驻上海有吉总领事致牧野外务大臣电报，第 135 号，日本防卫研究所藏。
　　④ 1913 年 7 月 15 日，驻上海有吉总领事致牧野外务大臣电报，第 135 号，日本防卫研究所藏。

派出机构："此次华中再次发生骚乱，实属遗憾，帝国政府方针一如既往，持不偏不党之公正态度，决不允许我文武官吏参与中国内乱。"对在中国日侨，也作了指示："对违反规定者，不能期望得到政府之保护，预先剀切谕示，必要时将采取禁止侨居的手段，决不踌躇。"①军部中央也采取了同样的方针，长谷川好道参谋总长当天指示驻中国的与仓司令官、坂西利八郎、多贺少佐、斋藤少佐等："当兹两军冲突之时，尤须注意，目前派遣侦察等也只限于当前有必要者，且不问南北，不可在其军队所在地长时逗留，以表明我军对南北征战行为毫不参与。"②但实际上李烈钧身边仍有十数名日本军人参与其军事行动。7 月 27 日，在沙河镇战斗中，有原籍日本福冈县久留米的平山阵亡。③这是违反日本政府、军部中央训令的行为，虽然属于个人意志的行动，但此种行动却给北京政府和欧美列强以日本正在"支援"革命派的印象。

北京政府为阻止日本和欧美列强对孙中山等南方革命派的"支援"，其外交部于 7 月 21 日向日本和其他国家公使、领事提交照会："在贵国政府当然并无支援叛徒之事，但商人为了营利，难保其必无此种行动，因此，望贵公使命令商船，不要运送叛军军队或供给武器，倘有违反者，希由领事采取措施，予以处分。"④在实际上，这是对日本的要求。

在此时期，欧美列强也认为日本正在"支援"南方革命派，要对之进行牵制。

22 日《中国新闻》登载武昌 16 日通讯，黎元洪指责日本政

---

①　1913 年 7 月 18 日，外务省致驻汉口芳泽、各地总领事、领事电报，日本防卫研究所藏。

②　1913 年 7 月 18 日，外务省致驻汉口芳泽、各地总领事、领事电报，日本防卫研究所藏。

③　1913 年 8 月 1 日，驻九江八木元八致牧野外务大臣电报，第 45 号，日本外交史料馆藏。

④　1913 年 7 月 22 日，驻上海有吉总领事致牧野外务大臣电报，第 163 号，日本外交史料馆藏。

府默认日本人"帮助叛徒，日本船只向各处运送武器，资金也由日支付，在湖南商谈借款1万美元……可举出其商船或军舰经常为叛徒逃遁提供方便的诸多实例"，指责"日本的方针是希望分裂中国"[①]。日本外务省及其派出机构，以消除此种误解，作为无比重要之大事，牧野当日指示芳泽，证实黎元洪是否发表过此类谈话，并命其以书面警告黎元洪："中国官方对日本如此进行诬蔑，在国交上不能不负有重大责任。"[②]在华的一外国报纸，也于26日发表评论黎元洪上述谈话的文章，汉口商会会员等也在此时主张发起抵制日货运动。在此情况下，芳泽于7月27日下午会见黎元洪，会谈长达三小时，芳泽说明只是一部分日本军人和民间人士参与李烈钧的军事行动，并非出于日本政府的指示，日本政府禁止、取缔这种参与活动。[③]芳泽又逐一询问黎元洪在报纸上发表谈话的内容，表示："本事系在诸多误解之基础上产生的，发表此种意见，本官认为不胜遗憾"[④]，提出抗议。黎元洪出示日本军人绘制的江西军作战图为证据，予以反驳。在北京，袁世凯向坂西指出：据海军司令李鼎新来电称，有日本人参加攻击江南制造局，并参与敷设水雷、地雷。[⑤]此时北京《每日新闻》和袁世凯派中文报纸的报道[⑥]，正如山座所云，"所有论旨充满排日的主张"[⑦]。山座向袁世凯表示：这对于"日中两国亲睦甚为不利，

---

① 1913年7月22日，驻上海有吉总领事致牧野外务大臣电报，第156号，日本外交史料馆藏。

② 1913年7月22日，牧野外务大臣致驻上海有吉总领事电报，第62号，日本外交史料馆藏。

③ 1913年7月31日，驻汉口芳泽总领事致牧野外务大臣电报，日本外交史料馆藏。

④ 1913年8月2日，驻汉口芳泽总领事致牧野外务大臣电报，第218号，日本外交史料馆藏。

⑤ 1913年8月3日，驻上海有吉总领事致牧野外务大臣电报，第219号，日本防卫研究所藏。

⑥《申报》，1913年7月17、18日。

⑦ 1913年8月7日，驻北京山座公使致牧野外务大臣电报，第608号，日本外交史料馆藏。

其结果堪忧"①。袁世凯和黎元洪对极少数日本人参加革命派军事活动之所以如此大事宣扬，正是为了阻止日本支援革命派。

在日本否认支援孙中山等革命派，袁世凯牵制日本援孙时，孙中山虽也指责日本与银行团对袁借款，但仍然希望在政治、外交上得到日本的协助。7 月 21 日，孙中山与有吉会谈，说明各省独立情况时，以意气高昂的姿态断言："袁世凯不退，和平终归无望。"表明发电劝告袁世凯退让之意。并公开指责日本等五国以借款援袁。孙中山表示："五国借款成立时，本人曾向各方面预为指出借款为造成内乱之原因，各国均已闻及，然假中立之名，各国只图适合自己之策略，暗中实行援袁的方针。"并称："日本认为所谓南方都一致信赖日本，与日本接近，但当南方寄予诸多期望之时，日本却与各国同样，仍然采取只顾适合自己的中立态度，终至失去普遍的信任。"②孙中山虽然如此指责日本，但对日本仍寄予期望，恳请日本："此际至少率先劝诱英国及其他一二国家，对袁进行友谊劝告使之退让。"③孙中山认为："袁依赖外国，如此劝告，袁会意外地尽速听从。""如其他外国迟疑不决，希望日本可否单独采取行动。"④但有吉对这一要求并未允诺。有吉劝说："如此开外国人置喙之端，莫如不以外力，从内部解决事态为宜。"孙中山指出"袁一直以外援为生命"，并提出"袁终将以蒙古为饵，依靠俄国，总之，外国人置喙或干涉之现状，事实上不可避免，因此在吾人希望之时机，莫如日本率先掌握主导权将会得益"⑤。

① 1913 年 8 月 7 日，驻北京山座公使致牧野外务大臣电报，第 608 号，日本外交史料馆藏。

② 1913 年 7 月 21 日，驻上海有吉总领事致牧野外务大臣电报，第 152 号，日本防卫研究所藏。

③ 1913 年 7 月 21 日，驻上海有吉总领事致牧野外务大臣电报，第 152 号，日本防卫研究所藏。

④ 1913 年 7 月 21 日，驻上海有吉总领事致牧野外务大臣电报，第 152 号，日本防卫研究所藏。

⑤ 1913 年 7 月 21 日，驻上海有吉总领事致牧野外务大臣电报，第 152 号，日本防卫研究所藏。

强烈希望日本对袁世凯进行劝告。孙中山虽然已经开始武力讨袁，但仍想利用日本与欧美列强之力去除袁世凯。有吉将孙中山之要求报告牧野，牧野断然予以拒绝。严厉训令有吉："为此问题帝国政府与对方互相牵连，留下痕迹不可取……今后谈话只限于阁下为止。勿使对方期待帝国政府之回答，乃属当然之事。希予留意。"①日本对孙中山等之期望，表示绝对不予考虑的姿态。

但是孙中山等南方革命派依然对日本寄予期望，为已宣布独立的湖南省筹划军费，向当地三井支店要求借款 200 万日元。芳泽劝告三井："现今对该借款谈判，以不应诺为上策。"②其理由是，此次南北冲突，胜利可能归于北方中央政府，该政府对于和南军签订的契约不会承认。③牧野也指示芳泽，警告三井："此时匆忙应允此项借款，此不外是供应军费，按现下事态，帝国政府不能同意。"④黎元洪也阻止该项借款，在《中国新闻》等报纸上揭露了这一借款谈判。7 月 31 日，又询问芳泽这一借款谈判是否正在进行。⑤由于以上情况，该项借款未能实现。

7 月下旬战况逆转，已对南方革命派不利。至此，标榜所谓中立不倚方针的日本的对南北政策，开始明显向支援北方的袁世凯倾斜。日本民间公司应袁军的要求为之运送武器。汉口日清轮船于 7 月 23 日将袁军大炮 2 门、步枪 300 支，从沙市运到汉口。⑥

---

① 1913 年 7 月 22 日，牧野外务大臣致驻上海有吉总领事电报，第 59 号，日本防卫研究所藏。

② 1913 年 7 月 26 日，驻汉口芳泽总领事致牧野外务大臣电报，第 212 号，日本外交史料馆藏。

③ 1913 年 7 月 26 日，驻汉口芳泽总领事致牧野外务大臣电报，第 212 号，日本外交史料馆藏。

④ 1913 年 7 月 28 日，牧野外务大臣致驻汉口芳泽总领事电报，第 67 号，日本外交史料馆藏。

⑤ 1913 年 8 月 1 日，驻汉口芳泽总领事致牧野外务大臣电报，第 213 号，日本外交史料馆藏。

⑥ 1913 年 7 月 23 日，驻汉口芳泽总领事致牧野外务大臣电报，第 208 号，日本防卫研究所藏。

芳泽就此事上报牧野："认为供应物资不会有所妨碍。"①表示对此支持的意见。与此相反，广东胡汉民向驻香港总领事今井提出："此时陆路运送军队所需时间长，可否借用日本商船？"今井断然拒绝："此事绝对不可能。"②日本对南北、孙袁态度之如此变化，以致南北战况更加明显对南方不利。这是因为南北冲突的结果，孙中山等革命派败北，袁军胜利，已确定无疑。位于南北冲突第一线的日本驻汉口总领事芳泽于7月28日上报牧野称："正如本职所预料，现在战争胜利归于北军，中央政府权力一旦再次于南方各省确立，国人（日本人——笔者）当将蒙受不小损失，且对国交甚为不利。"③31日再次上报同样意见，认为黎元洪强烈责难日本人介入南方，"应设法消除黎心中的排日观念，以免影响今后对中央政府报告和对地方人士的措施。此乃当前最关紧要之事"④，建议要为此采取措施。8月9日售予袁世凯大炮等兵器，公然支持袁世凯。其目的正如芳泽上报牧野所称，认为："按中国现状，支持中央政府，利用其谋求发展我利权为上策。"⑤此时日本之对袁、对孙政策，成反比例关系，随日本之政策倾向于袁世凯，日本对孙中山的关系愈加疏远。这从日本对孙中山赴日和在日停留的态度，可以明确窥见。

　　英国是如何对待二次革命的呢？英国驻中国公使朱尔典从4月初即预料因南北之间的政见不同，袁、孙之间将爆发战争。此时，英国认为袁世凯是唯一能够统一中国、保持稳定的人物，仍一如既往拥护袁世凯，但并不是支持袁世凯压制南方孙中山等革

---

① 1913年7月23日，驻汉口芳泽总领事致牧野外务大臣电报，第208号，日本防卫研究所藏。

② 1913年7月19日，驻香港今井总领事致牧野外务大臣电报，第41号，日本防卫研究所藏。

③ 1913年7月28日，驻汉口芳泽总领事致牧野外务大臣电报，第215号，日本防卫研究所藏。

④ 1913年7月31日，驻汉口芳泽总领事致牧野外务大臣电报，日本外交史料馆藏。

⑤ 1913年7月31日，驻汉口芳泽总领事致牧野外务大臣电报，日本外交史料馆藏。

命党。英国从对华贸易上的利益出发，强调南北协调、维持和平稳定，以这一旨趣向袁世凯做了劝告工作。

英国与孙中山等革命党虽无直接关系，但也与劝告袁世凯一样，希望南北协调，避免武力冲突。然而如上所述，正值传说日本支持孙中山等革命派之时，一为了避免南北冲突，二为了避免日本在自己势力圈内扩大利权，而支援孙中山等革命党，对日本的所谓支援进行了牵制。英国驻日大使格林根据本国政府训令，探询日本外务省，"从日本向广东正在运送大量枪支"①是否真实？7月15日，北京《每日新闻》社论指称日本人参与江西动乱。当日，朱尔典访伊集院，要求澄清这一事实。②伦敦各报纸也刊载北京通讯报道上述情况，用以激发英国舆论。这是牵制日本对南方的所谓援助，同时也是对日本的责难。

在江西省李烈钧军队中有十数名日本人参与其间，虽属事实，却并非出于国家的命令，而是根据个人意志的行为。但这种个人行为，却构成了英国与日本的国家间的外交问题。这虽属误解，但也反映了日英之间在中国南方的利权争夺。牧野和伊集院对英方断言："与日本官方无任何关系，日本人中无提供军费或武器者。"但又说明："南方当事者中，多有曾在日本留学之人，因而在日本民间，不乏知交，获得此辈人道义上之援助，在所难免。"表明："政府之方针不偏不党。"③但是英方对此不予谅解。英国驻日大使格林于7月23日，向牧野递交英国政府7月22日的照会中称，英国政府近来从各方面报道中获悉："日本私人等向南方各省对袁持敌对态度者给予声援之结果，在中国终至引起一种感

① 1913年6月18日，牧野外务大臣致驻北京伊集院公使电报，机密第143号，日本外交史料馆藏。
② 1913年7月16日，驻北京伊集院公使致牧野外务大臣电报，第526号，日本外交史料馆藏。
③ 1913年7月17日，牧野外务大臣致驻英国井上大使电报，第123号，日本外交史料馆藏。

想，认为日本存在具有有实力、有明显亲南倾向、极不欲中国统一之一派。"希望"日本政府对其臣民之活动加以约束，消除如上所述之感情，以资增进和平"①。这是英国对日本的南方外交有所顾忌而予以牵制。对此，日本外务省于 24 日向英方说明日本政府不偏不党之方针，同时反驳了英国的照会，称："必须说明，当私人发表意见时，只要与法律无所抵触，该管官宪即无理由加以限制。但本外务大臣确信，在帝国内并不存在希图分裂中国的有实力之团体。"②日本外务省虽坚持如此立场，但为取得英国的谅解，通告英国称：已采取措施，命令在南方有不稳行为之日本人退去。日驻英大使井上胜之助也于 7 月 22 日向格雷说明日本之方针与立场，希望日英协调，称："此时有关国家必须更加紧密协调，采取一致行动，实属必要。"③格雷对此表示"完全同意"。"得到日本如此诺言，更加安心"。④表示满意。认为据此即可得以牵制日本对孙中山等南方革命派的单独行动。

　　日本虽然受到英国的牵制，但并不是完全为其所牵制。日本对于英国等欧美列强对孙中山施加压力的措施，则强调采取相机应对之态度。孙中山、黄兴等以上海租界为据点，组织指挥讨袁行动。英国等其他列强以保护租界和侨民为借口，在 24 日领事团会议上表明经过会审衙门审理，不准许孙中山、黄兴和陈其美在租界居住的意图，但有吉对此未予赞成。⑤25 日，租界工部局当局决定发布告示：禁止政治家及军人领袖利用租界，对此次的动乱之参与者，从居住地逐出，此告示发布后，继续参与者，予以逮捕。这也是意在驱逐孙中山、黄兴等革命派离开租界。有吉上

　　① 1913 年 7 月 23 日，英国驻日大使致牧野外务大臣照会，日本外交史料馆藏。
　　② 1913 年 7 月 23 日，外务省致英国驻日大使备忘录，日本外交史料馆藏。
　　③ 1913 年 7 月 23 日，驻英国井上大使致牧野外务大臣电报，日本外交史料馆藏。
　　④ 1913 年 7 月 23 日，驻英国井上大使致牧野外务大臣电报，日本外交史料馆藏。
　　⑤ 1913 年 7 月 24 日，驻上海有吉总领事致牧野外务大臣电报，第 171 号，日本防卫研究所藏。

报牧野称："实行此事非但不妥，且有伤害讨袁军之感情，而引起种种危险之虞。"①牧野指示："此事甚为微妙，终将构成具有政治色彩结局之虞，正如阁下意见，可采取不表赞同与否之态度。"②这在某种意义上，是对孙中山、黄兴等革命派表示同情，而且对孙、黄也有利。然而，租界当局按告示内容，首先强行要求陈其美等的闸北司令部撤离，27日，陈其美等转移至吴淞。③有吉希望租界警察署长暂不执行布告，不要驱逐孙中山撤离租界，并和宫崎滔天等商议，对孙中山进行工作，劝其主动前往广东方面。④双方作为妥协，是在告示中并非特定仅指孙中山等南方派，而是包括南北在内，例如在告示中加上禁止南北双方在租界内战斗的词句，有吉对此表示赞同。⑤这在客观上，对于战况不利的孙中山等有其有利的一面。

围绕二次革命，日本与袁世凯、孙中山及英国间的外交关系，复杂多歧，但其核心皆为各国各自的利益，以对各自国家是否有利决定其应对之策。例如，袁军要求在上海登陆进驻闸北，从背后攻击革命势力掌握的吴淞要塞时，而援袁的英国与正在倾向袁的日本均为自己权益集中的上海保持稳定，拒绝了袁军的要求。⑥这说明，日本、英国的对袁政策，本质上均是为了各自国家的利益，日本、英国的对孙政策，也是如此。

---

① 1913年7月25日，驻上海有吉总领事致牧野外务大臣电报，第178号，日本外交史料馆藏。

② 1913年7月26日，牧野外务大臣致驻上海有吉总领事电报，日本外交史料馆藏。

③ 1913年7月26日，驻上海有吉总领事致牧野外务大臣电报，第184号，日本外交史料馆藏。1913年7月28日，驻上海有吉总领事致牧野外务大臣电报，第189号，日本外交史料馆藏。

④ 1913年7月29日，驻上海有吉总领事致牧野外务大臣电报，日本防卫研究所藏。

⑤ 1913年7月26日，驻上海有吉总领事致牧野外务大臣电报，第181号，日本外交史料馆藏。

⑥ 1913年8月10日，驻上海有吉总领事致牧野外务大臣电报，第246号，日本外交史料馆藏。

三、孙中山、黄兴赴日问题

宣布独立的江西讨袁军，其主力林虎部队首先开始猛烈攻击袁军第六师，取得暂时胜利。其后，由于袁军反击和江西军第九团投降，以及指挥上的失误，被袁军压制；在江苏省的第三师开始攻击袁军，因袁军增援而被击溃；安徽省的讨袁军，由于被袁军牵制及内讧，未能支援江西、江苏省军；上海陈其美攻击江南制造局未能成功，陷于半瘫痪状态；湖南、广东、福建的讨袁军虽向长江流域出动，但也未能支持前线部队。在此情况下，江苏都督程德全于7月26日取消独立，从而加速了讨袁军的败北和瓦解。在战况急剧变化的情况之下，孙中山与黄兴决定去南方，计划在广东再次举兵。但广东的情况也急剧逆转，不得不改变计划去日本作暂时停留。本节就孙、黄的日本之行与日本政府、外务省和其派出机构以及军部、民间之对应进行考察研究，同时就日本政府、外务省从阻止孙、黄赴日到允许逗留的原因，进行探讨。

在南京指挥战斗的黄兴，首先决定南下，要求日本为此提供方便。7月27日傍晚，通过第八师的旅长王孝缜向当地的日商大和商会的野村提出："形势愈加不利，如可能时希望今夜搭日本军舰或商船暂离此地，去广东方面以图再举，请予协助。"[①]野村与日本驻汉口华中派遣队陆军大尉伊集院俊彦、驻南京船津领事共同商议，船津希望黄兴等革命势力与袁军战斗到底，认为："黄兴仓皇离开此地，各地同道，势将瓦解。"[②]故而劝告黄兴，此时应坚决冒死积极活动，以挽回大局。船津将此意急电牧野，牧野指示：要拒绝黄兴的请求。因为："帝国政府屡次声明不偏不党之公

---

① 1913年7月28日，驻南京船津领事致牧野外务大臣电报，第64号，日本防卫研究所藏。
②《日本外交文书》1913年第2册，第381页。

正态度，如此即完全失去信用，其结果将证实社会所流传华中动乱系由我国煽动或援助的谣言，决非良策。"①但在黄兴身边的日本军人等积极支持黄兴。秋元少佐与正停泊在南京的日本军舰龙田号舰长有马中佐两人再次与船津商谈，船津虽表示同情、协助黄兴之意，但作为外务省派出机构之长，不能不执行牧野的训令。船津对秋元、有马说："让黄兴利用帝国军舰甚不可取，应尽量避免之。可采取利用日清轮船或其他轮船（三菱大冶矿石船等）之方法。万不得已时，可使黄化装，从陆路逃避到安全地方，亦不困难。"②但秋元少佐反对说："这样太冷酷！"有马中佐作为个人意见，赞成黄兴搭乘军舰龙田号。黄兴于 29 日凌晨一时和参谋长黄恺元一同登上龙田号。③牧野接电报后，认为黄等革命党员将前来日本，便于事前极力加以阻止。当天，牧野训令船津与龙田舰长商谈，"该人逃亡我国，对我方多有不便之处，尽可能使其去香港或其他安全之地落足"④。龙田号为保护南京日侨不能离去，故而黄兴与黄恺元当夜换乘由芜湖急驶上海的军舰嵯峨号赴上海。牧野于 30 日指示驻上海的有吉总领事：使黄兴"尽可能去香港或其他安全之处，万不得已，可酌情暂在冲绳附近隐匿，此外别无他策"⑤。

如上所述，日本外务省对黄兴采取了严厉的态度，但是海军则采取了不同的政策。7 月 29 日，日本海军省次官财部彪指示名和又八郎（第三舰队司令长官）和龙田舰长："万一首领为脱离生命危险，投奔我舰队寻求保护，认为情况不得已，可依据外务令规定予以收容时，有关该首领等转移地点，希预先报请大臣指示，

① 1913 年 7 月 28 日，牧野外务大臣致驻南京船津领事电报，第 10 号，日本防卫研究所藏。
② 《日本外交文书》1913 年第 2 册，第 381 页。
③ 《日本外交文书》1913 年第 2 册，第 378～379 页。
④ 《日本外交文书》1913 年第 2 册，第 378 页。
⑤ 《日本外交文书》1913 年第 2 册，第 379 页。

再予处置。"①表明可以对黄兴等提供方便之意。自辛亥革命以来，日本海军对革命党的关系相对地较为缓和。海军同革命党的关系虽并不比陆军密切，但由于对革命党的好感及国际惯例，对革命党及其军队提供了方便。29 日，第三舰队司令长官名和又八郎请示斋藤海军大臣称，黄兴等"今后只有护送到日本，请速派驱逐舰，否则，龙田先行返航国内"②。但海军省与外务省协商后，对黄兴不得不按外务省的方针处理。30 日，海军次官财部通知舰队司令官不派驱逐舰。③其理由与牧野相同。但财部同时指示："由于各种情况难以成行时，龙田可先驶往琉球，使黄暂在该地隐避。"④当日斋藤海相发电指示：对于日本军舰收容黄兴一事，设若泄露时之对策，可依当时情况，按如下处理。

一、"尽可能否认收容事实。"

二、如不能完全否认时，可明言，黄曾来龙田寻求保护，"按当时情况认为并非紧急危险，帝国军舰按照一向所采取之公平态度，予以拒绝"。

三、如收容黄兴事实为世间所知，按前项说明不利时，"可明言。黄兴为避免紧急危险状态，投身龙田寻求保护，出于人道，只暂予保护，无多时，该人即自行离去"。⑤

这样的措施，有利于黄兴逃出南京，黄兴也期望并完全利用了此等措施。黄兴于 30 日下午搭军舰嵯峨号到达上海。有吉与名和协商后，当天夜晚黄兴秘密转移到日本邮船静冈号，准备次日

---

① 1913 年 7 月 29 日，财部海军次官致名和第三舰队司令长官电报，日本外交史料馆藏。
② 1913 年 7 月 29 日，名和第三舰队司令长官致财部次官电报，日本防卫研究所藏。
③ 1913 年 7 月 30 日，财部次官致名和第三舰队司令长官电报，日本防卫研究所藏。
④ 1913 年 7 月 30 日，财部次官致名和第三舰队司令长官电报，日本防卫研究所藏。
⑤ 1913 年 7 月末，斋藤海军大臣致名和第三舰队司令长官电令，第 69 号，日本防卫研究所藏。

晨驶往香港。①

黄兴离开南京，是去日本抑或去欧美，外务省和其派出机构之间对此意见分歧。牧野训令驻香港总领事今井，希望黄兴勿来日本。但今井致电牧野称："广东陈炯明以黄兴、孙中山来该地，会使士气沮丧为由，决定由当地径往日本，并委托本官办理换乘船只事。"②当时陈炯明由于龙济光军之外压及内部师、旅长背叛，已不能控制局势，陈炯明等人也不得不于8月4日逃往香港。牧野外相8月2日再次电令今井："此时该人绝对不许驶来日本。"③在这种情况之下，今井和日本邮船会社支店长商议，拟使黄兴乘该公司5日起航的南号轮船前去新加坡。④今井通过在香港的张继、马君武向黄兴转达了日本政府的意向，但黄兴表示不欲去新加坡，愿去欧洲或美国。黄兴表示等待孙中山从福州复电再作决定。8月3日夜晚，今井与黄兴面谈，按牧野训令劝黄兴去新加坡，但黄兴不从，并决定经由日本赴美。⑤然而旅行护照成为问题。今井上报牧野，欲向黄提供方便，以之作为日本人发给护照。牧野训令："非日本人不得作为日本人发给护照"，予以拒绝⑥，黄兴预定于8日搭芝加哥号轮赴日，因英国官方更加严厉，今井与当地的日本邮船支店长、三井支店长等协商后，决定黄兴可搭4日第四海云号轮先赴日本，然后去美。⑦

孙中山也因江西、江苏讨袁军失败溃散，被上海租界当局逐

① 1913年7月31日，驻上海有吉总领事致牧野外务大臣电报，第204号，日本防卫研究所藏。

② 1913年8月1日，驻香港今井总领事致牧野外务大臣电报，第52号，日本防卫研究所藏。

③《日本外交文书》1913年第2册，第388页。

④ 1913年8月2日，驻香港今井总领事致牧野外务大臣电报，第54号，日本防卫研究所藏。

⑤《日本外交文书》1913年第2册，第389页。

⑥《日本外交文书》1913年第2册，第390页。

⑦ 1913年8月4日，驻香港今井总领事致牧野外务大臣电报，第62号，日本防卫研究所藏。

出租界，欲于 8 月 2 日从上海搭德国约克号轮前往香港、广东。[1]
3 日抵达福州马尾港，孙中山先遣人员张继、马君武已到香港。
他们请求日方协助，通过今井委托驻福州日本领事馆务必面交孙
中山如下文件。

> 许崇智（福建讨袁军总司令——笔者）已离福州，诸君
> 上岸危险，广东形势不好，又禁止在香港登陆。乘 8 月 4 日
> 起航的抚顺号轮赴台湾，在该地等待静冈号轮，黄兴也在该
> 船隐蔽。[2]

日本驻福州领事馆代理领事土谷久米藏派馆员饭田到马尾约
克号轮，把张继、马君武委托的文件面交孙中山，孙中山不肯相
信广东形势逆转，经饭田再三劝告，孙中山于 4 日上午转搭抚顺
号轮，与胡汉民同赴台湾基隆。[3]在马尾时，多贺少佐于 3 日夜
间秘密与孙中山会见，孙中山称，将于基隆与正在神户的宋嘉树
取得联络后，决定今后去向。[4]

如此，孙中山与黄兴约定在香港会合后，以图在广东再举的
计划化为泡影。

讨袁失败，革命党领袖和党员陆续亡命日本，成为日本重大
外交问题。山本内阁于 8 月 5 日的内阁会议上研讨对应之策。牧
野提出意见："帝国政府鉴于国内外情况，对此次中国动乱之有关
领袖等，以防止前来我国为上策。"[5]内阁会议对此作出决定，此
项决定也适用孙中山、黄兴，正式决定使彼等前往其他地方作为

① 1913 年 8 月 3 日，驻上海有吉总领事致牧野外务大臣电报，第 217 号，日本外交
史料馆藏。

② 1913 年 8 月 3 日，驻香港今井总领事致牧野外务大臣电报，第 55 号，日本外交
料馆藏。

③ 1913 年 8 月 5 日，驻福州土谷久米藏代理领事致牧野外务大臣电报，机密第 18 号，
日本外交史料馆藏。

④ 1913 年 8 月 5 日，驻福州土谷久米藏代理领事致牧野外务大臣电报，机密第 18 号，
日本外交史料馆藏。

⑤《日本外交文书》1913 年第 2 册，第 391 页。

外交方针。内务大臣原敬赞成，并提出要注意"工作方法务须巧妙"①。牧野将此决定训令日本驻上海、福州、厦门、广东总领事及驻北京公使。②此一内阁会议的决定，受到袁世凯的欢迎，也有利于改善由于一部分日本军人和民间人士参与李烈钧江西军而恶化了的日本与袁世凯的关系。

由于袁世凯与孙中山为相互对立的两种势力，此时日本之对袁、对孙政策呈鲜明对照。与拒绝孙中山、黄兴亡命日本，在日本居留相对比，对袁世凯政策开始转变，日本支援袁世凯，以图改善与袁的关系。本来主张排袁的坂西利八郎，也于8月初经由日本的泰平组向袁世凯出售日本大炮，以图取得袁的好感。本来主要从德国购入武器的袁世凯欲由改善与日本的关系，为达到日本拒绝孙中山等革命党员亡命日本，并驱逐彼等出境的目的，故而表示赞成。③但是，日本政府不同意向袁世凯出售大炮，而驻北京的山座担心："为给我方将来出售武器埋下伏笔，此际由我方取消前约，不仅无益，且将予对方以不良印象。""南方纷乱，其势已微，首领人物已四散"。④建议按预定签订合同。此事最后结果如何虽不得而知，但东京炮兵工厂通过泰平组给袁世凯的北京政府提供了工兵用方形黄色炸药包5000个，白金引信3000个，电动点火机10台等各种军用品。⑤坂西并告知袁世凯，日本政府对孙中山等赴日居留采取不许可方针，以图博得袁世凯的好感。对此，袁世凯表示"非常高兴"⑥。希望尽量将孙中山等放逐到

①《原敬日记》第3卷，第329页。

②《日本外交文书》1913年第2册，第391页。

③ 1913年8月8日，驻北京山座公使致牧野外务大臣电报，第619号，日本外交史料馆藏。

④ 1913年8月8日，驻北京山座公使致牧野外务大臣电报，第619号，日本外交史料馆藏。

⑤ 1913年9月26日，东京炮兵工厂宫田太郎致陆军大臣楠濑幸彦报告书，日本陆军省《密大日记》1913年第3册。

⑥ 1913年8月7日，驻北京山座公使致牧野外务大臣电报，第616号，日本防卫研究所藏。

远方去。对袁世凯关系的转变，使日本对孙中山、黄兴的政策受到极大影响。

英国拥护袁世凯，目的在于维持其南方与香港之权益，从而对孙中山等南下与赴日持反对态度。在孙中山赴香港之后，莫理循劝告北京政府外交总长，使其要求英国政府拒绝孙中山在香港上岸①。并声言：盖因孙中山公开从事叛乱，反对与英国友好之国家。莫理循并向伦敦报纸揭露日本称："此次叛乱及其以前，（日本）参与叛乱之一切行动，是无可争辩之事实，提供资金及武器弹药，在各地战斗中与其首领有密切关系"，"叛乱首领以日本为根据，以前在长江，现在广东煽动叛乱，英国之利益受到巨大影响"。②这生动地说明了英国对孙中山的敌对感。英国这样的态度，影响到日本之对孙政策，不能不使之受到牵制。

孙中山与胡汉民偕随员二人于8月5日到达基隆港，受到台湾总督府方面的接待。牧野极力阻止孙中山赴日，指示台湾总督佐久间称：帝国政府鉴于国内外情势，与中国动乱有关之首领来日，并非善策，故"希劝告孙前往日本以外的其他方面"③。但孙中山于当日下午4时，搭日本邮船信浓号轮驶往日本，台湾总督府派职员石井光次陪同孙中山到门司。④胡汉民暂留基隆。8日上午9时，孙中山到达门司，向记者发表简单谈话，正午前往神户。⑤牧野于当日指示兵库县知事服部一三向孙中山恳切说明："此时赴美最为适宜。"⑥9日上午7时，孙中山到达神户的和田岬。神户是孙中山的第一目的地，其友人宋嘉树住在神户东洋饭店，

①《清末民初政情内幕》（下），第219～220页。
② 1913年8月16日，驻英国井上大使致牧野外务大臣电报，第115号，日本防卫研究所藏。参照《清末民初政情内幕》（下），第221～222页。
③《日本外交文书》1913年第2册，第392页。
④ 参照石井光次：《回想八十八年》，文化出版社，1976年，第174～176页。
⑤ 1913年8月8日，福冈县知事南弘致牧野外务大臣电报，第4047号，日本外交史料馆藏。
⑥《日本外交文书》1913年第2册，第397页。

在航海途中已取得联系，拟在神户与之商谈今后之计，然后再于神户与黄兴会合，研究制定再举计划。

孙中山来神户的另一个目的，是与萱野长知等日本知交秘密商谈今后在日本居留问题。孙中山从离开基隆港前来日本途中，曾致电萱野称：“外游远方，对我党前途极不适宜，务期一定留在日本。愿在神户之船上秘密相商。”①希望得萱野的协助。大陆浪人等与犬养毅对此给予了积极协助。萱野持此电报与头山满秘密商谈，头山通过寺尾亨向山本首相三次进言，请求允许孙中山来日。但山本甚至不同意让孙中山上岸，头山给正在伊豆长冈静养的犬养毅拍电请求犬养速来东京与山本商谈。②犬养立即返回东京，说服山本首相，得到许可准许孙中山上岸。萱野、寺尾、古岛一雄等8日从东京来神户迎接孙中山，萱野等到达神户港码头时，犬养拍发的“山本已同意，请转告孙”的电报已送达神户。③据此，孙中山得到允许在神户上岸。孙中山在航海途中曾给神户的友人三上丰夷（三上合资会社社长）拍电报取得联系，当天夜晚，三上在川崎造船所社长松方幸次郎陪同下，秘密投宿神户诹访山常盘花坛别墅。④当晚11时宋嘉树来访，密谈两小时。服部知事按牧野指示，先让三上、松方等劝告孙中山前往美国⑤，但孙中山未予同意。中国报纸也报道孙中山不想前去美国。14日晚，服部亲自往访孙中山，忠告称：“长时逗留日本并非善策。”孙中山答以：“中国南方形势现在仍有恢复之望，所以暂时逗留日本，

① 《中华民国革命秘笈》，第198页。

② 头山满翁正传编纂委员会编：《头山满翁正传（未定稿）》，苇书房，1981年，第251～252页。

③ 《古岛一雄》，日本经济研究会，1950年，第923～924页。

④ 1913年8月9日，兵库县知事服部一三致牧野外务大臣电报，第4076号（密），日本外交史料馆藏。

⑤ 1913年8月9日，兵库县知事服部一三致牧野外务大臣电报，第4076号（密），日本外交史料馆藏。

进行观察之后，再决定个人进退"。①服部称："以日本作为与邻邦为敌的策源地，自然会形成困难，须充分注意。"②

黄兴搭第四海云号轮船于 8 月 9 日从香港到达门司，当日在下关上岸。③中国报纸曾对此加以报道。④黄兴来日是由三井物产接待的，到达后，三井物产门司支店给黄兴提供 1 万日元生活费，由该支店河原林负责照料。⑤日本政府对黄兴与对孙中山持同样态度。黄兴原定去神户与孙中山会合，经慎重考虑后中止成行，决定等待上海的同志到来后去美国，暂住下关市郊滨町天野布庄的别墅与山口县丰浦郡长府町，准备办理赴美护照等手续。当时黄兴赴美的决心很大，宫崎滔天从上海致书黄兴，恳切希望黄留在日本，称："余目前卧病在床，起卧不便，不能面晤，目前非赴美之时机，望暂时留在日本。"黄兴未接受宫崎劝告，复电称："感谢好意，不能面晤为憾。已决意赴美，信属善策，欲近日启程。"⑥黄兴之所以如此要坚决赴美，第一，是因为对日本怀有强烈不满，黄对当地警察署长称："日本以战争在各国之前抢先取得东洋霸权……尤其去年以来，日本政府对民国之态度，在外交上甚为不当。"又称："日本只顾眼前的利益，不考虑长远的利益。"⑦第二，黄兴对美国怀有好感，美方也协助黄兴赴美，美国退出六国借款团，未参加对袁借款。因此，黄兴说："美国此次未参加对民国借款，向世界提倡以自己希求决定自己之主权而积极活动，实为可

---

① 1913 年 8 月 15 日，兵库县知事服部一三致牧野外务大臣电报，第 423 号（密），日本外交史料馆藏。

② 1913 年 8 月 15 日，兵库县知事服部一三致牧野外务大臣电报，第 423 号（密），日本外交史料馆藏。

③ 1913 年 8 月 9 日，福冈县知事南弘致牧野外务大臣书信，秘第 2772 号，日本外交史料馆藏。

④《申报》，1913 年 8 月 12 日。

⑤ 1913 年 8 月 9 日，福冈县知事南弘致牧野外务大臣书信，秘第 2772 号，日本外交史料馆藏。

⑥ 1913 年 8 月 19 日，山口县知事马渊锐太郎致牧野外务大臣电报，日本外交史料馆藏。

⑦ 1913 年 8 月 18 日，山口县知事马渊锐太郎致牧野外务大臣电报，秘第 4321 号，日本外交史料馆藏。

依靠之方法，本人拟暂时赴美，以观时局之发展趋势。"①美国方面对黄兴也予以协助。驻上海美国领事，以他人名义为黄兴办理赴美护照，美国某大辛迪加对黄兴表示深情好意。②第三，是围绕二次革命战略问题与孙中山有分歧，这也可认为是原因之一。然而，后来黄兴改变了赴美计划，于8月20日搭静冈号轮从门司出发，23日经神户，25日经清水，26日进入东京湾③，其原因虽然不明，但或许出于：（一）日本政府对孙、黄政策产生了变化；（二）也可能与8月14日寺尾亨来下关④，以及众议院议员伊东知也与黄兴在下关会面有关⑤。

8月12日前后，日本对孙、黄政策有新的变化，允许孙中山、黄兴居留日本，牧野声称："如彼等不听劝告，以强制手段驱逐则非善策；或万一留在我国亦难料想。其时我国在不能成为邻国动乱策源地而严格取缔情况下，难以对彼等人身安全予以相当之保护。"⑥牧野的谈话表明了这一新的变化。

由于日本政府改变了对孙中山的政策，孙中山决定居留东京，8月16日晨在菊池良一和神户警察官监视下，搭襟裳号轮前往横滨。⑦孙中山进入东京，是由兵库县、神奈川县与外务省、警视厅周密计划和协助下进行的。⑧由古岛一雄负责联络工作。东京方面有头山满、古岛一雄、前川虎造（立宪国民党干事长）等在东京、神奈川县警察协助下，作好迎接孙中山的准备。襟裳号轮

---

① 1913年8月18日，山口县知事马渊锐太郎致牧野外务大臣电报，秘第4321号，日本外交史料馆藏。
② 1913年8月18日，山口县知事马渊锐太郎致牧野外务大臣电报，秘第4321号，日本外交史料馆藏。
③ 参照《民国档案》，1987年第1期，第115～117页。
④ 1913年8月16日，山口县知事马渊锐太郎致内务大臣原敬电报，高秘第5247号之2，日本外交史料馆藏。
⑤ 1913年8月19日，乙秘第1182号（发电人、收电人均不明），日本外交史料馆藏。
⑥《日本外交文书》1913年第2册，第400页。
⑦ 1913年8月18日，兵库县知事服部一三致牧野外务大臣电报，兵发秘第302号，日本外交史料馆藏。
⑧ 1913年8月18日，兵库县知事服部一三致牧野外务大臣电报，兵发秘第302号，日本外交史料馆藏。

17 日夜晚 9 时到达神奈川县观音崎海面。前川、美和与神奈川县警察部长及水上警察署长同乘小汽船出迎，孙中山于富冈海岸上岸。次日 0 时 48 分，秘密到达东京市赤坂区西灵南坂 26 番地海妻猪勇彦宅。①此处地邻头山满家，后门与头山满宅相通。孙中山在此居住到 1915 年 8 月，当月末移居千驮谷町字原宿 108 番地。

黄兴于 8 月 26 日搭静冈号轮到达横滨港。黄兴的上岸计划也由古岛一雄、三井物产职员与神奈川县厅协商决定，预定深夜于富冈海岸上岸。②当晚黄先转移到驳船，于防波堤外转乘小汽船。但因当晚的暴风雨，遂改为在长滨检疫所上岸，在神奈川县警部的监视和三井物产的石田秀二陪同下，于 27 日晨 4 时 40 分秘密到达东京市芝区琴平町 13 番地信浓屋。③28 日，黄与家属一同移至芝区高轮南町 53 番地。④

日本政府何以最初要阻止孙中山、黄兴在日本上岸与逗留呢？牧野说明其原因在于："政府认为对于与此次中国动乱有关系的南方领袖，此际来住我国，在国内外各种关系方面对我不利。"⑤这是因为：

第一，与日本国内政治形势不相宜。孙中山、黄兴是革命党领袖，主张共和政治，反对帝制。1913 年 1、2 月间，日本国内发生第一次护宪运动，掀起打倒藩阀内阁，拥护政党内阁和议会政治风暴。亚洲最早的共和革命——辛亥革命，促使日本此一运动的加速爆发。在护宪运动余波尚未平息期间，深恐辛亥革命这一共和风暴波及日本，所以孙中山、黄兴等革命党员多人来到日

---

① 1913 年 8 月 18 日，兵库县知事服部一三致牧野外务大臣电报，兵发秘第 302 号，日本外交史料馆藏。

② 1913 年 8 月 28 日，神奈川县知事人岛久满次致牧野外务大臣电报，神高秘第 1203 号，日本外交史料馆藏。

③ 1913 年 8 月 28 日，神奈川县知事大岛久满次致牧野外务大臣电报，神高秘第 1203 号，日本外交史料馆藏。

④《黄兴动静》乙秘第 1163 号，1913 年 8 月 29 日，日本外交史料馆藏。

⑤《日本外交文书》1913 年第 2 册，第 400 页。

本，对日本政局而言是不宜的。

第二，担心与袁世凯的关系恶化。辛亥革命时期，日本更迭了三次内阁，但哪一个内阁也未予袁世凯以积极支持，对之不抱好感，袁世凯也不信赖日本。但袁世凯掌握统治中国之实权，日本如要扩大在中国之权益，则不得不有赖于袁。不允许孙中山、黄兴来日一事，正是袁世凯之所求，日本此举则为取悦于袁。牧野、伊集院和坂西利八郎数次向袁世凯表明不允许孙、黄来日之意向，袁也对之甚为满意。

第三，英国等列强之对日牵制和日本与列强之间的协调。辛亥革命时，欧美列强支持袁世凯而不支持孙中山。欧美认为日本正在背后支持孙中山。日本与列强围绕袁、孙之如此的关系，意味着日本与欧美列强之间在中国的争夺。在此争夺战中，日本处于被动地位。欧美列强反对孙中山等发起的二次革命，认为日本在暗中策动李烈钧等，甚至说煽动了此次革命。当此之际，允许孙、黄之来日一事本身，即成为日本暗中曾经支援彼等之证明。因此，为否定在二次革命中日本与孙、黄的关系，同时希望以此表明与欧美间之协调，自应禁止孙、黄之上岸逗留。日本由于此等原因，虽然拒绝了孙、黄之来日、逗留，但未经数日即予以许可，其理由究竟何在？这并非事出偶然。

第一，孙中山、黄兴及其革命运动与日本有特殊关系，日本也企图利用孙中山等及其势力，扩大在中国南方的权益，即使是暂时对孙中山等的革命曾进行"支援"，这是因为日本对孙中山等有所期待。由于孙、黄暂时失败，日本的期待未能实现，但这种期待并未至完全破灭的地步，孙中山、黄兴在中国政治舞台上依然是不可忽视的势力，不能对之完全放弃。这与其说是日本的善意，毋宁说是基于为将来达到在中国扩大日本权益的欲望。

第二，因为孙中山、黄兴在中国是强大的反袁势力，日本希望掌握他们，以图今后对袁世凯、对中国外交方面利用孙、黄的反袁运动，对袁进行威胁。

第三，在此种形势下之某一时期、某一事上，若拒绝可以利用的孙、黄来日、居留，会驱使彼等不得不去美国或欧洲，因而不得不出此。列强对中国的争夺，与对中国领袖的争夺有密切关系。头山满说："不能让他们去美国！"他托犬养向山本进言：准许孙中山上岸。神户川崎造船所社长松方幸次郎也认为："不能让他们去外洋。"①当时该造船厂虽然正在生产袁世凯订购的船只，但对孙的上岸却予以援手。这正说明日本与欧美对孙、黄的争夺。

上述拒绝孙、黄上岸原因的第二、第三两项，与允许上岸理由的第二、第三两项看来正好相反，也互相矛盾。日本当时的外交政策，处于对袁世凯、孙中山以及列强的所谓协调与争夺两者择一的境地，但日本并不采取绝对、简单的外交方针，而是使两者取得平衡，采取对立与争夺统一的方法，即采取对孙、黄所谓"保护""监视""取缔"的方法。正如牧野所说："对彼等人身安全予以相当保护。"因此得以达到允许孙中山、黄兴上岸、居留的三个目的。从而缓和不使本国（日本）成为邻国动乱策源地，予以严厉取缔②的拒绝上岸、居留两个原因。由此也得以调和与袁世凯及列强的关系。这是一箭双雕手法，在以后日本的对袁世凯、对中国以及对列强的外交起到了很大作用。

日本对孙中山、黄兴如此不即不离之外交政策，一直持续到1915年底，其后转变为支持孙中山等革命党、打倒袁世凯的政策。

四、孙中山、黄兴在日本的活动

孙中山、黄兴居留日本，准备以日本作为第二次革命的根据地，组织和领导了在日本和中国国内的革命活动。本节重点考察

① 《头山满翁正传（未定稿）》，第253页。
② 《日本外交文书》1913年第2册，第400页。

1913年8月到翌年7月间孙、黄的活动，以及他们对日本的期望，同时就日本政府、外务省、军部、财界和民间人士的对应进行探讨。

孙、黄抵日后，胡汉民、陈其美、张继、李烈钧、柏文蔚、谭人凤、许崇智等讨袁军首领和革命党员等数百人陆续来日。他们以东京为中心，在京都、大阪、福冈、长崎一带进行活动。在准备第三次革命这一点上，他们的理想和目的虽然一致，但在组织和行动上则不尽相同。

为了准备第三次革命，筹措革命活动经费当属首要问题。孙中山欲取得日本财界的支援，遂通过自辛亥革命以来即有密切关系的三井物产的森恪与三井物产进行交涉。孙中山到东京后，森恪曾于8月22、26、28日三次来访。[①]经森恪斡旋，29日晚孙中山赴御殿山访三井元老益田孝，会谈约三小时[②]，三井物产常务取缔役（董事）山本条太郎在座。会谈具体内容不详，估计是借款和筹措经费问题。

孙中山继之通过8月11日成立的中日合办的中国兴业公司，与日本金融界巨头涩泽荣一会谈三次（9月17日、10月6日、10月29日）。[③]会谈全部内容虽然不详，但据10月6日有关会谈的简单记录，孙中山曾谈及袁世凯的第二军军长冯国璋攻击南京渡过长江时，"德、英两国态度极为暧昧"。并说明了五国借款对袁世凯的利害关系之后，复对涩泽述及"现时中国之盛衰，直接关乎贵国之荣枯，亦即如成为东洋问题，贵国欲隔岸观火亦不可能"之意，阐明了为达成"吾等同志卧薪尝胆之志愿，设若终能取得筹措军费之途，则将再举讨袁之师，现正筹划中。今夜来访，意在台端鼎力，说服贵国政府，尤其陆海军省，希望对再举讨袁予

---

① 参照俞辛焞、王振锁编译：《孙中山在日活动密录》（1913年8月至1916年4月），南开大学出版社，1990年，第8～10页。

②《孙文动静》乙秘第1173号，1913年8月30日，日本外交史料馆藏。

③ 参照《孙中山在日活动密录》（1913年8月至1916年4月），第19、29、39页。

以支援"的意图。①涩泽却答以："敝人本为一实业家,对国际关系或政治方面之事甚为疏远。对阁下现今之所望,或将引起您的反感,但敝人出于挚友情谊,不愿迎合阁下意向进言,此举虽不愉快,但敝人之谏言,在于诚心诚意,以表微衷。"告知孙中山"刻下计划再组讨袁军,敝人不予赞同"②。并进而劝告:"贵国目前虽尚不完备,但形式上已为立宪国家,设有议会,不战而胜为期不远。敝人以为当前并非再举之时机,故不能表示赞同。"然而,涩泽又对孙中山表示同情称:"阁下今日之处境,敝人不胜同情。但对力图再举,虽敢不有所劝阻,但一旦时机到来,望发扬阁下现今之气势。务祈珍重。"③当孙中山提及袁世凯与列强的关系时,涩泽表示:"敝人亦为袁的执政方式甚感忧虑之一人,袁本为善于玩弄权谋术数之人物。如阁下所言,虽以英、德、俄为自己可一时利用之物,但不具诚意之外交,迟早破裂。"④对袁世凯持不信任感,认为其与列强的关系必将恶化。涩泽于 1929 年 6 月 1 日回忆此次会谈的情景时说:"孙先生二次革命失败,亡命来日时访予,曾提出为筹划革命所需资金,希望给予援助。但有关政治方面之事,不属予之业务领域,为力所不及,故予以拒绝。如为实业经济方面之事,可以协助。但用于战争的资金,碍难从命。"⑤

　　涩泽之所以如此拒绝孙中山的期望,是涩泽已开始着手将中国兴业公司改组为与袁世凯合办的中日实业公司,计划将孙中山系统的股东排除于外而吸收袁世凯一派的股东,在客观上支援袁世凯。因此对孙中山等的革命党在财政上未予支持。

　　孙中山在南京临时政府时期即与日本的三井物产关系密切,现又寄期望于三井,希望从他们那里得到财政援助。孙中山在同

　　①《孙文动静》乙秘第 1415 号, 1913 年 10 月 7 日。
　　②《孙文动静》乙秘第 1415 号, 1913 年 10 月 7 日。
　　③《孙文动静》乙秘第 1415 号, 1913 年 10 月 7 日。
　　④《孙文动静》乙秘第 1415 号, 1913 年 10 月 7 日。
　　⑤《涩泽荣一传记资料》第 38 卷, 第 574 页。

益田、涩泽会晤时，两次与三井的常务取缔役（常务董事）山本条太郎晤面，此外复于 1913 年 10 月 5 日和 1914 年 3 月 21 日单独与山本会谈两次。[①]其内容不详。但 1914 年 8 月 27 日，山本曾说："关于孙中山借款之事，去年涩泽男爵、安川敬一郎等实力人物虽有意应允借款，无奈由于外务省、陆军等当局意见分歧，不能一致，以致中断。"[②]指出关于对孙中山借款一事，当时的日本财界与外务省、军部意见相左。从这一谈话中可以看出，后来山本虽与孙中山有所往来，但也否定了山本与孙中山之间存在关系之说纯属误解。山本还曾谈及："我本人曾参与大隈首相、加藤外相亲切会谈，彼等对于中国，原本同情南方，对袁政府均无好感。然而由于时局之演变，对中国政府将有如何变动难以预料，故政府不能轻易明确方针。我本人殷切希望利用此一机会，援助革命派，一举推翻袁政府，早日使彼等建立民国政府。"[③]透露三井的山本等有"援助"孙中山南方革命党打倒袁政府的意向。但他们的目的在于对华贸易与对华投资。然而，日本外务省、军部考虑与袁世凯的关系，并未采纳山本的意见。

孙中山曾与大仓组有所接触。大仓组的大仓喜八郎是中国兴业公司的发起人和顾问。1914 年 5 月 11 日下午 6 时半，孙中山偕胡汉民、王统一、萱野长知往访大仓，大仓举行晚餐会，与孙中山会谈三小时许。[④]

孙中山与日本矿业株式会社的取缔役（董事）浅野士太郎和丰田利三郎也有所接触。孙中山与自由民权主义者大井宪太郎也有接触，当时曾商谈成立日中实业协会等事。

---

① 参照《孙中山在日活动密录》（1913 年 8 月至 1916 年 4 月），第 28、121 页。
②《山本条太郎谈关于中国革命》乙秘第 1655 号，1913 年 8 月 27 日，日本外交史料馆藏。
③《山本条太郎谈关于中国革命》乙秘第 1655 号，1913 年 8 月 27 日，日本外交史料馆藏。
④《孙文动静》乙秘第 944 号，1914 年 5 月 12 日，日本外交史料馆藏。

如上所述，孙中山为革命活动筹集经费，虽曾与日本财界商谈，但财界由于日本外务省及军部的政策，未应其所望。这种情况说明此时日本财界如何对待孙中山，并非按照自己的意志所能决定，而是根据外务省、军部对孙政策如何而决定。

在此情况下，孙中山要求美国的大西洋、太平洋铁路公司副总裁戴得律提供 500 万至 1000 万美元资金。因美国素不关心孙中山的革命活动，故而孙中山的希望落空。

孙中山向日本财界筹措资金的目的，主要是从日本购买武器，所以孙中山在与财界接触的同时，也谋求接近日本军部。孙中山通过辛亥革命时曾任其秘书的池亨吉——铃木宗言——饭野吉三郎的渠道，与陆军省经理局长辻村楠造会晤，希望得到日本军部的支援。1913 年 9 月 2 日夜晚，孙文偕同宋嘉树前往小石川区杂司谷町 98 番地访铃木宗言。①铃木原为检察官，退职后任旭制药会社社长。孙又与铃木赴千驮谷町 425 番地访饭野吉三郎，其后，孙中山以铃木宅为联络据点，与饭野取得联系。9 月 2 日傍晚，孙中山偕随员在铃木宅留宿两夜，在边看中国地图的同时，进行了商谈。②据海妻猪勇彦谈，孙中山曾制订重大计划，在一两周内付诸实施。③孙中山在其后又去铃木宅十数次，目的为以铃木宅为联络据点，通过池亨吉、饭野与军部的辻村取得联络，同时孙中山也利用铃木宅作为秘密会谈的场所。

与日本军部取得联络，起重要作用的是饭野吉三郎。饭野为日本精神团总裁，是曾与军部有关的人物。他因种种关系与已故儿玉太郎大将、大岛健一参谋次长等有密切关系。④孙中山利用饭野与军部的这种关系，9 月 13 日与饭野订立《誓约书》，内容为："完全信赖贵国，以图日中两国间之长远亲睦和平，决不允许

①《孙文动静》乙秘第 1193 号，1913 年 9 月 3 日，日本外交史料馆藏。
②《孙文动静》乙秘第 1193 号，1913 年 9 月 3 日，日本外交史料馆藏。
③《孙文动静》乙秘第 1193 号，1913 年 9 月 3 日，日本外交史料馆藏。
④《受监视者谈话片断》秘受第 6639 号，1913 年 12 月 23 日，日本外交史料馆藏。

其他外国有任意损伤日中两国国交之事，如在政治上或经济上不得不与其他国家合作时，须先通告贵国或贵国指定的代表，得到同意后实行之。"①此事虽有关国家主权，但为接近日本军部，孙中山暂时不得不如此。此后，经饭野介绍，9月21日夜晚孙中山偕池亨吉会见了日本陆军省经理局长辻村，孙中山向辻村以"据闻对中国南北方问题，日本民间舆论与政府方面意见相反，又闻政府内部，也并非无视民间舆论，只是时机未到，请问日本陆军在不久将来，是否与民间舆论达到一致"②相询，表明期望军部对南方支援之意。辻村对此未作任何回答。估计辻村并非代表军部与孙中山接触，而是以个人身份与孙中山会晤的。但是未作答复，实际表明军部对孙中山等不予支援。

饭野表面上似乎支援孙中山，但内里却反对孙中山的革命运动。饭野于10月12日访原敬内相，希望阻止孙中山以日本作为革命策源地，他中伤孙中山说："没有钱一事无成。"③饭野于12月23日对来客称："主要说明第三次革命之不利，孙中山已信服此意见，相信暂时会放弃第三次革命。"④当时印度爱国人士巴拉克拉正亡命日本，为联合中国，请饭野为之介绍孙中山，但饭野"认为此乃世界大乱之根源"⑤，未予介绍。1914年1月4日，饭野劝说来访的孙中山"革命不利，现应暂时隐忍，静待时机之到来"⑥。由此可以明显看出饭野对孙中山第三次革命的态度。孙中山了解这些情况后，于1914年1月6日再访饭野，取消了此前订立的《誓约书》。⑦为取得日本军部支援所作的努力从而成为泡影。

孙中山虽未取得日本政府、财界之财政方面的援助，但民间

① 《誓约书》，《各国内政关系杂纂》第11卷，日本外交史料馆藏。
② 《孙文动静》乙秘第1348号，1913年9月26日，日本外交史料馆藏。
③ 《原敬日记》第3卷，第346~347页。
④ 《受监视者谈话片断》秘受第6639号，1913年12月23日，日本外交史料馆藏。
⑤ 《受监视者谈话片断》秘受第6639号，1913年12月23日，日本外交史料馆藏。
⑥ 《关于孙文其他之件》乙秘第23号，1914年1月8日，日本外交史料馆藏。
⑦ 《关于孙文其他之件》乙秘第23号，1914年1月8日，日本外交史料馆藏。

实业家个人为孙中山提供了生活费用。九州筑丰煤矿实业家安川敬一郎，每月向孙中山提供一万日元。①M·香椎商会社长、孙中山的挚友梅屋庄吉于 1914 年 1 月向孙中山提供生活费 2000 日元。②

孙中山与黄兴在日本期间为第三次革命，创立了三所学校，以培养革命所需的人才。

三次讨袁，首先需要军官。为此，于 1913 年 12 月 1 日设立了培养军事指挥官的浩然庐。该校是以原来西本愿寺僧侣水野晓梅所建收容来日本革命党员子弟进行教育的私塾为基础而建立的。校舍在荏原郡入新井村大字新井宿 1260 番地。该校以黄兴、李烈钧、陈其美为中心创建，由殷如骊直接管理。中国教官有蒋介石、吴仲常、陈勇、周哲谋。并聘日本预备役骑兵大尉青柳胜敏和一濑斧太郎、预备役步兵大尉中村又雄和中尉杉山良哉等 12 人负责军事教育。这些预备役军人并非受日本军部之指令，而是出于个人自愿，改名从事支援中国革命运动的。其中青柳大尉，在二次革命中曾参加李烈钧江西讨袁军的军事行动，并协助李来日。这些预备役军人如此支援中国革命并非偶然，而是作为二次革命的继续来支援三次讨袁的。现役军人未曾参与。学生人数 79 名（又有 53 名之说），其中三分之一为有参加革命经验的人。其余为留日学生或革命党员的子弟，学生全部住宿，每月交纳学费 10 日元。③授业科目有：战术学、应用战术学、野战要务命令、兵器学、筑城学、地形学、交通学、体操、柔道、剑道、日语、政治经济学、武术等。除军事学科外，并学习制造革命起义所需的炸弹。但在 6 月下旬制造炸弹时，突然发生爆炸，预备役陆军工兵中尉野口忠雄和学生赵坚负伤。日本官方严密调查爆炸事件，

---

① 《头山满翁正传（未定稿）》，第 254 页。

② 梅屋庄吉：《永代日记》，《梅屋庄吉文书》，小坂哲琅、主和子藏。

③ 参照《孙中山在日活动密录》（1913 年 8 月至 1916 年 4 月），第 627～629 页。

相关人员受到审判。^①浩然庐不得不在形式上解散。

继于1914年2月9日在东京市神田区锦町三丁目十番地东京工科学校内设立法政学校，该校也是以黄兴、李烈钧、孙中山为核心所创立，校长为法学博士寺尾亨。^②该校以培养适应共和政治的新干部为主要目的，设政治经济专修科和法律专修科两种课程，修业年限二年。政治经济专修科授业课程，第一学年有政治学、比较宪法、行政泛论、经济原论、财政原论、法学原论、民法总论、国际公法、政治史、西洋史，第二学年有行政分论（地方自治法详解）、经济分论（银行货币）、应用经济（经济政策）、财政分论（租税、公债、预算）、民法（物权、债权）、刑法、国际公法、社会学、西洋史（中世、近世）等。法律专修科授业课程，第一学年有法学通论、比较宪法、刑法、民法总论、国际公法、经济学、逻辑学。第二学年有行政法、民法（物权、债权）商法、国际诉讼法、刑事诉讼法、法庭组织法。^③学生有180人，主要为革命党员及其子弟和留日学生。教授聘有东京帝国大学的吉野作造、小野冢喜平次、筧克彦、河津暹、山崎觉次郎、立作太郎、牧野英一、建部遁吾、松本烝治、美浓部达吉，早稻田大学的本多浅治郎、中村进午，庆应义塾大学的堀江归一等著名学者。^④学者中如吉野作造等与孙中山直接面谈，大多同情中国的共和政治。授课从每周一到周六下午1时至5时，法政学校不同于浩然庐，是一所体制完备的学校，修业二年，成绩合格授予毕业证书。学生通过学习，掌握近代政治、经济、法律知识，培养成为从事中国革命的干部。

清末，中国留日学生主要学习了军事、法政，曾在同盟会和辛亥革命的舞台上起了很大作用。这两所学校培养的学生，其后

① 《关于浩然庐之件》乙秘第1291号，1914年6月29日，日本外交史料馆藏。
② 《黄兴设立学校之件》乙秘第281号，1914年2月2日，日本外交史料馆藏。
③ 《法政学校简章》，《各国内政关系杂纂》第11卷，日本外交史料馆藏。
④ 《法政学校简章》，《各国内政关系杂纂》第11卷，日本外交史料馆藏。

也同样活跃在第三次革命中。

　　孙中山到日本第二天，即着手于新的反袁斗争，坚忍不拔，精神振奋，领导国内的革命活动。这一时期的孙中山采取从中国南北夹击北京袁世凯政权的战略，特别着重组织东北、山东的革命势力。孙中山过去以南方为战略据点展开革命运动，对北京政权只能予以间接威胁。于是决定以接近北京的地区为据点，直接打击袁世凯政权。为此，有利用日本在中国东北的殖民地关东州和满铁附属地之便利条件。关东州隔渤海与山东相望，便于联络东北与山东。

　　由于关东州为日本管辖的殖民地，二次革命失败后，不能去日本的革命党员亡命此地，据说达二百余人。其中有中华实业银行经理沈缦云。他们当时分裂为三个派系，1913年底统一了组织，要求孙中山等予以支援、领导。[1]孙中山先通过吴大洲汇款1000日元，继而派陈其美、戴天仇、山田纯三郎去大连，陈等一行于1914年1月19日离东京，26日抵大连，以满铁医院为据点进行活动。[2]关东州官宪一面监视他们的行动，一面予以保护。陈等一行对关东州的"官宪周密保护深表感谢"[3]。关东州当局调查其活动情况并报告外务省，但对其活动未加干涉。当时孙中山之方针为："南方广东、云南、广西等各省实力未臻充实壮大，则不在满洲着手行动。今若轻率在满洲举事，不仅不利，反有徒为日本招致麻烦之虞。故切忌轻举，以待时机到来。"[4]陈其美等说服当地革命党员"力戒轻举，以待南方作好准备，南北呼应，再

---

　　①《在大连革命党员及宗社党的动静》乙秘第289号，1914年2月3日，日本外交史料馆藏。
　　②《在大连革命党员及宗社党的动静》乙秘第289号，1914年2月3日，日本外交史料馆藏。
　　③《关于陈其美一行之件》，10—460947。
　　④《关于陈其美言动之件》，1914年1月27日，大连民政署田中警视电话报告，日本外交史料馆藏。

行举事"①。陈其美等一行于 3 月 15 日搭台南号轮离大连，19 日返回东京。

孙中山继续向东北派遣革命党员，6 月派陈中孚去大连，决定以奉天为中心，在新民屯、本溪湖、抚顺、法库门、土门子一带展开革命活动。7 月派蒋介石（化名石田雄介、伪称满铁职员）、丁仁杰（化名长野周作，伪称满铁职员）与山田纯三郎去北满。蒋介石一行于 7 月 6 日离东京，经朝鲜于 10 日到哈尔滨，24 日到齐齐哈尔，进行对黑龙江省巡防队的策反工作。蒋介石等与巡按使兼参谋长姜登选、独立骑兵旅长福顺、师参谋长李景林、旅长巴福额等密谈并面交孙中山亲笔信件。②

在南方以上海为中心，革命党员在长江流域和华南地方进行了积极的活动。

孙中山在展开上述革命活动的同时，1914 年 6 月 21 日③组织中华革命党，为领导第三次革命作准备，7 月 8 日在东京筑地精养轩召开成立大会。孙中山认为二次革命失败的原因之一，是国民党之散漫与不统一。为克服此种积弊，此次建党明确了党员的义务。誓约中有："服从党的总理孙先生"，规定了牺牲生命、自由、权利，服从命令，生死与共等党员义务。这是涉及如何处理党内民主与集中、党的领导与党员的关系的问题，对此问题，革命派内部有过激烈的争论。李烈钧、谭人凤、张继等反对规定如此义务，甚至一贯拥护孙中山的黄兴也予以反对，未行入党。

革命派内部的这种争论与对立，也影响了孙、黄周围的日本人。犬养毅认为："双方各有道理。"采取了中间态度。④萱野长知

---

① 《在大连革命党员及宗社党的动静》乙秘第 289 号，1914 年 2 月 3 日，日本外交史料馆藏。

② 《关于满铁社员山田纯三郎赴满之件》机密第 38 号，1914 年 8 月 5 日，驻哈尔滨川越茂代理总领事致加藤外务大臣，日本外交史料馆藏。

③ 一般的说法是 6 月 22 日，系 21 日之误。参照拙作《1913～1916 年孙中山在日革命活动与日本的对策》，《孙中山研究论丛》第 3 集，第 180～182 页。

④ 《中华民国革命秘笈》，第 205 页。

保存有中华革命党入党誓约书，他曾致力于双方的调和，在其著书《中华民国革命秘笈》中，曾客观地介绍孙、黄两人的主张。[1]宫崎滔天也曾着手于孙、黄的调解。宫崎称："孙采取激进说，黄主张隐忍论。"[2]并表示从个人立场认为："从根本而言，其间有感情作用。我等认为，孙的想法不妥。"[3]宫崎对孙中山的这种看法，也影响了两者的关系。此时，宫崎对孙中山的态度，较之萱野长知和山田纯三郎等，可以说已经冷淡。而且此时孙中山对日本大陆浪人的态度，与同盟会成立前后时期比较，有了很大变化，未曾吸收一个人参加中华革命党，并未邀请他们参加讨论"革命方略"等三次讨袁战略问题的重要会议，说明对大陆浪人信任感已经减弱。

中华革命党的一个问题是反帝问题。该党党章第二条，"本党以实行民权、民生两主义为宗旨"[4]。民族主义消失了踪影。辛亥革命后，孙中山认为民族主义已经实现，可以认为，这与以日本为革命基地，倾注全力打倒最大政敌袁世凯，期望得到日本援助等有密切关系。然而，作为革命方针，不能不说是一大缺陷。

此时，黄兴正创立浩然庐和法政学校，致力于培养干部。在日本期间，他受到前田九二四郎的照料，以围棋为乐。他与日本人宫崎滔天面谈 20 余次，也与和孙中山有密切往来的萱野长知会晤 30 余次，在他与日本人的接触中，值得注意的是 1913 年 11 月 15 日和菊池良一、古岛一雄、宫崎滔天、山田纯三郎等的会见。[5]其次是 1914 年 1 月 10 日至 11 日与犬养毅、头山满、古岛一雄、美和作次郎、萱野长知、小川平吉、漱越宪作、柴田麟

---

① 《中华民国革命秘笈》，第 203～205 页。
② 《宫崎滔天全集》（五），第 394 页。
③ 《宫崎滔天全集》（四），第 312 页。
④ 《孙中山全集》第 3 卷，第 97 页。
⑤ 《黄兴动静》乙秘第 1627 号，1913 年 11 月 15 日，日本外交史料馆藏。

次郎等的集会，从 10 日上午 10 时到次日晚 9 时，长达两天。[①]
4 月 23 日傍晚 6 时 30 分，黄兴与萱野长知乘汽车前往牛込区乐王寺町 50 番地拜访外务省政务局长小池张造，夜 11 时归宅。[②]两人会谈内容不详。4 月 25 日上午 10 时，宫崎滔天、头山满、安川（敬一郎？）等来访，观看地图，交换意见，共进午餐，下午 2 时辞去[③]，似是研究了什么重要问题。黄兴在日本的活动，由于史料不足，未能作深入考察，只得有待于今后的研究。

黄兴于 6 月 30 日从横滨动身赴美。黄兴来日时，曾明言系经由日本前往美国。然而 1914 年春曾购买丰岛郡高田村原巢鸭 3600 番地房屋，并加以修缮，准备长期居住。但在此自宅修缮竣工之后，仅住一夜即起程赴美，似有突然发生的原因。6 月 21 日中华革命党成立，黄兴反对孙中山的做法，对于孙中山希望他就任党的协理，断然予以拒绝，围绕中华革命党和孙中山对立的加剧，似为黄兴赴美的原因之一。

黄兴赴美之前，孙中山于 6 月 27 日往访黄兴与萱野长知、田桐、邓家彦等共进午餐，为黄兴送行。[④]26 日下午 5 时前，犬养毅、头山满、古岛一雄、宫崎滔天、美和作次郎、寺尾亨、萱野长知、副岛义一等来访黄兴，共进晚餐，为黄兴送行。[⑤]

关于黄兴赴美，日本政府、外务省采取的态度，正如加藤所言：此次闻知黄兴计划赴美，曾指示有关省厅及神奈川县，对其乘船等给予方便，使之顺利离去。[⑥]神奈川县知事奉命与东洋汽船会社井坂经理协商，决定黄兴搭乘该会社天洋号轮赴美，中国实业公司为黄兴提供一万七八千日元。[⑦]横滨水上警察署长偕巡

---

① 《黄兴动静》乙秘第 40 号，1914 年 1 月 1 日，日本外交史料馆藏。
② 《黄兴动静》乙秘第 815 号，1914 年 4 月 23 日，日本外交史料馆藏。
③ 《黄兴动静》乙秘第 825 号，1914 年 4 月 26 日，日本外交史料馆藏。
④ 《黄兴动静》乙秘第 1268 号，1914 年 6 月 28 日，日本外交史料馆藏。
⑤ 《黄兴动静》乙秘第 1261 号，1914 年 6 月 27 日，日本外交史料馆藏。
⑥ 《日本外交文书》1914 年第 2 册，第 775 页。
⑦ 《日本外交文书》1914 年第 2 册，第 775 页。

查一名，于 29 日下午往访黄兴寓所，当晚 8 时从东京出发，确保
到达横滨前之安全，并派便衣警官到天洋号轮充当警卫。①9 时
40 分黄兴登上天洋号。黄兴对此"深为感谢，表示满意"②。

但此时发生一大风波。东洋汽船井坂经理会同船长来到黄兴
一等客舱声称：很遗憾，谢绝搭乘该轮赴美，要求下船。盖因黄
兴未持有北京政府所发护照，美国代理店通知，美国官方拒绝黄
兴入境，根据情况，有可能没收搭乘船只。黄兴虽未持有护照，
但携有美国方面有力人士许可入境的书面文件。水上警察署长以
此报告县知事，并说明外务省等当局对黄赴美予以关照之意。经
协商结果，决定再次登轮，于 30 日凌晨 4 时由横滨港启碇。③加
藤于 7 月 3 日指示驻旧金山沼野代理总领事称："黄兴未携带护照，
或许将被拒绝上岸，希予关照，勿给东洋汽船会社造成麻烦。"④
黄兴于 7 月 15 日顺利在旧金山上岸。黄兴上岸后，往访驻该地的
日本总领事馆，"对于在日本逗留期间的关照表示谢意"⑤。

日本政府、外务省本来对黄兴来日逗留曾经加以阻止，因黄
兴主动赴美，有利于日本之对袁外交，将此"包袱"卸与美国，
对日本与袁世凯均属大喜过望之事。黄兴赴美，使日本在外交上
取得一箭双雕之效果。这对于黄兴或许是好事，但从孙中山与中
华革命党的角度而言，则是公开表示了孙、黄的分裂。

孙中山与黄兴在日本的这些活动，是在日本当局严密监视下
进行的。警视厅与道府县，按照外务省指示，对孙中山、黄兴等
的活动进行周密调查⑥，随时报告外务、内务大臣，掌握其主要

① 《黄兴动静》乙秘第 1275 号，1914 年 6 月 30 日，日本外交史料馆藏。
② 《中国亡命者黄兴赴美之件》神高秘发第 1686 号，1914 年 6 月 30 日，神奈川县知事石原健生致加藤高明外务大臣，日本外交史料馆藏。
③ 《中国亡命者黄兴赴美之件》神高秘发第 1686 号，1914 年 6 月 30 日，神奈川县知事石原健生致加藤高明外务大臣，日本外交史料馆藏。
④ 《日本外交文书》1914 年第 2 册，第 775 页。
⑤ 《日本外交文书》1914 年第 2 册，第 804～805 页。
⑥ 《日本外交文书》1914 年第 2 册，第 756～757 页。

人物的一举一动。对孙、黄安排便衣警官，24 小时轮流不间断监视，详细记录来访者的出入、孙、黄的外出等，每天将《孙文动静》《黄兴动静》报告警视厅、外务省，由外相、外务次官及局长等过目。同时，对与孙、黄来往的日本政界、财界、军部、大陆浪人等，也进行监视。现在日本外交史料馆保存有《各国内政关系杂纂——中国之部——革命党关系》从第 6 卷到第 18 卷，以当时日本官宪的监视行动报告书装订成册。成为再现当时日本当局对孙、黄等革命党员进行监视的生动证据。例如：1914 年 1 月外务省小池政务局长要求内务省冈警保局长，对法政学校及浩然庐按下列各项进行调查：（一）实际经营当局有关人员姓名；（二）维持学校的方法；（三）学生类别；（四）教育方针及其方法等，"以极为严密稳妥之方法，对其进行调查并上报"①。警保局将调查结果详细报告外务省。②

　　日本当局虽然如此严密进行监视，但基本上可以说默认其活动。牧野数次向袁世凯和北京保证，"不允许孙、黄等以我领土为据而策划邻邦动乱……特命官宪对此亡命者切实取缔"③。但在实际当中并未对他们的反袁活动进行压制。1914 年初，袁世凯向坂西抗议李烈钧在东京组织军事协会（估计指浩然庐——笔者），实施军事教育，要求予以取缔。④而大岛参谋次长谓其纯属虚构，加以否定，对其要求未予应允。⑤然而对其活动超越限度时，如浩然庐制作炸弹发生爆炸事件，则采取压制手段。但在一星期后，青柳胜敏等改换招牌作为私塾经营该校时，仍予以默认。

　　对孙、黄 24 小时不间断监视，也有保护的意义。牧野曾说：

---

① 1914 年 4 月 1 日，小池政务局长致冈警保局长，机密送第 41 号，日本外交史料馆藏。
② 1914 年 4 月 17 日，冈警保局长致小池政务局长，警密第 234 号，日本外交史料馆藏。
③《日本外交文书》1913 年第 2 册，第 415 页。
④ 1914 年 1 月 10 日，驻北京坂西大佐致长谷川参谋总长电报，坂极密第 1 号，日本外交史料馆藏。
⑤ 大岛参谋次长致驻北京坂西大佐（日期不明），日本外交史料馆藏。

"在严格取缔下，对彼等人身安全，予以相当保护，也属事出不得已。"[①]这是因为当时袁世凯派刺客去日本，企图进行暗杀，日本官宪对之严加警戒。例如，由1914年警视厅总监伊泽向松井外务次官的回报可以得到佐证："关于阴谋派刺客暗杀孙逸仙云云之事，接本年2月14日及本月2日朝鲜总督通报，迩来对孙逸仙身边警备，愈加严密。"[②]袁世凯的北京政府，虽曾要求日本政府驱逐革命党员，或予逮捕、引渡等，但日本对此未予应允。

日本政府、外务省支持、协助孙中山、黄兴等革命党员，对其反袁的第三次革命准备活动并未压制，在某种意义上可谓给予了保护。日本政府、外务省所采取的微妙的不即不离的外交对策，正如牧野所言："革命以来，中国处于政治上胜负未分，敌我区别不定之时"[③]，即在混沌不明情势下所采取的对策，认为将来在对袁世凯、对华外交上，以孙中山、黄兴等革命党为王牌，仍有利用价值，因而对之并未完全放弃。

五、兖州、汉口、南京事件交涉

1913年8月，山东省发生兖州事件，湖北省发生汉口事件。9月，江苏省发生南京事件。这三起事件是在二次革命和承认北京政府的谈判中间发生的，所以三起事件皆与该两问题有密切关联。本节以该三起事件为中心，就中日间外交交涉的过程，查明具有侵略性质的日本外交与被侵略国家中国之外交的真实状况，并考究事件发生与二次革命的关系，以及该三起事件交涉与承认北京政府问题的关系。最后，就这些事件与欧洲列强的关系进行研讨。

---

① 《日本外交文书》1913年第2册，第400页。
② 《关于阴谋暗杀孙逸仙之件的回报》丙秘第308号，1914年5月12日，伊泽警视总监致松井外务次官，日本外交史料馆藏。
③ 《日本外交文书》1913年第2册，第413页。

　　二次革命时期，日本政府对中国南北双方，表面上采取中立政策，但有一部分现役与预备役军人及浪人等参与南方革命派活动，一部分人参加了战斗行动。又由于日本与革命派历史上的关系，此时曾流传日本政府与军部支援南方革命派之说。因而，北方之袁军对日本军进行戒备，与之关系紧张。加以日本在中国的驻屯军，为收集南北方军事情报，经常派军官、军士等到袁军驻防地进行军事侦察，此为发生兖州、汉口事件的间接或直接原因。南京事件是二次革命中袁军攻占南京时所发生，牺牲者为日本民间人士，是袁军镇压二次革命时发生的事件。二次革命是南方革命派以武力讨袁的战争，这三起事件，是以日本军与日本外务省以及日本社会舆论，作为反袁的政治、外交战而展开的。虽然两者性质不同，但其矛头都是指向袁世凯和北京政府。这是一个异常现象，由此可以看出，三起事件与二次革命的直接或间接关系。

　　再就是兖州、汉口、南京三起事件，皆与日本军方有关。兹将前两起事件与南京事件的外交交涉加以比较，进行分析研究。

　　兖州事件是日本的中国驻屯军所属陆军步兵大尉川崎亨一于8月5日，在兖州被张勋属下武卫前军拘禁于兵营，于8日释放的事件。事情的经过是，川崎偕翻译于8月3日经济南至兖州逗留两天之后，5日从津浦铁路返回济南时，在车中被武卫前军所属袁军士兵拘捕。川崎系执行驻屯军司令官佐藤钢次郎"侦察津浦铁路沿线中国军情况"①之命令，在济南、兖州进行了军事侦察。当时，北方军正沿津浦路南下，这一带是军事要地，也是敏感地区。川崎认为隐瞒军人身份，便于完成军事侦察任务，携带的旅行护照，记载身份为商人，日本驻天津总领事小幡也赞成这种办法，并得到了中国官方的副署。②但川崎复又认为，以军人

---

　　①《日本外交文书》1913年第2册，第449页。
　　②《日本外交文书》1913年第2册，第439、448页。

身份的特权或许更为方便，于是"在日商二字上贴纸改为军人"①。川崎隐瞒身份又私自篡改护照，当时不仅在中国，在日本也为非法，应负法律责任。中国士兵对其随意更改护照怀有疑问，将其拘留进行调查，乃为法律所允许。又以川崎当时身穿便服，未着军装，他出示日本军大尉的名片，以证明自己身份的真伪，但中国士兵为确认其身份，需要经过讯问、调查，于7日下午其身份方得到确认。当时武卫前军所采取的措施正当、合法。山座报告牧野认为事件发生的原因在于川崎。报告中称："中尉被拘留原因，主要由于改写护照，被怀疑为从南方混入的间谍。"②但川崎在给佐藤的事件经过报告中，避开上述主要原因，只强调受到有如对待因犯的处置。因为川崎自知应负法律上的责任，故而隐瞒了真实情况。

　　然而，日本政府、外务省歪曲事实真相，强迫北京政府追究责任。山座明知事件发生的事实和责任之所在，却于8月23日向北京政府外交部提出书面要求："应迅速严厉处分责任者。"③这是山座认为"事态对日本甚为不利，实属遗憾"④而玩弄恶人先告状的伎俩提出如此要求的。然而，日本政府并不满足于此。9月9日，山本在内阁会议上作出决定，包括对南京事件在内，提出如下要求：

　　一、严厉处分直接责任者，免职其监督官。

　　二、由该军队最高指挥官亲来我华北驻屯军司令部，向司令官表示歉意。

　　三、中国政府另以公文对帝国公使表示歉意。⑤

① 《日本外交文书》1913 年第 2 册，第 448 页。
② 《日本外交文书》1913 年第 2 册，第 448 页。
③ 《日本外交文书》1913 年第 2 册，第 448 页。
④ 《日本外交文书》1913 年第 2 册，第 448 页。
⑤ 《日本外交文书》1913 年第 2 册，第 481 页。

山座于 10 日将此要求面交袁世凯。

于是两国之间局部的军事纠纷，升级为两国之间的外交问题。山座警告袁世凯，绝无让步之余地，强迫承诺全部要求。北京政府外交部派天津交涉使向天津驻屯军司令官道歉，对其他要求，以武卫前军已开往前线，实行困难为由，予以拒绝。[①]山座对武卫前军开赴他处，未将之留于现地提出抗议，以公文通告，强硬要求全部接受日方要求，并要求该军在当地实现上述要求。不过北京政府外交部于 9 月 15 日仅以外交总长名义，正式表示"甚为抱歉"[②]，对其他要求拒而未应。袁世凯政权拟以外交礼仪形式处理这一问题，但日方并不让步，利用在此之后发生的南京事件，对袁世凯施加压力。袁世凯政权屈服于日本的压力，将兖州正副稽查二人免职，有关士兵三人处以鞭打 500 刑罚后开除，武卫前军指挥官郭殿元于 9 月 22 日去日本驻屯军天津兵营操场道歉[③]，郭在该兵营操场上，受到"军法会议对待被告人完全同样的处置"[④]。中国军人对篡改护照的川崎进行正当的调查，或遭免职或受刑罚，引起事件应负责任的川崎，反而接受郭的道歉，纯属颠倒是非，充分暴露了作为保护日本在中国权益的军事后盾——日本中国驻屯军的强权霸道，也说明了对之屈服的半殖民地政权——北京政府的无力无能。此外，袁世凯与北京政府之所以如此忍受屈辱，其目的在于牵制日本对南方革命派的所谓支援。

8 月 12 日，汉口发生袁军与当地日本驻华中派遣队军人冲突事件。据日本驻汉口华中派遣队司令官与仓报告，该队步兵少尉西村彦马，于当日下午 6 时半率士兵一名到江岸车站附近袁军根据地进行军事侦察后，在车站内长椅上休息时，突然被三十四五名袁军士兵包围，对西村进行检查，脱去其上衣、军帽，并夺其

①《日本外交文书》1913 年第 2 册，第 491 页。
②《日本外交文书》1913 年第 2 册，第 500 页。
③《日本外交文书》1913 年第 2 册，第 528～530 页。
④《日本外交文书》1913 年第 2 册，第 532 页。

短刀，将其打倒在地，使之受伤，然后绑在车站柱子上约十分钟，又被带到兵营的板房内，吊在柱子上，进行虐待，夜晚10时被释放。[①]但据袁军方面称：该少尉与士兵闯入第二师兵营警戒线以内进行军事侦察，经第二师士兵阻止，但该少尉并不止步，与该少尉同行的士兵，拔出短刀刺向值勤的中国军官，出于正当防卫，不得已将该少尉及士兵暂时监守后送还。[②]对于军事冲突事件，历来双方各执一词，说法多有分歧。关于查明汉口事件的中日交涉的前提条件，是澄清事件的主要责任究竟在于何方。

　　当时驻扎江岸车站附近的袁军第二师，在南北关系日益恶化的情况下，5月间在该处搭设许多帐篷，为了军事要地的安全，在该地区实行戒严令，在车站附近设有步哨，严密戒备。日本华中派遣队为收集该师军事情报，每日派便衣或着军装军官，观察该师动静，收集情报。[③]华中派遣队在该地驻屯，乃根据与清政府之协定，为保护以汉口为中心的日本在华中的权益以及汉口租界等，其本身即是侵略性的。而且，该派遣队未得中方允许而暗中收集第二师军事情报，是属于侵犯军事秘密的违法行动。华中派遣队自知这是违法行为，故派便衣军官前往。又因当时袁军之军官中，有曾在日本的留学生，如与仓司令官所言：派遣队军官"以面见各队军官及留日学生等为托词，不顾步哨之警告，不断进入警戒线内，由此险遭刺刀相向及殴打之危事并不为少"[④]。日本驻汉口总领事芳泽上报牧野时称："历来派遣队军官前往车站之动作，很遗憾，不能称为稳妥适当"。对与仓司令官或西村报告书的内容，"不能轻易断定为真实"[⑤]。芳泽根据过去的冲突情况，说明这次事件的远因在于日本方面，直接原因虽然尚不清楚，"本事应尽可能避免作为重要问题，以保持我方体面达到适当程度为

　①《日本外交文书》1913年第2册，第436～437页。
　②《日本外交文书》1913年第2册，第443、445～446页。
　③《日本外交文书》1913年第2册，第436页。
　④《日本外交文书》1913年第2册，第438页。
　⑤《日本外交文书》1913年第2册，第437页。

限，使中国方面满意我方措施之公正为宜"①。这可以认为，芳泽推测本事件的直接原因在于日方。芳泽于 18 日偕任黎元洪军事顾问的日本军官与池部书记及医生视察现场状况，并面见被日本士兵用短刀刺伤的第二师少尉武开疆。芳泽于 21 日将实地验证结果，分两次电告牧野，其报告的最后结论写道："固然难以断言，但经实地调查结果，本职认定，最初系我方动手刺去，结果被中国士兵压制殴打拘留。与仓司令官之报告，有令人不能相信之嫌，甚以为憾……本职认为，如此判断，大致无误。"②这是经过实地调查，确认中国方面的说明大都是事实。

芳泽依据这样的结论，批判了日本陆军对这一事件的说法。日本陆军称此乃对身着军服的日本军人的侮辱，芳泽指出："着用军服之军人，在遵守自己国家军规之同时，亦应尊重其他国家之军规，此自不待言。以对方为弱国而侮之，置步哨警告于不顾之行动，不仅其曲在我，而且不得不谓为极不良之举动。"③这是芳泽发自良心的说法，也是对日本陆军的责难。芳泽在处理汉口事件等问题时，数次批判日本陆军之非。对此与其说是为了中国，倒不如说是由于此种歪曲事实的不公正行为，引发中国的反日感情，加给日本对华外交以恶劣影响之故。不过，在当时情况下，能说明事件本身的真相，可以说也属难得之事。

芳泽虽然对事件本身作了上述判断，并提出个人见解，但是作为日本帝国的总领事，却坚决指责中国方面，为日本军人违法行为作辩解，以保持日军的面子，维护日本在中国的特权。这是内心与外交行为的矛盾，这一矛盾为日本帝国主义的国家利益优先所统一。

按上述事实，本应由袁世凯政权先向日本发出严重警告，要求日本处罚加害者及负责军官道歉。但相反，日本方面却先提出

①《日本外交文书》1913 年第 2 册，第 438 页。
②《日本外交文书》1913 年第 2 册，第 442 页。
③《日本外交文书》1913 年第 2 册，第 439 页。

如此要求。芳泽虽然认为西村少尉报告书"不能轻易断定其真实"①。但仍然依据西村报告书，要求湖北省都督府交涉员处罚第二师士兵及有关负责军官道歉。②湖北都督、临时副总统黎元洪对此予以抵制，8 月 20 日，拒绝芳泽提出的要求，答称："其曲在于该少尉（西村——笔者）及随行士兵，素以文明著称之贵国，为恢复整体军人之名誉，固应采取适当措施。因此，只有静待贵国如何之处置。"③这是以平和语气，要求对西村等有关士兵进行处分。但牧野认为："甚为缺乏诚意与礼仪。"④指示退回黎元洪的复文，芳泽于 27 日将复文退回。黎元洪于 28 日将 20 日复文附以新照会再次送达芳泽。⑤黎元洪根据事实，理直气壮地对待日本，不接受日本的无理要求，并追究日方责任。

日本陆军方面，仍只提出帝国军人名誉体面问题。8 月 30 日楠濑幸彦陆相以赔偿名誉损失为由，向牧野提议，对中国提出如下要求：

> 一、对凶手及在现场军官处以严刑。在执行以上刑罚时，须有驻汉口日本军官在场。
>
> 二、前项凶手所属直系长官连长、营长、团长、旅长、师长、军长及都督，以及与本件有关之汉口镇守使锡钧，连同参谋长张厚森应立即免职。
>
> 以上免职人员至少一年之内，不许就任文武大小官职。
>
> 三、派道歉使者赴日本。
>
> 四、受害日本军官及士兵损害及名誉毁损的赔偿要求如下：

---

① 《日本外交文书》1913 年第 2 册，第 437 页。
② 《日本外交文书》1913 年第 2 册，第 446～447 页。
③ 《日本外交文书》1913 年第 2 册，第 443 页。
④ 《日本外交文书》1913 年第 2 册，第 447 页。
⑤ 《日本外交文书》1913 年第 2 册，第 455～457 页。

1. 西村少尉身体及物件伤害及名誉毁损赔偿，由中国政府支付若干日元。

2. 对士兵支付若干日元。

以上各项之外，要一并解决以下两件以前悬案。

一、将驻汉口日本兵营场地以及其附属通道，编入日本居留地。

二、承认在汉口建立日本军用无线电信的权利。[①]

楠濑提出的最后两项要求，是从武昌起义以来日本军曾企图在汉口扩大的要求，由于中国反对，未能实现，此次又乘机提出。

楠濑提出上述要求的理由是：因为日本未承认中华民国，对其发布之戒严令，并无遵守义务。是否遵守其所谓戒严令，全由帝国政府的好意和方便决定，帝国军人出入江岸车站附近受到限制，无任何根据。[②]这是蛮横毫无道理的理由，反过来说，等于说明日本方面也应当遵守中国的戒严令。9月2日，在首相、外相、海相出席的日本内阁会议上，认为陆相的要求不适当，决定制定另案。[③]其内容如下：

一、直接指挥侮辱行为或行凶之军官士兵，均须严厉处刑，处刑时要有我陆军军官在场。

二、有侮辱行为官兵之直属营长免职，其上级监督官，即团长及旅长予以严厉申饬。

三、在执行以上两项处分之同时，该师长或司令官亲来我总领事馆表示歉意，并由黎都督将实行上述各处分通告总领事及我派遣队司令官表示歉意。

---

① 《日本外交文书》1913年第2册，第453页。
② 《日本外交文书》1913年第2册，第454页。
③ 《日本外交文书》1913年第2册，第453页。

四、另由中国政府公开对日本帝国政府表示遗憾之意。①

对日本军人违法挑起的事件采取正当防卫措施，反而处罚被日本士兵以短刀刺伤的武开疆等及其指挥官，并要求黎元洪都督和北京政府以国家名义向日本道歉一事，表明日本的外交纯属无理、强权外交。

关于是否向袁世凯政权提出这一要求条件问题，日本政府与其派出机构之间意见不尽一致。山座认为，由于"苛刻的要求条件"难以寻常手段贯彻执行，对于提出这样要求，一时有所踌躇，向牧野提出："帝国政府对武昌局势出现危局，究竟有无采取某种高压手段之决心？"②这是由于他认为：（一）从二次革命中的中日关系考虑，"此次兵乱之际，中国人普遍指责日本煽动并帮助南军，庇护南方首领等，中国军人对日本反感极为强烈，商业社会亦有憎恶日本之倾向"。（二）因此，"黎元洪不仅当然不会同意，纵使之不得已而同意，但其执行将招致部下官兵之反抗，对维持武昌现状有构成困难之虞"。（三）如日本政府"进而采取高压手段时，伴随而来的将使中国之一般民心极大动摇，发生抵制日货自不待言，甚至难以保证对日中两国全面关系难免造成不良影响"。（四）如果采取高压手段，则"担心英国其他各国，也未必袖手旁观"③。若中国与英国等欧美列强以强硬态度对待日本之要求，则有可能迫使日本停止提出如此要求，不得不公正解决。

在袁世凯政权内部，也有北京的袁世凯与汉口的黎元洪之间的意见分歧。黎元洪于 9 月 10 日拒绝了日本的这一要求④，采取强硬抵制态度。但袁世凯与北京政府屈服于日本的压力，希图急速处理这一问题。13 日，北京政府致电黎元洪："道理暂且不提，

---

① 《日本外交文书》1913 年第 2 册，第 436、458～459 页。
② 《日本外交文书》1913 年第 2 册，第 459 页。
③ 《日本外交文书》1913 年第 2 册，第 459～460 页。
④ 《日本外交文书》1913 年第 2 册，第 486～487 页。

应迅速办理。"①当日派委员二人前往黎处，对之施加压力。这是屈从日本方面的外交战略的行为。牧野因黎元洪抵抗日本，于是企图通过袁世凯对黎元洪施加压力。8月23日，牧野指示山座向袁世凯提出要求，希其警告黎元洪。②27日，山座向袁世凯反复说明，关于汉口事件"须迅速使黎元洪表明道歉之意"。并提及孙中山、黄兴等要求日本供给武器资金，日本绝对不允。③以此暗示如果袁世凯不应允此次之要求，日本将可能转而支援孙中山、黄兴。袁世凯闻听后答以"一定采取相当措施"④。袁世凯因深恐日本支援孙中山、黄兴革命派，故对汉口事件全面让步，以阻止日本支援孙、黄。于是牧野先向袁世凯提出了9月2日日本内阁会议决定的四项要求，使袁先劝告黎元洪务须"顾全大局，迅速接受日本之要求"⑤。袁世凯于是按照牧野的要求，于9月14日对坂西大佐说："估计黎在执行上有相当困难，但我将坚持实行，正在尽力设法之中"。⑥由此可以看出袁世凯为使黎元洪接受日方要求，进行了策动。

　　黎元洪在日本和袁世凯的压力下，作了部分让步，但对大部分要求予以拒绝。9月15日，黎元洪派都督府交涉员与芳泽进行交涉，关于日方要求之第一项：16日军事法庭开庭审判武开疆，但日本军官在场为法律所不许。第二项：严饬团、旅长事。因该部队并无团、旅，故不能实行。第三项：以司令段芝贵返回北京为借口，不能实行。实行处分之事仅能通告总领事馆，由总领事馆移文派遣队司令官，拒绝直接通告司令官。第四项：都督参与

---

①《日本外交文书》1913年第2册，第500页。

②《日本外交文书》1913年第2册，第447～448页。

③ 1913年8月28日，驻北京山座公使致牧野外务大臣电报，第684号，日本防卫研究所藏。

④ 1913年8月28日，驻北京山座公使致牧野外务大臣电报，第684号，日本防卫研究所藏。

⑤《日本外交文书》1913年第2册，第459页。

⑥《日本外交文书》1913年第2册，第607～608页。

道歉碍难实行，予以拒绝。①当日交涉员与芳泽对以上问题进行了争论，交涉员坚持除此之外，不能再作让步，更向其提出正当的要求："希惩处西村少尉及士兵，并今后对此类情事加以取缔。"②汉口方面虽曾对日本进行了如此抵制，但就在同一天，北京方面却接受了包括汉口事件在内三起事件的日方全部要求。竟然道歉称"汉口西村事件，由于一时意气激昂，终于对邻邦军官行为失检，殊属不当"③。此时，由北京派来的两委员到达武昌，令黎元洪全面接受日方要求。在北京政府和袁世凯的压力下，黎元洪不得不改变对日态度。黎元洪于 15 日夜晚致函芳泽，全部接受日方要求。④按根据日方第一项要求，18 日，武昌陆军军法处，据湖北临时陆军刑法第 93 条，判处"主犯"二人有期徒刑六年零四个月，从犯二人有期徒刑四年，管辖该四人的营长免职，排长受处分。⑤日方派遣队大队长和参谋参加了审判，进行监督。23 日，处武开疆有期徒刑二年。⑥按第三项要求，9 月 22 日，第二师师长王占元前往日本总领事馆，向芳泽总领事道歉。芳泽接受王占元道歉后，轻蔑地说："是一个粗鲁的人。"⑦又按第三项，黎元洪向芳泽和与仓司令官通告实行前述处分经过，表示道歉。驻东京临时代理外交代表马廷亮，以北京政府名义向日本外务省表示："对侮辱贵国军官之举，本国政府甚以为憾。"⑧这些要求，是由日本侵略中国的急先锋，日本陆军及其派出机构与外务省积极配合其行动的强权外交所强行实现的。

虽然如此，然而中国军官武开疆被日本士兵刺伤的事实是绝

---

① 《日本外交文书》1913 年第 2 册，第 500～501 页。
② 《日本外交文书》1913 年第 2 册，第 501 页。
③ 《日本外交文书》1913 年第 2 册，第 498 页。
④ 《日本外交文书》1913 年第 2 册，第 502 页。
⑤ 《日本外交文书》1913 年第 2 册，第 508 页。
⑥ 《日本外交文书》1913 年第 2 册，第 555 页。
⑦ 《日本外交文书》1913 年第 2 册，第 518 页。
⑧ 《日本外交文书》1913 年第 2 册，第 555 页。

对无法否认的。这是陪同芳泽的日本医生以及法国医生共同诊断认定了的。日方应对此负责，西村等应受军事审判，其上司与外务省也应向中方道歉。10 月 24 日驻日临时代理公使①马廷亮奉外交部训令，向日本外务省提出如下要求条件：

一、严重处罚刺伤值日军官的凶犯，其处理结果，以公文照会外交部。

二、赔偿负伤者治疗费用。

三、驻汉口总领事带领该大队长向副总统表示遗憾之意。②

此要求较之日方四项要求轻微，按事件发生的主要责任，以及刺伤值日军官的严重事实，中方的要求本应比日方的要求更为严重，然而却是如此宽容，由此可以看出，袁世凯与北京政府的软弱无力和对日军的恐惧。但其所以在此时方提出这样的要求，可以说是由于承认北京政府问题，已于 10 月 6 日得到解决。

然而，日本方面并未接受这一要求。10 月 30 日，山座以刺伤武开疆的日本士兵也被打伤为借口，拒绝了北京政府外交次长曹汝霖的要求，称："事已至此，再予处罚，实际上已不可能。"③曹汝霖又提出妥协方案称：甚至连加害的事实也予否认，有损害因日本承认北京政府而产生之中日双方的融洽感情之虞，对大局甚为不利。"无论如何，可以声言，将该人交付军法会议，公平裁断……至于其裁断结果，可不强求通报"。④其实不过只是形式上交付军事审判，而实际上并不要求审判，山座领会此意，借口有关人员已于 2 月 3 日返日，询问可否在东京解决，曹汝霖表示同

---

① 10 月 6 日，日本政府承认北京政府，北京政府驻日临时代理外交代表升格为临时代理公使。

②《日本外交文书》1913 年第 2 册，第 565～566 页。

③《日本外交文书》1913 年第 2 册，第 568 页。

④《日本外交文书》1913 年第 2 册，第 568 页。

意。然而牧野却指示：要在北京与汉口进行交涉。这就意味着事实上拒绝了中方的要求。山座不赞成这一指示，因为这样，就连刺伤武开疆的事实也否定了。遂向牧野提出希望，称："考虑隐瞒此一事实，反而不妙，望火速调查事实。"①他还认为，日本士兵曾声称，也与西村同样受到虐待，但当初并未向中方提出要求，估计这是因为该士兵有刺伤武开疆的事实，曾就此事询问过与仓司令官如何说明这一问题。②山座的意见是，承认事实，先由军法会议进行调查。但由于陆军和与仓司令官坚决否认士兵有刺伤武开疆的事实。外务省政务局长出渊认为："且不论事实真相如何……现在由本省与陆军无论如何交涉，也难以达到如山座所希望之吐露真实情况。"③甚至会否认刺伤武开疆的事实，拒绝军事审判。出渊认为，"我方约定，只对该士兵进行审理即可（经过审理即使无罪也无妨）"，向山座传达了此意。此外又附加一条件："当我约定审理时，应使中国视同本问题已经解决。事先将问题范围加以限定。"④提示山座通知中国方面，经过如此审理，本问题即告解决。

　　但是，北京政府坚持要求日方承诺中方提出的三项条件，马廷亮临时代理公使按照11月14日北京政府外交部指示，再次向日本外务省提出要求："对于日本兵刺伤我军官武开疆案件，如不从速处理，严加惩罚，于事理不合。"⑤日本外务省对此要求又予拒绝，只通告中方："陆军法官部特设委员对有关人员进行调查。"中方虽然对此寄予期望，但1914年2月14日，牧野以公文答复北京政府驻日临时代理公使称："军法上未发现处罚该士兵之理由。"⑥全面拒绝了中方的要求。至此，有关汉口事件的外交交涉

①《日本外交文书》1913年第2册，第570页。
②《日本外交文书》1913年第2册，第569～570页。
③《日本外交文书》1913年第2册，第572页。
④《日本外交文书》1913年第2册，第572～573页。
⑤《日本外交文书》1913年第2册，第574页。
⑥《日本外交文书》1913年第2册，第604页。

终了。挑起事件的日本官兵逃避了法律制裁，而采取正当防卫措施的中国官兵却遭受处罚。这种现象是在半殖民地国家中国出现的特殊现象，充分表露了日本的强权外交与中国外交的软弱无能。

北京政府对兖州、汉口事件，全面应允日方要求，这在某一方面与南京事件有密切关系。所谓南京事件，是袁军攻占南京的9月1日，有3名日本人被张勋士兵杀害，在南京居住日本人的房屋被抢掠的事件。中国报纸对此也有所报道。[①]张军士兵进入南京，不仅是日本人，中国居民也受到巨大损失。张军士兵对日本人和中国居民的暴行，当然应受法律惩处。日本人遭杀害和抢掠，与兖州、汉口事件不同，其责任在袁世凯、张勋和北京政府方面，9月6日，袁世凯派代理外交总长曹汝霖前往日本公使馆道歉，外交部也通过驻日临时代理外交代表向日本外务省转致遗憾之意。[②]

但是，南京事件并未能因道歉和表示遗憾而解决问题。9月9日，日本山本内阁会议对南京事件决定了如下要求条件：

一、对有虐杀掠夺行为的士兵及其直接指挥军官，按其情况处以死刑或其他严厉惩罚。上述处刑（宣判属于连续性刑罚）时须有驻南京帝国领事或领事馆员在场。

二、以张勋为首的以及前述官兵的直系上司予以严厉惩戒。

三、张勋亲来驻南京帝国领事馆，向帝国领事道歉。

四、对死伤者及其他一般被害者支付相当赔偿金。

五、行凶之团来我领事馆前，行举枪礼表示道歉。[③]

日方提出要求虽属当然，但在巷战正酣之际发生事件的客观

---

① 《申报》，1913年9月5、13日。
② 《申报》，1913年9月10日。
③ 《日本外交文书》1913年第2册，第480～481页。

条件下，提出如此要求条件是否妥当，颇有考虑的余地。然而山座认为这与兖州、汉口事件不同，对此要求条件尚不满足，又提出超过日本政府决定以外的更高的要求，即：免去张勋江苏都督职务，公告对伤害、抢掠日本人的处置情况。为防止今后发生类似行为，特别尊重和日本之交谊，由大总统发布谕告周知。①日本驻南京领事船津向牧野建议，利用这个机会取得实际权益：开放浦口港，在津浦路东站用地设日本居留地，开放安庆港口，解除中国大米输出禁令等。②这些都是额外要求，明显地说明了日本对扩大在中国权益的欲望。

　　袁世凯感到对南京事件的严重，10 日回答山座称，对提出的条件已在国务院紧急会议上研究解决办法，并派陆军部、参谋部、外交部各部委员前往南京调查处理。在南京的张勋，认为在与南方军巷战中发生二三人被害，没有理由进行调查。射击日本人，是从日本领事馆附近民宅中发射的，故其责任在于日方，拒绝进行调查。③南京方面虽然采取了如此强硬的态度，但在北京，12 日，曹汝霖对山座表示同意发布大总统令。只是由该团行举枪礼、张勋免职等颇为困难。④当天，北京政府国务总理熊希龄副署发布关于南京事件的大总统令。言明搜查、处罚杀害、抢掠犯人，赔偿损失，惩罚监督不严的有关人员等。⑤但日方仍强逼承诺对南京事件的全部要求。曹汝霖将此报告袁世凯后，袁决意全面接受关于南京、兖州、汉口三事件日方的全部要求。13 日，曹汝霖口头转达山座。⑥但是告知张勋免职，立即施行有困难。次日，牧野强硬要求迅速同意免去张勋职务。⑦由于南京事件责任在中

①《日本外交文书》1913 年第 2 册，第 484～485 页。
②《日本外交文书》1913 年第 2 册，第 488 页。
③《日本外交文书》1913 年第 2 册，第 478 页。
④《日本外交文书》1913 年第 2 册，第 489～490 页。
⑤《日本外交文书》1913 年第 2 册，第 492 页。
⑥《日本外交文书》1913 年第 2 册，第 493 页。
⑦《日本外交文书》1913 年第 2 册，第 495～496 页。

国方面，袁世凯和北京政府在日本的压力之下，15 日接受关于南京事件除张勋免职以外的全部要求。同时，关于兖州、汉口事件的要求，也全部接受。[①]由于南京事件，加速了对其他事件要求的承诺。

日本在中国的外交最终目的之一，是在于获得政治、经济权益，日本外务省正是企图借此机会扩大日本在满蒙的经济权益。此时，中日正进行南满的铁路谈判。牧野筹划如张勋免职问题不能立即实现时，使北京政府承诺如下权益，以此落实张勋免职问题。[②]

第一，关东州租借年限，再延长 99 年，及南满铁路（包括安奉线及所有全部支线）上述延长期间内不交还或售与中国。

第二，承诺关于以前要求让与的铁路。但让与范围后议。

一、自四平街经郑家屯至洮南府线。

二、洮南府热河线。

三、在四平街、奉天之间南满铁路的一点和洮南府热河线的联络线。

四、开原海龙线。这是意在解决南满悬案和实现新要求。对此，山座不表赞同。其理由是：（一）提出新要求，其条件与南京事件无任何关系，且与张勋免职实质上互不相干……将不免使帝国政府遭到责难，认为我不讲信义；（二）由于提出新要求，"失去各国同情，强行坚持，必将引起强力反对"[③]。或将有可能出现仿效日本之国家出而分割中国。山座认为："张勋问题可以按对方的请求，假以时日。推行满蒙铁路问题，按过去之途径使之从速进行解决，则事实上两方面均可圆满，从而达到我之目的"[④]。这是一箭两雕之策。山座将此意见上报牧野，得到同意。并指示：

---

① 《日本外交文书》1913 年第 2 册，第 498～499 页。
② 《日本外交文书》1913 年第 2 册，第 505 页。
③ 《日本外交文书》1913 年第 2 册，第 509～510 页。
④ 《日本外交文书》1913 年第 2 册，第 511 页。

对问题之焦点的张勋免职问题，"此时可取得对方书面誓约，近日内一定执行。如公文誓约不可能时，可取得确实证言"①。

此时，关于张勋免职问题，有关第三（张勋亲往领事馆道歉）、第五（行举枪礼道歉）两项要求的细目，正由船津和张勋的代表进行谈判，焦点是张勋来领事馆道歉时，是否着用陆军上将军服；在领事馆前举枪人数应若干名的问题。张勋方面要求不着军服，人数 200 名。船津要求着军服，人数 900 名。双方未能达成协议。船津于 24 日给张勋发出最后通牒称："认为阁下对实行帝国政府要求条件缺乏诚意。由此引起任何严重事态，其责任全在阁下，预为警告。"②日本驻北京公使馆也催促北京政府外交部急速实行南京事件要求条件。25 日，山座派高尾书记官至曹汝霖处，称：因事态愈益急迫，要求迅速实行道歉、行举枪礼。北京政府外交部担心日本陆战队挑起战端，要求暂停增加陆战队，同时派总统府副秘书长和外交部特派交涉员赴南京，处理道歉和举枪礼事。南京的张勋以种种理由抵制日本要求。北京政府则极力说服张勋从速允诺日本的要求。山座对此表示满意，赞许："中央政府实行条件决心很大，正在极力采取一切手段。"③

但是，东京的日本外务省鉴于张勋的抵制，对此事件宜慎重处理。牧野恐因增派陆战队，在日中两国人都处于兴奋、对立的情况下，由于某些不谐调会引起事件。训令：在北京外交部特派员到达南京前，暂时停止与张勋谈判，举枪士兵人数也可减少。这反映出日本向南京增派陆战队，只是施行军事压力，并不是要以武力解决事件。

经由北京派遣的总统府副秘书长和外交部特派交涉员的说服，张勋于 28 日上午亲去日本领事馆向船津领事道歉，下午陆军

---

① 《日本外交文书》1913 年第 2 册，第 512 页。
② 《日本外交文书》1913 年第 2 册，第 521 页。
③ 《日本外交文书》1913 年第 2 册，第 528 页。

中将白宝山率部下 900 名在领事馆前行举枪礼，表示道歉。[①]另对杀人主犯二名处以死刑，其直接上级长官监禁 10 年，抢夺犯士兵 94 名处以监禁 2 个月，有关军官免职。[②]日本外务省凭恃强权外交，达到了预期目的。

对兖州、汉口等三起事件，尤其是南京事件，日本外务省采取如此的强权外交政策，与当时日本舆论有密切关系。社会舆论会影响国家的外交政策的决定。南京事件发生后，以日本右翼团体为中心的舆论喧嚣一时，右翼团体就这三起事件，尤其是南京事件，指责交涉进展不利是由于日本政府、外务省态度软弱，其主要责任在于外务省政务局长阿部守太郎。9 月 5 日夜晚，两名右翼青年刺伤阿部腹部，次日殒命。这是右翼对外务省的政治压力，这不能不反映到外务省对三起事件的外交政策上。7 日，黑龙会、对华同志会、浪人会、大陆会等主张强硬大陆政策的右翼团体，纠集结成对华同志联合会，在日比谷公园召开攻击山本内阁的对华外交大会，通过了劝告出兵中国的决议，与会人员涌向首相官邸、外务省、外相私宅进行示威。10 日，又在日本桥的明治座（剧院）和青年会馆举行对中国问题有志大演说会，然后涌向外务省门前，要求对中国采取强硬政策。这样的舆论和行动，给予日本外务省以强力冲击。

其次，对于外务省强硬态度给予支持的，有军部特别是海军在军事上的配合。南京事件发生后，日本海军第三舰队向南京增派陆战队员 100 名，海军舰艇 9 艘停泊于南京。[③]其后，第三舰队又派陆战队员 140 余名、野炮 2 门、机关炮 1 门登陆，在南京配置了陆战队员 299 名，野炮 2 门，机关炮 5 门的兵力，配合外

---

① 《申报》，1913 年 9 月 29 日。
② 《日本外交文书》1913 年第 2 册，第 544、556 页。
③ 《日本外交文书》1913 年第 2 册，第 461 页。

务省派出机构，加强对华军事压力。①

　　日本的舆论和增兵，直接影响袁世凯和北京政府对事件的态度。当时中国报纸报道了上述日本舆论和民间右翼的行动。②刊载了日本海军增兵南京的消息。③袁世凯和北京政府在日本舆论压力下，顾虑日本出兵占领南京，因而全面接受了日本对三起事件的要求。

　　袁世凯和北京政府接受日方要求的第二个原因，是为了得到日本和列强的承认。此时，关于是否承认北京政府问题，日本和欧洲列强正在进行外交谈判，因为日本在这个问题上掌握主动权，所以袁世凯全面接受日方要求，以便得到日本对承认北京政府的支持，由此达到各国承认的目的。

　　第三个原因是，袁世凯和北京政府通过接受日方要求，可以改善因发生事件而恶化了的与日本的关系，从而阻止日本对孙中山等革命派所谓支持的可能性。

　　处理南京事件遗留下的问题是:赔偿损失和张勋免职的问题。山座于11月19日向北京政府外交总长孙宝琦要求赔偿，牧野指示为60万或65万美元，北京政府承诺64万美元。④此项赔款从五国银行团借款中经日本正金银行汇出。对张勋免职问题，未同意立即实行，应允军队处理妥善后再行实行。日本认为张勋与兖州、南京两事件有关，外务省坚决主张免职。但外务省派出机构并不赞成。船津从来主张取得权益，上报外相建议将张免职改为张军招聘日本军事顾问，但牧野始终坚持免职。然而袁世凯未予应允，12月16日，发布大总统令，免去张勋的江苏都督，任命其为长江巡阅使⑤，拒绝了日方的要求。牧野指示山座:"要极强

————————

　　①《日本外交文书》1913年第2册，第522页。

　　②《申报》，1913年9月9日。

　　③《申报》，1913年9月13、18日。

　　④《日本外交文书》1913年第2册，第580～584页。

　　⑤《日本外交文书》1913年第2册，第586页。

硬抗议。"①山座上报牧野建议称：大总统令一经发布，实际上已不可能变更，假如变更，只会招致中国官民异常反感。"莫若对张勋处分问题就此结束，只追究熊希龄等之背信，以利于解决其他问题为适宜"②。但牧野仍要求追究此事。山座要求曹汝霖和熊希龄说明任命张勋为巡阅使的经过，熊希龄称：巡阅使只是巡察所指挥的军队，是闲散职务，并非优遇，牧野于12月26日根据山座建议和熊希龄的说明，决定不再追究。张勋的免职问题，就此结束。

这样，南京事件中日本所要求的条件全部实现。在南京登陆的日本海军陆战队于1914年1月10日撤去，事件宣告结束。

最后，将欧洲列强对这些事件的反应及日本对中国要求所产生的影响，加以研讨。围绕这一系列事件，日本和欧洲列强的关系，和历来的双重外交关系一样，欧洲列强一方面对于日本对中国的要求，予以同情和支持；一方面又担心日本乘此机会扩大在中国的领土和权益而予以牵制。英国关于南京事件的对日态度，尤其如此。南京事件发生后，日本国内以右翼团体为中心，对中国的强硬论调喧嚣一时。伦敦《泰晤士报》9月9日社论，对日本表示同情说："吾人认为日本人对中国人的愤怒，决不能谓为不当。"③一般报纸论调，也全面支持日本的要求，称："此次日本对中国的要求完全合理，相信中国必将允诺，如中国加以拒绝，中国将会失去全欧洲的赞同。"④这是因为英国在保护在中国的利权和侨民方面与日本有共同点。日本因得到英国等列强如此同情和支持，终于强硬到底，实现了对中国的要求。而中国方面，在列强的强迫下，不得不作出让步，接受日本的要求。倘如中国得到列强的支持，中国也不会这样懦弱无力。

---

① 《日本外交文书》1913年第2册，第587、590页。
② 《日本外交文书》1913年第2册，第589页。
③ 《日本外交文书》1913年第2册，第482页。
④ 《日本外交文书》1913年第2册，第494页。

在此时期，日本和欧洲列强的另一共同点，是支持袁世凯统治中国，恢复中国国内秩序。

10月6日，日本和英国等欧洲列强为此共同目的，承认了北京政府和袁世凯的大总统地位。但是在这个问题上，因为自辛亥革命以来日本对袁世凯不怀好感，是反袁的。所以英国对日本也怀有戒心，警惕日本会借此机会对袁世凯施加压力，颠覆其统治。9月9日《泰晤士报》社论公开劝告日本："如此时日本海军对中国示威，占领中国领土，则袁费尽心力打败之叛徒将取得胜利，仍将不免于颠覆，吾人相信日本不会以如此高压手段实现自己之要求。"①《纪事日报》也于13日报道说："日本乘袁日暮途穷之际，欲巩固其在满洲的地位，目下乃是良机。吾人希望日本不采取此举。"②这些要求和劝告，对此一时期日本之对袁政策有一定影响。日本在中国二次革命中所采取的不偏不倚的中立政策，于8月下旬开始转而倾向于北方的袁世凯，并未采取打倒袁世凯的要求和措施。例如对汉口事件、南京事件，日方的有关人员，尽管是在形式上，但仍约定由日本陆军法官部进行审查。这在某种意义上保全了袁世凯的面子。

另一方面，英国等欧洲列强，深恐日本乘机在中国扩大领土和权益，侵犯英国在长江流域的权益。9月29日，英国驻日大使格林向牧野提交照会，表示了此种担心。10月2日，英国副外交大臣向日本驻英井上大使说："此时中国时局发生动荡，日本政府是否会采取搅乱长江流域 Status quo（现状）之行动，对此感到担心。"③所以才提出29日的照会。井上报告牧野称："该国一般人士，对日本此次利用时局，损伤英国在长江流域的极大利益，在

①《日本外交文书》1913年第2册，第482页。
②《日本外交文书》1913年第2册，第494页。
③《日本外交文书》1913年第2册，第540页。

该地大肆活动，以取得立足之地，似抱有疑虑。"①这是因为汉口、南京是长江重镇，日本海军在当地增加陆战队，英国才有这种担心。奥匈帝国的报纸报道："日本阻碍中国之独立，企图使之与朝鲜同样成为日本之领土。"②另一家报纸也报道："日本此时首先所欲要求者，系为经济上之利益及延长辽东半岛租借地期限，实现之后继而指向满洲与蒙古乃属当然。"③俄国十月党机关报《莫斯科》9 月 13 日发表社论说："如日本与中国发生战争，日本不满足于占领南京，还要并吞南满洲，吾人自今日始，不能不有所准备。"④牧野、船津和日本军部虽企图乘此机会扩大在中国的权益，然而并未正式提出，乃是由于英国等欧洲列强从背后予以牵制所致。⑤因此，日本将要求条件只限定于事件本身，由于作了如此的限定，所以得到了列强的同情和支持，要求得以实现。对此，9 月 16 日英国《晨邮报》社论说："此次日本政府态度极为稳健。"如此解决，"殊堪庆贺"。并分析说：盖因日本完全了解，当某一国家试图对中国进行军事干涉时，其他有关国家，为维护其利益必定采取必要的行动。⑥说明了欧洲列强牵制的作用。

但是，英国在日本实现此次要求之后，并不放心。9 月 29 日《泰晤士报》社论提出要求："此时，日本应再次声明，在长江流域与其他地方同样，严守历来之被动态度，并无改变之意。"⑦此仍然是对日本的牵制，也是日本与英国在中国的权益争夺战。该报社论并警告日本不要扩大领土要求，称：这种利权争夺战爆发

---

① 《日本外交文书》1913 年第 2 册，第 540 页。
② 《日本外交文书》1913 年第 2 册，第 493 页。
③ 《日本外交文书》1913 年第 2 册，第 493 页。
④ 1913 年 9 月 14 日，驻俄田付代理大使致牧野外务大臣电报，第 93 号，日本防卫研究所藏。
⑤ 《日本外交文书》1913 年第 2 册，第 510 页。
⑥ 1913 年 9 月 16 日，驻英井上大使致牧野外务大臣电报，第 133 号，日本防卫研究所藏。
⑦ 1913 年 10 月 1 日，牧野外务大臣致驻北京山座公使电报，第 18 号，日本防卫研究所藏。

的可能性，如不加以避免，"即使外国以武力也只能再占领中国一部分领土"，而各列强则以袁世凯没落及其政府颠覆为借口，"将很快采取干涉政策，瓦解中国，终至出现无限制的国际争夺"①。

如上所述，由于日本和欧洲列强的双重外交关系，日本实现了其要求，中国则应诺了日本的要求。但是，如果日本采取占领中国领土并打倒袁世凯扩大权益的政策，由此激化日本与欧洲列强的矛盾和争夺，袁世凯和北京政府相反可利用其矛盾，反而有对抗日本之可能。然而，日本预计及此，而将事件的要求限定于事件本身，在英国等欧洲列强的支持下，达到了预期的外交目的。

六、承认北京政府问题

袁世凯的北京临时政府成立后，曾于1912年春发生对该政府的承认问题，但由于前述善后大借款，北京政府与列强的对立以及列强之间的相互矛盾，遂行搁置。1913年3月，由于美国开始活动，打算单独承认北京政府。此问题再度作为对中国的外交课题被提了出来。日本承认北京政府问题，既是日本的对华外交问题，又是日本与列强的外交问题。由于日本和列强均为帝国主义国家，为了维持其在中国的既得利益权益，因而共同一致拟行承认北京政府。但日本与列强为了扩大本国的权益，与他国互相争夺，因此，在承认问题上，再次出现了意见分歧及和行动相左的情况。加以北京政府利用日本与列强之间的分歧和矛盾，为早日获得承认而奔走，致使在国际法上简单的是否承认的行为，变得复杂多歧，复由于二次革命爆发，中国国内形势动荡，这一问题陷于胶着状态。10月，袁世凯当选大总统，日本和欧美列强承认了袁的北京政府。

---

① 1913年10月1日，牧野外务大臣致驻北京山座公使电报，第18号，日本防卫研究所藏。

　　承认问题，原属承认袁世凯和北京政府在国际上之合法地位的问题，但其实质反而又形成袁世凯及北京政府承认、保障日本与欧美列强在中国的殖民地权益的问题。基于维持、扩大在中国的权益，日本及欧美列强一方面互相合作，一方面又互相争夺。在承认问题上，也是如此，既合作又互相争夺。本节研究承认问题的谈判过程中日本、欧洲列强和美国的双重外交关系，并通过对袁世凯及北京政府之对策对之进行探讨，阐明承认的本质。

　　美国政府于 1913 年 3 月中旬，表明承认北京政府的意向，承认问题再次作为对中国外交的课题而提出。美国于此时提出这一问题并非偶然。当时美国新任总统威尔逊和国务卿白里安以正在谈判中的善后大借款对中国借款条件威胁中国的行政独立为由，于 3 月 18 日退出了六国银行团。美国的退出，在某种意义上也可以说是在借款问题上，美国与列强在中国争夺的结果，此时，美国突然打算单独承认北京政府，也是退出银行团的继续。

　　日本外务省在美国退出银行团之后，担心美国是否接着决定在其他列强之前承认中国政府。3 月 20 日，日本驻美珍田舍巳大使报告牧野称："美国政府近日将独自正式承认中国共和国"，以此"对中国表示好意，以便在同该国通商关系上，得以占有某种特殊方便地位"①。美国由于退出银行团，已为袁世凯赞许为公正、高洁、宽大的行动，表示感谢。现又率先决意承认，以进一步得到袁世凯和北京政府的好感。正如珍田所云，正是借此以图扩大美国在中国的新权益。

　　对于美国如此的外交行动，日本与欧洲列强开始采取对策。对于承认问题，正如牧野所说，日本最注意的是，"要占据主动者之地位"②。即是掌握承认北京政府的外交主动权。为此，1912 年 2 月日本率先向其他列强提出承认北京政府问题，取得了主动

---

① 《日本外交文书》1913 年第 2 册，第 1 页。
② 《日本外交文书》1913 年第 2 册，第 3 页。

权。此次美国突然提出承认问题，是对日本主动地位的挑战。牧野于 3 月 23 日训令珍田：如果美国无视去年日本在承认问题上立于主动地位进行交涉的经过，"单独承认中国政府，将造成甚为不宜之事态。此时为慎重计，急速提请美国政府注意"。要求美国"经常坦率与帝国政府交换意见"①，以阻止美国首先承认而掌握主动权。

日本外务省继而对英、法、俄、德各国展开外交活动，切断欧洲各国与美国关于承认问题的联系，开始准备在日本的主动操纵之下集体承认。日本原来打算中国成立稳定的政府，制定宪法之后，承认北京政府，但又担心美国率先承认的态度，因而考虑"等待成立稳定的政府之后我再开始行动，则或有他国抢着先鞭，帝国将失去其主动者地位，影响极为不利"②。所以牧野于 26 日指示驻北京的伊集院公使："对承认问题，尽可能迅速再由帝国首先占据发言地位。"为此，作为政府训令转告当地英、法、俄等公使："决定承认中国政府之时机，即将到来。"③并指示，关于承认的时机、方法及条件等，可秘密交换意见。27 日又指示日本驻英、俄、法、德等国大使，劝告各驻在国外交当局，希望各国政府与日本一致采取列强共同行动。④结果，英、俄、法按照日本的希望，各自通过本国驻美大使对美国进行劝告。这些国家与美国情况不同，在中国皆有相当权益，在借款谈判中也与日本共同行动，因而在承认问题上也与日本同进退。

但是，美国并未听从日本和欧洲列强的劝告。白里安于 4 月 1 日对珍田说："总之，此问题只有听任各国自由行动。"并断定："各国对华关系，因各自利害关系不同，所以届时终究难于采取一

①《日本外交文书》1913 年第 2 册，第 2~3 页。
②《日本外交文书》1913 年第 2 册，第 3 页。
③《日本外交文书》1913 年第 2 册，第 3~4 页。
④《日本外交文书》1913 年第 2 册，第 4 页。

致步调。"①这是在承认北京政府问题上，对列强之间利害关系的坦率直言。对美国的如此强硬态度，牧野以宋教仁被刺事件与北京政府官方有关联，引起南北严重纷争，国内秩序再次发生动乱为由，提出"此时如遽然承认北京政府，对于南方孙、黄等而言，造成助袁之结果"。不仅对列强，即对于中国也非善策。所以日本"不能按照美国政府之希望采取同一行动"②。要求美国政府等待中国事态平静之后再行动。但白里安以美国所得宋被刺事件的情报，与日本的情报完全不同，美国政府复对此进行反驳，认为："不论何人为总统，亦不问其实行何种政治，均与美国无关；只要正式成立合法之议会，即完全构成承认的必要条件，相信本身之立场最为光明正大。"并提出批评，指出"今日如顾虑南方派之运动，改变上述预定计划，却反而有援护南方派之嫌"③。这是美国始终支持北方的袁世凯，警告历来与革命派有关联的日本，不要支援南方。

当日本与美国在承认问题上形成对立时，英国、法国完全同意日本的主张，然而曾经支持日本的德国，又产生不同意见。德国外交大臣采取了"不论袁世凯是否与刺杀宋教仁事件相关，如经国会选举为大总统，则立即承认中国政府"④的方针。此一方针与美国主张在议会开会时承认，虽有所不同，但在早期承认这一点上是一致的。说明了德国也持无须其他列强同意而单独承认的意向。德国历来与袁世凯关系密切，武昌起义后，袁军攻击汉阳时，德国军事顾问曾直接参加。袁世凯政权成立时，曾提供大量武器，认为"袁是中国之唯一人物"⑤而予以支持。加以德国在中国既得权益较英国相对为少，所以在承认问题上，采取了与

---

① 《日本外交文书》1913 年第 2 册，第 8 页。
② 《日本外交文书》1913 年第 2 册，第 9 页。
③ 《日本外交文书》1913 年第 2 册，第 9～10 页。
④ 《日本外交文书》1913 年第 2 册，第 13 页。
⑤ 《日本外交文书》1913 年第 2 册，13 页。

英国不同的态度。英国在中国殖民地权益最多，虽然也支持袁世凯，但其前提条件为重新承认既得权益，从而与日本一起逼迫袁世凯允诺其既得权益。这正反映了英国支持袁世凯上台，目的是要维持和扩大自己在中国的权益。

袁世凯与北京政府为强化政权急于获得列强承认。美国之率先承认北京政府，内中也出自袁世凯和北京政府的主动要求。袁世凯和北京政府欢迎美国单独行动，希望其尽早承认，但担心日本反对而可能中途而辍，故首先着手说服日本。4月6日，外交总长陆徵祥派秘书长前往日本公使馆，向日方表示："恳切希望和美国同时或先于美国完成承认民国手续。"①国务总理赵秉钧也于7日向高尾书记官表明此意。②但伊集院依然不赞成单独承认，主张列强集体承认。个别承认一个国家或新政府乃属通例，日本之如此坚持集体承认，除了因其掌握主动权之外，也还基于北京政府的半殖民地性质，以及保护列强对中国共同侵略而产生的共同权益。因此，英、法、俄等和日本步调一致。

北京政府希望早期承认，在美国和德国有意应允的情况下，日本也拟改变态度以确保其承认问题的主导权。4月8日，牧野表示了早期承认的决心："在适当时机，必须尽早承认。"③承认的时期应是新国会选出新大总统,中国国内形势保持稳定正常时。承认条件是："中国政府遵照条约惯例等，尊重历来的国际责任和义务。"④日本此时决心早期承认的原因，除了掌握主动权之外，还有北京国会已于4月8日开会，由于宋教仁被刺事件，南北纷争日益激化，有可能爆发动乱。当时日本与列强以保持中国国内

①《日本外交文书》1913年第2册，第14页。
② 1913年4月7日，驻北京伊集院公使致牧野外务大臣电报，第264号，日本外交史料馆藏。
③ 1913年4月8日，牧野外务大臣致驻英小池临时代办电报，第59号，日本外交史料馆藏。
④ 1913年4月8日，牧野外务大臣致驻英小池临时代办电报，第59号，日本外交史料馆藏。

安宁、秩序正常为最大的外交课题，意在通过承认北京政府，达到这一目的。

牧野首先向英国和德国提出上述的日本政府意见①，英国表示赞同，并提议由北京政府正式声明：承认尊重基于条约及惯例等所规定的国际责任和义务②，以此作为承认条件。日本外务省在英国赞同下，于4月19日正式向欧美各国第二次提出承认提案。③在此提案中，日本提出，关于承认的准确时间，各国关于承认问题的决定，向北京政府通告方法及该项通告公函等，由各国驻北京代表进行商议，按照其共同建议决定并执行。日本在这一提案中，似有从集体承认中排斥美国之企图。牧野就此提案作了如下说明："设若列强中和其他国家意见不同……持有特殊见解，对何时承认有所犹豫时，不得妨碍全体的行动。"4月15日，伊集院和朱尔典商谈日本早期承认问题时，也表明："希望美国以外列强步调划一。"④即意在排斥美国。4月10日，白里安告知珍田："中国政府机构尚不完备，暂时停止采取承认措施。"⑤美国驻北京公使馆也向孙中山一派透露了承认问题暂时延期的情况。⑥因此，排斥美国，有利于日本对承认问题掌握主动权。

对于上述日本提案，英、法、俄、意、奥、匈帝国政府表示赞同，并将此意训令各该驻北京公使馆。德国虽然声称："希望与各国采取共同的态度。"但又主张袁世凯当选时立即承认。并认为承诺全部国际责任与义务是国际法原则，没有必要作为承认条件提出。对日本提案，未作明确回答。⑦

日本与银行团成员为了共同利用善后大借款，在承认问题上

---

① 1913年4月8日，牧野外务大臣致驻英小池临时代办电报，第59号，日本外交史料馆藏。

② 《日本外交文书》1913年第2册，第22~23页。

③ 《日本外交文书》1913年第2册，第26~27页。

④ 《日本外交文书》1913年第2册，第24~25页。

⑤ 《日本外交文书》1913年第2册，第22页。

⑥ 《日本外交文书》1913年第2册，第21页。

⑦ 《日本外交文书》1913年第2册，第30~31、33~34页。

作为同美国竞争的有力手段，于是使五国银行团加快借款谈判进度。4 月 26 日签订 2500 万英镑借款合同。给袁世凯和北京政府提供了巨额资金，以取得袁的好感。当时，袁世凯和北京政府在承认与借款问题上，作为现实问题，首先是希望得到借款。所以正如法国驻美大使对珍田所说，虽然美国以率先单独承认对袁世凯和北京政府表示好意，但由于当时美国的经济状况，毕竟没有余力向中国投入巨额资金，因而此种好意不可能收到现实效果。所以不必担心。经过一年余谈判，借款没有进展，而当美国退出借款团，又欲单独承认时签订了借款合同，正反映了它们之间竞争的一个重要侧面。

不过日本和银行团的如此做法，并未能阻止美国单独承认，美国也以自己的方式推进对华外交，5 月 2 日正式承认北京政府。因此，美国得到袁世凯和北京政府的一定的好感和信赖。此后美国威尔逊政权和北京政府的关系日益密切。从这一意义上来说，美国在外交上取得了胜利。

5 月 2 日当天墨西哥、5 月 8 日巴西和秘鲁先后承认了北京政府。

美国单独承认北京政府后，日本及其他列强的竞争对手业已消失，于是一面调整内部意见，一面注视南北纷争的状况，从容准备承认工作。承认问题的核心，与其说是承认北京政府，莫如说是北京政府承认列强在中国的既得权益和国际责任、义务。在这一问题上，英国与德国公开对立，牧野作为承认的主动者，首先对两者的意见进行调解。5 月 6 日，牧野折中双方意见，不以宣言和郑重标榜承认、遵守列强既得权益和国际责任义务为承认条件。主张"在承认之前，由中国政府自行主动对列国公使以公文发表适当之声明，使各国达到满意，英、德两国意见，得以并行"①。以此探询英国政府意见，朱尔典提议，在通知选出大总

---

① 1913 年 5 月 6 日，牧野外务大臣致驻英小池临时代办电报，第 86 号，日本外交史料馆藏。

统的同时，由北京政府向驻北京的各国公使馆声明："中国政府严格尊重一切条约所规定之义务及历来的惯例之外国人所有特权、豁免等。"①依然态度严峻。伊集院按牧野训令精神提议在大总统就任咨文中和北京政府外交部通知各国驻京公使选出大总统的公文中，加上如下一节。"本总统恪守前清政府及民国临时政府与各外国缔结之条约、协定及其余国际契约，并尊重外国人根据国际契约及其国内法律与通行之惯例在中国享有之权利、特权及豁免。特此声明"。②

朱尔典对此完全赞同。日本将此一节译成英、汉两种文字，非正式提交北京政府。大总统就任咨文与选出大总统通知作为国家的主权，应由该国政府起草，外国不能插手，而列强竟然如此干预，充分显示出当时中国的半殖民地性格和从属性。

英国是在中国最大的利权所有者，在决定承认条件中占重要地位，故英国负责同中国的秘密交涉。5 月 6 日，朱尔典将此文稿非正式提交袁世凯的秘书长梁士诒，征求北京方面意见。③22日，梁士诒答称："袁世凯大体上赞成。"28 日，又提出希望对文稿中的"通行之惯例"，以有正式记录者为限。④双方对此讨论达3 小时，互不让步。30 日，梁士诒向朱尔典提出北京政府的汉文对案，其中依然主张写为"各项有公文（记载）之成例"⑤。这并非单纯的修辞问题，而是"实际上的利害关系甚大"⑥。伊集院所提文稿中的"通行之惯例"，是指广泛的"惯例"，列强可以任自己之意解释扩大"惯例"的适用范围，用以扩大在中国的权益。因此，北京政府要对其加以限制。另外北京政府的对案中的

---

① 1913 年 4 月 30 日，驻北京伊集院公使致牧野外务大臣电报，第 376 号，日本外交史料馆藏。

②《日本外交文书》1913 年第 2 册，第 43 页。

③《日本外交文书》1913 年第 2 册，第 42 页。

④《日本外交文书》1913 年第 2 册，第 42 页。

⑤《日本外交文书》1913 年第 2 册，第 42 页。

⑥《日本外交文书》1913 年第 2 册，第 42 页。

"有公文记载之成例"一句，北京政府对此的解释是中国方面以公文形式承诺的惯例，而列强方面则对之解释为，外国官方与中国官方以公文交涉的惯例，而扩大其适用范围，使之成为扩大在中国利权的法律根据。朱尔典与伊集院为此商议，如按列强之意解释明确记入，显然不会为中国方面所接受，反使中方解释之意更为明确，所以暂且同意按中方对案写入。由此可见，承认问题的本质是把给予列强在中国的利权予以承认。

另一问题是各列强按通行惯例所主张在中国的权益，很多未能得到中国同意而成为悬案。一部分国家要求乘承认北京政府的时机，以一纸声明得到有利于各列强解决一切问题的承诺，日本及其他列强希望趁此良机，一下子解决多年的悬案。但因北京政府不同意，于是决定将来由各国与北京政府个别进行交涉。①

作为最后的文件，由日本外务省起草承认北京政府的各外国致北京政府公文稿，其中再次将大总统就任咨文和选出大总统通知中，将记有记载的承认列强既得权益之意，反复予以明确强调。

如此，关于承认北京政府的文件起草工作和对北京政府的秘密商谈，以日本为主，在英国协助下已大致完成。

继之是各国之内部协商，主要是在各国驻北京公使之间进行。6 月 16 日，牧野电训伊集院："在帝国政府认为适当之时机，由阁下依据帝国政府提议，与有关各国公使开始进行协商。"②所称有关各国是指英、俄、法、德、奥、意六国。在与各国交涉中，首先是承认的时间问题。牧野指示依然是："选举大总统后，由中国方面公开通知以后（以认为形势无明显变化为限）为适当。"③但在这时，袁世凯于 6 月 9 日罢免属于南方革命派的江西都督李烈钧，随后又免去安徽都督柏文蔚、广东都督胡汉民职务。由此

①《日本外交文书》1913 年第 2 册，第 46 页。
②《日本外交文书》1913 年第 2 册，第 45 页。
③《日本外交文书》1913 年第 2 册，第 46 页。

南北对立日益加剧，中国的南北内战迫在眉睫，立即选举大总统已不可能。在此情况下，伊集院与英国代办艾斯敦（朱尔典休假归国）商议决定，关于承认北京政府各国公使会议暂时延期召开，建议并报告牧野："可否在预计选举大总统可行之际，由中国方面，预将声明文稿（承认列强在中国权益的声明）交给本公使，经商谈之后，以召集有关公使会议通过声明稿的方式，一气完成。"①盖因距选举大总统尚有相当时日，在此期间，如召开各国公使会议，必将发生要求中国关于承认外国权利声明的议论。届时不便明言业与中国方面作过预备性谈判；如将预备性谈判过的声明稿，作为日本公使个人文稿向各国公使提出，各国公使自然会发表议论、修正字句等，有出现意外麻烦之虑。这也是由于各国利害不同而出现的现象。日本与英国预料及此两国秘密与中国方面决定的声明稿，乃违反各国共同协议的原则，故其内幕也不能公开。此种列强间的复杂关系，说明在承认问题上列强之间对立斗争之激烈，体现了列强在中国竞争、争夺之一侧面。从这时的德国的主张也可以看出，此时德国又重新提出过去的主张，警告日本说："如列强协议在选举大总统之前承认，德国将欣然参与。反之，如在选举之后仍需若干时日时，德国政府不能同意。或将采取单独行动也未可知。"②

正当议论承认问题是否召开各国公使会议时，李烈钧于7月13日宣布江西独立，二次革命战争爆发。因之承认问题一时陷于停滞状态。北方的袁军于8月18日攻占江西省会南昌，9月2日，南方革命派大本营所在地南京也被攻陷，二次革命失败。袁世凯由此统一了南北，形成了统治全中国的政治形势。于是承认问题作为紧迫的外交课题，再次提起。

此时，日本驻北京公使更迭，山座圆次郎新公使于7月27日

① 《日本外交文书》1913年第2册，第48页。
② 《日本外交文书》1913年第2册，第49页。

到任，这在某种意义上表明日本有意改善同袁世凯的关系，也有利于日本在承认问题上发挥主动作用。山座预料二次革命后，袁世凯权力壮大，袁与其同党如愿以偿，将会意外迅速地选出大总统，实际解决承认问题的时刻已近在目前。8月12日山座向牧野建议：就承认问题的具体步骤的有关事项，拟与各国公使进行协商。山座将伊集院与艾斯敦协商的步骤改变为：在确切预见选出大总统时，由山座提议召集英、俄等六国公使举行七国公使会议，提出已与北京政府梁士诒商谈完毕，削去声明稿中"有公文记载"的字样，作为日本政府提议，将这一声明包括在大总统就任咨文中，以此与北京政府谈判。如北京政府允诺，各国对当选大总统就任通知的给北京政府外交部回答中，摘录这一声明稿：相信大总统承认、保障外国政府和人民在中国的利权，从而承认北京政府。①如各国公使会议采纳这一方法，然后即向北京政府提出声明稿，北京政府若反对此稿时，山座可同北京政府秘密商谈，提出加上"有正式记载"字样的修正稿。由日英两国公使在七国公使会议上对修正稿进行说服工作，以取得会议通过。牧野指示山座，以此方法同英国驻北京代办和梁士诒秘密商谈的同时，通过日本驻英大使井上探询英国政府态度，英国回答：无异议。日本政府，特别是山座在声明稿中加上"有正式记载"的做法是为了得到袁世凯和北京政府的好感，以便达到改善和中国政府的关系。为此，山座在欧洲列强与中国之间玩弄了权术。

关于承认问题，日本与列强协商进展顺利，但此时由于汉口、兖州、南京三起事件，日本与袁世凯、北京政府关系急剧恶化，日本国内反袁舆论沸腾。承认北京政府，实际是在国际上承认袁世凯统治中国，在这种气氛中宣布承认至为困难。因此，牧野于

---

① 1913年8月12日，驻北京山座公使致牧野外务大臣电报，机密第289号，日本外交史料馆藏。参照一又正雄：《山座圆次郎传——明治时代大陆政策实行者》，原书房，1974年，第82～84页。

9 月 17 日对英国驻日公使格林说："难以预料能否按照预定进行承认。"①此时，山座以承认问题迫使袁世凯接受日方对南京事件等的要求，日本想利用延期承认解决三起事件，但英国反对称："日本虽欲延期承认，但英国政府不能为此延期承认。"②朱尔典要求按山座方案采取适当措施。由于英国牵制，日本未能推迟承认时间，反而却使之成为外交上的压力：迫使袁世凯和北京政府接受日本对三起事件的要求条件。

　　二次革命失败，促进了承认北京政府。袁世凯策动国会议员，预定于 10 月上旬当选、就任大总统。北京外交使团按山座所计划步骤，首先于 9 月 27 日召开日、英、俄、法、德五国公使会议，山座提出没有"正式记载"字样的声明稿，得到一致同意。山座继将此稿给意、奥代理公使，得到赞同。山座又以之出示比利时公使，也得到赞同。当时外交使团首席公使虽是西班牙公使，但由于日本掌握承认主动权，所以起到如此的核心作用。

　　经过如上的事前准备，外交使团于 9 月 30 日举行会议，决定按山座的承认步骤进行，并委托山座与北京政府谈判。③荷兰和比利时公使称：上述声明与通告如延迟时日，本国政府将仅根据选出大总统的事实予以承认，以此与诸列强抗争。由于该两国因被排斥在五国银行团之外，所以比利时单独向北京政府提供借款，比利时与五国银行团对立，但与袁世凯和北京政府关系良好。因而对承认条件不甚重视。

　　接着是与北京政府进行谈判。因系非正式谈判，不是与外交部，而与大总统秘书长梁士诒之间进行，以便直接取得袁世凯的承诺。9 月 30 日，山座将外交使团会议通过的声明稿出示梁士诒，梁士诒坚持加上"有正式记载"字样。10 月 1 日，梁士诒提出，

---

① 《日本外交文书》1913 年第 2 册，第 58 页。
② 《日本外交文书》1913 年第 2 册，第 59 页。
③ 《日本外交文书》1913 年第 2 册，第 63～64 页。

有如下字样的对案:"前政府直接与各外国公司人民明确订立之合同,当予承认。"①用以尽量限制承认利益的范围,双方经过讨论,最后虽未用"有正式记载"字样,而使用"依照各项成案成例"的微妙的文字双方达到妥协。由于"成案成例"并未明确是否有正式记录。今后关于权益问题发生纠纷时,各自可以有不同解释的余地。表明要在中国利权扩大的列强,与对此反对的北京政府之间的对立。

山座在10月2日举行的外交使团会议上,提出与梁士诒商谈的声明稿,得到会议一致通过。②山座唯恐选出大总统与发表声明之间有数日间隔,为防止德国、荷兰、比利时抢先承认,强调外交部要在发出选出大总统的通知的同时,将此声明送达各国公使。各国公使应以日本起草的该公文为据,通知承认北京政府。这样,山座自始至终掌握承认北京政府的主导权。

牧野以日本在承认问题上大都达到预期目的,对山座的出色活动甚为满意。10月3日电训称:"阁下在适当时机,可代表帝国政府履行承认手续。"

北京国会于10月6日按预定设计选出大总统,袁世凯由临时大总统成为正式大总统。各国公使馆在同日晚9时许,收到大总统选举完毕及声明等公文。山座立即将关于承认公文送达外交部,最先承认北京政府,正式承认袁世凯为大总统君临中国。在东京,牧野将承认北京政府之事上奏天皇。日本内阁于8日官报公布:"帝国政府已于本月6日承认支那共和国。"此处之所以定国名为"支那",是由于山本内阁于7月上旬的内阁会议上决定:政府内部与日本同第三国之间通常文书使用"支那",条约或国书等使用"中华民国"的名称。这次使用"共和国"字样,说明历来主张君

<hr />

① 《日本外交文书》1913 年第 2 册,第 64 页。
② 《日本外交文书》1913 年第 2 册,第 69 页。

主立宪制的日本，首次承认作为中国国家政体的共和体制。牧野于 3 月末在分析研究承认北京政府时说："应该理解共和政体为中国国内舆论指导者唯一能够认可的政体。"[①]9 月 5 日，孙宝琦曾向山座探询：中国政体，定为君主立宪制如何？山座答以："既已实行共和政体之今日，颇难再回到旧政体。"[②]说明日本认识到承认北京政府，即承认其共和制国体。

袁世凯在就任大总统咨文中，承认日本与欧洲列强所要求的在中国的利权，发表如下声明：

> 本大总统必当恪守前清国政府及中华民国临时政府与各外国政府所订立之一切条约、协约、公约，又，前政府与外国公司或人民所订立之正当合同亦应恪守。其次各国在中国之人民依据国际契约及国内法律以及按各项成案成例已享受之权利、特权、豁免等，亦切实承认。以联友谊，而保和平。特此声明。[③]

由于这一声明，列强不仅可以维持历来自己在中国的权益，并为今后扩大权益取得了保障。6 日，英、法、德、俄、奥、意、西等各国，也继日本之后相继承认。其承认公文于次日（7 日）送达北京政府外交部。

日本始终掌握承认北京政府的主导权，以图掌握对中国外交的主动权，但日本由此所得与欧洲列强之所得相同，并未因此改变自辛亥革命以来对中国、对袁世凯外交的被动状态。然而，北京政府与袁世凯，却由于接受承认条件，确保了其政权和大总统在国际上的合法地位。

---

① 《日本外交文书》1913 年第 2 册，第 3 页。
② 《日本外交文书》1913 年第 2 册，第 57 页。
③ 《日本外交文书》1913 年第 2 册，第 75 页。

第七章　第一次世界大战爆发和中日外交

由于第一次世界大战爆发，中国所处的国际形势发生了重大变化。一直支持袁世凯、北京政府的英国等欧美列强，卷入欧洲战场无暇东顾。大战前一直牵制日本对华政策的因素减弱，同时袁世凯、北京政府利用欧美列强与日本在中国的对立、争夺，依靠欧美列强抵制日本的政策亦减弱，从而其对日态度随之开始发生变化。辛亥革命以来，日本的对华政策，因受到欧美的牵制及袁世凯、北京政府的抗拒，陷于停滞状态。这两个主要因素的变化，形成了有利于日本改变其对华政策，积极侵略中国的国际环境。日本认为这是"天赐良机"，乘此机会参加第一次世界大战，对德宣战，占据德国租借地胶州湾与胶济铁路，以军事为后盾，向北京提出"二十一条"要求，以图扩大日本在华利权，并确立在华的霸权。本章在考察研究日本参战、开战和占据胶州湾、胶济铁路以及有关"二十一条"要求谈判之中日外交的同时，并就上述各问题对欧美列强的双重外交和日益激化的袁、孙对立，以及其间日本与袁、孙之间的相互对应进行比较分析。

一、日本趁火打劫与中日交涉

1914年8月1日，德国对俄国宣战，8月3日，德国对法国宣战，8月4日，英国对德国宣战，第一次世界大战爆发。第一次世界大战是列强重新瓜分世界的战争，欧洲为主要战场。但由于德国在中国有租借地，日本为乘机占据其租借地胶州湾与胶济铁路，积极推进辛亥革命以来一直停滞的对华政策，以内容已经改变的日英同盟为借口对德宣战。本节就日本参战、对德宣战及攻占胶州湾所引起的中日外交和欧美列强的外交问题进行论述；并就日本占据胶济铁路的外交谈判，进行分析研究。

阻止日本参加此次大战的国家，首先为德国。大战爆发后德国极力阻止日本加入英国等协约国一方，以阻止日本攻击德国在东亚的殖民地胶州湾，维持德国在这一地区的权益。8月3日，德国驻东京大使莱克斯访问日本加藤外相，探询：战事如波及东亚，日本将采取何种态度？①加藤公然表明参战意向，称：贵国舰队攻击香港时，"日本根据日英同盟条约规定，作为同盟国家不得不尽当然的责任与义务。这本来无须本人加以说明"②。当时元老山县等认为不可对德国轻动干戈，但日本陆军预料协约国将占优势，主张对德宣战，参谋本部3日开始起草攻占青岛作战计划，8日，制定对德作战要领。8月8日，日本内阁会议决定参战，但此事被报纸泄露，德国深感受到威胁。德国为阻止日本参加对德国作战，先以强硬态度对日。德国驻日本大使莱克斯当日下午往访日本松井外务次官，称："欧洲交战结局，胜利归于德国。"③并警告日本参战，将无所得，"切望日本政府保持中立态度"。12日，德国驻日大使往访加藤，提出建议："此时可采取限定战争区域或以某一海面中立的方法。"④但加藤未予理会。德国希望通过外交上的努力，使日本中立化而阻止其参战，终于失败；日本成功地排除了参加大战之第一个障碍。

然而，日本参加对德作战的最大障碍并非德国，而是英国。

---

① 《日本外交文书》1914年第3册，第94页。
② 《日本外交文书》1914年第3册，第94页。
③ 《日本外交文书》1914年第3册，第107页。
④ 《日本外交文书》1914年第3册，第128页。

日本与英国对中国具有双重关系。一方面，两国为维持在中国既得权益而互相合作、协调；另一方面，为扩大新权益又互相争夺。在日本参战和作战问题上，英国一方面为了维持在中国的既得权益，从列强的共同利益出发，希望日本参战；另外一方面，由于互相争夺、对立的关系，担心日本参战将愈加扩大在华权益，因而欲阻止其参战或限制其作战地区。

8月4日，英国决定对德作战，首先希望日本协助，翌日，通过其驻日大使格林向加藤提出要求："若战斗波及远东，香港及威海卫遭受袭击时，英国政府信赖日本政府的援助。"①由于这个要求是为保护英国在中国的既得权益，所以对日本的援助附以地域限制，作为前提条件。加藤虽对此予以允诺，但对其条件与限制不满，希望排除条件与限制，于是提出："考虑在其他地域，例如在公海上英国船只被捕拿等情况时……在此种情况下，对于适用同盟条约问题，希望英国政府与帝国政府进行协商。"②加藤以日英同盟义务为借口，要求自由地与英国政府平等地参战。4日，加藤对欧洲战争公开表明态度："万一英国投入战争漩涡，且危及日英协约之目的或发生危机等时，日本基于协约之义务，将采取必要之措施。"③日本表明了通过参战，不受限制地采取自由行动以扩大在华权益的意向。

英国外交大臣格雷洞察加藤之意向，设法阻止日本参战。格雷4日对日本驻英大使井上称："英国大概无须请求日本援助。再者，英国政府避免将日本拉进这次战争。"④但是英国为欧洲战场拖住，无力以自己的力量保护及掠取德国在中国及其沿海的权益，7日，又通过其驻日大使，要求加藤："为搜索、破坏德国改装巡

①《日本外交文书》1914年第3册，第96～97页。市岛谦吉：《大隈侯爵八十五年史》第3卷，大隈侯爵八十五年史编纂会，1926年，第169页。
②《日本外交文书》1914年第3册，第95～96页。
③《日本外交文书》1914年第3册，第99页。
④《日本外交文书》1914年第3册，第99页。

洋舰，请求日本海军援助英国。"①这又是有附加条件限制的要求，日本当然不会赞同。加藤质询："日本援助，只限于搜索、击灭德国改装巡洋舰，是何意义？"②表示不满。加藤认为，日本海军搜索、击毁德国改装巡洋舰是交战行为，必须发布对德宣战公告。9 日，照会英国称，一旦日本既然成为对德交战国，"日本的行动，就不能仅限于击毁敌国的改装巡洋舰，日本势必为完成两同盟国共在中国海之同一目的，即为摧毁损伤日本及英国在东亚利益之德国势力，尽可能采取一切必要的手段及方法"③。并且表示对德宣战的理由，并不单纯限定于摧毁德国的改装巡洋舰。其根据应为，"置于日英同盟协约中记载的广泛基础上"，希望在作战宣言中明确记载："英国要求日本援助，日本应其请求"④之旨趣。加藤在向英方提出此希望的同时，训令其驻英大使井上告知英国："日本一旦对德宣战，即不仅局限于英国所希望之事项，不得不采取交战所必要的一切行动。"而且"按照英国的要求，无充分理由不参加战斗"⑤。这种照会及训令，无异于表明日本在中国及中国沿海采取无限制的军事行动的权利和欲望。井上当日向格雷提出此意向。格雷表示："须认真考虑。"⑥10 日，要求日本延期对德宣战。⑦当日加藤表示："对此裁决作重大变更，已不可能。"⑧以强硬态度向英国提出需要立即对德宣战的备忘录。

英国不愿看到日本不加限制的军事行动，即无限制地扩大在华权益。格雷于 10 日告知井上，提出"英国撤消日本出动海军摧毁德国改装巡洋舰的要求"⑨。对此，加藤表示"英外交大臣裁

---

① 《日本外交文书》1914 年第 3 册，第 102～105 页。
② 《日本外交文书》1914 年第 3 册，第 102 页。
③ 《日本外交文书》1914 年第 3 册，第 110 页。
④ 《日本外交文书》1914 年第 3 册，第 110 页。
⑤ 《日本外交文书》1914 年第 3 册，第 111 页。
⑥ 《日本外交文书》1914 年第 3 册，第 112 页。
⑦ 《日本外交文书》1914 年第 3 册，第 113 页。
⑧ 《日本外交文书》1914 年第 3 册，第 114 页。
⑨ 《日本外交文书》1914 年第 3 册，第 116～117 页。

决，帝国政府极感意外”，并以日本受英国委托，正在着手进行关于军事行动的各项准备之际，“现今英国取消协助要求，帝国陷于极端困难境地”为由，要求格雷：“无论如何，希望幡然改变此一决定。”[1]格雷声辩：“因获悉中国海绝无危险，已无必要请求援助，所以取消该项要求。”并提出：“国际上有不少误解或认为此时日本有侵略领土之野心”，如果“限制战斗区域，日本国可声明战斗行动不越过中国海的西、南及太平洋”[2]。直言不讳说出英国对日本参战的顾虑。[3]加藤对此要求当然不会赞同。13 日，加藤表示“宣告声明限制战争地域，断不可能”，要求“英国政府必须同意发布不附加限制战争地域形式之宣战公告”[4]。英国对此要求亦未予赞同，以欧洲战场英国系与俄、法合作为理由，提议由日、英、俄、法四国共同协商，意在以俄、法的参与限制日本的军事行动。然而后来格雷改变了立场，英国于 13 日表示让步态度：“英国政府并无勉强在宣战布告中记载限制战争地域的必要，总之，不问形式如何，关于限制战争地域，只需得到日本帝国政府之保证即可”。[5]英国之所以作出让步，因为：“（一）日方的强硬反对；（二）英国无暇顾及中国和亚洲；（三）英国为保护其在威海卫等在华权益，需要日本的援助；（四）对德开战以来，协约国方面战况不利。”

于是日本得到盟国英国的同意，对德宣战，参加了第一次世界大战。围绕参战问题，日本对列强外交大致达到目的，但并未能完全如愿以偿。

为从德国手中夺取胶州湾和胶济铁路，日本通过对德宣战，在中国领土山东半岛开始了军事行动。这侵犯了中国领土主权，

---

① 《日本外交文书》1914 年第 3 册，第 120~121 页。
② 《日本外交文书》1914 年第 3 册，第 122~123 页。
③ 参照伊藤正德：《加藤高明》下卷，加藤伯爵传记编纂会，1929 年，第 88~92 页。
④ 参照伊藤正德：《加藤高明》下卷，加藤伯爵传记编纂会，1929 年，第 131 页。
⑤ 参照伊藤正德：《加藤高明》下卷，加藤伯爵传记编纂会，1929 年，第 136 页。

是间接的对华战争。中国新闻媒介曾报道，第一次世界大战爆发后，日本必将准备攻击、占据青岛。袁世凯和北京政府为阻止日本对德开战，将战争引向中国，于8月6日宣布中立[①]，随即开展对欧美的外交活动。日本对此采取对抗措施，北京政府与日本之间，围绕日本参战及对德作战，展开了外交谈判。

袁世凯与北京政府历来依靠英国。而今英国卷入欧洲战争，不仅无暇顾及中国，且又因与日本有同盟关系，要求日本援助，故而此时中国已不能依靠英国。袁世凯与北京政府注意到，美国在日俄战争以后，因日本企图不断在中国东三省扩大利权，曾与日本对立。此时美国尚未参战，是中立国，因此，袁世凯欲借美国之力，阻止日本在中国领土上对德作战。中国和日本就美国的参与，展开了外交攻防战。北京政府于8月5日训令驻美公使馆夏偕复，向美国国务院提出建议："此时，中国和美国政府共同忠告欧洲各交战国，尽可能减少战祸，不要波及东亚。"[②]中国报纸也报道，美国正在参与此问题。[③]这些都是为了阻止日本对德作战。日本对此非常敏感，加藤认为："上述向美提出之建议，如果属实，事态严重。"为阻止中国接近和依靠美国，指示驻中国临时代理公使小幡酉吉，"严厉要求北京政府加以说明"。小幡于9日就此询问袁世凯，袁世凯承认属实，称："只是出于人道之考虑，提出减少战争惨祸的建议。"[④]10日，小幡向外交总长孙宝琦提出抗议："未经与日本作任何商谈，试图与美国政府接触……帝国政府极感不满"。[⑤]当日，小幡又警告外交次长曹汝霖："采取引美排日行动，其结果将引起严重事态。"[⑥]

---

① 王芸生：《六十年来中国与日本》第6卷，生活·读书·新知三联书店，1980年，第34～39页。
② 《日本外交文书》1914年第3册，第101～112页。
③ 《申报》，1914年9月4日。
④ 《日本外交文书》1914年第3册，第112页。
⑤ 《日本外交文书》1914年第3册，第120页。
⑥ 《日本外交文书》1914年第3册，第120页。

　　同时，日本着手利用英国牵制美国对中国的行动。加藤于 10 日训令驻英大使井上，由英国政府劝告美国政府："该国对现今东亚方面之事端，望保持与之不发生任何关系之态度。"①加藤又在同一天向英国提议，由日英共同严重警告北京政府："未经与日英两同盟国充分商议，要求其他第三国（美国——笔者）援助，引起时局纠纷，其结果终将不可收拾。"②英、美在华也有互相争夺权益的关系，因而深恐美国介入中国问题，赞同日本的提议，遂于 13 日训令其驻北京公使朱尔典与日本公使就此进行协商。③当日，加藤指示小幡与朱尔典协商。日英两国开始商讨共同警告中国："由于日英两国保障中国领土完整及维持中立，无须请求第三国援助。"朱尔典提出在警告文件中明确记载："胶州湾即使一时由日英两国占领，但俟战局结束之后即行交还中国。"④英国以保全中国领土为借口，要求日本将胶州湾交还中国，用以限制日本扩大在华权益。但加藤反对将之记入警告文件。⑤日英双方就是否在两国共同警告文件上明确记载交还胶州湾问题，争论达五六天。其实这是日英两国对中国的争夺，尤其朱尔典，正如加藤所说，因为英国"有掣肘日本之意"，所以坚持把交还胶州湾问题记入警告文件，对日本毫不让步。在这种情况下，日本认为与英国共同警告，反而对日本不利。8 月 20 日，加藤向英国驻日大使提出建议："随着时局之发展，中国政府当前已无要求英日以外第三国援助之可能。因此，帝国政府认为，此时日英两国已无必要共同警告中国政府。"⑥这一问题谈判就此告一段落，但关于胶州湾，日英之间的对立并未完结，可以说其争夺更加激烈。

　　正当日英两国为交还胶州湾一事争论不休之时，北京政府也

　　① 《日本外交文书》1914 年第 3 册，第 117 页。
　　② 《日本外交文书》1914 年第 3 册，第 118 页。
　　③ 《日本外交文书》1914 年第 3 册，第 129、131～132 页。
　　④ 《日本外交文书》1914 年第 3 册，第 142 页。
　　⑤ 《日本外交文书》1914 年第 3 册，第 144、174 页。
　　⑥ 《日本外交文书》1914 年第 3 册，第 201～202 页。

正在与德国谈判交还胶州湾问题。驻德公使颜惠庆奉政府训令，要求德国外交、海军负责人交还胶州湾租借地。[①]据朱尔典所谈，德方条件是：（一）胶州湾租借地交还中国；（二）开放该地为通商口岸；（三）撤除该地防务；（四）解除该地所属军舰武装，由中国保管到战争结束；（五）解除该地德军武装；（六）赔偿问题，日后由中德两国政府协商决定等。[②]德国拟以这种条件，通过将胶州湾交还中国阻止日本对德作战。但袁世凯在 8 月 11 日将此事透露给坂西利八郎，称：中国政府认为"时机不当"[③]，已拒绝德国的要求。次日小幡又向孙宝琦求证此事，情况大致相同。于是小幡报告加藤："观察中国方面似并不太重视。"[④]然而朱尔典与格雷却告知日方，中德经过谈判，中国业已承诺，中德谈判意在阻止日本参战，对英国有利，故而朱尔典支持中德谈判，认为："为防止中国动荡，保全东亚大局别无良策。"[⑤]他认为："从胶州湾排除一个国家，代之以另一国家，不免使中国发生动荡。""对日本攻击青岛，表示极端不满。"[⑥]英国不愿日本占领青岛，并以之作为据点，无限制扩大在山东省以至中国其他地方的权益，故而企图利用中德谈判予以牵制。小幡也报告加藤称：朱尔典公使似有某些活动模样，"拟促使中国政府迅速接受德国关于交还胶州湾之提议，以博得限制战局之美名，为有利于英国将来取得更为优越之地位"[⑦]。加藤认识到问题的严重性，强硬要求中国方面坚决拒绝德国交还胶州湾的提议。[⑧]并警告中国称：中国单独进

---

① 颜惠庆：《颜惠庆自传》，传记文学出版社，1982 年，第 88 页。

② 《日本外交文书》1914 年第 3 册，第 138 页。

③ 《日本外交文书》1914 年第 3 册，第 125 页。王芸生：《六十年来中国与日本》第 6 卷，第 41 页。

④ 《日本外交文书》1914 年第 3 册，第 138 页。

⑤ 《日本外交文书》1914 年第 3 册，第 138 页。

⑥ 《日本外交文书》1914 年第 3 册，第 139 页。

⑦ 《日本外交文书》1914 年第 3 册，第 142 页。

⑧ 《日本外交文书》1914 年第 3 册，第 137～138 页。

行此种谈判，"将产生极严重后果"①。8月15日，小幡向孙宝琦转达了这一要求，并要求确认袁世凯的意向。袁世凯对日方警告表示"感谢"。孙宝琦也答称："中国政府认为此为不可能实行之问题，并未认真予以考虑。"②不过事实上当时中国想收回胶州湾，确曾与德国进行谈判，但因未能得到英国的有力支援，而且由于日本反对及法国的压力，不得已而停止了同德国的谈判。法国驻北京公使支持日本，对中国施加压力，警告孙宝琦称：中国单独与德国议定交还胶州湾问题，不仅违背对交战国的中立，而且是引起日本全民舆论沸腾的危险行动。③这是因为当时由于法国希望日本参加协约国方面，所以支持日本乃属理所当然。④

在参战、宣战问题上，按照日本的希望和计划，日本外交顺利进展，8月15日，大隈内阁经御前会议通过对德最后通牒。⑤主要内容有：

一、立即撤退日本及中国海上之德国舰艇。

不能撤退者，立即解除其武装。

二、德帝国政府在1914年9月15日以前，将全部胶州湾租借地，无偿、无条件交付日本帝国，以备交还中国。

日本帝国声明："如至8月23日正午，未接到德帝国政府无条件接受之答复，日本帝国政府将采取认为必要之行动。"⑥

当日下午日本外务省次官松井将通牒面交德国驻日大使莱

---

①《日本外交文书》1914年第3册，第138页。
②《日本外交文书》1914年第3册，第157页。
③《日本外交文书》1914年第3册，第178页。
④《日本外交文书》1914年第3册，第617～618页。
⑤《日本外交文书》1914年第3册，第145页。伊藤正德：《加藤高明》下卷，第100页。市岛谦吉：《大隈侯爵八十五年史》第3卷，第171页。
⑥《日本外交文书》1914年第3册，第145页。伊藤正德：《加藤高明》下卷，第100页。市岛谦吉：《大隈侯爵八十五年史》第3卷，第171页。

克斯。

　　日本原拟对德发布宣战公告，现突然改为最后通牒的形式，而对于回答期限，却不用通常的24～48小时，竟延长至一周以上，这是由于日本企图不经战斗占领胶州湾的缘故。

　　这一最后通牒实际就是对德宣战公告，是日本接替德国占据胶州湾的侵略行动。然而袁世凯接到此通牒后，竟"对日本的态度，颇为放心，表示十分满意"。对各部总长声称："按照日本之通告，彼既然如此对中国表明善意态度，中国亦不能不以诚意对之。"①对日本采取绥靖容忍态度。北京政府外交部也声言："日本政府之隆情高谊，共维东亚大局之宗旨溢于言表，不胜欣感。"对日本政府之"高义厚德，尤所钦佩"②。

　　袁世凯和北京政府之所以如此表明态度，是因为最后通牒第二条记有德国将全部胶州湾租借地交付日本，以备交还中国的词句。另外，加藤在将通牒交付北京政府驻日公使陆宗舆时虽然表明："决无占领土地之野心，中国发生内乱（指孙中山等革命起义）时，相互援助，平定内乱。但在本质上如小幡所说，是袁世凯和北京政府对战局的影响过于悲观，对我方（指日本）态度心有疑惧"③。所以对日本采取绥靖态度，以博日本好感，避免双方对立和冲突的外交辞令。

　　通牒发出后，日本军部立即投入战斗准备。

　　在日本忙于对胶州湾作战时，英国依然尽量限制日本的战斗地域，以牵制日本在山东乃至中国其他地方扩大权益。英国驻日大使格林于8月17日向加藤提议，日军在胶州湾的战斗地域限制在50公里以内。④英国驻北京公使馆发表了关于限制日军军事行

---

　　①《日本外交文书》1914年第3册，第178页。
　　②《日本外交文书》1914年第3册，第195页。"中央研究院"近代史研究所编：《中日关系史料·欧战与山东问题》（上），1974年，第57页。
　　③《日本外交文书》1914年第3册，第543页。
　　④《日本外交文书》1914年第3册，第138页。

动地域的声明。①加藤则警告格林：日本政府在"必要时，不受日英两国政府之间关于限制交战地域之交涉的任何约束。英国政府之声明，仅为推测日本帝国之意志，属英国政府自己之解释"。并坚持认为："所谓'50公里'地域内登陆，终无可能。无论如何，大部队不能不在上述以外的北方海岸登陆"。②由于日方的强硬态度，英国不得不作出让步。8月22日，格林向加藤转达本国训令："日军为攻击胶州湾从50公里外之某一地点登陆，英国政府无任何异议。"③这是英国的让步，让步与限制，说明日英两国双重外交关系之间的矛盾。

由于英国的让步，日本参战外交虽已顺利地达到了预期目的，但却遭到了社会舆论的严厉谴责。在北京发行的英系报纸 *Peking and TienTsin Times*（《京津泰晤士报》）8月18日的社论指责："日本此次参加欧战没有理由。"评论日本攻打胶州湾："日本此一举动，意在借此机会达到为所欲为，此外，别无其他解释。"并指出："无声息地发难胶州，乃系日本所策动，并非英国之希望。"④小幡推测该社论出自英国公使馆的授意，认为英国公使朱尔典"不愿日本攻打胶州湾，此点毋庸置疑……完全有理由相信，该公使秘密向中国方面透露日本攻打胶州湾，英国参与之原因，以及劝告日本将该地交还中国，并将此写到通牒中之经过，以巧妙地操纵中国，暗示英国对中国之好意，以图确保英国之地位"⑤。以上充分暴露了在日本对德开战与攻打胶州湾问题上，日、英两国之间的争夺。

英国虽然对日军在胶州湾的战斗地域作了让步，但对其独占在山东的权益，则仍然予以牵制。为此英国策动法国、俄国，于

① 《日本外交文书》1914年第3册，第177页。
② 《日本外交文书》1914年第3册，第211页。
③ 《日本外交文书》1914年第3册，第357～359页。
④ 《日本外交文书》1914年第3册，第192～193页。
⑤ 《日本外交文书》1914年第3册，第192～193页。

8月18日提出要求，由英、法、俄三国军队参加，与日军共同攻打胶州湾，并进行了准备。①加藤立即侦知了三国意图，认为："不仅无此必要"，而且对于"战后协定将使事态发生纠纷"②。以此为由，加以反对。小幡认为："相信显系不许我在山东之独占行动。"③建议加藤采取对策。但格雷坚持："东亚之军事行动，希望尽量由四国协同行动。"④加藤训令日本驻英大使井上质询格雷："英国政府为何让法、俄两国军队参加，岂非另有所图。"⑤对此表示愤慨。格雷当然不会告以真情，只答称：日、俄、英、法是协约国，如俄、法不参加，"恐有伤害两国感情之不利"⑥。由于日本的强硬反对，8月25日，英国撤消法、俄两国军队参加攻打胶州湾的主张⑦，只由英军参加以牵制日本⑧。

在攻打胶州湾问题上，北京政府也要求与日本、英国共同参加作战，向山东增兵，要以自己的实力收回胶州湾。这是正当措施，但由于日本及其他列强干涉和压力未能实现。8月中旬，驻北京的英、俄、法公使竟然警告北京政府称：向山东增兵"行动所产生违反中立之行为，须承担重大责任"⑨，向中国施加压力。于8月21日新到北京就任的日本日置益公使，26日威胁曹汝霖称："不拘中方增兵动机何在，在难以确知日军作战计划的情况下，中国大量兵力驻扎山东省内，有引发意外事端之虞，为防备此种情况，在军事上，日军在攻打胶州湾之外，为防止意外事端之发生，再增派一部分兵力，亦在所难免。"⑩从而北京政府不但未能

---

① 《日本外交文书》1914年第3册，第190、193页。
② 《日本外交文书》1914年第3册，第190页。
③ 《日本外交文书》1914年第3册，第193页。
④ 《日本外交文书》1914年第3册，第198页。
⑤ 《日本外交文书》1914年第3册，第211页。
⑥ 《日本外交文书》1914年第3册，第216页。
⑦ 《日本外交文书》1914年第3册，第225、357页。
⑧ 《日本外交文书》1914年第3册，第358～359页。
⑨ 《日本外交文书》1914年第3册，第187～188页。
⑩ 《日本外交文书》1914年第3册，第366～367页。

增兵，反而被迫不得不撤出山东驻军。

最后通牒发出之后，由于英国让步，日本参战外交按计划进行。8月23日，日本以德国对最后通牒未作答复为由，发布对德宣战公告。日本出动久留米第十八师团为骨干的51700兵力（司令官神尾光臣师团长）和第二舰队，开始了战斗行动。

北京政府已于8月6日，表明对欧洲战争局外中立的态度，以大总统令的形式，发表由23条构成的中立宣言。[1]日本攻打胶州湾的战斗行为，是侵犯中国中立，违反国际法的行为。但由于日本的压力和英国等列强支持日本的军事行动，北京政府只得默认日本的战斗行动。然而作为主权国家，不能不对之提出抗议，孙宝琦于8月24日向日置表示："对于日本侵犯中立，中国……虽然以公文提出抗议……但对日军动作，拟暗中尽可能给予方便。"[2]北京政府以此抗议向世界宣示：日本攻占胶州湾是违法的军事行动，为战后中国收回胶州湾，提供了有利的法律依据，是一妥当措施。

北京政府的此项抗议，将使日本的军事行动在国际上处于违法地位。所以加藤于27日要求中国撤回抗议。[3]孙宝琦和曹汝霖回答称："拟以一纸声明代替抗议"[4]，声明的主要内容预定为："由于日军侵犯中立所发生的事件，其责任由日本政府承担。"[5]中国以"声明"代替"抗议"，坚持国际法立场，把"声明草稿"交付日本。[6]这一草稿的开头为："贵国对德国的最后通牒中声明，以全部胶州湾租借地交还中国为目的"，因日军在军事上必须行动之地点"实际上全为我国所有之领土，不得不向贵国政府

---

① 王芸生：《六十年来中国与日本》第6卷，第34～39页。
② 王芸生：《六十年来中国与日本》第6卷，第359～360页。
③ 王芸生：《六十年来中国与日本》第6卷，第367页。
④ 王芸生：《六十年来中国与日本》第6卷，第370页。
⑤ 王芸生：《六十年来中国与日本》第6卷，第371页。
⑥ 王芸生：《六十年来中国与日本》第6卷，第372～373页。

声明，将来交战国如因此发生其他问题，贵国政府不能不承担其责任。"[1]日置以此声明"实质上与抗议毫无差别"[2]，坚决反对，要求中方同意日本的要求。英国支持日本，劝告中国按日本的希望，"一定要撤回抗议"[3]。北京政府怀疑日本将胶州湾交还中国的诚意，作为保证交还的一个方法，必须发表声明。遂于9月1日提出两个变通方案，第一个方案，由日、英两国公使联名照会北京政府，其中记明："日本要求德国将胶州湾租借地交给日本，以备交还中国，因德国不予允诺，日本不得已攻击胶州湾，因此希望将山东省从某处到某处（意指潍县、诸城以东）划为中立除外地区。"[4]第二个方案是将记载上述旨趣之函件由中国政府送达各国公使馆，希望自行确定中立除外地区。[5]朱尔典劝告日置选择第一个方案，这是因为英国介入即可牵制日本的行动，英国对第二个方案不表同意，恐其他各国介入，会产生新的纠纷。但日本为排除英国等其他列强介入，加藤于次日表示，"对两项方案均难同意。万不得已时，只有接受尽量以温和语气之抗议"[6]。但是，当天北京政府突然通过朱尔典通知日置，放弃该两项方案，甚至撤回关于侵犯中立的抗议。这是北京政府对日外交的重大变化。

北京政府的对日外交，何以发生如此变化？盖与9月1日袁世凯与日置关于孙中山等革命党的会谈有直接关系。会谈中，日置对袁世凯说明：日本政府取缔支持孙中山等革命党的日本大陆浪人，表明暗中压制以日本为据点进行反袁活动的孙中山等革命党的意图。希望袁世凯信赖日本，与日本合作取得实效。[7]袁世

---

① 王芸生：《六十年来中国与日本》第6卷，第372～373页。
② 王芸生：《六十年来中国与日本》第6卷，第371页。
③ 王芸生：《六十年来中国与日本》第6卷，第378页。
④ 《日本外交文书》1914年第3册，第379页。
⑤ 《日本外交文书》1914年第3册，第379～380页。
⑥ 《日本外交文书》1914年第3册，第380页。
⑦ 1914年9月20日，驻北京日置公使致加藤外相电报，极秘第648号，日本外交史料馆藏。

凯因而极力鼓吹"亲日"，称："中国和日本同为黄色人种，与白色人种之欧美人，终究不能亲睦相处，黄种人与黄种人必须和睦，以防白种人之压迫。此乃所以巩固本国存在之所在。"①这与孙中山的黄白色人种论毫无二致。在相互对立的袁世凯和孙中山都想得到日本的支持或好感的时候，两人利用同样的理论，也是件值得注意的事情。袁世凯又向日本表示将采取权宜之策："对贵国的军事行动，暗中尽可能地予以援助。对善意的中立态度，望竭力支持，只是当宣布中立之际，不得已采取仅为不失信于世界之措施，望予原谅。"②袁世凯唯恐日本在欧洲大战中支持孙中山等革命派，在国内掀起反袁运动，以日本取缔支持孙中山等革命派的大陆浪人为条件，对日本侵犯中立而采取了让步态度。这表明袁世凯对取缔孙中山等革命党，尤重于抵制日本的侵略。中国报纸对此报道称：日本同袁世凯之间，订有关于防止革命党的密约。③

由于袁世凯的让步，曹汝霖于9月3日向小幡提出："按照日、英两国的希望，断然决定撤回抗议，代之以公开宣布：鉴于交战国战斗行为之必要，将自龙口、莱州至胶州湾附近一带，置于中立地域之外。"④小幡赞同发表关于中立区域除外的声明，但对于中国单独决定将龙口、莱州、胶州湾地域为中立除外地域，表示遗憾。认为中国决定的中立除外地域范围，较之日本所希望的狭小。

日本占领胶州湾之后，为扩大在山东省的权益，进一步要求扩大交战地域。8月21日，加藤要求将山东省黄河以南地域，设

① 1914年9月20日，驻北京日置公使致加藤外相电报，极秘第648号，日本外交史料馆藏。
② 1914年9月20日，驻北京日置公使致加藤外相电报，极秘第648号，日本外交史料馆藏。
③《申报》，1914年9月22日。
④ 参照王芸生：《六十年来中国与日本》第6卷，第49页。《日本外交文书》1914年第3册，第386页。

定为交战地域或中立除外地域。[①]对此，孙宝琦称："中立条款一经公布，今日再公布设定除外地域，实为中国政府之所难。"但如知晓日军军事行动必要的地域，"当秘密训令地方官民，对日军给予方便"，并提出：如发布将黄河以南列为中立除外地域，中国民众将认为："日军占领全部山东省，深虑人民不谅，有可能引起中外惊疑"[②]，拒绝了日本的要求。于是中日双方又就中立除外地域问题开始了谈判。8月23日，曹汝霖承认如下地域作为中立除外地域：

> 自潍河口起，沿潍河南行，经过灰村……经潍河桥东端……高家庄至华耀南滩之线以东为限，东界北自海庙口起，南经掖县，过下各铺、平度州至胶州湾警备区域境界之白河庙，东折经古县蒋家庄、夏家庄至金家口之线的中间地域。[③]

这是限制日军的行动地域，牵制日本扩大在山东省内的势力。加藤表示："按中方希望之限制交战地域，帝国政府断难承认。"提议以"连接潍县和诸城县达南北海岸之线以东"[④]，为中立除外地域。潍县是山东半岛的要冲，驻有袁军一个旅。日本之所以提出如此建议，意在使袁军撤出潍县，以排除扩大其势力圈之障碍。8月31日，小幡将加藤的提议通知曹汝霖，并警告说："不论中国政府是否同意，我军既定计划已难变更。""我方并不期望中方答复同意或不同意。"[⑤]要求包括守护铁路在内的潍县以东中国军队立即撤出。这是以即将在山东半岛上岸的日本军事力量为后盾，向北京政府施加压力。在日本的强大压力下，曹汝霖要求

---

① 《日本外交文书》1914年第3册，第354页。《申报》，1914年9月24日。
② 《日本外交文书》1914年第3册，第364页。参照王芸生：《六十年来中国与日本》第6卷，第45页。
③ 《日本外交文书》1914年第3册，第367页。参照王芸生：《六十年来中国与日本》第6卷，第46～47页。
④ 《日本外交文书》1914年第3册，第369页。
⑤ 《日本外交文书》1914年第3册，第374页。

会见小幡，对日本的要求，表示："决定大体上承认潍县诸城县以东日军之军事行动。"①并表明撤出潍县以东胶济铁路守兵。但潍县驻军难以撤退，希望日军不要进入该地。接着，北京政府驻日公使陆宗舆将大致与此相同的外交部来电手交日本外务省次官松井，内称：潍县、青岛之间铁路可暂配置日军。但对以潍县为界则未写明，为以后谈判留下纠纷。

9 月 2 日，日军开始在龙口上岸，当地芝罘（烟台）道尹兼交涉员以公文通报日本驻芝罘代理领事松本："现贵国军队在中立领土龙口上岸，违反条款（指 1907 年海牙公约陆战中立条款——笔者），希速设法禁止侵犯中立。"②作为地方当局，这是当然要采取的措施。北京政府于 9 月 3 日发表声明，关于中立除外地域为："龙口、莱州及连接胶州湾附近各地方，确实为各交战国军队必须行用至少之地点。"③次日（4 日）曹汝霖要求日置："其军事行动区域，须尽可能地加以限制，军事上实际上不必要之地域，决勿进入，望对派出军队，预先提起注意。"④北京政府虽以龙口、莱州、胶州湾一线为必须行用至少之地点，但实际上却向日本承认潍县以东地域为中立除外地域。日本对此表示满意。9 月 7 日，中国驻日公使将外交部关于中立除外地域谈判内容的来电交给日方："切望互相永久保守秘密，务不泄露。"⑤如此，北京政府对日军在山东半岛登陆不予抗议，默认了日本在山东的军事行动。

北京政府的这种态度，对德国同盟国方面不利，故而德、奥两国于 9 月 4 日发出"此次日军在龙口登陆，中国未采取拒绝之手段，显系违反中立条款，由此产生之对德、奥之损失，中国政

---

① 《日本外交文书》1914 年第 3 册，第 375 页。
② 《日本外交文书》1914 年第 3 册，第 385 页。
③ 《日本外交文书》1914 年第 3 册，第 388 页。王芸生：《六十年来中国与日本》第 6 卷，第 49 页。
④ 《日本外交文书》1914 年第 3 册，第 388 页。
⑤ 《日本外交文书》1914 年第 3 册，第 392 页。

府应负赔偿责任"①的抗议。14 日，德国驻北京公使第三次提出
抗议。②北京政府以德国首先侵犯中立为借口予以反驳，表明对
其生命财产损失不承担责任。

9 月 2 日，日军开始在龙口登陆，自山东半岛北部南下，企
图占领从青岛至济南的全部胶济铁路。9 月 13 日，日本参谋本部
第二部长福田雅太郎少将，向外务省政务局长小池张造通告，陆
军方面将进行占领全部胶济铁路的作战，要求外务省对北京政府
进行外交交涉。③这并非突如其来的事情，盖日本从作战外交初
期，即注目于胶济铁路，日本首相大隈在 8 月 8 日的元老与内阁
集会时，曾说："总之，胶济铁路正是极为有利可图之物。"北京
政府也在考虑保护该铁路的对策，外间传布胶济铁路公司有将此
铁路全部转让给美国之说。于是加藤指示日置调查此事是否属
实。④此事真实与否，虽不明确，但可以说明，在日本对德开战
之前，中日两国均对胶济铁路问题作过考虑。北京政府外交部在
同日本交涉中立除外地域时，主张"完全由中国守护，可供日
军使用方便"⑤。加藤也暂时未曾强硬要求中国军队撤离铁路。⑥
但在 8 月 29 日提出以连接潍县、诸城县以东之线为交战地域时，
加藤以防止两军冲突为借口，要求中国撤退守护铁路军队，并威
胁说：如不撤退，两军发生冲突时，其责任在中国方面。⑦北京
政府对此是一方面让步，一方面抵制。曹汝霖 31 日告知日方：潍
县以东铁路守护兵，可以撤退，但驻潍县的一个旅，撤退有困难。

9 月 12 日，日本参谋本部通告外务省将占据胶济铁路全线，

---

① 《日本外交文书》1914 年第 3 册，第 390 页。王芸生：《六十年来中国与日本》第 6
卷，第 49～50 页。
② 《申报》，1914 年 9 月 14 日。
③ 《日本外交文书》1914 年第 3 册，第 396～397 页。
④ 《日本外交文书》1914 年第 3 册，第 353 页。
⑤ 《日本外交文书》1914 年第 3 册，第 367 页。
⑥ 《日本外交文书》1914 年第 3 册，第 365 页。
⑦ 《日本外交文书》1914 年第 3 册，第 369 页。

外务省恐引起外交纠纷，并未训令日置就此向北京政府正式交涉。然而，日本第十八师团在龙口登陆后，奉参谋本部命令，从9月15日开始占据潍县以东胶济铁路时，加藤于22日指示日置，就日军占领并管理、经营自潍县至济南铁路事，同北京政府谈判。[①]23日，日军通报日置，从28日占据潍县及其以西铁路。[②]因为日军的这一军事行动，有可能引起英、美对日本在山东以至中国其他地方扩大权益的警惕而加以反对，故而加藤指示日本驻英、美大使，就胶济铁路之管理与经营，与驻在国进行秘密商谈，以求其谅解。当时中国与外国报纸纷纷报道：登陆日军"或奸淫妇女，或以不合理价格强买物品，或恣意征用房屋"[③]。曹汝霖23日将中国方面对日军行为的谴责告知日置，在舆论和外交方面进行抵制。在此情况下，日置于24日上报加藤称："日本向山东派兵，已无可争议为违反中立……今万一进兵潍县以西，将招致中国反感，激起舆论谴责"，如此会对"攻击青岛带来不便；会使目前正在交涉的悬案发生挫折，对将来解决时局，势必陷于不利境地"[④]，莫如对潍县以西暂维持现状，留待以后适当机会，再行处理为上策。加藤认为，以军事占领，不如通过外交谈判占据为妥。于26日指示日置："28日着手接收潍县以西铁路一事，已决定暂时停止执行。先行由阁下与中国方面恳谈，求得本事之实现。"[⑤]说明日本"接收"此铁路的理由，按此方向与中方进行会谈。[⑥]但日军先于外交交涉，于25日下午抢占潍县火车站。[⑦]因此，曹汝霖于26日要求日方，按照中立除外地域交涉中，中日共同确定的

①《日本外交文书》1914年第3册，第399页。
②《日本外交文书》1914年第3册，第401页。
③《日本外交文书》1914年第3册，第405页。王芸生：《六十年来中国与日本》第6卷，第50～51页。
④《日本外交文书》1914年第3册，第404页。
⑤《日本外交文书》1914年第3册，第408页。
⑥《日本外交文书》1914年第3册，第408～410页。
⑦ 王芸生：《六十年来中国与日本》第6卷，第51页。《申报》，1914年9月29日。

规定，要求日方"迅即将此项军队撤退"[①]。27 日，孙宝琦正式将一份照会面交日置，抗议日军占领潍县车站称："存心破坏中立，殊堪诧异。"并声明潍县为中立地带，"胶济在东，潍县在西，非行军必经之路。前经声明潍县不在战区之内，已经贵政府同意"[②]。照会声明："照此路向归吾军保护，此项问题当俟战后解决，现时无烦兵力。……潍县为吾军屯集所在，倘有贵国军队非理举动，即冲突忽生，谁执其咎？"[③]但由于日军的军事压力，北京政府的外交态度突然发生变化，孙宝琦于 28 日要求日置："驻扎潍县日军请勿再西进。"[④]北京政府承认日本占领潍县，仅要求其不要再西进。加藤 10 月 1 日指示日置：今后交涉"以不涉及潍县问题为上策"[⑤]。北京政府虽然提出了抗议，但对日本所造成的既成事实采取让步态度，因之日本按预定计划，从 28 日开始悍然西进。

关于日军西进问题，中日双方展开抗议和反抗议攻防战，焦点有以下三个问题。

第一，是胶济铁路所有权问题。日方认为胶济铁路公司是由德国政府特许命令成立的，是具有公有性质的特殊公司，不同于通常的合办公司，是纯属德国的公司、德国的铁路。在地理上，虽系通过租借地以外的中国领土，但其建筑用地，从法律而言，与租借地系属一体，不能分开考虑，主张和胶州湾租借地同样，应由日本占领。[⑥]

中方认为，胶济铁路，按胶约第二端及胶济铁路章程第一款之规定，系为中国商人和德国商人合办的商人产业，因中国商人

---

① 《日本外交文书》1914 年第 3 册，第 411 页。王芸生：《六十年来中国与日本》第 6 卷，第 51～52 页。

② 《日本外交文书》1914 年第 3 册，第 419 页。王芸生：《六十年来中国与日本》第 6 卷，第 53 页。

③ 《日本外交文书》1914 年第 3 册，第 419～420 页。王芸生：《六十年来中国与日本》第 6 卷，第 53 页。

④ 《日本外交文书》1914 年第 3 册，第 415 页。

⑤ 《日本外交文书》1914 年第 3 册，第 435 页。

⑥ 《日本外交文书》1914 年第 3 册，第 434、449 页。

出资，并非德国政府官产，和胶州湾租借地性质不同，因而日本占据此铁路为非法。①

　　第二，是否违反国际中立法的问题。中方认为，按照国际中立法规定，此铁路即使是德国官产，但既然在中立国领土内，其他交战国即不能占领，以中德合办公司的资产为由而加以占据是没有法律根据的。②

　　日方对此没有理由从正面反驳，只是认为："胶济铁路不能认为系属中立，因此不能说由日方管理违背中立"，对于中国提出的重要论据，潍县以西是中日双方划定属于交战地域以外的问题，提出反驳：胶济铁路的本质和其经营管理系属另外的问题，彼此不能混同。③

　　第三，是胶济铁路是否有可能为德军所利用之顾虑的问题。中方认为，此铁路已与胶州湾联络中断，德军已无可能利用，而且中方正在积极防止其利用，因此日本没有必要实行军事占领。④

　　日方只是从围攻青岛日军的立场，认为其背后接近由敌国人经营的铁路，如放置不顾颇为危险，为作战上所不能容许；并提出中方未能阻止德军利用铁路的某些事实⑤作为证明。

　　将上述中日双方主张进行比较，中方抗议以法律上划定交战地域为依据，并从战况实情出发，完全合情合理；日本为占据这一铁路，玩弄诡辩，是不合法的。

　　日本坚持要以在山东半岛登陆的军事力量占领胶济铁路全线。从 10 月 3 日开始从潍县西进，在这种紧张形势下，北京政府并未用武力抵抗，仍希望通过外交上的让步，阻止日军的武力占领。10 月 3 日，曹汝霖向日方提出：（一）"占据潍县日军在 3～5

---

①《日本外交文书》1914 年第 3 册，第 423～426 页。
②《日本外交文书》1914 年第 3 册，第 423～426 页。
③《日本外交文书》1914 年第 3 册，第 436～437 页。
④《日本外交文书》1914 年第 3 册，第 423 页。
⑤《日本外交文书》1914 年第 3 册，第 449 页。

日内停止前进";（二）"在此期间，以昨日之方案为基础，以和平手段，秘密协商能够达到日本最终希望之方法"①。所谓"昨日之方案"是指北京政府为阻止日军占领铁路所作的声明："战后日德对胶济铁路有何协定，中国政府不持异议。"②翌日，加藤称："对中方提案，难以同意。"并通告：昨日，日军一个中队约 100 名，按照预定开始前进，到达西方约 3.5 公里处的朱里店。③北京政府外交部连续于 6、7、9 日抗议，要求日军即时撤退。④日本置之不理。北京政府为把日本占领及其影响控制在最小限度，曹汝霖提出要求：（一）济南车站之管理以胶济铁路之东车站即胶济铁路车站为限，津浦路的西站绝对不容干涉；（二）接管铁路兵员，尽可能不携带武器；（三）各车站配置兵员数，大站约 30 名，小站 15～20 名为限；（四）接管兵员大约一个月左右期间内，须与正式铁路员工交接，否则兵员要改换着装为便服；（五）与铁路有关的德国人，只要不妨碍日军行动，不得进行干涉。⑤这是北京政府对日本军事占领所作的重大让步，事实上承认了日本占据铁路。北京政府唯恐由于日军的占领与中国方面的反占领行动，发生军事冲突扩大事态。日置曾提及，近来袁"大总统严厉训令：抵抗日军者，视为国贼"⑥。这正可以说明北京政府的心态。日置看出袁世凯和北京政府内幕，曾数次报告加藤称："中国政府为了体面，现在虽依然声言反对我之措施，其实系出诸不得已，一心只着意于防止发生时局纠纷。"⑦在这样的情势下，日本按预定计划，在占领青岛之前，于 10 月 6 日占领济南东车站，占据了胶济铁路全线。

① 《日本外交文书》1914 年第 3 册，第 442～443 页。
② 《日本外交文书》1914 年第 3 册，第 441 页。王芸生：《六十年来中国与日本》第 6 卷，第 56～57 页。
③ 王芸生：《六十年来中国与日本》第 6 卷，第 58～59 页。《申报》，1914 年 10 月 13 日。
④ 王芸生：《六十年来中国与日本》第 6 卷，第 58～59 页。《申报》，1914 年 10 月 13 日。
⑤ 《日本外交文书》1914 年第 3 册，第 445～446 页。
⑥ 《日本外交文书》1914 年第 3 册，第 451 页。
⑦ 《日本外交文书》1914 年第 3 册，第 451 页。

北京政府外交部于 10 月 13 日再次提出抗议，要求委托中国管理胶济铁路，日本不仅对此置之不理，反而要求中国迅速撤退各车站铁路巡警，铁路守护兵撤离到铁路沿线 200 米以外。[①]北京政府外交部于 10 月 30 日通告日置，不应允撤退中国巡警，少数巡警仍留驻车站。

日本之所以占据胶济铁路全线，与国际上英国的支持有关。英国知道占据胶济铁路，是为了扩大日本在山东以至中国其他地方的权益，本想牵制日本的行动，但因欧战无暇顾及中国。北京政府则欲借英国之力，在国际上牵制日本，由外交部参事顾维钧通报英国公使朱尔典日军占领潍县车站事。朱尔典对此表示遗憾，称："诚属可悲之事。"[②]但并未考虑采取对应之策。日本政府也希望得到英国的支持，9 月 29 日，加藤指示其驻英大使井上通报英方，以胶济铁路与青岛租借地不能分离为理由，日军将占据潍县以西铁路，希望英国支持。[③]30 日井上将此意通报格雷，格雷表示支持，认为胶济铁路"属于德国政府官产，且德国既已利用于军事，日本政府此时进行占领，不无道理。"[④]但对此铁路的战后处理，英国提出："与中国其他铁路一样，以其估计价格，由日本对中国贷款，属于中国所有而加以经营。"[⑤]北京政府虽然对英国的态度不满，但也未提出抗议。10 月 10 日，孙宝琦以外交总长名义发出公函，内容为中国对日本占据胶济铁路之抗议，并表明北京政府之立场："鉴于日英两国联合军事行动，将前述经过通牒贵公使（英公使——笔者），请转达本国政府，并望见复。"[⑥]这是对英国支持日本占据胶济铁路的间接抗议。但英国于 14 日答复称："此次日本接收铁路，乃是事出不得已之事态。"[⑦]依然支持

①《日本外交文书》1914 年第 3 册，第 485、487 页。
②《日本外交文书》1914 年第 3 册，第 417 页。
③《日本外交文书》1914 年第 3 册，第 422 页。
④《日本外交文书》1914 年第 3 册，第 433 页。
⑤《日本外交文书》1914 年第 3 册，第 442、450 页。
⑥《日本外交文书》1914 年第 3 册，第 462、466 页。
⑦《日本外交文书》1914 年第 3 册，第 479 页。

日本。英国和日本虽然在山东省有争夺关系，但作为列强，又有共同侵略的双重关系。当时为了对德作战，共同性一时成为主要方面。

美国对日本占据胶济铁路虽表示警惕，但并未直接干涉。10月1日，日本驻美大使珍田，向美国国务卿白里安通报将占据胶济铁路之意图。白里安只是询问："是否属于永久的抑或将来和胶州湾一起交还中国"①，并无牵制之意。美国舆论界的纽约《太阳报》指出："华盛顿多数人认为，日本愈益注意亚洲大陆，而对于太平洋诸岛及美洲大陆注意不多，并非可虑之事态。"②日本占据胶济铁路，对于美国来说，有其有利的一面，所以采取了默认或容忍的态度。

日军占据胶济铁路后，于11月7日攻陷青岛，占领胶州湾。在1500名英军参加之下，11月23日从青岛附近崂山登陆。此举在名义上是日英两军共同军事行动。英国参加此次军事行动，较诸军事意义更为重要的在于加强战后处理山东问题上的外交发言权。

北京政府在日军占领胶州湾的战斗行动结束后，于11月30日向日本驻华使馆书记官小幡提出要求，希望日军撤离中立除外地域。③1915年1月7日向日英两国发出照会，通告由于战斗终了，取消关于北京政府中立除外地域的声明，要求日军从胶济铁路撤退到胶州湾租借地。④这本来是正当的要求，日本竟不同意，反而在山东各地设置日本的行政机关民政署，架设军用电线，驱逐青岛海关的中国人员⑤，准备长期占据。

在此以前，英国等欧美列强牵制日本扩大在华权益，由于欧

---

① 《日本外交文书》1914年第3册，第438页。
② 《日本外交文书》1914年第3册，第484页。
③ 《申报》，1914年3月1日。
④ 王芸生：《六十年来中国与日本》第6卷，第65~66页。
⑤ 王芸生：《六十年来中国与日本》第6卷，第62~63页。

战，欧美列强反过来支持日本扩大在华权益。北京政府利用日本和欧美列强的争夺和对立，借欧美列强之力抵制日本，但在欧洲大战的情况下，这种策略已不奏效。对日本的军事占领，虽然在政治上、外交上、国际法上进行抵制，但在行动上却只是让步，不得不承认日本军事占领的事实。但第一次世界大战结束之后，欧美列强重新返回中国。在华盛顿会议上提议交还胶济铁路和胶州湾，日本不得不把在第一次世界大战中获得的这些权益交还中国。日本占领胶州湾和胶济铁路是暂时的占领，是在第一次世界大战的特定环境下出现的特殊现象。但军国主义国家日本，最擅长的是战争外交，正是以"没有比参战更好的外交良策"[①]强有力地推进了参战、作战外交。

二、中华革命党的反袁活动与日、袁的对策

第一次世界大战爆发后，中国所处的国际形势发生了重大变化。由于日本攻占胶州湾和占据胶济铁路，孙中山和革命党计划利用日本和袁世凯的对立，在日本支持下，掀起反袁的第三次革命。袁世凯则以对日本侵略采取让步、默认的态度，缓和同日本的对立，并以此为条件，要求日本镇压孙中山和革命党在日本的反袁活动。在此，日本面临二者择一的政策选择。本节就这三者之间外交关系的展开进行考察，并探求其原因。

二次革命失败后，孙中山等革命党员来到日本，以日本为基地，准备在中国南北方进行反袁斗争。1914 年 7 月上旬，与孙中山关系密切的王统一称："关于第三次革命，吾等卧薪尝胆，苦心孤诣，近来时机逐渐成熟，袁总统所属之湖北、湖南、广东、江西等省之军队已联络成功，但以军费尚未齐备，暂时隐忍以待。

---

① 伊藤正德：《加藤高明》下卷，第 80 页。

当初计划在全中国同揭起义旗，只以军费不足，决定首先在南方举旗，逐次发展遍及全国。"①这个说法虽有所夸大，但可以说明孙中山等革命党是在极力准备再次掀起革命。

此时正值第一次世界大战爆发，中国周围的国际环境开始发生变化。第一次世界大战的主战场在欧洲，以英国为中心的欧洲列强卷入战争，无暇援助袁世凯政权。袁世凯对外一直依靠英国等欧洲列强的支持，维持其政权和国内的统治，由于欧洲爆发战争，英国等无暇东顾，而日本于 8 月 23 日对德宣战，企图占领德国租借地胶州湾，袁世凯政权面临沉重的外来压力，在外交上陷于非常不利的状态。与之相反，对孙中山等的反袁斗争，则是一个好机会。孙中山对犬养毅称："目下欧洲发生战乱，对中国革命，是一个空前绝后的大好时机，经对中国内地以及南洋和美国等方面进行形势调查，各处革命气势昂扬，认为此时举旗有利，于是决定举事，目前正在准备之中。"②孙中山的左右手陈其美也认为良机业已到来，积极协助准备。戴天仇（季陶）虽然认为："欧洲战乱对中国二次讨袁，是最好时机。"但他对此持慎重态度，所以又说："然而革命并非轻而易举之事，不容轻举妄动，必须对周围状况等作周密考虑。"③

一直协助孙中山等革命的头山满，也作出和孙中山同样的形势分析，头山说："在目前时局之下，中国再一次掀起革命势在必行，已成为不可动摇的事实。彼等革命党员之活动也相当出色，已完成第一步之准备，虽不知第二步何时实行，然就予所见，可以肯定，在中国大地上，革命曙光即将出现，其时机将为时不远。"④但不过在日本的大陆浪人中，也并非均持乐观意见，寺尾亨认为："孙中山一派革命党员等，乘此次欧洲战乱之际，发起二

①《中国流亡者王统一谈话》乙秘第 1303 号，1914 年 7 月 4 日，日本外交史料馆藏。
②《犬养毅孙文会见之件》乙秘第 1651 号，1914 年 8 月 27 日，日本外交史料馆藏。
③《中国革命党员戴天仇谈话》乙秘第 1615 号，1914 年 8 月 24 日，日本外交史料馆藏。
④《头山满谈话》乙秘第 1802 号，1914 年 9 月 9 日，日本外交史料馆藏。

次讨袁之举，实乃千载一遇之机，似正在积极谋划中，予亦相信对于革命本身亦是极好时机；但目前在中国内地发起动乱，对于我帝国与英国之外交关系并非善策，加之彼等革命亦有不成功之可能，彼等若终欲起事，予拟断然抑止之。"①后来的事实证明，寺尾的看法，是符合客观情况的。在浩然庐任教的青柳胜敏也认为："现今有人持近来中国掀起二次讨袁之趋势已然成熟，趁欧洲战乱之机立即行动之说，但事实全然与此相反，现革命党缺乏经费，首领也多分散在各地，今日帝国政府也绝不会给予帮助……堂堂高举革命旗帜之希望全无。"②又称："我本人将致力于培养教育中国学生，以待时机之到来。"这是革命党周围的日本人，对形势所作的不同的分析。

　　孙中山和革命党当时展开反袁斗争，需要一个条件，即得到日本支持与援助。为此，孙中山往访犬养毅、头山满、板垣退助等，说明有关中国的国际形势和国内情况，希望通过他们说服日本政府和军部给予援助。孙中山于8月12日偕陈其美、戴天仇与菊池良一、犬冢信太郎共同分析研究第一次世界大战爆发后的革命对策。13日，派菊池前往犬养毅处征询意见，犬养希望"采取慎重态度"③。22日，孙中山致书犬养，要求面晤。24日下午，犬养来访孙中山④，孙中山对之说明欧战是中国革命的空前绝后的好机会，"此时无论如何，希望得到日本政府的后援，特请阁下就此给予支持"⑤。在此次会谈中，孙中山极为主张联合日本，其理由为：第一，黄白色人种斗争之说："就世界大势而言，东亚问题及其结论，是东亚问题的解决，归根到底归于人种问题。因此

①《寺尾博士谈话》乙秘第1548号，1914年8月20日，日本外交史料馆藏。
②《青柳胜敏谈话》乙秘第1536号，1914年8月19日，日本外交史料馆藏。
③《孙文动静》乙秘第1631号，1914年8月2日，日本外交史料馆藏。
④《孙文动静》乙秘第1628号，1914年8月25日，日本外交史料馆藏。
⑤《犬养毅孙文会见之件》乙秘第1651号，1914年8月27日，日本外交史料馆藏。

黄色人种须团结一致对付白色人种。"①这种主张与袁世凯为取得
日本好感，主张黄白人种之说相同。第二，预测欧洲大战结局为
"英法终究非德国之敌，唯有俄国为德国之强敌，最后胜利终将属
于德国。战局结束后日德两国在恢复和平的基础之上，日本的对
德、对华外交，将发生复杂事态，此时，如中国内地发生动乱，
日本在外交上将乘机得到极大便利"②。这是孙中山在欧战初期
所作的国际形势分析，从后来事实来看，分析并不正确。第一次
世界大战初期，孙中山相信德国将取得胜利，主张日本联合德国
对抗英国。这是因为孙中山在主观上希望日本与暗中支持袁世凯
政权的英国对抗。犬养对此没有表示任何意见，只称："周围状况
如允许，此时举事，将是良机。"对"筹划经费事，将与头山满商
谈后答复"③。26 日下午，犬养再访孙中山，面谈一小时，内容
不明。犬养主观上虽然同情孙文，但在实际上毫无作为。

　　8 月 21 日下午，孙中山偕戴天仇再访头山，会谈一小时半④，
内容不明。但在其后头山称："目前中国之天地中已出现革命曙
光"，并表示支持之意，称："为了我国，我国政府现在应对南方
稍予倾注力量，不胜希望之至。"⑤

　　孙中山于 9 月 20 日偕戴天仇、萱野长知往访板垣退助，请其
在"现内阁斡旋，对中国革命给予援助"⑥。板垣曾为此与大隈
首相商谈，但未能得到确实回答，仅答以需要征求与孙中山等革
命党有关日方主要人物意见后再作考虑。⑦10 月 1 日，戴天仇将
这一情况报告孙中山，并于当日往访头山、寺尾等说明板垣意向。⑧

---

① 《犬养毅孙文会见之件》乙秘第 1651 号，1914 年 8 月 27 日，日本外交史料馆藏。
② 《犬养毅孙文会见之件》乙秘第 1651 号，1914 年 8 月 27 日，日本外交史料馆藏。
③ 《犬养毅孙文会见之件》乙秘第 1651 号，1914 年 8 月 27 日，日本外交史料馆藏。
④ 《犬养毅孙文会见之件》乙秘第 1651 号，1914 年 8 月 27 日，日本外交史料馆藏。
⑤ 《头山满谈话》乙秘第 1802 号，1914 年 9 月 9 日，日本外交史料馆藏。
⑥ 《日本外交文书》1914 年第 2 册，第 829 页。
⑦ 《日本外交文书》1914 年第 2 册，第 829 页。
⑧ 《日本外交文书》1914 年第 2 册，第 829 页。

当晚板垣在赤坂三河屋与头山、寺尾、的野半介等七人集会商谈此事，但内容不明。①

此时革命党员分散在日本各地，东京以孙中山、陈其美等为中心，京都以谭人凤，长崎以柏文蔚为中心，缺乏统一行动，各自分别交涉要求日本支援。柏文蔚于 8 月 9 日、谭人凤于 8 月 16 日来东京会合，他们以不同于孙中山的渠道与日本财界、军部交涉支援问题。柏文蔚、谭人凤于 9 月 23 日访日本产业株式会社社长辻嘉六，对之提出要求："中国革命如无日本援助，绝对难以达到目的，希望台端鼎力协助，得到日本政府援助。当前贷与军费资金 50 万日元及另纸开列（……）之枪支。"②辻嘉六答称："将为达到贵方之目的而尽力"，并向日本陆军省和参谋本部征询意见，明石参谋次长"对于革命党似十分同情，枪支在陆军内部可设法解决"③，但因日本政府、外务省反对而未能实现。柏文蔚于 10 月 12 日返回长崎后称："参谋本部声援之意很大，惟大隈伯爵、加藤男爵反对，终于未能得到（日本）政府同意。"④由此推测，当时在围绕支援革命党问题上，日本军部和政府、外务省的政策，虽然是局部的，但似存有分歧。

第一次世界大战爆发后，日本不得不采取二者中择其一的政策。即（一）应孙中山等革命派的要求予以支援，向袁世凯在外交上、军事上施加压力，用以排袁；（二）应袁世凯的要求，压制孙中山等革命派，取英国而代之，拥立袁世凯，将其政权控制在日本手中。日本政府、外务省和军部基本上选择了后者，一部分民间人士和大陆浪人等选择了前者。这在外交政策上似是相互对立、矛盾的，但其最终目的都是为了扩大日本在中国的势力和权益。

---

① 《日本外交文书》1914 年第 2 册，第 829 页。
② 《关于中国革命之件》乙秘第 1909 号，1914 年 9 月 24 日，日本外交史料馆藏。
③ 《关于中国革命之件》乙秘第 1909 号，1914 年 9 月 24 日，日本外交史料馆藏。
④ 《关于中国流亡者返回长崎之件》高秘特受第 2787 号，1914 年 10 月 13 日，长崎县知事李隆介致大隈重信内相，日本外交史料馆藏。

日本大陆浪人的大本营黑龙会于 10 月 29 日向外务省政务局长小池张造提出《对华问题解决意见》，呼吁支持孙中山等革命党人。意见书中进言："革命党及不平党举事，今天为难得之最好机会，唯现在革命党及不平党之所以应举而未能举事者，盖因财力不足，我帝国如暗中贷与少量财力，彼等即可同时举事。"[1]国民外交同盟会干事小川平吉亦于 11 月 7 日向小池陈述：中华革命党"党员如土藏于土中，潜伏于中国四百余州，其干部则在我邦，彼等实为中国之改造者，具有最进步之政治见解，且与我邦有特殊关系，今日我如助以一举手一投足之劳，即可使彼等举事"[2]。孙中山察及小川的这种态度，遂于 11 月 16 日派萱野向小川说明日本的对华外交和对革命党外交欠妥，小川再次向加藤进言，要求支持、利用革命党。29 日，孙中山又派和田瑞向小川转告革命党的准备情况。[3]

日本的在野势力和大陆浪人等之所以主张支援孙中山革命党，正如小川所言："彼等举事立即可以排除袁世凯，执掌中国政权，局面将为之一变，中国与我合作，以收唇齿相依之效"[4]，由此日本可以扩大在满蒙、山东、福建的权益。他们认为袁世凯系狡猾之徒，以玩弄权谋术数为外交要诀，远交近攻，阻碍日本对华政策。为达到排除、打倒袁世凯的目的而主张支持、援助孙中山等革命党。

但是日本政府和军部，并不拟支持孙中山和革命党，甚至考虑镇压或驱逐孙中山等出境。其原因是日本拟取代英国，拥立袁世凯，强化袁的北京政府，与袁缔结日华协约或日华经济同盟、日华兵器同盟等，以确立日本在华霸权。日本驻北京的陆军少将

① 《日本外交文书》1914 年第 2 册，第 940 页。
② 《日本外交文书》1914 年第 2 册，第 950 页。
③ 小川平吉文书研究会编：《小川平吉关系文书》（二），三铃书房，1973 年，第 229 页。
④ 《日本外交文书》1914 年第 2 册，第 950 页。

町田经宇为此于 9 月 21 日进言松井外务次官称："严格取缔潜伏日本内地之中国革命党。"①陆军次官大岛主张：要使孙中山等革命党员"誓约舍弃小异，帮助现政府……孙（中山）、黄（兴）如不听从我之建议，则将妨害中国国民安宁危及其独立，应即断然将彼等驱逐至帝国领土之外，使之远离故国，以清除民国政府（指北京政府）之危惧，使袁世凯衷心信赖帝国之指导。"②

日本政府、军部此种主张，正符合袁世凯取缔革命党的要求，第一次世界大战爆发前的 3 月 2 日，北京政府外交部要求日本引渡陈其美。③7 月 1 日，北京政府驻日公使陆宗舆向松井次官提出关于取缔革命党的照会。④北京政府外交总长孙宝琦向日本提出要求取缔寄居日本的黄兴、陈其美等革命党员及与之合作的日本人的照会。⑤第一次世界大战爆发后，袁世凯和北京政府为事前镇压居留日本的革命党员利用这个机会发起二次讨袁，强烈要求日本外务省采取对策。9 月 9 日，陆宗舆向松井提出要求：（一）"对寄寓日本之革命党员，正式宣布驱逐，永远不许在日本国境内及其附属地居留，其正式离去者，不许再次在日本上岸，其不在日本者，拒绝来日"。（二）"中国政府请求引渡时，日本应立即引渡"。（三）日本人与革命党员"有秘密共谋举动时，日本政府（对日本人）严密取缔，且依法惩罚"。⑥10 月 28 日，孙宝琦通告日方，何海鸣、刘玉山等以大连为根据地，在本溪湖一带组织暴动，有日本人 6 名参加，要求引渡其中中国人，并拘捕该日本人。⑦11月 6 日，曹汝霖指出，有日本人参加浙江一带的暴动，要求日方

---

① 《日本外交文书》1914 年第 2 册，第 921 页。
② 《日本外交文书》1914 年第 2 册，第 908 页。
③ 《日本外交文书》1914 年第 2 册，第 738~739 页。
④ 《日本外交文书》1914 年第 2 册，第 774 页。
⑤ 《日本外交文书》1914 年第 2 册，第 804 页。
⑥ 《日本外交文书》1914 年第 2 册，第 816~817 页。
⑦ 《日本外交文书》1914 年第 2 册，第 838 页。

严厉惩处。①

日本外务省对于北京政府所采取的对策，与其说是日本外务省允诺袁世凯和北京政府的要求，毋宁说是此时日本是为了对袁、对华政策，尤其是为了占领胶州湾，才对革命党的活动进一步加强监视，镇压了陈中孚等在本溪湖的起事。当时日本官宪以“在日本租借地附近起事，不仅给日本带来难以估计的损失，亦必招致中国之物议，对彼此不利”②。下令解散其组织。这说明第一次世界大战爆发后，日本对革命党行动的取缔更加严厉。孙中山为此责难日本：“日本政府对我等运动，似始终怀有恶意。”③陈其美对此也非常愤慨，指责日本政策：“欧战爆发前，日本政府对我等流亡者予以善意保护，第一次世界大战爆发后，采取压制政策，其实例不遑枚举。从根本而言，对政治犯流亡者，在某种范围内予以保护，为国际公法所公认，然日本现政府无视国际公法，压制我等同志，对袁老人给予援助，甚为不当。”④

日本政府之所以对孙中山等革命党采取这样的政策，其原因有二：

第一，日本为参加第一次世界大战，同英国作了妥协、交易，英国唯恐日本乘英国因战争无暇支援袁世凯之间隙，“支援”以日本为据点的革命党，打倒袁世凯，如袁失势，英国等欧美列强在中国即失去其忠实的走卒，在中国陷于极为不利之地位。英国对于日本参战的条件之一是，揭发革命党员，如犬养毅在议会质询中所说：“日本政府与英国商定，此时对中国内地发生革命动乱时，负责予以镇压。”⑤日本为扩大在华权益而参战，于是在革命党问题上作了让步。但头山满、犬养毅等支援孙中山等革命派，反对

①《日本外交文书》1914 年第 2 册，第 840～841 页。
②《中国流亡者陈中孚谈话》乙秘第 1965 号，1914 年 10 月 2 日，日本外交史料馆藏。
③《日本外交文书》1914 年第 2 册，第 825 页。
④《陈其美言论》乙秘第 1561 号，1914 年 8 月 21 日，日本外交史料馆藏。
⑤《头山满谈话》乙秘第 1803 号，1914 年 9 月 9 日，日本外交史料馆藏。

并谴责日本政府对英妥协。犬养在议会中提出质询，指出"一味受英国之干涉，采取姑息之策，伤害革命党的感情，实非善策"①。

第二，袁世凯亦恐日本乘机"支援"革命党而排除自己，因而加强了对日外交。孙中山、黄兴等多数革命党员在二次革命失败后，东渡日本，以日本为根据地，开始准备举事反袁。袁世凯认识到对日外交的重要性，任命对日外交有经验的曹汝霖为外交次长。1914年9月1日，日置对袁世凯称："为充分疏通双方意见，希望贵总统指定最可靠适当人选。"袁世凯推荐在座的曹汝霖称："此人我最信赖。"②表明希望加强同日本的外交关系之意。曹汝霖在第一次世界大战爆发后与桑田丰藏（日本《报知新闻》驻北京特派员）的谈话中提到："对于在日本的流亡者之情况，中国政府感到不安。"并明言："此时贵国政府是否难以断然采取措施，作为对此之交换条件，数十年来贵国企望之含有政治意义、经济上之大问题，中国政府不吝予以解决。"曹汝霖还对日本政府对浩然庐爆炸事件的处置表示衷心感谢，并进而要求："此时需要设法根绝彼等之策源地，按照往年庆亲王恳请当时伊藤内阁驱逐流亡客之先例（指1907年3月驱逐孙中山一事——笔者），是否可以考虑采取某些方法"。要求再次驱逐孙中山离开日本。桑田对此提出一项方法，即可由中国政府发给彼等革命党员旅费，使之前往海外旅行。曹汝霖仅答以可以研究。桑田将此次谈话记录提交日本外务大臣，但在外务省的外交政策中，如何反映不得而知，不过在该记录上有日本外务省政务局长小池的签名。然而日本并未采取这种极端的政策。

袁世凯以山东半岛东部地带为中立除外地区，承诺日军可以在山东登陆自由军事行动的条件，并默认占据胶济铁路，以换取

---

① 《头山满谈话》乙秘第1803号，1914年9月9日，日本外交史料馆藏。
② 《日本外交文书》1914年第2册，第812页。

日本对孙中山和革命党员施加压力，并控制其二次讨袁的爆发。[1]日本政府和军部为在胶州湾对德作战及占据胶济铁路，接受了袁世凯的要求。

日本政府、军部虽然应允了英国和袁世凯的要求，但并未全部付诸实行。日本对革命党加强了监视和施加压力，但又对其活动采取默认态度。山县、寺内等元老表示了可由日本民间人士等"支援"革命党的意见。[2]日本军部中一部分人，甚至决定训练预备役军人，与革命党员同赴中国，"支援"反袁斗争。[3]但这是个人或局部的行为，不是日本政府、军部的政策。

孙中山和革命党员等在未能得到日本"支援"的条件下，依然计划在国内进行反袁斗争，在部分地区，着手举事准备。因为举事需要军费，日本政府以不给革命党提供资金的方法抑制革命党发动二次讨袁。但孙中山极力设法筹集军费，首先动用投资于中国兴业公司的 6 万日元，以及来自美国的 3 万日元[4]、来自马尼拉的 20 万元[5]、来自南洋华侨总计 50 万元（含马尼拉的 20 万元）。孙中山以这笔资金首先派居留东京、大阪的少壮革命党员300 余人回到国内，随后使用于对国内军队的策反工作。[6]

据日本警视厅的调查，孙中山等革命党的起事计划分为三个阶段。第一阶段，命在日的革命党员归国赴各地鼓吹革命，在远离革命军根据地的各省发动小规模起事，牵制驻上海、广东的袁军；第二阶段，在长江沿岸各地发动同样的起事，将驻扎南京及其他地方的袁军引向这些方面，以分散削弱袁军力量；第三阶段，

---

① 《陈其美言论》乙秘第 1561 号，1914 年 8 月 21 日，日本外交史料馆藏。

② 《关于中国流亡者返回长崎之件》高秘特受第 2787 号，1914 年 10 月 13 日，长崎县知事李隆介致大隈重信内相，日本外交史料馆藏。

③ 《关于革命军之件》神高秘发第 50 号，神奈川县知事石原健三致加藤高明外相，日本外交史料馆藏。

④ 《孙文动静》乙秘第 1656 号，1914 年 8 月 27 日，日本外交史料馆藏。

⑤ 《关于中国革命党军费》乙秘第 2104 号，1914 年 10 月 19 日，日本外交史料馆藏。

⑥ 《孙文动静》乙秘第 1656 号，1914 年 8 月 27 日，日本外交史料馆藏。

借日本攻占胶州湾之机，正式举起革命旗帜。[①]

孙中山为实施这一计划，在上海设置总司令部，派蒋介石、陆惠生前往上海。当时孙中山和蒋介石交往非常频繁。蒋介石于8月30日夜晚往访孙中山后，次日从横滨搭春日号轮去上海。[②]

江苏省、广东省、江西省、东北等地先后爆发了反袁起事。在10月下旬杭州起事中，有日本预备役步兵大尉一濑斧太郎、预备役步兵中尉小室敬次郎等六七人直接参加。[③]在上海有来自日本的预备役军官和军士十数名待命。这些预备役军人等是在东京由一濑斧太郎和陈其美、许崇智协商召集的。[④]许崇智向他们发放月饷、被服费、旅费等。当时孙中山的亲信王统一，在日本招募革命所需的日本海军预备役军官和军士。[⑤]横须贺重炮兵联队召集陆军炮兵预备役军官百余名进行演习三五天，其中有五名预定于日军攻占青岛后，留在当地为革命军担任军事教育工作。[⑥]日本当局根据警察及县知事的报告，得知革命党员在日本招募兵员，但予以默认，未采取对策阻止。这些人参与杭州举事，被袁世凯查知，向日本提出抗议后，由日本政府劝告归国。[⑦]由此可见日本对孙中山二次讨袁活动政策的微妙性。

三、"二十一条"的形成及交涉过程

日本以军事占领胶州湾和胶济铁路为后盾，于1915年1月

[①]《关于中国革命运动计划之件》乙秘第1925号，1914年9月26日，日本外交史料馆藏。

[②]《中国流亡者归国之件》甲秘第144号，1914年8月31日，警视总监伊洋多喜男致加藤外相，日本外交史料馆藏。

[③]《日本外交文书》1914年第2册，第846～847页。

[④]《关于中国革命之件》乙秘第1908号，1914年9月24日，日本外交史料馆藏。

[⑤]《关于中国革命召募在乡军人之件》乙秘第2102号，1914年10月19日，日本外交史料馆藏。

[⑥]1914年10月14日，宫城县知事依孙一致大隈内相，机密发第72号，日本外交史料馆藏。

[⑦]《日本外交文书》1914年第2册，第846～851页。

18 日向北京政府提出臭名昭著的"二十一条"要求，强迫袁世凯政权全面接受。本节在考察"二十一条"要求与日军占据胶州湾和胶济铁路的同时，简要阐述中日两国"二十一条"的外交交涉过程，分析研究袁世凯、北京政府对日本外务省和日本元老山县有朋之间的相互对应，论证"二十一条"要求有关条约和交换公文违反国际法的事实。

　　日本参加第一次世界大战，对德宣战，其目的并不仅是占据胶州湾和胶济铁路，而是企图利用这一机会，改变陷于停滞状态的对华外交，从根本上解决日本的对华问题。日本参谋本部就参战的动机直言不讳："现今各国汲汲于本国之战争，无暇东顾……迟滞不前的对华政策至此告一段落，增进与确立帝国势力，已臻必要。"这是因为：（一）由于第一次世界大战的爆发，与日本在中国争夺权益的欧美列强，无暇顾及中国，欧美列强牵制日本对华政策的力量大为减弱。（二）袁世凯、北京政府在国际上较前孤立，抵制日本的力量明显弱化。此时日本认为过去牵制其对华政策的两个障碍，已大致排除，加以武力占据胶州湾和胶济铁路，增强了日本在华军事力量，以此为后盾，出现了积极推进对华政策的可能性。当时日本的对华政策与日本参战有密切关系。日本对中国政策的基本纲要——"二十一条"也是与日本对德作战外交、对德宣战、占据胶州湾和胶济铁路同时并进的。此时日本表面上通过作战外交仅占据了胶州湾和胶济铁路，暗中则谋划推进"二十一条"，这两者的关系，可以说前者是局部性目的，在某种意义上又是手段，后者才是全面性目的。

　　情况不明是研究日本外交的困难问题，关键在于如何查明其外交政策的形成和决定过程，"二十一条"也是如此。此时，日本外务省、陆军、元老、民间分别提出对华政策方案数十件，看来"二十一条"是汇集各种建议形成的。但其综合过程，有许多不明之处。这里，首先对各种建议的内容进行探讨。1914 年 8 月 26

日，日本驻华公使日置益向加藤提出《关于我国对中国之要求条件》，8月7日，参谋本部第二部长福田雅太郎少将提出《日中协约草案要领》，8月24日，陆军次长大岛健一提出《关于欧洲战乱趋向和我国对华政策》，9月21日，日本驻华公使馆武官町田敬宇陆军少将提出《当欧战之际，我国在中国应获得事项的意见》，元老山县于8月下旬写就《对华政策意见书》，提交首相、外相，9月24日山县等四元老和大隈首相决定了《对华根本方针》。民间有：东亚同志会于9月1日提出《关于我国需要从中国获得之权益意见书》，对华联合会10月6日提出《关于对华根本政策意见书》，黑龙会于10月29日提出《对华问题解决意见》，小川平吉于11月7日提出《对华外交东洋和平根本方案》。以上是其中有代表性的一部分，时间集中在8、9、10、11月四个月期间，正是在日本参加第一次世界大战，占据胶州湾、胶济铁路的同时提出来的。由此可以证明，日本参加第一次世界大战的根本目的，在于积极推进其对华政策，是为了从根本上解决所谓中国问题。

上述日本各界对华政策提案，是如何综合成为"二十一条"要求的，这是历来存在的问题，加藤对维持并加强由外务省推行一元外交素有强烈热情；而这个要求原案由外务省政务局长小池张造制订，因此可以认为是以日本外务省为核心，将各方面提出的草案加以调整汇集而成。在此，先就担任"二十一条"交涉主角日置提出的《关于我国对中国之要求条件》进行分析研究。日置在去北京就任之前，即接受加藤密令，抓住机会提出对中国的要求项目①，日置到北京就任后，立即与小幡等公使馆书记官研究今后对华政策，26日制定向中国提出如下草案及开始交涉的意见上报加藤：

第一，关东州租借期限再延长九十九年。

---

① 伊藤正德：《加藤高明》下卷，第154页。

第二，南满铁路在上述延长期间内不交还亦不作价交还。

第三，安奉铁路一切关系依照南满铁路为准。

第四，依靠日本之援助，逐渐改善南满及东部内蒙古的军政及一般内政。

第五，承认在南满及东部内蒙古地区内之日本国臣民的居住及营业自由，且为此给予必要的一切便利。

第六，自日本国借款，兴建九江、武昌之间及南昌、衢州、杭州之间的铁路。

将来兴建南昌、抚州、光泽、福州、厦门之间及福州、三都澳之间铁路以及前记南昌、厦门线和南昌、杭州线等联络铁路时，必须先与日本协商。

（注：第四及第五，视中方态度如何，可稍作让步）①

这一草案主要是维持并扩大日本在满蒙的权益，并进而确保在中国东南地区的权益。当时日本驻北京公使馆书记官出渊胜次认为，这一草案是"二十一条"问题的开端。日置当时之所以提出这一草案，是因为判断北京政府"对日本最近在山东一角出兵之际，事态如何发展，心怀疑惧，正在专心注视我之态度，惟恐有伤害我感情之处"。所以"此时解决对华交涉案件，为绝好之机会"②。日置企图以武力占据山东半岛一角，以此为基础，迫使北京政府应诺其要求，提出如下交换条件：

第一，先行占领胶州湾租借地，随后交还中国。

第二，对居住在日本的主要革命党员，立即使之离开日本赴国外，且不得再来日本。

在中国日本居留地及其他日本国国权下的地区，亦按此处理。

---

①《日本外交文书》1914年第3册，第545页。
②《日本外交文书》1914年第3册，第544页。

第三，凡有关对中国政府具有革命性质的一切计划，均严加取缔。

第四，伴随开放满蒙发生日华人之间的交涉案件，亲切公平处理，极力避免烦累中国政府。①

日置之所以提出这些条件，是认为可以得到英国等列强同意日本参战，同时也可得到袁世凯对日本让步。

加藤对日置上报意见，大体上无异议，但以"攻击胶州湾尚未进行，欧洲战局前途未卜，且中国人心对日本也还存有戒意"等原因，认为"时机稍早"，并训令："暂观时局推移，待有充分可能时再提出。"②但是外务省以此为契机，由历来采取积极对华政策并与日本军部关系密切的政务局长小池张造为核心，综合军部及其他方面意见、方策，处心积虑致力于对华交涉方案的起草工作。

以日本参谋本部为中心的陆军，也向外务省、军部提出内容贪婪多求的对华政策草案。军部的草案较诸日置草案的内容更为广泛，表露了军部的如意算盘。陆军是推进日本大陆政策的急先锋，首先提议彻底解决所谓满蒙问题。因为满蒙政策是日本对华政策的核心。参谋本部第二部长福田雅太郎提出："承认南满内蒙自治。"③陆军次官大岛提出："帝国合并满蒙，解决数年来悬案。"④日本驻北京公使馆武官町田陆军少将提出："为巩固我在满蒙立脚之基础，获取所必要的各种利权"，及取得"在满蒙旅行、居住的自由、土地所有权、延长旅大租借期限、新丘煤矿开采权"。⑤参谋次长明石提出："对在南满内蒙具有优先权的日

① 《日本外交文书》1914 年第 3 册，第 546 页。
② 《日本外交文书》1914 年第 3 册，第 553 页。
③ 《日本外交文书》1914 年第 3 册，第 903 页。
④ 《日本外交文书》1914 年第 3 册，第 907 页。
⑤ 《日本外交文书》1914 年第 3 册，第 915 页。

本政府之提议应予尊重……类如自治、租借，均适用此条款。"①
参谋本部的田中义一要求："中国确认日本在南满及东部内蒙古
有超越其他外国的特殊地位之关系"，具体意见是："日本承认中
国在南满洲、东部内蒙古的宗主权。中国许可日本在南满、东部
内蒙古之日本人的土地占有权及居住营业权。此外，在该地域内
资源开发权让与其他外国人时，应先与日本政府商议。中国延长
日本租借关东州年限为九十九年。中国承认日本在南满及东部内
蒙古开发及保护交通设施之权利以及在该地域内的优先开发资源
之权利。日本可在南满及东部内蒙古构筑要塞及其他防御设施"。
"中国将现在之吉长铁路，按现况让与日本……中国将吉会线及其
他满蒙五铁路的敷设营业权，全部许与日本"②。这些要求相当
于"二十一条"的第 2 号的内容。

日本陆军接着又提出控制北京政府行政、兵政、币制、外交
等，从根本上确立对华行使统治权的方案。第二部长福田要求：
"将兵政、行政及改善币制委任日本"。"中国利权让与外国或向外
国借款时，须事先征求日本同意"。③陆军次官大岛提出：寻求"帝
国帮助中国内政"的方式④，"应约定中国纵使将微小利权让与外
国或向外国借款时，应先与帝国商议，不经允诺，决不得实行"⑤
等。町田少将提出："将来中国在军事方面自应招聘日本顾问，此
外，外交、财政方面亦应招聘日本人为顾问。其他兵器制造及供
给由日中合办或日本承办的特权"。⑥参谋次长明石要求："行政、
军事的改善委之帝国"。"中国利权让与外国或向外国借款，预先
征求帝国政府同意等"。⑦田中义一提出："日本帮助中国改善军

---

① 北冈伸一：《日本陆军与大陆政策》，东京大学出版会，1978 年，第 169 页。
② 北冈伸一：《日本陆军与大陆政策》，东京大学出版会，1978 年，第 168 页。
③ 《日本外交文书》1914 年第 2 册，第 903 页。
④ 《日本外交文书》1914 年第 2 册，第 907 页。
⑤ 《日本外交文书》1914 年第 2 册，第 909 页。
⑥ 《日本外交文书》1914 年第 2 册，第 916 页。
⑦ 北冈伸一：《日本陆军与大陆政策》，东京大学出版会，1978 年，第 167～168 页。

事、开发国富等，以谋日中两国国运之发展"。"日中两国有关外国关系事项，应事先相互协商后，再行处置"①。这相当于"二十一条"第4、5号内容。

第三，是扩大在中国内地的权益。大岛提出，"通过财政援助在中国内地增殖利权，建立依次南下的基地。均属紧要"②。町田也要求"杭州南昌间、九江武昌间铁路敷设权以及在福建省沿海，不经我日本允许，不得构筑防御设备等权利"③。并强调占领控制直隶（今河北省）平原和长江沿岸大动脉胶济铁路。④这些要求相当"二十一条"第5号的第5、6项。

第四，是争夺和获得德国在山东的权益。町田主张："时当此际，我日本要求让渡德国在山东的既得权利，此乃付出极大牺牲之当然报酬，任何人不得提出异议，即使有某些异议，亦须坚持到底。盖因将胶州湾、坊子、博山煤矿，尤其胶济铁路，置于我日本领有之下，经济上之利益自不待言。如中国由于财政上之分裂而陷于领土分裂时，各国以武力加强其势力范围时，我亦可以山东省作为自己之势力范围，而得加以占领之口实之利。"⑤然而大岛却主张："为中国，为东洋计，以将胶州湾交还中国为上策。"⑥关东都督府民政长官白仁希望向中方提出：作为交换条件，日本保留当地铁路的政府股份、政府所属各矿山及其股份，各种建筑物，码头管理及收益，港湾管理及收益，租借地内日本人的居住、营业及关于不动产的一切权利。同时，向中国方面要求：自龙口连接胶济铁路的铁路敷设权，龙口开港设备于三个月内完成，开放山东省内人口一万人以上城市，开放小清河航运，开放山东省

① 北冈伸一：《日本陆军与大陆政策》，东京大学出版会，1978年，第168页。
② 《日本外交文书》1914年第2册，第909页。
③ 《日本外交文书》1914年第2册，第916页。
④ 《日本外交文书》1914年第2册，第918页。
⑤ 《日本外交文书》1914年第2册，第958页。
⑥ 《日本外交文书》1914年第2册，第907页。

内矿山开采权等。①这些要求列为后来的"二十一条"第 1 号。

　　日本陆军中坚层的要求和主张，基本上与此相同，但也有不少差异。综合这些要求和主张，作为军部意见的备忘录，于 11 月由陆相冈市之助提交内阁。向中国方面的要求为："一、延长关东州租借期限；二、租借间岛；三、南满铁路及安奉铁路永久为日本所有；四、让与吉长铁路；五、在南满及东部内蒙古，日本人有土地所有及居住自由，且开采矿山、敷设铁路等权利，日本均有优先权；六、在中国内地要地有铁路敷设权；七、军事改善、兵器制造，接受日本指导；八、向外国让与利权或借款，先与日本协商，然后再行处理"②等。这是在"二十一条"形成过程中，日本陆军方面主要要求的总和，对于"二十一条"的形成有很大影响。

　　陆军主张以高压手段实现这些要求，田中义一提出："要下决心，不辞以匕首对袁。"③町田也认为："袁狡猾多谋，口头上尽是陈旧之同文同种、唇齿辅车辩解推托之词。故仅以怀柔之策将无所成。此不仅是本职个人之见解，乃是所有中国通有识者之共同看法"，并称："此时，我日本应以最大之决心，发挥以武力为后援之威力，解决上述要求，决非难事。"④第二部长福田主张，为强行实现要求，"华北驻屯军应恢复裁减前之兵力，并派有力舰队在渤海湾游弋"⑤。以上系属日本陆军的一贯做法。从此后的"二十一条"交涉过程来看，加藤对军部的高压方式极感兴趣。

　　但山县等元老排斥陆军高压方式，主张其独自的对华政策。山县有朋、大山岩、松方正义、井上馨四元老，于 9 月 24 日与大隈首相商议后，决定如下方针：

①《日本外交文书》1914 年第 2 册，第 926～927 页。
②　北冈伸一：《日本陆军与大陆政策》，东京大学出版会，1978 年，第 170 页。
③　北冈伸一：《日本陆军与大陆政策》，东京大学出版会，1978 年，第 169 页。
④《日本外交文书》1914 年第 2 册，第 917 页。
⑤《日本外交文书》1914 年第 2 册，第 903 页。

第一，对华之根本方针。甲、一扫以袁世凯为首的中国人历来对日本之不信任感和疑虑，使之信任于我为根本着眼点。乙、特殊问题，以特使或借漫游之名，派遣具有能得到袁信服并有手腕之人员。丙、协商交还胶州湾之条件以及可以交换利权之调查等。丁、使袁签订有关铁路、矿山及其他不违反机会均等原则之政治上经济上问题之契约。第二，对俄问题（及武器供给——原注）应探询英国之意向，然并不单纯依赖英国。此时与俄缔结同盟，以为将来日、英、俄、法同盟或协约之基础。第三，对法问题。吸收法国资金，以日法银行名义，贷与中国。第四，对美问题。勿使中国靠近美国，披沥信义使之对我不疑，研究调查增进日美国交亲善为目的之最佳方式。第五，向欧美派遣优秀有才能之外交官。派出有权威之外交官或半官方人士，采取最佳方式以对时局。①

日本的这些元老们虽然也主张在中国获取政治、经济上的各种权益，但没有提示具体要求，表明以满蒙第一主义对应当前形势。元老对中国政策如第一点中的甲、乙两项所示，是以说服袁世凯，使之信赖日本来实现所期望之目的。山县于8月下旬在《对华政策意见书》中详细地说明了其主张。山县批评了"对中国只以高压达到目的之做法"，主张"为今之计，首先必须改善日华关系，使之具有完全信赖我方之观念为着眼点"。山县提出，落实在满蒙的权益，并为推进其经营，要与俄国维持亲密关系，同时，"另一方面与中国关系必须圆满，以期避免遇事扞格、支吾敷衍"。主张为抗拒欧美列强侵蚀中国，要唤起黄色人种的日华两国国民的共识，"对袁世凯等晓谕以人种问题之趋势，然后予以有力援

---

① 德富猪一郎：《公爵山县有朋传》下卷，第915～916页。

助……所谓有力援助，无他，不外为财政援助"①。山县于翌年 2 月向大隈强调了"如欲巩固我国国运隆昌之根基，必须使中国信赖于我"②的重要性。井上、松方等也持同样见解。这是信赖、援助、提携论，以之维护、扩大日本在华权益。这与日本陆军企图以高压方式达到目的的手段、方法不同，但是在进一步扩大日本在中国的权益上，则是相同的。

但是加藤坚持外务省加强一元化外交的意念异常强烈，作为他的入阁条件，曾经提出："对外国使臣外交上应答之场合，不拘事件大小，一切均由外相自身行使。"③元老对此曾予允诺，因此在内阁内外贯彻一元外交，停止了自明治三十一年（1898 年）以来元老传阅外交文件的惯例④，限制元老参与外交，故而没有采纳元老的信赖、援助、提携袁世凯的意见，而是按陆军的高压方式迫使袁承诺"二十一条"要求。

与中国相关的日本民间团体和舆论，也作为对外交施加压力的团体，提出各自的对华政策，加速了"二十一条"的形成。总部设在熊本市的东亚同志会，于 9 月 1 日提出由三个项目 20 条组成的要求书，其主要内容是："永久占领胶州湾"；由日本独占德国在山东的一切权利、权益；一般性利权要求在一省内开放五六个城市为通商贸易地，通商开放地以外设置日中合办的商品制造工厂，大冶铁矿永远不售给或抵押给日本以外的国家，承认在中国全部领海区域日本人的自由渔业权，中国人与外国人合办矿山开采权等；日本宗教在中国的传教权，中国陆海军及军人教育学校教官必须招聘日本人教官，中国高等学校招聘日本人教官，中国陆海军及学校进口必需的武器、被服、各种器械、军用食品时，

---

① 德富猪一郎：《公爵山县有朋传》下卷，第 919～928 页。堀川武夫：《远东国际政治史序说》，有斐阁，1958 年，第 69 页。
② 德富猪一郎：《公爵山县有朋传》下卷，第 288 页。
③ 伊藤正德：《加藤高明》上卷，第 379 页。
④ 伊藤正德：《加藤高明》下卷，第 910 页。

优先从日本输入，修筑港湾及大工程等官办企业招聘外国人，使用进口产品时，须先与日本协商，获得中国内地宣屯线（安徽省自宣城县至屯溪镇）等 10 条线的敷设权等。①这个要求方案的特点是没有特别提出所谓满蒙问题，而是企图大举扩大日本在中国内地的利权。

对华联络会于 10 月 6 日向日本外务省提出《关于对华根本政策的意见书》，意见书中提出，作为对华政策的根本要求是"掌握指导中国的实权"。目前应解决的重要事项是"落实占领胶州湾的实效""继承以山东省为中心之德国之一切权利""解决满蒙问题"②等。

黑龙会的代表人物内田良平于 10 月 29 日向外务省政务局长小池提出如下对华问题解决意见：

第一，日本在中国发生内乱或中国与外国宣战时，日本军予以应援，委以防卫领土，维持秩序之任。

第二，中国承认日本在南满及内蒙古有优越权，将统治权委之于日本，以确立国防基础。

第三，日本占领胶州湾后，应占有德国原来占有的铁路矿山及其他一切利权。又，在和平收复青岛后，交还中国，开放为世界贸易市场。

第四，中国为日中海防上之需要，承诺将福建省沿海主要港口租借与日本，作为日本海军根据地；同时将该省内铁路敷设权及矿山开采权给予日本。

第五，中国将陆军改革及军队教练全部委之于日本。

第六，为保证中国军械之统一，采用日本军械，同时在某枢要地方，设置军械制造厂。

---

① 《日本外交文书》1914 年第 2 册，第 910～914 页。
② 《日本外交文书》1914 年第 2 册，第 927 页。

第七，中国为逐渐复兴海军，将海军建设及教练均委之于日本。

第八，中国将整顿财政、改革税制委之于日本，日本以适当的财政专家担当中国政府最高顾问。

第九，中国招聘日本教育专家担任教育顾问，在各地设立日语学校，以启迪人文。

第十，中国与外国订立合同举办借款，以及土地租借或割让土地，与外国宣战、媾和时，应事前与日本协商取得同意。①

在内田良平的这个方案中，总结了"二十一条"的内容，内田拟以与中国方面以签订国防协约的形式实现这十条要求。这里所说的中国方面，并不是指袁世凯的北京政府，而是指打倒袁世凯之后成立的新政府。内田一向反对袁世凯，认为袁是以玩弄权谋术数为主要手段的政治家，认为袁"即使暂时为取得日本之欢心而采取亲日态度，一旦欧战结束，依然背弃于我，依靠（欧美）各国；征诸过去历史，此点毋庸怀疑。日本今天如无视中国民众趋势，拥护袁世凯与之共谋解决中国问题，则属完全失策"。内田提议：打倒袁世凯之方法，是为革命党、宗社党提供资金，使他们"到处举事，一旦其国内陷入混战状态，袁政府土崩瓦解，我从四亿民众中，援助并拥护其最有信用声望之人物，使之成就改造政府、统一国家之大业；由我军队恢复安宁秩序，保护其国民生命财产，人民悦服，取得以政府为首之信任，则与我签订国防条约，易于贯彻我之目的"②。内田还主张乘此时机，根本改造中国政体。"变革中国之共和政体为君主立宪政体，其形式大致类同日本的君主立宪政治"。③

---

① 《日本外交文书》1914 年第 2 册，第 937～938 页。
② 《日本外交文书》1914 年第 2 册，第 939～940 页。
③ 《日本外交文书》1914 年第 2 册，第 940 页。

内田的通过打倒袁世凯以扩大日本在华利权的设想，与田中义一的意见相同，但和日本元老以及军部一部分人的主张是对立的。元老主张信赖、援助、提携袁世凯，陆军的町田也认为："只有暂时使袁统治中国"，主张"袁世凯如应允我之要求，采取信赖于我之态度，则予以援助，使之成为中国的君主也未尝不可"。町田认为："当前既然没有能勉强代替袁统治中国之有实力人物，庞大的四百余州作为我日本的保护国或是合并统治，对于列强，我国之实力，终究为不可能之事"①。如此，围绕对华要求，日本内部的对袁政策，大致分为上述两种意见。

日本各方面竞相提出对华要求的草案。在日本外务省，强调外交一元化的加藤重用政务局长小池，以其为主综合各方面要求，制订了"二十一条"要求原案。这一原案是日本外务省、军部、民间各方面对华政策的集大成，大体上统一了外务省和陆军的要求，但加藤与元老意见相左，因而没有采纳元老方面的意见，对袁世凯和北京政府的交涉方式，也未采纳元老所主张的信赖、援助、提携的意见，而是以占领胶州湾、胶济铁路为后盾，以军事高压来实现要求。

11月7日，青岛陷落。日本并不单纯是占据青岛、胶州湾一个地区，10月6日已占据胶济铁路全线，取得了全面侵华的据点和前提条件。加藤认为盼望已久的良机终于到来，立即要求大隈召集内阁会议，将应训令日置的"二十一条"原案提交11日的临时内阁会议，取得了全体成员的一致同意。在这一训令的原案中，由有关满蒙七条，有关山东四条，有关福建、汉冶萍公司、华中南铁路、军械等六条组成，全部十七个项目。这是"二十一条"的原案，其后经过补充、删削、整理等，修正为"二十一条"。当时在对华政策上，加藤虽然与元老意见分歧发生对立，但仍不得

---

① 《日本外交文书》1914年第2册，第922～923页。

不求得元老们的支持、赞同。乃将训令草案分别于 11 月 18 日送交山县，23 日送交井上，29 日送交松方，翌年 1 月 9 日送交大山，取得了他们的同意。①12 月 2 日，上奏日本天皇，得到裁决。②这样，在日本国内，"二十一条"原案经过政策决定程序正式出笼，并作为日本帝国的国策向中国提出。

加藤于 11 月 12 日向日置发出归国命令，日置于 12 月 3 日到达东京。当天，加藤将关于"对中国的要求提案"的训令手交日置。③这一原案共为六号二十二条。第六号是增补的关于"交还胶州湾租借地"。这一内容是根据 11 月 11 日内阁会议的决定增加的。④但是迄至翌年 1 月 18 日对袁世凯提出"二十一条"之前，尚未经整理。这是因为需要与驻北京公使馆调整意见之故。

日置于 12 月中旬返回北京，就政府提案与公使馆的小幡酉吉、出渊胜次、船津辰一郎、高尾亨等书记官进行商议，采取了较日本外务省更为慎重的现实态度。日置态度极为慎重，表示决心称："当此我国运发展千载一遇之良机，面对此重要谈判，只有鞭策自己驾驭，务期完成重任。""成功与否，对我国运隆替消长，国力盛衰伸缩，极关重大，对于帝国在世界上之威信与声誉攸关，万一谈判不能达到预期目的，累及外交前途，亦影响国内关系，引起政局动荡，给国家带来严重损失，亦未可知"。⑤首席书记官小幡对政府原案提出修改意见，认为："如以政府原案全部开始对中国交涉，将会出现非常事态……政府原案内容复杂多歧，并不一定为当前紧急之问题，其中亦包括有非紧急事项，扩大交涉范围，反而会使中国政府产生疑惑、恐惧，有难以承诺之虞。"驻北

① 伊藤正德：《加藤高明》下卷，第 154 页。
② 《日本外交文书》1914 年第 3 册，第 579 页。
③ 市岛谦吉：《大隈侯爵八十五年史》第 3 卷，第 264~267 页。伊藤正德：《加藤高明》下卷，第 154~160 页。
④ 《大隈侯爵八十五年史》第 3 卷，第 264~267 页。
⑤ 《日本外交文书》1914 年第 3 册，第 591 页。

京公使馆据此意见提出修正方案。①于同年12月末，由小幡携往东京，请求加藤及政府原案起草人小池再作考虑。这个修正方案有关保持日本历来的权益上的紧急条款，较之政府原案更为扩大和强硬；删除了认为不属于当前紧急需要的条款②，其目的是为了在外交交涉上，使北京政府易于承诺。但加藤强硬固执政府方案，小池也认为，"对于阁下等之修正要求方案，虽经慎重考虑，但对华交涉训令既经阁议决定，并得到天皇敕裁，尚未试行交涉，无变更之理由"③。乃将政府原案的若干词句加以修改后交回小幡。此时，日本外务省以强硬态度对待交涉，并削除了第6号"胶州湾租借地交还问题"。二十二条最后成为二十一条。

在"二十一条"的形成过程中，日本海军没有参与，海相八代六郎只是以不行使武力为条件，同意提出"二十一条"。④

这样，日本在外交上完成了"二十一条"的准备。加藤于1月8日训令日置："阁下应尽速随时会见袁总统开始交涉。"⑤日置于1月18日面见袁世凯，正式提出如下"二十一条"要求：

第一号

日本国政府及中国政府，相互维持东亚全局之和平，并期将现存两国友好善邻之关系益加巩固，兹议定条款如下：

第一款　中国政府允诺，以后日本国政府拟向德国政府协定之所有关于山东省依条约及其他关系对中国所享有一切权利利益让与等项处分，概行承认。

第二款　中国政府允诺，凡山东省内并非沿海一带土地及各岛屿，无论何项名目，概不让与或租与他国。

---

① 武者小路公共：《小幡酉吉》，小幡酉吉传记刊行会，1957年，第105页。
② 《日本外交文书》1915年第3册上卷，第107～109页。
③ 《小幡酉吉》，小幡酉吉传记刊行会，1957年，第107页。
④ 平间洋一：《对二十一条要求与海军》，《军事史学》，第23卷第1号，第30页。
⑤ 《日本外交文书》1915年第3册上卷，第107页。

第三款　中国政府允准，日本国建造由烟台或龙口接连胶济南路线之铁路。

第四款　中国政府允诺，为外国人居住贸易起见，从速自开山东省内各主要城市，作为商埠，其应开地方，另行协定。

第二号

日本国政府及中国政府因中国向认日本国在南满洲及东部内蒙古享有优越地位，兹议定条款如下：

第一款　两定约国互相约定，将旅顺大连租借期限并南满洲及安奉两铁路期限，均展至九十九年为期。

第二款　日本国臣民在南满洲及东部内蒙古为盖造厂商工业应用之房厂，或为耕作，可得其需要土地之租借或所有权。

第三款　日本国臣民在南满洲及东部内蒙古任便居住往来，并经营商工业等各项生意。

第四款　中国政府允将在南满洲及东部内蒙古各矿开采权，许与日本国臣民，至于拟开各矿，另行商订。

第五款　中国政府应允关于下开各项，先经日本国政府同意而后办理。

（一）在南满洲及东部内蒙古允准他国人建造铁路，或为建造铁路向他国借用款项之时；

（二）将南满洲及东部内蒙古各项税课作抵由他国借款之时。

第六款　中国政府允诺，如中国政府在南满洲及东部内蒙古聘用政治、财政、军事各顾问教习，必须先向日本国政府商议。

第七款　中国政府允将吉长铁路管理经营事宜委任日本国政府，其年限自本约画押之日起以九十九年为期。

第三号

日本国政府及中国政府顾于日本国资本家与汉冶萍公司现有密接关系，且愿增进两国共通利益，兹议定条款如下：

第一款　两缔约国互相约定，俟将来相当机会，将汉冶萍公司作为两国合办事业，并允如未经日本国政府之同意，所有属于该公司一切权利产业，中国政府不得自行处分，亦不得使该公司任意处分。

第二款　中国政府允准所有属于汉冶萍公司各矿之附近矿山，如未经该公司同意，一律不准该公司以外之人开采，并允此外凡欲措办无论直接间接对该公司恐有影响之举，必须先经公司同意。

第四号

日本国政府及中国政府为切实保全中国领土之目的，兹订立专条如下：

中国政府允准所有中国沿海港湾及岛屿概不让与或租与他国。

第五号

一　在中国中央政府，须聘用有力之日本人充为政治财政军事等各顾问。

二　所有在中国内地所设日本病院寺院学校等，概允其土地所有权。

三　向来日中两国屡起警察案件，以致酿成缪轕之事不少，因此须将必要地方之警察，作为日中合办，或在此等地方之警察官署须聘用多数日本人，以资一面筹划改良中国警察机关。

四　由日本采办一定数量之军械（譬如在中国政府所需军械之半数以上），或在中国设立中日合办之军械厂，聘用日本技师，并采买日本材料。

五　允将接连武昌与九江南昌路线之铁路及南昌杭州南昌潮州各路线铁路之建造权，许与日本国。

六　在福建省内筹办铁路矿山及整顿海口（船厂在内），如需外国资本之时，先向日本国协议。

七　允认日本国人在中国有布教之权。

（此处日文稿删节——笔者）①

与外交交涉相伴而行的是外交行动。面对日本的"二十一条"要求，袁世凯和北京政府究竟如何应对？首先日本在谋划"二十一条"要求期间，袁世凯和北京政府即已心怀疑惧，"日本之野心究竟何在？"②事前就预感到日本将有意强立某种协定。尤其是8月21日《大阪每日新闻》所登载的《日中新议定书》，对他们是一个很大的冲击。该新闻报道日置赴北京就任时，即携带新议定书，准备在北京签字、换文。③中国报纸译载了这一消息，次日《大阪每日新闻》又登载了"日中新协定近期即将议定签字"的报道。其次是防止日本占据胶州湾，排除日本的军事压力。袁世凯另一方面又发表"亲日训示"，称"中国必须坚决与同一人种的日本国提携，以防异人种之侵略。"④极力博求日本的好感。但是这并不能阻止日本侵略中国的欲望。袁世凯以既抵抗又让步来应付日本。在日本提出"二十一条"之前的1月10日，袁对日置称："近来贵国有各种议论，其中大部分企图吞食我国。"⑤1月18日，日置提出"二十一条"时，袁以"极谨严之态度"⑥对之。翌日，对坂西以颇为愤慨之语气称，"日本国本应以平等之友邦对待中国，何以时常竟视中国形如猪狗！"并坚决表示："对于要求条件，

---

① 伊藤正德：《加藤高明》下卷，第156～160页。王芸生：《六十年来中国与日本》第6卷，第74～76页。

② 《日本外交文书》1914年第3册上卷，第371页。

③ 《日本外交文书》1914年第3册上卷，第547页。

④ 《日本外交文书》1914年第3册上卷，第554页。

⑤ 《日本外交文书》1915年第4册上卷，第112页。

⑥ 《日本外交文书》1915年第4册上卷，第115页。

尽可能地让步，但办不到之事，终究不能办。此属无法之事。"①
袁世凯对美国驻北京公使称："日本利用此次战争（第一次世界大
战），意将中国置于其统御之下。"②曹汝霖也流露出愤慨的心情。
中国报纸从 22 日开始报道"二十一条"要求。③

中日双方在正式交涉开始之前，首先在谈判的方法上进行了
争论，日本为了快速解决，要求连日谈判，中方采取拖延办法，
主张每周六一次，结果决定折中为三天一次。④其次是日方要求
以一揽子方式进行，北京方面强调逐条协议。⑤第三是日方要求
在极秘密的情况下进行谈判，北京方面在表面上表示赞同⑥，暗
中却将情况泄露给欧美列强和新闻界。双方都想采取有利于己的
方法，最后双方折中，基本上采纳了北京方面的主张。

中日双方自 2 月 2 日到 4 月 26 日，前后谈判 25 次。2 月 9 日
和 12 日北京方面对日本 1 月 18 日的"二十一条"，提出修正案。⑦
日本于 2 月 16 日提出对案。从 2 月 25 日的第 4 次会议开始至 4
月 17 日的第 24 次会议，从第一号开始逐条谈判，双方在表面性
问题上让步，但在根本性的问题上意见对立。谈判的焦点是第二
号和第五号。北京方面在日本的强大压力下逐一让步，但日本并
不满足，于 4 月 26 日的第 25 次会议上提出最后修正案，强迫北
京方面接受。⑧北京方面于 5 月 1 日提出修正对案⑨。有关这些谈
判，学界已有充分的研究，此处予以省略。

经过 80 多天的谈判，日方将"二十一条"要求压缩为 18 条，

---

① 《日本外交文书》1915 年第 4 册上卷，第 115 页。
② 堀川武夫：《远东国际政治史序说》，第 158 页。
③ 《申报》，1915 年 1 月 22、26 日。
④ 曹汝霖：《曹汝霖一生之回忆》，传记文学出版社，1980 年，第 91 页。
⑤ 曹汝霖：《曹汝霖一生之回忆》，传记文学出版社，1980 年，第 91 页。
⑥ 曹汝霖：《曹汝霖一生之回忆》，传记文学出版社，1980 年，第 91 页。
⑦ 王芸生：《六十年来中国与日本》第 6 卷，第 108～110 页。
⑧ 《日本外交文书》1915 年第 3 册上卷，第 344 页。《小幡酉吉》，小幡酉吉传记刊行
会，1928 年，第 136～138 页。
⑨ 王芸生：《六十年来中国与日本》第 6 卷，第 225～228 页。《小幡酉吉》，第 141～
144 页。

警察权等一部分不得不放弃。北京方面提案为 19 条，对日本的九项条款（第一号的第二、三条，第二号的第一、四、五、六、七条及第三号、第四号）完全允诺；三项条款（第一号的第一、四条，第五号的第一项）基本允诺；对其他六项条款（第二号的二、三、八条，第五号的第二、三、四项）则表示反对，并在第一号中追加了自己的二条（北京修正案的二、六条）。对这些加以具体分析，则北京方面完全允诺的条款，大多是北京方面将来与外国进行某种利权行为时，给予日本优先权，如不举办这一事业时无此类问题的条款；基本允诺的条款，是对该项同意，但附加前提条件或是以北京方面为主导的形式而予以同意的。北京方面反对的是，第二号在满蒙土地所有权、治外法权、课税、开放东部内蒙古等及第五号敷设华中铁路、政府和军队招聘日本人顾问、购买内地土地、设立合办军械厂等问题。而这些恰是严重侵犯中国主权的条款。双方的提案相距悬殊。

5 月 1 日的中国修正案，于翌日晨送达日本外务省，加藤召集松井、小池、小村欣一中国课长商议对策，小池等强烈主张有必要发出最后通牒，遂即起草了通牒文稿。[①]加藤请求大隈召开临时内阁会议。4 日上午，举行紧急内阁会议，确定"二十一条"交涉的最后方案，决定对中国发出最后通牒。[②]当日加藤根据内阁会议决定，给日置及驻华各总领事馆及领事馆发出电训："帝国政府或将对中国政府将发出最后通牒，阁下对所管辖内侨民撤退以及阁下认为此时必要之一切措施，希秘密预作安排。"[③]令各地派出机构着手准备。所谓最后通牒，意味着如果北京政府不接受日本 4 月 26 日最后方案时，两国间首先要断交，随后以战争手段达到要求。因为这是重大的外交政策决定，必须与元老协商得到

---

① 武者小路公共：《小幡酉吉》，第 146 页。
② 德富猪一郎：《公爵山县有朋传》下卷，第 282～283 页。《申报》，1915 年 5 月 5、6 日。
③ 《日本外交文书》1915 年第 3 册上卷，第 364 页。

其同意。4 日，元老与内阁召开联席会议，山县、松方、大山三元老出席，加藤报告了"二十一条"的交涉经过及提出最后通牒的必要性。① 山县认为事态发展至此，责在加藤，应由加藤作为特派全权大使前往中国试行最后的谈判，松方也赞成此意见。② 此时袁世凯派其政治顾问有贺长雄赴日请求井上、山县、松方撤回第五号等要求，元老等多为此所动。③ 松方询问内阁成员：日中断交日本经济所蒙受的打击和对日中开战财政负担有无准备。大藏相若槻对此作了说明，但未能使元老们满意。各元老在对华、对袁政策上，从一开始就与加藤存在分歧④，尤其在第五号是否提出的问题上，此时依然与内阁对立，质问内阁是否有缓和时局的方法。⑤ 可以看出，元老对于提出最后通牒一事，极为慎重。

北京方面当然不会知道日本内部这种分歧与争论，北京政府于 5 月 4、5 两日在大总统府举行首脑会谈反复讨论此事，只有段祺瑞持强硬态度，提出拒绝日本的要求，但对拒绝到底，直至对日一战缺乏信心。⑥ 袁世凯一面称："凡属中国能够让步者，均已作了让步。但虑及中国主权和与其他外国条约之关系以及国内舆论沸腾等，终不能再作更多之让步。"另一面却又让曹汝霖通过日本人《报知新闻》驻北京特派员桑田丰藏转达日置："中国政府希望对日本 26 日最后提案再作考虑后，继续谈判。"⑦ 这表明袁在日方新的压力之下，企图以再次作出让步阻止日本提出最后通牒。然日置以强硬的姿态警告称："此际，要坚定最后决心，除全部同意我修正案（4 月 26 日修正案——笔者）之外，无望和平

---

① 市岛谦吉：《大隈侯爵八十五年史》第 3 卷，第 183 页。
② 德富猪一郎：《公爵山县有朋传》下卷，第 930 页。
③ 曹汝霖：《曹汝霖一生之回忆》，传记文学出版社，1980 年，第 97～98 页。伊藤正德：《加藤高明》上卷，第 23～28 页。
④ 市岛谦吉：《大隈侯爵八十五年史》第 3 卷，第 183 页。伊藤正德：《加藤高明》上卷，第 23～28 页。
⑤ 堀川武夫：《远东国际政治史序说》，有斐阁，1958 年，第 258～260 页。
⑥ 曹汝霖：《曹汝霖一生之回忆》，第 99～100 页。
⑦《日本外交文书》1915 年第 3 册上卷，第 366～369 页。

解决。"①日置同时撤回日本交还胶州湾的声明，进一步施加压力。在这种情况之下，曹汝霖于 5 日下午代表外交总长陆徵祥再次向日置提出希望："取消 5 月 1 日中方提出之回答，中方对日本 26 日提出之修正案，加以考怒，继续会议。"②但曹汝霖就第五号福建问题以外的项目，表示"只有恳求日本让步"。对第二号土地的治外法权、课税问题依旧坚持中国的主权，表明只在形式上让步的意向。③日本不满足这种让步，加藤于 6 日训令日置发出最后通牒，认为北京方面，"对我修正案无充分考虑之意，继续会议之要求，难以应允"④。在当日日本天皇御前会议上，山县、大山、松方三元老及大隈以下全体内阁成员及参谋总长长谷川、军令部总长岛村等出席，决定了最后通牒。⑤其内容除去第五号关于福建省的一项条款外，第五号其他条款"均与本交涉脱离，以后另行协商"。其他对于自第一号到第四号的条款以及关于福建省的换文，"按照 4 月 26 日提出修正案所记载，不加任何修订，迅速允诺，特再劝告。帝国政府期待在 5 月 9 日下午 6 时前，得到对此劝告的满意答复"。并警告称："如限期届满，得不到满意答复，帝国政府将采取认为必要的手段。"⑥

日本在最后通牒中删除第五号的原因是因为在元老和内阁成员的联席会议上，出现意见分歧，双方都表示要再作考虑，暂时散会。但内阁成员等继续举行了内阁会议，内阁会议的焦点，是在最后通牒中是否包括第五号条款的问题。此前，山县亲信内相大浦兼武曾外出旅行，经大隈电召急返东京。大浦对此提出建议："第五号条款，系为我方之希望条件，并未经与同盟国事先协商。

---

① 《日本外交文书》1915 年第 3 册上卷，第 372 页。
② 《日本外交文书》1915 年第 3 册上卷，第 373 页。《申报》，1915 年 5 月 6 日。
③ 《日本外交文书》1915 年第 3 册上卷，第 373 页。
④ 《日本外交文书》1915 年第 3 册上卷，第 374 页。
⑤ 市岛谦吉：《大隈侯爵八十五年史》第 3 卷，第 285 页。《申报》，1915 年 5 月 7 日。
⑥ 《日本外交文书》1915 年第 3 册上卷，第 378～379 页。

因此，如为第五号条款与中国谈判破裂，为我国计，恐非得策，因此不如暂时撤回，留待他日。以此请求元老同意，而后，以其他之各项条款，向中国发出最后通牒，以解决对华问题，并不为晚。"①大浦不愧是山县的亲信，这是再次强调了元老的意见。大隈、加藤也赞成这一意见。于是决定删除第五号（福建省问题除外）内容。②大浦的建议，是重视列强和元老以及北京方面的态度而所寻求的妥协办法。由此可见，元老和列强的意见以及北京方面的态度，对删除第五号产生了很大影响。那么，元老与列强两者的意见相互关系如何？山县等元老历来在侵略中国问题上，是以和欧美列强协调为基调，强调要在协调这个限度内侵略中国。谋划"二十一条"期间提出的方针，也是在这一交涉中，典型的协调外交的主张。③恰值5月4日夜晚到5日拂晓的日本内阁会议中，英国外交大臣格雷的关于反对、牵制第五号的通告送达内阁会议。元老的主张与英国的通告汇合，直接影响了内阁会议的最后决定，日本政府不得不从最后通牒中删除了第五号内容。

　　但是北京政府并不知道日本内部的这一情况，6日夜晚，曹汝霖奉陆徵祥之命，向日置提出："同意第一号全部日本最后方案，交还胶州湾事，日本以公文对中国声明。"第二号的土地商租问题，"另以公文商订，尽可能展长期限"。关于治外法权，有关日本人的土地诉讼，由日方法官审判，其他由中国法官审判，日本领事馆派员观审。东部内蒙古剩下的一条，允诺日本的要求。关于第五号，铁路问题同意日本最后方案第二案（原文如此），顾问、军械及布教事，声明以日本最后方案为基础，他日另行商议。设立学校、医院事，达成协议后即记入会议记录存案"④。特别是对

---

①　德富猪一郎：《公爵山县有朋传》下卷，第931～932页。
②　伊藤正德：《加藤高明》下卷，第173～174页。
③　德富猪一郎：《公爵山县有朋传》下卷，第915～916页。
④　《日本外交文书》1915年第3册上卷，第390页。王芸生：《六十年来中国与日本》第6卷，第237～239页。

于迄今一直拒绝、反对的第五号，表明了作大幅度让步的意向。北京政府此举是欲极力阻止日本提出最后通牒。日本驻北京公使馆察觉到，曹汝霖的让步案与日本最后通牒的内容比较，曹的让步对日本极为有利，因而采取同意的态度。[①]日置认为曹对第五号的让步案对日本有利，拟按北京方面的让步案，修订最后通牒关于第五号部分，并将此意见上报加藤[②]，但加藤以既经朝议决定，训令称："事已至此，难以变更，应即按照训令坚决提出最后通牒。"[③]日置于7日下午3时，将最后通牒面交北京政府外交总长陆徵祥。并要求："对通牒迅速给予满足之答复。"[④]日本以断交和战争，逼迫北京方面允诺日本的最后方案。

袁世凯和北京政府对日本的最后通牒，究竟如何对应？当日夜晚，北京政府当局立即在总统府召开会议，次日即8日下午1时，继续在大总统府召集国务卿徐世昌、政事堂左右丞、外交总长陆徵祥、次长曹汝霖、各部总长、参政赵尔巽、李盛铎、梁士诒、杨度、严复、联芳、施愚等扩大会议，商议如何答复最后通牒。[⑤]有如前述，因为北京当局6日已对包括第五号的日本最后方案有让步意向，所以对允诺包括第五号一部分的最后通牒事前已有所准备。加以英、法、俄等公使劝告北京当局，不要以武力抗拒最后通牒。[⑥]因此，决定允诺日本最后方案。只有联芳、熊希龄"强烈指责日本此次行动，对将来施政发出严重警告"[⑦]。袁世凯对删除第五号表示："深为铭感，日本政府如此宽大之度

---

① 《小幡酉吉》，第153～154页。

② 《日本外交文书》1915年第3册上卷，第391页。

③ 《日本外交文书》1915年第3册上卷，第390页。

④ 《日本外交文书》1915年第3册上卷，第408～409页。王芸生：《六十年来中国与日本》第6卷，第239～241页。

⑤ 曹汝霖：《曹汝霖一生之回忆》，第99页。《申报》，1915年5月10、13日。

⑥ 芮恩施：《一个美国外交官使华记》，商务印书馆，1982年，第124页。曹汝霖：《曹汝霖一生之回忆》，第99页。

⑦ 《日本外交文书》1915年第3册上卷，第443页。

量，勿待最后通牒，即可解决。"①对于最后通牒中攻击北京政府
的种种无理、不实之词，在原起草的答复稿中，用了长篇文字逐
一加以辩解、反驳。但最后在给日方的通告中，只简单说明应诺
之意。②5月8日深夜11时，陆徵祥将应诺复文面交日置，表示：
"对日本政府4月26日提出之修正案除第五号中五项，容日后协
商予以除外。由第一号第二号第三号第四号之各项，及第五号中
关于福建问题以公文互换文件，照4月26日提出之修正案所记载
者并照日本政府所交最后通牒附加七件之解释，即行应诺。"③如
此，北京政府完全允诺了日方的15条。

　　5月25日陆徵祥外交总长与日置益公使在北京签字及交换第
一号关于《山东省之条约》四条④和关于开放山东省城市的换文。
第二号《关于南满洲及东部内蒙古之条约》九条，及旅顺、大连
租借期限和南满铁路期限等八件换文。⑤第三号关于汉冶萍公司，
陆徵祥与日置换文⑥。关于第四号不割让中国沿海岛屿，国务卿
徐世昌于13日以签署大总统令形式允诺日方要求。⑦关于福建省
问题，陆徵祥于25日与日置换文，允诺日方要求。⑧同日，陆徵
祥与日置进行了关于交还胶澳之换文。⑨

　　通过签订条约和换文，除去福建省等一部分外，日本达到了其

　　①《日本外交文书》1915年第3册上卷，第415页。
　　②曹汝霖：《曹汝霖一生之回忆》，第100页。
　　③《日本外交文书》1915年第3册上卷，第417页。王芸生：《六十年来中国与日本》
第6卷，第243页。
　　④《日本外交文书》1915年第3册上卷，第484～494页。王芸生：《六十年来中国与
日本》第6卷，第261～263页。
　　⑤《日本外交文书》1915年第3册上卷，第492～519页。王芸生：《六十年来中国与
日本》第6卷，第263～271页。
　　⑥《日本外交文书》1915年第3册上卷，第520～521页。王芸生：《六十年来中国与
日本》第6卷，第271～272页。
　　⑦《日本外交文书》1915年第3册上卷，第452～453页。王芸生：《六十年来中国与
日本》第6卷，第258页。
　　⑧《日本外交文书》1915年第3册上卷，第522～524页。王芸生：《六十年来中国与
日本》第6卷，第272页。
　　⑨《日本外交文书》1915年第3册上卷，第524～527页。王芸生：《六十年来中国与
日本》第6卷，第272～273页。

所要求的目的；但此属违反国际公法行为，是无效的条约和换文。

第一，这些条约和换文，侵犯了中国的国家独立权。国家独立权是国际法承认的主权国家的权利，是维护国家主权的根本权利。国家独立权，是独立国家具有按照自己国家意志处理自己国家问题的权利，不允许以他国意志和要求处理自己国家的问题以维持国家主权。但关于山东、满蒙的条约，侵犯中国的领土主权。在满洲和东部内蒙古行使领事审判权，公然侵犯中国的独立权，日本在与西方国家修改条约时，以领事审判权侵犯国家独立权，予以废除，然而却在中国强行行使，是公然违反国际法的行为。关于其他条款的协定和换文，也不是出于中国独立的意志，而是按照日本的意志和要求强加于中国的，违反国际法，属于无效。

第二，这些条约和换文，是将违反国际正义的条款，以强制手段和军事威胁，迫使北京政府允诺的。2月8日，日置按加藤训令，对陆徵祥发出"严重警告"①。3月5日，加藤再次警告中方"如不接受我方之要求，日本为达到目的，不得不采取其他手段，万一出现上述情况，将使两国国交发生极大不幸，为防止发生此种事态，希望中国政府充分考虑，允诺我之要求"②。当时日本军部使正在交替换防的驻南满日军和驻山东守备队延期返回，命令日本派出的交替换防两个师团提前出发，又考虑向华北驻屯军增员约1200名。③加藤以此作为军事压力，使用于对北京的外交谈判。日置根据加藤的训令，于3月7日召曹汝霖前来警告称："时局正在向极其危险状态急转"，胁迫其立即允诺日方要求。④日本在报纸上登载出动军队的消息，并同时通告，10日从门司向中国运送机枪等136捆，12日从神户发出炸药等26捆；新派遣的日军3月17日前从日本出发，20日前后在南满和山东

① 《日本外交文书》1915年第3册上卷，第137～138、144页。
② 《日本外交文书》1915年第3册上卷，第206页。
③ 《日本外交文书》1915年第3册上卷，第207、216页。
④ 《日本外交文书》1915年第3册上卷，第211页。

登陆，在奉天（沈阳）、济南、张店、潍县、坊子方面增加了步兵、工兵、炮兵队。[①]中国报纸也报道称：3月10日前后，日本陆续向中国派遣海军舰艇和陆军，形势骤然紧张。北京政府驻日公使陆宗舆奉政府训令向日本政府提出希望"停止向中国增派军队"[②]。外交部也要求日置对增强兵力事加以说明，以排除对中日谈判的军事压力。但日方故意延滞驻屯军和守备队换防时间，以加强其政治和军事上的效果。在实质上给北京方面以强大影响，迫使北京政府不得不作出让步。日本发出最后通牒时，陆军大臣命令满洲第十三、十九师团和独立守备队及驻朝鲜第十九师团作应急准备。[③]海军舰艇配置于长江附近11艘，马公港附近5艘，青岛附近5艘，秦皇岛附近7艘。[④]最后通牒提出的当日和次日，海相八代给第一、二、三舰队司令官发出作战行动命令，各舰队开始作战前的准备。[⑤]北京政府在这种军事压力的强逼下，允诺了日本的最后修正案。在军事强压下签字的条约和换文，违反国际法，当然无效。

第三，关于山东和满蒙的条约，违反中国宪法所规定的签订条约和批准条约的手续，在国际法上应属无效。这种宪法上的限制列入国际法，所以条约的签字、批准、允诺这些国际行为，是否有约束国家的实效，须经常与宪法上的诸种制度结合起来考虑判断。当时中国宪法有1912年3月孙中山的南京政府和临时参议院制定的《临时约法》，其后袁世凯毁弃《临时约法》，于1914年5月制定《中华民国约法》，从中华民国的传统而言，孙中山的《临时约法》应是中国正式宪法，其第35条规定："临时大总统经参

---

① 《日本外交文书》1915年第3册上卷，第246、249页。
② 《日本外交文书》1915年第3册上卷，第257页。
③ 《日本外交文书》1915年第3册上卷，第376页。
④ 《日本外交文书》1915年第3册上卷，第374页。
⑤ 平间洋一：《对二十一条要求和海军》，《军事史学》，第23卷第1号，第315页。

议院同意，得宣战媾和及缔结条约。"①袁世凯的《中华民国约法》第 25 条也规定："大总统可签订条约，但变更领土或增加人民负担条款，必须得立法院同意。"②从以上两约法来看，关于山东、满蒙的条约，须经参议院——立法院批准。然而条约的签订并没有通过这一手续。国际法将签订条约的该国意志如何形成，委之于各国国内的宪法。不经过形成国家意志的必要的国内手续签订的这个条约，不能反映中国的意志，对于中国没有法律的约束力，因此这个条约无效。1923 年 3 月 10 日，北京政府根据国际法的立场，认为这些条约"虽经中华民国大总统签署，但并未按宪法规定之要求，得到中国议会的赞同"③，通告日本政府废除这一条约，是符合国际法的行为。

四、"二十一条"交涉时期中日与欧美列强的双重外交

围绕"二十一条"的中日外交交涉，并不单纯是两国之间的交涉，欧美列强，尤其是英国和美国的介入，超出日本的预料，在交涉过程中，给予日本和北京方面不少影响。当时的中国并不是某一个国家的殖民地，而是日本和欧美列强共同的半殖民地，因而它们彼此之间的相互利害，错综复杂地纠缠在一起。为了侵略这个半殖民地，日本和欧美列强既互相支持、合作，又互相争夺、牵制。这就是所谓的双重外交关系。本节从这个双重外交论来考察"二十一条"交涉中的日本、中国和欧美列强三者之间的外交关系，与此同时，论证"二十一条"交涉的最终结局正是双重外交的产物。

---

① 《孙中山全集》第 2 卷，中华书局，1982 年，第 223 页。
② 《东方杂志》，第 10 卷第 12 号。
③ 长谷部：《满洲成立后商租权》，《满铁调查月报》，第 5 卷第 8 号，第 3 页。

　　日本利用欧美列强忙于第一次世界大战，无暇顾及中国问题，乘此机会向北京方面提出"二十一条"要求。但是又不能完全无视欧美列强的存在和它们对中国的关心，不得不对它们采取外交上的对策。日本把"二十一条"中第一号至第四号的大略内容向欧美列强秘密作了通报，以期获得它们的支持和协助，但隐匿了第五号内容，以防止它们干涉。当秘密通报从第二号到第四号的内容时，通报的时间和内容以及通报方式，根据与各国关系的差异，其方法也不相同。

　　日本首先向有同盟关系的英国通报，然后再通报其他列强。加藤根据日英同盟，主张对英协调，此次交涉也首先期望得到英国的默认或支持。1 月 8 日训令驻英大使井上，将要求内容除去第五号之外，大略通告格雷。① 实际上秘密通告格雷是在日本向北京方面提出"二十一条"后的 1 月 22 日。井上为表示日本信赖英国，佯称："除贵大臣以外，并未向任何方面通报。"② 格雷对第五号内容毫无所知，他表示支持日本的意向，称："与中国实现此种协定协商，大体上极为妥当，只要不影响英国之利益，别无异议。"③ 中国报纸也报道英国支持日本的要求，但是，对第四号的"中国沿海港湾及岛屿不割让，最为各国所重视"④ 一项，英国大使格林向日本提出警告。这是因为日本企图独占中国沿海，排除其他列强。对日本怀有最大戒心的是美国，这是因为北京政府意在利用尚未卷入第一次世界大战的美国和日本在中国的矛盾牵制日本。日本对美国尤为警惕，1 月 28 日白里安国务卿向日本驻美大使珍田询问，是否知晓日本对华要求条件时，珍田隐瞒事实，答以"尚不知其条件"⑤。时至 2 月 8 日，日本才通过珍田

---

① 《日本外交文书》1915 年第 3 册上卷，第 537～539 页。
② 《日本外交文书》1915 年第 3 册上卷，第 542 页。
③ 《日本外交文书》1915 年第 3 册上卷，第 542 页。
④ 《日本外交文书》1915 年第 3 册上卷，第 543 页。
⑤ 《日本外交文书》1915 年第 3 册上卷，第 548 页。

向白里安面交不包括第五号内容的 11 条要求①。对于法国和俄国，2 月 5 日加藤通过两国的驻日大使，通报了不包括第五号内容的其他条款②，俄国驻日大使表示支持，称："对此提案全部，俄国政府无任何异议，诚属理所当然的良好提案。"③俄国与日本已经在满洲和内蒙古划分势力范围，此次提出的对满蒙要求，并未超出其范围，加之对德战况十分不利，又需要从日本购买武器，因而支持日本的要求。由于第一、二、三号，主要是重新确认日本的既得权益或扩大日本在华权益，故而列强对此持基本支持或默认的态度。

欧美列强对"二十一条"中的第一号到第四号的基本态度，说明欧美列强与日本在中国的双重外交关系中的支持、合作的一面。欧美列强和日本都是帝国主义国家，具有侵华，保护和扩大在华殖民地权益的共性，为此表现出互相支持、合作的一面。但是欧美列强和日本在另一方面，为维护和扩大各自的权益和势力圈，排斥对方，互相争夺，因而有时抗议、反对，有时限制、牵制对方的行动。这一侧面，围绕"二十一条"的第五号要求而展现出来。

北京政府通过报界，泄露出日本提出第五号的事实和内容后，日本同欧美列强的对立和争夺随之激化。日本向中国提出"二十一条"20 天后，仍未将第五号内容向其盟国英国通报，2 月 10 日，英国驻日格林大使探询是否存在第五号，并就日本未将其内容通报英方一事向加藤提出抗议："未闻只言片语，实属遗憾。"④但此时加藤仍未坦率告知其内容，只是说："属向中国政府提出日中历来悬案，日本希望得到中国切实实行的诸项。"又对事前未作通报辩解称："因与贵国利权、利益没有冲突"。"只是向中国政府

---

① 《日本外交文书》1915 年第 3 册上卷，第 557～560 页。
② 《日本外交文书》1915 年第 3 册上卷，第 550～553 页。
③ 《日本外交文书》1915 年第 3 册上卷，第 553 页。
④ 《日本外交文书》1915 年第 3 册上卷，第 561 页。

提出希望，决非要求"①等等。日本于 2 月 20 日向英国通报了第
五号内容②，但日英关系并未能因此而融洽。两国就日本是否有
向英国预报第五号的义务发生争论，2 月 22 日，格林指责加藤在
10 日所发表的认为对此次要求内容"英国是否有权利得到预告之
说法"③，及日方"即使有与英国权益冲突，也并不一定要和英
国协商"④的谈话表示难以理解，对日本的单独行动表示不满。
但日本不承认有必须与英国协商的义务，加藤反驳称："不仅是希
望条款，即使属于要求条款，也没有全部都逐一预报之义务。是
否预报，全由我方斟酌处理。"又称，"日本希望条款中之内容，
即使万一对英方有所妨碍之处，一经向中国提出之条款，亦断
难撤回或改变"⑤。表示坚决提出第五号，没有让步的余地，摆
出强硬的姿态。

　　同时，日本对美国也不得不通报第五号内容。2 月 20 日，加
藤对美国驻日大使加斯利称：除前次通报的要求条款之外，"并无
其他对贵国有未作预报之事，只是在要求条款之外，指示日置公
使对中国政府提出希望实行事项，但该事项只属希望，并非要
求"⑥，加以辩解。回避坦率说明具体内容，22 日，珍田才把有
关英文本面交国务卿白里安，并作了与上述同样的解释。

　　但是对于俄国，加藤于 2 月 15 日将第七项布教自由、第二项
土地所有权等一部分内容通报俄国驻日大使，由于加藤认为与俄
国利权直接冲突之事相对较少，所以对俄大使称，"予可断言，作
为希望条款，与贵国权益毫无冲突。"⑦

　　英、美、俄等欧美列强，对于包括第五号要求在内的日本要

①《日本外交文书》1915 年第 3 册上卷，第 561 页。
②《日本外交文书》1915 年第 3 册上卷，第 586 页。
③《日本外交文书》1915 年第 3 册上卷，第 576 页。
④《日本外交文书》1915 年第 3 册上卷，第 588 页。
⑤《日本外交文书》1915 年第 3 册上卷，第 588～589 页。
⑥《日本外交文书》1915 年第 3 册上卷，第 577 页。
⑦《日本外交文书》1915 年第 3 册上卷，第 570 页。

求，如何应对呢？英国于 2 月 22 日由格林向加藤提交关于表明英方对这一要求的基本态度的格雷照会，内称日本"要求或希望条款中有与英国既有或有约定许与的经济利益冲突时，相信日本政府会与英国政府充分交换意见。""不胜切望日本政府不要提出认为当然有损害中华民国保全和独立的任何要求。"①对日本扩大在华权益，英国表示了维护自己既得权益的意志，并对日本以第五号来确立日本霸权地位的欲望，予以警告。围绕"二十一条"交涉，英国同日本的对立激化，但英国对德战况不利，不得不仰赖日本的协助，因而不能以强硬态度对抗日本，只好以温和的词句提出警告。然后英国也和其他列强同样，首先举出对本国权益有直接关系的条款，以防日本侵入自己的势力圈，即华中长江流域英国的势力圈。3 月 8 日，格雷提出第五号的第五项长江流域铁路敷设权问题。②10 日，提出与此有关的照会。③英国意在排除日本侵入自己势力圈，以图维持自己的独占权益。英国对美国提出的第六项关于福建省（美国从辛亥革命时就已同日本争夺福建省沿海）表示："英国无任何意见"④，不置可否。但对于日本在自己势力范围内扩大权益，排斥自己利权的条款，则毫不让步。"二十一条"交涉期间，加藤和列强驻日大使中会谈次数最多的是英国的格林，多达十数次。格林向加藤询问日中谈判详情，经常提起英国所关心的问题，在保护英国在华权益的同时，对与日本进行争夺之处予以牵制。中国也非常重视英国对中日交涉的态度，对其政策和态度进行分析。⑤

美国在确知第五号的存在之后，也开始采取对抗措施。因为当时北京政府正欲依靠美国的力量，所以美国能够随时从北京方面得到"二十一条"交涉的情报。美国驻北京公使芮恩施，在"二十一条"提出后第四天，即1月22日即从北京方面得到该项情报。精通英语的顾维钧充任北京政府同芮恩施的联络官。芮恩施将所得情报电告国务院，强调称："中国的独立和西欧各国的机会均等濒临危殆。"①但美国国务院并未采取相应措施。2月18日，北京政府通过驻美公使，将包括第五号的"二十一条"全文正式通告美国国务院，揭露了日本隐匿第五号的事实，20日，日本也对美国承认了迄今回避存在第五号的事实。至此，美国才确知第五号的内容。白里安于22日向威尔逊报告第五号要求"威胁中国政治统一，违反对各国机会均等原则"。建议美国应表示反对。②但白里安仍想使中日双方妥协调和，欲以美国承认日本在南满洲、山东的特殊利益，换取1913年国务院顾问蓝辛制定禁止日本人在加利福尼亚土地所有法以来恶化的日美关系的好转。③由此可见，在美国国务院内部有种种不同意见。美国政府在调整国务院内部意见后，于3月13日正式向日本表明对包括第五号在内的"二十一条"的意见，其要旨如下：

第一，对日方要求同情或支持者

1."关于第一号及第二号提案，目前尚无提起问题之意向"。

2."关于第三号及第五号之二款、五款、七款，美国政府不认为给予美国或美国人在中国之现有权益有何特殊威胁"。④

第二，反对日方要求或难以听任日本夺取的：

① 细谷千博：《两大战间的日本外交》，岩波书店，1988年，第21页。
② 细谷千博：《两大战间的日本外交》，岩波书店，1988年，第23页。
③ 细谷千博：《两大战间的日本外交》，岩波书店，1988年，第24～25页。
④《日本外交文书》1915年第3册上卷，第613～616、630～638页。伊藤正德：《加藤高明》下卷，第193～194页。

1. "关于第四号……他国要在该处得到军港，日本乃是阻碍"。

2. "关于第五号第一款，可以推定中国政府对于选择顾问，相信不会有不公平的差别"。另，日本人已在中国的 25 名外国人顾问中占有 6 名，故而没有必要。

3. "关于第五号三款，美国政府担心，（中、日）合办警察计划，较诸减少日、中人之间的冲突反而会更增加困难"。

4. "关于第五号第四款，限制军械弹药购买及第六款福建省开发特权……日本要求之权利和特权，与依照美中条约与确保美国人的权利相抵触"。①

以上意见，具体显示了美国对日本的双重外交政策，前者表明日美都是帝国主义国家，所以同情并支持日本维持并扩大在华权益；后者则以维护中国的独立、领土保全的名义，在维护并扩大美国在华权利方面，与日本进行争夺。

由于 3 月 10 日前后日本向中国增兵，27 日第 15 次会议开始第五号谈判，欧美列强与日本之间的争夺愈加激化。交涉初期，在双重性之中，是以同情和支持日本为主，从 3 月中旬或下旬，以日本同英、美列强之间的相互争夺和牵制为主，中国报纸也报道了英、美态度的这种变化。②

针对美国 3 月 13 日的意见，加藤于 3 月 19 日通过珍田指责美国的意见是根据中国政府的要求，并辩解称，第五号"只是劝告，决非强制要求"，而且"并无破坏机会均等之企图"③。对于顾问、军械、警察等各款，也以日本的理由作了辩解，但在福建省问题上，同美国针锋相对，正面对立。这是因为从辛亥革命前后美国即图谋在福建省沿海地方扩大利权，例如，当时美国筹划

---

① 《日本外交文书》1915 年第 3 册上卷，第 613～616、630～638 页。
② 《申报》，1915 年 3 月 22、24、25、31 日。
③ 《日本外交文书》1915 年第 3 册上卷，第 642 页。

举办三都澳军港借款和伯利恒钢厂在福建省修建船坞工程，因为日本曾和清政府缔结有福建省沿海不割让的协定，所以美国在福建省进行这种活动，是向日本势力圈内渗透，与日本争夺这个地区。日本所提的第五号第六款，目的在于排除美国势力在这个地区的渗透，以确保日本投资优先权。①加藤认为英、法等在山西、湖南、湖北、广东有行使这种优先权的先例，并非日本独自的做法。②珍田于 22 日向白里安提出加藤的意见，但此时却省略了"所谓希望条款，只是劝告，决非强制"这一点。③这是因为"对于福建省，如我之所希望，帝国政府极为重视，为使此点明确，自应预为声明"④。珍田在这里坦白了所谓希望条款与要求条款同等重要。关于警察问题，对美国作了妥协，加上了"满洲，或在某种情况下蒙古除外，并不欲在其他地方适用"⑤。对福建问题，则坚持加藤意见，反驳了白里安政经分离的主张，即"如台湾海防政治上之理由，以及根据需要设置相当之自卫性约定，与工商业即关于和平事业方面确定优先权，其间自应有所区别"的政经分离的主张。并指出这两者"很难划分界限，即使纸上谈兵地划分界限，但在实际问题上，按此标准行动，也几乎为不可能之事"⑥。

在这种情况下，美国不得不采取新的措施以牵制日本在福建省扩大利权，3 月 29 日，美国驻日大使奉白里安训令向加藤提出，对于"中国政府与贵国政府约定，不许他国在该省沿海修筑港湾或设置煤栈、海军根据地等"这一条款，要求日本削除"首先与日本协商"的内容⑦，用以牵制日本的优先权。美国对福建问题

① 《日本外交文书》1915 年第 3 册上卷，第 643 页。
② 《日本外交文书》1915 年第 3 册上卷，第 643 页。
③ 《日本外交文书》1915 年第 3 册上卷，第 642、650 页。
④ 《日本外交文书》1915 年第 3 册上卷，第 657 页。
⑤ 《日本外交文书》1915 年第 3 册上卷，第 657 页。
⑥ 《日本外交文书》1915 年第 3 册上卷，第 657 页。
⑦ 《日本外交文书》1915 年第 3 册上卷，第 668～669 页。

采取了强硬的态度,但在其他问题上则对日本作了有条件的让步。如就顾问问题表示"在其适当部分,由日本派出无异议"。军械问题,"不预定数量,只是中国向外国订购军械时,其适当部分可由日本供给"。警察问题,"如仅于满蒙,且限于日本人居住区域,美国无异议"①。这些表明,美国反对日本在华确立统治地位或霸权;但对与美国无直接利害关系的特定地区的要求,则予以承认。另外在这些问题上,对日本与美国等列强共享的利权,则出于帝国主义的共性予以支持。这说明美国对日本采取的是既支持又争夺、牵制的双重外交。

当美国与日本进行外交交涉时,英国采取了袖手旁观,注视中日交涉进展的态度。3月27日格林向加藤询问日本与美国交涉的情况,又问及日本增兵情况,并提议由英驻北京公使朱尔典劝告北京政府,推进谈判。但加藤历来反对英国介入,以"无此必要"②加以拒绝。

英国所关心的仅是第五号第五款关于长江流域铁路的问题。4月15日,格林就此要求日方作出新的回答,加藤答以"如前所述"③,表明不作让步。

英、美两国对于与本国有直接利害关系的条款与日本进行争夺,但英国由于当时战况对协约国不利,没有余力像美国那样对"二十一条"各条款,与日本进行广泛的争夺,这是两国的异同之处。

日本同英、美列强的对立和争夺,给了袁世凯和北京政府利用这一矛盾抵制日本的机会。袁世凯和北京政府与欧美列强的外交关系,也具有两重性。一方面是侵略和被侵略的关系,另一方面是为了抵制、牵制日本扩大侵略,而与欧美列强相互利用的关

---

① 《日本外交文书》1915年第3册上卷,第670页。
② 《日本外交文书》1915年第3册上卷,第666页。
③ 《日本外交文书》1915年第3册上卷,第683页。

系。袁世凯的高级军事顾问坂西利八郎察及袁的这种态度，也说：袁采取"借各国势力阻碍我伸张势力"，"欧美列强伸手干涉，终于使日本不能垄断利益"①的牵制策略。北京政府通过顾维钧向美国公使芮恩施透露日方用增兵威胁欺诈手段强迫中国承诺第五号的情报，又让美国在中国的传教士向美国政府呼吁保护在华美国人的利权及援助中国。中国留美学生联盟也向美国政府和新闻界呼吁援助中国。袁世凯则要求芮恩施请求美国政府发表声明，如日本的要求在有"依据条约、政策或惯例对美国有利害关系的权益受到影响之事态时，未经美国参与不得审议"②。袁世凯希望美国舆论上的支持重于物质援助，认为美国舆论是取得最后胜利的力量。芮恩施将袁世凯的要求转报国务院，并提出：如对北京方面的希望不予支持，会引起中国人的反美感情，失去美国对中国的影响力。认为应积极地支援中国，牵制日本的在华行动，以保护美国的利权。但国务院和白里安希望采取折中的方法使中日双方妥协。这是在特殊时期采取的消极政策。中国报纸也报道了美国的这种态度。③

　　改变美国国务院这种消极政策的是威尔逊总统。4月10日威尔逊告知白里安：关于芮恩施报告日本政府强行要求中国方面允诺希望条款，我们不能不给予极大关心，指示要向珍田表明：第五号当中有违反维持中国独立自主以及门户开放政策的问题。据此，国务院和白里安决定以强硬态度对待日本。这在形式上是美国应中国的要求，采取了援助北京方面的政策。白里安于15日训令芮恩施向北京政府表明如下意向："美国政府所有在华条约上之全部权利，无任何放弃之处，并对于有关中国的产业性的、政治上的福祉之所有一切事宜，寄予友好的关心毫无减少。确信并期

---

① 《日本外交文书》1915年第3册上卷，第177页。
② 细谷千博：《两大战间的日本外交》，第30页。
③ 《申报》，1915年4月1、4日。

待目前交涉之结果，不影响美国之权利、义务，并无侵害美国利益之点。"①

这是美国对北京政府的支持，说明美、英等欧美列强与北京政府的关系也有两重性，即一方面是侵略和被侵略的关系；另一方面是牵制日本大规模侵华以及日本排斥英、美列强在华权益，确立霸权地位等侵略行动。为了与日本争夺中国，英、美以保全中国国家主权和领土完整为口号，而目的则是利用中国抵制日本，从而不得不支持中国反侵略的部分要求。这就是英、美列强对中国外交的两重性。对此，北京政府利用欧美列强支持自己的有利的一面，抵制日本侵略性的要求，借英、美列强之力，采取牵制日本的措施。

美国向北京政府所表明的意向，并不是要对日本表示强硬态度，但是从"二十一条"开始交涉以来，美国首次直接向北京政府表示美国政府的意志，袁世凯和北京政府受到鼓舞，增强了抵抗日本的信心。中国报纸报道，美国的这种态度将受到中国社会的普遍欢迎。②美国的这种态度，直接影响到"二十一条"交涉。这时交涉的焦点，是在满蒙问题上把东蒙与南满分离，在这种情况下是否承认日本在东部内蒙古扩大利权和是否撤回除去福建问题的第五号的问题，陆徵祥在日方的逼压和不能得到欧美列强积极介入的困难情况下，于4月15日第23次会议中，提出以交换方式解决的方案："日本政府此时如完全撤回第五号，中国政府将考虑东蒙问题尽量按日本的希望办理。"③但在得到美国政府上述支持的翌日（17日）的第24次会议中，日置发现陆徵祥改变了态度："第五号全部自不待言，东部内蒙古问题，也露骨地表明断

① 细谷千博：《两大战间的日本外交》，第 30 页。
②《申报》，1915 年 4 月 17、21 日。
③《日本外交文书》1915 年第 3 册上卷，第 324 页。

然拒绝的意向"①，日置对陆徵祥突然强硬的原因，苦思不得其解。18 日《京津泰晤士报》报道美国芮恩施公使将美国政府 15 日的电训通告北京方面。②日置据此判断"美国公使之通告，确实为中国政府改变态度之原因"。③并于 19 日将此情况电告加藤。

美国为了维护扩大在华权益，支持中国，牵制日本。北京方面因此加强了抵制日本的力量，对"二十一条"交涉产生了新的影响。第 24 次会议之后，日置鉴于陆徵祥的强硬态度，当日向加藤建议提出日本最后方案。④大隈内阁在 20 日的内阁会议上决定了最后方案，21 日与山县、松方等元老密谈，22 日将其内容通报日置，日置于 26 日第 25 次会议中正式提出。⑤

提出最后方案与提出"二十一条"时一样，日本也是采取先向英国通报，以求其谅解的办法，在向北京方面提出前一天的 25 日，将该案的内容通报格林。28 日，日本驻英大使井上将该条款要点在伦敦面交格雷。格雷认为"提案大体妥当"⑥。这主要是对从第一号到第四号内容的态度。到 5 月 3 日，向日本政府提出了对第五号的意见：

1. 第一项关于招聘日本人顾问问题。如日本人顾问达到半数以上，则与"在中国设定保护权相差不远"。

2. 第四项关于供应军械要求的问题。"将来供给军械之权利，似由日本一手包办"。

3. 第五项关于长江流域建设铁路问题。"此乃特殊的日、英两国商业上利益调整问题，且关于本问题，当另行发出电报"。预为保留。

---

① 《日本外交文书》1915 年第 3 册上卷，第 330 页。
② 《日本外交文书》1915 年第 3 册上卷，第 688 页。
③ 《日本外交文书》1915 年第 3 册上卷，第 335 页。
④ 《日本外交文书》1915 年第 3 册上卷，第 331～332 页。
⑤ 《日本外交文书》1915 年第 3 册上卷，第 337～339 页。
⑥ 《日本外交文书》1915 年第 3 册上卷，第 705 页。

4. 如北京方面拒绝上述要求，日中断交时，"导致此种情况，英国在舆论面前，与日英同盟的有关条款无法调和"。①

格雷在提出这些问题的同时，严重诘问："日本是否取消此等强制要求？"或对日本要求"有解释错误之处，予以澄清"。"希望两者择其一"。②这实际上是要求日本就第五号"取消强制要求"。格雷的通告表示了英国与日本双重外交中争夺的侧面，此通告的日文译本，经山县亲信大浦看后，成为5月4日大隈内阁决定删除最后通牒中第五号要求的决定性因素之一。这一阶段在第五号问题上，英国对日本最后方案的牵制作用，可以说较之美国的牵制更为有力，起了决定性作用。

美国对日本的最后方案，也并非没有采取牵制措施。加藤于4月29日训令珍田，将最后方案预报美方。③4月29日、30日两天白里安向珍田大使提出如下意见：

1. 关于第三号中的汉冶萍公司的要求"与中国主权有抵触，且对附近矿山开采，亦侵害各国的权利"。

2. 关于第二号第五条中的满洲租税"如果需要日本领事的承认，是否有与中国主权相抵触之嫌"。

3. 关于第五号之一项顾问"in case of necessity 必要时，听来有很强的排他性，令人产生必须雇聘日本人顾问之感"。④

这个意见，也表明美国同日本在双重外交关系上相互争夺的一个侧面。珍田立即将此意见电告加藤。可以认为，这也对日本删除最后通牒中的第五号内容，起了一定作用。

---

① 《日本外交文书》1915 年第 3 册上卷，第 729～731 页。伊藤正德：《加藤高明》下卷，第 190～191 页。

② 《日本外交文书》1915 年第 3 册上卷，第 731 页。

③ 《日本外交文书》1915 年第 3 册上卷，第 706 页。

④ 《日本外交文书》1915 年第 3 册上卷，第 712～713 页。

英、美舆论一般都谴责日本的最后要求侵犯中国的独立，与各国之间的机会均等原则抵触，侵害英、美的既得权益。

日本鉴于此种国际情况，外务省驻外机构提出了与外务省不同的意见。驻英的井上于5月1日进言加藤："此时，应主动从此次交涉中暂将第五号剔除。"①井上提出："不拘当前问题趋势如何演变，此时，一步失误，终将使帝国在国际上陷于孤立，其结果存妨害将来国运发展之虞。"并且"战争结束之际，对于帝国提出讲和条件，不能得到友国之支持，难免使战争果实完全丧失"②。这是对英、美的协调论，是井上的个人见解。但是可以由此明显地看出，当时日本政府从最后通牒中，删除第五号的背景和原因。

俄国和法国政府，在2月下旬虽然对第五号要求曾表示了担心，然而此时却对这个最后方案表示赞同、支持。5月4日，俄国驻日大使马列维奇对加藤表示："日本政府新修正案，极为稳妥，是明智处置。"③法国外交部亚洲司长也说："法国没有理由反对日本的行动，在中国利源开发上，与日本财政合作，可以完全解决。"④俄、法的这种态度和当时战况有关，1915年5月，俄国东部战线受德、奥两军猛烈攻击，损失惨重；法国虽然进行了反击，但损失很大。两国都没有余力干涉中日交涉。

这样，欧美列强基本上支持日本最后方案的从第一号到第四号要求，虽然反对第五号中与本国有利害关系的条款，但这并不是为了中国，而是为了保护和扩大自己的权益。

日本察知欧美列强对最后方案的态度，并且了解到即使强行要求中国承认删除第五号的最后方案，欧美列强也并不反对，乃于5月7日向中国提出了最后通牒，为在通牒发出后防止英、美等国干预，日本展开了一系列对英、美等国外交。5月6日加藤

---

① 《日本外交文书》1915年第3册上卷，第714页。
② 《日本外交文书》1915年第3册上卷，第714页。
③ 《日本外交文书》1915年第3册上卷，第718页。
④ 《日本外交文书》1915年第3册上卷，第721页。

训令驻美、俄、英大使向驻在国外交首脑或国务卿说明发出最后通牒之经纬。加藤并于同时将最后通牒内容直接通报英国驻日大使格林称："第五号除福建省问题外已经撤回。'爱德华·格雷爵士'可以放心了"①，事实也正是如此。7 日，格雷训令朱尔典：劝告北京方面，"日本最后提案颇为宽大，应即允诺，以谋求时局之妥协，将有利于中国"②。

格雷之所以如此劝告北京方面的原因，除上述原因之外，另一原因是唯恐中日谈判破裂，双方陷入战争状态。格雷在 4 月 28 日收到日本最后方案时，曾警告井上称："切望日中两国，不要发生破裂。"③于 5 月 6 日又警告称："如此项因交涉问题而致两国开战，实为痛心之事。"④正如格雷所云："其结果将导致瓜分中国。"⑤同时日本在这次战争中取胜，将获得较诸"二十一条"更大的权益。如果中日开战，因日本与协约国阵营的英、法、俄的合作关系，各国将与中国形成敌对关系。英国认为，无论如何应该避免这种事态。

美国政府对最后通牒持何种态度？加藤于 5 月 6 日向加斯利大使说明提出最后通牒的过程。珍田将最后通牒英译本面交白里安，白里安喜形于色，表示："将希望条款基本上全部撤回，这是易于达成妥协之所在。"⑥白里安也恐交涉决裂，中日开战，极力劝告大隈"尽力勿使日中两国发生实力冲突之情况，稳妥交涉解决"⑦。并向珍田表明，由英、法、俄共同劝告中日两国政府不要干戈相见的意向。这是对日本最后通牒的干涉。正如加藤对美国驻日临时代理大使所说：北京方面的态度，自 4 月中旬以来，

①《日本外交文书》1915 年第 3 册上卷，第 728 页。
②《日本外交文书》1915 年第 3 册上卷，第 781 页。
③《日本外交文书》1915 年第 3 册上卷，第 705 页。
④《日本外交文书》1915 年第 3 册上卷，第 750 页。
⑤《日本外交文书》1915 年第 3 册上卷，第 750 页。
⑥《日本外交文书》1915 年第 3 册上卷，第 767 页。
⑦《日本外交文书》1915 年第 3 册上卷，第 766 页。

突然固执起来，估计"是否起因于美国之态度"①。珍田在当晚要求会见白安里，表示反对之意："中国要求外部援助，其结果只有迁延时日，反有使时局难以收拾的可能。"②加藤也采取了对抗美国的措施，训令日本驻英、法、俄大使向驻在国提出不要赞同美国意见的要求③，认为美国这种劝告，会使北京政府"产生依靠外国援助之希望"，"事到如今，日本今天没有改变方针之理"。但在这时中国方面接受日本最后通牒的消息已开始泄露于外，所以英国政府答复美国政府："此时已无采取任何手段之必要。"④俄国因为"得到日本提供武器及其他援助的许诺，对日中交涉，不愿意加以干涉"⑤。法国也采取与美国不同的立场。美英的共同劝告、共同干涉的计划，未能实现。

北京政府在"二十一条"交涉中，期望欧美列强支援中方抵制日本。在第五号（福建省问题除外）问题上，由于欧美列强反对和牵制，得以从最后通牒中删除，但因为欧美列强基本上默认或支持日本自第一号至第四号要求，故而未能坚决抵制，并不得不于 5 月 9 日接受日本的最后通牒，这在很大程度上受欧美列强对日本和中国推行双重外交的制约。

欧美列强对于中国承诺最后通牒异口同声表示满意。格雷称："此次和平解决，个人表示衷心祝贺。"⑥白里安也表示满意。⑦法国外长德尔克塞也表示："祝贵国成功。"⑧俄国报纸《莫斯科之声》表示祝贺："日中问题之解决，是三国协商外交之成功。"⑨欧

---

　　①《日本外交文书》1915 年第 3 册上卷，第 737 页。
　　②《日本外交文书》1915 年第 3 册上卷，第 766 页。
　　③《日本外交文书》1915 年第 3 册上卷，第 773～774 页。参照《申报》，1915 年 5 月 11 日。
　　④《日本外交文书》1915 年第 3 册上卷，第 779 页。
　　⑤《日本外交文书》1915 年第 3 册上卷，第 781 页。
　　⑥《日本外交文书》1915 年第 3 册上卷，第 781 页。
　　⑦ 细谷千博：《两大战间的日本外交》，第 35 页。
　　⑧ 细谷千博：《两大战间的日本外交》，第 779 页。
　　⑨ 细谷千博：《两大战间的日本外交》，第 792 页。

美列强因迫使日本删除了与它们在华权益有直接冲突的第五号而在此次同日本的争夺中得到胜利。又由于对日本的第一号到第四号要求，欧美列强支持日本，牺牲中国，避免了中日间爆发战争而给予欧战的不利影响；同时防止了日本因对华战争而得到更进一步扩大在华权益的机会。欧美列强全面实现了对日本双重外交的目的，收到一石二鸟之利，对于中方允诺最后通牒，完全满意。

但是被牺牲了的中国，舆论悲愤激昂，与列强的得意满足呈鲜明对照。5月9日各地报纸一齐刊载日本最后通牒的中文译本，以5月7日为人民蒙受屈辱、永志难忘的纪念日。①号召人民今后卧薪尝胆，发愤自强，决心他日雪耻。京师商务总会号召全国各商会："日本利用欧洲多事之机，以吞并朝鲜相同之条件，迫我承认5月7日提出以武力威胁之最后通牒，强夺我生命财产，灭我国家，以供其贪欲……我国民蒙此奇耻大辱，尚有何面目存在于社会，此5月7日之耻，此生此世，我子我孙，永誓不忘。"②这不仅是对日本的敌忾之心，也是对于牺牲中国的欧美列强的愤怒之火。

"二十一条"交涉，至此结束，但是日本同欧美列强以及同中国的双重外交并未就此终了，其冲突和争夺仍在继续。美国政府于5月11日致日本政府口头照会，明确表示："美国政府对于日中两国政府已经缔结或今后缔结之任何协定或谅解，若有侵害美国国家或其国民条约上之权利、有损害中华民国政治上或领土保全者，尤以对人所稔知的作为国际门户开放主义之中国，发生违反有关于此的国际政策时，美国政府不予承认，特此荣幸地通告

---

① 《申报》1915年5月12、15日。
② 《日本外交文书》1915年第3册上卷，第447页。

日本政府。"①

5 月 17 日，美国政府再次向日本提出大致相同的备忘录，与日本进行争夺并予以牵制。②

日本的"二十一条"要求，是在第一次世界大战这一特殊历史条件下所提出的特殊要求。随着第一次世界大战结束，关于"二十一条"要求的中日之间的条约和换文，极大地改变了其内容。大战结束后，欧美列强为挽回战争中在中国的颓势，再次卷土重来，组成新四国借款团，尤其是在 1921 年的华盛顿会议上，围绕在华权益，以美国为主体的欧美列强，与日本展开了新的争夺战。"二十一条"中的部分条款继续存在；一部分通过争夺，日本不得不放弃；一部分让给新四国借款团；一部分由于中国的抵制，难以实现。战争时期一度膨胀起来的日本大陆政策，在欧美列强的争夺、牵制以及中国的抵制之下，转入低潮期。

五、袁世凯、孙中山与"二十一条"

日本的"二十一条"要求是关乎中华民族存亡的重大问题，袁世凯和北京政府及孙中山和革命党对日本的这一要求理应首先反对。但实际上与此相反，双方围绕"二十一条"互相攻讦对方，两者对立愈加激化。本节围绕"二十一条"交涉，考察日本的对袁、对孙政策以及袁、孙双方如何利用"二十一条"，谴责、攻讦对方，孙中山等革命党在这一时期如何展开反袁活动。同时就欧事研究会与袁世凯联合采取反日行动的事实，以及日本与袁世凯的对策加以探讨。

围绕"二十一条"交涉，日本对袁、对孙的政策有明显的差

---

① 伊藤正德：《加藤高明》下卷，第 196 页。细谷千博：《两大战间的日本外交》，第 36 页。

② 伊藤正德：《加藤高明》下卷，第 196～197 页。

异。袁世凯和孙中山是中国国内相互对立的两大势力，因之日本的对袁政策必然要关联到对孙政策；反之，对孙政策又必然关联到对袁政策。如前所述，当时山县等对袁世凯表示援助之意，主张使袁信赖日本；对孙中山等革命党则抱有恶感。山县批评大陆浪人和言论界对孙、黄的主张："新闻界对革命党深为同情，与之通谋，公然排击袁，唯孙文、黄兴是赖"。[1]但日本军部的田中义一、町田等军官和内田良平等大陆浪人则决心要"以匕首对袁"[2]。内田主张支持孙中山等革命派对付袁世凯。[3]围绕"二十一条"交涉，在对袁、对孙政策上，一方支持，另一方则加以反对，成反比例的对比关系。然而在政策上虽然对立，但在达到"二十一条"的目的（第五号除外）这一点上，则是一致的，日置为达到这个目的，曾向加藤建议，如袁世凯不肯轻易应允要求条款时，"即煽动革命党、宗社党以颠覆袁政府之气势，加以威胁"[4]。若能说服袁世凯使之允诺时，"即保障袁大总统的地位及其身家之安全"，"严格取缔革命党及中国留学生等"。[5]日本在对袁世凯谈判中，利用孙中山和革命党为王牌，袁世凯也感到这种压力，时刻提防，从而对日本让步。中国报纸则报道了孙中山和革命党在日本进行反袁活动[6]，这也加速了袁世凯的让步决策。为了抵制"二十一条"，对于日本这种两面政策，袁世凯与孙中山本应暂时缓和相互的对立，以便共同对付日本，但在实际上袁、孙两方的关系却与此相反。

在"二十一条"交涉期间，孙中山等革命党与袁世凯的北京政府双方都利用"二十一条"使相互之间的敌对斗争更加激化。

---

① 德富猪一郎：《公爵山县有朋传》下卷，第921页。
② 北冈伸一：《日本陆军与大陆政策》，第169页。
③《日本外交文书》1914年第2册，第940页。
④《日本外交文书》1915年第3册上卷，第592～593页。
⑤《日本外交文书》1915年第3册上卷，第567、592页。
⑥《申报》，1915年4月23、25日。

双方首先就日本是如何、为什么提出"二十一条"的问题相互攻击对方。中华革命党于 3 月 10 日发表了《党务部通告第八号》。这个通告揭露此次交涉的由来：是因为日本承认袁世凯就任皇帝向袁要求报酬，袁世凯允诺了日本的要求，所以日本才提出"二十一条"，谴责了袁世凯的这种卖国行径。[①]中华革命党总务部长陈其美的秘书黄实于 4 月下旬将关于"二十一条"交涉的通告从日本发往中国国内、新加坡、旧金山等地。5 月上旬，孙中山对在东京的党员发表《揭破中止交涉之黑幕以告国人》的文章。这和通告第八号均是指责"二十一条"是袁世凯的阴谋，揭发袁世凯通过其政治顾问有贺长雄、青柳笃恒同日本大隈首相有私人交谊，关系密切，由他们向大隈转达了袁世凯就任称帝的欲望，大隈以事关重大，经请示日本元老，指示其代价是向中国提出各种条件。日本驻北京的日置公使于前一年 11 月一度归国，曾就此与内阁商谈，及返回北京与袁世凯会谈时，曾暗示承认称帝应对日本有所报酬。由于有这种事前秘密交涉，日本才公开向中国提出"二十一条"。[②]这些指责在迄今发现的史料中不能得到证明，但革命党通过这种揭发，指出袁世凯是最大的卖国贼，号召党员和国民进行反袁斗争。

　　袁世凯则指责革命党与日本订立了密约，日本以兵力支援革命党为条件，才提出"二十一条"要求。[③]中国报纸也散布孙中山与日本签订所谓密约之说。[④]这个说法并无事实根据，只是从革命党和日本历来的关系，将日本提出"二十一条"的责任归之于革命党方面，给孙中山革命党贴上亲日的标签，以使革命党在

---

　　① 《中国亡命者散发印刷品之件》乙秘第 629 号，1915 年 3 月 30 日，日本外交史料馆藏。《总理年谱长编初稿》，中国国民党中央党史史料编纂委员会，1932 年，第 128～131页。

　　② 《日本外交文书》1915 年第 2 册，第 284～288 页。

　　③ 《中国亡命者戴天仇谈话》乙秘第 435 号，1915 年 3 月 1 日，日本外交史料馆藏。《散发印刷品之件》第 316 号，警视厅致外务省，1915 年 4 月 26 日，日本外交史料馆藏。

　　④ 《申报》，1915 年 4 月 22、24 日。

民众中孤立。

两方面虽然如此对立，但也有共同之处，那就是尽量避免对提出"二十一条"的日本进行抗议、谴责，而将引发反对"二十一条"的青年学生运动的责任归于对方。当时中国南北各地和留日学生，反对"二十一条"运动十分猛烈，当时早稻田大学在校生李大钊任留日学生总会宣传部长，起草《告全国父老书》，揭露"二十一条"要求的侵略内容，并号召中国国民为祖国奋起。12月中旬，东京中国留日学生1000余人集会，抗议日本的要求。驻日中国公使馆不仅不支持他们的行动，反而散布流言，中伤革命党在背后煽动。①革命党的戴天仇（季陶）否定这一说法，称中国公使馆"使革命党担负这一恶名，革命党实感困惑"②。孙中山对太阳通讯社的多野春房说："袁世凯为给自己辩解，煽动国民，正在掀起排日高潮。"孙中山为排除袁世凯，称自己正在"为得到日本政府的援助而进行活动"③。袁、孙两方都本应反对日本，但却互相指责对方煽动排日，并没有把斗争矛头指向日本，这是极不正常的现象。

为什么围绕"二十一条"交涉会产生这种反常现象？这是因为袁、孙两方都意在利用这一机会，借日本或民众、舆论之力，打倒或压倒自己的政敌。在《党务部通告第八号》中，孙中山对"二十一条"的态度云："唯有孙先生对此表示沉默，不加一言。"又据传孙中山主张："不解决根本问题，中日交涉问题无法处置。"④这里所指的根本问题，即打倒"误国卖国的首魁"袁世凯。黄实散发的文章也主张：袁世凯是卖国罪魁祸首，讨袁势在必行，

---

① 《中国亡命者戴天仇谈话》乙秘第435号，1915年3月1日，日本外交史料馆藏。
② 《中国亡命者戴天仇谈话》乙秘第435号，1915年3月1日，日本外交史料馆藏。
③ 《孙文谈话》乙秘第659号，1915年4月8日，日本外交史料馆藏。
④ 《中国亡命者散发印刷品之件》乙秘第629号，1915年3月30日，日本外交史料馆藏。《总理年谱长编初稿》，第128～131页。

不容宽恕。以革命挽救危亡，必须从根本上解决问题。①从孙中山答复北京学生诸君的信中也可以看到这种主张。5月9日，袁世凯允诺除去第五号的日本要求之后，北京学生致书孙中山（其内容不明），但从孙中山复信中推测，估计学生是谴责日本侵略性的要求，表露爱国热情，主张反日运动。但是孙中山的复信，一方面对学生的爱国热情表示铭感，但又指出："当惜君等未知交涉之内容也，知之则必不如来函所云云，而愤慨之情，将不异弟。"此次"二十一条""实由彼请之。日人提出条件，彼知相当之报酬为不可却，则完全以秘密从事"。所以不能加以拒绝，完全是秘密进行的。②这里所说的"相当之报酬"是指袁阴谋称帝得到了日方的承认。孙中山认为袁世凯是"甘心卖国而不辞为祸首罪魁"的窃国大盗，"祸本不清，遑言扦外"。号召学生诸君认识反袁斗争较之反日更为重要。③

在"二十一条"交涉中，孙中山等革命党以讨袁为最大课题，计划以此进行讨袁。当时革命党预测，"二十一条"交涉有两种可能：（一）袁拒绝，（二）承诺。袁世凯如拒绝时，如王统一所言："如发生日中开战之不祥事件时，日本将立即直捣北京……袁政府在日本一击之下崩溃。"对此，"我等同志应目下雌伏，时机一旦成熟，立即奋起，决不踌躇"④。当时日本警察方面向外务省报告中国革命党动静时称：中国革命党现分为激进派和渐进派，"如交涉破裂，两国干戈相见，两派将乘机共同举事。"⑤这种计划是要利用日本对袁世凯和北京政府的战争，以达到反袁目的。为此，孙中山"通过日本人某（姓名保密不宣）进行活动，请求日本政

---

①《散发印刷品之件》第316号，警视厅致外务省，1915年4月26日，日本外交史料馆藏。
②《孙中山全集》第3卷，第175页。
③《孙中山全集》第3卷，第176页。
④《中国亡命者王统一时局谈》乙秘第840号，1915年4月5日，日本外交史料馆藏。
⑤《关于中国革命之件》乙秘第955号，1915年5月13日，日本外交史料馆藏。

府援助"①。并派陈其美、许崇智、林虎等赴南洋与李烈钧、岑春煊等联络。

但由于袁世凯在日本逼压下,接受了删除第五号的日方要求,上述计划不得不中止。在这种情况下,革命党认为,由于袁世凯接受日本的要求,俄国也将继日本之后,向袁世凯要求外蒙古的新利权,中国国民将更加反对袁世凯,革命党"乘此趋势,作为政略,谴责日本之要求。另一方面,积极攻击袁世凯政府此次之措施,鼓吹反袁,激发人心,并极力争取民众,待时机成熟举事"②。孙中山为实现这一计划,要求南洋的同志,急速筹措军事经费,指出袁世凯的卖国本质已完全揭穿,"比较满清末年铁路国有风潮,尤易激动全国,间为吾党不可失之时机"③。

与此同时,孙中山于1915年春派军事指挥官前往广东、广西、四川、湖北、湖南、贵州、浙江、江苏、江西、云南诸省,准备起事,9月下旬,又有在东京的革命党干部数十人归国。孙中山在马尼拉制造为起事所需的飞机。此时,孙中山为首先在云南、贵州发起第三次讨袁,于10月派陈其美回国。在西南地区的准备工作进行顺利。东北的开原县、河南省的开封、浙江省的绍兴、陕西省的三原、四川省的成都附近等,反袁起事相继爆发。这些反袁斗争在当时是利用第一次大战爆发之机所掀起的反袁斗争的延长,又于这年秋,结合反对袁世凯的帝制斗争,前后连续活动,发展成为护国运动。

不过在这一时期,中国革命派处于分裂状态,以黄兴为中心的欧事研究会,未与孙中山的中华革命党联合,采取了另外的战术。第一次世界大战爆发后,欧事研究会没有直接组织反袁斗争,而是一面进行反袁宣传,一面在国内的上海,在国外的日本、美

---

①《孙文谈话》乙秘第659号,1915年4月8日,日本外交史料馆藏。
②《关于中国革命之件》乙秘第955号,1915年5月13日,日本外交史料馆藏。
③《孙中山全集》第3卷,第170~172页。

国及南洋进行准备活动。孙中山指责他们的行动是"缓进主义"①。
日本提出"二十一条"要求以后，欧事研究会认为国难已至于此，
采取了与袁世凯联合对抗日本的方针。欧事研究会在日本的成员
李根源、程潜、熊克武等，于 1915 年 2 月 11 日提出应以国事为
重，政治、政党为次，国家灭亡，政治政党何为，于是暂时停止
反袁活动，号召援袁以应付对日外交。2 月 25 日，黄兴、钮永建、
李烈钧、柏文蔚等发表通告，表明这一意见，和孙中山的对袁、
对日本方针正相对立。

　　袁世凯利用革命派内部的对立，采取分化瓦解手段，黄兴等
发表通告之后，袁世凯云：黄兴、柏文蔚等反对孙中山依赖日本，
将与孙脱离。并攻击孙中山"利用外力，以为第三次革命之举"②。
袁世凯于 3 月中旬指示北京政府驻日公使陆宗舆："此次政府宽赦
党人，务令迅速归国自首，共济时艰，以卫祖国。"③陆宗舆按照
指示，大施怀柔之策。何海鸣、刘云舟、张尧卿等数十人自首归
国，张、刘等一行 3 月 12 日到达天津，当局设宴招待欢迎，表示
袁世凯与自首的革命党的联合。

　　这个联合，在某种意义上，双方是要联合反日，日本对此，
加以警戒，警视厅加强了对他们监视。日本驻天津总领事松平上
报加藤称："此时袁政府与革命党联结，担心是否对付日本。"④

　　袁世凯企图利用日本的这种警戒心情，借日本之力镇压革命
党的反袁斗争。4 月 6 日北京政府外交部向日置称："孙中山在海
外（指日本——笔者）派遣伪职，携款分赴沿江沿海各省，乘日
中谈判之机，图谋扰乱，并借国民公愤之名，故意向外人发难，
以图酿成重大交涉"⑤。要求取缔革命党。

---

　　①《孙中山全集》第 3 卷，第 170 页。
　　② 李新、李宗一主编：《中华民国史》第 2 编第 1 卷下，中华书局，1987 年，第 676 页。
　　③ 李新、李宗一主编：《中华民国史》第 2 编第 1 卷下，中华书局，1987 年，第 676 页。
　　④《日本外交文书》1915 年第 2 册，第 275 页。
　　⑤《日本外交文书》1915 年第 2 册，第 277 页。

"二十一条"交涉期间,孙中山的对日活动中应特别注意的是,孙中山于 1915 年 2 月 5 日与陈其美一同与犬冢信太郎、山田纯三郎缔结《中日盟约》(日文译为《日中盟约》)。3 月 14 日致函外务省政务局长小池张造提出结成中日同盟的意见,并附有与《中日盟约》大致相同的"盟约草案"。围绕这些文献的可靠性和其历史背景以及意义、目的,在日本学术界,尤其是日本的孙文研究界颇有争论,在介绍这些争论之前,首先将上述文献的内容,作一全面介绍。

在这些文献中,首先被发掘出来而加以利用的,是孙中山致小池张造函中所附的"盟约草案"。日本电气通信大学的藤井升三教授在日本外交史料馆所藏《各国内政关系杂集中国之部革命党关系》第 16 卷中发现了这一文献,在其所著《孙文研究——以民族主义理论的发展为中心》,从这一文献中正面取材作为确实存在的历史事实,分析了其内容,断定与孙中山当时的言论、思想一致。[①]与此相反,《产经新闻社》的《蒋介石秘录(3)中华民国的诞生》全面否定这一致小池函件和"盟约草案"的可靠性,认为是令人震惊的伪造文件。[②]日本女子大学久保田文次教授在《袁世凯帝制计划和二十一条要求》一文中,也对致小池函件的可靠性提出质疑,认为信中所附"盟约草案""不能认为是孙中山的真实意图"[③]。但久保田教授认为,致小池函的"内容包含有与孙中山的想法相同之处,这就意味着这一文件与孙中山有某种关联,在现阶段还不能完全加以否定"[④],有若干保留。对于这两

---

① 参照藤井升三:《孙文研究——以民族主义理论的发展为中心》,劲草书房,1966年,第 85、94 页。

②《蒋介石秘录(3)中华民国的诞生》(日文本),产经新闻社出版局,1975 年,第 210~214 页。

③ 久保田文次:《袁世凯帝制计划与二十一条要求》,载《草草》第 20 号,1979 年 11月,第 86~88 页。

④ 久保田文次:《袁世凯帝制计划与二十一条要求》,载《草草》第 20 号,1979 年 11月,第 86~88 页。

种见解，藤井教授在《二十一条交涉期间孙文和〈中日盟约〉》中进行了反驳，再次证明其可靠性。[①] 藤井教授在这一论文中，提出《中日盟约》，并全文加以发表，与致小池信函所附"盟约草案"和二十一条相比较，又通过孙中山、陈其美与犬冢信太郎、山田纯三郎等的密切关系以及 2 月 5 日孙中山和陈其美、山田纯三郎的往来关系等，以证明其可靠性。[②] 1986 年 11 月，日本立命馆大学松本英纪教授，以藤井教授的这一论文为基础，发表了《二十一条问题与孙中山》一文，从孙中山与山中峰太郎、上原勇作、秋山真知及小池张造等的关系，断定《中日盟约》是秋山真知起草的。[③]

由于这些文献在日本被发掘出来，在日本的研究和争论，如上所述，十分活跃。但在我国只有依据日本方面的史料和论文的《孙中山年谱长编》《孙中山与中国近代军阀》及一部分论文论及此事，对于其真伪进行研究。

在中国台湾，陈在俊于 1991 年 8 月在《"孙文密约"真伪之探究——日本侵华谋略例证》中全面否定并批判藤井和松本的论点，加以反驳，认为是伪造。陈在俊是根据孙中山的思想和孙中山的印鉴签字及盟约文字和致小池书信的语言笔迹断定为伪造。

这些文献，是有关近代中日关系和孙中山同日本的关系及对其评价的重大问题。所以必须慎重对待，经周密考证，确认其真伪，然后才能分析使用这些文献。

日本和中国台湾的真、伪之说，虽然各有能说明其见解的一部分证据和说服力，但各自的见解，都还没有达到能够确切证明

---

① 藤井升三：《二十一条交涉期间孙文和〈中日盟约〉》，《论集·近代中国研究》，山川出版社，1981 年，第 343~352 页。

②《论集·近代中国研究》，第 336~343 页。

③ 松本英纪：《二十一条问题与孙中山》，中国孙中山研究学会编：《孙中山和他的时代——孙中山研究国际学术讨论会文集》上册，中华书局，1989 年，第 638~660 页。

的程度。现在判定这个文献的真伪为时尚早，需要今后更进一步的考证和阐释。

但是，在这个问题已经提出，并有所争论的情况下，那就不能回避这个问题。以下是笔者提出几个不成熟的思考，把其作为问题提出来。

这个盟约于 1915 年 2 月 5 日署名、盖章。此日从上午 11 时 48 分到下午 1 时 45 分，在盟约上署名的孙、山田、陈三人会合约二小时，孙中山于上午 11 时 10 分以电话召陈其美携带印章即刻前来。①这似乎是重要证据，但其中有几个疑问。

一、在这二小时之外，也有讨论、起草《中日盟约》的可能性。在此二小时之内，讨论、起草并用毛笔誊清是不可能的。

二、署名人犬冢信太郎，此时与孙中山无往来。只是在 1914 年 8 月 12 日，于陈其美寓所见过面，1916 年 11 月 25 日，初次去孙中山寓所访问。②在次年的 2、3、4 月与孙中山往来频繁。另外，犬冢的署名，并非本人签名。③中文和日文的署名都明显不同。

三、藤田礼造与陈其美一同来访，直到下午 1 时 2 分在座，所指为何。④

四、此日，孙、陈、山田三人单独会晤时间为从下午 1 时 3 分到 1 时 45 分陈其美退出，计只有 42 分钟。⑤在此短短的时间中，三个人讨论、起草盟约的可能性更小了。若是这三人在这之前有几次会合讨论、起草盟约的话，然而这三人会合次数如下：

1. 1 月 27 日　从下午 4 时 55 分至 6 时 35 分，合计 1 小时 40 分。⑥

---

① 《孙文动静》乙秘第 200 号，1915 年 2 月 6 日，日本外交史料馆藏。
② 《孙文动静》乙秘第 112 号，1916 年 1 月 26 日，日本外交史料馆藏。
③ 参照陈在俊：《"孙文密约"真伪之探究》（以下省略为《探究》）附录。
④ 《孙文动静》乙秘第 300 号，1915 年 2 月 4 日，日本外交史料馆藏。
⑤ 《孙文动静》乙秘第 300 号，1915 年 2 月 4 日，日本外交史料馆藏。
⑥ 《孙文动静》乙秘第 129 号，1915 年 1 月 28 日，日本外交史料馆藏。

2. 1 月 31 日　从下午 3 时 40 分至 4 时 40 分，计 1 小时，王统一在座。[①]

3. 2 月 1 日　从下午 4 时 40 分至 5 时 10 分，计 30 分。[②]

4. 2 月 2 日　从下午 1 时 5 分至 2 时 55 分，王统一亦行参加。[③]

5. 2 月 3 日　山田、陈其美前后两次访问孙宅，三人同席时间为从下午 3 时 35 分至 3 时 58 分的 23 分钟。戴天仇（季陶）、王统一在座。[④]

6. 2 月 4 日　山田、陈其美均未来访。[⑤]

从以上时间来看，三人并没有充分和共同拟议、起草的富裕时间，这是一个疑问，但王统一三次在座，或许是参与探讨致小池函和盟约草案。

第二，这个盟约如果是山田或王统一亲笔起草，以盟约原文与山田和王统一的笔迹加以比较考证，可以确定并非山田亲笔。

第三，犬冢信太郎和山田纯三郎是否有资格和权限代表日本帝国与孙中山缔结这样的盟约。从国际法或习惯法而言，这是不可能的。孙中山以他们为对手缔结盟约没有实际意义，对此需要作出解释。

松本英纪在《二十一条问题与孙中山》一文中称，此盟约不是由日本海军省军务局长秋山真知起草，孙中山与山田、犬冢签订的，而是与以上原勇作为主的参谋本部签订的，保管于该处的保险柜中。[⑥]这对于解释上述一、二、三的疑问，可以认为提出了新的线索，但是对这一问题的提法，也存有疑问。

---

① 《孙文动静》乙秘第 164 号，1915 年 2 月 1 日，日本外交史料馆藏。
② 《孙文动静》乙秘第 170 号，1915 年 2 月 2 日，日本外交史料馆藏。
③ 《孙文动静》乙秘第 179 号，1915 年 2 月 3 日，日本外交史料馆藏。
④ 《孙文动静》乙秘第 187 号，1915 年 2 月 4 日，日本外交史料馆藏。
⑤ 《孙文动静》乙秘第 193 号，1915 年 2 月 5 日，日本外交史料馆藏。
⑥ 中国孙中山研究学会编：《孙中山和他的时代》上册，第 644～658 页。

　　一、这一见解是松本以山中峰太郎《实录·亚细亚之曙光——第三革命的真相》及《秋山真知》等作为史料根据而提出的，但山中此时与孙中山没有来往，1915 年 1 月 23 日下午 3 时 25 分往访孙中山，孙拒绝会面[①]，表明此时孙中山与山中关系疏远。

　　二、据传由于中国问题，犬冢、秋山与孙中山关系密切，但如上所述，此时犬冢与孙中山没有来往。

　　三、久原房之助提供给孙中山的借款，据说是秋山、犬冢、小池的介绍，但这不是 1915 年 2、3 月，而是 1916 年 3 月的事情。松岛重太郎这个人物为这个问题此时出现，与孙中山有了关系。[②]如上所述，犬冢也从 1916 年 1 月末开始与孙中山才有来往，山中也是从 3 月 7 日和孙中山才有来往。[③]根据山中和山田纯三郎的上述回忆，这是 1916 年 3 月的事情，估计其合同是孙中山与久原房之助间的 60 万日元（一说 70 万日元）借款合同。

　　孙中山的署名和印鉴的真伪是一个问题，笔者见过原本的复印件的再复印件，又进一步看到了原本，再复印件虽然和原本相同，但由于复印的技术性关系或其他原因，多少有些差别，尤其是印鉴存在问题。再有，经过考证盟约的署名和印鉴，所使用的孙中山的署名、印鉴并非原物，而是来自后来编纂的书信手迹或墨迹的印刷品，其一部分是把原本经过照相，然后扩大或缩小的，故其尺寸与原文原物不同。在印鉴上问题更加明显，例如盟约的印鉴与同年 2 月 2 日收到山田纯三郎现金 2 万日元的收据的印鉴，其四边尺寸有一二毫米之差，因为这个收据是经过照相、制版、印刷，也有可能出现差异。署名与同一时期或是在其前后大体一致，但对于确认真伪，还存在着种种问题。虽然与孙中山的亲笔署名大体一致，但如绵密细致地考证，也有这样或那样的不同之

---

　　① 《孙文动静》乙秘第 106 号，1915 年 1 月 24 日，日本外交史料馆藏。
　　② 《孙文动静》乙秘第 351 号，1916 年 3 月 6 日；乙秘第 375 号，1916 年 3 月 11 日；乙秘第 356 号，1916 年 3 月 17 日，日本外交史料馆藏。
　　③ 《孙文动静》乙秘第 361 号，1916 年 3 月 8 日，日本外交史料馆藏。

点。此外，孙中山在郑重地书写署名和平常草书时，尽管在同一时期，也有差异。考证署名、印鉴的真伪时，对于这样的常识性问题，也不容忽视，是应予考虑的。

台湾的陈在俊对孙中山的署名和印鉴，作了详细考证，这是很有意义的。但其中有两个问题。（一）盟约的署名和印鉴，因为是用电视摄像机从30、40度的角度拍摄的，并非从正面拍摄者，因而放大后变形。以此作为原文、原物是有问题的。（二）引用的真实的孙文署名、印鉴，但没有注明年月日。[①]不能确认是同一时期或是在此前后的署名、印鉴。从这两个问题来看，尤其对于印鉴，虽然作了精密的考证，但很难作出确实判断。

对盟约上的孙中山的署名，如进行细密的考证，可以发现，中文和日文，也有一定的差异之点。三个印章的纵横长度为2.3厘米，印章字形的笔画粗细，可能是因为复印的关系，似有差别。

三个印章的篆字字形，有相似之感，需请专家鉴定。再，20世纪初和20世纪20年代的篆字的书写方法不同。《中日盟约》印章的篆字是20世纪初的，现在见到的不是印鉴原物，是再次印刷或再次复印的，所以不易详细考证。

从上述对于署名和印鉴的考察探究，很明确地得出结论，决定真伪只有俟诸专家的鉴定。重要的是，首先必须查明是否签订了盟约的历史过程。这一《中日盟约》是通过当时和犬冢信太郎一同共事的岸清一的子孙流传到早稻田大学教授手中，直到今天仍保存完好。按此线索，搞清《中日盟约》的由来，确实阐明《中日盟约》由起草到署名的过程，是明确真伪，作出结论的关键。

以致小池信函和"盟约草案"及《中日盟约》进行比较研究，其笔迹"极为相似，'盟约草案'和《中日盟约》的内容，基本完

---

① 参照陈在俊《探究》附录五、六、七。

全一致"，可以说三者是出自同一人之手。①虽然不能断定信函和"盟约草案"的起草者就是《中日盟约》的起草者，但两者之间，有密切关系，不能完全排除出自一人之手的可能性。信函、"盟约草案"和《中日盟约》作为具有有机的内在关系的文献，对之进行考察研究，甚为重要。对这三个文献中之一，考证其真伪，给予否定或肯定，将是考证另外两个文献真伪的重要线索。

以下比较研究信函和"盟约草案"。

第一，信函的孙中山署名，不是孙中山的亲笔。和此一时期及其前后孙中山的笔迹加以比较研究，即可明确。

孙文的署名中的"孙"字，在20世纪初和20世纪20年代，大致相同，基本没有变化。但"文"字的写法，20世纪初和20世纪20年代有明显变化。第四笔的捺20世纪初笔画拉得长，20世纪20年代较短。因此，在比较时，应当和其当时或其前后时期的署名进行比较。

此外，此处"孙文"的署名，也不是书信的执笔人的笔迹，而是第三者。

有一种说法，是孙中山顾虑文献泄露，有意识地以与自己稍有不同的笔法署名的。这只是一种推测。如此，小池会因为孙中山的署名非亲笔为理由，判断是伪造的而不接受，其结果，孙中山不能达到自己致送信函的目的。所以说，采取这种做法的可能性极小。

第二，是时间问题。信函和"盟约草案"上注明"大正四年3月14日持交"字样，但这一天王统一并未访孙中山。②此前数日，访孙次数如下：

---

① 藤井升三：《二十一条交涉期间孙文和〈中日盟约〉》，载《论集·近代中国研究》，第350页。

② 《孙文动静》乙秘第553号，1915年3月15日，日本外交史料馆藏。

1. 2月28日　从下午4时15分到4时30分，计15分钟。①

2. 3月2日　从下午4时40分到5时10分。计30分钟。②

3. 3月4日　从下午3时35分到4时15分。计40分钟。③

4. 3月6日　从下午3时10分与蒋介石一同来访，3时55分离去。计45分钟。④

5. 3月7日　从上午9时50分到10时，计10分钟。其后又来访（时间不明）到12时58分。⑤

6. 3月11日　上午9时30分来访，20分钟后离去。从上午11时到12时18分在民国社，孙中山、王统一等四人面谈1小时18分。下午4时20分王统一陪同富永龙太郎访孙中山，富永从中国归来，向孙报告中国国内运动情况，孙中山极为不满。王统一允给富永提供生活费50日元，6时15分离去。⑥

7. 3月12日　上午10时50分，王统一陪同东京《日日新闻社》记者□田晓来访，11时20分离去，计30分钟。⑦

按照以上时间，王统一与孙中山似无充裕时间研究拟议起草信函和"盟约草案"，但不能否定这些时间以外，研究拟议草案的可能性。

第三，信函中有字误多处⑧，如由孙中山起草中文又核查译文，会避免这些错误。否则，可以证明此信函与孙中山无关。陈在俊提出这个问题颇为重要。

第四，如果认为信函、"盟约草案"和《中日盟约》三者存在内在关系，何以在同山田等缔结《中日盟约》之后，又向小池提

---

① 《孙文动静》乙秘第434号，1915年3月1日，日本外交史料馆藏。

② 《孙文动静》乙秘第454号，1915年3月3日，日本外交史料馆藏。

③ 《孙文动静》乙秘第473号，1915年3月5日，日本外交史料馆藏。

④ 《孙文动静》乙秘第491号，1915年3月6日，日本外交史料馆藏。

⑤ 《孙文动静》乙秘第498号，1915年3月8日，日本外交史料馆藏。

⑥ 《孙文动静》乙秘第535号，1915年3月12日，日本外交史料馆藏。

⑦ 《孙文动静》乙秘第544号，1915年3月13日，日本外交史料馆藏。

⑧ 参照陈在俊《探究》，第4页。

出和《中日盟约》几乎一致的"盟约草案"。向小池提出"盟约草案",岂不是表明同山田等缔结的《中日盟约》毫无意义?由此又产生了一个新问题,即如果这些是真的,《中日盟约》的实际目的又是什么?

从以上四点来看,信函和"盟约草案"、《中日盟约》全都存在疑点,确定判断其真伪似乎为时尚早。

再者,《中日盟约》当时并不是只有唯一的一件,当时中国报纸报道"孙中山的中日攻守同盟条约"①或"孙中山与犬养毅签订协约"②等。其内容与《中日盟约》有共同点,也有相当差异。这些与《中日盟约》的关系不明,作为同时期的问题,或有某种关系也未可知。但能够证明这些问题的史料尚未发现,这也是在其真伪上应该考证的问题。

---

① 《申报》,1915 年 4 月 22 日。
② 《申报》,1915 年 4 月 24 日。

第八章 洪宪帝制与中日外交

一个国家的政体是决定这个国家性质的根本问题。辛亥革命推翻了绵延两千年的中国封建帝制，确立了共和政体，这是中国历史的一大进步。然而，历史进程有时是进一步退两步。1915年，袁世凯的复辟帝制活动正是中国历史进程的一次倒退，是对辛亥革命的反动。本章以袁复辟帝制活动为主线，探讨日本、袁世凯政权、欧美列强之间的三角双重外交关系，同时就日本对袁世凯的帝制政策由观望、延宕、中止到赞同并很快转变为倒袁的外交过程，探究袁世凯政权的对日政策，研究日本为倒袁而支持、援助中国南北方反袁势力。最后，对日本在袁世凯死后的中国政局所采取的外交政策作一研究。

一、帝制运动与各方面的反应

1915年8月，袁世凯开始推行背叛共和，使自己成为君临天下的中国新皇帝的帝制运动。为此，袁世凯首先大造社会舆论，赞美君主制，与此同时开展复辟帝制活动。8月3日，袁世凯的美国顾问古德诺在袁政府御用报纸《亚细亚日报》上发表了《共和与君主论》，散布谬论，认为从中国历史传统和现实来看，君主制较共和制更为适宜，对帝制运动产生了很大影响。14日，杨度等6人组织筹安会，以古德诺的谬论为依据，大肆宣扬"只有君主制才能救中国"。杨度的《君主立宪救国论》为其代表，是帝制运动的理论性纲领。就这样，在辛亥革命后的第四年，复辟帝制活动甚嚣尘上，袁世凯做了90余天的皇帝。这是对辛亥革命的反动，其主要原因固然是袁世凯的政治野心，但另一个主要原因是由于辛亥革命的不彻底性所造成的中国政治、社会环境。这说明复辟帝制活动的发生并不是偶然的。本节将探讨日本对帝制运动由观望、延宕、中止、赞同并很快转为倒袁的外交政策变化，以及袁世凯政权对此的反应。同时对围绕袁世凯复辟帝制的活动，日本、中国与欧美列强之间的外交关系进行分析研究。

复辟帝制运动是辛亥革命后的重大政治事件。日本一开始便很关注这个运动，调查、分析其动向，采取相应对策。日置益在复辟活动公开化之前即着手收集情报，推断复辟帝制言论"并非空穴来风"①，8月17日，向加藤高明报告了筹安会创立及袁世凯对此的态度等情况。日本驻上海总领事有吉明也于8月31日就筹安会一事报告称，"此即袁世凯将欲登基为帝之决心公布，先行试探公论之第一步"②，须对此行为及其影响等问题特别注意。9月3日，日本驻北京临时代理公使小幡酉吉进一步明确指出，"袁总统虽表面持不干涉主义，然内里实与其长子袁克定共谋实现帝制，逐渐明显"。他推断"当前大局步步趋向实行帝制"。报告"于今帝制运动已逾筹安会之学术范围，事态日益扩大，渐次进入实行阶段"③。与此同时，他们对反帝制运动方面的情况也很关注，调查了梁启超、汤化龙、张謇、蔡锷等进步党人的动向，以及总统府政事堂、各部总长、参议院、宪法起草委员会、外交部和上海、南京等地的反帝制派的意见和动向，在报告中认为，"暗中反对之暗流具有相当之潜在势力，为袁之阻碍"，即使袁世凯镇压这

①《日本外交文书》1915年第2册，第8页。
②《日本外交文书》1915年第2册，第16页。
③《日本外交文书》1915年第2册，第25～28页。

股势力，这股"暗流将对将来政局留下深远影响，不可轻易忽视"①。驻上海的有吉明特别注意从日本暗中返回上海的陈其美、许崇智等革命党人的活动，经过分析，认为他们是反帝制势力中"比较团结、实行激进主义之革命党"②，但他们自二次革命以来，受到极大的迫害，因此难以实施像辛亥革命那样的行动。有吉权衡了帝制派与反帝制派的力量对比，认为"就目前状况而言，即使达到筹安会之目的，实行袁家帝制，最低限度亦暂时还不会引起具体的大的变乱"③。这些及时而又精确的情报，对于日本确定对帝制活动的外交方针极为重要。

日本政府、外务省根据上述情报，在行动上首先采取观望政策。9月6日，日本首相兼外相大隈重信向驻中国和香港的领事们发出指示，要求当前"应以极端的热心关注事态之趋势"，"避免表示明确的赞同与否之态度"，同时指示日本的报纸和通讯员："指责袁总统之类之事须慎重。"④这是因为，"此时对中国帝制表明赞同与否，有严重影响帝国未来地位、政策以及束缚帝国行动自由之虞。"⑤然而大隈从思想上赞成君主制，否定共和政治。他曾扬言，"即使复辟帝制会受到一些反对，但于今之势，废共和而复君主，是势在必行"，他称赞袁世凯是"中国当代一大伟人"，认为"袁总统登基为帝，以铁腕统治全国，肯定不会遭到国民反对"，"应当看到，复辟君主制，袁总统应为首先登皇位者"。⑥大隈表明了不干涉立场，认为帝制问题"完全是中国内政问题，因此，对日本而言，中国是君主制，抑或民主制，皆不宜过问。如受他国怂恿，实现此种国体变迁，如其实现不影响帝国利益，则

①《日本外交文书》1915年第2册，第33～34页。
②《日本外交文书》1915年第2册，第23页。
③《日本外交文书》1915年第2册，第23页。
④《日本外交文书》1915年第2册，第28页。
⑤《日本外交文书》1915年第2册，第28页。
⑥《日本外交文书》1915年第2册，第77～78页。

不宜采取任何干涉"①。日本的两三家报纸刊登了大隈的谈话。

中国报纸在此时也发表了大隈的谈话②，加以"日本赞成我国君主立宪问题"③，《北京日报》以"日本首相对我国之态度"为题报道："据日本东京可靠消息，（日本）就中国国体改革问题，向我国公使表示完全赞同之意。"④（是年 10 月 15 日，日本外相石井菊次郎对此作了辩解，称：大隈首相的谈话不是帝国政府的意见，报纸的报道与大隈谈话的实际内容出入很大，大隈所说的是"认为袁世凯的确是救中国于水火之英杰"，因为国体属内政问题，不宜干涉。）日本的不干涉态度和大隈支持帝制的谈话加快了袁世凯帝制运动的步伐，起了推波助澜的作用。袁世凯和筹安会推行帝制运动，最担心的就是日本的干涉，但据日本公使馆谍报人员辻武雄所收集的情报，袁世凯等"自日本大隈总理表明持旁观态度之后，毅然决定着手改变国体"⑤。从北京到地方，在梁士诒、周自齐等官僚的策动下，开展了所谓帝制请愿运动，将帝制运动粉饰为遵从民意，各种请愿团到参政院提交要求改变国体，推戴袁世凯充任皇帝的请愿书。参政院以变更国体乃事关宪法的重大问题，建议政府召集国民会议决定。如此，帝制运动由筹安会成立之时的理论研究，经过请愿运动，发展到了法律性讨论的具体化阶段。

帝制运动如此的急剧变化，促使日本采取新的措施，开始由观望转为干涉的政策。大隈在指示探明反帝制派的动向的同时，于 9 月 29 日又训令在英国的井上大使探听英国政府对袁世凯帝制计划的意向，说明了日本政府对帝制的干涉意图。⑥在这一训令中，大隈改变了 8 月时对帝制的溢美之词，否认中国政体变更的

① 《日本外交文书》1915 年第 2 册，第 8 页。
② 见《申报》，1915 年 9 月 7、14 日。
③ 《日本外交文书》1915 年第 2 册，第 55 页。
④ 《日本外交文书》1915 年第 2 册，第 73 页。
⑤ 《日本外交文书》1915 年第 2 册，第 47 页。
⑥ 《日本外交文书》1915 年第 2 册，第 60~61 页。

必要性。大隈列举其理由有三。一是"袁总统于今已拥有与帝王等同之实权，且只要该总统健在，即无人可代该总统，故而此时亦无冒种种危险尝试变更国体之必要"。二是在中国的官僚、将军、巡按使以及革命党中"正在策划乘机倒袁，虽尚未有具体之事实，但长江一带及华南地方反对风潮逐渐弥漫，于此情势下急遽实施帝制，大动乱虽未必发生，然难保各地出现小暴动"。三是"中国若因此爆发动乱，则直接或间接蒙受损害者为日、英两国"[①]。从"二十一条"交涉中英国所表现的强硬的对华外交，大隈不能无视英国的存在。大隈训令驻英国的井上，以井上个人意见的名义，秘密向英国政府陈述日本的以上意见和态度。"探听英国政府对此问题的坦诚意向，详细电告"。[②]这表明日本欲与英国协调步调，对应袁世凯的复辟帝制活动。

帝制运动初期，英国在对策上，外交部与其驻华公使朱尔典意见不一，相互矛盾。这是初期应有的现象。10月5日，朱尔典与袁世凯举行会谈[③]，中国两三家报纸报道：朱尔典对袁世凯表示，一旦实现帝制，英国政府应毫不犹豫地予以承认，皇帝之位非袁氏莫属。[④]朱尔典坚决否认此事，表示完全没有预告承认帝制之事，要求北京政府外交部加以更正。外交部强硬要求报社撤回这种报道。[⑤]这在中国舆论上一时引起巨大波澜，小幡认为："报纸消息之真实与否，另当别论，或许英国公使是以非正式地完全以个人名义暗示赞成帝制之意。"[⑥]10月8日，小幡拜访朱尔典时，朱尔典语及小幡："恢复帝制如今已势不可免，距其实现盖不遥远，且据观察，不会再犹豫不决"，"甚望此时勿再引起任何动荡不安之事端……"[⑦]如从朱尔典的这些话来推测，朱尔典似是作为个

① 《日本外交文书》1915年第2册，第60～61页。
② 《日本外交文书》1915年第2册，第60～61页。
③ 《日本外交文书》1915年第2册，第68页。
④ 《日本外交文书》1915年第2册，第68页。
⑤ 《日本外交文书》1915年第2册，第69～71页。
⑥ 《日本外交文书》1915年第2册，第68页。
⑦ 《日本外交文书》1915年第2册，第68～69页。

人意见暂时赞成帝制。但是，10 月 8 日英国外交部在向日本政府致送的有关袁、朱会谈的备忘录中作了如下说明，"与中国官方人士之私下谈话中，表示一旦由于此次变革而导致国内动乱，无望从欧洲各国得到任何援助"，坦率地通告：如果发生这种动乱，袁世凯"被选为大总统之时即毁弃其郑重许诺，难免声誉扫地"①。从这个通报来看，英国政府对袁世凯的帝制运动态度严厉。可是，英国外交部的格雷针对朱尔典来电所述井上之语，表明了默认帝制运动的态度，他说："此际采取任何外来干涉措施，反而有酿发不良事态之虞，故此时应随机适应局势变化。"②从英国此后的对策来看，可以说当时英国确是持此种态度。1911 年 11 月袁世凯出山之时，英国即认为君主立宪制适宜中国，因此此时对以袁世凯称帝的君主立宪制采取放任、默许的态度就不是偶然的了，是有其历史背景的。但是，如果因帝制派与反帝制派的摩擦而引起动乱，则会影响英中两国之间的贸易，威胁到列强在中国的既得利益，因此，又显露出不赞成政体变更的相反态度。

此时，袁世凯于 9 日建议参议院，批准、颁布决定国体问题的《国民代表大会组织法》，帝制运动大有进展。日本政府以此为契机，于 10 月 15 日召开内阁会议，确立对帝制运动的方针。是日，外务大臣石井菊次郎指令井上拜会英国外交大臣，希望日、英联手，"向中国政府发出友好劝告，使其中止变更国体之谋划，防患于未然。"③辛亥革命时顽固坚持君主立宪制的日本，转而采取反对君主制的态度，其原因一是希望避免帝制派和反帝制派之间的争斗引发中国的分裂和动乱，确保中国的统一和安定。这首先是出于经济利益方面的考虑，这是因为中国国内发生动乱，比如辛亥革命时，对日本的对华贸易和在华经济活动都造成了很大影响。日本政府和大隈、石井始终坚持这个理由。内阁成员司法

---

① 《日本外交文书》1915 年第 2 册，第 67~68 页。
② 《日本外交文书》1915 年第 2 册，第 74 页。
③ 《日本外交文书》1915 年第 2 册，第 75 页。

大臣尾崎行雄也因此而强调防范帝制。[1]辛亥革命时，日本顽固坚持君主立宪制也在于此，这是由于日本担心由清朝君主制急剧转变为共和制，会引起社会动荡和暴乱之故。比较这两个时期日本对中国政体主张的相互矛盾，其理由是如出一辙的。在变化的政策之中，不变乃其实质。即作为帝国主义列强的日本，在中国的政治体制问题上，优先考虑的是确保经济利益。

二是日本对袁世凯的态度问题。辛亥革命时期，日本政府、军部和民间各界对袁世凯均无好感。此时，牵制、干涉袁世凯帝制运动的真正原因是对其之恶感。大隈认为袁世凯"为阴险毒辣人物"[2]，对其不持好感。并且认为在"二十一条"交涉中，迫使（日本）不得不放弃第五款；在实施签订的条约中，袁世凯设置种种障碍，日本政府、军部的中坚阶层和民间人士大多对袁世凯表示不满和反对，不欢迎这种人物做皇帝，这是在情理之中的事。但是，在袁世凯掌握统治中国的实权的形势下，日本也只好把希望寄托在他的身上。这就是成了不得不支持其所厌恶的袁世凯的矛盾现象。大隈一方面暂时支持袁世凯的帝制运动，另一方面要求陆军"适当时期承认帝制并给予援助之权在我，对革命党及追随者须严厉取缔，若发生动乱，必须具有保护帝国自卫之权利之思想认识"[3]。这种矛盾是表面现象，真实的目的在于通过对袁世凯的所谓援助以换取其对日本的好感，用以加强对袁的控制，使其接受日本侵略要求。然而，这种互相矛盾的双重现象，随着中国国内形势的变化，日本牵制和排斥袁世凯的一面，比支持袁世凯的一面日益明显，这与中国国内反袁势力的加强成正比。

三是日本之所以公开采取对袁世凯的牵制政策，是因为第一次世界大战的国际环境对日本有利。由于第一次世界大战是以欧

---

① 曾村保言：《近代史研究——日本和中国》，小峰书店，1977年，第116页。
② 市岛谦吉：《大隈侯爵八十五年史》第3卷，第336页。
③ 北冈伸一：《日本陆军与大陆政策》，第187页。

洲为中心，故而欧美列强在中国虽是暂时的但却后退了一步，以欧美列强为靠山的袁世凯对抗日本的力量亦随之减弱。而且欧美过去能够制约日本对袁政策的能力，也因欧洲战况对协约国不利而进一步减弱。这强化了日本的对袁政策。

四是日本民间的大陆浪人反对袁世凯称帝。与其说他们是思想上反对帝制，不如说是出于对袁的恶感而反对他。例如，10月17日，内田良平向大隈提交了《中国帝制问题意见书》，建议，"袁世凯强行帝制乃系自掘坟墓，也导致了解决中国问题的机遇，应当欢迎。（中略）因此，政府不要明确表示对帝制问题赞成与否，至为重要。而且，如果帝政得以实施，断然不可予以承认，必须使袁处于窘地"①，要彻底地将袁世凯置于死地而将之打倒，这种来自民间的意见，对大隈内阁的对袁政策也有一定的影响。

为顺利推行对华政策，日本首先展开对英外交。10月18日，井上向格雷提议，日、英两国"应以联手劝阻之方式，防止事变发生"②。英国政府在决定对袁政策上很重视朱尔典的意见，因此格雷答称，"在征求朱尔典公使意见之前，无法作出任何答复"③。由于朱尔典的意见与日本的愿望相悖，石井和井上指示驻北京的小幡，"以我方有关中国目前形势之情报引起英国驻华公使之注意，务期该公使提出与我意愿相符之意见，并转呈其本国政府"④。18、19和21日，小幡三次与朱尔典会谈，朱尔典说，"日本政府之建议至善，相信若在一个月前，当易达到其目的。然就目前形势而言，袁自身能否遏制此次运动，甚为怀疑"⑤。他还认为，由一两个或两三个国家对袁世凯劝告，效果未必会好，"此时至少由日、美、英、俄、法五国共同试行劝告，袁可为收拾时局谋求

---

① 黑龙俱乐部编：《国士内田良平传》，原书房，1967年，第567页。
② 《日本外交文书》1915年第2册，第81页。
③ 《日本外交文书》1915年第2册，第81页。
④ 《日本外交文书》1915年第2册，第79页。
⑤ 《日本外交文书》1915年第2册，第84页。

适当之方略"①。朱尔典虽然没有断然拒绝日本的建议，但态度相当消极。朱尔典在辛亥革命时是主张共和制的，因此，他在思想上是倾向于反对帝制复辟的，而此时之所以对日本的建议不积极，是为了防止日本通过这次劝告，掌握对华、对袁政策的主动，左右中国政局。

然而，英国政府在 22 日提出的照会中表示同意与日本一起进行劝告。②23 日，石井对此表示满意，并希望英国政府要求其驻俄、法、美的大使建议上述三国与日本一同采取劝告行动。"日英两国必须尽快向中国政府进行劝告"。③而英国外交部的格雷答复：在与俄、法、美三国谈判并得到答复之前无法作答。格雷之所以这样说，是因为朱尔典推迟劝告时间的答复，并根据英国方面对形势的判断，认为帝制活动中的"中国形势并非特别危险"④，因此，日本与英国"双方的看法不一"⑤。由此可以看出英国方面对阻止帝制活动是消极的。但是英国政府于 25 日表示，"不等待三国之答复，同意暂由日英两国向中国进行劝告"⑥。这是因为，卷入第一次世界大战的英国无暇插手中国，在不得不将对中国的控制权让与日本的情况下⑦，为了维持与日本的合作关系，就必须不情愿地赞成日本的劝告建议。莫理循对此表示不满，不无讽刺地说，英国与日本的这种关系正如"由日本操纵的众多木偶"⑧。

得到英国赞同后，日本开始做其他列强的工作。石井训令日本驻俄、法、美的日本大使，建议驻在国政府参加推迟帝制的共同劝告，并向上述三国驻东京的大使转达了同样的意见。⑨俄国

①《日本外交文书》1915 年第 2 册，第 81 页。
②《日本外交文书》1915 年第 2 册，第 85～86 页。
③《日本外交文书》1915 年第 2 册，第 86 页。
④《日本外交文书》1915 年第 2 册，第 88 页。
⑤《日本外交文书》1915 年第 2 册，第 88 页。
⑥《日本外交文书》1915 年第 2 册，第 91 页。
⑦《清末民初政情内幕》（下），第 498～500 页。
⑧ 丁·约翰：《袁世凯与现代中国》，守川正道译，岩波书店，1980 年，第 251 页。
⑨ 丁·约翰：《袁世凯与现代中国》，守川正道译，岩波书店，1980 年，第 86～87 页。

政府并不反对变更国体，但认为目前时机不宜，由于已在 10 天前训令驻北京公使持延期变更国体意见，认为没必要再发训令，而且无意参与日、英的共同劝告。但到了 28 日，俄外交大臣训令驻北京的俄国公使，"与日、英两国公使协议后行事"[①]，变为赞成与日本一起劝告。美国国务卿兰辛答复日本驻美大使珍田，"维持共和政体本为美国所愿，又属他国内政。国体变更对在华美人无任何影响，故而此际决定不采取任何措施"，并认为，"提出劝告有干涉中国内政之嫌"[②]。从兰辛的态度可以看出美国不参加这次劝告的理由，同时也使人感到，在第一次世界大战中，美、日两国围绕中国的对立正在激化。此时日本的元老、外务省和军部都把美国看作大战后与日本争夺中国的主要对手，美国也根据世界大战以来日本的行动，感到有必要牵制日本的对华政策，而在帝政问题上不与日本采取一致行动，也是对日本的一种牵制。法国恰好正处于内阁更迭之际，由于事务繁忙，无法给予确切答复，法外交部表示，"不仅未觉中国之政体变更对法国有何种利害，而且此事亦属中国内政。法国政府决定态度之前，须经内阁会议审议。"[③]但到了 11 月，法国也表示赞成。

可是，当时日本国内对这个劝告行为也有反对意见，《申报》报道，日本有赞成、旁观、干涉三种意见。[④]元老山县历来主张确立与袁世凯的所谓信赖关系，因此反对这次行动。内务相一木喜德郎与小幡也不赞成。[⑤]参谋本部的部分人员也持反对意见。但这些反对意见都未被大隈内阁采纳。

大隈内阁决定，与英、俄一起率先向北京政府发出共同劝告。10 月 28 日，驻北京的小幡与法、俄公使一起，向陆徵祥提出暂

---

① 丁·约翰：《袁世凯与现代中国》，守川正道译，岩波书店，1980 年，第 112 页。
② 丁·约翰：《袁世凯与现代中国》，守川正道译，岩波书店，1980 年，第 98 页。
③ 《日本外交文书》1915 年第 2 册，第 98 页。
④ 《申报》，1915 年 10 月 30 日。
⑤ 《原敬日记》第 3 卷，第 140 页。

时中止实施帝制的劝告。[1]陆徵祥反驳称："各地极为平静，毫无动荡之迹象。"[2]过去反对过帝制的曹汝霖[3]也对各国的劝告表示难以同意。北京政府外交部为了在外交上给实施帝制提供保障，与日本外务省及其派出机构对立，就帝制问题展开了外交攻防战。

由于北京政府对共同劝告采取如此态度，10月底，石井与英国驻日大使格林一起研究了此后的对策。石井认为，（北京政府）不可能完全拒绝这次劝告，但可以使其推迟时日。袁世凯即位后"证明能镇压动乱后，再行承认方为至当"[4]，提出了牵制袁世凯的对策。

但是，北京政府依然顽固坚持原来的立场。11月1日，北京政府以陆徵祥的名义对日本等三国的中止帝制劝告转达了北京方面的答复。[5]答复中主要说明了必须实施帝制的情况，并未明确回答目前是否中止帝制活动。由于中国当局的答复委婉，甚为暧昧[6]，是日夜，小幡向曹汝霖提出，希望明确告知是否执意国体变更，是否有发生动乱之虞。曹汝霖明确答以"国体变更问题已为既定事实，虽理解三国之劝告，但无法半途而废，将持继续进行到底之方针"，且"为此无发生任何重大动乱之虞"[7]。11月3日，石井向北京政府驻东京公使陆宗舆表示，"对中国政府决定不采用日本之诚挚劝告，甚表遗憾"[8]，向北京政府施加压力。

是时，法国外交部于11月3日决定，完全同意日本的提议，通过日本的劝告案，要求北京政府延期实行帝制。同日，法国驻

①《小幡酉吉》，第170页。《申报》，1915年10月30日。王芸生：《六十年来中国与日本》第7卷，第6～7页。

②《日本外交文书》1915年第2册，第98页。

③曹汝霖：《曹汝霖一生之回忆》，第107页。

④《日本外交文书》1915年第2册，第103页。

⑤王芸生：《六十年来中国与日本》第7卷，第9～11页。

⑥《申报》，1915年11月3、6日。

⑦《日本外交文书》1915年第2册，第109页。

⑧《日本外交文书》1915年第2册，第110页。

华公使康悌拜会陆徵祥，单独劝告延期实行帝制。①法国甚为担心"德国在帝制问题上支持袁世凯，而一旦帝制告成，其必予承认，以讨袁之欢心"②。法国的这一劝告对袁世凯及其政府亦是一种外部压力。

3 日，北京政府外交部接到了陆宗舆向外交部的报告称，日本为准备提出第二次劝告，派出两艘军舰南航。③这种外来压力迫使袁世凯及其政府不得不采取妥协、折中的方法。4 日，陆徵祥对来访的小幡说，由于国民大会代表的选举正在陆续进行，已有 12 个省选举完毕，因此，现在中止是为困难之事，但"短日期内不会实行"④。6 日，驻日公使陆宗舆以此作为政府训令，对石井作了暧昧的回答："中国政府原无迅速变更国体之意，现仍无此意"⑤，意图掩饰。这正如小幡所云，袁世凯及北京政府的策略是"此时先将其作为主义，而实行时则毫不迟疑"⑥。石井对此提出警告："中国政府之意尚不明了，中国终未对日本政府之询作明确答复，现在追究为时已晚。由此种暧昧所产生之一切责任，由中国政府自负"。并再次向北京政府施加压力，"如当以上所云无迅速变更国体之意之际，若突然变更，则视为对帝国政府之侮辱"⑦。

在这种压力下，北京政府不得不作出明确答复。曹汝霖于 9 日非正式通告小幡，"已内定本年内不予实施"⑧。陆徵祥于 11 日正式通告日、英、法、俄公使，"须延长若干时日"⑨。然而这不过

---

① 《日本外交文书》1915 年第 2 册，第 112、113 页。
② 《申报》，1915 年 11 月 5 日。《日本外交文书》1915 年第 2 册，第 111 页。
③ 王芸生：《六十年来中国与日本》第 7 卷，第 11 页。
④ 《日本外交文书》1915 年第 2 册，第 117 页。
⑤ 《日本外交文书》1915 年第 2 册，第 119～120 页。
⑥ 《日本外交文书》1915 年第 2 册，第 117 页。
⑦ 《日本外交文书》1915 年第 2 册，第 120～121 页。王芸生：《六十年来中国与日本》第 7 卷，第 14～15 页。
⑧ 《日本外交文书》1915 年第 2 册，第 127 页。
⑨ 《日本外交文书》1915 年第 2 册，第 128 页。

是暂时延期，并不是取消帝制本身。曹汝霖以解释这一通告的形式，询问小幡日本对通告是否满意，抑或日本是否绝对不赞成帝制。北京政府之所以如此询问，是因为德、奥支持帝制，美国表示不干涉，而日本虽然提出延期实施帝制的劝告，而没有对帝制本身明确表示赞成或反对的态度。日本虽然不反对帝制本身，但又反对其实施，态度矛盾。这种矛盾体现了日本对袁政策的实质，所以北京政府没有痛快地接受日本的劝告。在这种形势下，日本政府开始谋求新的对策。日本于11月18日向有关列强提议，"若中国政府违我所愿。速行帝制，则有关各国需关注中国国内之实情，直至准确观察无内乱时，控制对中国新帝国之承认，勿匆促行动"①，决定了在欧洲大战结束之前不予承认的方针。意在用承认问题牵制实施帝制。是日，石井以此方针对日本驻英、法、俄和美、意大使作了训示，希望各国与日本一起向袁世凯政权表明这种态度。"在保留本国权利之同时，暂行注视今后局势之发展"。②日本仍然企图掌握对袁外交的主动权，与列强一致行动，目的在于在国际上孤立袁世凯。

　　对日本的这一提议，各国反应不一，法国外交部的德·玛尔朱利以个人意见的名义，表示"万一中国不符预期，迅速实行帝制"，其时"如在德国之后予以承认，就法国目前立场，甚难容忍，最低限度不得不同德国同时承认"③。不仅不反对帝制本身，而且还表明了有可能予以承认的意向。正如其所言，这是因为"中国政体变更对法国政府不关痛痒"，"唯希望法国政府所顾念之处，不因此影响法国在中国之利益"④之故。但是，如中国一旦发生动乱，法国又不得不依靠日本所掌握的对袁、对华外交的主动权，所以德·玛尔朱利于23日又答复称，只要英、俄两国政府没有异

①《日本外交文书》1915年第2册，第140页。
②《日本外交文书》1915年第2册，第141页。
③《日本外交文书》1915年第2册，第143页。
④《日本外交文书》1915年第2册，第143页。

议，"法国之政策亦同意日本国政府之提议进行通告"①。不过针对日本所提的"保留本国权利"，德·玛尔朱利认为日本有可能保留武力干涉的权利，所以又补充道，"若中国国内发生动乱，必须增加在华驻军时，仅限于采取保护各自利益之手段，而绝不向中国施加压力。以上当然须在对此谅解之前提下为之"②。这是法国的保留条件，也是对日本的牵制。

　　11月24日、12月1日，俄国外交大臣萨佐诺夫向日本驻俄大使本野表示，"对（日本）帝国政府的提案无异议"③。表明了与英、法政府共同交涉的意向。

　　意大利政府虽然没有参加10月28日的三国共同劝告，但在11月12日，意大利驻华公使华蕾通告外交部总长陆徵祥，"就日、英、法、俄四国代表共同就帝制问题提出友好之劝告"④，意大利政府与四国采取共同行动。针对日本11月18日的方针，意大利外交大臣松尼诺通知日本驻意大使："别无异议，考虑之后采取同样手段。"⑤

　　美国认为此举干涉中国内政，不参加共同行动，而且在舆论上揭露了日本的共同劝告。12月16日的《纽约时报》发表了来自北京的通讯："有关帝制问题之劝告，不能轻易相信其之理由，反而会由此引发动乱，用以造成干涉之口实，进而加强日本在中国之地位，以期切实掌握远东霸权。"⑥美国作为日本在中国的主要竞争对手，或许摸透了日本的延缓帝制劝告的真正目的。美国的这种态度有利于袁世凯的帝制运动，袁世凯的亲信蔡廷干根据袁的指示，向美国方面表示，实行帝制后的中国将进一步增进中

---

①《日本外交文书》1915年第2册，第147页。
②《日本外交文书》1915年第2册，第148页。
③《日本外交文书》1915年第2册，第148～154页。
④《日本外交文书》1915年第2册，第133页。
⑤《日本外交文书》1915年第2册，第144页。
⑥《日本外交文书》1915年第2册，第176页。

美邦交。①

英国政府基本同意日本的建议，但却未给予明确答复。②11月4日，英方将延缓帝制问题对北京政府的通告草案以及石井与有关国家代表的协议、草拟的备忘录③面交井上。英国对共同劝告态度消极，不希望由于日本的劝告而将袁世凯逼至穷途窘境，相反是欲提高袁世凯政权的国际地位，加强对日本抗衡的力量。

当时，英国在袁政权加入协约国，中国对俄供给武器计划，在华武器秘密交易以及驱逐进行破坏活动的德国人等问题上，期望得到日本的支持。④英国、法国和俄国在当时对战争中的实际问题，比延缓帝制问题要更为重视，非常期望得到日本的合作。但是，日本不希望中国在这个时候加入协约国并向德、奥宣战。这是因为中国加入协约国，将会提高在国际上的政治和军事地位，并且与协约国的联合会加强其与日本抗衡的实力，从而能够在战后和会上获得有利地位，这有利于中国而于日本甚为不利。由此看来，英国和俄国在这个时候提出中国参战问题，与其说是意在准备 1916 年的三大决战（指凡尔登攻防战、日德兰海战、特兰提诺之战），倒不如说是为了在外交上对企图通过劝告延缓帝制而掌握对华、对袁外交主动权的日本进行反击。袁世凯的顾问莫理循也宣称中国此时应加入协约国一方参战⑤，袁世凯也表明了参战的意向⑥。此时，袁世凯已经了解到，主持延缓帝制劝告的是日本，英国、法国、俄国等不过是消极附和。三国的这种态度对袁世凯有利，因为他也想通过参战增强对日本的抵制能力，实行帝制。日本拒绝了 12 月 6 日英、法、俄的中国参战建议。

---

①《日本外交文书》1915 年第 2 册，第 177 页。

②《日本外交文书》1915 年第 2 册，第 145、152 页。

③《日本外交文书》1915 年第 2 册，第 158～159 页。

④《日本外交文书》1915 年第 2 册，第 145～151 页。《申报》1915 年 11 月 28、29、30 日。王芸生：《六十年来中国与日本》第 7 卷，第 16～19 页。

⑤《清末民初政情内幕》（下），第 501～502、507～508 页。

⑥《清末民初政情内幕》（下），第 498 页。

在这种形势下，袁世凯依然决定推进帝制运动，12 月 10 日，有关国体变更的所谓国民代表选举结束，所有的 1993 票一致赞成君主立宪制。11 日，参议院拥戴袁世凯称帝。袁世凯起初对这一拥戴予以婉谢推辞，经第二次推戴，终于 12 日接受帝位，在中国复辟了帝制。袁世凯定年号为"洪宪"，设立登基大典筹备处，着手进行准备。

袁世凯无视日本的劝告而称帝，是因为其中有朱尔典的支持。朱尔典于 7 日前后秘密访袁，称："如民众希望阁下做大总统，阁下就做大总统，如民众希望阁下做皇帝，阁下当做皇帝。因为这是民众意志的反映，阁下的行为并不违背就任大总统时的誓词。"① 这是袁世凯实行帝制的决定性因素。

石井于 13 日就与英国等四国协议后草拟的有关延缓帝制的答复，致电在北京的日置。15 日，日置与英、俄、法、意四国公使一起向陆徵祥再次提出延缓帝制。参与劝告的英国公使朱尔典牢骚满腹，认为这完全是日本的一厢情愿，不仅不会取得任何效果，还会把中国人推到德国人那里去。袁世凯政权在英国的支持下，拒绝了这个劝告。陆徵祥就帝制问题称，"因各种准备及其他因素，不会立即实现帝制"，并进一步说明，希望各国"充分尊重中国之独立及主权"②。表示了排除外来干涉，实行帝制的决心。

在这种情况下，长期牵制和干涉袁世凯实行帝制，很可能会产生对日本不利的结果，所以日置不主张过长时间牵制。16 日，日置向石井进言，"于我国而言，如何调停，使该问题得以解决方为上策"③。日置列举了以下理由：（一）"独自逆势而动，恐有引致时局纷争之嫌"；（二）"中国愈发背我而投靠别国。况就中国政府而言，鉴于若超过一定时间延缓实现帝制，则有陷于窘境之

---

① 曹汝霖：《曹汝霖一生之回忆》，第 1～8 页。
②《日本外交文书》1915 年第 2 册，第 171 页。
③《日本外交文书》1915 年第 2 册，第 174 页。

忧。而且，中国探知劝告国之协调有若干不谐之处，作为不得已之处置，而对我之意向置之不理，而断然倒向他国，通告实行帝制，亦在所难免"；（三）"事如至此，有关各国将转为承认新国体，结果独我国不肯承认帝制，徒然陷于孤立之地位，在外交上将因此呈现令人甚为尴尬之局面"。①从劝告过程中列强的态度及其后袁世凯政府与其他列强谈判，希望英、法、俄三国尽快承认的情况来看，日置的第二、三条理由的预测是正确的。石井同意了日置的进言，于 16 日训示驻英、俄的日本大使向驻在国政府转达以下意向，征得其同意。②其意向是："中国政府过去顾及有关各国给予的友好劝告之旨趣，认真研究防止国内动乱之措置。不久前上海发生骚乱，幸未酿成严重后果而行平定。帝国政府忧虑稍减，因之，今后该国政府进而加强必要之戒备，防患于未然，则帝国政府认为以上劝告之目的，已暂得实现。"

　　石井在训令中所指"进而加强必要之戒备"云云，解释为"中国政府在今后三四个月进一步加强警戒，防止动乱，其时即使实现帝制，可以认为已实现我劝告之旨趣"。他提出三四个月后承认袁世凯称帝的理由：一是袁世凯政府于 12 月上旬镇压了陈其美等革命党人在上海策动的袁军军舰肇庆号水兵的起义；二是"多数中国人，毋庸多言，在华外国人之间舆论，亦认为过长延缓帝制实施并非上策"；三是"强求中国过长延缓帝制，其结果将形成压制帝政主义者，反而将引起动乱。帝国政府不得不感到自身之责任"。③引起动乱这一条从延缓帝制劝告初期就成为日本与袁世凯政府之间谈判的焦点，日本为了预防动乱劝告延缓帝制，袁世凯政府以出于民意不会发生动乱为由而予以反驳。日本预防动乱的理由却加速了反帝制、反袁势力及孙中山等在日本的革命党人的

---

① 《日本外交文书》1915 年第 2 册，第 175 页。
② 《日本外交文书》1915 年第 2 册，第 175～176 页。
③ 《日本外交文书》1915 年第 2 册，第 176 页。

活动，这成为日本劝告延缓帝制的口实，最后，日本支持这些反对势力排斥袁世凯。

当时，日本军部也同外务省一样，决定在三四个月内承认袁世凯帝制。12 月 18 日参谋本部次长田中向袁世凯的顾问坂西利八郎传达了这个意向，指示其要求袁世凯对日方承认，以"日中两国相互表示充分敬意，永远保持紧密关系"①回报。这是以承认其称帝为代价，要求袁世凯向日本"尽忠"。坂西利用被委任为日本大正天皇向袁世凯授勋所派遣的特使之机，转达了田中的意向。这表明迄至 12 月中旬，日本参谋本部还不打算除掉或打倒袁世凯，想通过帝制强化对袁氏的控制，将对日本不抱好感的袁世凯改造成为亲日的袁世凯。坂西向袁世凯转达了田中的指示内容后，袁世凯表示，"贵我两国有不可或离之命运，休戚与共，予绝无亲远疏近之意"，又表示，"贵国真诚以亲善主义待我，正为予之所恳望，故中国必以十分诚意相待，绝无犹豫"。②这也许是为获得承认而使用的外交辞令，但确实表示了袁世凯的亲日姿态。不过，袁世凯也警告称："贵国若侵犯我国主权，使予之立场在国内外处于困境时，予将束手无策。中国兵力虽弱，但地广民多，故势之所趋，恐于贵国利益有所妨害。"③

对于日本关于承认帝制的新建议，英、法、俄表示当然赞成。英国的格雷于 18 日向井上表示，"以我个人所知，英国政府对此无异议"④，法国于 24 日口头表示，"无异议"⑤，俄国于 18 日表示同意，欧洲三国根据欧洲自身利益，在向日本作出上述答复前，进行了协商，共同采取行动对应日本，再者，三国如同法国所云，"如实现帝制已成定局，则切望协约各国一致行动，督促德

---

① 《日本外交文书》1915 年第 2 册，第 180 页。
② 《日本外交文书》1915 年第 2 册，第 154 页。
③ 《日本外交文书》1915 年第 2 册，第 154 页。
④ 《日本外交文书》1915 年第 2 册，第 181 页。
⑤ 《日本外交文书》1915 年第 2 册，第 195 页。

国同时予以承认"①，对日本提出的三四个月的期限，有一定的保留。奥地利和德国驻华公使为了加强与袁世凯政府的关系以对抗协约国，在16日和17日向北京政府外交部长陆徵祥就复辟帝制表示祝贺，进而要求面谒袁皇帝上呈贺词，采取承认帝制的姿态。②由于日本没有直接加入欧洲战场，所以对德国的态度，并不特别注意。

袁世凯政府侦知协约国上述国家与德、奥两国之间的对立，以及协约国内部虽一致行动但又有分歧的情况，加强了对英、法、俄三国的外交攻势。12月20日，袁世凯政府通告英、俄、法、意各国公使，翌年2月上旬举行袁世凯登基大典，正式宣布实施帝制，希望各国全力支持。21日，英国的格雷对井上说，"英国正在考虑对中国政府所提出之希望作出承诺"，但又要求日本政府"尽可能与我等保持步调一致"③。格雷以此为由，提出，"若仍阻止其实行，则有与中国之间产生不愉快纠纷之虞，且……德、奥方面较我等协约国方面，更处于对中国有利之地位"④等。俄国驻华公使克鲁宾斯基也于28日向日置转达了本国政府的训令，指出："俄国政府无任何理由延缓承认或拒绝袁皇帝，有关各国更应注意，德、奥在此问题上，在对华关系上处于较我等更为有利之地位"，认为，必须"尽快承认国体变更，待其地位巩固时，若干成为危险根源之不稳定状态自可却除，易于保持该帝国国内秩序"。⑤这是与日本方面相异之处，在对袁政策上的分歧趋于表面化。是时，西南各省已兴起反帝制、反袁的护国运动，开始发生了所谓动乱。欧洲三国为了防止动乱，劝袁世凯延缓帝制；在动乱发生之时，为了弹压动乱承认了袁世凯的帝制。这与日本的

① 《日本外交文书》1915年第2册，第182页。
② 《日本外交文书》1915年第2册，第186～187页。
③ 《日本外交文书》1915年第2册，第188页。
④ 《日本外交文书》1915年第2册，第188页。
⑤ 《日本外交文书》1915年第2册，第200页。

倒袁政策正好相反。

　　如上所述，日本决定在三四个月之后承认帝制。但是 12 月中旬各地即爆发了反帝制、反袁运动。日本外务省驻华机构从 11 月中旬得到了这个情报，并报告了外务省，外务省在"动乱"频仍的情况下仍决定承认帝制，自己否定了自己劝告延缓帝制的行动。由此可见，日本企图以支持袁世凯帝制来加强对袁氏的控制，目的还是在于镇压这次"动乱"以求得日本所需要的中国政局的安定。但袁的复辟帝制活动却加速了反帝制、反袁运动的爆发。

　　12 月 23 日，唐继尧在云南致电袁世凯，要求取消帝制，继而于 25 日声明脱离袁世凯政府独立，组织护国军三个军团出发讨袁，揭开了护国战争的序幕。

　　在中国国内局势急遽变化的情况下，欧美列强不得不改变它们的对袁、对华政策。在承认帝制问题上比日本更积极的英国，现在则主张暂取观望的政策。格雷于 29 日向井上表示，"此时在宣布承认帝政问题上，宜维持现状，暂时观望形势"[①]。31 日，驻日的英国大使格林也对石井称："云南事件之前途未卜，当前宜暂且观望形势。"[②]日本政府也不得不对此表示赞同。然而，这只不过是权宜之计，在袁世凯宣布帝制时，究应如何对处，日本须作出政策上的决定。1 月 6 日，俄国驻日大使马林夫斯基向外务次官币原喜重郎提出，由于 2 月上旬袁世凯可以不待日本及英国、法国、俄国作出答复，即断然宣布实行帝制，因而必须研究相应对策。[③]英、法、俄三国驻华公使主张，袁世凯一旦宣布实行帝制，则必须在德、奥之前予以承认；俄、意驻伦敦大使也主张如此。[④]格雷表示，在这场动乱不再扩大的情况下，也赞成这种主

---

① 《日本外交文书》1915 年第 2 册，第 202 页。
② 《日本外交文书》1916 年第 2 册，第 1 页。
③ 《日本外交文书》1915 年第 2 册，第 1～2 页。
④ 《日本外交文书》1915 年第 2 册，第 5 页。

张。^①其理由正如英、俄驻华公使所言，"各国宁可尽速承认帝制，也应避免由劝告所造成的动乱，在此点上应行一致"，再者，"维持中国秩序之方法，是使现政府充分运用其权威，他国不应限制其任何自由"^②。

英、法、俄的这种主张，坚定了袁世凯实施宣布帝制计划的决心。袁世凯定于1916年1月7日或9日举行登基大典，宣告实行帝制。14日，袁通过朱尔典和莫理循向日置转达了这一意向^③，17日，曹汝霖向日本公使馆书记官高尾转达这个决定，征求日本的同意^④。

然而，在中国西南各省反帝制、反袁运动此起彼伏的情况下，日本的对帝制政策与欧美列强相异，由决定承认帝制转为阻止帝制。1月17日，日置上报石井称："若宣布帝政而拒以承认，则处于与有关各国之不同地位，引起不必要之麻烦。当今之计毋宁阻止其宣布帝制，与各国立场一致，方为得计。"^⑤这是为阻止袁世凯称帝采取强硬措施的意见，于是，日本首先拒绝为向大正天皇授勋而准备来日的袁世凯政府特使（农商总长周自齐）来访，表明日本的对袁态度正在改变。继之于19日召开内阁会议，决定了以下阻止帝制的方针。

"不拘中国政府过去对帝国政府延缓帝政计划之劝告，言明对国内形势无可忧之处，但当今以云南为发端之动乱，对其形势不可掉以轻心。万一中国政府在此种形势下勉强实行帝制，帝国政府应一方面时刻注视南方动乱之发展，拖延承认帝政。一方面与各国协同一致，虽对华劝告无法再为，但应表示：无视现在发生之动乱而实行帝政实属失策。对以上之点，应与有关四国交涉，

---

① 《日本外交文书》1915年第2册，第5页。
② 《日本外交文书》1916年第2册，第3页。
③ 《日本外交文书》1916年第2册，第6页。
④ 《日本外交文书》1916年第2册，第12页。
⑤ 《日本外交文书》1916年第2册，第12页。

采取与我方以一致之态度"。①

　　这与前次劝告不同，是比劝告更为严重的警告。1 月 21 日，石井向驻日的陆宗舆提出警告："如中国政府无视各国劝告，不考虑国内动乱之实状，实行帝制，则帝国政府断难予以承认，（中略）万一帝国政府不承认中国之帝政，则两国之外交机构难以从事两国当局之交涉应对，其结果难免导致产生误会，两国应尽可能避免此等后果。请中国政府慎重考虑。"②这是要断绝外交关系的警告。日本参谋本部也采取了同样态度。坂西利八郎以田中次长对彼的训令，于 18 日向袁世凯、19 日向曹汝霖暗示了日本军部的强硬态度，从 1 月以来，日本外务省与军部还一同研究了对袁、对华政策的转变问题。在外务省政务局长小池张造的办公室里，陆海军省、参谋本部、军令部的有关部长们每周会合一两次，研究在满蒙、山东、上海、南方等地的反袁政策。19 日的内阁会议决定就是他们共谋的产物。同时，12 日发生刺杀大隈的未遂事件也加速了这一政策的转变。

　　在帝制问题上采取主动的日本，于 1 月 21 日要求欧洲列强也采取与日本同样的政策。③但是，欧洲的英、法、俄已倾向于承认帝制，所以减少了像前次那样与日本采取共同行动的可能性。英国的格雷认为"德、奥等其他各国抢先承认帝政，将会损害英国之在华地位"。他答复井上，万一日本政府"在承认问题上犹豫不决，万不得已为与其他协约国成员步调一致，极可能在宣布帝制时之同时予以承认"④。法国也一直担心，"德、奥会先于我们盟国方面承认中国帝制"⑤。英、法有关德、奥抢先承认的担心，

　　①《日本外交文书》1916 年第 2 册，第 13 页。
　　②《日本外交文书》1916 年第 2 册，第 16 页。王芸生：《六十年来中国与日本》第 7 卷，第 30～31 页。
　　③《日本外交文书》1916 年第 2 册，第 17 页。
　　④《日本外交文书》1916 年第 2 册，第 20 页。
　　⑤《日本外交文书》1916 年第 2 册，第 19 页。

正如法国外交部的德·玛尔朱利所言，最使人不安的是"德、奥方面对袁世凯之势力立即增强，袁世凯也必顾念德、奥之行动。今后协约国方面请求在华排斥德、奥，袁世凯对此承诺亦将有忌惮"①。当时袁世凯政府虽是中立国，但在第一次世界大战中确信德、奥必能取胜，所以与它们保持着良好的关系，另外袁世凯企图利用德、奥势力来对付作为协约国一员日本的侵略，由于中国倾向于协约国还是倾向于以德、奥为首的同盟国，对两大阵营在远东的力量对比有很大影响，所以英、法很重视这个问题。但是，日本强调，"无必要顾及德、奥两国之（抢先）承认，并以此为标准决定全局之政策"②。石井对袁世凯帝制问题的态度，始终以日本的对华政策和袁世凯的对日本的态度为标准或前提。这是日本与英、法之间的一个不同之处。这是导致日本与欧洲列强在对帝制政策上产生分歧的一个原因。

　　对日本发出的警告，袁世凯政府只得加以接受。21日，袁世凯政权由曹汝霖出面密报日置取消 2 月上旬的登基大典。③袁世凯之所以暂时取消帝制，一是国内的云南护国军难以镇压，而且西南的护国战争正扩大到山东一带；二是财政告罄；三是日本国内反袁舆论日益激烈，1月12日又发生了对袁强硬派刺杀大隈未遂事件，袁世凯认为"可以想象会给采取某种高压行动以口实，令人焦虑"④；四是美国驻华公使芮恩施提出劝告："云南事件爆发，国内局势难以稳定，于当今中国而言，冒险强行实施帝制，实无必要，莫如维持共和，方为上策"⑤，并且美国公司停止对袁世凯政府借款，等等⑥。由于这些原因，袁氏接受日本警告，

---

　　①《日本外交文书》1916 年第 2 册，第 19 页。

　　②《日本外交文书》1916 年第 2 册，第 17 页。

　　③《日本外交文书》1916 年第 2 册，第 17～18 页。王芸生：《六十年来中国与日本》第 7 卷，第 31 页。《申报》，1916 年 1 月 25 日。

　　④《日本外交文书》1916 年第 2 册，第 21 页。

　　⑤《日本外交文书》1916 年第 2 册，第 22 页。

　　⑥ 参照芮恩施：《一个美国外交官使华记》，商务印书馆，1982 年，第 146、149 页。

宣布将帝制向后无限期推延。

　　然而，列强对于取消帝制的反应各异。法国仍然主张尽快承认帝制。这是因为云南省等西南地区是法国的势力范围，所以希望通过承认帝制以维护袁世凯的权威，压制反袁的护国战争，保持这个地区安宁。但英国对取消帝制的决定很满意，要求日本向袁世凯政权发出最后通牒。这是英国对帝制政策的转变。这也是因为只有保证中国的安定，才能保住英国的在华利益。但日本不满足于延缓帝制，决定转为随着形势发展，打倒袁世凯。因此石井答称："维持现状，予以搁置为好。"①

　　西南护国军第一军由云南省向四川省进军，第二军由云南省向广西省、贵州省方面进击，这加速了中国各地的反帝制、反袁运动，1 月 27 日，贵州省宣布脱离袁世凯政权独立。但是，日本并未在此时决定转向打倒袁世凯，这与日本对中国形势的判断有关。当时石井判断，袁世凯在三四个月乃至半年内有可能镇压云南护国军，湖南、两广地区也不会支持云南，冯国璋、黎元洪、徐世昌等实力派虽反对帝制，但也不会积极采取反袁行动，因此采取了暂时观望形势变化的态度。然而，这只是暂时的，一个月后就开始了大转变。

　　3 月 7 日，大隈内阁决定了以打倒袁世凯为目标的"帝国对华目前时局应取之政策"。其内容如下：

　　　　一、"观中国之现状，袁氏权威失坠，民心背离，国内日趋动荡，此等形势日趋显明，该国前景莫测"，基于对中国形势的这种分析、判断，"此时帝国应取之方针为在中国确立优势，使该国自觉成为帝国之势力"。

　　　　二、为贯彻帝国以上方针，"应避免使袁在中国之权位为帝国达到上述目的之障碍；……力使袁氏退出中国权力圈为

①《日本外交文书》1916 年第 2 册，第 24 页。

宜"。

三、为使袁退出中国权力圈，"尽可能使中国自然发展为此种形势，方为上策"。其理由，一是"为排除袁氏，帝国政府如与袁氏正面交锋，迫其中止帝制并退位，则使之陷于现今之进退维谷之境地，故应为之开辟生路"；二是认为"欧美各国如追究此事，则必以干涉中国内政为由，终难赞同"，"帝国尽可能在与有关国家协调之范围内推行所期之政策为宜"。

四、基于这些原因，针对目前时局的具体措施是，（一）"俟适当机会承认南方军队为交战团体"；（二）对于日本民间有意同情以排袁为目的中国人并为其活动捐助金钱者，日本"政府无公然奖励之责任，然同时对之默认，适合于前述之政策"。

五、在执行上述措施过程中，"必须由外务省统筹实施，严防行动不一致"。[①]

根据这个内阁会议决定，确定了日本的打倒袁世凯的方针及其具体措施。对日本来说，实现自日俄战争以及辛亥革命以来排袁之夙愿的时机到来了。日本外务省和军部在东北支持第二次满蒙独立运动和东北军阀张作霖，在山东支援孙中山的革命军，在南方支持岑春煊、梁启超等人，以所谓的间接方式从南北两方面开展反袁运动。

大隈内阁对袁政策之所以急遽转变为打倒袁世凯，其中是由于日本参谋本部的积极推动。参谋总长上原勇作和参谋次长田中积极推进排袁的对华政策，反对山县、寺内的援袁以强化对袁控制的对华政策。2 月 21 日，田中对陆相冈市之助称，"当今宜取促使袁彻底下野，同时扶植我之政治势力之手段，方为有利。暗中征询各方面意向，大抵对此同意。承蒙福田（福田雅太郎，参

---

① 《日本外交文书》1916 年第 2 册，第 40 页。

谋本部第二部长）告知，亦获阁下同感，如是，逐步推行上述步骤，作为良策，在下愿附骥尾"①。3 月 1 日，他又对原敬说，"救袁已事不可为，而此际首要之计，当确定我对革命党及袁氏之外交方针。目前正由陆军促迫外务省由朝议决定"②。陆军自 12 月底开始推进打倒袁世凯的行动，至次年 3 月，该政策被确定为日本政府的政策。这表明行动在先，而决定政策在后。

由于欧美列强支持袁世凯，③日本没有向欧美各国通报 3 月 7 日的内阁会议决定。英国的格雷向日本方面询问了袁世凯取消帝制及中国形势剧变的对策，石井于 27 日称："若援助袁氏而努力削弱反袁派之气势，并非迅速收拾时局之策。"④委婉表达了打倒袁世凯及支援反袁势力的意图。31 日，格雷就是否有必要于"此际恢复长江英国炮舰之武装，以备万一"⑤征询日本意见，石井答称："只要不危及外国人生命财产，应避免干涉。任形势发展，方为稳妥之策。"⑥尽可能排除欧美列强介入，而由日本单独实施反袁政策，独占打倒袁世凯以后左右中国政局的地位。

3 月 22 日，袁世凯宣告完全取消帝制。这首先是由于护国战争进一步扩大，广西省于 3 月 15 日宣布独立；继之袁世凯的政治顾问莫理循向袁建议，应明确颁布放弃帝制的命令。⑦袁世凯希图以此收拾内战政局，然为时已晚。

这样，中日外交谈判的焦点已由帝制问题转向袁氏是否由大总统位置上引退的问题。北京方面坚持袁世凯取消帝制之后继续以大总统执政，欧美驻华公使们支持这一主张⑧，但日本坚持袁

---

① 北冈伸一：《日本陆军与大陆政策》，第 198 页。
② 《原敬日记》第 4 卷，第 161 页。
③ 《清末民初政情内幕》（下），第 544 页。
④ 《日本外交文书》1916 年第 2 册，第 56 页。
⑤ 《日本外交文书》1916 年第 2 册，第 58 页。
⑥ 《日本外交文书》1916 年第 2 册，第 61 页。
⑦ 《清末民初政情内幕》（下），第 535 页。
⑧ 《清末民初政情内幕》（下），第 544 页。

世凯引退，双方针锋相对。4月11日，陆宗舆向石井示以北京政府电令，"总统年事已高，本无意恋栈，然客观考察各方面，尚无能继其任以维持危局之人。故此，总统为救国免乱而不得不勉为其难"。希望日本能体谅此意，"对袁大总统予以友善扶助，中国政府亦当切实谋求两国亲善提携之途径"①。日本以平抚"动乱"为由要求袁世凯引退，但北京方面以"免于动乱"②为由希望其支持袁世凯留任。17日，石井对陆宗舆表示，"如约定援助袁大总统，则招致内外重重疑虑，反而难达日华亲善之目的，虽属遗憾之至，但别无他途"③，拒绝了北京当局的要求。但石井又附言："袁大总统引退之后，若有意在日本暂度岁月，则袁君乃至其家人，可以在日本居留，安全愉快，必予充分保护。"④这表明日本图谋将引退后的袁世凯掌握在自己手中，以便在此后的对华政策中加以利用。北京当局也洞察此情，21日，曹汝霖向日本公使馆的高尾书记官极力陈说："此时利用袁氏现有地位，日本可予取予求，（中略）宪法不存，立法院形同虚设，万事均由袁独裁统治之今日，岂非利用袁之机会？"⑤曹汝霖诘问："既有对流亡之袁加以充分保护之好意，何不保护、利用现为一国元首之袁氏，何不为此之谋？"⑥企图以日本利用袁氏扩大在华权益的代价，确保袁氏的大总统地位。美国驻华公使芮恩施因为袁世凯与美国关系良好，所以拥护袁继续执政。他向日置建议，"在对外关系上，可圆满达到列强所求，盖无出袁政府以上者"，"此时日本政府若助袁一臂之力收拾时局，既益于日本，亦益于各方，是为所望"⑦。是时，欧洲列强为抑制日本，希望美国出面掌握对袁政权的主导

---

① 《日本外交文书》1916年第2册，第63页。
② 《日本外交文书》1916年第2册，第63页。
③ 《日本外交文书》1916年第2册，第62页。
④ 《日本外交文书》1916年第2册，第62页。
⑤ 《日本外交文书》1916年第2册，第66~67页。
⑥ 《日本外交文书》1916年第2册，第67页。
⑦ 《日本外交文书》1916年第2册，第69页。

权，而美国却反而如此认可日本的主导地位。

自前一年夏天以来，日本在帝制问题上掌握着主动权，其他列强也不得不逐渐承认其主导地位。[1]日本通过帝制问题，暂时确立了左右中国政局的指挥权。这时反袁护国战争已至高潮，到了袁世凯是否引退而关系收拾时局的重要时期，各国驻华公使希望日本率先采取行动。法国公使康悌曾两次建议日置，"日本应率先就袁退位一事进行调停，以尽速收拾时局"[2]，俄国公使也提出类似意见。美国公使对袁氏的态度至此也有了变化，5月13日明确表示，"必须以袁尽早退位来收拾时局"[3]。它们曾经为中国的稳定而支持袁世凯，而今又出于同样的原因希望袁世凯引退。在整个变化中，不变的是保护它们各自的在华利益。日置在观察当时的形势之后，认为"现今此地之一般氛围，即帝国此时向各国提出解决时局之提议，方为至当，并盼望我能出此"，遂于15日向石井报告了"有关各国共同向中国政府劝告袁氏退位"[4]事宜。这就是说，日本应当与其他列强一起，公开向袁氏提出让其退位的要求。在没有欧美各国支持的情况下，袁世凯政府外交部的意见也在向这个方向倾斜。25日，曹汝霖向日置表示，"如日本拥护袁氏已为不可能之事，则毋宁由日本政府向中国政府明确且公开发出通告。如希望袁退位……望明确坦率提出"，他还表示相信袁世凯本人也"决非不考虑退位之事"[5]。对此，日置在26日致石井的电报中，报告了曹氏透露此事的情况，认为"袁氏亦非不以此为契机，作为安全退却之机会；亦可想象北京政府方面有魄力借日本劝告之机迫袁退位"[6]。不论日本的真意何在，却都是使袁之退位问题日益迫近。但是，英国的朱尔典虽赞成迫袁

①《清末民初政情内幕》（下），第499～500页。
②《日本外交文书》1916年第2册，第72页。
③《日本外交文书》1916年第2册，第73页。
④《日本外交文书》1916年第2册，第72页。
⑤《日本外交文书》1916年第2册，第74页。
⑥《日本外交文书》1916年第2册，第75页。

退位，但主张采取折中的办法，"让袁留任到国会成立"①。英国自辛亥革命以来即支持袁世凯，认为拥袁是"解决时局问题之最佳方法"②。日置坚决反对英国的主张，认为"袁世凯其人留任，乃收拾时局之障碍，不先除袁世凯，则解决时局步履维艰"③，强调袁世凯应即刻退位。与英国形成对立。

到了5月底，袁世凯退位已只是个时间上的问题，焦点已转移到袁世凯退位后推荐何人为大总统的问题。日本从4月下旬就认为副总统黎元洪是暂时充任大总统位置的合适人选。22日，石井指示日置，"当前我们最重要的任务是与此人保持密切联系"④。日置也赞成推荐黎元洪，认为这是"最合时宜，且比较易于实施的解决方案"⑤。其理由是，(一) 有作为继任者的法律依据；(二) 黎氏为人宽厚，引人同情，树敌甚少；(三) 即使就任大总统，也无须获得外国的承认；(四) 南方独立各省已公开推举黎元洪为大总统。⑥日置原不认为黎元洪是亲日的理想继任者，但正如3月9日日本内阁的决定，"何人代替袁氏，不容置疑均较袁氏对帝国长远利益远为有利"⑦，日置据此将人选确定为黎元洪。朱尔典对此表示反对，他说，"黎元洪到底难以收拾纷争之时局，目前反对彼者之实力派有冯国璋、段祺瑞、倪(嗣冲)、张(勋)等人"⑧。日置也不得不承认，"黎氏在处理危难时局上，不具备政治家之快刀斩乱麻之机智谋略素质，亦缺乏有力之亲信，亦无对抗文官武将之势力。再者，如段祺瑞、冯国璋、张勋、倪嗣冲等实力派不服其节制，自不待言。袁派首脑人物公开唱反调者亦不为少数。虑及以上事实，大家一致认为黎元洪当此危难之局，不足之

---

① 《日本外交文书》1916年第2册，第84页。
② 《日本外交文书》1916年第2册，第84页。
③ 《日本外交文书》1916年第2册，第84页。
④ 《日本外交文书》1916年第2册，第63页。
⑤ 《日本外交文书》1916年第2册，第78页。
⑥ 《日本外交文书》1916年第2册，第79页。
⑦ 《日本外交文书》1916年第2册，第45页。
⑧ 《日本外交文书》1916年第2册，第84页。

处甚多"①，但除此之外又无其他适宜良策，所以日置才主张以黎氏出马作为迫袁退位的一个方策。他明确表示，为了黎元洪就任大总统后，能抑制反对势力，"各国须给予坚定有力之庇护"。他向石井建议，在出现军队动荡的情况下，采取"声明外国将不得已出兵"②的措施。但日本内部意见不一，公使馆武官青木少将提出徐世昌为合适人选。③

那么，日本通过何种方式迫袁退位呢？日本曾打算首先单独进行劝告，但鉴于周边形势，为其有效，仍决定采取共同劝告的方式。日置提议，由赞成中止帝制的五个国家联合劝告袁世凯退位。第二是采取措施，使袁世凯体面地退位，继任大总统采取令袁放心的收拾时局等政策。第三，袁氏以此为代价平稳移交政权。第四，剥夺袁世凯的大总统的被选举权。④日置将以上措施作为个人意见向石井作了报告，但日本政府和外务省没有据此作出最后决定。

恰在此时，由于国内外的反袁反帝制运动，袁世凯并发神经性疲劳和尿毒症，于6月6日暴卒。在5日前，日置即致电日本外务省，报告袁世凯病情严重，但在这方面的情报搜集仍大大迟于英国，所以未能在事前准备好袁世凯死后的对策。

由于袁世凯的暴死，复辟帝制问题寿终正寝。在帝制问题上，日本的政策由初期的观望转为劝告延缓帝制，由劝告延缓转为三四个月后承认，由承认又转为警告中止帝制，由警告中止转为打倒袁世凯，反反复复，数易其辙。在这五次变化中，始终不变的是日本对袁世凯的看法，以及其与日本之间的关系。大隈指责袁世凯是一个"毒辣之人"⑤，莫理循形容日本与袁是毒蛇与青蛙

---

① 《日本外交文书》1916年第2册，第78～79页。
② 《日本外交文书》1916年第2册，第79页。
③ 《清末民初政情内幕》（下），第544页。
④ 《日本外交文书》1916年第2册，第80～81页。
⑤ 市岛谦吉：《大隈侯爵八十五年史》第3卷，第336页。

一般的敌对关系①。北京政府参政院参政李盛铎就袁世凯与日本之间的关系说过，"袁常为欧美所操纵，日本之所以牵制帝制问题，盖以袁根本无意与日本提携之诚意。此或许为日本对华政策失误之根本原因。另外，袁世凯为一个在感情上强烈的排日者……如前所述，袁从感情上及心底里对日本不持好感"②。北京政府的农商总长周自齐在谈到中国与日本的关系时也说，"现正在酿成中日之间的感情背离愈发严重，实堪忧虑之形势。扭转这种形势已为当务之急。中国怨恨日本事事用强，日本则对中国之反复玩弄远交近攻之小计而愤愤不已，相互指责"。在袁世凯与日本的关系上，"对日本而言，袁总统对日本怀有一种强烈恶感，从过去袁总统之对日本的态度如何如何等等，可以推断袁总统终完全不能与日本亲善……袁总统正如日本人所想象，满脑子都是排日思想。但袁总统并非是不能控制自己的感情而置国家利益于不顾之愚者"。③曹汝霖也对高尾坦率直言："日本政府何故如此折磨中国？顾及东亚前途之大局，甚为遗憾"。④

　　日本与袁世凯之间形成这样的关系，不单单是袁世凯个人与日本的关系，而是体现了袁世凯处于统治中国的政治地位时期中日之间的国家关系。当时的中日关系，因日本占领胶州湾和胶济铁路以及强提"二十一条"而进一步恶化。其恶化的原因是日本侵略中国，由于这种侵略也恶化了袁世凯与日本的关系。袁世凯对此有所抵抗，使日本的要求不能顺利地得到完全满足。日本在袁世凯称帝问题上的对策及打倒袁世凯的目的，都是为了排除这个侵略中国的障碍。这是日本对袁帝制对策的根本，这一点是不变的。但由于客观环境条件的变化，日本对帝制、对袁政策也就不得不几次变化，而这种变化只是手段的变化，都服从于其根本

---

　　①《清末民初政情内幕》（下），第487页。
　　②《日本外交文书》1915年第2册，第192～193页。
　　③《日本外交文书》1916年第2册，第14～15页。
　　④《日本外交文书》1916年第2册，第65～66页。

目的。

　　日本的根本目的，是所谓的日本帝国的国家利益。日本外交意在通过国际谈判，保障、扩大这种国家利益。因为外交比意识形态更有利于这种国家利益。在帝制问题上，日本外交正是走的这条路。辛亥革命时，日本坚持君主立宪制，反对共和制。可以认为，日本从君主立宪国家的观念出发，是坚持君主立宪制的重要因素。如果就观念而言，日本在这次帝制问题上应当支持袁世凯；如果反对袁世凯称帝，则应同情当时怀恋清朝的前清遗老张勋、张作霖等倡议清帝宣统复辟的论调，应当主张以宣统为君主的君主立宪制。但日本也反对这种君主立宪制。这些事实表明，实行君主立宪制还是共和制，对中国是最为重要的问题，而对日本并不是重要问题，都不过是保障、扩大日本国家利益的一种手段。

　　欧美列强最关心的是中国国内的安定。无论共和制抑或君主立宪制，它们都希望维持袁世凯统治中国的现状，在袁的统治下使中国稳定，保护它们的既得利益。这是它们在中国的共同利益。在第一次世界大战的国际环境下，欧美列强强烈要求中国局势稳定。欧美列强参与延缓帝制的劝告，是为了避免由于实施帝制而引起中国的"动乱"，并非打算由此而牵制袁世凯，最后将之打倒。这一点，在参加共同劝告的同时，也与日本有所不同。它们显然在劝告袁世凯延缓帝制的同时，仍拥护袁世凯，希望在其统治下维护自己的在华权益。它们是为了维护殖民权益而准备承认帝制，最后又为此而提出放弃帝制的劝告，希望袁氏由大总统之位引退。在这种变化中不变的是维护它们的既得权益。维护这种权益是它们所谓的国家利益。在帝制问题上，日本和欧美列强的对袁政策及其变化尽管有不同之处，但在维护其本身国家利益这一点上是完全一致的。这是因为帝国主义本质是一样的。

　　不过，它们为避免中国"动乱"而劝告延缓帝制和为避免动

乱而承认帝制，却推动了反袁运动，引发了西南各省率先起事的
护国战争。中国一时陷入了南北战争的"动乱"状态。欧美列强
通过劝告，不仅未能达到预期目的，也失去了历来所支持和依靠
的大人物袁世凯。日本却达到了打倒袁世凯的最终目标，扫除了
侵略中国的最大障碍，支持亲日的段祺瑞一时控制中国政局，造
成独占侵略中国的局面。就其结果而言，这也是日本与欧美列强
的一个不同之处。这是日本和欧美列强对袁态度及其政策相异而
造成的现象。

　　在人类历史上，动机与结果一致的情况很多，南辕北辙的情
况亦不少。这是由于那个时期的客观条件造成的差异。日本和欧
美列强为了维护本国的在华利益，都围绕帝制问题开展了对帝制
外交，而最终却打碎了袁世凯的复辟帝制梦。从形式上阻止了中
国历史的倒退，中国得以保持共和制。这样，初衷本是损害中国
的，但却形成了对中国有利的结果。可以说，这是历史长河中可
能发生的特殊现象。

　　围绕帝制问题，袁世凯政府外交可以说发挥了一定的作用。
外交总长陆徵祥、次长曹汝霖以及驻日公使陆宗舆，对日本在帝
制问题上的外交地位保持了清醒的认识。曹汝霖分析："自欧洲战
争爆发以来，左右中国问题的中心完全转移到了日本，在政事、
经济及其他方面，即使与中国关系匪浅之英国，如反对日本之意
志，则一事无成"。①他认为帝制外交的主动权掌握在日本人手中，
为保证实施帝制，外交谈判的主要对手是日本，主张将与日本的
交涉放在首位。与此同时，北京政府外交部察知日本与欧美列强
在劝告问题上存在分歧甚至矛盾后，企图利用这种矛盾。在朱尔
典的暗中支持下，开展一系列外交活动，力图保证帝制的实施。
最后，在欧美列强也放弃对帝制和对袁世凯的支持后，这一外交

---

① 《日本外交文书》1916年第2册，第66页。

策略彻底失败。在帝制外交上，日本始终是攻击性的、主动的，而北京政府的外交与此对比则是被动的、防御性的。

二、第三次革命与护国战争

如前所述，日本以及欧美列强劝告延缓帝制，加速了中国反帝制和反袁运动的爆发。孙中山和中华革命党以上海、山东为中心开展的第三次革命运动，与以云南都督唐继尧及蔡锷以及梁启超的进步党为主的云南、贵州、广东、广西、四川等西南各省的护国战争共同构成了中国的反帝制、反袁运动。这个革命运动和战争从内部结构来说，是有一定的相异和对立的，但出于反帝制、反袁的共同目的，他们联合起来与袁世凯进行斗争。然而，由于两者在国内的政治、军事实力有差别，在反帝制、反袁运动的作用也有所不同。如果说自二次革命以来坚持反袁斗争的孙中山和中华革命党发挥了先锋作用，则西南的唐、蔡、梁一派则发挥了主体作用。本节将探讨孙中山的中华革命党的第三次革命、西南护国战争与日本三者之间的关系，同时考察此时日本与欧美列强之间的外交关系，适当评价日本的相应对策。

袁世凯的帝制运动，为孙中山的中华革命党创造了开展反袁斗争的有利革命形势。孙中山等人为准备第三次革命，于1915年夏在东京设立了中华革命军东南军（陈其美）、东北军（居正）、西南军（胡汉民）、西北军（于右任）等四个军总司令部，着手准备举兵反袁。这四个军中，起兵的只有东南军和东北军，其他军未采取明显行动。

1915年10月14日，东南军总司令陈其美在东京结束了与孙中山的最后一次会谈①，于10月底秘密进入上海。他计划以法租

①《孙文动静》乙秘第2009号，1915年10月15日，日本外交史料馆藏。

界里的山田纯三郎住所为据点，首先在上海起事，然后向浙江省
和南京地区，在东南地区发展势力。为落实这个计划，陈其美等
人决定暗杀残酷镇压上海革命党活动的上海镇守使郑汝成。革命
党人王晓峰和王明山乘郑于11月10日参加日本驻上海总领事有
吉明举行的大正天皇即位贺宴之机，袭击了郑的座车，将郑暗杀。
这两人当场被捕并处死刑。20日，在东京的麹町区大手町大日本
私立卫生会举行追悼会，革命党人刘大同主持，张继、谭人凤等
发表演讲，祭奠二人，鼓舞革命斗志。①有吉立即向石井报告了
这次暗杀事件的详情和上海会审衙门的审理情况。②有吉从帝制
运动初期就注意到陈其美等革命党人的行动，8月31日向石井报
告了以陈其美为主的上海革命党人苦心策划组织讨袁军的情报，
认为他们是反帝制、反袁的重要力量。③

　　暗杀郑汝成之后，陈其美与蒋介石、杨庶堪、周淡游等人一
起制定了首先夺取停泊在上海港的袁海军肇和、应瑞、通济三艘
军舰的计划。袁军在上海的据点是江南制造局，驻扎袁军两个团。
以二次革命的教训来看，从陆上攻占这个据点十分困难，于是，
陈其美等人制定了从海面攻打江南制造局的作战方案，开始准备
夺取袁军军舰。东京的革命党人以王统一为首，对正在横须贺接
受日本海军训练的袁海军学习生开展工作。当时，肇和等袁海军
军舰上有陈可钧等二三十名革命同志，他们是这个夺舰计划的内
应。12月5日下午5时左右，杨虎指挥40名陆战队员分乘两只
小艇接近肇和舰，在内应的帮助下夺取了该舰，6时半左右开始
炮击江南制造局。同日，海军陆战队副司令孙祥夫指挥的40名陆
战队员出发夺取应瑞舰，但于11天前约定的小汽艇因未取得海关
手续，未能在租界码头停泊，陆战队未能乘坐小汽艇夺取应瑞舰，
计划失败。原计划预定，用夺取的两艘军舰炮轰江南制造局，趁

①《日本外交文书》1915年第2册，第307～308页。
②《日本外交文书》1915年第2册，第203～205页。
③《日本外交文书》1915年第2册，第21～23页。

制造局内的袁军混乱之际，陆战队乘三只汽艇于制造局上岸，奇袭制造局，但这个计划受挫。肇和舰向江南制造局发射了 30 发炮弹，地面部队也袭击了南市警察署等地。翌日凌晨 5 时左右，根据袁海军司令李鼎新的命令，应瑞、通济两舰炮击肇和舰，数发命中，杨虎的陆战队和内应撤离肇和舰。陈其美等革命党人筹划的这次事件失败。①然而，1915 年 5 月初回国的孙中山仍拟再次实施这个计划，5 月 5 日革命党人袭击了策电舰，但又失败。

日本军部很重视这次肇和舰事件，1915 年 12 月下旬派青木宣纯少将和松井石根中佐由旅顺到上海支援这个地区的反袁势力。肇和舰事件由于发生在此之前，所以与日本军部没有直接关系。然而这次事件与日本也并非毫无关系。有吉明在给石井的报告中称："约两周前本领事馆与肇和舰联络，取得极秘情报。"②12 月 5 日，当肇和舰开始炮轰江南制造局时，日本驻沪总领事馆的西田就被秘密派到陈其美处，陈告知西田行动的进展情况和计划："攻陷江南制造局后，将任王宠惠为外交主任，负责与总领事团等之交涉"，"我之目的为攻陷北洋军队最集中之地，则他处为之胆寒，最后导致袁氏垮台。此心已决。"③有吉于 12 月 13 日向石井呈递了"关于革命党人在上海的暴动情况报告书"④，详细记述了"从革命党人处得到的具体情况"⑤，其中包括革命暴动前的状况，肇和舰炮轰江南制造局，革命党人袭击警察署，暴动后革命党人及肇和舰的情况，法租界当局对革命暴动的态度，暴动受挫和对当地民心的影响等。这说明有吉与陈其美等保持了紧密联系，而革命党人也信任有吉，为他提供情报。

---

①《日本外交文书》1915 年第 2 册，第 217～219 页。李新、李宗一编：《中华民国史》第 2 编第 1 卷下，中华书局，1987 年，第 653～662 页。

②《中华民国史》第 2 编第 1 卷下，第 217 页。

③ 1915 年 12 月 5 日，日本驻上海总领事有吉明致石井外相电报，第 154 号，日本外交史料馆藏。

④《日本外交文书》1915 年第 2 册，第 215～222 页。

⑤《日本外交文书》1915 年第 2 册，第 215 页。

这次夺取肇和舰事件与日本财阀和民间人士有关。久原房之助为陈其美提供了 300 万日元的资金。[1]日本浪人志村光治等数人参加了夺舰行动。说明日本人与这次事件直接有关。

此外，这次事件是由以东京为根据地的中华革命党和孙中山首先在东京所策动的，在肇和舰内应的核心人物陈可钧的行李中，发现了五份孙中山签发的委任状。[2]他们使用的手枪也是日本制造的。这些事实表明，夺取肇和舰事件与日本亦有间接的关系。

北京的袁世凯政府侦知夺取肇和舰事件与日本的关系，6 日，外交总长陆徵祥以此事件发生在租界为由，要求日置"电令驻上海领事严密搜索藏匿在租界之匪徒与军械等，如由中国官员指认，应直接引渡"[3]。这意味着要求取缔参与肇和舰事件的日本人。日置将这个要求电报石井，同时也通知了日本驻上海的总领事有吉，但他们对此没有采取任何措施。这说明了这个事件与日本的微妙关系。

然而，对帝制问题采取不干涉态度的美国有几家报纸却报道："据上海事件调查结果，发现叛乱所用武器乃日本所供。另据孙逸仙签署之文件，该人明显以日本为策源地。日本政府知悉此种事实，但未采取任何手段。且 12 月 1 日，日本总领事致电东京，提出应采取紧急相应措施，以防帝制成功。证明孙中山与日本人合谋，在上海发起此次事件"[4]。上海是欧美列强的利益集汇之地，一向支持袁氏的欧美列强并不欢迎在上海挑起反袁事件。因此，美国的上述报道很可能对其他列强产生恶劣影响。作为对策，石井电令日本驻美大使珍田，向美国政府提出撤销以上报道的要求，同时，又指令北京的日置，由袁世凯政府向美国政府提出同样的

---

① 北村敬直：《浮生若梦七十余年——西原龟三自传》，平凡社，1989 年，第 72 页。
② 1915 年 12 月 23 日，日本驻上海总领事有吉明致石井外相电报，第 187 号，日本外交史料馆藏。
③ 1915 年 12 月 8 日，日本驻上海总领事有吉明致石井外相电报，第 160 号，日本外交史料馆藏。
④《日本外交文书》1915 年第 2 册，第 212 页。

要求。①这是因为日本人认为，美国的报道内容系袁世凯政府所提供。②日置向袁世凯政府外交部提出了石井关于撤销报道的要求，但袁外交部否认与此有关。不过，日置并不赞成这种做法，就石井对袁世凯政府的要求，提出："反而会招致不愉快事件，希望取消。"③其理由是，如果公开发表撤销报道的声明，就会在北京的事件审理中，再次提及日本与旅日的孙中山的关系及使用日本制手枪等事实，暴露这次事件与日本之间的关系，因而取消这种做法，对日本反而有利。

上海的外国报纸也报道了这次事件与日本的关系，透露了日本人参加这次事件的消息。

上海租界的警察也在注意日本人的动向。山田纯三郎与这次事件有直接关系，从东南亚提供给革命党的资金首先发给山田，所以，警察注意监视山田的行动。有吉为此在与警察当局交涉的同时，安排山田于 16 日暂时返回日本。④有吉就日本所受牵连向石井建议："如就谣言乃至报道进行辩驳，反会加深各方面的猜疑，恐谣言更甚。暂时静观事变，方为上策。"⑤

如上所述，对于革命党夺取军舰事件，石井与日本驻华公使、总领事所采取的对策，都是为了日本帝国，但在客观上却对革命党有利。因此，日本和革命党对于反袁有暂时的共同之处，不过日本是为了反袁而利用革命党人。然而，日本通过这次事件肯定了在镇压这次事件中袁世凯政府的能力，认为此后三四个月间"更有必要加以警惕，如能防止动乱于未然，帝国政府认为并不需要

①《日本外交文书》1915 年第 2 册，第 214～215 页。
②《日本外交文书》1915 年第 2 册，第 214 页。
③《日本外交文书》1915 年第 2 册，第 236 页。
④ 1915 年 12 月 16 日，日本驻上海总领事有吉明致石井外相电报，机密第 101 号，日本外交史料馆藏。
⑤ 1915 年 12 月 16 日，日本驻上海总领事有吉明致石井外相电报，机密第 101 号，日本外交史料馆藏。

坚持以上之劝告"①，准备暂且承认帝制。表明了日本与革命党的反帝制目的有本质上的区别。

陈其美等革命党人领导的肇和舰事件虽然失败，但对中国南北方反帝制、反袁斗争产生了一定的影响。12 月 25 日，云南都督唐继尧及蔡锷、李烈钧等人举起反帝制、反袁大旗，宣布云南独立，拉开了护国战争的序幕。西南各省纷纷响应，贵州省、广西省、广东省相继独立。独立的四省于 1916 年 5 月 8 日在广东的肇庆成立了四省护国军军务院。军务院是带有辛亥革命时期南京临时政府性质的政府机构，唐继尧任抚军长，岑春煊为抚军副长，政务委员长梁启超，李烈钧等 10 人为抚军。这个军务院是以梁启超为核心的进步党、唐继尧等西南地方实力派、李烈钧等革命党（以欧事研究会为主）三种势力的联合政权，实权掌握在梁启超和唐继尧等人手中。军务院以取消帝制、拥护共和、恢复临时约法和旧国会为口号，集中反袁势力，在四川、湖南、江西、福建等省发动护国军讨袁。结果，陕西、湖南、四川独立，独立省份达到 8 个。以军务院为核心的南方反袁联合势力，成为打倒袁世凯、取消帝制的护国战争的主体。②

那么，西南的反袁势力与日本有什么关系呢？西南反袁、独立计划是蔡锷、梁启超等人于 1915 年 10 月下旬在天津秘密策划的，所以日本无法探知其内幕。再者，蔡、梁两人原来都属拥袁派，因此，以反袁为目的的日本，忽视了他们的行动。日本外务省在华派出机构开始注意云南独立问题是在 12 月 20 日以后。当时，由于日本在这个地区还没有设立领事馆，有关云南的情报都是从英法公使、领事处搜集到的，因此并不准确。③例如，日置于

---

① 《日本外交文书》1915 年第 2 册，第 176 页。
② 参照李新、李宗一编：《中华民国史》第 2 编第 1 卷下，第 691～781 页。
③ 参照《申报》，1916 年 1 月 6 日。

23 日报告该地目前无异常动荡。①石井在云南宣布独立的 25 日，
在通报日本驻外使馆时，称"广西、云南独立之事，目前因该地
通信不便，故未十分明了"②。25 日以后，日本才开始重视云南
独立对此后反袁运动的影响和作用，广东总领事馆的藤村翻译
官③、参谋本部的山县少佐④、大陆浪人大作理三郎等人先后潜入
云南⑤，着手搜集情报和接触反袁势力的人物。在上海联络南方
反袁势力的青木宣纯也临时回国，表明将于 1 月 15 日向北京政府
驻东京的陆宗舆公使了解云南方面情况的意向，希望对此提供
方便。⑥日本外务省为开展对云南工作，任命崛义贵为驻云南新
任领事。3 月初，崛义贵经河内于 3 月中旬到达云南。3 月 18 日，
蔡锷等护国军的将领们表示欢迎崛领事上任，希望双方修好。⑦崛
义贵也通过（中国）外交部云南特派员公署对此表示谢意，希望
护国军得胜。⑧关于崛义贵、藤村和参谋本部军官们在云南的活
动，由于缺乏史料，因而不详。但根据崛义贵所述，有 200 名日
本人在云南活动。⑨日本在广西省也设立了领事馆，派原驻牛庄
领事奥田任领事。日本上述态度表明，日本企图支持这一力量，
利用其来反袁。

　　英、美、法等欧美列强采取了与日本相反的态度。它们虽与
日本一起劝告袁世凯延缓帝制，那是为了扶植袁世凯，而不是要
打倒袁世凯。因此，它们不支持反袁势力。英国驻云南领事通告

---

① 《日本外交文书》1915 年第 2 册，第 236 页。
② 《日本外交文书》1915 年第 2 册，第 239 页。
③ 《日本外交文书》1915 年第 2 册，第 239 页。
④ 《日本外交文书》1915 年第 2 册，第 94 页。
⑤ 黑龙会编：《东亚先觉志士记传》（中），第 608 页。
⑥ 中国第二历史档案馆、云南省档案馆编：《护国运动》，江苏古籍出版社，1988 年，
第 321 页。
⑦ 中国第二历史档案馆、云南省档案馆编：《护国运动》，第 328～329 页。
⑧ 中国第二历史档案馆、云南省档案馆编：《护国运动》，第 329 页。
⑨ 《清末民初政情内幕》（下），第 531～532 页。

唐继尧："起事之际勿望英国给予任何援助"。①英国驻日大使格林也于 12 月 19 日向石井密告这个意向②，用来牵制日本对云南的工作。美国驻华公使芮恩施也指责日本与这些反袁运动有关，警惕日本或许希图在南方建立独立政权，抑或意在分裂中国。③

法国在表面上与英国的态度相同。法国驻北京公使馆一等秘书向日本公使馆出渊书记官提出要求，禁止向云南运送武器，严厉取缔在法国势力范围内的革命党活动。但法国公使康悌拒绝袁世凯政府使用滇越铁路向云南运兵的要求。这是因为，若允许袁世凯政府使用，则会给护国军破坏该铁路以口实，危及法国在云南的利益。但是，石井对法国容忍陈其美等人在上海法租界活动，为蔡锷等人进入云南提供便利等事，怀疑（法国）"暗中同情护国运动"，张继等人在法国滞留期间"接近该国实权人物，以革命成功之后让与权益为条件，建立特殊关系等情事"④，指示日置打探法国人的动静。这说明日本与法国在云南的争夺。

已独立的云南当局为排除日本和列强的干涉并谋求得到其善意的支援，希望"各友邦一致保持善意之中立，互敦永久之睦邻"⑤，于 12 月 31 日向日本与各国驻北京公使发布下述通告：

　　——帝制问题发生以前民国政府及前清政府与各国缔结之条约均仍继续有效，如旧承担一切赔款及借款。
　　——力保在本将军巡按使势力范围内居留之各国侨民生命财产。
　　——帝制问题发生后袁世凯及其政府与各国缔结之条约、契约及借款等，民国一概不予承认。

---

① 《日本外交文书》1915 年第 2 册，第 250 页。
② 《日本外交文书》1915 年第 2 册，第 250 页。
③ 芮恩施：《一个美国外交官使华记》，第 149 页。
④ 《日本外交文书》1915 年第 2 册，第 254 页。
⑤ 《日本外交文书》1916 年第 2 册，第 90～91 页。

——各国若以战时违禁品援助袁政府，一经查出，概予没收。

——各国官商侨民若赞助袁政府，妨害本巡按使之行动时，概予反对。

最后两项是牵制日本和列强援助袁世凯的措施，意在从国际上孤立袁世凯。

日本为给蔡锷、梁启超等人的活动以便利，向岑春煊提供了军费。3 月初，蔡锷从天津抵达东京，与欧事研究会成员会面，秘密到别府与谭人凤等会谈，此后又经上海、香港、河内，于21 日前后进入云南。日本为他的行动提供了方便。

梁启超于戊戌变法失败后流亡日本，与日本具有特殊关系。12 月 18 日，梁启超从天津到上海，与欧事研究会成员商议，计划派岑春煊去日本，筹集军费，购买军械。①梁启超为得到日本的支持和援助，要求在 30 日秘密会见日本驻上海的总领事有吉，对日本劝告延缓帝制"恰如其分表示感谢"，指责袁世凯"外交上远交近攻，不理解日本之地位及势力"②，以此拉拢日本。梁启超将此次云南之举必定成功的原因与二次革命作了分析比较，认为，"此次云南之举，开有系统反袁运动之先河，反对袁氏帝政者之中，素有各种分子，然在打倒袁世凯一事中均为一致，此外尚未统一者，随事态之发展，可逐步建立组织加以统一。由蔡锷抵后二三日，云南即行举事，足见事先有充分之准备。各省之发展可以此而推知"。梁启超与有吉相约："若有今后时局进展之消息，自己或当以心腹之人时时通报"，一再提出将有关云南的"真相转达日本"③。有吉电告石井，梁启超来访的主旨是"求得我方同情支持"。通过这次会谈，日本方面确认，梁启超等云南当局打算

① 李新、李宗一编：《中华民国史》第 2 编第 1 卷下，第 685 页。
②《日本外交文书》1915 年第 2 册，第 257~258 页。
③《日本外交文书》1915 年第 2 册，第 258 页。

依靠日本。嗣后梁启超往返于香港、广西、印度支那各地，在他的《从军日记》（3 月 17 日）中记述了对日本人协力支持的感激之情。①在此之后，梁启超与上海的有吉明、香港的今井忍郎以及青木宣纯，就军事援助达成协议。之后，岑春煊和章上钊、张耀曾共赴日本。抵日后，岑春煊先在热海逗留，1 月 24 日至 25 日在东京活动，2 月间又去东京，10 日晚与前外相加藤高明进行会谈，然后拜访头山满，11 日拜会犬养毅。②会谈内容不详。在日本，久原房之助向岑春煊提供 100 万日元军费。3 月 20 日，久原的代理人竹内维彦和岑春煊签订借款合同。③这笔借款合同没有附加利息、抵押等条件，只记明岑春煊方面为取得中日亲善之实，将来在久原方面提出事业上的期望时，由岑给以友好关照。这个合同较其他借款合同宽松。据传岑春煊用这笔借款购回能装备两个师的武器。岑春煊原是前清的一个总督，既不属于梁启超的进步党，也不属于唐继尧的云南地方实力派，而他就任军务院抚军副长，可以认为与得到日本援助这一功绩有一定关系。

云南护国军以 5000 日元购进了大阪市惠比寿町飞机制造所制造的双翼 50 马力飞机一架。④美国驻华公使芮恩施对此表示了严重关注。

日本在护国战争中的另一个作用，是集中了分散在各地的反袁势力。5 月间成立的军务院是反袁、反帝制的联合政权，其联合经历了一个过程。日本驻云南的领事崛义贵、驻肇庆的领事太田、驻香港的总领事及青木宣纯分头游说各地势力，促成了两广反袁势力的联合，及广东革命党人与西南各势力的联合。⑤4 月

---

① 林明德：《近代中日关系史》，三民书局，1984 年，第 121 页。
② 俞辛焞：《1913～1916 年孙中山在日革命活动与日本的对策》，载《孙中山研究论丛》第 3 集，第 191 页。
③ 《近代史资料》，1982 年第 4 期，第 171 页。
④ 《日本外交文书》1916 年第 2 册，第 98～99 页。
⑤ 《孙中山全集》第 3 卷，第 294 页。林明德：《近代中日关系史》，三民书局，1984 年，第 121 页。

16日太田在梧州、肇庆与梁启超和广西都督陆荣廷会谈，商谈驱逐广东都督龙济光，占领广东等事。4月29日，岑春煊被推举为统一后的两广护国军总司令，内中可能是日本的支持。

日本（特别是参谋本部）要求旅日的孙中山和中华革命党与梁启超、岑春煊等人联合。由于孙中山与梁启超等人的主义是对立的，过去曾反对与他们联合，但又由于梁启超等人由拥袁转为反袁之后，反袁、反帝制成为当时的共同目标，从而孙中山决定与他们联合。2月3日，周善培作为梁启超的代表抵达东京。[①]孙中山的得力助手戴天仇（季陶）、张继与周善培举行会谈。翌日，张继、戴天仇、居正和谭人凤四人赴热海与岑春煊会谈。[②]2月3日下午，孙中山拜访周善培。[③]此后，连续六次会谈。这些会谈内容不详，估计是反袁和护国战争中的联合问题和协作关系等。

那么，就当时日本对反帝制、反袁势力的所谓支持和支援，应如何评价呢？1917年，孙中山在《中日亲善之根本意义》中认为，从袁世凯死后到1917年6月国会解散这段时期，是中国共和政治恢复的和平建设阶段，可以说是由于"日本之道义援助"[④]。然而，此后孙中山又指责日本。孙中山与岑春煊、梁启超等人出于实现反帝制、反袁的共同目的，暂时联合到一起，但目的达到后便分道扬镳。1918年，日本为了使分裂的中国南北各种势力联合，谋划中国统一，推动了南北和谈，但排除了孙中山的革命党，由唐、岑等人代表南方出席和谈。因此，孙中山在1920年严厉批评日本在反帝制时期对岑春煊等人的支持。[⑤]可以说，孙中山肯定的是日本的对华政策在客观上对中国革命有利的一面，而批评的则是其帝国主义本质的一面。

---

① 《革命党各派首领会合情况》乙秘第163号，1916年2月4日，日本外交史料馆藏。
② 《革命党各派首领会合情况》乙秘第163号，1916年2月4日，日本外交史料馆藏。
③ 《革命党各派首领会合情况》乙秘第163号，1916年2月4日，日本外交史料馆藏。
④ 《朝日新闻》，1919年1月1日。
⑤ 《孙中山全集》第5卷，第276页。

三、第二次满蒙独立运动与"张作霖工作"

所谓满蒙独立运动，是日本大陆政策的重要一环。第一次满蒙独立运动因 1912 年 2 月清帝退位而暂时中止，但只要日本的大陆政策存在，这个运动就不会消失。以川岛浪速为代表的日本大陆浪人和部分日本预备役军官不断在满蒙秘密活动，伺机而动。山东革命党起事和西南诸省护国战争爆发后，满蒙独立运动再度乘机而起。这个运动是在日本政府、军部和财阀支持下进行的，目的之一是以此作为打倒袁世凯的一个手段。与此同时，日本在取消帝制，动摇袁世凯政治统治体制的过程中，拉拢掌握奉天省（现辽宁省）实权的张作霖，以张作霖的独立反袁。本节在探讨日本对满蒙独立运动政策的同时，研究这项政策转变为拉拢张作霖政策的过程，以及在这个过程中，日本与宗社党、巴布扎布和张作霖这三者之间的关系。

与第一次满蒙独立运动相同，第二次满蒙独立运动也是以肃亲王为首的宗社党和蒙古人的独立运动相结合而展开的。不过，蒙古方面与前次不同，巴布扎布成为核心人物，内容也发生了变化。前次是以脱离清朝独立为目的，而这次的目标是脱离袁世凯政权独立，使清朝的宣统皇帝复辟。

这次复辟帝制运动也为日本所利用，用来阻止袁世凯称帝和将之打倒。在东京的川岛浪速首先策动肃亲王的宗社党，挑起了以他们为核心的第二次满蒙独立运动。虽然不知道当时川岛和日本军部是什么关系，但日本军部在满蒙地区开始反袁活动是在 1915 年底，川岛也大致在这个时候开始活动。由此看来，川岛在活动初期可以说是与日本军部保持着某种关系。3 月 7 日，大隈内阁在军部的推动下决定了打倒袁世凯的政策后，满蒙独立运动就被日本政府和军部利用，成为倒袁政策的一环，因此日本政府和军部积极支持这个运动。参谋次长田中义一、第二部部长福田雅太郎都非常热衷于此，于3月下旬派遣步兵大佐土井市之进、步兵少佐小矶国昭、步兵大尉松井清助、一等主计铃木晟太郎等人到满洲支持满蒙独立运动。[①]

日本财界也在政府和军部的支持下，介入了这个运动。军部为了向宗社党提供军费，劝说财阀大仓喜八郎于3月间和肃亲王签订了借款合同。

> 速水笃次郎（以下简称甲方）与肃亲王（以下简称乙方）订立的合同如下：
> 第一条　甲方贷与乙方日本贷款一百万日元。
> 第二条　乙方在本合同另附土地、山林、牧场、矿山、房屋、水利等目录，以为前借款之抵押。
> 第三条　自借款之日起，乙方每年向甲方支付年息百分之七。
> 第四条　自本合同签字日起两年之后，乙方返还全部贷款。
> 一旦有故，经双方协议，还贷时限亦可延长。[②]

在签订这项合同的同时，肃亲王向大仓喜八郎作出如下承诺。

> 肃亲王为感谢大仓喜八郎提供捐款之举，许诺他日事成之际，将满洲吉林省及奉天省内松花江及其支流流域之所有民有森林之股份，及流放木材之各种租金征收等事业，予大仓男爵及其后继者举办合办事业，其经营全面委之于大仓男爵。[③]

---

① 参照栗原健编著：《对满蒙政策史的一个侧面》，第145～156页。
② 《日本外交文书》1916年第2册，第856页。
③ 《日本外交文书》1916年第2册，第855页。

　　大仓喜八郎以获得在满洲的这些权益为条件，向肃亲王提供了 100 万日元的资金，其中的 20 万日元抵还以往借款，30 万日元作为预备金留在日本外务省政务局，其余的 50 万日元充作独立运动的军费。肃亲王通过日本泰平组，用这笔军费从日本军部买进步枪 5000 支、炮 8 门，以及弹药等，送往关东州。[①]

　　日本殖民地关东州和满铁附属地成了满蒙独立运动的根据地。肃亲王的宗社党在日本军中央和日本关东都督府的支援下，把根据地设在旅顺和奉天（沈阳），在关东州租界地的营城子附近，驻扎着从各地招募的 1500 名勤王军队，连日进行训练。日军的 30 余名预备役军官和 80 余名浪人参加并指挥。[②]他们策划以满铁附属地为据点，在南满举兵。

　　川岛和肃亲王企图勾结巴布扎布的蒙古军，一起举兵。巴布扎布是马贼的头目，在日俄战争时曾帮助日军，此后又被任命为彰武县的巡警局长。辛亥革命时参与外蒙古所谓独立活动，任职东部都督，后又脱离外蒙古，在西乌珠穆沁旗附近的大苏布诺尔盐湖地区活动。日本参谋本部于 1915 年 8 月派小矶国昭少佐、田代皖一少佐等人，到东西乌珠穆沁地区进行实地考察，似与巴布扎布有过某种联系。[③]1916 年 1 月，巴布扎布派数名手下到东京，向川岛寻求支援。[④]川岛接受他们的要求，约定巴布扎布的军队进攻郑家屯一线，以策应宗社党举事。川岛和土井大佐派预备役骑兵大尉青柳胜敏，肃亲王第七子宪奎等 10 人到巴布扎布大本营，与他们建立联系。土井在东京为巴布扎布购进了六万余发俄式步枪子弹，又利用俄国的中东铁路运送巴布扎布部队，但被俄国发现，成了日俄之间的一个外交问题。[⑤]

　　① 田崎末松：《田中义一评传》，和平战略综合研究所，1981 年，第 633～634 页。
　　②《浮生若梦七十余年——西原龟三自传》，第 108～110 页。
　　③《对满蒙政策史的一个侧面》，第 145～156 页。
　　④ 田崎末松：《田中义一评传》，第 636 页。
　　⑤《日本外交文书》1916 年第 2 册，第 875～877 页。

　　川岛和土井的计划是，4 月中旬，由宗社党的"勤王军"在辽阳东面的险要千山一带，举起"讨袁"大旗，吸引奉天军队；而巴布扎布的蒙古军于此时越过兴安岭南下，策动各地马贼乘机发动骚乱，趁奉天军为讨伐而疲于奔命之际，乘虚占领奉天城。吉林将军孟恩远与此相呼应，然后由勤王军、巴布扎布军和吉林军队联合突进长城，再与山东兴起的孙中山的革命军在天津会合，攻进北京，推翻袁世凯政权，在满洲、蒙古、华北建立日本统给下的傀儡政权，实现清帝的复辟。① 为实施这个计划，预先约定由巴布扎布的 1500 名骑兵，于 5 月上旬待机进攻洮南的达拉王军府一线。

　　当时南满是日本的势力范围，满铁附属地和关东州是日本殖民地。日本通过驻满洲领事馆、关东都督府、关东军、满铁四个方面的政治力量推行对满蒙政策。其上层机构也非常复杂，内阁总理大臣、外务省、陆海军省、参谋本部都有各自的管辖范围，因此缺乏统一的指挥。在推进第二次满蒙独立运动的过程中，内部发生了分裂。日本驻奉天代理总领事矢田七太郎向石井报告称，青柳胜敏等人和宗社党在奉天、辽阳举兵"毫无成功之希望，且有暴露丑行、造成恶劣影响之虞。鉴于目前形势，结局可能十分尴尬，（中略）本职意宜预为取缔"②。驻安东领事吉田茂也上报了同样的意见。驻满第十七师团长本乡房太郎中将等人也对军部的这个计划持批评态度。③ 但是，石井不接受这些意见，为使 3 月 7 日内阁会议决定的方针得到落实，于 3 月 21 日派外务省的森田宽藏抵满洲和北京，向各地总领事、领事以及日置传达了以下意见："鉴于中国时局之发展，将袁氏继续置于权要之位，于我国控制甚为不利。帝国政府认为，有必要使其脱离现在之地位。"与

---

　　①《日本外交文书》1916 年第 2 册，第 857 页。田崎末松：《田中义一评传》，第 632 页。《东亚先觉志士记传》（中），第 633 页。
　　②《日本外交文书》1916 年第 2 册，第 853 页。
　　③《对满蒙政策史的一个侧面》，第 129 页。

此同时，提出对于满蒙的反袁运动，"我国民间有志之士对此表示同情，给予钱款及物品援助，帝国的政府默认此种行为。为严格统一行动计，政府应与其幕后指挥者建立联系，如日本人给以钱款物资援助者或以其他任何办法援助该运动者，均予以默认"[①]。这个"默认"的同义语就是"援助"。即要求政府施行支持、援助满蒙反袁运动的政策。任日本关东都督的陆军大将中村觉也训示在辖区内，根据内阁的对华方针，"有必要对管区内之宗社党和革命党行动应放宽管束"[②]。

在土井和川岛等人的直接指挥下，宗社党和巴布扎布蒙古军稳步而顺利地推进反袁独立运动的准备工作。但3月31日，突然传来参谋次长田中的指示，"工作准备就绪后，应待本部指示方可开始实行"[③]。这是因为他认为"土井大佐所负责工作与中国全局形势之发展变化有关，不恰当照应南方情况，反于帝国政府有害"[④]。日本策划满蒙独立运动，在战略上首先是牵制袁军南下，以利于南方各省护国战争的持续；与南方势力相呼应，向北京政府施加压力。但是，由于南方势力没有扩大，较原来的估计迟缓，如果只靠满蒙仓促起事，就会给袁世凯实行南北妥协之机，恐怕难以达倒袁的目的。因此，石井于4月6日向关东都督中村和奉天代理总领事矢田发出指示，由于他们攻击北京的计划恐于大局不利，必须取消。[⑤]除上述原因外，还有一个原因，就是企图策动和利用掌握奉天实权的张作霖。张作霖在东北与宗社党、蒙古军是对立的，因此，要策动和利用有实权的张作霖，就必须控制蒙古军的活动。

恰在此时，袁世凯于6月6日暴卒，中国政局开始了新的转化。由于袁世凯已死，日本外务省再无必要利用宗社党、巴布扎

① 《日本外交文书》1916年第2册，第854页。
② 《日本外交文书》1916年第2册，第855页。
③ 《日本外交文书》1916年第2册，第856页。
④ 《日本外交文书》1916年第2册，第856页。
⑤ 《日本外交文书》1916年第2册，第858页。

布开展反袁运动。为了拥立黎元洪为大总统，以图调和南北关系，控制袁世凯死后的中国政局，日本对宗社党和巴布扎布的政策由支援开始转为中止、解散。这是因为，这个运动此时已成为拥立黎元洪的障碍。黎元洪向日本驻北京的日置公使表示了如下的担心："日本浪人在满洲及山东之鲁莽行为，颇使中国官民误解，对两国交往影响不利"。①日置也向石井报告："坚决取缔与山东及满洲革命党、宗社党之流有关系之日本人，极为必要"。②

可是，日本参谋本部的军官们仍在推进满蒙独立运动，宗社党、巴布扎布的活动逐步取得进展。预定于6月中旬以奉天为中心，在本溪湖、复卅、庄河、辽西一带举兵。巴布扎布的骑兵也于6月1日③开始越过兴安岭南下东进，直指洮南府④。土井等人在袁世凯死后仍坚决主张举兵。土井等人认为，袁世凯死后还会出来第二个、第三个袁世凯，即使产生一个亲日的新大总统，但由于大总统身边的人曾是袁世凯的属下，新总统就难以实现自己的政策，南北妥协恐怕亦行困难。因此，土井等人建议，为达到日本的最终目的，应当继续举兵。不过日本军部不赞成此举。田中向都督府参谋长西川下达了中止满蒙举兵的命令，并表示：对于反对拥护日本帝国的黎元洪政府之人，帝国将以己之实力击灭之。⑤但日本参谋本部中也有一些人支持土井等人的主张，经过内部协调，最后决定立即停止、取消满蒙举兵。6月上旬赴东京的土井知道除服从中央决定外别无他策，不得不于7月6日返回奉天，着手解散事宜。⑥

但是，川岛等日本大陆浪人态度顽固，不同意解散。⑦宗社

---

① 《日本外交文书》1916年第2册，第891页。
② 《日本外交文书》1916年第2册，第891页。
③ 原文如此，似应为7月1日。
④ 山本四郎编：《寺内正毅有关文件（首相以前）》，京都女子大学，1984年，第741页。
⑤ 田崎末松：《田中义一评传》，和平战略综合研究所，1981年，第640页。
⑥ 山本四郎编：《寺内正毅有关文件（首相以前）》，第640页。
⑦ 山本四郎编：《寺内正毅有关文件（首相以前）》，第743、746页。

党的勤王军乃乌合之众，其中大半为马贼出身，因此，要想控制
他们而中止举兵计划，并非易事。大陆浪人石本权四郎和津久井
平吉利用这一部分人马，从7月下旬开始实施占领长春的计划。①
日本军中央反对这种行为。8月1日，田中严令关东都督府参谋
西川，"就目前情况，在满蒙引起新的事端实无必要，于对华善后
政策不利之处甚多。（中略）如以铁路附属地为策源地举事，决不
可予以默许"②。命其对占领长春的计划等采取紧急措施。日本
驻长春领事山内四郎等人，将石本一派人马的武器弹药予以暂时
收缴、保管，使这个计划流产。外务省认为此举恰当，表示支持。
但是，在青柳胜敏的指挥下，巴布扎布的3000名骑兵于8月10
日到达洮南附近，14日占据满铁附属地附近的郭家店，烧杀掠夺，
与张作霖军队处于交战状态。这不能不给日本对袁世凯死后的善
后政策带来极为不利的影响。

　　日本外务省和参谋本部对此研究了紧急对策，8月11日派遣
外务省参政官柴四郎和参谋本部的浜面又助大佐以及预备役海军
中将上泉德弥等人去大连说服川岛解散宗社党，将巴布扎布部队
撤回蒙古，用以收拾残局。他们到大连后，于16日与关东都督府
参谋长西川达成协议，向巴布扎布提供步枪1200支、野炮4门以
及弹药，使其从郭家店撤退，将关东州内的宗社党勤王军一部于
8月22日编入巴布扎布部队，付给路费，予以解散。对参与这次
行动的日本人，也付给一笔"慰问金"和返回日本的路费。所需
金额共达53万日元以上。③

　　第二次满蒙独立运动由于袁世凯之死和日本对华政策的转变
而寿终正寝。这是肃亲王的宗社党和巴布扎布，为清帝复辟而掀
起的独立运动，日本则企图加以利用。土井、小矶和川岛明确表

　　①《日本外交文书》1916年第2册，第893页。
　　②《日本外交文书》1916年第2册，第896～897页。
　　③田崎末松：《田中义一评传》，和平战略综合研究所，1981年，第645页。

示，"满蒙举事是实现帝国政策的一个组成部分。因此，原本既非宗社亦非共和，首要者仅为达到接触政权之目的。然满蒙之地从来未脱宗社之腐朽，领导者决不能染此腐朽之气"①。与宗社党等的目的互不相干。这说明日本策动第二次满蒙独立运动的目的，并非为了清帝复辟，而是为了推行其对华政策。

第二次满蒙独立运动半途而废，但在客观上对袁世凯的帝制复辟运动和袁世凯本人造成了政治上的压力，在阻止复辟帝制方面起到了一定的作用。从历史上看，动机与结果不一的情况是很多的。满蒙独立运动原是为了帮助前清宣统皇帝复辟帝制，却反过来成为阻止袁世凯复辟帝制的一种势力。这是由溥仪和袁世凯围绕复辟的对立，以及日本幕后操纵的政策所产生的一种特殊现象。

满蒙独立运动的影响也波及日本国内，大隈内阁由于推动这个运动而垮台。大隈的政敌寺内正毅、后藤新平等人利用这个运动搞垮了大隈内阁。寺内的亲信西原龟三向政界的实力人物散发了《满蒙之蒙古军、宗社党与日军及日本人之关系（附郑家屯事件真相）》和《山东之革命党与日本》②，直接指斥大隈内阁的责任，西原龟三在这些文献中揭露了大隈内阁对满蒙独立运动政策。大致如下：

（1）负责关东租界治安之关东都督，可在其辖区内默认宗社党和马贼之集中训练；

（2）帝国政府高级官员，例如外务省参政官及参谋本部中国课长参与协商解散宗社党事宜；

（3）使蒙古军扎营于日本有维持治安之责任之满铁附属地，对附近民居烧掠行为予以容忍和旁观；

（4）陛下军队，对土匪马贼组成之蒙古军进行保护，甚

① 田崎末松：《田中义一评传》，和平战略综合研究所，1981年，第637页。
② 《对满蒙政策史的一个侧面》，第155页。

至形成帮助蒙古军到处掠夺之局面，实乃天下一大怪事，玷污了帝国之形象，如何善后，应为忧国有识之士所应虑者。[①]

这恰好向社会公开暴露了满蒙独立运动的本质和日本在这个运动中的作用。

3 月底，日本参谋本部和外务省发出指示，停止宗社党和巴布扎布进攻北京的计划，严厉取消他们的行动。其所以如此，与日本开展对张作霖的拉拢工作有直接的关系。

由于西南各省护国战争的爆发和孙中山革命党在山东举义，袁世凯于 3 月 22 日宣布彻底取消帝制。表明袁世凯的政治统治体制已经动摇，奉天省也受到了微妙的影响。在奉天省上层内部，奉天巡按使段芝贵与第二十七师师长张作霖的权力之争开始白热化。段芝贵是袁世凯的心腹，为了加强对东北的控制，袁世凯把他从南方派往奉天。但是，段芝贵在袁世凯政治体制动摇的情况下，已难以在奉天省保持其地位。4 月中旬被迫逃往北京。于是张作霖称霸奉天。

张作霖掌握奉天大权之后，面临复杂的政局，只能在下列政策中选择其一。（一）在帝制与反帝制的斗争中采取中立立场，维持与袁世凯的关系；（二）宣布独立，与袁世凯决裂，加入反袁行列；（三）与宗社党、巴布扎布联合，拥立宣统帝复辟。日本驻奉天代理总领事矢田与张作霖的军事顾问菊池武夫中佐都认为张作霖可能选择第二条路，并认定在对满蒙政策上，由日本秘密援助下策动张作霖，反较土井、川岛等人的独立运动更有实效，因此，便开始拉拢张作霖。

张作霖感到，有必要探知控制南满的日本对自己有什么要求，以及对自己的行动将如何对应。为此，张作霖及其心腹于冲汉，于 4 月 7 日密访总领事馆的矢田，表示"如果日本坚持逼袁世凯

---

① 《浮生若梦七十余年——西原龟三自传》，第 112～113 页。

退位，袁之地位难以维持，自己苦于持何立场。再者，本地还依靠北京提供武器和军费。如何为之，实为两难"。"或请日本予以援助，亦未可知"[①]，暗示投靠日本的意图，试探日本对自己的态度。于冲汉坦率地问道："东三省独立时，日本是否会干预？"[②]想确认日本对张作霖独立的态度。日本对此非常欢迎，石井与参谋次长田中协商后，于9日训令矢田，"阁下得以适宜方式，尽可能与此人保持秘密接触，努力使其感到，除依靠日本之外，别无他途"[③]。田中也于10日训令关东都督府参谋长西川虎次郎少将，"张作霖之意已逐渐变化，在实施预定计划之前，现今可进一步透露日本之真意，使其相信独立乃一捷径，而且稳妥。阁下可伺机与张会见，作为阁下之意见，怂恿其蹶起，并言明，自当保证张个人将来之安全，尽力提供武器弹药及军费"[④]，积极推进对张作霖的拉拢工作。由此，日本的政策开始从支援宗社党和巴布扎布转为支持张作霖。

但在这时，日本内部围绕支援张作霖或是宗社党、巴布扎布哪一种势力的问题，产生了对立意见。关东都督府的西川参谋长不赞成田中拉拢张作霖的工作，4月12日，他派都督府参谋田村大佐拜会代理总领事矢田，带去了西川参谋长的密令："阁下当前至急者，希勿对张作霖采取任何进一步之手段。"[⑤]其原因是，"此际本国国内决意积极控制张，而考虑其与袁世凯之关系，以及其本人之性格，此不仅为极危险之方法，当时机适合于彼时，无论我采取什么手段，他仍会自身发动独立运动，或出现彼不得不起而独立之情况"[⑥]。矢田也推测："（一）张作霖之流难以信赖，

①《日本外交文书》1916年第2册，第860页。
②《日本外交文书》1916年第2册，第860页。
③《日本外交文书》1916年第2册，第860页。
④《日本外交文书》1916年第2册，第860页。
⑤《日本外交文书》1916年第2册，第861页。
⑥《日本外交文书》1916年第2册，第861页。

万一倒戈，甚属危险；（二）一旦独立，则有我无法掌握生杀予夺大权之虞；（三）借革命党之手拥立张作霖，不符当初之方针；（四）尽心投入的财力、人力、筹划中之计划会因张作霖抢先，而失去时机。"①这时关东都督府正逐步推进宗社党和巴布扎布起事的准备工作。由于关东都督府是推行日本对满蒙政策的前线机构，所以企图利用宗社党和巴布扎布打破现有的东三省统治体系，进而达到日本的"满蒙独立"的目的。但是，日本外务省和参谋本部则决定通过由张作霖独立而首先打倒袁世凯。4月17日，石井再次指示矢田，要按照既定方针，推进对张工作。这样，日本的满蒙政策，在执行上的分歧日益明显。

可是，张作霖此时并不信任日本，不想依靠日本宣布奉天省独立而与袁世凯决裂。原因之一，是日本支持与张对立的宗社党和巴布扎布势力。4月20日前后，张作霖恳请西川"尽力协助张维持东三省治安"，要求"近日日本浪人不断潜入，散布种种言论，计划骚乱，甚为遗憾，请充分取缔"②。张作霖要求日本停止对宗社党和巴布扎布的支援，取缔他们的活动。这既是张作霖为了维持其统治，也是表示不同意日本支援宗社党和巴布扎布的政策。对于张作霖这个要求，石井于12日提出，"帝国政府既无任何野心，亦毫无干涉中国内政之意。张作霖无须对日本的意图有何格外担心。最为关键者，乃系张作霖善为筹划日中关系之最佳途径"③。这是日本暗示张作霖，对宗社党和巴布扎布不必担心，可放心宣布奉天省独立。但是，这并没有能够解除张作霖对日本的警惕。恰在此时，发生了针对张作霖的炸弹事件。5月27日，张作霖拜会来奉天的关东都督府长官中村之后，在归途中，原日本陆军少尉三村丰携带炸弹冲向认为是张作霖乘坐的马车，但张

---

① 《日本外交文书》1916年第2册，第864页。
② 《日本外交文书》1916年第2册，第867页。
③ 《日本外交文书》1916年第2册，第870～871页。

作霖坐另一辆，列在最后，因而脱险驰去。这是日本民间的大陆浪人对张作霖表示敌意，反映了张作霖与日本关系的一个侧面。张作霖感到日本的威胁，开始采取改善与日本关系的策略。29日，张作霖宴请中村、矢田、菊池中佐、田村参谋等人，借此机会首先说明："本人与日本关系颇深，以及满洲与日本有特殊关系"，"本人出身于满洲，财产均在此处，今后亦不能离开此地，终究须赖日本援助"。至于与北京袁世凯的关系，无论表面如何，实际上与独立一样，他反复表述："今后，与以往之将军在口头上表示对日本的善意不同，无论是农业，或是矿山，可提出任何希望，在实际上表示善意"。①张作霖恳求日本方面维持满铁附属地的秩序，同时指责这次的炸弹事件是由日本人河崎武一派所策划，要求严加取缔。矢田也曾秘密调查炸弹事件，查明此事是由河崎武等人策划，与宗社党有关。然而在此之后，矢田于30日向石井建议，表态对此事毫无关系，放任不管。石井主张，对这次炸弹事件中可表示"日本人与此没有任何直接或间接的关系"②。他还指示，对日本的"被害者"要依照前例提出要求条件。同时，石井又指示，告知河崎等日本人今后还要利用张作霖，所以要慎用这种暴力手段。③为开展对张作霖工作，石井训令矢田向张作霖转达，其所提出的向朝鲜银行和三井的借款要求，日本方面正在考虑之中。④矢田于6月1日向张作霖直接转达了石井的上述要求和意向。张作霖对此喜形于色，认为"今后无须客气，诸事均可开诚布公"。在与矢田的交谈中，他表示，"无论矿山、土地，无须等待北京政府批准，本人即可采取有效办法予以批准"⑤，希图以此博取日本的信任和好感。但是，张作霖明知日本所求为

---

① 《日本外交文书》1916年第2册，第878页。
② 《日本外交文书》1916年第2册，第880页。
③ 《日本外交文书》1916年第2册，第881页。
④ 《日本外交文书》1916年第2册，第880页。
⑤ 《日本外交文书》1916年第2册，第881页。

何，还是派心腹于冲汉对菊池转达，"作霖自炸弹事件以来，不知日本对本人有何要求，如所望之矿山、土地，均可提出，仅本人即可处理。若本人无望成为本地将军，则将毫不留恋地离开本地，亦可撤到蒙古（蒙古之达赖罕系其亲属，故作此语），无论如何，须知日本真意为何"①。当时日本对张作霖的要求，比矿山、土地更重要的是张作霖宣布奉天省独立，举旗反袁。张作霖也并非不知道日本的这个要求，但他还没有下决心与袁世凯决裂，周围的环境对其也有所牵制。3 日，张作霖向菊池说明自己的处境："自驱走段芝贵以来，本人一直为袁世凯一派所敌视，彼等于恢复势力时，予必遭报复，若此，终须在日本之援助下维持地位，别无他途。此际若行独立，冯德麟、吴俊升（洮辽镇守使——笔者）之辈不甘于完全听予指挥。其时不得不与彼辈一战。故而现不能立即宣布独立。"②既不能宣布独立，便代之以向日本提供矿山、土地、铁路等方面的权益。张作霖企图通过提供这些新的权宜顶住日本对其反袁、独立的要求，以借日本之力取缔宗社党和巴布扎布的行动。然而，日本依然要求张作霖反袁、独立。6 月 3 日，矢田向石井建议，要求张作霖"必须下决心更进一步从根本上解决问题"③，暗示其应行独立。但是，张作霖宣布独立的前提为是否保持与袁世凯的关系。翌日，石井向矢田询问张作霖的态度，矢田报告称，对张作霖还"不能设想其已达须下决心之窘迫地步"④。其独立时可能造成清帝复辟。而清帝复辟与宗社党、巴布扎布的主张是一致的，无论是作为一种主义，还是一种意识形态，日本与之并无分歧。然而日本此时反对帝制和清帝复辟，其利用宗社党、巴布扎布的复辟活动只是为达到倒袁的目的。因为张作霖尚未与袁世凯完全决裂，因而就形成了其与宗社党、巴布

---

① 《日本外交文书》1916 年第 2 册，第 879 页。
② 《日本外交文书》1916 年第 2 册，第 883 页。
③ 《日本外交文书》1916 年第 2 册，第 884 页。
④ 《日本外交文书》1916 年第 2 册，第 884 页。

扎布以及日本之间的对立关系。

6月3日，张作霖向袁世凯发出了劝其引退的电报，但没有宣布独立与袁世凯对立。针对这种情况，石井于5日指示矢田，暂不鼓动张作霖独立，同时对张作霖提出，"日本无意在满洲获取任何权益，只欲维持满洲之秩序……在维持满洲治安、增进满洲利益方面，将军依靠日本，乃是最为必要且安全之办法"，并指示矢田，"要使张能够与我方坦诚相待"①。日本的这种伎俩是为了拉拢张作霖投靠日本。6日，矢田向张作霖转达此意，张作霖表示，"本人原无对日本方面有任何隐瞒之打算"②，并告知矢田，他已于3日发出了劝袁世凯退位的电报。他还对矢田讲了张勋特使来奉以及与冯德麟的关系等内部情况。根据这些情况，矢田分析张作霖对日的态度是"既倾向于依靠我方，又对我提出何种要求心怀忐忑，以此频频试探我方"③。这个分析符合张作霖与日关系的实际情况。日本在这个时期的对张工作未能达到目的，张作霖既有依靠日本的倾向，又不信任日本，采取静观时局发展的态度。张作霖开始依靠日本是这以后的事情。

在复辟帝制时期，日本的第二次满蒙独立运动由于袁世凯突然死亡而急转直下，但日本对满蒙政策的根本目的始终没有改变，无论是满蒙独立运动，还是对张作霖的工作，都是为了打倒袁世凯，以排除扩大在华权益的一个障碍。

四、山东举义与孙、黄回国

二次革命以后，孙中山继续从事反袁斗争，组织了山东的反袁起义。他自己于4月底回国，黄兴亦于5月上旬从美国来到日

---

① 《日本外交文书》1916年第2册，第884~885页。
② 《日本外交文书》1916年第2册，第885页。
③ 《日本外交文书》1916年第2册，第883页。

本，一同为掀起反袁的第三次革命（第二次讨袁）而奋斗。本节在研究孙中山回国、黄兴来日，以及日本对山东起义的支援等问题的同时，还将探究日本在袁世凯死后对孙中山、对革命政策的变化过程，分析日本支援山东起义的实际目的及其客观效果。

在西南各省纷纷独立，反袁的护国战争将扩展到长江流域的形势下，孙中山于 4 月 27 日离开东京，首途归国。孙中山拟以上海为根据地，领导中华革命党在各地的反袁斗争。开展反袁斗争，首要的是军费和武器。自孙中山于 1913 年到日本以来，日本一直对孙中山及其中华革命党持冷淡态度，而从 1915 年底开始，由于对袁政策的转变，开始支援孙中山及其领导的反袁斗争。积极推进这种支援的是日本参谋次长田中义一、参谋本部情报部长福田雅太郎以及外务省政务局长小池张造。他们都对大陆政策持积极推进态度。3 月 29 日晚，孙中山偕同戴天仇（季陶）与福田雅太郎进行了 4 个小时的会谈①，4 月 2 日晚，又会谈了 6 个小时②。4 月 7 日和 8 日，孙中山与戴天仇一起，在众议院议员秋山定辅私宅，同田中义一作了长时间会谈。③会谈内容不详。估计是孙中山希望得到日本军部的支援，田中和福田可能约定给予支援。孙中山于 4 月 27 日离开东京之时，参谋本部似为之提供了种种便利。出发前的 26 日，孙中山和戴天仇在上午和下午，两次拜访了福田雅太郎。参谋本部的木庄繁中佐通过福田，在电话里约见戴天仇，由于戴不在，孙中山便在福田的私宅与本庄通了电话。④当日晚，本庄又拜访孙中山，引导戴天仇访问了某处。⑤这说明，这样频繁的来往，与参谋本部和孙中山回国密切相关。

---

① 《孙文动静》乙秘第 414 号，1916 年 3 月 30 日，日本外交史料馆藏。
② 《孙文动静》乙秘第 432 号，1916 年 4 月 3 日，日本外交史料馆藏。
③ 《孙文动静》乙秘第 472 号，1916 年 4 月 8 日；乙秘第 456 号，4 月 9 日，日本外交史料馆藏。
④ 《孙文动静》乙秘第 525 号，1916 年 4 月 27 日，日本外交史料馆藏。
⑤ 《孙文动静》乙秘第 525 号，1916 年 4 月 27 日，日本外交史料馆藏。

日本财界也出面支援孙中山，久原房之助向孙中山提供了资金。据2月26日孙中山致久原房之助的信，他已从久原那里借过70万日元，并给久原送去借据。①这笔借款与久原提供岑春煊的资金一样，既没有利息，也没有抵押（一说是以四川省的矿山为抵押）②，孙中山约请久原，若中国实业有某种计划时，请一定加以赞助③。日俄贸易商社社长松岛重太郎和秋山定辅是这笔借款的中间人。④此后，孙中山于3月8日拜访久原，与久原会谈很长时间。⑤孙中山用这笔借款购买武器，运到广东、上海、山东。

日本民间人士也支援孙中山，孙中山的好友梅屋庄吉于4月2日以个人名义捐款4.7万日元。⑥

带着日本上述的支持和支援，孙中山于5月初抵达上海。在上海，青木宣纯和山田纯三郎迎接孙中山，支援其反袁运动。⑦关于孙中山回国，日本国内意见不一。日本驻上海总领事有吉明反对孙中山回国，认为"是在大局上的失策"⑧。其理由是，当时反袁运动的主力是西南军阀和岑春煊等人，因此，与他们对立的孙中山回国，有可能妨碍他们的反袁运动。按照日本政府和外务省的指示，有吉于5月4日与孙中山会谈，要求孙中山与西南军阀和岑春煊联合，而孙中山以"对岑春煊等人仍无好感之语气，表示与之合作终不可靠"⑨。不过，孙中山为了获得日本的支援，不得不答应有吉的要求。10日，孙中山派戴天仇向有吉表达了与西南军阀、岑春煊联合的意思，并向他出示了呼吁与他们联合的

---

① 《孙中山全集》第3卷，第243～244页。
② 《孙文动静》乙秘第375号，1916年3月11日，日本外交史料馆藏。
③ 《孙中山全集》第3卷，第244页。
④ 《孙文动静》乙秘第375号，1916年3月11日，日本外交史料馆藏。樱田俱乐部编：《秋山定辅传》第2卷，樱田俱乐部，1979年，第147～148页。
⑤ 《孙文动静》乙秘第367号，1916年3月9日，日本外交史料馆藏。
⑥ 梅屋庄吉：《永代日记》，小坂哲琅、主和子藏。
⑦ 《孙中山全集》第3卷，第280页。
⑧ 《日本外交文书》1916年第2册，第189页。
⑨ 《日本外交文书》1916年第2册，第189～190页。

电文。①11 日，有吉向石井作了关于戴天仇来访的报告，从电文推测，日本要求孙中山为与其他反袁势力联合而解散中华革命党。有吉还在这个电文中评价孙中山，"事实证明，彼至少已自觉到与他人合作之必要"②。日本驻云南领事对孙中山的这个联合动向也很重视，13 日，他就唐继尧收到孙中山上述电报一事，致电石井称，"唐继尧对孙派极不信任"③。孙中山虽欲与他们联合，但并不信任他们。他在 5 月 24 日致田中义一的信中强调，为了巩固与他们的联合，首先要加强他自己这个真正的革新派的实力，再次要求日本支援自己这一派。④

　　孙中山回国后，仍然计划攻占上海江南制造局，尽力建立国内的根据地。在上海，以王统一为指挥官，策动袁世凯的海军起义。与前一年 12 月夺取肇和舰的计划一样，这次也是先夺取军舰，然后袭击、攻占江南制造局，以此为据点扩大势力。但是，上海的总指挥陈其美于 5 月 18 日被暗杀。陈其美是孙中山的得力助手，在这个时期也是孙中山最信赖的同志。陈其美被暗杀，对孙中山的这个计划是一个很大的打击。

　　以居正为总司令的中华革命军东北军，在反袁斗争中甚为活跃。东北军在日本占领下的山东半岛发动起义。孙中山对东北军寄予了很大的期望。自二次革命以来，吴大洲、郑天一、王永福等在山东继续活动，但日本占领山东半岛之后，限制他们活动，将革命党人赶出了青岛。在此之后，他们来到上海参加了肇和舰事件。但由于日本从 1916 年初开始实施反袁政策，驻山东的日军允许革命党在山东从事反袁活动，并给予便利和支援。这就在客观上造成了东北军举义的有利形势。东北军利用这个有利条件，决定在山东举义。

---

　　①《孙中山全集》第 3 卷，第 286～287 页。
　　②《日本外交文书》1916 年第 2 册，第 119 页。
　　③《日本外交文书》1916 年第 2 册，第 121 页。
　　④《孙中山全集》第 3 卷，第 293～296 页。

山东是战略要地。山东举义如果成功，山西、陕西、河南等省都会响应，这些反袁势力也就有可能进攻北京并予以占领[1]，或可以牵制袁军南下。日本计划由满蒙的宗社党、巴布扎布蒙古军与山东的东北军在天津会合，一同进攻北京。为了达到反袁的共同目的，孙中山与日本在山东的策略一时取得一致。

山东的反袁势力有两大派。一派是中华革命军东北军。总司令居正于1915年11月15日（一说1916年3月）来到青岛，在八幡町大厦设立了总司令部，任命许崇智为参谋长。

东北军由于以青岛和日本占领的胶济铁路为中心展开行动，必须得到日本占领军的支持和支援。为此，居正任命12月3日到达青岛的萱野长知为顾问。萱野为争取日本的支持和支援而积极活动。当时，运往青岛的武器被门司的警察扣押，萱野为了解救这批被扣押的武器，返回东京，寻求板垣退助的帮助，然后又通过小美田刘美，面见大隈首相，提出了这个希望。大隈予以拒绝，说："青岛是国际港口，驻有各国官员。发生这样的事情，是个重大的问题。首先，一旦知道日本关照过中国革命的武器，会一下子被英、美、法当成问题。其次，本人如今居于政府之负责地位，此事如被议会知晓，便严重了。"[2]但他又暗中指示日本在青岛的大谷喜久藏司令官协助东北军。萱野返回青岛时，大谷在官邸迎接萱野，对他说，"大隈首相发来密令，命令给予您一切援助。有什么事情，都可以对参谋长提出来。"[3]这样就形成了山东日本驻军支援东北军的态势。

东北军从此开始与日本驻军接触。总司令居正率副官陈中孚到日本驻军司令部拜访，会见了参谋长奈良武次少将，坦陈起事计划，请求予以协助。奈良了解了他们的计划，并答应给予全面

① 《孙中山全集》第3卷，第296页。
② 《中华民国革命秘笈》，第335页。
③ 《中华民国革命秘笈》，第356页。

援助，还安排参谋野中保教中佐为东北军的军事指导官。[①]居正、陈中孚与野中同赴济南，会见日本驻济南武官贵志弥次郎大佐，并与驻坊子的第四十联队长石浦谦次郎大佐、江副浜二少佐一起就山东起事的作战方案进行密谈。[②]

据说，山东日本驻军之所以如此积极地支援居正的山东起事，除了大隈的指示之外，还有参谋本部田中义一次长的命令。

山东的另一股反袁势力，是当地吴大洲的山东军。他们在参加上海的肇和舰事件之后返回了山东，吴大洲曾到东京与孙中山会面，1916 年 2 月，孙中山任命吴大洲为中华革命军山东军司令。[③]薄子明、郑天一、吕子人等人均归属于这支山东军。他们也得到了日本驻屯军的支援，但其内情不详。驻屯军的江副浜二少佐任这支山东军的军事指导官，中西正树为参谋。

据说东北军和山东军兵力共有 13 000 人或说是 6000 人，而其中有相当数量的日本人，一说为 200 余名[④]，一说 500～600 名[⑤]，确切的数字不详。日本占领山东半岛后，为了掠夺这个地区的铜币——制钱，大批投机家从日本蜂拥而至。当时，一块银元可兑换制钱 2 吊 500 文，如果带到日本，大概要翻到十二三倍。这一伙人与革命军的行动也有关联。

东北军以青岛和胶济铁路为根据地，先于 2 月占领了周围的昌都、高密、益都、安丘、昌邑、寿光、临朐、平度等县城。这时，山东的泰安府、肥城、长清县等地爆发了农民起义，为东北军的军事行动创造了有利的客观形势。[⑥]东北军从 5 月上旬开始进攻山东的重要城市潍县和周村。潍县驻扎有袁世凯军的第五师

---

① 渡边龙策：《近代日中民众交流外史》，雄山阁，1981 年，第 177 页。
② 渡边龙策：《近代日中民众交流外史》，雄山阁，1981 年，第 177 页。
③ 李新、李宗一编：《中华民国史》第 2 编第 1 卷下，第 755 页。
④ 《浮生若梦七十余年——西原龟三自传》，第 107 页。
⑤ 《近代日中民众交流外史》，第 178 页。
⑥ 《申报》，1916 年 3 月 28、29 日。

（师长张树元）。张树元事先召开军事会议研究对策。[①]东北军从 5 月 4 日（一说 2 月 18 日）开始攻击潍县县城。这个县城是历史名城，城墙之坚固，不亚于北京和济南。萱野长知、日本现役军人野中大尉以及预备役军人、日本浪人等均参加了这次战斗，井上四郎（井上日召）等 30 余人组成的毒气队也参加了战斗。[②]驻扎于潍县的第五师是袁世凯正规军中的精锐部队，守城十分顽强。革命军发动了第二次、第三次进攻，都遭到猛烈反击，被迫退了下来。只凭东北军的兵力，难以攻陷此城。在这种情况下，日本开始公开支援东北军。日本在坊子的驻屯军第四十联队在石浦联队长的率领下，兵临城下，要求张树元开城。迫于日军的压力，张树元于 5 月 23 日撤出潍县，革命军进占潍县城。[③]参加这次战斗的日本人，据说达到了 300 余名。[④]日本军人和浪人的参加，造成了两国之间的外交问题。5 月 7 日，从日本回国的陆宗舆向坂西利八郎提出抗议，称：将革命军"公开用专列运送去攻打潍县，而贵国军队又来至城下要求打开城门，中队长劝告宣布独立，诸如此类……如无贵国驻青岛机关默许，不会发生此事"[⑤]。

吴大洲的山东军从 5 月 2 日开始进攻山东富豪云集的周村。参加这次战斗的 400 余名人员中，有 100 余名日本人。[⑥]日军的江副少佐作为指挥官参加此次战斗，周村旋即为革命军占领。山东军从当地的富豪手中筹集了 17 万元的军费，连续攻占了张店、博山、王村等地。

东北军和山东军攻占了胶济铁路沿线的县城及潍县、周村之

---

①《申报》，1916 年 2 月 15 日，3 月 2、13 日。

②《近代日中民众交流外史》，第 194～199 页。《东亚先觉志士记传》（中），第 618～619 页。《浮生若梦七十余年》，第 102 页。

③ 钟冰：《中华革命军山东讨袁始末》，载《文史资料选辑》第 48 辑，第 98～102 页。《浮生若梦七十余年》，第 102～103 页。

④《浮生若梦七十余年》，第 103 页。《东亚先觉志士记传》（中），第 615～617 页。

⑤《日本外交文书》1916 年第 2 册，第 114 页。

⑥《浮生若梦七十余年》，第 103 页。

后，又准备联手进攻济南。济南是山东省的省会，占领这里就能够宣布山东独立，沿津浦铁路向北可攻打华北重地天津、北京，向南可进军长江流域。孙中山在回国前即已致电居正，强调攻占济南的重要性，并表示，如占领该地，自己将赴山东直接指挥革命军。①孙中山并告知居正，如占领济南，即可筹措 100 万乃至 200 万以上的经费，以及可以装备两个师的武器。②从当时孙中山的经费和武器都是从日本筹集的情况来看，日本军部和财界是以攻占济南作为向孙中山提供借款和武器的条件。

革命军攻占潍县和周村后，为了给已经开始动摇的济南官府和袁军造成心理上的打击，首先用日军提供的炸弹，在济南市的要冲地区和繁华街道制造爆炸事件，使官府和袁军陷于一片恐怖的境地。③这也为日军制造了保护济南日本人生命财产的借口，有可能介入这个事件，山东当局感到了威胁。④革命军与日本驻屯军（守备队）制定了攻打济南的作战计划，通过胶济铁路从潍县和周村运送300人潜伏济南，于5月15日晚开始了第一次进攻，但遭到反击，被迫撤退。⑤5月25日和6月4日，又发动了第二次、第三次进攻，但都以失败告终。由于不断进攻，济南城里秩序大乱，山东将军靳云鹏狼狈逃窜。据传，在这次进攻济南的战斗中，驻济南的日本守备队从侧面予以支援，100 余名日本人参加了这次战斗。⑥孙中山也期望日本的援助，要求日本驻上海的青木宣纯提供装备两个师的武器，青木也表示赞同。⑦5 月 24 日，孙中山向田中义一提出了此项要求⑧，其目的是为了加强山东的革命军，以山东济南为根据地，向南向北发展反袁势力。

① 《孙中山全集》第 3 卷，第 262 页。
② 《孙中山全集》第 3 卷，第 262 页。
③ 《申报》，1916 年 5 月 16 日。
④ 《申报》，1916 年 5 月 7、8 日。
⑤ 《申报》，1916 年 5 月 18 日。
⑥ 《浮生若梦七十余年》，第 703 页。
⑦ 《孙中山全集》第 3 卷，第 290 页。
⑧ 《孙中山全集》第 3 卷，第 290 页。

孙中山的朋友梅屋庄吉积极地支援了山东举义。云南独立后，梅屋在家中与萱野长知、金子克己、平山周、末永节等人秘密商议，"在袁世凯脚下的山东省干起来"①，于是开始支援山东举义。梅屋派遣平山周、岩崎英精与萱野长知一起到山东直接参加举义，以从他们处取得山东情况的报告。②梅屋将准备就任山东日本驻屯军的四十联队联队长石浦兼次郎大佐介绍给孙中山，约定支援山东的革命军。石浦在潍县的行动，与梅屋也有关系。由于梅屋在资金方面支援孙中山，居正便任命梅屋为中华革命军东北军军械运输委员，请求提供三零式步枪7000支，机枪7挺，山炮5门。③《梅屋庄吉文书》记载了梅屋筹措军械的部分史料，由此推测，梅屋可能提供了部分武器。

孙中山回国后，梅屋办起了近江飞行学校。梅屋为飞行学校在安田银行开了账户，存入3万日元充作飞行学校经费。④依靠梅屋的支援，坂本寿一制订了下列学生训练计划，并于5月24日向梅屋作了报告。训练计划包括：

一、同机滑行练习（高速度）。

一、发动机部分名称及能力学习。

一、机体部分名称及能力学习。

一、有关发动机的电学。

一、飞机设计原理及飞行原理的学习。

一、5月21日开始学生单独滑行练习。⑤

山东的东北军计划在战斗中使用飞机。5月20日，萱野长知

---

① 车田让治：《国父孙文与梅屋庄吉》，六兴出版，1975年，第302页。

② 《梅屋庄吉文书》，小坂哲琅、主和子藏。

③ 《梅屋庄吉文书》，小坂哲琅、主和子藏。

④ 《国父孙文与梅屋庄吉》，第309页。

⑤ 《梅屋庄吉文书》，小坂哲琅、主和子藏。

致电梅屋称，"与石浦信已悉，飞机直送此地，欲在此地训练"①。梅屋感到，有必要动用飞机这种最新武器压制袁军，决心把飞行学校迁往山东，便致电坂本称："为飞行学校迁往中国事，故速来东京商议。"②梅屋忆及飞行学校创办时，孙中山讲过"革命由此而胜"③的话，支持迁校。6月28日，飞行学校师生87人（包括日本人9名）分乘两架飞机，从神户机场起飞，前往青岛。④一行于7月2日抵达青岛后，便把飞行训练基地设在潍县。坂本被任命为中华革命党东北军航空队司令。他去青岛日军司令部拜访时，大谷司令官勉励他说："时局严重。为了国家，加油干吧。"⑤坂本一边进行威慑飞行，一边撒下写着"赶快投降！否则将扔炸弹进行攻击！"的传单，同时还投下了自制的炸弹，威胁袁军。⑥民间飞行员立花了观于7月中旬乘"台北丸"带着汽车前往潍县帮助坂本。《大阪每日新闻》以"孙逸仙的山东飞行基地"为题，介绍了这个飞行学校和飞行基地。⑦

在日本的直接支援下，山东举义得到进展，对袁世凯的北京政府形成了威胁。袁世凯得知日本军人和浪人介入参加了这次举义，研究了对策。他派顾问坂西利八郎大佐赴山东，企图阻止日本方面的介入和支援。⑧但是，这时已形成难以阻挡之势。

日本如此支援山东革命军，在国际上引起了英、美等国的反应。美国驻华公使馆派调查员去山东调查实际情况，并透露，新闻媒介所报道的日本援助以及挑拨性行为均非虚妄，而是事实。⑨

①《梅屋庄吉文书》，小坂哲琅、主和子藏。
②《梅屋庄吉文书》，小坂哲琅、主和子藏。
③《国父孙文与梅屋庄吉》，第315页。
④《梅屋庄吉文书》，小坂哲琅、主和子藏。
⑤《国父孙文与梅屋庄吉》，第317页。
⑥《国父孙文与梅屋庄吉》，第319页。
⑦《大阪每日新闻》，1916年7月13日。
⑧渡边龙策：《近代日中民众交流外史》，第89页。《日本外交文书》1916年第2册，第89页。
⑨《清末民初政情内幕》（下），第561页。

美国公使芮恩施也指责日本人参加山东革命军的活动，以及日本对革命党的支持。[①]袁世凯的政治顾问莫理循也对日本支援革命党表示愤慨。[②]这种激愤是由于日本想通过支援革命党而打倒英、美所历来支持的袁世凯，同时也担心日本把势力范围由胶州湾、青岛扩大到整个山东以至华北一带。

中国革命领袖之一的黄兴，这个时期正暂时侨居美国。日本外务省很注意黄兴在帝制运动发生后的行止。大隈（这时任首相兼外相）于9月27日指示日本驻纽约总领事中村，"希密侦黄兴近来动态并电告，其近期是否有归国之意，亦请一并侦报"[③]。30日，中村设晚宴招待黄兴夫妇，在谈话中加以试探。谈到袁世凯的帝制时，黄兴表示："彼亦智者，故考虑周围情况，并不认为此事易行；然吾等仅从党徒立场而言，则希望早一日实现以上传闻，盖彼早一日就位称帝，则革命运动相应早一日开始。"谈到回国的事情，则称："目前尚未考虑离美回国"。[④]中村向大隈就这次谈话作了报告。但是，由于国内的反帝制、反袁运动如火如荼，在新的形势下，黄兴决定赴日。1916年春，《东京朝日新闻》以"黄兴氏携妻将逗留日本"[⑤]，《东京朝日新闻》以"来日之黄兴"[⑥]为题，报道了黄兴来日的计划。这表明日本很重视黄兴的来日。5月9日，黄兴从美国抵达横滨，在静冈县某村的别墅休息一天之后，前往东京。[⑦]在东京，寺尾亨接待了黄兴。5月20日，孙中山致函黄兴，告知中国南北方的形势，同时还在信中说明山东举义成功与否，对中国政局变化的意义，强调在山东装备两个师的必要性，如果有这两个师的兵力，即可夺取山东，逼近北京。

---

① 芮恩施：《一个美国外交官使华记》，第149页。
②《清末民初政情内幕》（下），第561页。
③《日本外交文书》1915年第2册，第58页。
④《日本外交文书》1915年第2册，第62～63页。
⑤《东京朝日新闻》，1916年4月30日。
⑥《东京朝日新闻》，1916年4月20日。
⑦《东京朝日新闻》，1916年5月11日。

因此，他希望黄兴利用在日逗留之机，以孙中山、黄兴二人的名义要求日本提供两个师的武器。①在日本的 50 多天里，黄兴努力购买武器。日本军部和财界也给予了援助。久原房之助向黄兴提供了 10 万日元的借款。②黄兴在日本筹措了 20 万日元的军费，5 月 30 日告知孙中山，有望购到武器。③

　　5 月 20 日，黄兴经寺尾亨介绍，与王侃、山本安夫等人同访日本政友会总裁原敬，期望得到日本在野党的支持和援助。原敬询问了中国的现状。黄兴云："这次革命是新旧思想的冲突，打倒袁世凯之后，应推举出代表新思想的人物"④，并以法国援助美国独立战争为例，请求日本予以援助。原敬答称："对日本来说，援助之力也是有限的，首先是中国人自身如信心不足，靠别人援助也无济于事。"⑤黄兴回答："固然如此，即使有充足的信心，但除日本之外，没有其他可以依靠的国家。"⑥再次要求支援。而原敬"以绝对中立的态度谈话"，劝说"不要完全依赖日本，以免反而失望"⑦。原敬之所以采取这种消极态度，是因为对孙中山、黄兴的反袁斗争，"最终是否成功还存在疑虑"⑧。黄兴未能从日本那里得到充分的援助，于 7 月 4 日从门司乘"静冈丸"踏上归途。⑨

　　当时，日本政界有一股势力反对支援革命党。3 月 16 日，原敬就中国问题向田中义一表示，反对田中支援孙中山的政策，他说："只是玩弄一些小策略，而没有明确的方针，是很危险的。倒

---

　　①《孙中山全集》第 3 卷，第 290 页。
　　②《对满蒙政策史的一个侧面》，第 148 页。
　　③ 湖南省社会科学院编：《黄兴集》，中华书局，1981 年，第 435 页。
　　④《原敬日记》第 4 卷，第 177 页。
　　⑤《原敬日记》第 4 卷，第 177 页。
　　⑥《原敬日记》第 4 卷，第 177～178 页。
　　⑦《原敬日记》第 4 卷，第 178 页。
　　⑧《原敬日记》第 4 卷，第 178 页。
　　⑨ 毛注青：《黄兴年谱》，湖南人民出版社，1980 年，第 284 页。《日本外交文书》1916 年第 2 册，第 195～196 页。

袁不应是一蹴而就。即使援助革命党，中国统一也不是书生之谈，革命党成事终不在于得到日本的支持"。①5 月 24 日，原敬、加藤高明、犬养毅三人在三浦梧楼家中，就外交、军备等问题进行商议，三浦反对支援革命军，认为，"暗中援助革命党，除了引起骚乱外，全无其他目的，并招致中国人的反感。如此以往，欧战结束后，日本完全是为他人开垦土地"②。原敬也赞成三浦的意见，认为"玩弄小策而招致各国猜忌，引起中国人反感，无论如何对将来均属危险"。犬养毅态度暧昧，说："对三浦之言并无异议，但仅就此言，是帮助现在政府推行对华方针，抑或采取排华方针，均不甚明朗。"③这都说明，日本在野党和政界存在一种反对大隈内阁对华、对革命党政策的牵制力量，牵制日本政府和军部支援孙中山、黄兴的政策，最终使之成为打倒大隈内阁的口实之一。

袁世凯于 6 月 6 日暴死，使日本的对华、对革命党政策开始再度转变。日本在这个时期支援孙中山和革命党的目的，是打倒袁世凯，而袁死，其政权瓦解，也就失去了支持孙中山和革命党的目的；并且日本政界存在着反对势力。基于这些原因，日本政府和军部决定抛弃孙中山革命党，转而支持黎元洪、段祺瑞的北京政权。

袁世凯死后，黎元洪出任北京政府的大总统，他十分清楚山东举义和第二次满蒙独立运动的背后有日本的支持。7 月 8 日，黎元洪恳求日置："日本浪人在山东和满洲的鲁莽行为，给中国官民造成很深误解，对两国外交有不利影响。出此担忧，希望现今是否能加以适当取缔。"④日置答称："作为革命反抗目标之袁总统于今已逝，南北和解正趋不日完成，此等强弩之末，余波弗能及远，即将消灭。"翌日，日置建议石井，"严厉取缔在山东和满

---

① 《原敬日记》第 4 卷，第 163 页。
② 《原敬日记》第 4 卷，第 175 页。
③ 《原敬日记》第 4 卷，第 176 页。
④ 《日本外交文书》1916 年第 2 册，第 891 页。

洲的与革命党、宗社党等有关之日本人，系绝对之必要"。①

孙中山也认为，袁世凯猝死，达到了举义的首要目的，决定停止山东举义。6 月 10 日，孙中山指示东北军总司令居正，13 日指示山东军司令吴大洲等人，袁世凯已死，政局已变，当宜息兵。②其后，黎元洪和内阁总理段祺瑞根据南方反袁势力的要求，宣布恢复 1912 年南京临时政府制定的《临时约法》和旧国会。孙中山和中华革命党认为第三次革命的目的已经达到，遂于 7 月 25 日发出指示，共和体制已不再遭到破坏，应重新开始建设，革命的理由已不再存在，故应停止一切党务活动。③

这样，山东举义以倒袁和恢复旧约法、旧国会的目的业已达到而告结束。但是，就举义的结束，革命党内部意见不一。岩崎英精讲到当时的情况时称，"现在潍县之中国人中，分为主战派及主和派，司令居正是主和派，副官陈中孚为主战派。这样，领导人之间始终不统一"④。但因为没有日本的援助，就不能维持这支举义部队。所以孙中山和革命党不能不放弃这支部队。司令居正是旧国会议员，他决定 7 月底首先去北京，与北京政府联合。8 月 4 日，孙中山指示他在去北京时，不要与日本人同行，否则对行动有所妨害。⑤但是，萱野长知为巩固山东举义的成果，于 8 月 1 日继居正之后急赴北京，策动居正任山东都督，但未达到目的。

举义的最后问题，是如何处理东北军和山东军。东北军参谋长许崇智、副官陈中孚在济南就此问题与北京政府代表曲同丰进行商议⑥，将东北军的 4 个师改编，编入北京政府军⑦，签字仪式于 9 月 2 日在潍县举行。革命党和北京政府达成妥协，以岩崎为

---

① 《日本外交文书》1916 年第 2 册，第 891 页。
② 《孙中山全集》第 3 卷，第 307～308 页。
③ 《孙中山全集》第 3 卷，第 333 页。
④ 《梅屋庄吉文书》，小坂哲琅、主和子藏。
⑤ 《孙中山全集》第 3 卷，第 336 页。
⑥ 《梅屋庄吉文书》，小坂哲琅、主和子藏。
⑦ 《中华革命军山东讨袁始末》，《文史资料选辑》第 48 辑，第 105～109 页。

代表的日本人反对这一妥协，指责："既以民主政治为标榜、为目的而发起的革命，妥协云云是不可思议之事。不管怎样，妥协证明其不彻底性"，对此"遗憾万分"。①

东北军顾问萱野长知命令参加山东举义的日本人回国，9 月底，日本人撤离山东。

山东举义遂告结束，但对这次举义在反袁、反帝制运动起到的作用，应当给以评价。这次举义发生在离北京最近的山东，对袁世凯政权构成了威胁；在一定程度上牵制了袁军南下，支援了西南各省的护国运动；在护国战争中显示了中华革命党的存在及其实力。对这些都应该高度评价。另外，这次举义得到了日本政府、军部、财界、民间人士、大陆浪人的支援。而日本的所谓支援，从客观上有利于革命党以及这次举义。然而，日本当时是山东的占领者，亦是对中国的侵略者。日本政府和军部支援他们，是为倒袁和扩大日本在山东以及华北的权益。孙中山的革命党和山东举义在这种情况下依靠日本，也给中国人民造成了消极的影响。因为第一次世界大战以来，日本侵略山东和提出"二十一条"，激起了中国人民的反日感情，社会潮流是反日的。日本与孙中山的目标并不一致，只不过是为了打倒袁世凯而暂时妥协，采取统一行动。而目的一旦达到，则因根本目标不同而产生了对立。但日本民间人士梅屋庄吉和萱野长知等人与日本政府和军部不同，他们为支持孙中山，献身于革命党的事业。对他们的功绩，应当给予高度评价。

五、袁世凯死后日本的对策

日本利用南北方的反袁势力，达到了预期的倒袁目的，推翻

---

① 《梅屋庄吉文书》，小坂哲琅、主和子藏。

了辛亥革命后确立的袁世凯统治体制。在此之后，日本最重要的
对华政策目标就是按照日本的意志建立亲日的新政权。本节拟探
析日本由支援南方反对北方袁世凯政权的政策转变为促使副总统
黎元洪与南方各种势力和解而建立南北统一政权的过程。同时考
察围绕南北统一政权的建立，北方的黎元洪、段祺瑞与南方各种
势力的较量，并就欧美列强对此的态度作一探讨。

袁世凯猝死及其政治体制的崩溃，是中国南北政局的一大转
折点。日本对此采取什么对策呢？日置认为，袁世凯死后的中国
"政局会再度回到民国元年及二年的状态"①。日本正是根据这种
形势分析着手研究对策。首先，日本在天津、北京增加了日本驻
屯军兵力。参谋总长上原勇作于 6 月 6 日发出命令，从天津驻屯
军抽调一个中队的兵力增兵北京。②7 日，中国驻屯军司令官石光
向上原提出增援一个步兵联队的要求。此后，由天津兵力派往北
京兵力约 150 名，又从旅顺紧急调拨兵力 500 人增援天津。③日
本曾以发生动乱为借口反对袁世凯帝制，最终将之打倒。袁世凯
死后，日本又以防止发生动乱为借口向天津、北京增兵。日本增
兵的目的正如石光所述，是"借此机会增加驻屯军兵力，得以扶
植我方势力。未雨绸缪，相机行事。（中略）以扩充帝国之兵力，
期扩大势力范围，此为向北京增兵之一个重要原因"④。

日本增兵是根据欧洲列强的要求进行的。6 日上午袁世凯死
后，驻北京的英、法公使当即向日置提出："此种情况下，请尽速
增加北京日本驻军人数至定员数额。"⑤欧洲列强因卷入第一次世
界大战，无力向中国增兵，所以只能依靠日本增兵防止动乱，以
保护各国在华利益。这说明日本与欧洲列强在中国问题上有一致

---

① 《日本外交文书》1916 年第 2 册，第 160 页。
② 《日本外交文书》1916 年第 2 册，第 132 页。
③ 《日本外交文书》1916 年第 2 册，第 150 页。
④ 《日本外交文书》1916 年第 2 册，第 140 页。
⑤ 《日本外交文书》1916 年第 2 册，第 131～132 页。

的一面。但欧洲列强为了牵制日本无限制地增兵，要求增兵限定在义和团事件后的协定中规定的定员数内。其目的在于，钳制日本借此机会无限增兵，扩大在北京以及华北地区的势力。这又表明了日本与欧洲列强有争夺的另一面。

日本增兵也是在直隶巡按使朱家宝的要求下进行的。6 日，朱家宝派秘书谢介石拜访石光，提出，"希望在天津发生动乱时，首先能够依靠日本军队维持秩序"，"目前感到日本驻屯天津的兵力尚不足以维持治安，希望司令官向本国政府请求，预为增加驻屯军"①，希图依靠日本的力量维持直隶省（河北省）的治安。

综上所述，日本增兵有扩大日本势力范围、保护列强权益、保证直隶省安全等多种目的。但其最直接的目的是企图通过增强军事力量，扶持亲日派人物登上大总统宝座。这是袁世凯死后最重要的问题。日本之所以利用帝制问题排除袁世凯，也是因为作为中国最高统治者的袁世凯推行"暗中借助欧美势力批评和排挤日本的方针"②（石井语）。日本希望对日本持有好感的人就任大总统。这是这一时期日本在华的最大利益。因此，在袁世凯死前，日本即已暗中筹划拥立副总统黎元洪。在袁世凯死后，便公开提出这一方针。首先，日本对黎元洪采取"保护"政策。6 日，石井训令日置，与北京政府的守备队长商议，加强对黎元洪的保护，同时，"在必要时可请黎至公使馆避难"③。同日，上原也指示日本驻华公使馆武官斋藤，"一旦认为黎元洪身边潜伏危险，即按预定办法将其救出，加以充分保护"，并指出，这"是关乎帝国未来政策之至为重要之事"④。

其时，英、法及其他列强也赞成黎元洪就任大总统，这就与日本的对策一致，有利于日本拥立黎元洪。

---

① 《日本外交文书》1916 年第 2 册，第 140 页。
② 《日本外交文书》1916 年第 2 册，第 183 页。
③ 《日本外交文书》1916 年第 2 册，第 132 页。
④ 《日本外交文书》1916 年第 2 册，第 132 页。

日本之所以如此急于拥立黎元洪，是为了防备任内阁总理的北洋三杰之一的段祺瑞。日本怀疑，"段政府是否拥戴黎不仅尚不明了，难免会有排挤（黎）之举"，担心段祺瑞若成为大总统，会在袁世凯死后继续推行袁之"抵制、排斥日本之方针"①。日本为掌握主动，故而积极出头拥立黎元洪。

南方的护国军也推荐黎元洪为大总统。在这种情况下，段祺瑞通过各国的公使和驻外机构向各国通告，黎元洪将于 7 日就任中华民国大总统。②段祺瑞说明此举是依据袁世凯制定的新约法第二十九条，这在日后引起了新约法与旧约法之争。黎元洪于 7 日就任大总统，作为保护黎元洪之策，石井令日置于 11 日紧急约见段祺瑞，明确表示"帝国政府诚意相助黎氏政府，以谋求南北和解，恢复国内秩序，确立日中亲善邦交。决意对此充分予以直接或间接援助"③。13 日，日置向段祺瑞转达了这个意向④，这是日本牵制段的一项措施。

为了拥立黎元洪，日本还向南方的岑春煊、唐继尧以及南京的冯国璋透露了支持黎元洪政府以收拾时局的方针。7 日，石井要求日本驻南京领事高尾向冯国璋紧急转达这个意向的同时，请冯国璋"努力援助黎元洪收拾时局"⑤。翌日，高尾向冯国璋转达了此意。冯国璋称："本人决意坚决援助黎元洪，排除万难，恢复秩序，维护大局。"⑥7 日，石井向日本驻肇庆领事太田和驻云南的堀领事发出了同样内容的训令。⑦太田于 8 日向岑春煊转达了这个意向。岑春煊答复称："本人对黎大总统组建之新政府尽力

①《日本外交文书》1916 年第 2 册，第 144 页。
②《日本外交文书》1916 年第 2 册，第 135、137 页。
③《日本外交文书》1916 年第 2 册，第 163 页。
④《日本外交文书》1916 年第 2 册，第 169 页。
⑤《日本外交文书》1916 年第 2 册，第 138 页。
⑥《日本外交文书》1916 年第 2 册，第 153 页。
⑦《日本外交文书》1916 年第 2 册，第 138～139 页。

诚意收拾时局表示赞成"①。堀向唐继尧作了转达，唐继尧称"黎大总统就任，为本南方当局之所望"②，表示支持黎元洪。

日本如此卖力地拥立黎元洪就任大总统，不是为了中国，而是为了日本自己。日本强迫要求黎元洪推行亲日政策。7 日，石井训令日置尽速向黎元洪转达，指出他"正值时局艰难之秋当此重任,帝国政府表示最深切之同情"；对黎元洪及其任命的新政府，"尽力恢复国内秩序，确立日中亲善邦交，帝国政府将尽可能给予直接或间接之援助"③。在此，日本提出以所谓的"日中亲善邦交"作为支援黎元洪的条件。黎元洪也十分清楚日本拥立自己的目的。8 日，黎元洪密派秘书刘钟秀（日本商船学校毕业）作为私人代表，到日本公使馆向日置表示，"承蒙（日本）政府同情，在黎总统就任前后暗中出力至多。感谢贵国援助，并希望将来给予更进一步之援助"④。对此，日置转达了石井外相 7 日训令的内容，并表示，"黎阁下之政府诚心诚意考虑日中亲善，信任我国，自应坦诚相待，帝国政府甚慰，必予援助。本公使努力体会政府之旨趣，自应致力于此，诚请谅察"⑤。刘钟秀转达黎元洪对日本的好感时说："黎总统曾留学于日本，甚知日本之情势。深知东洋之日中关系应为如何状态。故今后必尽心竭力于日中亲善提携，特请阁下转达此意"。⑥9 日，日置派船津书记官再访黎元洪，转达石井 7 日训令的旨趣："此时黎总统应充分了解日中两国关系，鉴于袁政府失败之原因，今后中国政府有必要转变对日方针，衷心信任日本。根据来电训令之旨趣郑重地反复唤起黎之注意，认为此事至关紧要，务必常在念中。"⑦对此，黎元洪也向日本提出

---

① 《日本外交文书》1916 年第 2 册，第 148 页。
② 《日本外交文书》1916 年第 2 册，第 162 页。
③ 《日本外交文书》1916 年第 2 册，第 136 页。
④ 《日本外交文书》1916 年第 2 册，第 145~146 页。
⑤ 《日本外交文书》1916 年第 2 册，第 145~146 页。
⑥ 《日本外交文书》1916 年第 2 册，第 146 页。
⑦ 《日本外交文书》1916 年第 2 册，第 160 页。

要求，"日中两国为东太平洋之独立国家，唇齿相依，如不能相互提携互助，中国人则动辄疑惧日本有使中国变为第二个朝鲜之野心，加以其他种种原因，易使日中关系处于不愉快之境地。希望贵国政府尽力避免在中国引起上述误解"①。船津认为，这是"陈腐的中国式的应酬之辞"，于是进一步露骨地说明来意："中国应当了解日本在东洋之实力，和中国自身之国情，一切均需仰赖日本之领导，善体此意至关重要。"②强硬要求黎元洪服从日本的命令，按照日本的要求施政，明确表示了日本拥立黎元洪的目的。

但是还不能说这个时期黎元洪已经采取了亲日立场。据船津推测，黎元洪对其说的"一切均需仰赖日本之领导"的一番话，黎元洪"是否痛切地了解，抑或稍存疑问；即使有所理解，但其是否确有力排众议，断然推行之勇气及胆魄，令人颇有疑虑"③，这也可以作为一个证明。

这个时期黎元洪有求于日本的是为了维持新政权而要求日本提供财政援助。黎元洪于7日就任大总统后，立即通过贴身侍从向坂西利八郎提出借款五千万日元的要求。④石井于8日对此指出，"黎依赖我方之意甚明，帝国政府内订向黎任命之政府贷款约两千万日元，已有所准备"，9日，他秘密通知日本驻华总领事馆、领事馆："帝国政府有意援助黎氏，认为其组建之新政府，诚意恢复国内秩序，期望确立日中亲善邦交时，采取直接或间接支持援助之方针。"⑤15日，黎元洪秘书刘钟秀奉大总统之命拜访船津，请日本政府尽力相助，向日本资本家借款五百万美元。⑥但是日本这时还摸不准黎元洪的对日态度，于是决定暂时采取旁观中国

---

①《日本外交文书》1916年第2册，第160页。
②《日本外交文书》1916年第2册，第160页。
③《日本外交文书》1916年第2册，第160页。
④《日本外交文书》1916年第2册，第143页。
⑤《日本外交文书》1916年第2册，第150页。
⑥《日本外交文书》1916年第2册，第175页。

政局的态度，对黎的要求没有积极回应。但日置认为，此时若以黎元洪"漫然不表诚意，或不谅解我之真意为由之情况下，使此次借款不能成立，则将处于尴尬境地"，向石井建议，此时"可否以电话借款形式融通三百万到五百万作为垫款，以解黎氏燃眉之急"①。他认为，如果拒绝借款要求，"则会危及黎自身之地位，妨害收拾时局之趋势，有再度引起时局纷争之虞……难保其会倒向美国"②。从实际情况来看，黎元洪与日本保持着一定距离，只是为了向日本借款，才暂时在表面上对日本表示好感。

与这笔借款同时提出的财政问题，是盐税余款（盐余）的返还问题。当时中国的财政收入，一是海关的关税收入，二是盐税收入。而当时的盐税余款五百万元③，按法律应交还中国政府，但在 5 月下旬，由于日本的反对，没有交还袁世凯政府④。袁世凯死去的当天下午，曹汝霖向日置提出请求，要求翌日上午由外国银行团正式将盐税余款返还中国政府，曹迫切地表示："望日本与各国一致，务必同意中国政府之申请，不胜盼切之至。"⑤各国驻华公使都主张把盐税余款返还中国政府，只有日本反对。因此，曹汝霖才专此请求日本同意。英国外交大臣格雷赞成返还，向日本驻伦敦的大使井上表示了这个意思，并询问日本方面的意向。⑥石井答以："如果中国当局答应三个条件，即可同意返还余款之请求。"⑦至于是哪三个条件虽然不明，但 13 日晚，黎元洪秘书到船津私宅密访，转达了黎元洪决意罢免率先推行袁世凯帝制运动的梁士诒、周自齐等人的官职，恳请日置尽力帮助返还盐税余

---

① 《日本外交文书》1916 年第 2 册，第 175～176 页。

② 《日本外交文书》1916 年第 2 册，第 175 页。

③ 《清末民初政情内幕》（下），第 575 页。

④ 《日本外交文书》1916 年第 2 册，第 75～77 页。

⑤ 《日本外交文书》1916 年第 2 册，第 134、149～150 页。

⑥ 《日本外交文书》1916 年第 2 册，第 155～156 页。

⑦ 《日本外交文书》1916 年第 2 册，第 165 页。

款。①而石井于 22 日通知日置，对此事"暂任其自然，旁观待之"②。日本对此事如此消极，与黎元洪对日态度有关。

日本当时重视的第二个问题，是黎元洪"任命不再重复推行袁世凯时代之日中相互背离的政策，不使（日本）担心之新政府"③。日本强行要求黎元洪任命努力"确立日中亲善邦交"的人为内阁成员，黎元洪也表示"予以日中亲善为重要信条，内阁暂维持现状，将来改组时，保证不用于日本不利之人"④。但组建新内阁的首要问题，是如何安排前总理段祺瑞。南方的唐继尧认为，"段祺瑞内阁是在不具备大总统资格的袁世凯之下成立的，不予承认"⑤，公开反对段祺瑞。上海的唐绍仪、张继、孙中山等人也担心，段祺瑞在袁世凯死后掌握北京政府实权，黎元洪形同傀儡总统。为此，张继希望有吉"暂观段之态度"，暂不返还盐税余款⑥，因为，段祺瑞以前也是袁世凯的亲信，很有可能在袁世凯死后掌握军权，凭此窃取大总统要职，继续推行袁世凯的政策。但段祺瑞这时改变了立场，按照日本和南方各派所望，立即拥立黎元洪为大总统，表示了愿协助黎元洪稳定时局的诚意，以图得到日本和南方各派的信任。日置认同段祺瑞的这个变化，他以为，"纵观袁临终前后，段总理所采取之细心适当措置之状况，一切皆甚为妥帖"⑦。6 月 13 日，日置在与段祺瑞会谈一个半小时之后，向石井报告称："段氏过去与袁派确实关系较深，但现时彼注意尽可能不引起南方不必要之误解，同时，适应周围环境，尽心竭力稳定时局……段与黎总统之间至今尚未发生扞格，且以

---

① 《日本外交文书》1916 年第 2 册，第 174 页。
② 《日本外交文书》1916 年第 2 册，第 234～235 页。
③ 《日本外交文书》1916 年第 2 册，第 136 页。
④ 《日本外交文书》1916 年第 2 册，第 159 页。
⑤ 《日本外交文书》1916 年第 2 册，第 162 页。
⑥ 《日本外交文书》1916 年第 2 册，第 155 页。
⑦ 《日本外交文书》1916 年第 2 册，第 135 页。

段之政治手腕，处置当前中国难题，或许令人感到放心。"①这时，还有推荐唐绍仪为国务总理的动向，但日本参谋本部和日本驻华公使馆斋藤少将等人表示反对。最终，段祺瑞再次被任命为国务总理。因这背后有日本的赞同和支持，从这时开始，段祺瑞便开始与日本勾结。

日本关注的第三个问题，是南北和解。如前所述，日本为了按计划拥立黎元洪为大总统，段祺瑞也表示了愿意协助黎元洪的姿态，所以以往支持南方、反对北方的日本，如今却力图实现以北方派为中心的南北和解。为此，日本对南北双方开展了工作。6月7日，石井训令日置立即会见黎元洪，提出"首先要努力使中国不同派别实现和解，对于南方之主张加以慎重考虑，达到妥协，以消除全国动乱之祸根，尽力于恢复和平之事业"②的要求。11日，石井又训令日置向段祺瑞转达：此时"最为紧要之事乃设法实现南北和解，充分尊重南方之意见，研究和解之途径，此乃最重要之事"③。对此，黎元洪于9日答称："将致电南方实权人物，邀其来京。"④段祺瑞也于13日表示，"正如阁下所云，目前收拾时局，谋求南北和解，系急中之急……谋求南北和解之第一步，征询和研究南方之意见实属必要。拟邀南方领袖人物来京"⑤。这样，日本与黎元洪、段祺瑞在南北和解问题上基本取得了一致。

南方的反袁势力，虽然赞成黎元洪就任大总统，但对其身边的段氏等人并不信任，并持有相当的警惕。上海的张继等人建议："可派护国军主力队伍进入北京，乃至迎接黎元洪南来将军务院改为内阁。"⑥唐继尧主张，在上海或武昌召开国会，并把军务院迁

---

① 《日本外交文书》1916年第2册，第171～172页。
② 《日本外交文书》1916年第2册，第136页。
③ 《日本外交文书》1916年第2册，第163页。
④ 《日本外交文书》1916年第2册，第159页。
⑤ 《日本外交文书》1916年第2册，第169页。
⑥ 《日本外交文书》1916年第2册，第142页。

至该地，采取与北方对立的姿态。①李烈钧指挥的护国军第三军，没有停止进兵江西省的计划，依然向江西进发。南方反袁势力并不仅仅满足于袁世凯死去，而是意在控制北方，实现全国统一。可是，过去在反袁的时候支持南方反对北方的日本改变了政策，转而支持以黎元洪为核心的北方势力，谋求南北方的和解。为此，日本劝告南方派代表到北京与黎元洪会谈，避免南北方对立。石井指示日本驻上海的总领事有吉敦促原参议院议长张继北上。8 日，有吉对张继作了游说。②上海的唐绍仪也主张南方代表北上。由于日本的劝告，和南北方的实力对比的关系，进步党的梁启超、孙洪伊等代表北上，开始与段祺瑞等北洋军阀和解。这正符合日本的要求。

南北和解的最大焦点是新旧约法和新旧国会问题，即是否废弃袁世凯的新约法、新国会，恢复旧约法、旧国会的问题。为了从根本上推翻袁世凯的独裁专制体制，包括孙中山革命党在内的南方各势力主张废止袁世凯制定的新约法和新国会，强烈要求恢复南京临时政府制定的旧约法和旧国会。③黎元洪对此态度暧昧，认为，"对于新组建的中央政府而言，应尽量避免标新立异。可先由冯国璋劝导南方之实力人物，按照南京会谈决议，可在上海先公布关于恢复旧约法等方面的协定"④。黎元洪之所以如此，是出于对段祺瑞意向的考虑。13 日，段祺瑞对日置说："依本人拙见，以一纸协定变更约法，在法理上不仅为不可能之事，而且若以权宜之计施行，待日后遭到反对时再被迫变更，则难免尴尬。"他建议，"由各省选出代表三人，派往北京，组成临时参议院，讨论决定恢复旧约法问题"⑤。对于黎元洪、段祺瑞二人如此处置

① 《日本外交文书》1916 年第 2 册，第 162～163 页。
② 《日本外交文书》1916 年第 2 册，第 151～152 页。
③ 李新、李宗一编：《中华民国史》第 2 编第 1 卷下，第 834～835 页。
④ 《日本外交文书》1916 年第 2 册，第 165 页。
⑤ 《日本外交文书》1916 年第 2 册，第 169 页。

旧约法、旧国会的办法，南方当然不会赞成。日本急于促成南北和解，于是由日置出面劝告段祺瑞"此时以恢复旧约法及参众两院，促使南北早日实现和解，乃利于国家之策"①。由于日本未曾承认 1912 年 12 月 1 日成立的南京临时政府，因而日本也不承认由这个政府和孙中山制定的旧约法和旧国会。日本这时劝告恢复旧约法和旧国会，说明日本急于促成南北和解而重视现实，把他们的原则放到了一边。这充分地表明了日本外交的现实主义。

　　当时以李鼎新为总司令的海军，计划脱离北京政府独立，加入护国军。这使段祺瑞受到了巨大的军事和政治压力。在日本要求，南方希望和海军的压力下，段祺瑞于 6 月 29 日发布政令，恢复旧约法，8 月 1 日重开旧国会。由此，南方护国军与反袁势力在取消帝制、保障共和、恢复旧约法和旧国会方面取得了一定程度上的胜利。在这个过程中，日本关于收拾中国时局的主张是为了日本自己的利益，但在客观上对中国有利，这也是事实。这又一次说明，在历史发展过程中，在一定的历史条件下，动机和结果也有不一致的情况。

　　最后，我们再探讨一下这个时期日本的对欧洲列强外交。日本在劝告延期实施帝制的时候，掌握了对袁外交的主动权，同时也希望欧美列强全程介入，与之协调。而在收拾袁世凯死后的中国时局的重要阶段，则只是简单地向欧洲列强内部通报日本的政策。6 月 12 日，石井通过日本驻欧洲国家的大使，就日本推动中国南北方和解的方针，向各国政府作了内部通报，但并未征求对此方针的意见，提出合作的要求。欧洲列强既没有反驳，也不打算介入，只得一任日本去收拾中国时局。只有英国外交大臣格雷表示，"英国政府也非常希望早日稳定中国之事态。最为幸运者，有日本政府及时抓住时机，采取措施收拾时局"②。1916 年正是

---

① 《日本外交文书》1916 年第 2 册，第 169～170 页。
② 《日本外交文书》1916 年第 2 册，第 168 页。

欧洲战场激战之年，5 月底至 6 月初，英德海战；7 月初开始，英法又进行总反攻。战役接二连三，英国无暇顾及中国问题。由于袁世凯之死，日本排袁外交取得成功，历来支持袁世凯的英国，在这场日英外交之战中一败涂地。形成对比的是，日本此时完全取得了列强对华外交的主动权，而英国在中国问题上，不得不仰日本外务大臣之鼻息。①日英两国在中国之地位，一时发生了大逆转。

　　此后，日本对华政策因拥立黎元洪，而转变为援段（祺瑞）政策。从 1917 年起，日本支持段祺瑞，以确立日本在中国的霸权地位。美国公使芮恩施认为，袁世凯政权的垮台，无疑有利于日本实现在中国取得统治地位的计划。②日本倒袁的目的及倒袁的结局，正说明了这一点。

---

　　①《日本外交文书》1916 年第 2 册，第 167 页。
　　② 芮恩施：《一个美国外交官使华记》，第 149 页。

附录：书评

民初北京政府对日外交再认识

——《辛亥革命时期中日外交史》读后

王昊

近十余年来，海内外在辛亥革命时期的中国外交史研究上，取得了颇丰的研究成果，但是，其中所涉及的该时期中日外交问题的研究似乎仍存在着某些局限。

首先，该领域中的研究重点多集中于对该时期日本对华政策的研究上，而对中国的对日政策分析不足，这其中存在着中国方面的资料不足等客观原因。其次，该领域的人物研究偏重于对以孙中山、黄兴为首的革命派的研究，对于北京政府的外交人员在此时与日本的外交接触活动分析不足。最后，在近代中日关系研究中，研究者似乎在潜意识中将中国作为国际外交舞台上的被动者来加以研究，从而忽略了中国在国际舞台上所展现的积极的一面。关于上述研究的不足，在南开大学日本研究中心俞辛焞教授的《辛亥革命时期中日外交史》（天津人民出版社，2000 年，下文一律简称《中日外交史》）一书中，得到了极大的补充与深入。就该书而言，笔者认为，俞先生对中日外交问题的思考与其研究思路也经历了一个由重点走向全面的过程。依笔者管见，在 20 世纪 80、90 年代两次纪念辛亥革命的国际学术会议上，俞先生所提交的论文分别为《辛亥革命时期日本的对华政策》及《南京临时政府时期的中日外交》，该部《中日外交史》的完成，则表明俞先生在该领域内的研究深化完成。作者在该书前言中讲："辛亥革命时期的中日外交，不单纯是中日两国的外交，而是与国际关系相关的"，把这一时期的中日外交关系纳入与欧美列强共存的国际关系中加以考察，由此不难看出作者对这一问题思考与研究的广度。

一

《中日外交史》全书洋洋 60 万字，共 8 章，各章依次为"辛亥革命的爆发与中日外交""南京临时政府与中日外交""日本的满蒙政策及对闽浙地区的渗透""北京政府与中日外交""孙中山访日与中日外交""二次革命时期的中日外交""第一次世界大战爆发和中日外交""洪宪帝制与中日外交"。读者不难发现，无论是从时间的纵向，还是从空间的横向来看，该书所涉及的内容无疑是十分丰富的。

对于"辛亥革命时期"这一提法的界定，作者认为，辛亥革命作为一个历史事件，截止于 1913 年的二次革命。但从中日外交史及国际关系史的角度而言，辛亥革命时期的各种问题，又一直持续到袁世凯死后的一段时间。作为辛亥时期的中日外交和国际关系的继续，这一时期的起止时间应为从 1911 年武昌起义至 1916 年袁世凯死后黎元洪继任总统。此外，作者还认为，第一次世界大战的爆发可以将该时期划分为两段。通观全书不难发现，一战之前日本的确是以对孙、对袁借款及其满蒙政策为中心，运用多种手段和方法推进对华外交的。一战爆发之后，日本趁过去掌握对华政策主导的英国等欧洲国家无暇东顾之机，积极展开对华外交，从而为其在华取得最大权益铺平了道路。值得一提的是作者并没有对中日外交人员或外交决策者，轻易地作出历史结论，特别是对以袁世凯为首的北京政府在对日外交活动中表现出的某些维护国家主权的行为，给予了客观的评价。

以上述划分为界，《中日外交史》前六章及后两章可视为两部分。在前一部分中，作者在论述中日外交活动的过程中，不仅注意到外交活动时间的连续性，而且还考虑到外交活动中各方之间的微妙关系。在"辛亥革命的爆发与中日外交"一章中，作者着重分析了日本政界与民间对辛亥革命爆发的态度，列强对此问题的对策和对袁世凯出山的态度。在"南京临时政府与中日外交"一章中，作者则对以孙为首的临时政府与日本的外交活动，诸如借款、北伐、南北妥协问题予以认真分析。此后在"北京政府与中日外交""二次革命时期的中日外交"两章中，作者亦对该时期中日外交活动，诸如承认北京政府、善后借款及袁日、孙日关系问题作了详尽阐明。作者这种对外交活动连续性的分析，为读者了解当时的中日关系提供了清晰的图景。至于如何看待外交活动中发生在各方之间的微妙关系，在"日本的满蒙政策及对闽浙地区的渗透""孙中山访日与中日外交"两章中，作者作了精辟的分析。其实，读者也不难发现，在作者以时间顺序论述中日外交活动的过程中，对各方微妙关系展开了详尽的论述。

在全书的后一部分，作者对一战的爆发与中日外交、日对中反袁运动的态度、"二十一条"之形成、洪宪帝制及其以后的中日外交与袁日、孙日关系等问题作出了客观评价。总之，作者在论述"辛亥革命时期中日外交活动"的过程中，既注意到外交活动的连续性，又注意到了外交活动的相互性，使历史的结论尽可能地避免了偏失。

《中日外交史》的另一大特点还在于，作者详尽地占有了大量国内学界很难见到的日文原档及日本学界的相关研究著作。其中包括日本外务省编辑的《日本外交文书》、日本军政各界的来往函电及日本当时的报纸、杂志等；另有如《对满蒙政策史的一个侧面》《犬养木堂传》《原敬日记》《财部日记》等有较高史料价值的资料或专著。尽管作者称中国方面资料略显不足，使该书未能达到理想的均衡，但瑕不掩瑜。

二

由于近代以来，在国际外交舞台上，中国总是以弱国的面目出现，所以在众人的心中造就了所谓的"弱国无外交"的心理观念，这对习史者的影响也颇为深远。而且民国肇造不久，袁世凯便窃得胜利果实，由于袁在中国近代史上总以"反面"角色出现，故由他领导的政府也给后人留下了不佳的印象。有的论著甚至对北京政府的外交活动下"媚外外交"[①]的断语。然而，历史并非如此，《中日外交史》纠正了这一论断，这是该书最为令人耐读的地方。

在海内外的研究成果中，较为一致的看法是，一战爆发前由于日本对华政策的不当，导致其对华外交的无进展。[②]而日本外交的无进展并不等于中国对日外交的无进展，中日外交是一种相互的行为，所以考察此时中国对日外交有助于我们认清历史。

尽管本书所要探讨的是民初北京政府的对日外交，但考虑到外交活动的连续性，所以从袁世凯秉政到清帝退位这段时间亦有必要考虑进来。民国建立前后，袁世凯与日本的关系直接影响了北京政府的对日外交。从俞著中我们可以了解到袁日之间的复杂关系，无论其关系如何变动，从日本政府到民间都对袁秉政有所怀疑乃至反对。辛亥革命以后，日本政府对清政府的支持不遗余力，而中国内部局势的变化却一反日本政府的夙愿，朝向共和的步伐并没有因日本的阻止而停止。另外，日本也在利用日本民间力量来支援南方的革命党，希图控制南中国而与袁氏所掌握的北京政权讨价还价。这个时期日本在与中国南北敌对双方进行外交接触的同时，也与英、俄等国进行协调外交，其目的是干涉中国

① 吴东之主编：《中国外交史（1911—1949）》，河南人民出版社 1990 年版。
② 参见信夫清三郎：《日本外交史》，商务印书馆 1992 年版。野村浩一：《近代日本的中国认识》，中央编译出版社 1999 年版。

革命进而取得在华的更大权益。但日本与欧美列强在获取在华权益问题上所产生的分歧，特别是日英之间的分歧，被以袁为首的北京政府所利用，使得中国在对日外交上获得了一定的成功。

可以看到，尽管袁世凯在近代中国历史上，其所作所为多为后人不齿，但在此时的对日外交上，袁发挥的作用不可低估。作者认为：袁世凯利用日本与英国在对华政策上的分歧，从而在南北议和问题、中国的政体问题上打破了日英协调外交，取得了排除日本武力干涉中国内政的成功。在俞著中，作者对袁本人与日本外交人员之间的外交"攻守战"作了进一步分析，袁世凯在南北议和问题上先请日本方面参与调停，后又取消这一要求，使日本举措失当，进而在此后的南北议和中，又使日本因不了解袁在中国政体问题上的真实意图，而为袁所拨弄。

以袁世凯为首的北京政府，在民国成立前后的这段时间里，对日本的外交干涉可以说打了一场成功的反击战。对于这场你来我往的外交战，我们对袁的外交能力应给予客观的评价。顾维钧在其回忆录中讲道："袁世凯对人对事有数十年的经验，做直隶总督以及以后当政务处政务大臣时，除了握有军权以外，还插手外交事务。所以他……知道怎样对付和外国人打交道的事。"[①]一个专业外交家对袁的这番评价应不失其公允性。

三

1912 年 2 月 12 日，清帝退位宣告清朝的终结，13 日袁世凯在北京就任中华民国临时大总统，在外交关系方面如何取得外国承认及贷款是袁世凯政府面临的首要问题，其中贷款问题则是袁政府成立后的当务之急。

就以往的历史评价来看，在谈及"善后大借款"时，人们所

---

① 顾维钧：《顾维钧回忆录》（一），中华书局 1983 年版，第 110 页。

关注的重点在于这一借款的性质及其对中国的危害，当然我们无法否认，袁世凯政府践踏《临时约法》，抛开国会强行签约的做法，确实损害了国家利益。但我们对这一借款的来龙去脉并无很清楚的了解，特别是对双方谈判过程中，北京政府的外交人员在与列强银行团的外交接触中所作的外交努力不甚了解。

通过该部《中日外交史》的论述，我们了解到，以袁为首的北京政府成立后，必须依靠巨款来维持政府机关与军队的运作。当时袁政府的主要财源来自关税，而关税被用来支付列强的赔款和外债而不能再动用，所以为了不使政权崩溃，以袁为首的北京政府不得不寄希望于列强的借款。但是以袁为首的北京政府在与列强银行团的谈判过程中，对它们提出的政治、经济、军事等方面的监督权要求，确实作出过抵制甚至是抗拒，从而在维护国家主权上作了一定的积极努力。而非如一些论著所言："袁世凯迫切地需要钱，他只有获得财政支柱才能稳固他的地位，因而不惜答允任何条件。"①

关于善后借款问题，不可否认的是列强政府把银行团的活动直接置于自己的控制之下，将其作为对华政策的工具。北京政府的外交对象固然是列强团体，而日本作为列强之一，特别是在日袁关系相对紧张的情况下，日本却在中国与列强银行团的谈判中扮演了缓和双方紧张关系的调停人的角色，这是作者给予我们的一种新的认识。

由于日本加入列强银行团较晚，晚于英、美、法、德四国插手监督问题，在这个问题上与北京政府的关系相对于上述四国较缓和，故在谈判过程中居于调停地位。尽管日本参加列强银行团的目的在于，参加善后借款以确保日本在华特殊权益，并扩大新权益。但以袁为首的北京政府利用了银行团中日本代表在监督问

---

　　① 李新、李宗一主编：《中华民国史》第二编（一）上，中华书局 1987 年版，第 245 页。

题上与中国政府的某些相同的看法，而与日本方面积极接触，从而打破了谈判过程中的几次僵持局面。

在关于善后借款的谈判中，尽管袁世凯与日本政府各怀心事，而且双方的互相怀疑也并未消除，但是我们从中仍然可以发现北京政府对日外交的灵活性。当然，签订善后借款给中国所带来的丧失盐政管理权的严重后果，是袁政府无法推卸的历史责任，北京政府本身所带有的帝国主义工具性也不容置疑。

四

1913 年 3 月的宋教仁遇刺案成为二次革命爆发的导火索，但就日本对华传统政策而言，中国的内乱可促成日本插手中国内政，故日本不会轻易放过这种机会。对于日本的干涉，北京袁氏政府是如何应付的呢？

通过《中日外交史》的论述，可以了解到这个时期中国的对日政策，是基于牵制日本援助以孙中山为首的反对派这一意图而展开的。二次革命时期，日本政府对中国南北双方所采取的对策，是所谓的中立政策。基于日本与中国革命党在历史上的关系以及日本民间对南方革命派的同情，日本不会放弃以孙中山为首的革命派，这又有利于日本的对袁外交。所以在二次革命中，北京政府对日关系十分紧张。而恰恰在此期间发生了与二次革命有关联的兖州、汉口、南京事件[①]，在这些事件的外交交涉中，暴露了日本外交活动的侵略性质。

通过俞著，我们还可以了解到一个异常现象，即二次革命是南方革命派以武力讨袁的战争，而上述三起事件是日本政府及其军队以获取北京政府的屈服而展开的反袁政治、外交活动。两者的性质虽然不同，但矛头均指向袁世凯及北京政府。北京政府在

---

① 兖州、汉口事件是日本军人在袁军驻防地进行侦察活动而与袁军发生冲突导致的，南京事件是在二次革命中袁军攻占南京时发生的。

二次革命发生后所展开的对日外交，在后人看来其媚外性不容置疑，事实也的确如此。在中日事件的处理与交涉过程，日本政府采取了强权与无理的外交政策，而这时的北京政府开始走向"妥协"并一味退让，作者认为北京政府之所以如此忍受屈辱，屈服于日本的无理压力是为了牵制日本对南方革命派的"支援"。此外，他还认为北京政府对日外交走向消极的另一原因，是为了获取日本的外交承认。

在笔者看来，北京政府对日外交正是在此时由积极走向消极，日后的对日外交可以讲确实无所"建树"。而这一变化的原因正如俞著所分析的，即在南京事件的处理中，日本没有采取占领中国领土并打倒袁世凯以扩大权益的极端政策，由于日本与欧美列强的矛盾和争夺并没有激化，从而使得北京政府无从利用它们之间的矛盾来反抗日本。故日本此时的外交活动，能达到其侵略目的。

总的说来，《中日外交史》重新审视民初北京政府的对日外交，作出了更为精辟的分析，得出了较为客观的结论，使读者对民国时期中日外交活动有了进一步的深入了解。就对此问题的评价而言，今人似乎过于武断地把历史责任强加于某一历史人物，或某一政治集团。其实，外交活动往往带有连续性与互动性，如果不考虑其整体过程，只注意局部和结果，不考虑外交双方力量强弱的对比以及在国际外交舞台上的地位差距，只强调强者，有意识或无意识地忽略弱者在力所能及的范围内作出的努力，那么对这段外交史的研究就不是客观的、有意义的研究。

俞著内容极为丰富，限于水平和篇幅，笔者难以详尽评述，还望读者见谅。

具有标志性的研究成果

——评俞辛焞著《辛亥革命时期中日外交史》

段云章

　　孙中山与辛亥革命研究中的中日关系,历来为中外学者注目,以美国学者詹森于 1954 年首次利用日本外务省档案撰著的《日本人和孙中山》的出版为契机, 研究上述课题进入了别开生面的新阶段。从此,国外特别是日本史学界研究此课题的著作逐渐涌现;到 20 世纪 80~90 年代,中国大陆史学界也出现了研究这一课题的热潮,有关论著纷纷问世。醉心于中日关系史研究 40 余年的南开大学俞辛焞教授,更因其精通中、日、韩文,与日本史学界交流频繁,荣获过日本早稻田大学法学博士,而在这方面卓有成就,成为上述新阶段中国史学界中日关系史研究的优秀代表。20 年来他出版了 11 部著作,其中 4 部用日文撰写并在日本出版,内有 3 部译成中文在国内出版,这些著作在国内外引起强烈反响。《九一八事变时期的中日外交史研究》在日本出版后,被日本史学界称誉为具有划时代意义的专著。最近日本著名的辛亥革命史研究专家久保田文次教授又撰文盛赞俞先生系中国学者利用日文史料研究中日关系的先驱,其所著《辛亥革命时期中日外交史》,系一部"客观的、见解新颖"的"重要著作",是"日中间学术交流的纪念碑的出版物"。我作为对此课题颇怀兴趣的研究者和俞先生著作的热心读者,也拟就后一著作谈点读后感。

　　《辛亥革命时期中日外交史》系作者用日文撰写,于 2002 年由日本东京东方书店出版;同时,经王原等译成中文,于 2000

年由天津人民出版社出版。中文版全书 60 万字，分 8 章，系统地论述了辛亥革命的爆发与中日外交、南京临时政府与中日外交、日本的满蒙政策及对闽浙地区的渗透、北京政府与中日外交、孙中山访日与中日外交、二次革命时期的中日外交、第一次世界大战爆发和中日外交、洪宪帝制与中日外交等问题。其时间跨度从辛亥革命爆发到袁世凯政权垮台，有异于一般采用的"辛亥革命时期"含义。作者提出了新的视角，认为从政治史而言，作为历史事件的辛亥革命，至 1913 年暂告终结；但从中日外交史和国际关系史来看，由二次革命引发的外交和国际关系的各种问题并未结束，直到袁的死去才告终结，因而构成为一个历史时期。就该书内容看，书中论述日本外交约占 60%，欧美外交约占 10%，袁世凯和孙中山对日关系约占 30%。总的来看，该书具有以下几个特色。

第一，作者视野较宽广，从大处落笔，强调运用国际关系的方法论，将中国、日本、欧美列强这三者的三角外交关系概括为双重外交论，认为日本和欧美列强为维护在华既得权益，采取协同一致的外交政策；而对于扩大新权益，则采取相互争夺、相互牵制的双重关系，中日外交就是在这种双重外交的框架内进行的。这一母系统，又涵盖着该书的每一部分和每一具体问题，出现充塞这一理论的若干格调一致、议论互通的子系统。在论及孙中山在这个框架内的作为时，认为孙对日本侵华本质的认识是一贯清醒的，而他的某些对日依靠行径，主要是策略运用，即利用各种矛盾，尤其是利用欧美列强和日本的矛盾，借用日本援助，加强革命运动自身力量，推翻国内反动统治，然后依靠建立的富强新国家，以外交和实力来抵抗日本侵略，迫使日本放弃在华殖民特权，达到恢复国家主权和民族独立的目的。这种论断确具新意，它是对日本藤井升三教授的孙中山对日态度的论断的驳议（藤井教授认为孙中山在 1919 年前主要是依靠日本，1919 年后则转为对日批判），也确实取鉴于鸦片战争以来中国有识之士力图放眼世界、学习西方而又采用"以夷制夷"策略的传统和大量事例，并对孙中山从 19 世纪末以来不时崭露的策略利用思想有较深体认。我赞成作者重视国际关系方法论和孙中山对日关系素有运用策略思想的提法，但又认为不能简单地摒弃思想认识论的方法论，不能无视孙中山的对日观常常表现为幻想与策略运用交织、正确与失误并呈、前后相互矛盾的情形。

第二，研究历史一定要实事求是，而其重要前提是掌握和运用史料。本书作者凭其上述条件，在这方面特别对日文资料，进行了十分艰苦的挖掘工作，并较成功地运用于史学研究。本书运用的日文资料达 110 余种，中文资料 50 余种。这是我迄今见到的同类著作中使用日文资料最多的一部。其中除日本外交史料馆大量藏件外，尚有日本防卫研究所藏档、三井文库、《大日本帝国议会志》《早稻田讲演》以及多种日文报刊、文书、文集、传记、著作，这不仅为国内所难见，亦为已出版的同类著作所不逮。这些罕见资料的运用，显然弥补了以往论证的不足，增加了叙述的完整性和可信性，有利于逼近历史真实。20 世纪 90 年代初，作者在东京撰著该书稿时，给我来信说，他因日夜抢时间看资料，以致头痛难耐，夜不能寐，其勤奋辛劳程度自可想见。1997 年他脑卒中发作，当系由此酿成。还十分难能可贵的是，他不是把史料当作私产，而是乐于助人，我编著出版的《孙中山年谱长编》第 2 卷和《孙文与日本史事编年》，就得到他的慷慨帮助。诚然，作者也多次自认在探究某些事件、人物中尚存资料缺陷，并表示该书中国方面资料不够，未能达到理想的均衡，对此不得不有待于新资料的发掘。此诚该书的美中不足，但愿作者能恢复健康，继了此愿，并翘望于来者。

第三，作者凭其大处落笔、具体而微的正确治学思维及大量中日史料的掌握和运用，使该书在布局方面颇为错落有致，在观点上有不少发幽阐微，在行文中亦可见到千岩竞秀、万壑争流的情景。举其要者，如辛亥革命的爆发，强烈触动了欧美列强与日本各界的神经，使当时的国际关系更显得波谲云诡、扑朔迷离而又情随事迁。然而作者运用大量资料细致探讨，较好地拨开了蒙在错综复杂事件上的种种迷雾，深入到事件的底蕴，并探寻到其背后的动因；对各国、特别是对日本各界和各阶层人物（如日本政府、军部、财界、民间，而军部又有陆军、海军、参谋本部之别）的不同意向及其言行的相互影响和相互制约等等，作了许多颇为淋漓尽致的描绘和分析，较为清晰而丰满地展现了辛亥革命爆发过程中的国际关系尤其是中日关系的面貌。又如，过去一直说孙中山在宋教仁被刺后一直坚持武装讨袁，但作者依据日本外交史料馆和日本防卫研究所的大量藏件和其他资料，确切地论证了孙中山根据情况变化而有过主张上的变化；并对孙、黄矛盾的演化和时间亦作了明确论定。还可贵的是，作者评述事件和人物时，坚主让史实说话，史料不足，宁可从阙，绝不草率下结论。如关于孙中山是否于 1915 年 2 月与以犬冢信太郎、山田纯三郎为日方代表缔结《中日盟约》事以及 3 月孙中山致函日外务省政务局长小池张造谈盟约事，迄今日本及中国大陆和中国台湾学者各持己见，悬而未决。作者依据现有史料对此作了详细论证，指出存疑之处，提出须继续追查的线索，应该说，这是治学者应有的严肃认真的科学态度。

　　第四，治中日关系史者面临的重要课题是以史为鉴，面向未来。作者在该书中也有较好回应。以史为鉴的一个方面，是要正视日本军国主义者从 19 世纪末以来不断扩张在华殖民权益、和欧美列强进行激烈角逐乃至发动侵华战争的事实，以及这些事实在孙中山和中国人民中的反应。对此，作者在该书每个章节都有充分论述，着力揭露了日本和欧美列强在华争夺权益的实质和手段，日本军、政、财界以及一些团体在辛亥革命中共同乘乱扩大在华权益的本质；昭示日本侵华意图因遭到各方反对、牵制而屡未得逞。以史为鉴的另一个方面，是要珍视中日人民的源远流长的友谊。这也是作者历来十分注重的。我曾在《近代史研究》1992 年第 4 期评论作者的合著《孙中山宋庆龄与梅屋庄吉夫妇》（中华书局，1991 年），称其为"近代中日友好史的实录"。在本书中，作者不仅高度赞扬了梅屋庄吉、宫崎寅藏等一贯支持中国革命的真诚朋友，而且对犬养毅、头山满、涩泽荣一乃至内田良平之类的人物以及东亚同文会、浪人会、有邻会、善邻同志会等日本民间团体对中国革命的两重性态度，都作了具体得当的评析；对当时的日本舆论也进行了多方检视。我认为这合乎历史唯物主义的原则。历史和历史人物往往具有复杂多变、星霜屡移的特征，历史的进程及其成败往往视历史的合力而定。因此，我们珍视中日两国人民的友谊，既要颂扬真诚无私的朋友，也要看到持两重性态度的人士、团体在当时有过的积极作用。这对于反映历史真实、汇聚积极因素、面向未来，自有裨益。

　　总之，《辛亥革命时期中日外交史》是一部具有鲜明特点、有开创性的佳作。但也如作者在前言中所说，"对于不断流逝的历史在学术上的认识阐释是无限的……本书在这一领域的研究，并不意味着业已达到了极点，而只是作为新的研究的出发点，把接力棒传给下一个运动员。"无疑，本书作为一个阶段的标志性研究成果，必将在这一课题的研究进程中留下较深足迹。

辛亥革命史研究中的一部力作

——评俞辛焞著《辛亥革命时期中日外交史》

吕万和

俞辛焞先生所著《辛亥革命时期中日外交史》（天津人民出版社，2000 年）出版后两年，又在日本出版了日文版（《辛亥革命期の中日外交史研究》，东方书店，2002 年）。现在，两种版本分别在中国和日本出版，我由衷高兴并表示祝贺。

俞先生从事辛亥革命史研究近三十年，着重研究辛亥革命时期的日本对华政策和孙中山与日本的关系，发表了许多论文，出版了《孙文の革命运动と日本》（日文，六兴出版，1986 年）、《孙中山宋庆龄与梅屋庄吉夫妇》（中华书局，1991 年）、《孙中山与日本关系研究》（人民出版社，1996 年）等专著，功力之深，足以示范。《辛亥革命时期中日外交史》这部新著则最见功力，堪称我国辛亥革命史研究中的一部力作。

全面评价这部专著，涉及许多专题，非我力所能及，兹仅举其大端，略谈三点。

第一，划定研究范围，艰苦搜集第一手资料。

此书从中日外交史和国际关系史的角度出发，把"辛亥革命时期"划定为"从 1911 年 10 月武昌起义至 1916 年 6 月袁世凯猝死"，没有采取通行的"武昌起义至 1913 年 7 月二次革命"的说法（见该书"前言"）。我认为，如此划定研究范围，不仅从中日外交史和国际关系史的角度来说是正确的、必要的，从辛亥革命史研究来说，也是正确的、必要的。言其"正确"，理由就不说了。

言其"必要"则因为，这是严肃认真搜集第一手资料的前提，搜集档案资料尤其如此。这段历史时间跨度虽仅五六年，但头绪纷繁，复杂多变，有些问题语焉不详，有些问题真伪难辨，只能靠原始档案来查证。此书中文版 600 多页，约 60 万字，广征博引，查核了几乎全部有关此专题的论文、专著、当事人传记、回忆录和其他已刊文献，而大量资料（估计约占 70%以上）则是直接引用《日本外交文书》、日本外务省外交史料馆和日本防卫厅防卫研究所收藏的未刊机密文件（驻华使领与外务省之间的来往密电、日本当局秘密监视孙中山和其他革命党人在日活动的记录如《孙文动静》《戴天仇谈话》《中国亡命者王统一谈时局》等）以及三井文库所藏机密文书。档案材料卷帙浩繁，往往大量重复或前后不一，有时用草书、草稿乃至隐语代号，鉴别筛选，极费精力，工作量之大，常常令人望而却步，俞先生却坚持搞了下来，这是难能可贵的。此书正是他艰苦劳动的结晶。

第二，分清主次，抓住主线。

像辛亥革命这类大变动时期的历史，其特点之一就是"头绪纷繁，复杂多变"。要理清各种事件的脉络就必须"分清主次，抓住主线"。俞先生正是这样做的。他把这一时期"中国、日本、欧美列强这三者的三角外交关系"归纳为"双重外交论"。他所说的"双重外交"是指："日本和欧美列强为维护在华既得权益，采取协同一致的政策；而对于扩大新权益，则采取相互争夺、相互牵制的政策"这种"双重关系"。他又把这一时期日本的对华政策归纳为"对孙和对袁的关系"，并明确地指出："对袁政策"是日本对华政策的主体，"对孙政策从属于对袁政策"，"去掉对袁政策就不会有真正的对孙政策"（均见该书"前言"）。这部新著正是从"双重外交论"出发，以对袁关系为主线，以原始档案为主要依据，全面论述日本在这一时期的对华政策。我认为：他这一观点十分重要，很有见地，符合历史实际，对理清辛亥革命时期中外关系的脉络，乃至对理清任何复杂国际关系的脉络，都有指导意义。如果补充一两句，我以为，辛亥革命时期日本的对华政策在"对孙和对袁的关系"之外，似乎还可以加上"对清的关系"（包括武昌起义前后对清王朝的支持，其后支持宗社党等残余势力、策动"满蒙独立"等）；再全面一点，似乎还可以加上"对各地方实力派的关系"。不过，无论再增加几种关系，"对袁的关系"始终起主导作用。如果说有所不足，那就是，相对于"日孙关系而言"，"日袁关系"这条主线的论述还希望能再详细一些。如果把俞先生的观点引申应用，那么，就"日孙关系"而言，既有日本政府，又有日本民间人士，两者之中，日本政府无疑起着主导作用。依此类推，在分析日本政府各部门、外务省与军部以及民间人士各派别、各阶层对袁、对孙、对清、对地方实力派的关系上，都必须"分清主次，抓住主线"，才能理清当时日本对华各种动作的脉络。

　　第三，对关键问题，强调考证原始史料，慎重下结论。

　　前文提及，这一时期的历史，"有些问题语焉不详"。日本对清廷和革命军的军火援助和贷款情况就是一例。对于这个问题俞著力求根据原始档案，弄清具体史实。比如，武昌起义爆发后，日本政府迅速同意清政府的请求，于10月23日，由泰平组出面与清政府的陆军部以高价签订了270多万日元的武器弹药合同（据《日本外交文书》）；对清王朝出卖主权、请求巨额贷款也采取了积极的态度（据防卫研究所藏外相与驻华公使、驻俄大使来往密电）（以上见该书第16页）。另一方面，对南方革命军初则暗中稍加支持，"大批提供武器则始于1913年1月"，指出日本采取此种政策的根据并提供了许多史料（见该书第111～116页）。前文还提及，这一时期"有些问题真伪难辨"。例如，1912年春，日本政府和军部通过三井集团的益田孝、森恪等诱迫孙中山，企图以签订"租借满洲"密约为条件，给革命军以贷款；1915年3

月，孙中山致日本外务省政务局长小池张造的密信，内有"中日盟约十一条草案"等问题日本学术界已公开争议。我国学术界也十分重视，写出了颇有分量的论文（例如赵金钰先生所著《日本浪人与辛亥革命》第三章"孙中山与日本的大陆政策"，四川人民出版社，1988 年）。对于这类重大历史问题，俞先生强调考证第一手资料，并认为不能只靠（或主要靠）分析孙中山的政治思想或人际关系来推断。俞先生这种态度当然是完全正确的。正是这样，他对这两个重大问题的原始文件（1912 年 2 月 5 日和 2 月 8 日森恪致益田孝的信，1914 年 5 月 11 日孙中山致大隈重信首相的信，1915 年 2 月 5 日的《中日盟约》，1915 年 3 月 14 日孙中山致小池张造的信和《盟约案》）的来源、现存何处、印章、笔迹，逐一认真研究，评介各种论点，慎重提出自己的看法（请参阅该书第 190～202、529～543 各页）。

以上三点足以说明这部新著确实堪称"我国辛亥革命史研究中的一部力作"。俞先生精通日文，这是他能够完成这部力作不可少的基本条件。但研究这个专题还必须精通中文。他是朝鲜族人，18 岁（1954 年）才开始学中文，一年后就上了南开大学历史系，能够精通中文，达到"治史"的水平，这是很不容易的。他的毅力是一贯的，这是他能够完成这部力作最根本的基础。最近又收到他的学术论文集《躬耕集》（中华书局，2003 年），其中《孙日关系研究方法论》和两篇有关此专著的日文论文都有更加精炼的论述。此外，他在《南开学报》上发表的《试探孙中山对"满洲租借"的态度》，在《近代史研究》上发表的《孙中山的中日盟约问题辨析》和《孙中山图片考》，都足以说明他对此专题的研究深度。